HISTOIRE GÉNÉRALE de L'ENSEIGNEMENT et de L'ÉDUCATION EN FRANCE

Des origines à la Renaissance (Ve siècle av. J.-C. - XVe siècle)

collection tempus

MICHEL ROUCHE
Professeur à l'université de Lille III

HISTOIRE GÉNÉRALE de L'ENSEIGNEMENT et de L'ÉDUCATION EN FRANCE

TOME I

Des origines à la Renaissance
(Ve siècle av. J.-C. - XVe siècle)

Préface de René Rémond

Perrin
www.editions-perrin.fr

« L'histoire de l'éducation constitue la carte marine et l'instrument de navigation du navire "Ecole". Les autorités scolaires responsables du destin de ce dernier devraient les avoir longuement pratiqués. Qui ignore l'histoire est condamné à la revivre. »

G. Pire

HISTOIRE GÉNÉRALE de L'ENSEIGNEMENT
et de L'ÉDUCATION EN FRANCE
en quatre volumes, allant du Ve siècle avant Jésus-Christ
à la fin du XXe siècle, est publiée sous le patronage
de l'Institut national de recherche pédagogique.

ISBN : 2-262-02099-X

tempus est une collection des éditions Perrin.

PRÉFACE

S'il est une vérité dont l'évidence s'impose à la lecture de cette grande Histoire de l'enseignement en France, c'est bien qu'elle intéresse un champ beaucoup plus vaste que l'enseignement proprement dit : pastichant une formule connue, on est en droit de dire que l'enseignement passe l'enseignement. C'est bien plus que l'institution enseignante ou, comme on tend à dire aujourd'hui, le système éducatif.

L'enseignement est une fonction capitale en toute société : au même titre que la justice, ou la défense, et aussi indispensable qu'elles. Parce que nécessité sociale, cette fonction implique des relations avec le pouvoir politique et c'est un aspect de son histoire en France, surtout eu égard à la tradition centralisatrice qui confère séculairement des attributions étendues et des prérogatives primordiales à la puissance publique, que les vicissitudes de ses relations avec l'Etat comme avec les institutions qui disputèrent à celui-ci le contrôle de l'instruction dite publique, telle l'Eglise catholique.

Comme le besoin, dit-on, suscite l'apparition de l'organe apte à le satisfaire, à cette fonction indispensable a correspondu une institution dont le présent ouvrage retrace l'histoire. Au cours des âges, elle a revêtu des aspects fort variés, faisant la part plus ou moins grande, selon les temps et les régimes, à l'initiative privée, à l'activité de communautés spécialisées, tels certains ordres religieux s'assignant comme vocation l'éducation des enfants ou des adolescents, à l'intervention d'une administration publique. L'institution a connu aussi des formes d'organisation interne successives assez différentes les unes des autres, mais elle a toujours tendu à se constituer en un système défini et stable.

Tâche qui requiert compétence et dévouement, l'enseignement est dispensé par des hommes et des femmes qui en font profession et y vouent leur existence. Ecclésial ou laïque, le personnel enseignant a de tout temps été une cléricature : congrégation religieuse, corporation comme le voulait Napoléon, ou, si l'on écoute les détracteurs, caste mandarinale, les enseignants ont toujours constitué un corps avec ses traits particuliers et formé une société distincte à l'intérieur de la grande société. Avec l'extension de la scolarité, l'allongement de la durée des études, la généralisation de l'instruction, ce groupe professionnel, dont l'effectif est longtemps resté de l'ordre des dizaines de mille, a crû depuis un demi-siècle dans des proportions sans précédent et s'est dilaté jusqu'à devenir une des catégories socioprofessionnelles les plus nombreuses, avec plus d'un million de personnes.

L'évolution de ce corps, les changements qui ont affecté son recrutement, sa composition, le déroulement de sa carrière et son statut social, comme les courants de pensée qui l'ont traversé, composent un des chapitres de l'histoire de l'enseignement qui intéresse aussi l'histoire générale. Sans le groupe des enseignants et l'évaluation de leur rôle, il manquerait à l'analyse de la société globale une pièce maîtresse.

L'enseignement ayant pour mission première de transmettre aux nouvelles générations le savoir accumulé par les précédentes, son contenu, défini par ses programmes, est naturellement tributaire de l'état des connaissances et son histoire est donc le reflet de l'histoire des progrès de la science. Il est aussi le lieu et l'enjeu des conflits entre le savoir traditionnel et la science nouvelle : cette sorte d'antagonisme n'est pas une dimension moins fondamentale de l'histoire de l'enseignement que la compétition pour la maîtrise de l'institution éducative entre l'Eglise et l'Etat ou les affrontements entre les idéologies qui se disputent la domination des intelligences.

La communication du savoir acquis et reçu pour vrai l'emportant ordinairement dans la préoccupation des responsables et l'esprit des enseignants sur la recherche de vérités nouvelles, l'institution enseignante est naturellement répétitive et sa pente conservatrice en matière de contenu. De surcroît, par une disposition aisément compréhensible, tout enseignant incline à tenir l'enseignement dont il est le produit pour le meilleur qu'on puisse concevoir et son idéal sera d'en étendre les bienfaits à ceux qu'il a mission de former à son tour : admettre le contraire serait se remettre soi-même en question ; l'enseignement qu'il a reçu faisant corps avec ses propres structures mentales, sa contestation ruine sa propre identité. De là il résulte que, contrairement à une idée largement répandue, les enseignants sont plutôt conservateurs pour leur conception de l'enseignement et dans l'exercice de leur métier. Qu'ils se rangent souvent parmi les opposants au régime politique ou à l'ordre social n'est pas contradictoire : leur formation les rend critiques (opinions avancées, convictions résolument contestataires) pour tout ce qui est étranger à leur profession, ce qui compense leur conservatisme corporatif.

Dépendant de l'état du savoir, l'enseignement ne l'est pas moins des supports matériels qui fixent et transmettent les connaissances et des objets par lesquels s'opère la communication entre les intelligences. Des tablettes de cire au papyrus, de celui-ci au parchemin, dont on découvre à lire les pages qui lui sont consacrées que la production est étroitement dépendante de l'élevage du mouton, et du parchemin à l'imprimerie, l'enseignement s'est profondément transformé : il s'affranchit progressivement de contraintes qui en restreignaient grandement l'efficacité. Cette évolution n'est pas achevée et le progrès des techniques n'a pas dit son dernier mot : aujourd'hui c'est l'irruption de la radio et de la télévision qui bouleverse les données traditionnelles et affaiblit, au moins temporairement, le magistère de l'enseignement. L'histoire de l'institution éducative est ainsi inséparable de celle des techniques et des innovations qui affectent les moyens de communication et les procédés de reproduction, du copiste monastique à la photocopie.

Retracer l'histoire de l'enseignement, c'est aussi faire celle des âges de l'existence et singulièrement de l'enfance et de l'adolescence. Parce qu'il a pour fonction d'assurer, à travers la succession des générations, la transmission du capital de connaissances, de notions, de valeurs qui s'est constitué au fil des temps, l'enseignement repose sur la distinction entre ceux qui détiennent le savoir et l'enseignent et ceux qui se définissent par leur ignorance ; il est donc fondé sur la dissymétrie des âges et s'adresse par nature aux classes les plus jeunes. L'école, le collège, l'université même sont le royaume et l'apanage de la jeunesse.

En retour, la relation avec l'enseignement constitue enfance et adolescence en catégories distinctes autant que le petit nombre des années. Entre classe d'âge et classe au sens scolaire du mot, il y a plus qu'homonymie : c'est la classe aujourd'hui qui structure la tranche d'âge. En particulier l'allongement de la scolarité obligatoire a puissamment contribué à faire de l'adolescence un âge intermédiaire entre l'enfant et l'adulte. Jadis, avant que nos sociétés ne considèrent que l'instruction devait être dispensée à tous, quand l'entrée au travail se faisait à six ou huit ans, on passait sans transition de la petite enfance à l'existence adulte et pour la vie entière. C'est le développement de l'enseignement et le recul corrélatif de l'âge de l'entrée dans la profession qui ont suscité la naissance d'un âge distinct, celui de la jeunesse qui est devenu un fait social, parfois même une réalité politique.

L'histoire de l'enseignement est aussi liée à celle des rapports entre les sexes. Qu'elle soit séparée ou mixte, parce qu'elle s'adresse précisément à un âge où les passions s'éveillent et où les adolescents découvrent en eux des sentiments inconnus, l'instruction ne peut être dissociée de l'éducation de l'amour et de l'apprentissage de la sexualité. Le lecteur verra quelles conceptions les ont successivement régis, dont l'évolution manifeste un affinement progressif des sentiments et une humanisation graduelle des rapports entre les sexes. L'enseignement a parallèlement travaillé à exorciser la violence et à substituer aux rapports de force des relations de sociabilité réglées et paisibles, au nom d'une certaine idée de la nature humaine et de la société qui tenait le recours à la violence pour contraire à la dignité de l'être humain et voyait dans la maîtrise des passions et la domination de la raison le signe de la supériorité de l'homme sur les autres créatures.

Tout enseignement implique nécessairement une certaine idée de la nature humaine et se propose de façonner les intelligences et les sensibilités qui lui sont confiées en vue d'un modèle déterminé. L'ouvrage souligne la constance, à travers les systèmes et les cultures, du postulat qui définit la finalité essentielle de l'éducation par le passage d'une nature fruste, brute, sauvage, à un comportement policé. A cet égard, l'enseignement a été un puissant facteur de socialisation : il a inculqué la conformité aux usages, aux valeurs, aux croyances de la société et enseigné la reproduction des comportements. De pareilles conceptions procèdent une pédagogie : la croyance au péché s'est mariée à une vision de la nature humaine, la tradition chrétienne s'est alliée à l'héritage de la philosophie antique pour se fier plus à la contrainte qu'à la spontanéité.

Sans tomber dans l'outrance de certaines interprétations à la mode qui voient en toute institution sociale un mode de répression et un système d'enfermement, il est vrai que l'institution éducative a davantage opéré par voie d'autorité que par la confiance. Ce n'est pas le moindre des paradoxes de l'enseignement qu'il vise à former des personnalités autonomes par l'absence de responsabilité : cette contradiction entre son propos et sa méthode, qui éclate de nos jours avec force parce que notre temps est traversé par une aspiration incoercible à l'autonomie des personnes et que l'individu rejette les normes qui lui sont imposées, n'est pas un élément mineur dans la crise qui éprouve aujourd'hui l'ensemble de l'institution enseignante.

L'enseignement a entretenu au long de l'histoire des relations étroites et ambivalentes avec la famille, puisqu'il s'adresse à l'âge qui précède l'émancipation et l'éloignement de la cellule familiale. La famille a généralement été le premier et, parfois, l'unique lieu de l'éducation : c'est sur les genoux de sa mère que l'enfant a, pendant des siècles, appris les lettres, reçu les rudiments d'éducation et prononcé ses premières prières. Le développement de l'institution enseignante s'est aussi effectué à l'encontre de l'influence familiale et a donné lieu à des conflits : la liberté du père de famille fut l'un des thèmes et des arguments avancés par l'enseignement catholique dans son combat contre l'enseignement d'Etat.

Education et vie religieuse apparaissent, au récit de cette histoire deux fois millénaire, comme inséparables et pas seulement du fait de l'emprise de l'Eglise sur l'enseignement ou à cause des conflits qui opposèrent celle-ci à la puissance publique pour la domination de l'école dans la dernière phase de cette histoire et dont la querelle scolaire est aujourd'hui le vestige. Mais parce que sentiment religieux, piété populaire, sont eux-mêmes objets d'enseignement : la célébration liturgique et l'art religieux ont jadis rempli pour des générations quelques-uns des offices qui échoient de nos jours à l'institution enseignante. Aussi l'ouvrage apporte-t-il une contribution d'importance, surtout dans les chapitres consacrés au Moyen Age et à l'Ancien Régime, à la connaissance de l'histoire religieuse de notre pays et éclaire-t-il d'une vive lumière l'évolution du sentiment religieux.

Ainsi tout à la fois fonction sociale, institution sociale, corps social, l'enseignement est solidaire de la collectivité, inséré dans un système de rapports qui tantôt l'opposent et tantôt l'associent, toujours le lient, à l'Etat, à l'Eglise, à la société. Aussi son histoire fait-elle partie intégrante de l'histoire générale. N'avions-nous pas quelque raison d'énoncer d'entrée de jeu que l'intérêt qu'offre son évolution passe, et de beaucoup, les limites de l'enseignement proprement dit ?

Un phénomène qui s'inscrit dans la très longue durée

A lire à la suite ces beaux volumes qui font revivre deux millénaires et plus de l'histoire de l'enseignement, sous la conduite de guides compétents et éclairés, le lecteur aura, comme moi qui ai eu la primeur de ces pages, le sentiment de l'enracinement dans la durée. Les historiens d'aujourd'hui distinguent, on le sait, les phénomènes sociaux en fonction de leur relation avec le temps : ils établissent ainsi une typologie qui classe les faits en plusieurs rubriques s'échelonnant de la courte à la longue durée. L'enseignement se range assurément dans la longue durée : peut-être même conviendrait-il de constituer pour lui une catégorie spéciale, de la très longue durée où il se retrouverait avec le travail des champs ou l'exercice de la justice.

Il n'est guère en effet d'activité collective qui plonge ses racines dans un passé aussi lointain, de fait social dont les origines remontent aussi haut dans l'histoire : en l'occurrence, pour une fois, l'expression approximative « la nuit des temps » prend tout son sens et exprime une vérité profonde. Voyez par exemple les pages qu'inspire à Michel Rouche la période antérieure à la conquête de la Gaule par les Romains et ce qu'on sait de l'éducation pratiquée dans les tribus gauloises.

Replacée dans cette perspective à très long terme, l'histoire de l'institution éducative s'éclaire d'une lumière toute nouvelle : les ruptures qu'une observation à courte vue croyait déceler s'effacent ou se relativisent, les césures s'aplanissent, les bouleversements présumés s'amenuisent en inflexions mineures. La vision de l'histoire générale vient ainsi corroborer le travail érudit et scrupuleux des spécialistes qui avaient déjà souligné la continuité qui court en profondeur par-dessous les coupures que tracent les changements de régimes.

On savait déjà, depuis quelques années, que la France n'avait pas attendu Jules Ferry pour connaître une diffusion fort étendue de l'instruction élémentaire : sans qu'en soit diminuée leur importance symbolique ni contesté leur effet, il apparaît que les lois républicaines des années 1880 ont complété l'œuvre amorcée cinquante ans plus tôt par la loi votée en 1833 à l'initiative de Guizot. Davantage : le beau livre de François Furet et Jacques Ozouf, *Lire et écrire*, qui publie les résultats des recherches entreprises sous leur direction, démontre lumineusement que l'alphabétisation des Français remonte au XVIe siècle et qu'y ont concouru également la Réforme et le catholicisme de la Contre-Réforme. A cet égard ni la Révolution ni l'instauration durable de la république n'ont été des commencements absolus. Le développement de l'enseignement est l'œuvre d'une longue histoire, une action continue poursuivie pendant des siècles.

Cette continuité restituée comporte deux grandes conséquences. Elle révèle d'abord que tel trait, qu'une observation superficielle porterait à croire d'origine récente, est fort ancien, qu'il se trouvait déjà dans l'organisation de l'enseignement au Moyen Age ou caractérisait les conceptions dominantes dans l'éducation apportée par Rome : ainsi le préjugé défavorable à l'enseignement des techniques et l'estime accordée corrélativement aux disciplines spéculatives remontent à la distinction entre les humanités et les arts mécaniques ou serviles et à la hiérarchie de considération établie entre l'*otium* et le *negotium*. La société d'Ancien Régime, avec son idéal du « vivre noblement », a respecté cette échelle des valeurs et l'a transmise à notre société bourgeoise au XIXe siècle : le rentier met son point d'honneur à reproduire l'art de vivre de l'aristocratie d'hier. De même la ligne bien connue des historiens qui, de Saint-Malo à Genève, a départagé deux France pour la connaissance de la lecture et la pratique de l'écriture était inscrite depuis fort longtemps dans le sol et la culture.

Seconde expression de la continuité sous-jacente aux accidents de l'histoire : le retour périodique des mêmes grandes interrogations. Les questions que nous inclinons à croire d'aujourd'hui sur les finalités de l'enseignement, la place qu'il convient de faire aux disciplines nouvelles, la pédagogie la plus adaptée à la psychologie de l'enfant se sont posées à plusieurs reprises au cours des âges : elles se reposent aujourd'hui dans des termes modifiés par les changements sociaux, mais ce sont fondamentalement les mêmes. La répétition affecte aussi d'autres aspects de cette histoire : la revendication du pouvoir étudiant, le recours à la grève, la contestation de l'enseignement n'ont pas attendu le printemps 1968 pour faire irruption dans la vie des universités.

Ancienneté des traits les plus caractéristiques, récurrence des mêmes grands problèmes attestent la continuité profonde de cette histoire. C'est le propre de l'intelligence historique que de savoir lire, par-dessous les changements incessants qu'apporte la conjoncture, les lignes relativement immuables des grands phénomènes humains.

Il est une autre vérité capitale que le regard de l'historien met en évidence : le caractère spontané du phénomène. Le développement de l'enseignement au fil des siècles n'est pas d'abord le résultat d'une décision politique, le produit de la volonté des gouvernements, ou il ne l'est que tardivement, au dernier stade de son évolution. Les pouvoirs publics n'ont fait que consacrer, avec l'efficacité qui leur est propre, et en y appliquant les grands moyens dont ils disposent, un effort poursuivi au long des siècles par une floraison d'initiatives et dont on a le sentiment qu'il répondait à une aspiration profonde. Phénomène spontané, poussée populaire, volonté collective, appétit de connaissances, désir de savoir sont au principe de cette immense action qui vise à donner à tout homme une certaine maîtrise du savoir, du jugement et des moyens de s'exprimer. C'est bien l'œuvre de tout un peuple devançant les politiques.

L'histoire étant perception du changement tout autant que reconnaissance de la continuité, on ne s'étonne point que cette grande étude souligne la modification capitale qui intervient dans l'organisation de l'enseignement à partir du XIXe siècle : la relève de l'initiative privée par la puissance publique qui va imprimer une impulsion décisive à la croissance de l'institution. L'action des gouvernements, qui répond désormais à une attente de l'opinion et qui exprime un changement des mentalités, s'exerce de plusieurs façons. La loi vient consacrer ce qui existait auparavant pour lui conférer un statut, elle énonce l'instruction comme un droit des personnes et un devoir pour l'Etat. Passant du champ des phénomènes spontanés au domaine de la loi, l'enseignement s'institutionnalise et se généralise.

Il s'institutionnalise : des principes sont énoncés, des règles fixées, des programmes définis. Un effort gigantesque est engagé pour recruter et former des enseignants. Jadis le personnel était de provenance diverse, de niveau fort inégal et sa formation laissée au hasard : l'Etat ouvre désormais des écoles, organise des concours, recrute massivement pour faire face à la croissance des besoins. Celle-ci est la résultante et de l'obligation scolaire et de l'allongement de la durée de la scolarité, épaulée par la poussée démographique d'après 1945 : de quelques dizaines de mille l'effectif des enseignants de toutes catégories et de tous grades approche aujourd'hui du million d'agents. Parallèlement, l'enseignement s'est installé dans ses meubles : il dépendait autrefois de l'hospitalité d'autres institutions :

depuis un siècle il s'est doté de bâtiments qui lui appartiennent en propre ou qui appartiennent aux collectivités publiques, mais dont il est l'affectataire exclusif.

Qu'on songe au prodigieux effort de construction qui a dû être conduit pour que chaque commune ait son école ! Il n'est que d'ouvrir les yeux sur nos villes et nos villages : partout s'inscrit dans le patrimoine immobilier la trace des investissements consentis par la nation sous la IIIe République pour édifier écoles et lycées. L'expansion démographique qui débuta vers 1946 conduisit la IVe République à entreprendre un programme vigoureux de constructions scolaires.

Ces réalisations se trouvèrent fortement amplifiées sous la Ve République, en même temps que planifiées et rationalisées grâce à l'application – pour la première fois dans notre histoire – d'une carte scolaire prévisionnelle élaborée pour la détermination du réseau des collèges d'enseignement secondaire (CES), des collèges d'enseignement technique (CET) et des lycées. Répondant à un prolongement spontané des études au-delà du baccalauréat, en même temps qu'à une rénovation des moyens existants, la Ve République a poursuivi un effort comparable au bénéfice de l'enseignement supérieur. L'explosion de la population étudiante dont les effectifs ont quintuplé en deux décennies l'a imposé : la plus grande partie des bâtiments dont disposent nos quatre-vingts universités ont été construits dans les quarante dernières années. Le budget total de l'enseignement a crû jusqu'à devenir à certains moments le premier et à absorber le quart de l'ensemble des dépenses publiques, autant que la défense et la santé, illustrant la place prise par le service public de l'enseignement dans la hiérarchie des préoccupations et des charges dont l'Etat et le peuple acceptaient consciemment la responsabilité.

Après avoir accueilli ceux qui n'ont pas encore de métier, pour les y préparer, puis plus récemment ceux qui en ont un pour leur donner un complément de formation, voilà que les universités s'ouvrent au troisième âge, dispensent des enseignements et organisent des activités pour occuper le temps libre et satisfaire la soif de culture ou de divertissement de ceux qui n'ont plus d'activité professionnelle.

Le modèle scolaire est devenu le modèle universel. L'enseignement a imprimé sa marque sur toute la vie sociale. Il impose ses mœurs et ses rythmes à la société tout entière. Quantité d'institutions se modèlent sur lui et calquent son organisation ou ses méthodes : depuis les auto-écoles jusqu'aux stages de formation professionnelle. N'existe-t-il pas une école des Parents, des centres de préparation au mariage ?

Un signe, mineur, mais combien révélateur ! de cette influence : les vacances. C'est en grande partie à l'instar de l'enseignement que celles-ci ont été introduites et étendues pour les adultes. La société tout entière s'est coulée dans le moule des vacances scolaires : ce sont elles qui opposent aujourd'hui l'obstacle le plus insurmontable à toute tentative pour en étaler la durée. L'industrie, le service public, le tourisme sont en situation de dépendance à l'égard de l'institution scolaire pour l'organisation du temps au long de l'année. Non moins significatif le fait que tout un chacun raisonne plus en fonction de l'année scolaire que de l'année civile : la coupure des vacances d'été représente plus pour l'imagination que le changement de millésime ; à preuve la numérotation des trimestres qui emprunte souvent plus à la succession des trimestres scolaires qu'à celle de l'année légale. Par ce biais aussi l'histoire de l'institution enseignante et du système éducatif est une pièce maîtresse de l'histoire de la société globale.

Une mutation sans précédent

Même si, saisie globalement, l'histoire de l'enseignement à travers les âges manifeste une étonnante permanence dans les conceptions qui l'inspirent comme dans les caractéristiques de son organisation et jusque dans les questions qui se posent, tout n'est pas continuité dans son existence. Elle comporte aussi des changements, certains s'étalant dans le temps : telle l'institutionnalisation qui vient d'être relevée, à partir du XIXe siècle, ainsi que sa généralisation dont nous observons de nos jours les derniers accomplissements. La continuité n'exclut pas davantage les mutations brusques et les révolutions. De ces ruptures, les unes procèdent d'innovations techniques : l'invention du parchemin, puis du papier, la découverte de l'imprimerie et la substitution du livre reproduit en nombre illimité au manuscrit copié en un seul exemplaire ont, chaque fois, modifié profondément les conditions de la transmission du savoir et élargi les possibilités d'accès à la connaissance. D'autres révolutions ont trouvé leur principe dans l'apparition d'idées nouvelles sur l'homme et son intelligence.

Bien qu'il soit toujours hasardeux d'évaluer la portée d'un changement qui s'effectue sous nos yeux, faute de pouvoir en deviner les conséquences et les prolongements, il ne paraît pas excessif d'affirmer que nous assistons depuis quelques années aux prémisses d'une mutation dont la portée et la signification sont peut-être plus décisives encore que celles des bouleversements antérieurs. Ce qu'on appelle, d'un terme trop général pour être satisfaisant, la crise présente de l'enseignement n'est que la manifestation dans les consciences de cette grande mutation. Son importance mérite que nous lui accordions quelque attention.

Cette mutation est la résultante de changements dans les données objectives et d'une révolution des esprits, celle-ci n'étant peut-être que la conséquence et le reflet des premiers. Mais leurs effets s'additionnent. L'évolution présente remet en question tout à la fois la relation de l'enseignement au savoir, à la nation, à la société et ébranle les postulats sur lesquels reposait la confiance faite à l'institution enseignante par l'opinion commune.

Le premier facteur à avoir bouleversé les conditions traditionnelles, celui aussi qui se présente le premier à l'esprit, est d'ordre quantitatif : c'est le rapide et prodigieux accroissement du nombre des scolarisés. Relativement stable dans l'enseignement élémentaire depuis que le principe de sa généralité était devenu la règle au début des années 1880, il a crû dans des proportions inhabituelles dans l'enseignement du second degré, puis dans l'enseignement supérieur. L'expression utilisée pour qualifier la chose d'explosion scolaire n'a rien d'excessif : c'est bien d'une brusque dilatation incontrôlée – équivalence approximative de ce qu'est une explosion – que l'enseignement a été depuis trente ans le théâtre et la victime. Aucune institution ne peut subir pareille modification de son volume sans dommage, l'enseignement pas plus qu'une autre.

Le problème posé par cette modification statistique n'est pas seulement d'ordre numérique et, contrairement à une idée fort commune et qui inspire les critiques des partis et les revendications des organisations professionnelles, sa solution ne relève pas seulement d'un renforcement des moyens mis à la disposition de l'enseignement pour remplir ses fonctions.

Certes, l'augmentation de la demande a appelé une augmentation des moyens de toute sorte : recrutement élargi d'enseignants, construction de bâtiments neufs, budget plus abondant ; les moyens ont généralement suivi, avec retard, mais ils ont été progressivement fournis. Le problème principal est d'une autre nature : dans le cas de l'enseignement se vérifie la proposition qu'un changement d'échelle entraîne souvent un changement de nature. On ne s'adresse pas à l'ensemble d'une classe d'âge comme on faisait quand le collège ou le lycée n'en accueillait qu'une toute petite fraction : la massification de l'enseignement périme certaines méthodes, rend irrémédiablement caduque la pédagogie conçue pour une élite sociale et impose la recherche de procédés nouveaux, d'où l'importance d'une recherche pédagogique.

De surcroît, l'attente des intéressés, la nature des demandes des enfants et des parents ont, elles aussi, changé : jadis on espérait de l'enseignement une initiation à la culture, une éducation du goût, une formation du jugement ; la préoccupation de l'avenir professionnel ne jouait guère. La préparation à la vie adulte, la formation professionnelle ne comptaient pour ainsi dire pas dans la définition des programmes et des finalités. Aujourd'hui, parce que tous passent par l'enseignement et qu'il est la voie obligée pour trouver un emploi et entrer dans la société, la considération des carrières sur lesquelles il débouche devient prédominante. Le rapport s'inverse entre formation générale et formation professionnelle. Le débat est relancé sur les finalités de l'institution : son fonctionnement est écartelé entre les habitudes et les traditions d'une part, les pressions sociales et les exigences techniques de l'autre. Tout le système, de la base jusqu'au sommet, est de ce fait en porte à faux.

Il lui faut en outre compter avec des concurrents dont la plupart ont surgi récemment. Autrefois, l'Eglise, quand ce n'était pas elle qui en avait le contrôle, était la seule concurrente : concurrence qui tournait régulièrement en antagonisme ; il est rare que les dualismes ne dégénèrent pas en oppositions conflictuelles. La situation est aujourd'hui bien différente : l'école a cessé d'être un enjeu entre l'Etat et l'Eglise depuis que l'école privée, aidée par la puissance publique, est partiellement intégrée dans le service public par un système contractuel. Mais l'enseignement, public ou privé, est aujourd'hui éclipsé, doublé, supplanté, par un ensemble complexe de facteurs et de moyens qu'on regroupe sous l'appellation commune d'école parallèle. Expression à la fois inexacte et expressive. Inexacte parce que cette addition de forces ne constitue absolument pas un système organisé analogue à l'institution scolaire, mais expressive parce qu'elle souligne justement que cet ensemble exerce une action indépendante et parallèle. En font partie les media et singulièrement la radio, la télévision, le disque. Jadis, ces moyens n'existaient pas et ceux qui étaient en service ne touchaient guère l'adolescence : la lecture du journal quotidien, l'abonnement à une revue étaient le privilège des adultes. Tout au plus l'enfant ou l'adolescent était-il autorisé à regarder un hebdomadaire illustré pour son âge.

Aujourd'hui la jeunesse forme un des publics les plus fidèles de la radio et de l'enregistrement sonore : la chanson compte autant, sinon plus, pour la formation de la sensibilité et l'éducation du goût artistique que les tragédies de Racine ou les poésies de Lamartine. L'école a perdu le monopole qui était le sien pour l'éveil de la personnalité. Compte tenu de ce qu'on sait du nombre d'heures que les enfants passent devant l'écran de télévision, aussi élevé que le total des heures à l'école, il est licite de se demander si la télévision n'exerce pas sur eux une influence plus profonde que l'enseignement. Voilà l'institution scolaire découronnée du prestige que lui assurait son monopole dans la transmission du savoir et l'information sur le monde.

L'école parallèle englobe encore bien d'autres éléments : depuis la bande dessinée qui supplante le livre scolaire jusqu'aux mouvements éducatifs et aux maisons de la culture et de la jeunesse. A la combinaison triangulaire relativement simple qui définissait jadis le nombre des partenaires – l'enseignement, la famille, l'Eglise – s'est substituée une configuration à multiples participants. Comment le statut de l'enseignement et sa position dans la hiérarchie de la considération n'en seraient-ils pas profondément altérés ?

La relation traditionnelle qui unissait l'enseignement au savoir acquis est également modifiée parce que le savoir lui-même a subi une sorte de révolution dans sa constitution. L'enseignement avait pour mission première de transmettre la somme des connaissances qui s'était lentement et de façon très progressive amassée au cours des âges : l'exercice de cette fonction reposait sur la conviction que les leçons du passé étaient la meilleure des réponses aux interrogations de l'avenir.

Ce système de pensée a été profondément ébranlé par le progrès de la science qui périme les connaissances du passé : l'obsolescence rapide du savoir est un phénomène nouveau et qui ne peut pas ne pas avoir d'incidences sur l'enseignement qui a pour raison d'être de diffuser le savoir d'hier. La valse des programmes et la succession accélérée des manuels n'ont pas pour seules causes la frénésie de changement, les préoccupations mercantiles des éditeurs ou le désir des ministres d'attacher leur nom à une réforme. Ils trouvent leur origine profonde dans l'accélération du progrès scientifique qui entraîne un vieillissement précipité du savoir. Le renouvellement des disciplines, les changements introduits dans les matières opèrent des ruptures dans une institution dont le fonctionnement harmonieux exige sans doute des évolutions insensibles : l'enseignement des mathématiques et celui de la grammaire offrent deux bons exemples de ces césures brutales. La substitution des mathématiques modernes à l'enseignement traditionnel a imposé un recyclage des enseignants ; il a entraîné une cassure entre générations : des parents aux enfants, le langage a changé au point d'entraver la communication. Même phénomène avec la substitution de la grammaire dite structurale à celle qui avait été enseignée pendant des siècles.

Cette sorte de déclassement du savoir acquis n'est pas propre à l'enseignement : c'est un point d'application d'une transformation capitale dans les rapports entre générations et dans la représentation du passé. Alors que la sagesse s'acquérait par l'expérience et que les nouvelles générations n'avaient rien de mieux à faire que se mettre à l'école de leurs prédécesseurs, l'avenir se présente désormais sous des aspects si insolites que la connaissance du passé est plutôt un obstacle à sa compréhension. L'humanité a opéré un retournement : hier encore tournée vers le passé, elle en détourne son regard pour le porter en direction de l'avenir. Comment l'institution scolaire dont la nature était essentiellement conservatrice n'en serait-elle pas substantiellement troublée ? C'est le même problème que celui qui est posé à nos musées auxquels on demande aujourd'hui de ne plus borner leur rôle à conserver les vestiges de l'art du passé, mais d'encourager la création et de susciter l'apparition de formes nouvelles d'expression.

LA CONTESTATION DE L'INSTITUTION

L'attitude à l'égard du savoir constitué par les générations qui nous ont précédés et de l'expérience du passé n'est pas le seul point sur lequel l'enseignement participe à la remise en question des idées reçues : il subit le choc en retour de la crise qui frappe la société et de sa contestation.

Au cours des âges, l'école, en France, a entretenu des relations fort étroites avec l'unité nationale : par la diffusion de la langue commune au détriment des langues régionales ravalées au rang de dialectes ou dépréciées comme patois, par l'enseignement de l'histoire nationale, elle a puissamment contribué à la naissance d'une conscience unitaire et à l'affirmation de l'identité nationale. Elle l'aurait fait de toute façon par sa seule existence et par l'effet naturel de son action sur les intelligences. Mais son efficacité s'est trouvée grandement amplifiée par son étroite association avec le système administratif et le caractère fortement centralisé de celui-ci : l'uniformité des programmes et des manuels, l'unicité du personnel, la cohésion du service public ont modelé l'enseignement et à travers lui la population tout entière.

Au reste cette action s'est inscrite dans une politique délibérée : elle a répondu à un dessein volontaire sur lequel les fondateurs de l'école primaire se sont clairement expliqués. Dans l'esprit des républicains qui accèdent au pouvoir autour de 1880, la généralisation de l'instruction primaire et sa victoire sur l'enseignement confessionnel visent à parfaire l'unité nationale autant qu'à consolider le régime. Convaincus qu'il ne peut y avoir de nation unifiée sans référence à un ensemble de croyances et de valeurs communes, passionnément attachés à la grandeur de la France, ardemment désireux de lui épargner une seconde défaite, ils entendent travailler à fortifier l'unité nationale : l'école, autant que le service militaire universel, en sera l'instrument. Est-ce à dire, comme l'insinuent ou le proclament aujourd'hui les défenseurs des langues et des personnalités régionales, que le pouvoir central a pratiqué une politique systématique de destruction des identités historiques et imposé par la force, voire la violence, la langue et les institutions de la France du Nord ? Quelques esprits vont jusqu'à soutenir que la France s'est comportée comme on voit faire aujourd'hui à certains Etats totalitaires qui extirpent par la terreur jusqu'aux racines culturelles des minorités assujetties, et à parler de génocide ou d'ethnocide. Laissons ces outrances qui trahissent la méconnaissance des situations historiques et une utilisation contestable des comparaisons.

Il convient surtout de souligner que le grand mouvement d'unification poursuivi par l'école répondait au XIXe siècle, et jusqu'à un moment assez proche de nous, à une aspiration générale des populations : c'est moins la contrainte qui a assuré l'efficacité de l'enseignement que l'accord profond entre le désir populaire d'accéder à la plénitude des moyens d'expression et la vocation de l'école. On ne concevait pas alors d'autre moyen de s'élever au-dessus de sa condition, on n'imaginait pas d'autre voie pour devenir un citoyen à part entière que l'instruction, la même pour tous, la maîtrise de la langue commune, l'adhésion à la communauté nationale.

Solidaire de l'idée nationale dans sa phase ascendante, au temps de son édification orgueilleuse et confiante et des certitudes tranquilles, l'école l'est encore dans ses épreuves et ses incertitudes : participant hier à son rayonnement, elle subit aujourd'hui le contrecoup de son affaiblissement. Tel est un des aspects de la crise qui affecte aujourd'hui l'institution enseignante. La nation, longtemps révérée comme un absolu, voit sa réalité discutée, sa transcendance contestée de deux côtés opposés. D'une part, assure-t-on, l'heure est venue de dépasser l'étroitesse des frontières nationales et de former de grands ensembles politiques et culturels : confrontée à ces vastes entités, la nation apparaît comme une survivance d'un passé condamné. A l'enseignement voué à la conservation et à la transmission d'une culture nationale, la question se pose avec acuité de la validité de celle-ci au regard d'une culture européenne ou universelle : ne convient-il pas par exemple de substituer à une histoire toute centrée sur le passé national une vision universaliste qui aboutit à déclasser automatiquement la spécificité du passé national ?

Dans le même temps se dessine, à l'autre extrémité de la chaîne des collectivités, une résurgence agressive des personnalités régionales qui ne croient pouvoir retrouver leur identité propre qu'en combattant tout ce qui relève de l'unité nationale, langue, histoire, institutions : pour les militants de l'Occitanie, pour les partisans d'une Bretagne restituée à elle-même, pour les défenseurs d'une autonomie de la Corse, l'école est une ennemie dont il importe de combattre la désastreuse influence : n'a-t-elle pas été l'instrument du pouvoir central, l'agent docile d'une politique abhorrée ? En somme, la liaison privilégiée, qui fit longtemps la force de l'institution, entre elle et l'Etat et au service de l'unité nationale tend à devenir pour elle une hypothèque qui grève son autorité morale.

Une évolution analogue dans son principe s'est produite à peu près dans le même temps pour les rapports entre l'enseignement et la démocratie sociale.

Pendant des générations l'école apparut comme le symbole de la démocratie. Le droit à l'instruction pour tous les enfants de France était une conquête de la démocratie et l'expression du principe d'égalité. C'en était aussi la condition et le moyen de son instauration effective : l'uniformité de l'enseignement, la possibilité d'accéder par la réussite scolaire aux études supérieures, la substitution pour l'attribution des emplois élevés dans la fonction publique du recrutement par concours sélectionnant le mérite aux autres procédés qui reconnaissaient et pérennisaient les inégalités de la naissance ou de la fortune, établissaient cette égalité de chances sans laquelle l'égalité démocratique n'est qu'un principe abstrait.

Depuis quelques années, l'idée d'une alliance organique entre enseignement et démocratie est remise en question et l'efficacité présumée de l'école pour la réduction des inégalités sociales vivement contestée. Elle l'est principalement par des sociologues : se fondant au départ sur des enquêtes statistiques, ils croient observer que la mobilité sociale est des plus limitées. Infime serait dans les emplois supérieurs la part des hommes nouveaux ; les fils de famille s'y tailleraient la part du lion. Parce que l'accès à l'enseignement supérieur – grandes écoles plus encore qu'universités – défavoriserait les enfants originaires de milieux populaires et assurerait un avantage à ceux dont les pères appartiennent aux catégories supérieures, la population étudiante serait une pyramide à l'envers.

Loin de corriger les inégalités héritées de l'ordre social ancien ou qui résultent de la division des tâches, l'institution enseignante les consoliderait et les reproduirait : de la maternelle à l'enseignement supérieur, elle refléterait et confirmerait la structure fondamentalement inégalitaire de notre société. La critique sociale et politique, s'emparant des constatations du sociologue, suggère que la fonction sociale de l'enseignement est précisément de maintenir les inégalités : ce serait sa raison d'être ; il serait conçu à cette fin par la classe dominante qui s'emploie à en faire un instrument de sa domination. L'institution enseignante fait partie de ce que le jargon d'une certaine école appelle appareils idéologiques d'Etat. Dans le concert de ces institutions elle fait entendre une note originale et son action s'exerce selon des modalités à la fois plus subtiles et plus efficaces que les autres. Au lieu de recourir à la violence et d'exercer une coercition ouverte, elle agit par l'intériorisation dans la conscience de ceux auxquels elle s'adresse, des valeurs de la classe dominante : elle s'en fait ainsi, à leur insu, des alliés ou des créatures.

Ce renversement de perspective est capital et ses conséquences incalculables. L'enseignement, tenu naguère pour l'agent le plus efficace de la démocratisation de la société, jouissait de ce fait d'un préjugé favorable auprès de tous les esprits acquis au progrès : il est aujourd'hui dénoncé comme complice de l'inégalité et de l'injustice. Sa légitimité est atteinte, sa justification ruinée et la confiance qu'il inspirait ébranlée. Le malaise des enseignants trouve une de ses causes dans le soupçon qui est jeté sur l'utilité de leur rôle.

La malchance veut qu'on s'avise de l'impuissance de l'enseignement à corriger les inégalités alors que l'opinion tolère moins que jamais leur persistance. Jadis on s'en accommodait assez bien : à preuve on admettait que coexistent des enseignements compartimentés par milieux sociaux et à ce point cloisonnés qu'ils ne comportaient guère de points de passage de l'un à l'autre. Tel fut le système qui jusqu'à la seconde guerre juxtaposa un enseignement primaire prolongé par les cours complémentaires et les écoles primaires supérieures dont les meilleurs produits accédaient aux écoles normales qui les préparaient à enseigner à leur tour les générations suivantes, et un enseignement secondaire dont les classes élémentaires sélectionnaient dès le plus jeune âge les futurs élèves appelés à parcourir un cycle qui n'avait aucun point de rencontre avec le précédent.

Aujourd'hui, l'opinion ne tolère plus pareille ségrégation : elle réclame l'unité du système et l'uniformité de l'enseignement pour tous. Rien de plus révélateur à cet égard que de voir l'unification réalisée et achevée sous la Ve République par une majorité politique dont les ancêtres étaient jalousement attachés au maintien des distinctions. Or c'est au moment où le système scolaire semble sur le point de donner pleine satisfaction aux aspirations les plus exigeantes que l'esprit critique proclame son impuissance radicale à réduire les inégalités et affirme même que sa finalité secrète est de les pérenniser. La crise actuelle de l'institution est pour partie la conséquence de cette rupture des liens traditionnels entre elle et la démocratie.

La société en vient, en dehors des considérations politiques et idéologiques touchant le sens de l'enseignement, à s'interroger sur son utilité : autre révision déchirante d'un des postulats les plus anciennement acceptés. Quelle évidence paraissait plus indiscutable que la bienfaisance de l'instruction et les vertus de l'école ? Ouvrir une école, c'était fermer une prison. La diffusion des connaissances n'était pas seulement un acte de justice à l'égard des personnes qui ont un droit imprescriptible à bénéficier des progrès de la science, c'était aussi un investissement avantageux pour la collectivité. En encourageant l'enseignement, en organisant l'éducation, la puissance publique ne s'acquittait pas seulement d'un devoir, elle agissait dans l'intérêt de la nation. Aussi n'aurait-on plus trouvé au milieu des années 1950 une seule école de pensée, une seule formation politique qui ne souscrivît à l'idée que l'enseignement était « la priorité des priorités ».

Vingt ans plus tard, personne ne songeait à reprendre la formule à son compte. Le fait n'est pas propre à la

France. Dans tous les pays du monde, le fardeau des dépenses d'enseignement, qui tend à croître régulièrement du fait de la poussée démographique et de l'allongement de la scolarité, est devenu trop lourd pour les ressources des Etats : il a atteint un niveau qui ne peut être dépassé sans mettre en péril l'équilibre du budget ou entraîner des sacrifices douloureux sur d'autres fronts. Comment les gouvernements et l'opinion ne s'interrogeraient-ils pas alors sur la justification de telles dépenses, sur l'opportunité et la rentabilité de pareils sacrifices ? Le résultat en vaut-il la peine ? A quoi bon engloutir de telles sommes dans des actions dont l'efficacité n'apparaît pas toujours ? Que ce soit dans ce climat de doute et d'interrogation qu'un Ivan Illich dénonce l'école comme une contrainte stérilisante et préconise l'abandon de la scolarisation n'est pas purement fortuit. Le monde se pose la question : pour la première fois depuis le début des temps contemporains, on doute qu'il faille continuer de développer l'enseignement. Situation sans précédent qui justifie bien qu'on parle de mutation décisive. Les changements objectifs conjuguent leurs effets avec le mouvement des idées pour ouvrir une ère nouvelle dans l'histoire des rapports entre enseignement et société.

Les interrogations sur l'avenir

L'ampleur de la mutation explique le nombre et la gravité des problèmes posés à l'enseignement, sa nouveauté justifie l'incertitude et le désarroi qui en résultent. Il n'y a pas d'autre cause à la crise profonde qui éprouve présentement tout notre système éducatif comme au malaise des enseignants qui s'interrogent sur leur raison d'être.

La société elle-même est questionnée par cette transformation, même si elle n'y prête qu'une attention distraite et s'en tient à des appréciations sommaires. Elle seule a qualité pour trancher les questions pendantes, définir les missions de l'enseignement : laisser l'institution enseignante se fixer à elle-même ses tâches relèverait d'un corporatisme étroit. Outre que ce serait de la part des pouvoirs publics, des hommes politiques et de l'opinion un comportement de démission, cette attitude ne serait pas efficace. La crise de l'enseignement a ses origines et ses racines ailleurs que dans l'enseignement : elle est essentiellement le reflet de la crise qui affecte la société elle-même, met en question notre civilisation et ses valeurs, et notre système politique. Elle est le reflet de la crise de la démocratie : enseignement et démocratie ont en effet depuis un siècle au moins contracté des liens qui vont bien au-delà d'une alliance d'intérêts et d'une concomitance historique. Ils s'inspirent des mêmes postulats, se nourrissent des mêmes espérances : la démocratie a besoin, pour être autre chose qu'un simulacre, de citoyens instruits et capables d'exercer un jugement raisonnable, elle suppose aussi que tout homme dispose d'un bon sens qu'il suffit d'affiner. Or la pratique de la démocratie a conduit de nombreux esprits à douter de la validité de ces postulats.

La crise de l'enseignement ne trouvera donc sa solution et son dénouement que dans une perspective générale qui concerne tout ensemble la société, la culture et la démocratie. L'ampleur de la réflexion requise n'est pas une raison pour différer la recherche de réponses adéquates et pertinentes aux questions spécifiques posées par l'institution enseignante.

Ces questions sont étroitement liées les unes aux autres et leurs solutions solidaires : ce n'est pas pour en faciliter l'élaboration ni la mise en œuvre. Les divers ordres d'enseignement sont dépendants les uns des autres : l'enseignement supérieur est par exemple très fortement conditionné par ceux qui le précèdent et dont il reçoit les produits : réciproquement, les enseignements du premier degré sont naturellement tenus, depuis la prolongation de l'obligation scolaire jusqu'à seize ans, de prendre en considération le devenir scolaire des enfants qu'ils accueillent. Cette étroite interdépendance des segments successifs du système est accrue par les interactions et interférences qui se produiront inéluctablement entre les choix faits pour chacune des questions posées : ainsi la définition des finalités aura-t-elle des incidences sur la plus ou moins grande ouverture de l'enseignement supérieur. Cette interdépendance des questions ne doit pas être perdue de vue : elle n'est pas un obstacle à leur énoncé successif.

La plus fondamentale des interrogations porte sur les missions de l'enseignement. Question insolite : jusqu'à une date très récente, un consensus assez large entourait le rôle de l'institution éducative. Aujourd'hui, force est de constater que cette unanimité est rompue. En partie parce que s'est allongée la liste des fonctions dont la société attend que l'école les remplisse : le catalogue des missions que la loi d'orientation de l'enseignement supérieur assigne en son préambule aux universités constituées depuis 1968 en est un bon exemple. Aux deux missions traditionnelles – formation des étudiants et accroissement du savoir collectif –, elle en ajoute d'autres : formation des maîtres des autres degrés d'enseignement, animation culturelle de la région. La pratique y a ajouté la participation à la formation continue des adultes sous ses formes diverses, recyclage professionnel, élargissement de la culture personnelle. Sollicitées simultanément par une pluralité de tâches dont aucune n'est assurément étrangère à leur existence, qui présentent toutes un intérêt incontestable, dont la plupart exigent un effort croissant, les universités sont écartelées entre elles et réduites à conduire des actions dispersées avec des moyens dont le volume ne suit pas la progression des demandes.

Le législateur s'est contenté d'énumérer les missions et abstenu de définir des priorités ; l'administration centrale n'en définit pas davantage ; faute de recevoir de la nation des recommandations précises, les établissements s'épuisent à faire front et c'est ordinairement la modicité des possibilités budgétaires qui arbitre entre les missions et impose les choix que personne n'a su ou voulu faire en connaissance de cause.

Ramené à l'essentiel, le débat sur les finalités tient dans l'opposition – ou l'association – de deux termes : culture et profession. La discussion ne date pas d'aujourd'hui, mais elle a pris une dimension nouvelle. Culture : c'est-à-dire communication d'un savoir désintéressé, formation du jugement, acquisition des moyens d'expression. Profession : préparation directe à l'entrée dans la vie, apprentissage d'un savoir immédiatement utilisable et d'un savoir-faire, organisation des études en fonction du métier à exercer.

Certes, l'alternative n'est pas aussi tranchée que la présentation le donnerait à croire : la culture ne peut faire totalement abstraction des données de caractère technique et pratique et, à l'inverse, que serait une préparation à la vie adulte qui négligerait entièrement la formation de l'esprit et la maîtrise de l'expression ? Néanmoins l'alternative existe : la France l'a résolue depuis près de deux siècles pour l'enseignement supérieur par la juxtaposition de deux systèmes parallèles et sans aucune communication, les écoles et les facultés. Les premières se définissaient par leur finalité professionnelle, les secondes par une indifférence souveraine à l'égard du devenir social de leurs étudiants.

A cet égard, certaines facultés se rangeaient plutôt dans le camp des écoles et le vocabulaire en portait témoignage : écoles de droit ou de médecine. Aux écoles la responsabilité de préparer à l'exercice d'une profession par la communication d'un ensemble de connaissances tournées vers la pratique ; aux autres la transmission et l'enrichissement d'un savoir gratuit. Ainsi aux deux principales finalités de tout enseignement supérieur correspondait, terme pour terme, la coexistence de deux types d'institutions.

Cette formule de partage est aujourd'hui bouleversée et l'équilibre de fait qu'elle instaurait rompu. Viable aussi longtemps que l'enseignement supérieur n'accueillait qu'une fraction infime de la jeunesse, elle n'est plus acceptable quand il a la charge de 15 à 20 % d'une tranche d'âge. D'une part, en effet, les écoles sont incapables de recevoir une proportion constante d'une clientèle en expansion massive et, d'autre part, les universités seraient coupables ou criminelles de rester indifférentes à l'avenir professionnel des centaines de milliers d'adolescents qui viennent chercher un diplôme dont ils escomptent qu'il leur donnera accès à un emploi.

Voici donc celles-ci contraintes de modifier leur perspective et d'infléchir leurs programmes pour y introduire une dose de professionnalisation. Tendance accentuée, évolution précipitée par des facteurs extérieurs : les pouvoirs publics, auxquels l'extension foudroyante de l'enseignement supérieur impose une charge croissante pour le budget public, deviennent plus exigeants sur la rentabilité des investissements et font pression sur les universités pour qu'elles fournissent à la nation des cadres opérationnels. De surcroît, le renversement de conjoncture qui a brusquement mis fin en 1973 à la phase de prospérité qui avait heureusement facilité l'expansion considérable du système éducatif au cours des décennies 1950 et 1960 a modifié l'attente des usagers : les étudiants exigent avant tout des universités qu'elles les aident à trouver du travail.

Aussi, depuis quelques années, la professionnalisation s'est-elle considérablement accentuée dans des institutions dont la raison d'être était auparavant de préserver une culture désintéressée. Inéluctable, cette évolution n'est pas entièrement regrettable : elle présente plus d'un aspect positif. Elle favorise entre l'université et la société un rapprochement souhaitable, indispensable même. La société enseignante a trop longtemps vécu à l'écart et dans l'ignorance de la société globale. Il n'est pas sain que les enseignants vivent sur les préjugés que leur inspire leur inclination idéologique ou sur des clichés démodés. Leur enseignement, surtout s'il porte sur la société, ne peut que gagner à être informé par des expériences concrètes et irrigué par des relations régulières avec la vie active. Mais à condition de ne pas payer ce rapprochement d'un prix trop élevé : quel avantage pour la collectivité si les universités deviennent des écoles ? Il manquerait un type d'institutions dont la fonction est essentielle et irremplaçable : une nation a besoin de lieux voués à la réflexion libre, à la recherche sans souci d'applications immédiates, à la critique et à l'innovation.

Seules des universités partiellement affranchies de la préoccupation de la rentabilité et de l'efficacité définies en termes budgétaires ou de débouchés professionnels peuvent y pourvoir. Or l'évolution présente, qui est beaucoup plus la résultante de contraintes aveugles que le fruit d'une politique délibérée, ne tend à rien de moins qu'à effacer de notre pays cette sorte d'organismes. C'est dire l'urgence et l'impérieuse nécessité d'une réflexion d'ensemble et d'un débat à l'échelle du pays sur les finalités de l'institution enseignante.

Tous les autres problèmes, ou presque tous, en dépendent et leur solution découlera du parti qui sera pris sur les missions et les raisons d'être de l'enseignement. Ainsi de l'irritant problème de la sélection. Il concerne presque exclusivement l'enseignement supérieur puisque l'extension jusqu'à seize ans de l'obligation scolaire l'a tranché par la négative pour les classes d'âge inférieur. La situation présente et la réponse qui lui est donnée ne sont pas satisfaisantes : elles comportent une contradiction déconcertante et choquante entre le droit et le fait.

En principe, la sélection est exclue. En adoptant en 1968 la loi qui réorganisait profondément l'enseignement supérieur, le Parlement l'a explicitement écartée : le principe – ou la fiction – est maintenu que le baccalauréat, premier grade de l'enseignement supérieur, donne accès aux études universitaires et que tout bachelier a droit à entrer dans l'université de son choix. Dans la pratique, la sélection s'est furtivement introduite en quelques secteurs, puis étendue de proche en proche à tous ceux qui débouchent sur l'exercice d'une profession réglementée : après la médecine, un *numerus clausus* a été imposé aux études de pharmacie, puis d'architecture. L'ensemble des troisièmes cycles comporte aussi une limitation des effectifs. Enfin, l'abolition de la sectorisation, qui assurait une répartition relativement stable entre les universités de la région parisienne, a eu pour conséquence indirecte l'adoption par plusieurs établissements de procédures d'admission sélectives et limitatives en fonction d'effectifs déterminés à l'avance.

Comme toute réforme partielle, l'entrée en vigueur de ces mesures fragmentaires arrêtées sans plan d'ensemble, si elle a résolu les difficultés propres des filières directement concernées, a plutôt aggravé la situation de l'ensemble du système qui se trouve aujourd'hui partagé entre un secteur ouvert, d'accès libre, en conformité avec les principes généraux, et un secteur fermé dont l'accès est subordonné à des conditions variables et qui tend à s'étendre. La distinction entre les deux secteurs ne recouvre que partiellement la division entre écoles et universités. La coexistence aggrave les difficultés du secteur ouvert qui voit enfler ses effectifs sans pouvoir ni les limiter ni les orienter.

L'absence de toute sélection entraîne pour les universités de grandes difficultés pour ajuster à une demande mobile et imprévisible des moyens rigides et occasionne un gaspillage de ressources. Les deux tiers au moins d'un personnel de grande valeur, recruté avec un soin extrême, trié sur le volet, et qui est, lui, rigoureusement sélectionné, sont employés à encadrer une masse non sélectionnée, dont un quart ou un tiers disparaîtra au cours de la première année avant même d'avoir été l'objet d'une évaluation de ses aptitudes et de ses connaissances par une procédure quelconque d'examen ou de contrôle. Quel gâchis ! Ruineuse pour la collectivité, la situation n'est guère plus satisfaisante pour les étudiants qui n'ont aucune assurance que leurs études leur procureront un débouché et dont l'élimination se fait au gré des illusions perdues, par le découragement et l'abandon. Inavouée, la sélection par l'échec est la plus injuste et la plus immorale qui soit. Ne vaudrait-il pas mieux, tant pour les intéressés que pour l'institution, étendre la sélection qu'ont déjà expérimentée certains secteurs et instituer officiellement le principe que ne sont admis à faire des études supérieures que les seuls esprits reconnus aptes à poursuivre une scolarité ?

Evidence intellectuelle, formule tentante, le recours à la sélection achoppe sur deux obstacles pratiques. Le principe de toute sélection est à la fois quantitatif et qualitatif : proportionner d'une part le nombre des diplômés et par anticipation des étudiants admis à briguer les diplômes au volume prévisible des débouchés et discerner de l'autre les candidats les plus aptes. La réussite de l'opération implique donc la possibilité d'abord de calculer à l'avance l'évolution des besoins de la société en cadres qualifiés et suppose ensuite qu'on dispose de bons indicateurs des capacités individuelles. Or ni pour l'une ni pour l'autre de ces deux conditions n'existent les moyens nécessaires. Nous font défaut les instruments scientifiques pour supputer les capacités d'accueil des diverses filières professionnelles. Nous ne sommes pas moins démunis pour évaluer les dispositions personnelles et distinguer ceux qui sont doués pour faire des études supérieures de ceux qui n'y feront que perdre leur temps.

En l'état actuel, force est de convenir que toute sélection à l'entrée est une loterie et qu'elle ne donne pas de garanties pour l'avenir. Peut-être est-ce la conviction du caractère aléatoire de tout procédé de sélection qui, autant que la reconnaissance de leur utilité, a imposé les mathématiques comme instrument de sélection jusque pour l'admission à des filières qui n'y feront plus jamais recours ensuite. Prenant le relais du latin comme facteur de discrimination, l'enseignement des mathématiques exerce aujourd'hui une domination sans partage sur l'avenir scolaire et professionnel des enfants : au sortir de la classe de troisième, le professeur de mathématiques dispose d'un pouvoir quasi souverain pour la répartition entre les diverses séries. Le dommage ne serait pas considérable ni irréversible si les différentes séries entre lesquelles s'opère la distribution des futurs bacheliers constituaient un éventail dont toutes les composantes seraient de dignité égale et offriraient des possibilités comparables pour les débouchés. Or il n'en va pas ainsi : les séries s'ordonnent selon une échelle hiérarchique dont la dose de mathématiques mesure exactement la place.

Une discipline est ainsi le principe d'une différenciation sociale. Sur cet exemple, on vérifie, une fois de plus, l'interaction entre enseignement et société. Cet impérialisme des mathématiques n'est pas moins contestable ni préjudiciable à une heureuse organisation et à une répartition judicieuse des élèves et des étudiants en fonction de leurs aptitudes que le monopole jadis détenu par l'enseignement du latin. On commence heureusement à s'inquiéter des inconvénients de toute domination exclusive et à envisager d'y porter remède.

A défaut d'une sélection systématique qu'il ne paraît pas possible d'instaurer dans l'état de l'opinion ni souhaitable du fait de l'incertitude de nos informations, des dispositifs peuvent être mis au point qui évitent les conséquences les plus désastreuses de l'absence de toute organisation et du laisser-faire absolu.

Il faudrait combiner une meilleure orientation des intéressés, dont les choix continuent trop souvent de se faire au hasard des circonstances, au gré des rencontres, sur la nature des études envisagées, les capacités qu'elles requièrent, les débouchés qu'elles offrent, un resserrement des relations entre les établissements du second degré et ceux de l'enseignement supérieur, l'organisation par les universités des stages prévus par la loi pour les étudiants de première année et qui permettraient d'éprouver leurs aptitudes. De cette convergence de moyens et de préoccupations devraient vraisemblablement résulter une diminution des abandons en cours d'études et une réduction appréciable de l'élimination par l'échec qui est le signe d'un fonctionnement défectueux du système et la preuve d'une rentabilité médiocre.

Le cursus ordinaire devrait être complété parallèlement par la possibilité pour qui n'a pu suivre le cours des études classiques d'accéder à l'enseignement supérieur. Cette seconde chance offerte à tous est la compensation justifiée à la malchance, le correctif indispensable aux inégalités qui procèdent de la différence initiale des conditions ou des circonstances.

Quelques pas ont déjà été faits dans cette direction avec l'institution d'un examen spécial d'entrée à l'université, ouvert aux non-bacheliers, et avec l'expérience de l'université de Vincennes qui accueille, depuis sa création comme centre expérimental en 1968, plusieurs milliers d'adultes qui n'ont pas fait d'études. Surtout, l'instauration de la formation continue depuis la loi de 1972 a inauguré une transformation capitale et qui est peut-être appelée à modifier en profondeur le fonctionnement de l'enseignement supérieur. Au lieu que l'usage des universités soit, comme c'était le cas traditionnellement, réservé à une seule tranche d'âge, celle des dix-huit à vingt-cinq ans – situation qui apparaît à la réflexion étrange pour une institution à vocation universelle qui a statut de service public – elles ont commencé de s'ouvrir aux adultes en quête de culture ou désireux d'acquérir un supplément de qualification professionnelle.

A côté des étudiants de type classique passés directement de l'enseignement du second degré à l'enseignement supérieur, en plus de la nouvelle clientèle formée par les adultes sans passé universitaire et qui y viennent au titre de la formation continue, l'évolution du savoir et des techniques laisse prévoir un troisième public : celui des anciens étudiants qui viendront chercher à l'université un complément de l'enseignement jadis reçu et la mise à jour de leurs connaissances.

Le progrès de la science depuis quelques décennies est devenu si rapide, l'obsolescence du savoir acquis si précoce, qu'est devenu totalement caduc le postulat sur lequel reposait l'organisation des études supérieures depuis des siècles et qui régit la composition des programmes : au cours de ses quelques années d'apprentissage, l'étudiant emmagasinait tout le savoir scientifique et technique dont il aurait besoin pour sa vie professionnelle entière.

Cette idée d'un capital intellectuel fixe et acquis pour toujours, et sur les revenus duquel il était possible de vivre sa vie durant, est désormais aussi désuète que l'économie dont elle était la contemporaine : pas plus qu'une entreprise ne peut résister à la concurrence sans réinvestir régulièrement la majeure partie de ses bénéfices, il n'est pas davantage intellectuellement possible de ne pas entretenir et renouveler périodiquement son information. La formation dite initiale appelle donc comme un complément indispensable une formation récurrente. Seconde chance offerte à ceux qui ont manqué la première, la formation continue est aussi le prolongement normal de ces études elles-mêmes.

L'introduction de cette formation complémentaire aura à son tour des conséquences sur l'organisation de la formation initiale elle-même. Si, en effet, les étudiants sont appelés à revenir périodiquement à l'université, est-il encore nécessaire de leur enseigner pendant leur premier séjour la totalité du savoir et d'encombrer leur mémoire d'un bagage encyclopédique ? Pourquoi ne pas se concentrer sur l'essentiel : les principes généraux, les règles fondamentales, les méthodes, la connaissance des instruments de travail ? L'allégement des programmes initiaux rendra possible de raccourcir la durée des études désormais articulées avec l'expérience et la pratique : la pédagogie elle-même en sera modifiée.

Au terme de cette évolution qui a déjà commencé et dont on observe les premiers symptômes, l'institution universitaire aura subi une profonde transformation et ses rapports avec la société aussi en seront modifiés : elle ne sera plus cette société close, repliée sur elle-même, ignorante du monde, dédaigneuse des impératifs sociaux, ce ghetto d'adolescents et de professionnels de la transmission du savoir vivant en marge de la vie dite active ; comptant autant d'adultes que d'adolescents, s'adressant à des auditoires qui auront une expérience professionnelle, faisant appel pour l'enseignement au concours de praticiens qui la feront bénéficier de leur savoir pratique, elle entretiendra avec la société globale un système de relations réciproques qui inaugurera un chapitre nouveau de l'histoire de l'enseignement. On voit, avec ces élargissements, à quel point sont liées la définition des finalités de l'institution éducative et la détermination de ses publics.

Un autre débat a trait à l'objectif pédagogique. Toute éducation en vise concurremment deux qui peuvent entrer en contradiction : la formation de personnalités autonomes et l'intégration au corps social. Toute éducation trouve sa raison d'être et sa grandeur dans l'éveil de la personne : elle s'emploie donc à éduquer la conscience, à susciter la réflexion, à aiguiser l'esprit critique. Elle sera amenée en conséquence à faire appel à l'initiative de l'enfant.

Le groupe, la société attendent de l'enseignement qu'il leur prépare au mieux des citoyens, au pis des sujets, accessoirement des agents de l'activité économique, des producteurs, subsidiairement des consommateurs. La réussite sera jugée par eux sur l'adaptation et l'intégration : on la mesurera au degré de conformité de ses produits aux impératifs du groupe. Autonomie des personnes, favorisant l'épanouissement de leur diversité, ou intégration sociale, réduisant les différences ? Telle est l'alternative, qui se double d'une option entre les méthodes : confiance et spontanéité ou contrainte et compression ? A dire vrai, les deux alternatives ne sont pas totalement solidaires : pendant des siècles, l'éducation a tendu à la formation de personnalités libres en recourant à une pédagogie de contrainte et d'autorité.

Toute une école dresse aujourd'hui contre l'enseignement un réquisitoire sévère au nom de la liberté : il lui est reproché d'avoir étouffé les individus, de s'être mis au service du pouvoir, pour modeler des sujets obéissants, et des puissances d'argent, pour fournir à l'industrie une main-d'œuvre docile et disciplinée. On critique dans l'enseignement un système d'« enfermement » et on prend argument du phénomène massif aujourd'hui constaté de l'ennui scolaire pour conclure qu'il est bien une forme de la répression exercée par la société contre la liberté des individus.

Critique foncièrement injuste, qui méconnaît le rôle historique joué par l'institution enseignante : elle a été au cours des âges le principal instrument d'émancipation des collectivités et de promotion sociale des individus. Insuffisances et échecs ne sauraient effacer les résultats positifs. Reste que l'opinion commune est aujourd'hui plus sensible à l'envers et que de ce fait la question de l'objectif et celle de la pédagogie la plus adéquate à la finalité préférée se posent dans des termes renouvelés : que la présence à l'école puisse être aujourd'hui ressentie comme une forme d'enfermement est une donnée dont il faut tenir compte.

A la lumière de ce renversement de la psychologie, on s'interroge sur la validité de la prolongation de la scolarité : elle apparaissait hier encore comme un but indiscutable dont les effets ne pouvaient être que bienfaisants ; on doute présentement de ses conséquences et le législateur admet des dérogations en faveur de l'apprentissage traditionnel. Le mouvement est suspendu, peut-être même renversé, qui emportait les sociétés vers une scolarisation toujours plus étendue. D'autre part, l'expérience d'une pédagogie fondée sur la confiance et renonçant à toutes les facilités d'une discipline autoritaire n'a pas produit des résultats exclusivement positifs et de nombreux esprits se demandent s'il ne faudrait pas réintroduire certains types d'exercices et recourir de nouveau à certains contrôles. Il est vrai que les expériences d'autonomie se sont généralement surimposées à un système inchangé et qui continuait à ne laisser aucune initiative effective aux enfants : le système éducatif français présente cette particularité qu'il associe l'exercice le plus poussé de l'esprit critique et l'absence de toute occasion de prendre des responsabilités.

La crise actuelle de l'enseignement implique encore plusieurs autres grandes interrogations : sur le statut du service de l'enseignement et le degré de dépendance à l'égard de l'administration centrale comme sur la dose d'autonomie souhaitable pour les établissements ; sur l'étendue du pluralisme à l'intérieur de la communauté enseignante et la détermination éventuelle de valeurs communes.

Commune à toutes ces dimensions de la mutation présente, comme à toutes les composantes de la crise actuelle, une même évidence se dégage : l'intime solidarité entre l'institution enseignante et la société globale, pour le meilleur et pour le pire, dans l'un et l'autre sens. L'enseignement est à la fois le reflet et le négatif de la société à l'égard de laquelle il assume conjointement deux fonctions complémentaires : conservation et transmission des connaissances et des valeurs, mais aussi critique et invention. La mutation de l'enseignement est la conséquence des grands changements qui ont bousculé les habitudes, rompu les équilibres et modifié les structures. Ses doutes et ses incertitudes sont la transposition des inquiétudes et des critiques qui portent sur les fondements et le fonctionnement de notre société.

L'enseignement renvoie à la société une image de ses perplexités et de ses interrogations. C'est de la société qu'il doit aussi recevoir la réponse aux questions qui le concernent :. définition de ses finalités, détermination de ses critères, choix de sa pédagogie. Autant de problèmes de société, comme on dit aujourd'hui, que seule la société est en mesure de poser correctement et qu'elle a seule qualité pour trancher. En vérité, histoire de l'enseignement et histoire générale, ce n'est pas loin d'être tout un.

1981

René RÉMOND
de l'Académie française
Président de la Fondation nationale
des Sciences Politiques

première partie

L'ENSEIGNEMENT ET L'ÉDUCATION ANTIQUES

Ve SIÈCLE A.C.
Ve SIÈCLE A.D.

1

Gaulois et Grecs

DURANT les siècles qui vont des années 600 à 400 avant Jésus-Christ, arrivent de l'est du Rhin des peuples qui s'intitulent Gaulois. Ils s'installent dans ce qui va désormais s'appeler la Gaule. Certains d'entre eux, les Bretons, gagnent l'île qui devint alors la Grande-Bretagne, et d'autres enfin, appelés Gaëls, s'établissent en Irlande en 378 avant Jésus-Christ. Ces communautés celtes ignorent tout des grandes civilisations méditerranéennes. Leur seul point de contact avec le monde hellénique est Marseille, la première ville fondée en Gaule en 600 avant Jésus-Christ par des Grecs de Phocée. Quand Gaulois et Grecs se rencontrèrent, alors s'opposèrent deux conceptions différentes de l'enseignement et de l'éducation. Malgré les maigres renseignements que nous avons sur ce sujet, il est déjà possible, en effet, de s'apercevoir que cette société tribale reposait au moins sur quelques grands principes : l'existence d'une caste spéciale d'enseignants, l'entraînement à la guerre et la paternité adoptive, toutes choses ignorées des mentalités helléniques.

La structure de la société gauloise, et même celtique en général, laisse apparaître, comme d'ailleurs chez tous les peuples indo-européens, une tripartition fonctionnelle : des prêtres qui possèdent la science, des guerriers qui cultivent la violence et des paysans qui prennent soin de toute semence. César nous explique fort bien ce schéma idéal quand il décrit dans sa *Guerre des Gaules* les trois distinctions sociales qui caractérisent ce pays : les druides, les chevaliers et le reste du peuple.

Une caste d'enseignants : les druides

Les druides « s'occupent des choses de la religion, ils veillent à l'observation des rites dans les sacrifices publics et privés, règlent les pratiques religieuses. Un grand nombre d'adolescents viennent à eux pour s'instruire et ils sont très honorés ». Leur prestige naît en effet de leur autorité dans le domaine de la justice, ce qui nécessite donc chez eux la connaissance et, par conséquent, l'apprentissage du droit. « Au-dessus de tous les druides s'en tient un qui possède la plus haute autorité. Si parmi eux quelqu'un se distingue particulièrement, il lui succédera après sa mort ; mais si les mérites sont égaux, le principat dépend du suffrage des druides et parfois d'une lutte armée. A une date fixe chaque année, ils tiennent leurs assises en un lieu consacré dans le pays des Carnutes considéré comme le centre de la Gaule. » Certains situent ce lieu sacré en Sologne, au lieu-dit Chassis sur la commune de Neuvy-en-Suillias où fut découvert un magnifique trésor gaulois. « Quant à leur doctrine, on pense qu'elle est née en Grande-Bretagne, et qu'actuellement (au Ier siècle avant Jésus-Christ) ceux qui veulent s'en pénétrer profondément s'y rendent pour ce faire. » En effet, la même éducation s'y pratiquait et s'y maintint jusqu'à la christianisation aux Ve et VIe siècles après Jésus-Christ. Les druides ne font pas la guerre et sont exempts d'impôt. Aussi, « attirés par de si grands privilèges, nombre de gens viennent spontanément à eux pour s'instruire et beaucoup d'autres se trouvent envoyés par leurs parents ou leurs proches. On dit qu'ils apprennent par cœur un grand nombre de vers ».

Ici, César confond les druides avec les bardes, une sous-caste de druides, spécialisés dans les chants religieux ou guerriers composés en vers assonnancés. C'est ainsi que les mythes explicatifs parvenaient jusqu'au peuple, que les généalogies des grandes familles, leurs origines et leurs hauts faits se répandaient. Ces bardes apparaissaient comme la mémoire du peuple. Ils se maintinrent longtemps en Irlande avec le titre de filid. En Bretagne armoricaine, région la moins romanisée de toute la Gaule, ils durent survivre longtemps après César. Ces maîtres en sciences profanes étaient classés en fonction de leurs capacités de mémorisation, en dix degrés, depuis celui qui savait par cœur sept histoires jusqu'à celui qui en savait trois cent cinquante ! Ils les chantaient devant les assemblées tribales qui vérifiaient ainsi leurs connaissances en versification, en droit, en magie, en musique. Plus un barde gravissait les degrés de la hiérarchie et plus il voyait s'élever le montant de son salaire, calculé en têtes de bétail.

César avait d'ailleurs fort bien compris l'exclusivisme et l'élitisme de ces deux enseignements purement oraux, celui des bardes comme celui des druides. « Aussi y en a-t-il qui restent là vingt ans pour étudier. Ils pensent qu'il est interdit par la religion de confier leur connaissance à l'écriture alors qu'en ce qui concerne les affaires, les comptes publics et privés, ils se servent de l'alphabet grec. » Effectivement, des inscriptions gauloises en caractères grecs du temps de l'indépendance ont été découvertes. « Cet usage oral me paraît voulu pour deux raisons, note César. Ils ne veulent pas voir divulguer leur doctrine, ni leurs élèves, se fiant à l'écriture, cultiver moins leur mémoire : ce qui arrive généralement lorsque l'usage des textes écrits entraîne à moins apprendre par cœur et à négliger sa mémoire. » César oppose ici l'enseignement primitif des peuples analphabètes à ceux qui pratiquent l'écriture comme les Romains et les Grecs.

Druides et bardes étaient donc maîtres du savoir par la parole et le chant. Ils enseignaient aux Gaulois qu'ils venaient de *Dis Pater*, le dieu de la mort, et que leur âme immortelle émigrait après le décès de chacun dans un autre corps. Les premiers se spécialisaient dans le sacrifice, l'astronomie et ce que Strabon appelait « la partie morale de la philosophie ». On comprend donc que le terme de druide (dru-id) ait signifié très sage, très savant. Les bardes, eux, récitaient des chants sacrés et des poèmes, tandis qu'une troisième catégorie, les devins, se spécialisait dans certaines cérémonies sacrées et les sciences de la nature. Il y avait probablement parmi ceux-ci des femmes chargées de deviner l'avenir. Ce fut certainement le cas de la femme découverte dans un tumulus à Vix au milieu d'un ensemble d'objets liturgiques païens dont le célèbre cratère de bronze d'un mètre soixante de haut. Jusqu'ici on considérait ce cratère comme un cadeau diplomatique fait par des marchands grecs à une tribu gauloise chargée de surveiller le passage de la route de l'étain près des sources de la Seine en direction de la Grande-Bretagne. Mais depuis les découvertes de Félix Bourriot, une nouvelle interprétation s'est imposée. La princesse enterrée dans ce tumulus serait en réalité une prêtresse, experte en art divinatoire. Sa mission religieuse et éducative était de faire passer la violence divine de la vertu guerrière dans les âmes et les corps des soldats de sa tribu.

Pour ce faire, elle sacrifiait des prisonniers de guerre montés sur un escabeau et disposés auprès de ce vase. Après les avoir égorgés sur le rebord, et selon les dessins laissés par le sang coagulé sur les parois intérieures, elle prédisait l'avenir ou l'issue du prochain combat, aspergeait ensuite les autels avec un goupillon trempé dans un mélange de vin et de sang et, buvant de ce liquide, elle vaticinait devant les guerriers. Le chaudron celtique de Gundestrup révèle que cette pratique était habituelle chez les Gaulois. On y voit, d'une manière très stylisée, une prêtresse renversant un homme contre une grande vasque. Il s'agit bien d'une scène de sacrifice humain comme la prêtresse de Vix dut en pratiquer souvent.

En 69 après Jésus-Christ, lors d'une des dernières révoltes contre Rome, celle de Civilis dont on ne sait si sa tribu était gauloise ou germanique, ce chef fut soutenu par Velléda. Ce nom, rendu célèbre par Chateaubriand, est en réalité un nom commun à travers lequel transparaît celui de *file* au masculin, *filida* au féminin. « Cette vierge exerçait un pouvoir étendu conformément à une antique coutume... qui prête à beaucoup de femmes le don de prophétie. L'autorité de Velléda grandit car elle avait prédit... l'anéantissement des légions. » C'était une prêtresse faisant partie d'un groupe de druides probablement, une de ces femmes aux connaissances et aux pouvoirs mystérieux et qui interprétait les sacrifices humains sous l'autorité des druides.

Cette caste cléricale exerçait donc un terrible pouvoir grâce à cet immense savoir. Elle pouvait condamner au bannissement ceux qu'elle tenait pour coupables d'impiété, peine beaucoup plus grave que celle de la mort. Son autorité était d'autant plus redoutée qu'elle gardait secrète toute une part de son redoutable savoir auquel elle donnait une forme ésotérique grâce à un langage codé. Cette langue n'a pas survécu, mais elle était certainement proche de l'écriture oghamique des Irlandais dont les signes pouvaient être chargés d'un sens différent selon la cryptographie adoptée.

Considérant que la connaissance venait du dieu Lug, l'inventeur des arts, les Gaulois célébraient sa fête chaque année, ou tous les trois ans, le 1er août. Elle était l'occasion de jeux et de tournois d'éloquence ou de poésie. Elle fut autorisée par Auguste, Caligula et Claude au Ier siècle après Jésus-Christ, et se déroulait près de l'ancien sanctuaire de Lug, Lug-dunum, la forteresse de Lug, aujourd'hui Lyon, au confluent de la Saône et du Rhône. Là, l'autel fédéral de Rome et d'Auguste voyait arriver les délégués des soixante et quelque tribus de toute la Gaule venus donner des preuves de leur fidèle respect envers l'empereur.

Certes Caligula, en 39, avait imposé un concours en grec et en latin. Mais les règles restaient probablement celles de l'ancien concours gaulois. Les vaincus devaient composer l'éloge du vainqueur en vers ou en prose et fournir le prix qui revenait à l'auteur du meilleur éloge. L'auteur de la composition la plus faible était tenu de l'effacer de son ardoise avec une éponge ou sa langue, et pouvait même être battu à coups de bâton ou précipité dans le fleuve.

Tous les auteurs romains signalent l'engouement des Gaulois pour l'éloquence politique ou l'envolée poétique. Par le biais des druides et des bardes, ils se passionnèrent pour les arts libéraux dès leurs premières rencontres avec les Marseillais. Il faut attendre cependant le Ier siècle avant Jésus-Christ pour en avoir la preuve. Selon Strabon, à Marseille, « tous les citoyens de bonne famille s'adonnent à l'art oratoire et à la philosophie, au point que leur cité servait tout récemment d'école pour les barbares et qu'elle faisait des Gaulois des philhellènes ; ce n'est pas seulement le fait d'individus isolés, mais véritablement un goût public : ils accueillent des sophistes qui sont rétribués les uns par des particuliers, les autres par le trésor public, et aussi les médecins ». Ainsi les Gaulois n'adoptèrent-ils, au temps de leur indépendance et même après, que ce qui flattait et permettait unc culture purement verbale.

L'ÉDUCATION DU GUERRIER

De plus, cet enseignement druidique paraît avoir été réservé principalement à la deuxième caste, celle de la noblesse guerrière, ce que César appelait les chevaliers, c'est-à-dire les combattants utilisant le cheval. Comme chez toutes les peuplades issues de la Germanie, l'éducation à la violence guerrière fut certainement primordiale : « Il y eut un temps, dit César, où des Gaulois l'emportaient en bravoure sur les Germains, où c'étaient eux qui leur portaient la guerre et qui, par suite de leur nombreuse population et de l'insuffisance des terres cultivables, envoyaient des colons au-delà du Rhin. » Certes, cela ne dura qu'au cours des premiers siècles de leur indépendance, puisqu'une des causes de la conquête romaine fut l'appel des Gaulois aux Romains pour les défendre contre les Germains devenus trop belliqueux. Mais il n'empêche que demeurèrent longtemps chez eux des pratiques qui visaient à ne mettre en honneur que le courage et le mépris de la mort.

Les druides par leur enseignement, les prêtresses par l'exaltation consécutive aux sacrifices humains, transformèrent la mort en un simple fossé qu'il suffisait de savoir sauter. Ainsi s'explique le fait qu'ils aient poussé des guerriers gaulois à combattre nus, s'offrant ainsi en véritable sacrifice au dieu de la guerre afin de rendre la tribu victorieuse. Ils leur enseignaient une technique d'exacerbation des sens qui permettait au guerrier de provoquer l'adversaire d'abord par une danse sauvage, accompagnée d'un chant ; nu, les armes à la main, l'homme finissait par entrer dans un état de fureur guerrière qui le poussait à ouvrir largement la bouche, tirant une langue énorme jusqu'à faire entrevoir le fond de la gorge et même quasiment (dans son esprit) le fond de son cœur. Cette férocité ainsi exhalée était perçue par les Gaulois comme une manifestation du dieu infernal chthonien dévorant comme à l'avance l'ennemi. Cette technique de possession divine rendait ainsi à leurs yeux le guerrier invulnérable et invincible.

Il en reste de nombreuses traces dans l'inconscient collectif. Chimères et dragons sortant une langue démesurée symbolisèrent longtemps ces états de fureur destructrice et maléfique. Le folklore français conserva, lui aussi, par le biais des romans celtiques et bretons, comme *Tristan et Iseut*, le souvenir des sauvages Gaulois coupant la tête de leurs ennemis et, surtout, mettant la langue à part. La légende de la bête à sept têtes en est un exemple bien connu, puisque le véritable vainqueur du monstre est découvert grâce aux sept langues qu'il avait soigneusement conservées. Le symbolisme de la langue dans l'éducation gauloise est donc, au strict sens du mot, capital. Siège de la vertu belliqueuse, elle est aussi, par la parole qu'elle émet, créatrice de l'éloquence politique, porteuse de messages, annonciatrice de prophéties et moyen privilégié d'exacerbation des pulsions homicides.

Ainsi druides, bardes et prêtresses apprenaient aux jeunes aristocrates, la fleur des guerriers, à « craindre les dieux, à ne rien faire qui ne soit noble et à s'exercer aux qualités viriles ». Ceux-ci devaient apprendre à se battre sous la direction des anciens, ce qu'une phrase bien comprise de César souligne lorsqu'il dit que les Gaulois « n'admettent pas d'être abordés dans un lieu public par leurs propres enfants, avant que ceux-ci soient en âge de porter les armes ; ils estiment honteux qu'un fils encore enfant se tienne en public sous les yeux de son père ».

Il fallait donc être considéré comme un guerrier adulte ayant voix à l'assemblée tribale et, pour cela, être passé par toute une formation. De même qu'il fallait vingt ans à l'apprenti druide pour être totalement initié, il devait exister aussi une véritable initiation pour ces guerriers en herbe que sanctionnait un rite de passage. Ces collèges de jeunes sont en effet courants dans toutes les sociétés indo-européennes, et c'est peut-être à eux que l'historien Polybe faisait allusion lorsqu'il parlait des hétairies des Celtes. Ils continuèrent très certainement sous la domination romaine, car, lors d'une révolte gauloise à Autun en 21 après Jésus-Christ, Sacrovir les fit armer contre Rome. Dans cette ville où « les plus nobles enfants des Gaules étudiaient les arts libéraux », Sacrovir « distribua en même temps à la jeunesse des armes fabriquées en secret ». Ainsi l'école romaine prenait-elle la suite de l'enseignement des druides et la noblesse gauloise continuait à faire s'entraîner les jeunes gens aux exercices physiques et militaires, puisqu'ils ne possédaient pas d'armes et qu'ils surent manier celles qu'on leur distribua.

Il est difficile de savoir comment cet entraînement se faisait. La chasse aux sangliers avec des épieux et des coutelas en était probablement la première forme. Le dressage des chiens, et peut-être aussi des faucons, constituait un apprentissage lent et difficile où le jeune Gaulois apprenait à lâcher la bête sur la proie de manière à faire se déchaîner toutes ses forces sauvages au meilleur moment. D'ailleurs, les Gaulois importèrent jusqu'à la fin de l'Empire romain des chiens de chasse de grande race depuis l'Irlande. Ils les utilisaient aussi à la guerre pour les lancer contre leurs ennemis. De même, ils apprenaient à se servir pour la chasse à l'oiseau d'une espèce de javelot qui se lançait sans propulseur et qui allait plus loin qu'une flèche. Ils s'en servaient également en bataille rangée.

Ainsi la lutte menée contre les animaux permettait-elle de mieux affronter les hommes. La chasse préparait à la guerre. Il en résultait une sauvagerie et une barbarie qui frappèrent beaucoup Grecs et Romains.

Au retour de la bataille, ils suspendaient à l'encolure de leur monture les têtes de leurs adversaires. Ils en clouaient d'autres devant les portes. Ils embaumaient même les têtes des chefs de leurs ennemis à l'huile de cèdre et les exposaient dans leurs temples. Ainsi exaltaient-ils la violence pour que leurs jeunes gens devinssent des guerriers émérites.

L'embonpoint leur était interdit, et quiconque négligeant l'exercice physique voyait son tour de taille dépasser la mesure permise se trouvait sévèrement puni. Enfin, comme toujours dans ces milieux de compagnonnage militaire, il était normal que ces jeunes adolescents se prodiguassent mutuellement leurs charmes, car le désir de se montrer digne de son amant ne pouvait que pousser l'aimé à l'éblouir par son audace et sa force. L'amour pédérastique poussait ainsi à l'exaltation des forces physiques. De plus, il devait exister des jeux sportifs ou guerriers, du genre des courses de chevaux ou des combats de gladiateurs, auprès des sanctuaires religieux où se déroulaient de grandes fêtes solennelles, car une espèce particulière de combattant, appelée en gaulois *crupellaire*, portait une cuirasse de fer lui couvrant tout le corps. Des esclaves sans cuirasse destinés à ces duels inégaux terminaient leur vie sous les yeux exaltés des spectateurs, ce qui n'était pas sans entretenir le goût du sang au milieu de ces festivités sauvages.

Nous ignorons l'âge auquel commençait et finissait l'adolescence aux yeux des Gaulois, de même que nous ne savons pas quand l'enfant se trouvait séparé de sa mère. En revanche, nous pouvons préciser comment la société celtique et gauloise prenait soin de l'enfant.

La paternité adoptive

Au contraire de Rome qui ne connaissait d'éducation de l'enfant que dans le foyer familial ou bien, dans l'aristocratie, le passage d'une famille dans l'autre par l'adoption, la société tribale gauloise et celtique pratique la mise en nourriture de l'enfant sous la direction d'un véritable père de remplacement. L'usage existait chez tous les hommes libres, mais tout particulièrement chez les nobles. Ceux-ci étant polygames avaient donc de nombreux enfants et les plaçaient, pour éviter des rivalités chez des pères nourriciers qu'ils payaient. Le prix dépendait du rang du père naturel. Le placement devait se faire avant l'âge de sept ans. Les garçons de rang libre apprenaient à garder les troupeaux, à peigner le chanvre ou à couper du bois, les filles à tourner la meule du moulin, à manier le tamis ou à faire sécher les céréales. La jeune fille noble apprenait exclusivement la couture et la broderie, le jeune noble devait pratiquer l'équitation, le jeu d'échecs, la chasse et la natation.

Les nourriciers pouvaient élever ensemble plusieurs enfants, frères utérins ou frères de lait. La pratique de la nourrice jusqu'à l'âge de trois ans existait aussi. Nous retrouvons ici ces compagnonnages de jeunes cités plus haut. Dans de nombreux cas, l'enfant était même placé dès sa naissance chez un père et une mère nourriciers, appartenant souvent à la branche maternelle de la famille naturelle. Lorsque des chefs de tribu nourrissaient ainsi plusieurs jeunes, se créaient, de cette manière, de véritables troupes armées qui les servaient et dont réciproquement ils défendaient les intérêts avec passion, surtout lorsque leurs protégés revenaient chez leur père naturel pour réclamer leur héritage.

Véritable parent de remplacement, le père nourricier faisait de même à l'égard d'enfants trouvés ou d'orphelins. Assurant la nourriture du corps et de l'esprit, il donnait donc une solide formation professionnelle, mais d'une manière différente de celle du druide qui initiait en tant que maître le futur druide à ses connaissances et prodiguait son expérience humaine, ses dons oratoires et le savoir nécessaire à ses élèves nobles. Ainsi la famille était donc nombreuse, diversifiée et complexe. En séparant la fonction de géniteur de celle d'éducateur, on faisait entrer dans la famille charnelle de véritables groupes de « parents » qui l'élargissaient sans cesse. Les liens affectifs finissaient probablement par être plus forts avec les parents nourriciers qu'avec le père et la mère naturels. Ces tribus qualifiées de barbares par les civilisés méditerranéens marquaient sur eux un point fondamental dans l'art de l'éducation : la paternité et la maternité ne sont pas l'œuvre exclusive de ceux qui mettent l'enfant au monde. Le père et la mère ne possèdent pas *ipso facto* l'aptitude nécessaire à bien élever leur rejeton. Le géniteur n'est pas forcément le meilleur éducateur.

Ces liens particuliers de « paternité supplémentaire » comme disait l'historien français Marc Bloch, de paternité nourricière serait-il plus juste de dire, se concrétisaient jusque dans la guerre, but suprême de toute éducation virile. César en donne encore un exemple à propos des opérations contre les Aquitains. L'un de leurs chefs, Aduatuanus, avait « deux cents hommes à lui tout dévoués, appelés soldures, dont la condition était de partager avec celui auquel ils ont donné leur amitié, tous les avantages de la vie, mais si quelque malheur lui arrivait, de supporter le même sort ou de se tuer eux-mêmes. Il ne s'en est trouvé aucun, de mémoire d'homme, pour refuser de mourir, quand meurt celui à qui ils ont voué leur amitié ». Ainsi ces soldures qui se considéraient comme des fils adoptifs de leur chef lui donnaient en échange de sa protection et de ses biens un véritable droit sur leur vie. Ces relations d'affection étaient issues des liens créés par ce père de remplacement qu'était le chef, l'éducateur qui apportait par sa personne, ses aptitudes et ses biens, sécurité et raisons de vivre ou de mourir.

Si insuffisantes que puissent être nos connaissances en ce domaine, quelques faits dominants émergent donc à partir des pratiques de l'enseignement et de l'éducation dans la Gaule pré-romaine. Ignorant, ou presque, l'écriture, les Gaulois orientent leurs jeunes vers un seul but quasi obsessif : la survie au sens matériel et métaphysique du terme. C'est pourquoi druides, bardes, prêtresses et pères nourriciers cherchent à la fois à conserver pour détruire et vice versa ; dans une interaction constante le sacré propulse la violence, la parole qui convainc excite le geste qui tue. Le culte de la mémoire et du muscle offre les raisons et les moyens de vivre. Ainsi tout est-il ordonné à la relation en groupes et en troupes par le primat d'un savoir verbal exaltant les forces sauvages de l'homme. Cette étroite relation entre la culture et la guerre va être brisée par les Romains pour qui l'enseignement doit être un déploiement des facultés de l'homme et non son ensauvagement.

2

Le modèle romain
Ier siècle A.C.
Ve siècle A.D.

L'INSTALLATION du pouvoir romain d'abord en Narbonnaise en 121 avant Jésus-Christ depuis Toulouse jusqu'à Lyon et Vintimille, puis en 50, après les campagnes de César, jusqu'aux bords du Rhin, se traduisit essentiellement par la recherche de ce qui fut appelé plus tard la *pax romana*, la paix romaine. Elle impliquait une tout autre conception de l'enseignement et de l'éducation. Les Romains, peuple de paysans qui aspiraient à jouir des fruits de la terre, distinguaient deux temps dans la vie : celui du loisir *(otium)* où l'on peut se livrer aux plaisirs de la vie (ceux du corps, de l'esprit et du cœur) libérés de toute nécessité extérieure, et celui du travail considéré comme une absence de loisir d'où l'expression de *neg-otium* (non-loisir), de négoce au sens primitif du terme, d'activité fatigante, source de contraintes et d'épuisement surtout dans un pays où la terre ingrate réclame d'incessantes façons.

Aussi l'enseignement et l'éducation font-ils partie, selon le génie romain, du domaine du travail pénible. De même qu'il faut retourner la terre afin qu'elle soit bien cultivée, de même il est nécessaire de labourer l'esprit de l'homme afin qu'il porte les fruits succulents de la culture dont chacun peut jouir durant ses loisirs. Selon le rapprochement saisissant qu'en fait Cicéron, la culture de l'esprit *(cultura animi)* et la culture des champs *(cultura agri)* ne sont qu'une seule et même conquête de la nature par le travail. Le processus éducatif consiste donc à tirer *(educere)*, d'où vient le mot éducation, à extraire littéralement de sa nature sauvage les meilleures possibilités aptes à faire vivre l'homme de manière sociale, c'est-à-dire différente des bêtes et des végétaux qui forment un monde brut, sauvage *(rudis)*. L'*eruditio* (dont nous avons tiré érudition, érudit, etc.) est alors une entreprise de dégrossissement du barbare ou de la brute, un véritable défrichement de l'homme pour faire prédominer en lui le cuit sur le cru, la vie urbaine sur le monde agreste, l'esprit policé (de *polis*, mot grec qui désigne la ville) sur la rudesse agreste, la paix sur la violence, etc.

Cette simple étude de mots laisse apparaître déjà le projet humaniste romain. L'éducation et l'enseignement sont une conquête de l'homme pour le faire passer de la nature à la culture. Ainsi, dès le départ, il y a incompatibilité entre les conceptions gauloises et celles de Rome. C'est pourquoi il nous faut d'abord montrer comment les druides disparurent pour mieux saisir ensuite le projet pédagogique gréco-latin. Sa mise en application en Gaule durant le Haut Empire nous permettra de mieux comprendre la réussite du modèle classique romain, son triomphe et la fascination qu'il exerça notamment durant l'Empire tardif au IVe siècle après Jésus-Christ, jusque sur la pensée chrétienne qui apportait cependant avec sa nouvelle vision de l'homme une tout autre conception éducative.

La disparition des druides et de l'éducation gauloise

Auguste, au cours de ses nombreux voyages en Gaule entre 27 et 8 avant Jésus-Christ, posa les fondations du nouveau système. Il comporte deux mesures essentielles : interdiction des cultes druidiques aux citoyens romains et création d'un système administratif urbain reposant sur la langue latine. Instruit par les nombreuses révoltes gauloises, l'empereur considéra que l'une des causes en était l'influence des druides sur la noblesse. Il interdit leur activité, et Drusus tenta de remplacer leur réunion annuelle chez les Carnutes par la création du sanctuaire fédéral de Lyon dédié à Rome et à Auguste, où se réunirent les représentants nobles des cités gauloises sous la présidence d'un grand prêtre. J'ai déjà dit l'importance éducative de cette réunion, à la fois cultuelle et culturelle, dans un grand théâtre, destinée à accentuer la réconciliation des Gaulois avec leurs conquérants.

Cependant, les résultats ne furent pas immédiats. Tibère réitéra en 21 après Jésus-Christ l'interdiction des cultes druidiques et en particulier des sacrifices humains, ce qui provoqua la révolte de la noblesse chez les Héduens (l'actuel Morvan) et les Trévires (Trèves). Un autre soulèvement antiromain dirigé par Civilis en 69 fut en partie suscité et entretenu par les prophéties de la druidesse Velléda. Profitant d'un incendie accidentel du Capitole, d'autres druides firent circuler cette prédiction : « Par ces flammes maintenant le destin donnait un signe de la colère céleste et un présage que la souveraineté du monde allait passer aux nations transalpines », c'est-à-dire aux Gaulois. On comprend qu'après l'échec de la révolte, les empereurs romains aient, à la suite de Claude qui « abolit complètement la religion atroce et barbare des druides », tenté d'extirper définitivement de la société gauloise ce sacerdoce si influent. Il faut croire que cette action fut très lente, car le dernier témoignage concernant les druides reste antérieur à l'année 235. L'empereur Alexandre Sévère aurait été, selon l'historien Lampride, l'objet d'une prédiction faite en gaulois par une femme druide, probablement une *filida*. Il semble qu'après cette date le druidisme ait totalement disparu. Peut-être subsistait-il dans les régions les moins romanisées de la Gaule, en Armorique par exemple, mais il se réfugia à coup sûr en Irlande et y survécut très longtemps, au-delà même de sa christianisation.

Avec lui disparut toute une tradition orale et une conception particulière de l'éducation, secrète et mnémotechnique. En revanche son support linguistique, le gaulois, ne fut pas interdit, d'autant que sous l'influence des druides il n'était que rarement écrit. Il survécut quelque peu durant le Ier siècle après Jésus-Christ sous forme de dédicaces ou bien dans des textes religieux comme le calendrier de Coligny et surtout dans des tablettes d'exécration ou des recettes magiques. Mais dès les premières années du IIe siècle, les potiers du Rouergue gravaient leurs formules en latin. Le parler de la rue resta le dernier domaine de la langue gauloise.

Il connut probablement un retour en force lors des grandes invasions du IIIe siècle, mais ce ne fut qu'une péripétie. A la fin de l'Empire romain, il ne domine plus qu'en Armorique. Ailleurs les paysans le parlent encore un peu dans certains territoires comme le Poitou ou l'Auvergne, ou bien il reste une langue maternelle vite oubliée par les nobles qui apprennent le latin à partir de sept ans, tel le grand fonctionnaire arverne Ecdicius au Ve siècle. Mais, à la même époque, on rédige un glossaire gaulois-latin, preuve que la langue ancestrale n'est plus parlée puisque le besoin se fait sentir de traduire les mots essentiels par écrit. Cinq siècles d'autorité romaine ont donc fait disparaître le gaulois non sans que ce dernier n'ait enrichi l'idiome latin de mots typiques tels que cervoise, blé, alouette, braies, lieue, arpent, etc., ou infléchi quelque peu sa prononciation. Mais, en dehors de cela, l'empire du latin écrit et parlé fut complet dès le Ier siècle après Jésus-Christ, avec une avance considérable d'au moins deux siècles, pour toute la partie méditerranéenne de la Gaule, sur l'intérieur du pays.

Certes, ce triomphe fut facilité par les nécessités administratives, la présence de colons latins ou de garnisons romaines, les échanges sur les marchés et dans les ports avec les négociants et les marins, mais la cause essentielle en fut l'arrivée du système scolaire gréco-romain et son incontestable rôle d'assimilation et d'ascension sociale.

La conception gréco-romaine de l'éducation et de la culture

Rome victorieuse des Gaulois apporta en effet une conception de l'éducation et de la culture à la fois proche et lointaine des idées des vaincus. Proche en ce que les Romains se considèrent comme des barbares par rapport à la Grèce classique et hellénistique quand ils n'en acceptent pas toutes les idées, lointaine quand ils en adoptent l'influence et admettent que celui qui parle la langue d'Homère est un civilisé. L'éducation gréco-romaine est en effet un curieux amalgame d'une pédagogie pour des nobles associée à des préoccupations éducatives propres à des paysans. Il nous faut donc démêler successivement ces deux conceptions pour comprendre ce que fut le modèle classique qui impressionna tant nos ancêtres que le Moyen Age s'acharna à le retrouver et que la Renaissance crut l'avoir ressuscité avec plus de succès et de vérité que ses prédécesseurs.

On appelle éducation grecque et hellénistique l'héritage de l'Athènes de Périclès au Ve siècle joint à sa systématisation et à son expansion dans les royaumes hellénistiques de Macédoine, d'Asie Mineure, de Syrie, d'Egypte et même d'Italie du Sud et de Sicile, au cours des IIIe et IIe siècles avant Jésus-Christ. Tous ces territoires finirent par passer sous le contrôle de Rome entre 340 et 154 avant Jésus-Christ. Les Romains y découvrirent une éducation et une culture qui rapidement les séduisirent. Voici en quoi elles consistaient.

Fondée par les théories des deux grands éducateurs que furent Platon († 348) et Isocrate († 338), parvenue à son apogée dans les grandes villes grecques du pourtour de la Méditerranée orientale, la *paideia* désigne à la fois l'éducation et la culture. Issu du mot *païs* qui désigne l'enfant, le pédagogue, en son sens primitif, est l'esclave qui mène par la main l'enfant à l'école, lui porte son bagage, le surveille et s'occupe de son éducation morale. Ainsi, se relevant petit à petit de son infériorité sociale primitive, le pédagogue finit par devenir non pas le maître qui dispense la science, mais le formateur du futur adulte et l'initiateur à la civilisation de son temps.

Dès le début deux fonctions sont bien distinctes, celles de pédagogue et d'enseignant, d'un côté celui qui accompagne et aide la croissance de l'homme, de l'autre celui qui donne le savoir. Mais cela se fait au prix d'une confusion entre l'éducation et la culture, car celle-ci reste inséparable de l'école où elle a été apprise. En effet, la *paideia* est l'ensemble des traitements nécessaires pour transformer l'enfant en homme.

Jamais les Grecs et les Romains n'ont considéré l'enfant comme un être en soi à la manière de nos contemporains. Ils le voient comme un être en devenir et dès lors la culture n'est pas un état acquis mais une possibilité sans cesse perfectible, une progression sans rupture entre l'école et la vie publique. Lorsque Cicéron voulut traduire le mot de *paideia* en latin, il préféra au mot à mot trompeur qui lui aurait fait adopter *pueritia* (*puer* étant l'équivalent latin de *pais*) le mot *humanitas* dont nous avons fait soit les humanités, soit encore l'humanisme, c'est-à-dire l'ensemble des processus éducatifs permettant à un enfant de devenir un homme. La culture est donc chez les Grecs et chez les Romains, comme l'a fort bien défini Henri Irénée Marrou : « L'état d'un esprit pleinement développé, ayant épanoui toutes ses virtualités, celui de l'homme devenu vraiment homme. »

Les deux piliers de cette tradition qui n'ont pas été remis en question avant le XXe siècle furent Platon et Isocrate. Le premier, fondateur de l'Académie, obsédé par la cité idéale, cherche à former le jeune cadre politique parfait. Pour cela il propose un très long itinéraire scolaire de sept à trente ans englobant les sciences et culminant dans la philosophie, car le savoir seul libère l'homme de ses appétits. Ainsi pourrait-on, pense Platon, sélectionner une petite équipe de gouvernants philosophes. Pas plus la théorie que l'expérience (Platon connut deux expériences politiques malheureuses en Sicile) n'allaient lui donner raison. Certes, il sait combien cela est utopique, mais il a déjà posé les bases d'un primat du savoir qui ne disparaîtra plus par la suite, même coupé du pouvoir.

Devant ce constat d'échec, Isocrate essaya de combler le fossé entre la culture et le pouvoir politique. Il y parvint beaucoup mieux que Platon et son influence fut des plus durables. Ce professeur d'éloquence eut pour but de former de futurs professeurs, des hommes cultivés, des spécialistes de la discussion et des orateurs. Tout tourne autour de l'éloquence et du bien-dire, car la parole est ce qui distingue la brute animale de l'homme civilisé. Avec lui, elle va dominer non seulement le monde politique et judiciaire, mais aussi le monde littéraire. La discipline essentielle dans l'enseignement d'Isocrate est donc la rhétorique, l'art oratoire, ce qui ne signifie pas la science du verbe. Persuadé de la valeur du langage, Isocrate estime que la parole véridique possède une valeur morale et éducative. Dès lors l'orateur qui sait convaincre a sa place dans la cité, même dominée par une organisation étatique, monarchique ou impériale. Il y exerce une fonction unifiante dans les débats municipaux, judiciaires ou scolaires en permettant aux hommes d'échanger dans une atmosphère de liberté et d'autonomie le bien le plus précieux qui soit : la culture et l'idéal de vie qu'elle contient. Le professeur d'éloquence, le sophiste, édifie la cité.

Quelle que soit donc la préférence que donnaient les anciens Grecs et les anciens Romains à la culture philosophique ou à la culture oratoire, le prestige dont ils entourèrent la culture tourna à une véritable métaphysique. Henri Irénée Marrou a démontré comment le culte des Muses s'est concrétisé même chez les Romains, dans les monuments funéraires, en particulier les sarcophages où le défunt est représenté en homme de lettres, en orateur, en philosophe ou même en musicien. Ces images signifient que la vie de l'esprit constitue le véritable bonheur, « un avant-goût de la vie heureuse des âmes favorisées de l'immortalité ». L'homme adonné aux Muses méritait ainsi l'immortalité et dans l'élargissement d'un grand empire aux limites du monde connu, la civilisation de la culture devenait au milieu de l'effondrement des anciennes structures locales la seule véritable valeur universelle qui puisse réunir vainqueurs et vaincus.

Malgré tout, le système éducatif hellénistique ne fut pas intégralement accepté par Rome. Il est nécessaire de voir ce qui fut adopté et ce qui fut repoussé, en quoi « la Grèce vaincue conquit son féroce vainqueur », selon le vers célèbre d'Horace, « et apporta les arts à l'agreste Latium ».

Parmi les principes adoptés et transférés en Gaule figure d'abord l'idée que l'éducation a une telle importance sociale, puisqu'elle construit la cité, que seule cette dernière peut l'organiser. Durant le Haut Empire, l'Etat n'a pas, en effet, les moyens financiers pour créer et entretenir des structures scolaires. Les municipalités s'en chargèrent donc dans chaque ville, mais, comme elles aussi restaient souvent à court d'argent, chaque petite cité fit alors appel au mécénat, ou plutôt à l'évergétisme, c'est-à-dire à cette aptitude si particulière aux hommes de l'Antiquité qui consistait, par amour pour sa patrie, à la doter généreusement de monuments et d'institutions publiques, de jeux somptueux et de fêtes grandioses, où justement s'éprouvait ce sentiment commun fondé sur une culture civique et religieuse. Le mécène gallo-romain éduque ainsi ses concitoyens au sens de la responsabilité collective, et les imbibe du sens de la beauté par les statues dont il orne sa ville.

La deuxième caractéristique fondamentale de l'éducation hellénistique retenue par Rome est l'aspect éminemment littéraire qu'elle présente. Les études littéraires finissent, en effet, par être primordiales, malgré Platon et Isocrate qui recommandaient l'enseignement des sciences et tout particulièrement des mathématiques. Pythagore (VIe siècle avant Jésus-Christ) est à l'origine d'un cycle de quatre sciences : arithmétique, géométrie, astronomie et musique, mais pratiquement elles étaient fort peu enseignées lors de l'arrivée des Romains en Orient hellénistique et, du coup, elles le furent peu en Gaule. Les *Phénomènes d'Aratos* (écrits en 176-174 avant Jésus-Christ) sont apparemment un livre d'astronomie. En réalité, il s'agit d'une pure description littéraire des différentes constellations avec un anthropomorphisme imaginatif bien éloigné de toute précision mathématique. Or, ce livre fut copié et recopié sans cesse pendant toute l'Antiquité, le Moyen Age et au-delà, contribuant ainsi à ramener l'astronomie au rang de l'astrologie.

Tout l'enseignement tourne donc essentiellement autour des auteurs classiques comme Homère et de la rhétorique. Le prestige de l'éloquence oratoire avait déjà de solides bases à Rome et en Gaule. Diodore de Sicile nous dit que les Gaulois, dans leurs propos, ont « la parole brève, énigmatique, procédant par allusions et sous-entendus », pratiques qui ne sont pas toutes sans parenté avec les règles de la rhétorique, ce qui explique l'engouement qu'elle y rencontre. L'orateur de la cité ne contribuait pas uniquement à l'apparat des cérémonies publiques, fêtes ou jeux. Il était naturellement délégué auprès de l'empereur pour les missions délicates intéressant ses compatriotes : remise d'impôt, grâces diverses, etc. Le prestige du rhéteur était tel que le poids de son art et de sa personne pouvait faire pencher la balance en faveur des suppliants. La carrière politique était ainsi au bout de l'apprentissage littéraire du verbe. Face à ce succès extraordinaire, l'enseignement de la philosophie ne pouvait qu'attirer une toute petite minorité insensible à l'esthétisme et au formalisme de ces discours, qui, certes, débouchaient sur une certaine efficacité dans l'action mais n'atteignaient point le fond des choses.

Dernière caractéristique de l'éducation hellénistique qu'adopta Rome : le médiocre statut de l'enseignant, inversement proportionnel à la position aristocratique de l'homme cultivé. En effet, noblesse, culture et mépris du travail vont de pair. Cette attitude de commisération envers le maître d'école fut d'abord inspirée par le statut servile de nombreux pédagogues d'origine grecque dans les grandes familles romaines, puis par leur obligation de gagner leur vie, leur salaire étant payé soit par la cité, soit par leurs élèves, toutes pratiques déshonorantes. Cela était dû certes à l'absence de qualification des maîtres qui apprenaient à lire et à écrire, à l'abondance parmi eux d'exilés ou d'individus ruinés à la suite d'un quelconque revers de fortune. Mais à bien considérer, une société esclavagiste ne pouvait identifier l'homme libre qu'avec le riche propriétaire foncier, le noble libéré des tâches avilissantes, du négoce sordide *(negotium)* pour pouvoir s'adonner au loisir *(otium)* des entretiens intellectuels.

La pensée antique refuse donc le technicien, qu'il soit professeur, architecte, ou même médecin, car le but qu'elle assigne à l'éducation reste celui de la formation d'un homme total et complet, débarrassé de tout infantilisme, à la fois artiste et sage, orateur et philosophe. Un complexe d'infériorité frappe donc tous les spécialistes au point que Galien, par exemple, l'un des plus grands médecins de l'Antiquité (IIe siècle après Jésus-Christ), affirmait que la médecine était aussi un art de philosophe. En revanche, le non-spécialiste, l'homme complet, rare produit d'une élite privilégiée, à la fois lettré, artiste et savant, cherche à atteindre une norme idéale et à vivre une morale élevée. Ainsi s'explique, par ce primat idéaliste de la morale, que l'enseignant soit devenu un inférieur, tandis que le pédagogue qui accompagnait toujours l'enfant et formait sa personnalité ait fini lentement par devenir un supérieur. En cela notre époque qui accorde plus de prestige aux pédagogues qu'aux enseignants a hérité de l'Antiquité gréco-romaine. Mais cela ne va pas sans une différence de taille : l'école antique ne donne pas l'éducation, au contraire de ce que notre XXe siècle soucieux non de formation morale, mais de science pédagogique, lui réclame. Elle n'apporte que le savoir, tandis que le milieu social et familial de type aristocratique forme l'homme. L'humanisme classique ne cherche pas la conquête du monde, car il désire faire acquérir à l'homme sa pleine capacité de communication sociale par l'échange verbal du trésor culturel. En refusant l'impitoyable sélection qu'impose l'apprentissage de l'abstraction mathématique et géométrique, l'humanisme classique demeure ainsi un élitisme ouvert à tous les esprits. En cela il reste profondément humain puisqu'il ne veut pas privilégier les enfants doués.

L'humanisme, en préférant Homère à Euclide, choisit donc l'esprit de finesse contre l'esprit de géométrie. Persuadé que la connaissance de la poésie ouvre le cœur humain, il pose un modèle sacré, une tradition à transmettre en dehors de tout contexte historique. Ce qui a l'avantage d'éviter les coupures entre générations et de former ainsi des hommes disposant d'un même langage grâce à l'intangibilité du modèle culturel qui devient du même coup générateur de stabilité et de compréhension mutuelle. Cette préférence pour le cœur et l'intelligence met la main au second rang. Si le bon jugement est formé, l'apprentissage du métier sera alors facile. L'humanisme classique parvient ainsi à une maîtrise du savoir et du pouvoir puisqu'il les soumet aux jugements personnel et collectif. Tel est l'esprit dans lequel furent proposées aux Gaulois l'éducation et la culture gréco-romaines.

L'ENSEIGNEMENT ET LES ÉCOLES GRÉCO-LATINES EN GAULE

Les Romains sont donc les élèves des Grecs. Les Gaulois le furent des Gréco-Romains. Je viens d'expliquer ce qu'ils reçurent des Hellènes et ce que les écoles de Marseille leur apportèrent dès avant la conquête romaine. Mais qu'apprirent-ils de ce peuple de paysans et de soldats ? Il y eut d'abord l'acceptation tacite qu'on ne peut pas faire pousser l'herbe plus vite en la tirant à pleines mains. On risque tout au contraire de l'arracher, de la tuer. Les lentes germinations sont les lois contraignantes de l'éducation. Le jeune sera donc initié progressivement et lentement au mode de vie des ancêtres qui a fait ses preuves. Le *mos maiorum* (coutume des ancêtres) implique donc le respect envers les vieillards (*senex*, d'où Sénat), l'assemblée des vieux qui savent. Une telle attitude provoque le silence des jeunes, jusqu'à ce qu'ils soient admis à l'honneur de participer à leurs discussions. La tradition est indiscutable et la nouveauté à proscrire. En conséquence, ces propriétaires terriens qui ont élargi leur champ aux bornes du monde connu n'adoptent des Grecs que ce qui leur paraît utile et pratique ; ces travailleurs acharnés, austères et frugaux mais aussi âpres au gain, ne voient guère d'intérêt aux compétitions sportives, à l'athlétisme, aux concours de hautbois double, à la danse et autres fariboles. Seuls comptent le sport qui permet l'entraînement militaire, la chasse, l'escrime et la natation. La géométrie n'est intéressante que dans la mesure où elle permet de supprimer les querelles de bornage en mettant au point un cadastre sans erreur, la médecine de soigner les esclaves afin d'éviter de perdre un outil de travail ; la rhétorique est de toute l'éducation grecque la discipline la plus profitable, puisqu'elle est un art politique par définition, ainsi que la philosophie, art de se bien conduire soi-même, car la vertu demeure pour les Romains la clé de voûte de la cité et du système social.

Il n'en demeure pas moins qu'ils ajoutèrent à ces emprunts volontaires ce qui fait leur originalité propre : le droit issu des querelles foncières, du formalisme méticuleux des cérémonies religieuses conçues comme des contrats avec la divinité, et du culte pour la chose jugée. La science juridique romaine est une création originale, à la fois théorique et pratique, cherchant à donner valeur universelle aux liens entre les hommes. Comme la rhétorique est la science de l'orateur politique, le droit est celle de l'avocat. Ces deux hommes constituent les piliers de la cité romaine. Aussi très tôt, dès le règne de Tibère (14-37 après Jésus-Christ), cette conception pratique, éclectique et ouverte de l'éducation gréco-romaine fut concrétisée par l'ouvrage d'Aulus Cornelius Celsus, *les Arts*, qui regroupe en vingt livres tout ce qu'il faut savoir en agronomie, art militaire, rhétorique, philosophie, médecine et droit. Apparaît ainsi un ensemble de connaissances à tendances empiriques et morales. Il s'agit donc toujours de former un homme complet, mais dont l'esprit pratique ne débouche absolument pas sur la technique. Rome ne fait que retoucher légèrement le programme grec, en gommant quelques aspects, en infléchissant certains autres.

Cet enseignement fut fixé définitivement à l'époque de Cicéron et d'Auguste, autrement dit pendant la conquête de la Gaule et l'implantation du pouvoir romain au nord de la Narbonnaise et de Lyon. Persuadés de la supériorité de la langue grecque sur le latin rustique et sans nuance, les Romains trouvèrent normal d'enseigner les deux langues dans leurs écoles. Tout homme cultivé doit être apte à parler latin et grec. Cela permettait de proposer aux élèves des exercices de traduction de l'un ou l'autre idiome et par là d'approfondir la connaissance du latin que parlait l'Occident romain. Mais une telle culture entraîna chez les Gaulois un véritable trilinguisme, bien que le passage du gaulois au latin soit tout aussi facile que celui du suédois à l'allemand de nos jours.

Accepter d'étudier une langue étrangère constitua pour les Gaulois une nouveauté considérable qui, par cette ouverture à l'extérieur, ne pouvait que faciliter leur assimilation et leur intégration dans un empire universel, d'autant plus que les fonctionnaires romains ignoraient dans l'exercice de leur métier les langues locales. Pendant longtemps même, certains enseignements se firent exclusivement en grec, tel par exemple celui de la rhétorique jusqu'à l'époque de Cicéron, et de la médecine jusqu'au IVe siècle. La philosophie et les sciences lui furent constamment attachées. Ce prestige du grec dura bien au-delà de l'époque du siècle d'Auguste, alors même que la littérature latine s'était haussée à un niveau désormais classique, c'est-à-dire digne d'être enseignée dans les classes. A la suite des *Vies parallèles* de Plutarque (49-125 après Jésus-Christ), les écoliers apprirent donc à comparer Homère et Virgile, Démosthène et Cicéron, Pindare et Horace, etc.

Dans les parties méridionales de la Gaule, sous l'influence des villes grecques de la côte et des écoles de Marseille, là où le latin s'était implanté dès le IIe siècle avant Jésus-Christ grâce aux vétérans des colonies de Nîmes, de Béziers ou de Narbonne par exemple, l'enfant dans les grandes familles était confié très tôt à une servante ou à un esclave grec, qui lui inculquait la langue parlée. Arrivé à l'école, il apprenait à lire et à écrire en commençant par le grec. Là encore ce principe d'alphabétisation à partir d'une langue étrangère demeura fondamental, puisqu'il s'étendit en

France au moins jusqu'au XVIIe siècle. Apprendre à lire et à écrire dans sa langue maternelle n'est finalement qu'une innovation récente. En tout cas, ce système qui dura des siècles ne pouvait convenir qu'aux riches milieux aristocratiques. Dans les petites cités dirigées par des *curiales* (membres de la curie municipale), propriétaires moyens et petits avaient des difficultés pour se procurer des esclaves grecs. Aussi dès le début du IIIe siècle parurent des petits manuels scolaires bilingues. Ils se présentent selon deux colonnes, le texte grec à gauche, la traduction latine à droite. Ce sont des recueils de vocabulaire, des anecdotes ou des fables d'Esope, ou des ouvrages de conversation courante, analogues à nos guides pour touristes à l'étranger. La méthode devait probablement être appliquée ensuite pour les traductions d'auteurs classiques, selon la technique bien connue dans les lycées français de la « préparation » avec le mot à mot, la construction de la phrase, enfin la présentation finale, si possible élégante, dans la langue de base, latine ici évidemment.

Les Romains reprirent aux Grecs leur définition de l'enseignement en trois cycles : primaire, secondaire et supérieur. A chacun correspondaient une école et un type de maître. De sept à douze ans, l'enfant se trouve sous la direction du maître d'école ; de douze à quinze ans, il est aux mains du grammairien ; enfin de quinze à vingt ans, et même au-delà, il poursuit ses études supérieures sous la direction du rhéteur. En général, les grandes familles aristocratiques préféraient le préceptorat privé pour le premier type d'enseignement, d'autant plus qu'il était facile de puiser, parmi les esclaves ou les affranchis, des « érudits » qui serviraient plus tard de secrétaires au jeune maître.

De toute façon, en dehors de ces cas privilégiés, le « pédagogue » menait donc le jeune garçon à l'école. De rares stèles du Haut Empire nous font entrer dans la boutique qui tient lieu d'école, ouverte sur la rue, d'un quelconque chef-lieu de cité gauloise, avec des enfants, assis sur des bancs ou des tabourets, écrivant sur leurs genoux ou écoutant le maître qui trône sur une chaise surélevée par une estrade.

La journée du petit écolier commence dès l'aube. Après s'être lavé et habillé, il part avec son pédagogue sans prendre vraiment de petit déjeuner, s'entraîne à écrire le matin, et après avoir appris sa leçon va déjeuner à la maison. Puis une partie de l'après-midi est consacrée à la lecture, et l'autre au divertissement des thermes où l'enfant va se baigner. Quant aux vacances, elles ont lieu régulièrement de la fin juillet à la mi-octobre, mais il n'existe pas de repos hebdomadaire.

Le programme est très simple : apprendre à lire, à écrire et à compter. On commence par l'alphabet de A à X (car Y et Z sont appris en grec), puis à l'envers par couples ; ensuite on passe aux syllabes, aux noms, enfin à de petites phrases tirées des distiques de Dionysius Caton du genre : « Ne crains pas les paroles de ton épouse en colère contre toi, car tandis qu'elle pleure, elle te dresse des embûches par ses larmes » (II, 20). Ces amabilités de vieux ronchon, enseignant la sagesse au début du IIIe siècle en vers bien frappés, généralisèrent parmi tous les gens lettrés un stoïcisme pessimiste et moralisateur qui eut un immense succès, d'autant plus que ces vers devaient être sus intégralement par cœur. Ces courts poèmes furent continuellement appris pendant tout le Moyen Âge et bien au-delà.

Pour écrire, l'élève recevait un modèle à copier qu'il répétait jusqu'à satisfaction donnée au maître. Pour compter, il utilisait des petits cailloux ou des jetons en os *(calculi)*, d'où le nom de calcul donné à l'apprentissage des opérations élémentaires. Une autre méthode s'appelle le comput digital. Elle consiste à attribuer aux trois derniers doigts de la main gauche les unités selon neuf combinaisons, au pouce et à l'index les dizaines, au pouce et à l'index droits les centaines, aux trois autres doigts les milliers, ce qui permettait de compter jusqu'à 9999, et à l'aide d'autres conventions (main touchant la poitrine ou le nombril) jusqu'au million. Au total, ce programme des écoles primaires était donc fort réduit et surtout lentement absorbé en cinq ans.

L'école secondaire du grammairien ne change guère de cadre matériel. En revanche, sa pédagogie constitue une nouveauté. C'est une double grammaire qu'il enseigne, la grecque et la latine. Parfois, comme à Trèves, c'est un Grec qui enseigne sa propre langue. L'étude n'est d'abord qu'une initiation théorique. Debout, tenant une baguette à la main, le maître apprend aux jeunes garçons, déjà plus nombreux que les filles, les catégories : lettres, syllabes, noms communs et leurs accidents, puis leurs classes, bref tout ce que nous appelons aujourd'hui morphologie et syntaxe, analyse grammaticale et logique, mais ces termes n'existent pas encore. De toute manière, la langue bien écrite, qu'elle soit latine ou grecque, est essentiellement fondée sur l'autorité et l'étude des auteurs classiques : des poètes comme Virgile d'abord, puis comme Térence, Ovide et Horace. Parmi les historiens émerge seul Salluste et pour les orateurs évidemment Cicéron.

Pour chacun d'eux, l'élève doit commencer dans un premier temps à le lire à haute voix, puis à apprendre par cœur le texte qu'il vient de lire. Il ne peut d'ailleurs y arriver qu'en opérant au préalable une série d'annotations sur le manuscrit puisque la ponctuation en est absente. Il sépare donc les mots, marque les accents, ou bien en poésie scande les vers, pose les césures, distingue les spondées des dactyles s'il s'agit d'hexamètres dactyliques par exemple, étant donné que la poésie latine ou grecque n'est pas rimée, mais construite sur un rythme inverse de syllabes longues ou brèves. Il n'est pas jusqu'à la prose qui n'ait été influencée elle-même par le prestige de la versification, puisque les derniers membres d'une phrase peuvent, eux aussi, être scandés. L'élève doit donc aussi détecter ces clausules métriques et les lire selon leur rythme propre. Vient enfin l'explication du texte proprement dit qui porte sur la forme (type du vers, nature de chaque mot, etc.) et le fond, c'est-à-dire ce que décrit le texte. S'il s'agit d'un historien, l'anecdote ou l'événement seront commentés en fonction de ce qu'ils révèlent, de l'enseignement moral qu'ils apportent. Pour les Anciens, il n'y a que des leçons de l'histoire. S'il s'agit d'un poème, l'explication mythologique devient primordiale, étant donné l'importance du vocabulaire périphrastique.

Outre les légendes, il faut donc connaître toute la géographie, l'histoire et une abondance de noms propres accrochés à quelque fait épique ou à une quelconque péninsule méditerranéenne. Cette érudition reste donc à dominante littéraire, et s'il existe quelques maîtres qui enseignent les mathématiques, la géométrie ou la musique, cela se fait en grec pour de rares privilégiés qui deviendront arpenteurs, architectes ou virtuoses. D'ailleurs, aucun manuel latin du Haut Empire traitant de ces matières ne nous est parvenu.

Après cet enseignement, qui devait opérer probablement une forte sélection, venait enfin le cycle supérieur vers lequel tous tendaient (car philosophie et médecine sont là encore, comme les mathématiques et la musique, réservées à quelques solitaires originaux) – je veux parler de la rhétorique. Elle est le fleuron de la pédagogie et de l'enseignement grecs, et le sommet de la hiérarchie dans les valeurs professionnelles et sociales romaines. En effet, le professeur de rhétorique enseigne comment devenir homme politique ou avocat, grâce aux lois formelles de l'art oratoire. On comprend qu'il ait eu du succès dans une société respectueuse et passionnée du verbe. A partir des traités de Cicéron *(De inventione)* et de Quintilien *(De institutione oratoria)* qui reprenaient toutes les techniques grecques, et malgré ces deux auteurs qui auraient voulu donner une plus grande place à l'histoire et au droit, le maître apprenait à ses élèves tous les exercices de style puis leur faisait rédiger des discours fictifs que ceux-ci devaient déclamer ensuite devant lui et leurs camarades. Deux types d'exercices, la *suasoria*, délibération en vue de l'action, et la *controversia*, discussion pour ou contre tel ou tel projet de loi. Afin que le futur avocat ou orateur soit jugé réellement convaincant, les thèmes choisis par le maître se trouvaient chargés de complications inouïes jusqu'au raffinement, par les situations exceptionnelles ou invraisemblables qu'il lui demandait de plaider. On espérait par là provoquer un art de persuader dont l'habileté consommée servirait dans des cas plus concrets ou des situations plus ordinaires.

Effectivement, les thèmes proposés étaient proprement abracadabrants, comme en témoignent les corrigés qui en ont subsisté : un mari inculpe sa femme d'adultère parce que un riche marchand du voisinage l'a instituée héritière en hommage à sa vertu. Plaider pour le mari ! Ou bien, après cette controverse, voici une « suasoire », c'est-à-dire un discours pour conseiller une décision. Cicéron se demande s'il doit solliciter ou non la grâce d'Antoine. S'il accepte, doit-il pour l'obtenir brûler les discours appelés *Philippiques* qu'il a prononcés contre lui ? Mais le fin du fin restait l'inconcevable et l'inopiné. Favorinus d'Arles trouva le moyen de soulever l'enthousiasme de l'assistance à l'époque d'Hadrien (117-138) en faisant un éloge de Thersite, le type même du lâche dans l'Iliade. Une autre fois, il récidiva avec une action de grâces envers la fièvre quarte.

A force d'accumuler invraisemblances, curiosités insolites, surprises inattendues et renversements excentriques, certains écrivains se mirent à protester contre cet enseignement. Sénèque le Père trouvait que cette conception ne préparait pas les élèves à la vie, mais... à l'école. Tacite prônait une parole plus virile, plus percutante et efficace, car « l'éloquence a besoin de se frayer des routes nouvelles pour échapper aux dégoûts de l'auditoire... Les jeunes gens dont le talent novice est encore sur l'enclume et qui suivent des orateurs pour se former à leur école sont avides d'entendre et d'emporter avec eux quelques traits saillants et dignes de mémoire ; ils se les redisent l'un à l'autre et souvent ils écrivent dans leur province ce qui les a frappés ». C'est pourquoi Tacite, et avec lui ce vieux Romain qu'est Juvénal, déplore « les tyrannicides, les remèdes de la peste, les incestes de mères de famille qu'on débat à coups de grandes phrases dans les écoles ; tout cela n'a rien à voir avec le forum, et tant d'emphase constitue un défi à la vérité ». Faut-il préparer l'enfant à être expert en paroles et agile d'esprit, de manière à bien cerner les problèmes, ou bien faut-il le préparer tout de suite à la vie par des exemples réels ? Querelle éternelle que nous retrouverons...

Toujours est-il que cette option romaine était consciente et voulue. Certes, il est bien évident que l'éloquence politique n'a plus l'impact qu'elle avait à la belle époque de l'oligarchie sénatoriale, lorsqu'un Cicéron pouvait faire pencher la balance pour ou contre Catilina. Mais justement, les Gallo-Romains qui ont accepté l'Empire n'ont cure de ces regrets et des louangeurs des temps passés. L'apprentissage de l'éloquence mène à deux autres voies plus importantes à cette époque : le discours esthétique du conférencier et la plaidoirie technique de l'avocat. En effet, depuis l'époque d'Auguste, triomphe l'usage de la récitation publique. Devant des auditeurs cultivés, dans des maisons privées, un orateur vient déclamer sur un de ces thèmes scolaires alambiqués dont raffolent ceux qui l'écoutent et qui apprécient la beauté de son style ou son imagination. Ces discours eurent tellement de succès que les plus caractéristiques furent conservés par un édit et se perpétuèrent au-delà du Moyen Age sous le nom de *Gesta Romanorum*. Un auteur peut venir y lire sa dernière tragédie, car le théâtre grec ne fut guère joué en Occident et en Gaule. A l'instar des tragédies de Sénèque, les auditeurs s'y passionnent en des débats âpres et violents pour des événements invraisemblables, contre ou hors nature, où le crime engendre des situations insolubles telle celle où se jette Médée par le meurtre de ses enfants. Pour goûter cela, il fallait être passé par l'école et être familiarisé avec les subtilités de la mythologie ou les cadences du trimètre iambique.

Enfin, la rhétorique apportait au futur avocat une arme redoutable. Voici maintenant qu'apparaît la seule véritable originalité de l'enseignement romain : le droit. La connaissance de cette science devint de plus en plus difficile avec l'accumulation de nouvelles décisions faisant jurisprudence. Le *juris prudens*, l'homme qui sait le droit, et que l'avocat consultait au début pour ses plaidoiries, devint rapidement insuffisant ; aussi le maître en droit *(magister juris)* apparut dès après l'époque de Cicéron. Empruntant au grammairien ses méthodes d'analyse de textes, il donne à la fois des consultations juridiques et un enseignement.

Ces bureaux-écoles se trouvaient situés en général à côté des temples. Dans les annexes de ces derniers se trouvaient des bibliothèques. Les archives publiques y étaient conservées. Elles contenaient les arrêtés impériaux. Sur les murs étaient affichées les décisions des magistrats. Dans chaque ville au moins il fallait un avocat pour plaider au civil et au pénal devant les juges municipaux, au criminel dans le chef-lieu de province devant le gouverneur, et pour les questions fiscales devant son assesseur, le procurateur. Ces procès avaient lieu sur le forum en présence d'une foule souvent importante. Il s'agissait donc d'une carrière profitable, où les émoluments proportionnels à la gravité de l'affaire permettaient aux plus habiles qui savaient se créer une célébrité un enrichissement réel. L'apprentissage du droit était donc la voie rêvée pour une ascension sociale rapide, extérieure aux relations personnelles ou politiques, car la sanction de l'opinion y jouait un rôle plus grand que l'influence de tel ou tel parent.

Les Gaulois ne tardèrent pas à se lancer dans la carrière. Particulièrement prisés furent, sous Néron, Ursulus, originaire de Toulouse, ou Rufus, qui, sous les Antonins, plaidait à Vienne. A Rome même, les duels oratoires entre le Saintongeais Julius Africanus et le Nîmois Domitius Afer furent célèbres. Quant à Montanus, originaire de Narbonne, il sut ce qu'il en coûtait de critiquer publiquement Tibère, car il termina sa vie exilé aux Baléares.

Au siècle suivant, le rôle de l'enseignement du droit s'accrut encore avec la considérable activité juridique des empereurs pacifiques de la dynastie des Antonins que furent Trajan, Hadrien, Antonin le Pieux et Marc Aurèle. Des commentaires de l'Edit perpétuel fixé par Hadrien apparurent, appelés *Digestes*. En 120, Gaius publia les *Institutes*, traité systématique de tous les éléments du droit romain à l'usage des débutants. Sous la dynastie des Sévères (193-235), le droit romain parvint à son apogée avec les œuvres capitales des *Libri ad Sabinum* d'Ulpien, jurisconsulte de l'empereur Alexandre Sévère assassiné en 228, et ses *Libri ad edictum* (concernant l'Edit cité plus haut), les *Responsa* de Papinien (c'est-à-dire les réponses aux consultations juridiques), et ceux d'un autre grand jurisconsulte : Paul. Ils devinrent aussitôt les manuels de base de cet enseignement, le seul enseignement supérieur directement donné en latin. Ce cycle d'études devait durer quatre ans. Ainsi étaient formés soit les avocats plaidant en toge au forum, soit les juges nommés par l'Etat dans les principales villes de Gaule.

Au total, la scolarisation des aristocraties gauloises – car seul en fait ce milieu fut vraiment transformé – a permis l'extension de la civilisation gréco-romaine. La romanisation s'est répandue d'abord à partir de Marseille et de Narbonne en direction de Lyon et de Bordeaux. L'empereur Claude estime d'ailleurs en 48, dans un discours célèbre prononcé aux fêtes du Confluent de la Saône et du Rhône, que les membres de la noblesse gauloise peuvent désormais entrer au Sénat, car ils sont romains par les mœurs autant que par leur culture. Effectivement, dès l'époque d'Auguste, des écoles ont été créées en Gaule Chevelue. Dans Autun en particulier, il y eut des professeurs d'origine grecque, comme l'atteste le rhéteur Eumène à la fin du IIIe siècle pour son grand-père qui, né à Athènes, vint y enseigner et y mourut à quatre-vingts ans. Ce même phénomène d'un enseignement du grec par des professeurs grecs se retrouve aussi à Marseille et à Trèves comme nous l'avons déjà dit.

Les bâtiments scolaires sont situés au meilleur endroit de la cité près des temples d'Apollon et de Minerve. Les stèles et les inscriptions nous prouvent qu'il existait des écoles de grammaire à Limoges, à Saintes, à Besau, à Reims, à Cologne, etc. Certes, il dut y en avoir d'autres, peut-être même en dehors des cent et quelque chefs-lieux de la Gaule, dans les *vici*, les gros bourgs agricoles. Mais il semble bien que cette romanisation par l'enseignement du grec et du latin n'ait été vraiment triomphante qu'en Provence et en Narbonnaise, et le long de tous les grands axes fluviaux de la Garonne au Rhin où disparut d'abord le gaulois.

L'enseignement supérieur de la rhétorique ne fut bien développé qu'autour de Marseille et Arles, Narbonne, Toulouse et Bordeaux, Vienne et Lyon, Autun et Trèves. Cette carte scolaire de la Gaule romaine donne une image exacte du degré de romanisation qui va en diminuant des bords de la Méditerranée aux rives de l'Océan, de la Manche et de la mer du Nord, avec une exception notable sur toute la rive gauche du Rhin à cause de la présence constante des garnisons romaines. Il faut souligner, de plus, que les meilleurs élèves qui voulaient faire de la philosophie, de la médecine ou du droit devaient aller les étudier à Rome. On ne peut donc parler d'un enseignement spécifiquement gallo-romain puisqu'il s'arrêtait à la rhétorique, et que, par ailleurs, la scolarisation de l'Espagne durant le Haut Empire a été beaucoup plus poussée que celle de la Gaule.

Il faut toutefois reconnaître que la découverte d'un enseignement reposant sur l'écriture, malgré la part importante qu'y jouaient la parole et la mémoire, dut entraîner de difficiles adaptations, compte tenu des moyens matériels dont disposaient les Gallo-Romains.

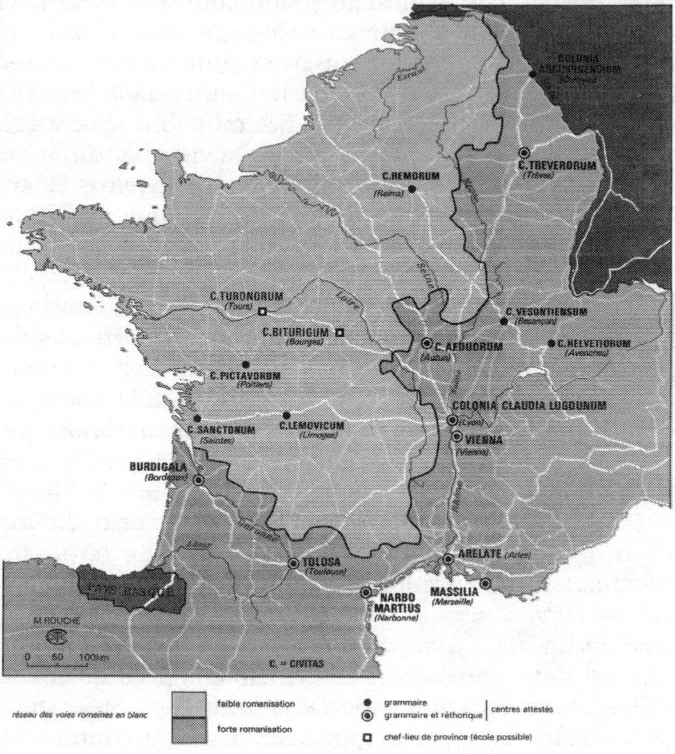

Les centres d'enseignement en Gaule romaine
dans l'Antiquité tardive

Le matériel et la vie scolaire

En effet, nous avons déjà observé la rareté des véritables locaux scolaires. Cela est tellement vrai que lorsque ceux d'Autun furent détruits par les invasions barbares en 269, l'enseignement continua dans des maisons privées pendant un certain nombre d'années. Pour travailler, l'enfant n'a pour tout bagage qu'un écritoire comportant un encrier *(atramentarium)* et quelques roseaux qu'il faut tailler en pointe *(calamus)* avec un canif pour en tirer l'équivalent d'une plume avec laquelle il écrit sur des rouleaux de papyrus. Mais c'est là un stade que l'enfant n'atteint qu'après s'être longuement exercé avec un stile, pointe de fer, avec lequel il trace des lettres sur une couche de cire molle répandue à l'intérieur de deux tablettes de bois rectangulaires reliées entre elles par une charnière. Et ce stile présente cette particularité de se terminer à un bout par cette pointe de fer qui lui permet d'écrire, et à l'autre par une boule ou un demi-cercle en forme de spatule avec laquelle il pourra effacer sur la cire ce qu'il vient d'écrire.

Chaque élève possède un exemplaire de cette espèce de cahier de brouillon où il peut écrire avec la pointe du stile, effacer avec le bout rond ou plat, et ainsi réécrire à volonté. Quand il calligraphie sur du papyrus, il s'efforce de faire les pleins et les déliés. Il y avait en effet deux types d'écriture. Les capitales étaient réservées aux documents officiels affichés sur les places publiques, aux livres et aux inscriptions. Ce sont nos majuscules actuelles que l'on traçait bout à bout, sans ponctuation ni coupure entre les mots, avec des empâtements triangulaires à la fin de chaque mot. Sur les tablettes au contraire, on écrivait selon un type de lettres dérivées des précédentes, mais destinées à être tracées vite, à titre d'aide-mémoire ou de notes ; ces lettres étaient hachées, inclinées sur la droite, avec des traits droits plus nombreux que les courbes. Tracée à main levée, selon la course de la main, cette écriture prenait alors le nom de cursive. Les plus anciens exemples connus en sont les comptes d'enfournement des potiers de la Graufesenque en Rouergue, du milieu du Ier siècle. La première écriture était donc celle des scribes mettant au point l'édition d'un livre, la seconde celle des écoliers et des scribes écrivant sous la dictée.

Pour lire, l'élève ou l'adulte cultivé disposait d'un rouleau de papyrus. Ce support de l'écriture antique, et même médiévale, était fabriqué à partir de ce grand roseau qui pousse dans le delta du Nil et que l'on coupait dans le sens de la longueur en bandes allongées et les plus larges possible. Posées côte à côte sur une table humectée d'eau, elles étaient recouvertes d'autres bandes posées perpendiculairement aux premières. La feuille ainsi formée était mise sous presse pour en exprimer l'eau puis séchée au soleil. Lissée ensuite avec un outil d'ivoire ou un coquillage et battue au maillet, elle présentait alors un aspect très blanc qui tournait au jaune avec l'âge et gardait selon sa qualité un plus ou moins grand nombre d'aspérités dues aux nœuds difficilement éliminables. Certaines plus rugueuses servaient de papier d'emballage. Les feuilles appelées *chartae*, ou *cartae* (dont nous avons tiré les mots de charte et de carte), étaient collées bout à bout, l'une recouvrant d'un centimètre la précédente, avec un mélange de farine et de vinaigre, pour aboutir à une longue bande de vingt à quarante feuilles, selon les cas, qui formaient un rouleau de six à dix mètres de long. La largeur du rouleau (de trente centimètres) en devenait la hauteur, car on écrivait dans ce sens sur des colonnes séparées par une double marge allant de cinq à vingt centimètres selon le type d'ouvrage, et uniquement sur la face intérieure.

Aussi la lecture n'était-elle point œuvre aisée. A chaque fin de colonne, il fallait enrouler de la main gauche ce que l'on venait de lire, tandis que la main droite déroulait la colonne suivante. Les deux mains étaient donc occupées. Impossible de prendre des notes en même temps, à moins que le riche ami des Muses n'ait à sa disposition un scribe auquel il dictait ses remarques. L'élève, lui, n'avait qu'à apprendre par cœur sans pouvoir revenir vraiment en arrière. Tout poussait à la prédominance de l'oral, car l'effort de déchiffrement du texte, uniforme et non ponctué, ne pouvait se faire qu'à haute voix pour séparer plus distinctement les mots et les phrases.

La lecture mentale est donc inconnue dans l'Antiquité. La réflexion intérieure est automatiquement proférée, les mots toujours lus plus ou moins à haute voix, quitte à « parler tout seul ». En fait, on ne comprend rien seul, mais en compagnie de quelqu'un d'autre. La relation avec le maître est donc fondamentale, car sa parole est accoucheuse de l'intelligence au sens socratique de la maïeutique. L'autodidacte ne peut exister, pas plus que l'illumination silencieuse de Descartes dans son poêle. Le « je » ne s'éprouve qu'au contact d'un autre « je », et la conscience n'y découvre que sa dimension sociale, extérieure à l'individu. Ainsi les moyens matériels de l'enseignement créent et renforcent une mentalité d'humanistes extravertis et communautaires où l'éducation, en arrachant l'homme à sa solitude sauvage, l'intègre, par la parole sans cesse renvoyée selon un code accepté par tous, à la civilisation pacifique et sécurisante apportée par Rome aux Gaulois libérés de la barbarie. La civilisation créée par l'enseignement et l'éducation ne peut donc être mise en question, car elle est, aux yeux des contemporains, à la fois hominisation et humanisation.

Demeurent alors les problèmes de la conservation du patrimoine culturel et de sa transmission par les enseignants. Les rouleaux étaient mis dans des *capsae*, sortes de boîtes rondes avec un couvercle, qui étaient déposées sur des rayons dans des armoires fermées par des vantaux. Nous ne connaissons guère de bibliothèques à cette époque en Gaule, mais il est certain qu'elles existaient au moins dans chaque cité. Le maniement délicat de ces rouleaux les détériorait rapidement. Il fallait donc les recopier souvent. Mais le matériau coûtait cher. Il était l'objet d'un monopole d'Etat qui en assurait depuis l'Egypte l'achat et le transport jusqu'aux ports de Méditerranée occidentale où il était vendu avec un fort droit de douane. Aussi le libraire qui voulait répondre à l'attente de ses clients lui réclamant une œuvre récente n'hésitait-il pas à prendre de vieux volumes dont il faisait effacer le texte par ses copistes à l'aide d'une pierre ponce pour écrire à nouveau sur le même papyrus l'œuvre recherchée. Ces manuscrits « écrits de nouveau » sont appelés palimpsestes et, aujourd'hui, il suffit de les mettre sous une lampe de Wood à rayons ultraviolets pour retrouver le discours ou le poème effacés. La diffusion d'une œuvre par écrit présentait donc de grandes difficultés, puisque sa fabrication et sa conservation étaient dispendieuses et aléatoires. L'auteur, qui ne possède jamais de manuscrit autographe, est alors réduit à faire connaître ses productions par des séances de lecture publique comme dans les « odéons » tels que ceux retrouvés par les archéologues à Lyon et à Vienne.

Les auditeurs acceptaient d'autant mieux d'écouter passivement de longues séances de lecture qu'ils avaient été, c'est le cas de le dire, à bonne école. Une fois de plus, nous allons nous apercevoir du lien étroit qui existe entre professeurs et écrivains. La pédagogie gréco-romaine fait appel, pour graver son enseignement dans les mémoires, à la répétition et à l'imitation et beaucoup plus souvent à la manière forte, réprimandes et châtiments corporels, qu'à l'émulation qui paraît, malgré les recommandations de Quintilien, fort peu suscitée. La férule abattue sur la main du distrait, la lanière du fouet qui siffle sur les mollets du chahuteur et les verges données sur les fesses du paresseux restent la seule panoplie du maître, outre ses éclats de voix, contre ceux qui ne comprennent rien.

Les quelques innovations pédagogiques rarissimes que nous connaissons, pour capter l'attention et l'intérêt des élèves, telles que lettres de buis, de marbre, ou de pâtisserie, ne concernent que des enfants de princes ou de personnages très haut placés. Le maître du *ludus litterarius* (mot à mot : le jeu des lettres) – ou, si l'on préfère, le maître de l'école primaire – transforme sa classe en salle des pleurs plutôt qu'en salle de jeux. D'ailleurs comment pourrait-il faire autrement ? Son prestige étant nul, il ne peut s'appuyer sur le respect pour se faire obéir. Mal payé en raison de ses origines sociales, même s'il parvient par le plus grand des hasards à se hisser au sommet de la société, il demeure marqué par « ses obscurs débuts », comme dit Tacite d'un sénateur qui, longtemps resté maître d'école, cherchait à le faire oublier « à force d'audace et d'impudence ». Il fallait pourtant bien sortir de ce métier si mal rémunéré, puisqu'un maître d'école ne pouvait obtenir en huit mois de l'année un traitement équivalent au salaire annuel d'un travailleur manuel ordinaire qu'en acceptant au minimum trente élèves.

Les grammairiens étaient probablement mieux rétribués, mais pour un de célèbre, combien mouraient dans l'abandon ou le mépris ! Seul le rhéteur gagnait honorablement sa vie, quatre fois mieux qu'un grammairien dans les cas exceptionnels, en moyenne deux ou trois fois plus. Encore fallait-il compter, comme dans toute profession libérale, avec la concurrence qui faisait baisser les traitements, et aussi avec les étudiants qui disparaissaient des cours avant de régler ce qu'ils devaient... Le discrédit cependant était moindre, car un rhéteur pouvait toujours abandonner sa fonction pour une autre carrière.

Tout dépendait des municipalités et de la richesse des membres de sa curie. Il arrivait que par « évergétisme » et désir d'embellir sa petite patrie, si le budget normal ne permettait pas d'entretenir un maître de lettres, un grammairien ou un rhéteur, un grand propriétaire noble offrît un legs à la cité, à charge de compléter le salaire d'un enseignant ou même de créer son poste.

Les empereurs, surtout à partir de Vespasien, encouragèrent la création d'écoles publiques entretenues et surveillées par les municipes. Mais il leur fallut bientôt intervenir pour assurer la permanence de cet enseignement et rendre le métier attirant. Auguste avait exempté les médecins de toute charge fiscale. Vespasien exempta les grammairiens et les rhéteurs des charges municipales telles que logement des troupes, sacerdoces impériaux, levée des impôts ou magistrature urbaine. Antonin, Commode et la dynastie des Sévères durent imposer ces décisions devant les réactions hostiles des municipalités à l'égard de tels privilèges, surtout lorsque Caracalla les eut étendus aux étudiants. Mais Antonin limita le nombre d'enseignants exemptés dans chaque ville en raison du nombre croissant des faux professeurs. L'empereur fut finalement obligé d'intervenir personnellement, en tant qu'évergète par excellence, pour fonder des chaires payées par le fisc impérial. Vespasien en créa à Rome pour la rhétorique, Marc Aurèle à Athènes pour la philosophie. Le recrutement se faisait par concours *(probatio)*. Chaque candidat se trouvait appelé à déclamer sur un sujet choisi par un aréopage de lettrés de la ville, et le meilleur à leurs yeux obtenait le poste. L'intervention encore limitée de l'empereur dans l'enseignement n'allait pas tarder à s'aggraver après la crise du IIIe siècle.

Les moyens de promotion, de conservation et de transmission de l'enseignement demeurent donc éminemment fragiles, tant sur le plan matériel que sur le plan humain. Ces institutions privées ou municipales n'atteignent finalement qu'une faible partie de la population gallo-romaine, beaucoup plus les fils que les filles de l'aristocratie foncière. L'essentiel de l'éducation se pratique donc ailleurs. Elle reste l'apanage de la famille.

L'éducation familiale et sentimentale

Comme le lecteur l'aura sans doute noté, il peut paraître paradoxal de parler d'éducation familiale, puisque l'enfant n'existe pas en tant qu'homme. En effet, en latin, *in-fans*, qui a donné notre mot enfant, signifie celui qui ne parle pas (du vieux verbe latin *fari* : parler). Tout enfant est donc au départ une bête brute, un être sauvage à dégrossir d'abord par le sourire (c'est le célèbre *Incipe parve puer risu cognoscere matrem* de Virgile, « Apprends petit enfant à reconnaître ta mère par le rire »), puis par la parole.

Le petit enfant n'a donc pas de personnalité ni de psychologie propres. Les sculpteurs sont incapables de le représenter autrement que sous l'aspect d'un homme miniaturisé. La célèbre statue hellénistique du Laocoon et ses enfants étouffés par le serpent de Ténédos nous montre les deux petits garçons comme des éphèbes à la musculature adulte. Cette méconnaissance de la nature profonde de la prime enfance durera chez les artistes jusqu'au XIVe siècle. Elle apparaît d'autant plus complète qu'une fille devait être reconnue officiellement par son père le huitième jour après la naissance, et un garçon le neuvième jour. Il fallait qu'il le soulevât de terre devant toute la famille. Ainsi légitimé officiellement, le petit garçon recevait la bulle, sorte d'amulette porte-bonheur en or ou en cuir, selon l'état économique de la famille, qu'il portait au cou pendant toute son enfance. Cette pratique exista surtout dans le sud de la Gaule beaucoup plus romanisé que les pays situés au nord de la Loire. En revanche, si le bébé n'était pas soulevé de terre par son père, il était jeté sur un tas d'ordures aux portes de la ville où il ne tardait pas à périr faute de soins, à moins d'être dévoré par les chiens. Cet abandon, qui se faisait surtout aux dépens des filles, s'ajoutait à l'effroyable mortalité infantile. Sur les quatre-vingt-quatorze stèles funéraires du musée de Bordeaux, il y en a huit d'enfants en bas âge, cinq de fillettes, quatre de garçonnets et quatre enfants avec leurs parents, soit près d'un quart des sépultures. Ainsi s'expliquent cette ignorance et cette indifférence à l'égard du « bébé », mais aussi, par un choc en retour, et tout particulièrement en Gaule où la famille conjugale paraît très solide, la grande puissance des sentiments familiaux dès lors qu'un enfant est reconnu et accepté.

La tendresse envers l'enfant péniblement ou volontairement gardé en vie devait être forte si l'on en croit les nombreux diminutifs donnés par les parents en guise de noms : *Pullus*, Poulet, *Albilla*, Blanchette, *Ursulus*, Ourson, *Lupulus*, Louveteau, ou encore *Bibulla*, Biberonnette et *Titiola*, Gazouillette ! Cette progéniture sauvegardée et cajolée répondait à de telles appellations par des termes encore plus répétitifs : *mamma* (maman), *moma* (grand-mère) ou bien *tata* (papa) et *tatula* (petit papa). Ainsi la famille pouvait être le lieu où s'apprenaient l'affection et la tendresse, au moins jusqu'à sept ans, avant qu'intervienne une scolarisation quelconque.

Un autre terme désigne ensuite l'enfant qui est en état de dépendance ou d'apprentissage : *puer*. Il désigne un état qui va de sept à dix-sept ans, bien que le mariage soit possible pour les filles dès douze ans et pour les garçons, quatorze. Il se termine, sur la décision du père ou du tuteur, par l'entrée dans ce que les Latins appellent l'adolescence au cours d'une cérémonie beaucoup plus courante dans l'aristocratie que dans les autres groupes sociaux. L'enfant quittait alors la toge prétexte qui était bordée d'une bande de pourpre pour la toge virile, costume d'apparat de plus en plus réservé aux actes et cérémonies publics dans les villes. Il abandonne en même temps la bulle portée au cou depuis la naissance.

Dans d'autres milieux, un rite de passage, toujours à résonance religieuse et raciale, signifiait aussi que le jeune allait être intégré aux groupes des adultes ; il prenait la forme plus simple et plus significative de la *barbatoria*. Le jeune homme, après avoir rasé sa première barbe, l'offrait dans un temple au dieu local. Il pouvait entrer alors dans les collèges de jeunes pour y recevoir une éducation physique de type prémilitaire ou bien se lancer, ce qui était moins courant, dans des études de rhétorique.

Pour les vieux Romains, l'adolescence se terminait à trente ans. On était ensuite qualifié de *juvenis* (jeune homme) jusqu'à quarante-six ans pour passer ensuite aux stades de *senior* (âgé) jusqu'à soixante ans, et de vieillard *(senex)* au-delà. Ces catégories enseignées dans les écoles ne correspondaient pas toujours à la réalité, mais elles restaient encore vraies pour les premières années de l'enfance et de la jeunesse. Quant aux fillettes, pour lesquelles ne jouaient pas les critères civiques, mais le simple état civil, elles étaient qualifiées à partir de sept ans du terme de *puella* (jeune fille) ou de *virgo* (vierge), puis après le mariage, qui constituait leur véritable rite de passage puisqu'elles abandonnaient alors la bulle, *uxor* (épouse) ou *matrona* (mère de famille). En somme, dans une société qui respectait énormément l'autorité des vieillards, l'entrée dans la vie adulte se faisait relativement tard, et l'éducation familiale jouait un grand rôle, au moins jusqu'à dix-sept ou dix-huit ans pour les garçons, et peut-être au-delà pour les filles.

La vie du bébé et de l'enfant s'écoulait à la maison. Aussitôt né, il se trouvait confié dans les familles riches à une nourrice esclave qui restait toujours près de lui, même après son sevrage, qui se faisait en général aux alentours de trois ans, lorsqu'il avait échappé aux épidémies. Cette femme appartenait rapidement à la famille. Elle était souvent affranchie par celui-là même qu'elle avait nourri, et qui était devenu adulte. Parfois même on la trouve enterrée dans la sépulture familiale, telle Fabia Rustica à qui son ancien nourrisson, un Narbonnais, réserve une place dans le même endroit que son père et son épouse. Ces femmes apparaissent comme les premières éducatrices de l'enfant, tant pour la connaissance de la langue grecque quand elles étaient d'origine hellénique, que pour celle des contes et légendes populaires qu'elles leur inculquaient. Il n'existait donc pas de coupure chez les enfants des grandes familles entre éducation populaire et éducation intellectuelle.

La nourrice enfermait constamment le bébé dans un véritable maillot fait de bandelettes étroitement entrecroisées, la tête seule dépassant de ce véritable carcan coiffé d'un petit bonnet ou d'un capuchon. Couché dans son berceau, il a sur lui une couverture étroitement maintenue par des bandelettes fixées à des anneaux, ou bien un unique cercle de métal posé sur la poitrine d'où partent toutes les bandes qui l'enserrent, et destiné, semble-t-il, à permettre à la main de la nourrice ou de la mère de le soulever ou de le poser plus facilement. Cette technique du maillot qui enserre le bébé jusqu'à ce qu'il sache marcher paraît avoir été utilisée, à cause de l'aspect désarticulé qu'il présente à la naissance, pour pallier l'apparente faiblesse de son ossification interne. Elle ne fut pas remise en question avant le XVIIIe siècle.

Une fois debout, l'enfant, même si sa mère ne l'a pas allaité, passe sous son influence directe. Pour les Romains, la famille est plus importante que l'école, car, par elle, se transmettent les coutumes des ancêtres. Jusqu'à sept ans, la direction de la mère est totale. Elle enseigne les vertus fondamentales de sacrifice et de dévouement à la communauté, à la *respublica*, à l'aide d'exemples (le terme latin d'*exemplum* désigne une technique pédagogique) tirés de l'histoire ou des légendes romaines. Chez le jeune noble s'y ajoutait le culte des dieux et des ancêtres familiaux, car il en sera plus tard le prêtre domestique, le continuateur et l'imitateur. Les vertus publiques et domestiques restent liées à la piété, c'est-à-dire à la reconnaissance que l'on doit aux dieux et aux ancêtres d'avoir fondé la grandeur romaine. Cet idéal fut certainement partagé par les riches Gaulois qui parvenaient au rang de chevalier, puis de sénateur, et cela même après 212, lorsque la citoyenneté romaine fut accordée à tous.

Si grave et indiscuté qu'ait été cet idéal moral et civique, cela n'empêchait point cependant l'enfant de jouer. Au milieu de ses frères et de ses sœurs, et des petits esclaves, il pratique ces jeux de tous les temps que sont les dés, les osselets et celui qui consiste à aligner, comme aujourd'hui, sur le « drapeau anglais » trois cailloux de même couleur. Le jeu de société existe déjà, telle une espèce de jacquet avec vingt-quatre bandes triangulaires de marbre rouge et noir à trois cupules. Garçons et filles jouent au ballon ou au cerceau. Les fillettes bercent leur poupée faite d'ivoire, de terre cuite, de bois ou de chiffons. Mais les animaux familiers paraissent les occuper plus encore. Les chiens sont d'habituels compagnons, et parfois même le chat qu'une fillette tenant dans ses bras présente sur une stèle de Bordeaux. Les oiseaux les égaient aussi par leurs chants ou leurs roucoulements.

Si l'éducation enfantine n'est pas intellectuellement élaborée, elle est donc, en fait, pratiquée dans un cadre familial très proche de la nature. La chaleur affective est présente autour de l'enfant, par la nourrice d'abord puis par la mère, enfin par le père qui s'intéresse surtout au jeune garçon. Tel sarcophage romain nous le montre écoutant une harangue prononcée par son fils qui ensuite monte sur un petit char qu'il dirige comme un aurige chevronné. Ces scènes d'éducation familiale révèlent que tout est déjà tourné vers l'avenir de l'adulte, l'orateur ou l'éternelle matrone.

Remarquons tout de même une curieuse lacune dans cette préparation à la vie adulte : l'éducation sentimentale. Les Gallo-Romains trouvaient normal d'éduquer le corps et l'esprit, mais négligeaient le cœur alors qu'ils n'ignoraient point, nous venons de le voir, la tendresse familiale. Les rites du mariage romain présumaient, certes, qu'il y avait d'abord engagement mutuel et libre des époux, mais le voile orange de la mariée, sa couronne de myrte et de fleurs d'oranger, les noix que jettent sur son passage les garçons d'honneur, les plaisanteries obscènes qui jaillissent dans l'entourage, sont essentiellement destinés à stimuler la fécondité du couple. Le cérémonial rappelle que les époux se marient « pour que soient engendrés des enfants ». Seul, peut-être, l'anneau que l'on passe à l'avant-dernier doigt de la main gauche fait allusion au sentiment. D'après les spécialistes égyptiens de l'anatomie, en effet, un nerf très fin unissait directement ce doigt au cœur. Ainsi les alliances passées à l'annulaire de chaque conjoint symbolisaient-elles leurs sentiments amoureux.

En fait, le mariage des jeunes filles à peine nubiles était très courant et ne permettait guère l'éducation et l'épanouissement de tels sentiments, dans une société où les parents choisissaient le mari. Les textes proposés aux jeunes écoliers ne font jamais allusion à l'amour du couple. Les pièces de théâtre de Plaute ou de Térence en sont totalement dépourvues. Il se trouve transformé, lorsque s'y glissent de brèves allusions, en un sentiment moral – réserve, maîtrise des sens, crainte des dieux et amour des parents. Pas un mot ayant trait à l'amour des époux ! Pourquoi ? Parce que l'amour identifié au désir se trouve complètement dissocié de la maternité. Il fait partie d'un monde instinctuel et sauvage. Sa frénésie plus ou moins divine s'empare spécialement des femmes qu'il faut protéger en leur apprenant le maître mot de l'enseignement romain : *disciplina*, règle de conduite commune à toute collectivité. Tandis que l'homme se plie aux intérêts de la cité, la femme, par la pureté de son sang, donne de nobles enfants à l'Etat. Elle se doit de faire taire en elle ce désir destructeur des passions du cœur, des sentiments d'amour, qui sont jugés par les Romains comme une irruption de l'irrationnel dans la vie humaine. L'éducation de la matrone impose la séparation de la maternité et de l'amour.

L'apprentissage amoureux se fait donc ailleurs, dans les bras des femmes esclaves ou de jeunes filles libres non mariées. Chaque sénateur gallo-romain a des concubines dans sa *villa*, puisqu'il faut bien sacrifier à la puissance de l'amour. Aussi, lorsqu'en l'an I avant Jésus-Christ, paraît l'*Art d'aimer* d'Ovide, cette double morale, puritaine dans la famille, libertine dans la cité, trouve ses lettres de noblesse avec ce premier manuel d'éducation sentimentale. L'*Art d'aimer* eut un immense succès, et si l'état des mœurs qu'il décrivait se trouve nettement marqué par son époque, il n'en demeura pas moins par la suite un modèle pour toutes les hautes couches sociales cultivées.

Il fut désormais de bon ton d'être, sur les conseils d'Ovide, un mari jaloux et un amant libéral. Le poète en effet écrit pour les femmes qui ne rougissent pas, non pour les matrones qui ont appris la pudeur. Il veut enseigner comment agir pour conquérir une de ces femmes libres (Livre I), pour conserver l'amour de sa maîtresse (Livre II) et enfin ce que doit faire la femme aimée pour retenir son amant (Livre III).

Le jeune homme peut prétendre à toute sorte de femmes car aucune n'est insensible. La chasse à la femme-objet se fait donc par de multiples petits soins : « Tâte d'abord le terrain par un billet doux écrit sur des tablettes artistement polies. » L'étude des belles-lettres favorise certes l'éloquence, mais ne se limite pas à l'art déclamatoire ; les poètes savent jouer du sens de l'intime, être naturels ou insinuants. Une fois les filets posés, l'entrevue sera le premier piège ; la séduction qu'apportera la suivante jettera l'ennemi dans la place. Puis l'art du costume et de la toilette, les soupirs et les pleurs, une pâleur mortelle, faciliteront l'assaut final. Dès lors, selon que le poisson se ferre à la ligne, au harpon ou à la nasse, l'estocade finale sera donnée par des instances pressantes, des assauts brutaux ou bien un feint renoncement.

Une description tout aussi minutieuse des techniques amoureuses révèle ensuite comment l'amant doit se faire le véritable esclave de la nouvelle maîtresse, porter son ombrelle, s'aguerrir aux combats amoureux par quelque aphrodisiaque, réveiller l'amour de la belle par l'aiguillon de la jalousie et voguer enfin de concert jusqu'au port des délices. Quant aux conseils donnés aux femmes, ils vont de l'achat d'une perruque faite de la chevelure d'une blonde captive germanique à l'art de blanchir les dents noires, du jeu langoureux de la harpe à l'art des refus temporaires plus ou moins provoqués par la ruse d'une surveillance imaginaire, à seule fin de mettre en valeur, par des attitudes changeantes et des postures provocantes, leur beauté désirée.

Dans cet enseignement qu'Auguste feignit de condamner, il y a en réalité toute la soumission païenne au désir amoureux et à la passion irrationnelle observée et éduquée selon un amoralisme tranquille. L'apprentissage et la découverte de l'amour se pratiquaient donc en marge du mariage et de la famille, et si l'*Art d'aimer* d'Ovide ne fut pas toujours commenté dans les écoles gallo-romaines, le célèbre épisode des amours de Didon et Enée le fut constamment. La leçon en était claire pour les élèves gallo-romains. Le jeune héros peut bien se délasser dans les plaisirs de Vénus et pratiquer ainsi le véritable loisir, l'*otium*, mais arrive un temps où il faut quitter l'amante, s'arracher à ses bras, pour penser aux choses sérieuses, c'est-à-dire fonder la cité, la future Rome. L'art d'aimer n'est dès lors plus qu'un art de passer le temps en marge de la cité, mais non de travailler à construire la société des hommes.

Cette première conception de l'éducation amoureuse ne tarda pas à être contestée par une autre qui allait avoir une importance décisive. Devant l'impossible harmonie du désir et de la tendresse, et l'insupportable coupure entre la maternité et l'amour, devant la découverte de l'abîme de souffrance et de mort où menait ce manuel du parfait séducteur et de la parfaite séductrice, et la malédiction qui s'ensuivit de toute passion amoureuse, un retour en force du vieux moralisme romain se fit jour par l'entremise des philosophes stoïciens et notamment de Sénèque. Ici, l'enseignement des philosophes fut capital.

Le sage doit être capable de distinguer entre l'amour véritable et la flamme de la passion charnelle. La femme, en particulier, doit surmonter la frénésie des sens pour parvenir à un mariage d'amitié, pratiquer la pureté, vertu fondamentale pour assurer l'authenticité de la descendance, afin de se respecter soi-même et de rester libre. Sinon, elle devient esclave de son amant et ne peut plus être l'égale de l'homme. De même, celui-ci doit-il se maîtriser pour lui rester fidèle. « C'est être adultère envers sa propre femme que de l'aimer d'un amour trop ardent », dit un maître de Sénèque, et ce dernier ajoute : « Le sage doit aimer sa femme par un acte de volonté délibérée et non par un entraînement de passion. » Cette amitié, enfin, ne pourra être réalisée que par une fidélité mutuelle à l'engagement pris librement. Cette morale cohérente fut probablement le plus haut degré de spiritualité atteint par les philosophes païens. Leurs traités furent répandus chez les rares convertis à la discipline de la sagesse. Mais j'ai déjà souligné combien dans l'enseignement supérieur, les adeptes de la rhétorique furent beaucoup plus nombreux que ceux de la philosophie qui n'était enseignée qu'à Rome seulement. Au total, de ces deux éducations sentimentales, l'une faisait se développer un amour sauvage en dehors du mariage, l'autre une amitié disciplinée à l'intérieur du mariage.

Aussi ne faut-il point s'étonner que, portées par la littérature, elles se fussent perpétuées à travers toute la civilisation gallo-romaine. L'une continua à louer la dichotomie entre mariage légal et amour-passion, l'autre à déprécier l'amour comme une faiblesse et à prôner un volontarisme puritain se méfiant du plaisir à l'intérieur du mariage. Or, bien que cette éducation fût l'apanage d'une petite minorité, la caution que lui apportèrent les empereurs stoïciens du IIᵉ siècle en fit un idéal culturel grâce au préjugé de faveur dont jouissait la philosophie par rapport à la poésie. Par la suite, le christianisme primitif se laissa impressionner par ce moralisme stoïcien et les premiers écrivains chrétiens, en particulier les Apologistes, ne furent point insensibles à cette conception d'un amour maîtrisable, parce que dénué de passion, et d'une famille respectable, parce que matériellement pure.

L'ÉDUCATION SOCIALE

L'humanisme antique est donc dominé par la peur du désir sauvage qui ramène l'homme à l'état de bête. L'être collectif qu'est la société doit, lui aussi, se libérer de sa férocité, mot qui d'ailleurs vient de *fera*, la bête sauvage. Mais alors quel type d'éducation peut-il proposer lorsque, justement, il devient nécessaire de s'entraîner à la violence ou de préparer la paix ? Ici les réponses varient selon les situations, mais, comme on va le voir, la domination ou la purgation des passions l'emporte le plus souvent sur leur exaltation.

Ecartelé entre la guerre et la paix, l'Empire, à partir du début du IIᵉ siècle, a choisi définitivement une politique extérieure défensive avec l'empereur Hadrien. Pour maintenir les Barbares, les légions sont désormais installées à demeure sur les bords du Rhin et le *limes*, ligne de forts semés depuis le Main jusqu'au Danube. La Gaule est donc dépourvue de toute installation militaire importante. Il n'empêche que, dans ces conditions, il faut, comme le veut le célèbre adage, pour gagner la paix préparer la guerre. J'ai déjà parlé des *collegia juvenum*, de ces groupements de jeunes nobles dont l'existence est assurée par exemple à Autun. Restaurés par Auguste, ils avaient certainement un rôle de formation paramilitaire, mais il est fort probable qu'il n'en fut réellement ainsi que dans les garnisons rhénanes. Ailleurs, leurs activités restent essentiellement religieuses et sportives, parfois sans doute municipales et politiques, ce qui expliquerait qu'au début du IIIe siècle, ils soient tombés en déclin par suite de l'hostilité des empereurs de la dynastie des Sévères qui virent en eux des foyers locaux d'opposition aristocratique. En fait, ils s'occupaient surtout d'équitation, d'escrime et de jeux sportifs (exclusivement d'ailleurs ceux de l'amphithéâtre et du cirque, puisque rares furent les sports athlétiques grecs adoptés en Gaule). Ces clubs de jeunes disposaient d'un local : la *schola*, terme grec qui a donné notre mot école mais qui signifiait loisir, détente ! La traduction latine en fut le terme *ludus*, jeu ! Effectivement, les jeux romains sont des entraînements pré- ou paramilitaires, sans ressemblance aucune avec les compétitions sportives grecques. Si le jeune aristocrate apprend à monter à cheval, c'est pour atteindre une grande habileté, non pour disputer une course. S'il se rend auprès du maître des gladiateurs pour pratiquer l'escrime, il ne descendra dans l'arène de l'amphithéâtre que pour s'y livrer à des combats simulés ou à des « chasses » *(venationes)* où il combattra taureaux, ours ou lions. Mais concourir, emporter un prix ne lui vient pas à l'idée. L'idée anglaise de match, la poursuite d'un record lui sont étrangères.

La vigueur physique n'est donc développée que dans un but pratique et utilitaire. Alors qu'à l'époque gauloise, l'entraînement cynégétique et militaire avait pour but la victoire à tout prix par la stimulation et l'exaltation de toutes les forces viriles, avec l'influence romaine, cette tradition, bien que fortement maintenue, est orientée non plus vers l'art de la guerre mais vers l'art de poursuivre, surprendre ou piéger gros et petit gibier. La chasse ne perd certes pas son but originel : celui de se nourrir et de survivre, mais tout en conservant ce rôle d'appoint, elle devient en même temps et de plus en plus un sport de détente d'autant plus apprécié que, la paix étant assurée, elle reste l'exutoire idéal de la violence.

Arrien, auteur grec du IIe siècle, écrivit *les Cynégétiques*, l'un des plus anciens manuels de chasse qui ait été conservé. Il y montre comment, chez les Gallo-Romains, la chasse est devenue un sport d'élite et de luxe. « Seuls chassent ceux qui ont de la fortune et se donnent du bon temps... ; ils ne vivent pas du gibier qu'ils prennent mais ne cherchent là qu'un noble plaisir. » Il faut même parler d'une véritable passion, si l'on en croit le testament d'un Gallo-Romain de la région de Langres qui se fait enterrer au IIe siècle avec « mon attirail de chasse et d'oisellerie... mes épieux, mes glaives, mes coutelas, mes filets, mes pièges, mes lacets, mes flèches, mes tentes, mes épouvantails, mes litières de bain... ma chaise à porteurs et tous les ingrédients et l'attirail nécessaire à cette occupation *(studium !)* ».

Les nobles s'attachaient d'autant plus à cette activité qu'ils avaient mis du temps à apprendre à soigner et à dresser leurs bêtes de chasse. Arrien explique que, pour la chasse à courre, ils disposaient de chiens courants, originaires peut-être de Suse en Italie, capables de pister et d'accrocher un sanglier ou un cerf, et de « lévriers » appelés d'un mot gaulois *vertragus* (ce qui signifie supercoureur, et a donné en vieux français vautre). Ceux-ci étaient donc destinés à courir le lièvre, tandis que les dogues aux babines pendantes, d'origine britannique, servaient exclusivement à combattre le sanglier. Là se trouvait le plus grand danger, car tandis que le chien d'attaque enfonçait ses crocs dans l'arrière-train de l'animal, le chien courant le harcelait et le chasseur le chargeait alors à l'épieu, souvent au péril de sa vie.

Arrien donne toute une série de conseils pour ces chasses et s'attarde même aux soins qu'il faut donner aux chiens pour les entretenir et les conserver. « Il est bon de les frictionner, tout comme les chevaux : cela leur fortifie les membres, leur rend le poil souple et la peau nette en en chassant toutes les impuretés. On brosse le dos et les reins avec la main droite en soutenant le ventre de la main gauche, de peur que le chien ne se donne une hernie en fléchissant le corps sous la pression de la main ; de même pour les épaules et les pattes de devant. Lorsqu'il aura été suffisamment frictionné, on renverra l'animal en le tirant par la queue : il se secouera aussitôt et vous fera voir ainsi qu'il a subi l'opération avec plaisir. »

Tout comme la chasse à courre, la chasse aux filets se faisait à plusieurs : pisteurs, rabatteurs, cavaliers, parfois même tireurs à l'arc. Une mosaïque de Lillebonne en Normandie comporte quatre épisodes d'une fort curieuse chasse au cerf qui prouve combien les techniques en étaient évoluées et exigeaient un apprentissage minutieux. Après un sacrifice à Diane, la déesse des chasseurs, les piqueurs attachaient un cerf capturé derrière un fourré. Cette chasse avait lieu à l'époque du rut et le cerf bramant attirait alors les biches que les rabatteurs devaient soigneusement guider vers un cul-de-sac constitué par des filets cachés dans les halliers. Aussi la chasse au brame était-elle particulièrement efficace et heureuse.

L'ours, le loup, l'élan ou l'aurochs étaient poursuivis pour d'autres motifs. Ce gibier était saisi par des spécialistes, au filet ou dans des pièges à fosses, pour fournir les chasses des amphithéâtres. Ces chasseurs étaient souvent d'ailleurs des soldats. Et ici se vérifie une fois de plus le lien étroit que l'on trouve entre l'entraînement à la violence et l'entraînement militaire, entre la chasse comme école de guerre et le spectacle comme lieu de défoulement. Examinons d'abord comment va s'opérer le passage du chasseur à l'officier.

Il n'est pas étonnant de voir, par exemple, Arrien, auteur d'un traité de chasse, écrire peu après un traité de tactique. Les nobles gaulois qui voulaient faire carrière militaire, étant membres du groupe des chevaliers, pouvaient devenir procurateurs équestres ou tribuns militaires. A partir d'Hadrien (117-135), l'accès aux plus hauts grades leur est facilité. Pour les nobles, l'armée est un stage indispensable à une carrière d'homme public. Quant aux soldats, ils sont, eux, tous de métier et volontaires, en raison des avantages offerts. Groupés aux frontières en quatre légions formant un total de cinquante mille hommes, ils apprennent un métier très sophistiqué pour l'époque et qui fait d'eux une aristocratie populaire. Et cette position est d'autant plus recherchée par les Gaulois pauvres qu'après vingt-cinq ans de service ils reviennent dans leur patrie locale auréolés du titre de citoyen romain. L'armée est en effet une école de romanité grâce au séjour dans les camps. Le jeune Gaulois issu du peuple y apprend forcément le latin et tout ce qui fait l'originalité romaine : l'imitation des ancêtres et la discipline. Dans les garnisons des bords du Rhin, il découvre les techniques des mille et un métiers nécessaires à la vie d'une collectivité, mais ignorés encore des Gaulois, celles du maçon pour construire forts, aqueducs, thermes, routes ou ponts, celles du géomètre pour dresser tentes et casernements au cordeau, du forgeron ou du potier pour les armes, outils, vases et autres vaisselles, et même du conducteur de travaux miniers ou de carrières. S'il veut se distraire, chaque camp légionnaire des bords du Rhin possède au moins un amphithéâtre où se déroulent revues, parades, combats de gladiateurs et chasses d'animaux sauvages ou exotiques. Souvent même le camp devenait ville, telle Strasbourg qui, à partir du séjour d'une légion, devint un véritable chef-lieu de cité.

Avec la ville et ses monuments de pierre, nous arrivons au dernier stade de l'éducation romaine, celle qui s'impose par le spectacle d'un genre de vie inimitable et unique. Les mœurs furent considérablement changées par l'aménagement confortable des thermes où l'on pouvait prendre des bains froids, tièdes ou chauds, avec leurs salles de sport et leurs bibliothèques. Chaque agglomération en possédait au moins deux ou trois. Aux plaisirs du corps, la ville ajoutait ceux de l'esprit. Elle était le lieu idéal des distractions et des spectacles. Plus d'une soixantaine de théâtres paraît avoir été construite en Gaule. Il faut y ajouter des monuments particuliers au centre et au nord de notre pays, édifiés souvent dans les campagnes aux confins des territoires de cités ou sur des lieux de pèlerinages païens, les théâtres-amphithéâtres. Les fouilles archéologiques ont permis de retrouver ceux de Chassenon (Charente), Sanxay (Vienne) ou de Ribemont (Somme). De véritables foules y accouraient et s'asseyaient sur leurs gradins. Quelle formation commune leur était adressée par les acteurs ? Y avait-il un message créateur de l'esprit public ? Il est difficile de donner une réponse nette. La réalité paraît surprenante. La tragédie et la comédie sont d'autant plus mortes que, devenues l'apanage des lettrés, anciens élèves des écoles, elles sont lues dans les odéons sous forme de récitations publiques dont j'ai déjà parlé. Un peuple analphabète ne les aurait d'ailleurs guère prisées. Aussi ne se jouent sur les plateaux de ces théâtres que des mimes et des pantomimes. Les acteurs interprètent des scènes mythologiques qui nécessitent de grands spectacles : *Prométhée et le vautour, Andromède et Persée, les travaux d'Hercule* ou *le jugement de Pâris*. L'horreur, le monstrueux, la catastrophe, l'érotisme y prédominent. Le public raffolait de ces acteurs, qui, comme le dit Sidoine Apollinaire au Vᵉ siècle (mais cela était général dès le IIᵉ siècle), « avec leur bouche muette, leurs gestes parlants, leurs signes, leurs mouvements si expressifs des jambes, des genoux, des mains et de tout le corps », finissaient par suggérer et même faire revivre le siège de Troie, Thyeste dévorant ses enfants qu'on lui amenait sur une table, le taureau de Crète couvrant Pasiphae, Léda et le cygne.

Ces théâtres populaires offraient donc des tableaux vivants, des féeries et même des farces. Ils formaient la base de véritables revues grâce aux enchaînements qui y ajoutaient des danseurs, des acrobates, des jongleurs, avec leurs animaux dressés, singes ou chiens savants. Un vieux jongleur narbonnais a même fait graver sur sa tombe les boules avec lesquelles il fit fortune. Ainsi le théâtre ne faisait que dispenser par des représentations purement visuelles, distraction, amusement et dépaysement. Les sentiments qu'il excitait étaient simples, primitifs et excessifs. Au fond, ces spectacles libéraient ces hommes et ces femmes de leurs passions, pratiquaient en eux une véritable catharsis dans le sens que lui donnait Aristote.

Mais ce délassement collectif était encore plus facile et plus attirant à l'amphithéâtre. A partir du IIᵉ siècle, certains théâtres sont alors transformés en amphithéâtres en Gaule. Marc Aurèle (162-180) dut même prendre un édit pour en limiter le nombre et l'étendue dans ce pays, tant leur développement devenait excessif et ruineux pour les organisateurs. L'amphithéâtre apparaissait, en effet, le dernier lieu où la violence et la férocité se voyaient autorisées et même encouragées et cultivées. Trois types de spectacles s'y trouvaient donnés : les chasses, surtout le matin, au cours desquelles de nombreuses bêtes sauvages étaient massacrées ; les exécutions où l'on jetait aux bêtes qui les déchiquetaient et les égorgeaient des condamnés à mort et souvent parmi eux des chrétiens ; enfin et surtout des combats de gladiateurs, jeux les plus prisés de tous. Les Gallo-Romains en raffolaient d'autant plus qu'ils existaient déjà à l'époque de l'indépendance. Toutes leurs pulsions de mort pouvaient s'y déverser.

Ces duels opposaient deux combattants inégalement armés. Par exemple, un rétiaire muni d'un filet et d'un trident, l'épaule gauche couverte d'une plaque de fer recourbée, s'opposait au mirmillon porteur d'un bouclier rectangulaire, d'un casque à visière mobile, d'une épée et d'une jambière gauche. Chacun doit connaître le type d'armement de l'autre, sa technique particulière, et savoir mourir en beauté s'il est vaincu. Il existe pour cela une école de gladiateurs où entrent des esclaves, des condamnés et même des hommes libres déclassés qui cherchent fortune. On la trouve par exemple à Autun, où le mirmillon est même appelé Gaulois, peut-être parce que ce type de combattant était propre au pays, au point que cette école, le *ludus gallicus*, devint florissante à Rome. Chacune des recrues prêtait serment d'obéissance et recevait une prime d'engagement. Puis, une fois l'apprenti gladiateur logé et nourri dans la caserne, commençait alors l'entraînement sous la direction d'un *doctor*. Il s'agissait généralement d'un ancien sorti indemne de ses nombreux combats où il ne s'était pas cependant suffisamment enrichi pour faire autre chose.

Chacun de ces maîtres excellait en un type particulier de combat, l'un pour les rétiaires, l'autre pour les poursuivants *(secutores)*, les Thraces, les « assidaires » (combattants en chars) ou les « sagittaires » (archers). Dans la cour carrée de l'école, ils surveillaient, le fouet ou le bâton à la main, le novice qui s'entraînait contre un pieu haut de deux mètres *(palus)* avec une épée de bois *(rudis)* et un bouclier d'osier. Et nous retrouvons une fois de plus ici, avec le mot *rudis*, l'idée de brutalité par opposition à *l'eruditio*, le fait d'être civilisé et policé. Sur les ordres brefs *(dictata)* du maître, il travaillait son jeu de jambes, les positions d'assaut à l'épée, et celles du port du bouclier. Puis, les rudiments possédés, le maître, en vieux routier de l'arène, révélait à l'élève les astuces et pratiques spécialisées qui lui permettaient de se perfectionner et peut-être de triompher de l'adversaire le plus coriace. Le novice passait ainsi d'une section à une autre, chacune était numérotée : premier pieu, deuxième pieu, et ainsi de suite jusqu'à quatre. Il fallait plusieurs années d'entraînement pour devenir un bon gladiateur et être admis au combat.

Mais ce docteur ès violence ne négligeait pas non plus d'enseigner à son élève l'art de mourir, car c'était aux derniers moments de la vie que la foule aimait reconnaître le courage de ces parias. Lorsqu'un gladiateur était tombé et que la foule proclamait l'arrêt de mort en renversant le pouce vers le sol, le vainqueur exécutait alors l'arrêt, selon un cérémonial longtemps appris à l'avance. Le vaincu devait éviter le geste instinctif d'arrêter l'épée de la main, de mettre sa main devant le visage, de rentrer le cou, de contracter ses membres ou de reculer la tête. Une fois ces réflexes primitifs supprimés, le futur mort apprenait à tendre la gorge à l'adversaire, à diriger contre soi l'épée du vainqueur en lui prenant la main et en appuyant avec lui, enfin à se laisser tomber assis, la tête penchée vers la droite, le casque toujours en place, comme s'il n'éprouvait rien. Il offrait ainsi une belle mort au public qui pouvait alors jouir de cet égorgement réussi.

Ce plaisir était encore mieux obtenu lorsque le vainqueur d'un duel s'opposait de nouveau à un autre gladiateur tout frais émoulu, et cela à répétition jusqu'au dernier survivant. Ainsi à Vieux (Calvados), un notable offrit à ses compatriotes, en quatre jours de jeux, soixante-quatre gladiateurs qui, deux à deux, combattirent successivement jusqu'au dernier. Les nombreuses statuettes de gladiateurs retrouvées en Gaule démontrent à quel point la violence populaire était friande de ces meurtres.

Ces spectacles qui durèrent jusqu'à la fin de l'Empire tardif circonscrivaient ainsi la violence à une certaine catégorie d'hommes, condamnés, esclaves, ou épaves sociales, c'est-à-dire à des êtres inférieurs, véritables instruments auxquels on offrait la liberté s'ils se rachetaient par leur courage au combat. La cité des hommes libres se trouvait ainsi purgée du vice et de l'infamie et protégée des pulsions de mort, de la même manière que, dans la Gaule indépendante, les sacrifices humains sauvaient la tribu de la vengeance des dieux. Là où nous ne voyons aujourd'hui que goût du sang, sadisme et dégradation humaine, les anciens Gallo-Romains croyaient tout au contraire que la cruauté publiquement satisfaite élevait la société des hommes libres, c'est-à-dire créait la cité.

Je parlerai beaucoup moins des jeux du cirque proprement dit, c'est-à-dire des courses de chars sur un parcours en épingle à cheveux autour d'une *spina*, sorte de podium allongé terminé par des bornes. Chaque cocher et son char attelé de quatre chevaux devait en faire sept fois le tour. Mais il y eut peu de cirques construits en Gaule : Lyon, Vienne, Arles, Saintes et Trèves, seulement. L'attrait du jeu de hasard était la cause essentielle de leur succès, car tout le monde pouvait parier pour l'une des quatre factions : Les Bleus, les Verts, les Rouges et les Blancs. Chacune d'entre elles possédait son école de cochers et de dressage des chevaux ; grâce à son organisation financière, elle pouvait payer cher et attirer les meilleurs champions. Au lieu de miser sur telle ou telle bête, le public pariait, en effet, sur une écurie de telle ou telle couleur. La mosaïque du cirque de Lyon nous montre que, là encore, le spectacle mêlait habileté et violence, car le « naufrage » sur une borne entraînait presque toujours un accident mortel pour le cocher. Enfin, entre chaque course, la *spina* voyait se dérouler des numéros de bateleurs et d'acrobates ou bien écoutait jouer de la musique d'orgue hydraulique, de flûte double, sorte de hautbois, ou de cithare à sept cordes. Bien que les Gallo-Romains aient hérité des Gaulois leur goût fort vif pour la musique et qu'ils en aient conservé deux instruments typiques, la flûte à outre (le biniou) et la *chrotta* (la rote médiévale) ou harpe bretonne, il ne nous est resté aucun témoignage écrit ou figuré sur l'enseignement du chant et de la musique. Et pourtant cet enseignement existait.

Théâtres, amphithéâtres et cirques voyaient donc accourir des citoyens gallo-romains de tous côtés. Mais cette éducation sociale avait surtout pour but de défouler les masses en les distrayant. L'architecture et les jeux, certes, les romanisaient psychologiquement, mais ils ne leur enseignaient pas l'idéal politique de la cité. Ils ne lui en apportaient que les fruits. Qui donc forma le sens politique et administratif des soixante et quelque cités de la Gaule romaine ? Nous retrouvons ici l'influence des écoles. Certes, ceux qui en sortaient avaient acquis une certaine formation de rhéteur, mais cela ne constituait jamais que le premier pas indispensable pour être admis, comme tout propriétaire foncier, à l'assemblée municipale du chef-lieu de cité, la curie. Là, des décurions élisaient les prêtres du culte impérial, les collecteurs d'impôts et les dirigeants de la cité. Dans ce conseil municipal se décidaient la construction d'un forum ou d'un aqueduc, l'organisation des jeux, l'érection d'une des nombreuses statues qui ornèrent les villes des Gaules en l'honneur de tel ou tel illustre évergète de la cité. Tous ces gouvernements locaux firent certainement beaucoup pour apprendre à cette élite romanisée le consentement et l'acceptation d'une règle commune. Ce fut là que se forgea en profondeur le sentiment d'appartenance à la cité romaine et à sa civilisation universelle. Ces décurions chargés de magistrature vivaient de leurs revenus, en offraient même une partie à leurs concitoyens, et opéraient ainsi dans les esprits une distinction, voire une coupure, entre ceux qui organisaient la cité et ceux qui en jouissaient, entre la peine et la culture, le civisme et les jeux.

L'ÉDUCATION PROFESSIONNELLE

Si tout métier est pénible, son apprentissage ne l'est pas moins. La formation professionnelle à l'époque romaine nous est difficilement connue faute de témoins. Celle du grand propriétaire est moins ignorée cependant que celle des artisans. En effet, très tôt, avec Caton l'Ancien qui écrivit le premier en latin, des traités d'agriculture apparurent, profitant certes de l'expérience hellénistique, mais avec une originalité typiquement romaine où le souci du rendement ne le cédait point à la peur du gaspillage. Varron écrivit au Ier siècle avant Jésus-Christ un ouvrage en trois livres sur le même sujet. Virgile prit le relais avec ses célèbres *Géorgiques*. Columelle au IIe siècle rédigea aussi un *De agricultura*. Bref, des manuels d'économie rurale qui traitent aussi bien de l'art d'élever les abeilles que de soigner les bêtes ou de cultiver un jardin, apportèrent ce que l'on savait de meilleur à cette époque en agronomie aux grands propriétaires gallo-romains qui les transmirent certainement à leurs descendants. Cette science n'avait rien de routinier pour l'époque et permit l'extension de l'arboriculture et de l'élevage à travers les campagnes, particulièrement en Provence et en Narbonnaise où la triade blé-olivier-vigne caractérisa le mode romain de transformation du sol.

Quant à l'apprentissage du métier, il devait avoir lieu à l'intérieur des associations et collèges nombreux dans les villes. A l'instar des collèges de jeunes, des associations funéraires et du sénat local, les artisans se regroupaient spontanément et se mêlaient ainsi à la vie de la cité. Les stèles funéraires montrent l'importance des corporations de travailleurs du bois par exemple, charpentiers ou scieurs de long. Chaque corps pour être légal devait être reconnu par le sénat local ; il pouvait posséder des biens communs, une caisse commune et un syndic comme nous l'apprend Gaius dans ses *Institutes*. L'Etat intervient même au IIe siècle pour les protéger en les exemptant de l'obligation d'offrir des jeux *(munera)*. Cela nous permet de voir que, parmi les corps de métiers auxquels le gouvernement tenait le plus, figuraient les arpenteurs, les infirmiers, les médecins, les fabricants de boîtes à livres *(capsae)*, les vétérinaires, les architectes, « les scribes qui peuvent enseigner », et « ceux qui tiennent les listes des greniers, des biens mis en dépôt, des biens tombés en déshérence », etc., tous gens susceptibles de transmettre une science et un savoir. Il y eut aussi des artisans étrangers vivant en Gaule qui, tels les brodeurs syriens, les verriers ou les fabricants d'armes orientaux, devaient y apporter leurs techniques et certainement les enseigner.

Nous devinons en effet, à travers certaines épitaphes, l'existence d'un apprentissage à l'intérieur des corporations. Quintus Candidus Benignus, qui faisait partie de la corporation des charpentiers d'Arles, était considéré par ses pairs comme le maître le plus savant qu'il y eût pour construire des orgues hydrauliques et régler le cours des aqueducs. Un jeune apprenti orfèvre, mort à douze ans, savait déjà fabriquer des colliers et incruster des pierres précieuses de couleurs variées dans de l'or. Il y a tout lieu de penser que cet apprentissage, commencé à cet âge, s'achevait par une *probatio*, examen donnant droit, en cas de succès, à l'exercice du métier. Et ce ne devait pas être la seule corporation dans ce cas. De toute façon, à l'époque des Sévères, en ce début du IIIe siècle, les rapports entre les grands propriétaires et les corps de métiers se régularisèrent à l'intérieur de chaque cité et, désormais, chacun eut son rôle bien déterminé, qui dans la vie politique, qui dans la vie professionnelle. Les premiers eurent à charge la levée des impôts, les seconds les services de ravitaillement et d'incendie. Telles sont les faibles lueurs dont nous disposons sur l'éducation au travail dans la Gaule de l'Empire dit libéral du Ier au IIIe siècle après Jésus-Christ.

L'État et l'enseignement romain dans l'Antiquité tardive (IIIe-Ve siècles)

Tant que la prospérité économique et la paix durèrent, l'enseignement dispensé par la cité fonctionna normalement. Du jour où les finances s'épuisèrent, où l'évergétisme devint une lourde charge mal compensée par les honneurs, où les troubles des invasions du IIIe siècle interrompirent pendant une quarantaine d'années le cours de la vie urbaine, la reconstruction qui se poursuivit avec les empereurs illyriens, puis avec Dioclétien et Constantin, ne pouvait être une restauration à l'identique du système éducatif. Elle fut marquée par l'intervention de l'Etat, dont les besoins en fonctionnaires augmentaient, sans véritable grand changement dans la nature des programmes et le cours de l'enseignement.

Une première preuve peut en être donnée à propos d'Autun. La ville, ravagée après le siège de 261, vit ses écoles rétablies aux alentours de 278 par Constance Chlore, le père de Constantin, qui chargea Eumène d'y ramener un enseignement régulier. Ancien maître de rhétorique, Eumène était devenu *magister memoriae*, c'est-à-dire chef du secrétariat de l'empereur. Il reçut, comme le montre son discours au sujet de la restauration des écoles meniennes, le traitement fabuleux pour l'époque de 600 000 sesterces par an. Eumène, par évergétisme, préféra consacrer la totalité de ces sommes à la reconstruction des bâtiments scolaires qui retrouvèrent toute leur splendeur. L'enseignement de la rhétorique revêtait une telle importance dans l'esprit de l'empereur qu'il choisit d'intervenir lui-même à la place des cités impuissantes pour en sauvegarder la qualité et obtenir ainsi de meilleurs fonctionnaires et officiers supérieurs.

Mais la politique impériale n'en resta point à cette action ponctuelle. Déjà l'empereur, à titre de mécène et de patron, avait accordé des exemptions fiscales complètes aux professeurs et aux médecins pour rendre leur métier attirant. Or l'édit de Dioclétien (301) appelé *Maximum* (dont on ne sait s'il fut ou non appliqué en Gaule) fixait les traitements des enseignants à des taux plutôt bas. Le grammairien recevait deux cents deniers par élève et par mois, soit quatre fois plus qu'un instituteur. Le professeur de rhétorique deux cent cinquante deniers par élève et par mois. Un instituteur se trouvait pratiquement moins payé qu'un maçon ou un charpentier qui gagnait soixante deniers par jour en plus de sa nourriture. C'était peu. Une loi de 376 édictée par l'empereur Gratien fixa les traitements des rhéteurs au double de ceux des grammairiens en langues grecque et latine. Les traitements de ces derniers se trouvaient cependant dans un rapport de deux à trois dans la capitale des Gaules, à Trèves, où résidait l'empereur, car là le besoin de fonctionnaires était encore plus vif. Cela n'empêchait ni les libéralités, ni l'élection par les cités, puisqu'elles payaient elles-mêmes les professeurs au taux fixé dans les villes métropoles de province ou de Trèves. Au traitement s'ajoutait la redevance payée par chaque écolier et des cadeaux offerts au professeur au Jour de l'an. Il n'empêchait que cet édit constituait une intervention nette à l'intérieur des compétences municipales.

Elle ne fut pas la seule. Certes, l'entretien des écoles par les municipalités ne disparut pas, ni les concours devant un aréopage de notables, mais leur bon fonctionnement nécessita de plus en plus l'intervention impériale ; le cas d'Eumène nommé par l'empereur ne fut pas unique. Bien des élections contestées virent l'arbitrage impérial l'emporter. Constant fit appeler le rhéteur grec Prohairesios à Trèves, puis le fit nommer à Rome. A partir de l'édit de Julien en 362, il fut considéré comme normal que chaque cité prenne un décret de nomination après l'élection d'un professeur, à charge de le faire viser par l'empereur, ce qui lui donnait un droit de regard sur l'enseignement dans tout l'Empire. Cette intervention fut encore plus directe à Rome, à Athènes, et plus tard à Constantinople dont les postes d'enseignement furent fondés en 425.

A la vigilance impériale s'ajouta la sollicitude pour certains maîtres qui jouèrent un rôle important comme précepteurs impériaux. Déjà les rhéteurs et les médecins étaient libérés des charges municipales, du logement des troupes et des prêtrises comme le prouve un édit de Valentinien III qui, en 370, renouvelle ces exemptions. Un rhéteur toulousain, Emilius Magnus Arborius, fut le précepteur d'un fils de Constantin qui le combla d'honneurs et fit même rapatrier ses cendres à ses frais. Son neveu, le célèbre Ausone, fut appelé de Bordeaux, où il enseignait, à Trèves par Valentinien Ier pour devenir le précepteur du futur empereur Gratien qui devait lui vouer sa reconnaissance en le nommant en 378 préfet des Gaules, d'Afrique et d'Italie, et en l'élevant en 379 à la dignité suprême du consulat. Un autre rhéteur, Exupère de Toulouse, enseigna les belles-lettres à deux neveux de Constantin dans la ville de Narbonne. Ils le gratifièrent en retour d'un poste de gouverneur de province en Espagne. Bien d'autres exemples seraient à citer. Ils prouvent combien les empereurs tiennent non à diriger, mais à encourager l'enseignement, car pour eux la connaissance des belles-lettres est le fondement moral de la pérennité de l'Etat romain. Eumène félicite tout particulièrement Constance Chlore de se montrer si attentif à leur étude, car, dit-il, « il a su comprendre que la science du bien-dire, qui est aussi celle du bien-faire, relevait de la prévoyante sollicitude de sa majesté ; la divine intelligence de sa pensée éternelle lui fait savoir que les lettres sont les fondements de toutes les vertus ». S'affirme ici une véritable religion de la culture humaniste.

Mais s'il existe un lien étroit entre le « bien-dire » et le « bien-faire », cela signifie que l'école est le soutien indispensable de l'Etat. La faveur impériale y verra une pépinière de fonctionnaires. L'Empire tardif n'est pas seulement l'œuvre des militaires illyriens, mais aussi des fonctionnaires. Les fonctions civiles exercées dans les bureaux envahissent l'empire d'Occident. Ceux de Trèves, sa capitale, occupent deux mille personnes. La grande aristocratie gallo-romaine ne peut en occuper tous les postes. Sa faible démographie causée par la limitation des naissances, les purges répétées des empereurs, rendent son maintien au pouvoir difficile. Il y a donc des places à prendre, et les années qui s'étendent de 300 à 450 vont être celles des nouveaux parvenus et des nouveaux aristocrates issus de l'école, devenue un instrument d'ascension sociale.

Il arrive souvent que des fils de propriétaires terriens membres d'une curie municipale, issus de ce que nous appellerions aujourd'hui la classe moyenne, aient accès à l'école et donc aux hautes fonctions politiques, telles que tribunaux, bureaux financiers, gouvernement de provinces ou direction de ministères. L'ambition d'Ausone ira plus loin. C'est elle qui poussera son petit-fils vers cette voie royale de la réussite qu'est l'école : « Qu'un jour aussi ton éloquence te mène dans la voie... où marchent le proconsul ton père et le préfet ton oncle... Puisses-tu t'élever par tes propres efforts et ne compter que sur toi pour les faisceaux consulaires. » Cette ambition n'était pas vaine quand on voit le grand nombre de Gallo-Romains qui occupèrent les plus hauts postes dans l'administration. Sidoine Apollinaire, issu d'une famille de noblesse récente en Auvergne, devient ainsi comte en 459, grâce à la faveur de l'empereur Majorien, puis en 468 préfet de la ville de Rome, c'est-à-dire président du Sénat, pour se retirer avec les dignités de préfet honoraire et de patrice.

Aussi ne faut-il point s'étonner que dans le *Code théodosien* promulgué en 438, ce premier monument du droit romain, dix-neuf lois concernant les médecins et les professeurs aient été reprises. Valentinien Ier fit surveiller étroitement par une loi de 370 les écoliers de Rome qui venaient de tout l'Empire chercher l'enseignement juridique ou médical qui n'était pratiqué que là. Afin de leur éviter toute compromission politique, il leur interdit de participer aux festins que certains leur offraient pour transformer en clients reconnaissants ces futurs fonctionnaires. De là en effet sortaient les avocats. Ausone fréquenta le barreau avant d'exercer pendant trente ans les professions de grammairien et de rhétoricien. Beaucoup d'avocats devenaient gouverneurs de province, car les fonctions judiciaires de cette charge étaient très importantes. Le grand-père de Sidoine Apollinaire fut probablement avocat. De là vint la fortune de cette famille. Cependant, cette compétence technique n'était pas toujours requise pour atteindre des responsabilités politiques. Bien des sénateurs gallo-romains du IVe siècle ne furent que des élèves des classes de rhétorique. L'art de la parole suffisait, parce que la société du temps considérait qu'une intelligence claire, s'exprimant à l'aide de mots parfaitement choisis et adéquats, se trouvait préparée à acquérir n'importe quelle connaissance juridique ou administrative. Encore une fois, ce dédain de la technique n'est dû qu'au primat du verbe, qui seul commande l'action.

Cette importance de la parole fit même apparaître un nouveau type d'enseignement, celui de la tachygraphie, c'est-à-dire d'une écriture rapide pour prendre par écrit, *in extenso*, un discours, une plaidoirie, et bientôt un sermon. Cette écriture rapide, fort proche probablement de notre sténographie, consistait en notes de groupes de phonèmes simplifiées. Peut-être inventées par l'affranchi de Cicéron, Tiron, qui leur donna son nom, les notes tironiennes devinrent rapidement indispensables dans toute l'administration pour les procès-verbaux, bientôt dans l'Eglise chrétienne et même chez les écrivains. Ausone s'adresse ainsi à son sténographe : « Esclave, habile ministre de l'écriture rapide, vite ici. Prépare les deux faces de tes tablettes où une grande quantité de mots, exprimés en peu de signes, s'achèvent comme s'ils formaient un seul terme. » Ceux qui enseignaient ce métier eurent beaucoup de succès, car le débouché était assuré, la carrière fructueuse, surtout si le fidèle secrétaire devenait le confident d'un maître haut placé. L'auxiliaire indispensable devenait même chargé de mission extraordinaire, et parfois obtenait le grade d'officier supérieur, tribun ou notaire. Auprès de l'empereur se tient une *schola* des notaires, véritable bureau des sténographes, créée par Constantin. Il y en avait un au moins dans chaque cité, mais il ne faut pas les confondre avec les tabellions.

Ceux-ci avaient en effet reçu une autre éducation à base juridique auprès d'un ex-confrère ou d'un collègue en activité, car aucune trace d'une école de ce métier n'a été laissée. Reconnus par l'Etat, ils écrivaient les actes de droit privé, contrats de mariage, donations, actes de vente ou testaments, selon des formulaires très précis où demeuraient en blanc les données quantitatives et topographiques que les clients leur fournissaient au moment de la passation de l'acte. Puis ils donnaient la grosse au client et faisaient insérer une copie dans les registres municipaux afin de rendre l'acte authentique et public. Ainsi se répandait l'usage de l'écrit à tous les niveaux de la société gallo-romaine, tant public que privé. Le scribe, sténographe ou notaire, était présent partout, régularisant les relations politiques et sociales par ses documents.

Durant les deux derniers siècles de l'Empire romain, la Gaule profita donc d'un enseignement à visée universelle et envoya même souvent non seulement ses enfants, mais aussi ses maîtres, apprendre et enseigner à Rome aussi bien que dans l'Orient romain de langue grecque. La culture classique inspire alors un véritable patriotisme romain au prestige incomparable grâce à

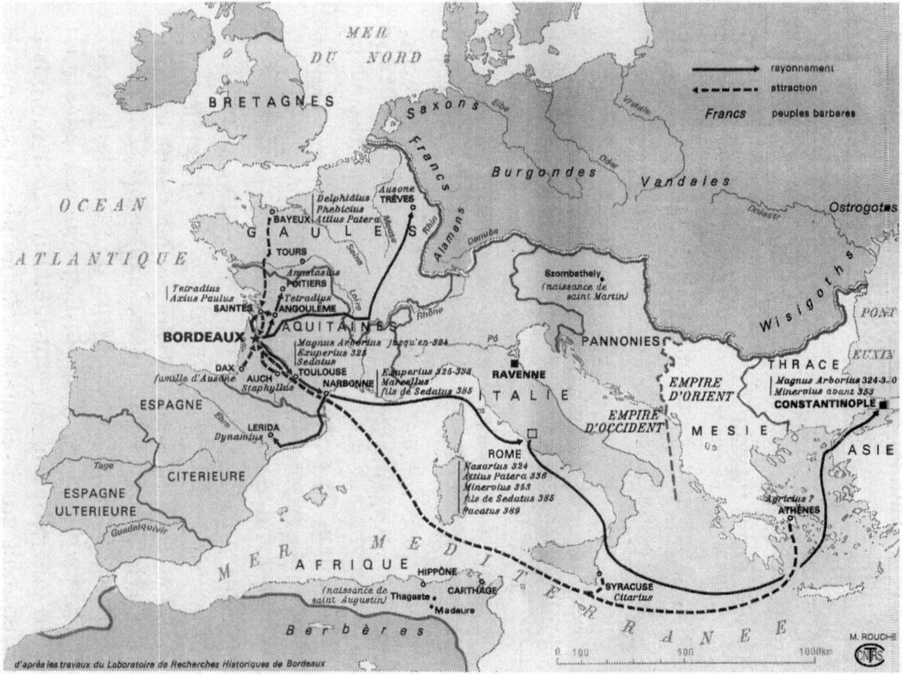

Le rayonnement des écoles de Bordeaux au IVe siècle

ses progrès pédagogiques, tandis qu'elle achève de se constituer en de véritables « sommes ». Ce qui va nous permettre d'en apercevoir et d'en mieux saisir les lacunes et les faiblesses.

Achèvement de l'enseignement et de l'éducation classiques dans l'Empire tardif

Affirmer le prestige de la culture des belles-lettres pourrait paraître absurde ou inconséquent quand on sait qu'en ces mêmes années les Barbares attaquent puis finissent par entrer dans l'Empire. Mais l'amour des belles-lettres ne prouve pas que cette civilisation arrive à bout de souffle, car le problème de la chute de Rome n'intéresse ni les Romains ni les Germains de ce temps qui communient dans ce culte. Au fur et à mesure que les grandes familles sénatoriales gallo-romaines disparaissent, de nouvelles familles parvenues au même stade de vie sociale surenchérissent en se passionnant de romanité littéraire. Le niveau culturel des élites aristocratiques du Ve siècle apparaît plus élevé que celui du temps des Antonins. Alors même qu'ils ont quitté les villes pour se retirer dans leurs somptueuses villas de la campagne et que les Wisigoths se sont installés à Toulouse, des lettrés groupés autour de Sidoine Apollinaire correspondent entre eux, en se couvrant de ces fleurs de style de la rhétorique asianique, compassée, brillante et redondante au point d'être obscure. Ils vont même jusqu'à se constituer en collèges poétiques *(collegia poetarum)* où ils jonglent avec les catachrèses, les litotes, les métonymies, les anacoluthes, les métalepses et autres métaphores qui sentent encore la salle de classe, mais qui représentent pour eux ce beau langage grâce auquel ils restent en communion d'esprit.

Les empereurs illyriens, militaires sortis du rang, éprouvent un complexe d'infériorité devant des professeurs aussi brillants. On a vu avec quel soin Constantin et Valentinien Ier choisirent les précepteurs de leurs enfants, eux qui étaient si peu instruits ! Les chefs barbares entrant en Gaule les imitèrent. Alaric, le vainqueur de Rome en 410, n'hésite pas à prendre comme empereur un sénateur hautement cultivé, Attale. En 430, Théodoric Ier, roi des Wisigoths, choisit un sénateur arverne, Avitus, pour enseigner le droit et l'*Enéide* de Virgile au futur Théodoric II. Cette incontestable supériorité des classiques romains est en même temps celle d'une civilisation qui y trouve ses plus hautes valeurs comme sa défense la plus tenace. Elle devient chez les aristocrates païens, en particulier chez Julien, couronné empereur à Paris en 360, une véritable religion patriotique. Rutilius Namatianus, noble toulousain de retour dans son pays en 417 pour en panser les blessures que viennent de lui infliger les Goths, écrit sur un ton admiratif à Rome : « En offrant aux vaincus le partage de tes propres lois, tu as fait une cité de ce qui était jadis l'univers. »

N'oublions pas non plus que ces rhéteurs sont souvent appelés à écrire et à prononcer au nom de la noblesse des Gaules des panégyriques en l'honneur de l'empereur. Ainsi Eumène pour Constance Chlore en 298. D'autres Gaulois firent de même et cette tradition s'acheva avec les trois panégyriques de Sidoine Apollinaire prononcés en l'honneur d'Avitus, son beau-père, Majorien et Anthemius, respectivement en 455, 458 et 468. Ces morceaux d'éloquence scolaire représentaient certes les opinions politiques des sénateurs gallo-romains, mais ils étaient plus encore un acte d'allégeance envers l'empereur. Les panégyristes devenaient en quelque sorte les véritables ministres de la propagande de l'empire. Le rhéteur bordelais Latinus Pacatus Drepanius déclare en 380 devant l'empereur Théodose : « Nous savons qu'il n'y aura jamais de révolution contre l'Etat, car l'Empire romain t'appartiendra pour toujours ainsi qu'à tes descendants. » Belle inconscience certes, mais aussi témoignage et preuve de l'éternel conservatisme professoral.

Au fond, Rome est immortelle grâce à ses écoles. Nulle part, sauf peut-être sous la IIIe République, en France, un enseignement scolaire ne sera parvenu à forger un tel patriotisme. Ainsi s'explique que Rome se soit ainsi survécu à elle-même si longtemps dans les esprits.

Il faut dire que l'enseignement prend alors sa forme classique définitive. Les écoles primaires existent certes dans à peu près toutes les cités, et parfois même dans les gros bourgs ruraux, appelés *vici*. Elles permettent la formation des notaires ruraux et écrivains publics, des scribes fonctionnaires et bientôt des prêtres chrétiens. Les enfants des classes moyennes les fréquentent seuls, car ceux de l'aristocratie continuent à être élevés dans leur famille par des précepteurs privés, toujours esclaves, latins et grecs. Les écoles de grammaire et de rhétorique sont moins nombreuses. Il est probable que seuls les chefs-lieux de province devaient en posséder. Ainsi les élèves qui voulaient poursuivre leurs études devaient-ils se déplacer vers ces lieux privilégiés, ce qui posait de graves problèmes financiers aux enfants issus d'un milieu de curiales, c'est-à-dire de magistrats urbains, à la fortune moyenne. Le jeune Augustin, né à Thagaste en Afrique du Nord, reçut les premiers rudiments dans sa maison natale, mais dut aller à Madaure pour ses études de grammaire, et enfin à Carthage pour sa « rhétorique ». Encore fallut-il qu'un riche concitoyen de Thagaste aidât le père d'Augustin à rassembler les sommes nécessaires. Cet enseignement payant ne permettait donc qu'une mobilité sociale restreinte. De même en Gaule, un correspondant de saint Jérôme, Rusticus, après avoir appris la rhétorique dans son pays, dut venir achever ses études à Rome. Sidoine Apollinaire, après avoir étudié la « grammaire » dans sa ville natale à Lyon, alla pour sa « rhétorique » en Arles.

Il y a donc quelques centres scolaires réputés dans le monde romain vers lesquels se dirigent les plus doués des élèves. En Occident, ce sont Rome, Carthage et peut-être Bordeaux. En Orient, Athènes, Alexandrie, Constantinople et surtout Beyrouth pour le droit. Prenons l'exemple de Bordeaux qui est bien connu grâce aux poèmes et aux lettres d'Ausone. Ce n'est pas à proprement parler une université. Il s'agit en fait d'une école de grammaire et de rhétorique probablement restaurée vers 286-287. Ausone lui-même y fut professeur de grammaire, puis de rhétorique de 337 à 367. La ville possédait cinq chaires *(cathedrae)* de grammaire latine, mais seulement trois de grecque, sans doute à cause de la difficulté qu'il y avait à trouver des maîtres de cette discipline. Chaque chaire était occupée par un titulaire *(doctor)*. Les élèves groupés autour de lui formaient une *schola*. Des suppléants aidaient le maître (*subdoctor* ou *proscholus*). Ces espèces de répétiteurs devenaient parfois maîtres à leur tour lorsque le grammairien devenait rhéteur. La rhétorique comprenait cinq chaires à Bordeaux. Les nominations dans ces écoles se faisaient en général de père à fils ou à neveu. Le népotisme y sévissait d'autant plus que dans les curies qui désignaient le futur rhéteur ou le futur grammairien siégeaient parents ou beaux-parents qui faisaient évidemment une propagande en leur faveur. Ainsi se constituèrent des dynasties professorales.

Les élèves formés par ces maîtres sont mal connus. Minervius, rhéteur à Bordeaux, aurait formé, selon Ausone, « mille disciples pour le forum (c'est-à-dire le barreau) et deux mille pour les bancs du Sénat où l'on siège en toge de pourpre » (c'est-à-dire des fonctionnaires ou des politiciens), ce qui permettrait de supposer que chaque année deux cents jeunes gens auraient suivi ses cours. Il s'agissait là d'un succès exceptionnel, et ses collègues ne devaient guère dépasser trente à cinquante élèves. Bordeaux en ce cas aurait eu à peine un millier de jeunes gens étudiant dans ses écoles, âgés de cinq à dix-sept ans et plus. Rares parmi eux étaient les femmes, car le modèle féminin paraît toujours être la chaste matrone qui file la laine, élève les enfants et mène les esclaves à la baguette. Les hommes eux, selon les appréciations inscrites à leur dossier qui renseignaient l'administration, entraient alors dans les carrières juridiques ou politiques, ou bien encore, avec une lettre de recommandation spéciale de leur ancien professeur, pouvaient soit être élus à une chaire municipale ou bien fonder une école privée. Ainsi se recrutaient des élites à la fois traditionnelles et nouvelles qui ne tardaient pas à s'enrichir et à obtenir fortune foncière et honneurs publics.

Le prestige de certains des enseignants bordelais fut élargi aux dimensions de tout l'Empire romain. En 324, Nazarius enseigna à Rome avec succès ; en 336, Patera rencontre dans la Ville par excellence une même faveur. De 324 à 330, l'oncle d'Ausone, Magnus Arborius, professe à Constantinople, puis toujours dans la même ville, avant 353, sans doute, le célèbre Minervius. Ce rayonnement ne fut pas qu'à la mesure de l'empire, il fut aussi régional puisque rhéteurs et grammairiens bordelais enseignaient à Saintes, Poitiers, Toulouse, Narbonne, tandis que d'autres Gallo-Romains accouraient à Bordeaux. Il est probable que si nous avions d'autres renseignements sur Arles, Lyon ou Trèves, un rayonnement et une attraction identiques pourraient y être démontrés. Mais il faut avoir toujours présent à l'esprit qu'il n'y a pas d'enseignement propre à la Gaule à cette époque, car elle est incluse dans un grand ensemble scolaire et civilisateur. N'oublions pas en effet la présence de maîtres non gaulois dans ces écoles, tel le sicilien Citarius, un grammairien, qui finit par épouser une riche et noble Bordelaise.

Le contenu de leur enseignement n'a guère changé par rapport au temps du Haut Empire. Il s'est même alourdi. Virgile, Térence, Salluste et Cicéron sont toujours les quatre piliers de l'enseignement du latin, mais il s'y est ajouté Horace, Ovide, Stace, Juvénal pour les poètes, Tite-Live, Pline le Jeune, Quintilien, Sénèque pour la belle prose rythmée. En grec, Homère, les grands tragiques, Hérodote, Thucydide, Démosthène et plusieurs orateurs attiques constituent un programme qui devient énorme et qui ne peut être qu'écourté. Le maître de rhétorique lui-même devait puiser son érudition pour les commentaires de textes et les exercices oratoires dans les six cents livres de Varron, véritable encyclopédie de la science du temps, ou bien dans *l'Histoire naturelle* de Pline l'Ancien qui elle-même était un résumé de deux mille livres, ou encore parmi les ouvrages de scoliastes glosant les grands auteurs.

Le rôle de la mémoire devenait alors capital et, chez les plus doués, elle atteignait des dimensions qui nous paraissent aujourd'hui, bien à tort, phénoménales, car en fait la mémoire enregistrait tout ce que le scribe n'avait ni le temps de consigner ni la possibilité de conserver faute de matériau suffisant. Un partage se faisait donc instinctivement entre l'immédiatement utilitaire pour l'écrit et le beau superflu pour la mémoire.

Ausone félicite tous ses collègues professeurs de leur mémoire, et en particulier Minervius : « Grâce à elle ce que tu avais une fois entendu ou lu se conservait comme si tu le tenais attaché, et l'on se fiait à ton oreille comme à un livre. » Il lui arrivait même, devant des joueurs de dés, de « redire dans un rappel exact des points, quels dés avaient été amenés ou étaient reparus au cours d'une lutte prolongée ». Malgré tout, ces mémoires d'ordinateurs n'en avaient pas moins leurs faiblesses et leurs limites.

Aussi fallut-il pratiquer ce que toute culture alourdie par son héritage finit par subir : le résumé, l'extrait grâce à des abrégés ou des manuels. L'Empire tardif est la grande époque des compilateurs et des abréviateurs. C'est ainsi qu'Aurelius Victor et Eutrope réduisirent à des dimensions plus abordables Tite-Live et les historiens antérieurs. Valère Maxime groupe dans *les Faits et Dits mémorables* toute une série d'*exempla*, d'anecdotes typiques à caractère historique permettant d'illustrer un discours, évitant ainsi d'avoir à les chercher dans tel ou tel historien. Groupés en deux types, exemples romains et exemples étrangers, ils étaient classés sous la rubrique : sentiment religieux, mépris de la religion, etc.

Donat composa à Rome, probablement vers 350, un traité de grammaire en deux livres, l'*ars minor* et l'*ars major*. Après les huit parties du discours, nom, pronom, verbe, ce que nous appelons la morphologie et la syntaxe, viennent dans le deuxième livre, le mot, la lettre, la syllabe, le pied, l'accent, ensuite l'étude des quatorze vices de langage, barbarisme, solécisme, métaplasme (irrégularité introduite dans un mot pour qu'il cadre avec le vers), etc., puis les tropes ou figures : « Le trope est un terme transféré de son sens originel à un autre semblable mais non originel... Il y a treize tropes : la métaphore, la catachrèse, la métalyse, la métonymie... ». Cette grammaire se terminait par un traité de métrique pour apprendre à scander les vers. Le tout sous forme de questions et de réponses fourmillait d'exemples : phrases tirées le plus souvent de Cicéron ou de Virgile, ou parfois d'auteurs archaïques jugés plus classiques encore.

Entre 350 et 500 fleurit ainsi toute une série de grammaires latines écrites par Diomède, Charisius, Servius ou l'Africain Priscien à Constantinople. Pratiquement déjà ces grammairiens enseignent un latin qui est celui des grands auteurs anciens faisant autorité. C'est à ce moment-là qu'apparaît cette notion d'autorité qui va être le *leitmotiv* de tout l'enseignement médiéval. Si le manuel de grammaire est une innovation pédagogique, il n'en est pas moins aussi un moyen de conservation d'un latin déjà ancien. Le jeune écolier gallo-romain de l'Empire tardif n'écrit déjà plus le latin parlé mais le beau style scolaire. L'école se situe ainsi en deçà du langage parlé par suite du culte qu'elle voue au passé.

En rhétorique, les traités de Cicéron restèrent les manuels de base tandis qu'en droit, en médecine et en philosophie d'autres ouvrages apparurent. Aux enseignements juridiques de Gaius s'ajoutèrent toutes les lois du *Code théodosien* promulgué en 438. Cependant, l'ultime effort de codification opéré sous les ordres de l'empereur Justinien ne semble pas avoir été connu dans son ensemble par l'Occident romain et la Gaule en particulier. Promulgué en effet à Constantinople en 534, il comprenait le Code contenant les constitutions impériales, le *Digeste*, recueil des décisions des jurisconsultes, les *Institutes* qui reprennent Gaius et enfin les *Novelles*, lois émises par Justinien pour combler les lacunes des législations précédentes. S'affirmait dans ce droit romain toute une conception des rapports de l'homme avec la société et l'Etat qui aboutissait à une véritable doctrine : les droits des personnes privées sont intangibles dans la mesure où ils ne mettent point en danger l'intérêt de l'Etat et le salut public ; l'Etat en échange du service de tous organise la justice dans l'intérêt de chacun, individu, famille ou communauté sociale ou religieuse. Ainsi l'enseignement du droit était-il mieux armé que jamais dans un pays romanisé où le procès se substitue à la guerre.

En médecine, il fallait toujours apprendre le grec. Le père d'Ausone n'hésite pas à dire sous la plume de son fils : « Je n'étais pas au dernier rang dans l'art médical, et pour qui connut mon temps, j'étais au premier... Je ne parlai pas facilement le latin, mais dans la langue grecque j'ai trouvé un vocabulaire suffisant pour m'exprimer avec élégance. J'ai donné gratuitement le secours de mon art et ne séparai point ma profession de la charité. » Ce fut probablement à Rome qu'il apprit les éléments essentiels de la médecine, là où d'ailleurs se trouvaient les archiâtres les plus célèbres dont les empereurs renouvelèrent les exemptions fiscales. L'obligation de savoir le grec prouve qu'il devait y avoir peu de traductions en latin des traités d'Hippocrate tels que celui sur *les Airs, les Eaux et les Lieux*, ou encore le célèbre *Pronostic. La Botanique* de Dioscoride le fut peut-être, ainsi que *le Traité des maladies des femmes* de Soranos. Mais pour Galien et Oribase (325-403), médecin de Julien, qui ne font que le résumer, il semble surtout qu'ait circulé un abrégé intitulé *Synopsis*. Vers 408, Marcellus de Bordeaux écrivit un ouvrage sur les médicaments. C'est un recueil de recettes qu'il affirme tenir de paysans et de gens du peuple. Ce trésor de conseils et de médications données à base de simples fut probablement la source des faibles connaissances médicales de cette époque puisque les grands auteurs ne semblent pas avoir pu être diffusés.

Cet obstacle fut moindre en philosophie, car ici les traductions abondèrent grâce aux traités de Cicéron qui acclimata Platon à l'esprit latin, à Apulée qui traduisit certains traités d'Aristote, à Sénèque qui répandit la pensée des stoïciens grecs. Cependant, l'enseignement philosophique fut obligé de répondre à la grande crise de conscience religieuse de l'Empire tardif. Une nouvelle religiosité se dessine, faite de tension vers l'hénothéisme (fusion des dieux païens en une seule divinité) et de désir de survie de l'âme humaine. Lorsque la réponse donnée n'était pas celle du christianisme, la philosophie s'efforçait alors de prouver l'immortalité de l'âme comme dans *le Songe de Scipion* de Cicéron ou bien de démontrer avec Plotin, qui vint enseigner à Rome à partir de 245, que l'homme peut se joindre à l'Unique par une véritable conversion philosophique et religieuse.

Ses idées furent reprises dans un livre qui eut un immense succès au Moyen Age, *les Saturnales*, écrit par Macrobe au début du Ve siècle. Il s'agit de dialogues tenus dans un cercle d'hommes du monde qui discutent de Virgile sur un ton purement scolaire. En anciens bons élèves, ils analysent les mots difficiles, les procédés de style du poète, la source de certains de ses vers, mais ils montrent aussi qu'il existe une harmonie comme préétablie entre la rhétorique virgilienne et le cosmos qu'il décrit. Le poète par excellence qu'est Virgile devient avec Macrobe un véritable mage et théologien. De même dans un autre ouvrage de cet auteur, les *Commentaires sur le Songe de Scipion*, toute une théorie du système planétaire est mise en correspondance avec l'immortalité de l'âme humaine. Ainsi le mysticisme païen dans ses derniers feux assura-t-il la transmission de la philosophie néoplatonicienne.

Le champ des connaissances, le monde et l'homme étaient donc ouverts par ces intellectuels formés à la rhétorique et à la grammaire. Mais comment les découvrir et les enseigner ? Cela était d'autant plus difficile qu'il n'y a pratiquement que la grammaire et la rhétorique qui donnent lieu à un apprentissage réel, droit, médecine et philosophie étant, nous venons de le voir, de pures techniques ou une sagesse. Autrement dit, lorsque Pythagore, puis Cicéron distinguaient les sept arts, grammaire, rhétorique, dialectique, arithmétique, géométrie, astronomie et musique, deux seulement étaient pratiqués. Qu'avait-on fait des cinq autres arts libéraux ? Que savait-on de la science grecque méprisée par les Romains ? Comme le dit fort bien Henri Irénée Marrou, la science « n'est rien d'autre que ce qu'est devenue la culture générale que la tradition classique plaçait à la base de la formation de l'orateur ». Les grammairiens glissaient de-ci de-là quelques notions d'astronomie ou de « musique » qui n'étaient autres pour eux que des commentaires littéraires ou des considérations sur l'harmonie des nombres. Le seul manuel qui combla cette lacune de l'enseignement romain fut un gros roman, composé par Martianus Capella entre 410 et 429, *Les Noces de Philologie et de Mercure*.

Cette fable allégorique raconte apparemment comment il faut marier Mercure à Apollon selon les conseils de Philologie, jeune fille savante. Le jeune marié reçoit alors un cadeau de tous les sept arts libéraux qui sont exposés chacun à tour de rôle dans les sept derniers livres de l'ouvrage. Martianus Capella résumait ici les neuf livres des sciences *(Disciplinarum libri IX)* de Varron aujourd'hui disparus, tout en supprimant les deux derniers sur la médecine et l'architecture, choix révélateur d'un état d'esprit hostile à la pure technique. Abréviateur et compilateur, Martianus Capella décrit un programme théorique de culture générale en deux cycles, l'un littéraire (grammaire, rhétorique et dialectique), l'autre « scientifique » (arithmétique, astronomie, géométrie et musique). Ce programme qui va devenir celui de tout le Moyen Age repose au fond sur l'érudition grammaticale, historique et anecdotique à base d'exemples *(exempla)* ou de faits étonnants *(mirabilia)* tirés de Pline l'Ancien ou de Solin. Ainsi Augustin rapporte un fait authentique qui le stupéfie : près de Grenoble existe une source où l'on peut plonger une torche allumée et la sortir allumée de nouveau. L'observation de ce phénomène réel ne nous en livre pas la cause. Aucune étude n'y prétend. La leçon tirée ne sera que symbolique. Cette science repose essentiellement sur la curiosité et l'empirisme.

Aussi comprend-elle souvent, à côté d'observations justes, beaucoup de faits fabuleux telles des descriptions de dragons et de licornes, ou de l'aspic qui, pour résister au son de la flûte du charmeur, se colle une oreille contre le sol et s'introduit l'extrémité de la queue dans l'autre croyant ainsi se boucher les oreilles. C'est pourquoi en sciences, les mathématiques, dont le manuel le plus ancien fut écrit par Nicomaque de Gerasa, comportaient l'étude des propriétés des nombres mais jamais le calcul enseigné au niveau primaire. Elles s'attachaient surtout aux proportions esthétiques des nombres entre eux, ce que nous appelons l'arithmologie.

La géométrie qui vit Euclide traduit et résumé s'attachait aux propriétés des figures tandis que l'astronomie, toujours fondée sur Aratos, comprenait à la fois l'étude des mouvements apparents des corps célestes et, à partir de leurs rencontres, une divination sur la destinée humaine, ce que nous appelons astrologie. Pour les Anciens, l'astronomie et l'astrologie ne faisaient qu'un. Enfin la musique, elle aussi, était double : d'une part, science de la mélodie par l'étude des intervalles et des modes, et d'autre part art vulgaire qui s'empare des sens. L'intellectuel platonicien du IVe siècle se méfiait tout autant de l'astrologie populaire que de l'histrion joueur de hautbois double, qui tous deux répondaient aux besoins impétueux de la jouissance de vivre plutôt qu'à la recherche de la beauté de l'âme. Les auteurs de manuels de l'Empire tardif enseignent en effet la sagesse qui, contrairement à la science, mène à la vérité créatrice. Nous revenons donc finalement à l'étude de la philosophie qui seule procure la vertu, hélas ! rarement atteinte. En somme, cette haute culture est plus la poursuite d'un idéal que l'incarnation d'une réalité.

Puisque le programme pratique (grammaire et rhétorique) et le programme théorique (les sept arts libéraux) ont ainsi pris leurs formes définitives, il nous reste à voir si, sur le plan pédagogique, des changements eurent lieu. Il y eut d'abord la pratique de l'abrégé et du résumé. Nous en avons vu déjà des exemples. Ausone en fabrique pour son auditoire : *Sommaire des chants de l'Iliade et de l'Odyssée, Epitaphes des héros morts pendant la guerre de Troie, Fastes de Rome, Monostiques sur les douze Césars, Maximes des Sept Sages*, etc. Il s'agit d'apprendre toujours plus et mieux. Peut-être est-ce aussi à cette époque qu'apparut l'enseignement de groupe avec cette pratique que tous les écoliers connaissent : les tables de calcul répétées en chantant. Augustin, déjà, s'en plaignait : « Un et un font deux, deux et deux font quatre, était pour moi une chanson odieuse », dit-il. Et certains devaient, comme le dit un humoriste contemporain, se rappeler beaucoup mieux la musique que les paroles ! Cependant, cet enseignement collectif nouveau pouvait être amélioré par l'utilisation du tableau qui, dressé verticalement, remplaçait tout de même avec avantage le sable dans lequel on traçait au sol lettres, chiffres et figures. Les répétiteurs furent même doublés par les grands élèves qui apprenaient les rudiments aux plus petits.

Cela cependant ne fut qu'un faible palliatif des méthodes anciennes toujours pratiquées. Aussi Ausone prend-il des précautions pour expliquer à son petit-fils ce qui l'attend : « Le nom grec donné à l'école permet d'accorder aux muses laborieuses des loisirs raisonnables. C'est pourquoi, certain que le jeu vient à son tour, travaille de bon cœur ; pour adoucir un long labeur nous donnons des interruptions (donc il y avait des récréations dirions-nous aujourd'hui). L'ardeur d'un enfant se lasse si le plaisir ne contraste pas avec l'austérité, le jour de fête avec le jour ouvrable (allusion ici aux vacances)... Ne crains rien, quoique souvent la classe retentisse de coups et que ton vieux maître porte un visage farouche... Que ni les cris ni le bruit des châtiments ni la frayeur ne t'agitent pendant les matinées (en effet la récitation des leçons mal sues ne peut que provoquer les coups). Si la férule est brandie comme un spectre, s'il y a une grosse provision de verges, si vos bancs bouillonnent de frémissements tumultueux, l'air imposant de ce lieu, cet étalage d'une vaine terreur ne sont qu'une apparence. » Mauvais élèves ou chahuteurs justifiaient donc des châtiments corporels, mais, malgré toute la bonhomie des conseils du vieil Ausone, on sent à travers eux les sentiments de recul qu'éprouvaient les enfants sages devant l'école. Augustin, qui fut pourtant un bon élève, se rappelle encore avec effroi, à soixante-douze ans, « les horreurs de l'éducation des petits enfants ».

Ne nous illusionnons pas : dans une époque d'uniformité militaire, où pour éviter aux soldats toute tentation de désertion le numéro de leur légion était imprimé au fer rouge dans leur main, le terme de discipline change de sens. Primitivement, discipline (mot à mot *apprendre à fond*) signifiait enseignement du mode de vie romain, puis il désigna la formation militaire. Bientôt aux IVe et Ve siècles, le terme sous-entendait éducation par la contrainte, et la pratique scolaire autant que les temps troublés n'y fut pas pour rien. Telle est l'origine de l'enracinement d'une pratique pédagogique jugée intangible jusqu'au XXe siècle : la férule. Pour mater la lame de fond sauvage qui monte de l'être humain, le bâton, plus encore que la carotte, fut considéré comme la seule contre-violence efficace.

Les pédagogues antiques essayèrent cependant de captiver l'élève et le futur écrivain par de réelles innovations. J'ai peu parlé jusqu'ici de la géographie. Il y eut, à la suite de Strabon, de nombreux ouvrages décrivant les terres alors connues. Mais de représentations point, sauf peut-être chez Ptolémée. Or, fonctionnaires, généraux et autres administrateurs avaient besoin de se forger une image mentale du territoire occupé par l'Empire romain et de mieux se représenter les distances à parcourir, les lieux à fortifier et les routes à construire. Dans ce domaine éminemment pratique apparurent les premières cartes. En Gaule, la plus ancienne paraît être celle qui fut dessinée sur les murs des écoles d'Autun. « Que notre jeunesse voie sous ces portiques et chaque jour considère toutes les terres et toutes les mers, toutes les villes restaurées par la bonté de nos princes, les peuples vaincus par leur vaillance, les nations paralysées par la terreur qu'ils leur inspirent. Car là, afin d'instruire la jeunesse et de faire plus clairement apprendre par les yeux les notions que l'oreille a quelque difficulté à saisir, on a représenté la position de tous les pays avec leurs noms, leur étendue, les distances qui les séparent, ainsi que tous les fleuves du monde avec leur source et leur embouchure, les points où les rivages s'incurvent pour former les golfes et ceux où l'Océan entoure la terre de son étreinte ou l'envahit de ses flots impétueux. » Eumène décrit ici probablement une grande carte murale dont nous ne pouvons nous faire une idée qu'en la comparant avec la célèbre table dite de Peutinger (du nom d'un érudit viennois du XVIe siècle qui la retrouva), laquelle date certainement de la fin du IVe siècle, malgré quelques adjonctions postérieures. Comme on peut le voir, si, faute de triangulation, les proportions des territoires sont inexactes, les distances sont souvent justes en revanche. Cette carte permettait au moins de se diriger et d'avoir une idée de la situation de la Gaule par rapport à Lyon et à Rome.

Au début du Ve siècle, Paul Orose résume toutes les connaissances géographiques romaines dans une grande carte circulaire ; l'est se trouvant en haut de la page, Rome, le Péloponnèse et la Phénicie sont situés sur un grand diamètre qui va du détroit de Gibraltar au delta du Gange, tandis que le fleuve Océan entoure les trois continents : Afrique, Europe et Asie. Tout est donc centré sur Rome et la Méditerranée. Les pays barbares volontairement mis à la périphérie sont très mal connus et sont indiqués non sans erreurs par rapport aux connaissances de Ptolémée. La carte géographique romaine professe donc une identification entre monde romain et civilisation. Ces associations mentales ne bougèrent plus durant le millénaire médiéval. Le barbare resta le non-cultivé jusqu'à l'avènement du bon sauvage au XVIIe siècle.

Cette domination de la terre qui appartient aux Romains fut accentuée par la constitution au début du Ve siècle du *corpus* des *agrimensores*, qui rassembla toutes les connaissances des arpenteurs, des urbanistes et des agents du cadastre. Cette vaste synthèse empirique que n'avaient point enseignée les Grecs fut

ABRÉVIATIONS ET NOMS GÉOGRAPHIQUES

Ms, Mons : montagne
fl, fluminus : fleuve
s., sin, sinus : golfe
Pm, Promontorium : cap
Pelagus : rivage
c., civ, civitas, urbs : ville
Paludes : marais
M., Mare : mer
Fretum : détroit
Oceanus : océan

NOTATIONS GÉOGRAPHIQUES ET ETHNOGRAPHIQUES

XII gentes, hic gentes XII, quorum sunt gentes XII ;
12 peuples, ici 12 peuples,
ici sont XII peuples
(ou tout autre nombre,
inscrit en caractère romain).

EUROPE

1. Sources du Danube
2. Barbarie
3. Mur qui sépare la Germanie de la Gaule
4. La dernière, la plus éloignée
5. Bataves
6. Morins (Boulogne)
7. Ménapes
8. Scotts
9. Peuples Scotts
10. Vélabres
11. Asturiens
12. Cantabres
13. Basques
14. Celtibères
15. Colonnes d'Hercule

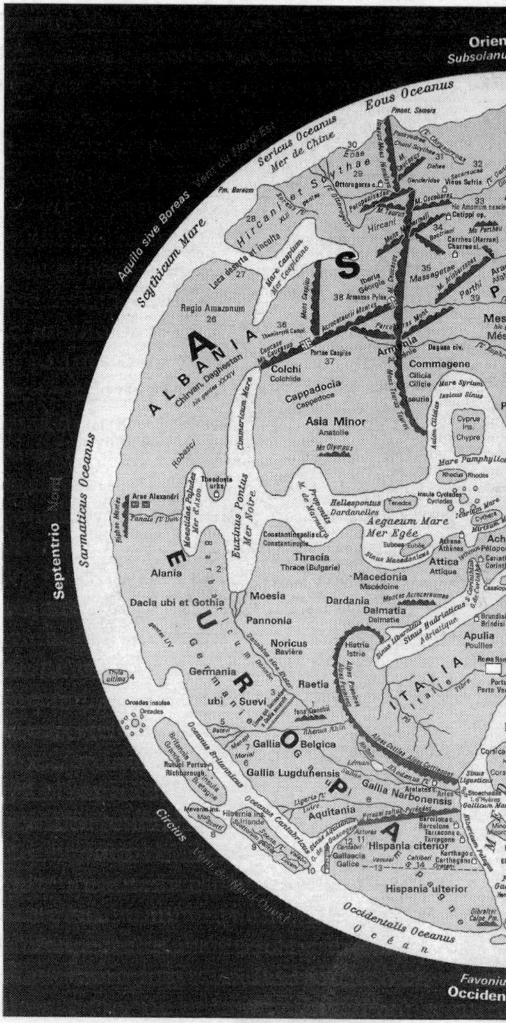

Mappemonde de Paul Orose

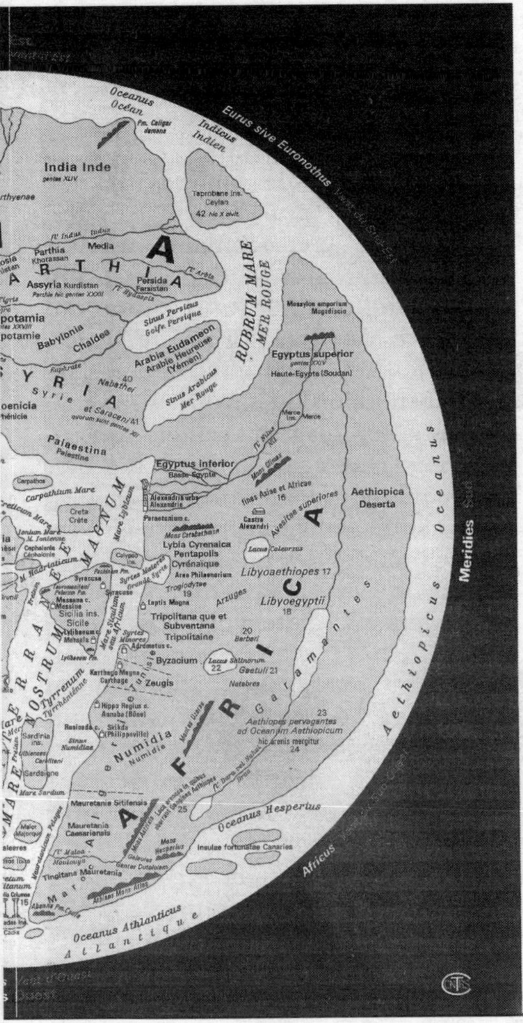

AFRIQUE

16. Frontières de l'Asie et de l'Afrique
17. Libyo-Éthiopiens
18. Libyo-Égyptiens
19. Troglodytes
20. Berbères
21. Gétules
22. Lac des salines
23. Éthiopiens, nomades jusqu'à l'Océan Éthiopique
24. Ici on se noie dans les sables
25. Endroit sableux où errent les Éthiopiens du Gange

ASIE

26. Région (ou pays) des Amazones
27. Lieu désert et inculte
28. Hircaniens
29. Scythes
30. Peuples d'Orient
31. Huns de Scythie
32. Çakas
33. Ici naquit Apollonius de Thyane
34. Peuples de Bactriane
35. Massagètes
36. Plaines de Thomyris
37. Portes Caspiennes
38. Portes d'Arménie
39. Parthes
40. Nabathéens
41. Sarrasins
42. ici 10 villes

En rouge, identification actuelle de la toponymie ancienne

certainement transmise, au même titre que celle contenue dans le traité d'architecture de Vitruve (Ier siècle), à l'intérieur de chaque corps de métier correspondant. Mais elle intéressa moins que la géographie, en raison des compétences complexes et diverses qu'elle exigeait, réservées à d'éminents spécialistes.

Cette accumulation d'abrégés, de sommes, ou de manuels destinés à conserver et à transmettre les connaissances de l'antiquité gréco-romaine ne fut possible que grâce à un progrès décisif dont on mesure mal l'importance aujourd'hui. L'invention du codex, ou si l'on préfère du livre formé de pages reliées que l'on peut feuilleter, a en effet bouleversé les conditions de la transmission du savoir. Au cours du IVe siècle apparaît cet assemblage de cahiers cousus entre eux par le dos. Les avantages en sont considérables. Il n'est plus besoin de dérouler un volume des deux mains. Une seule suffit pour tourner la page, ce qui permet à l'autre de prendre des notes ou de recopier. Point n'est besoin de lecteur, et du même coup la lecture ne s'impose plus à haute voix. Les mots désormais séparés facilitent la lecture mentale, qui appelle le travail solitaire ou la méditation silencieuse. Il n'est pas jusqu'à l'écriture elle-même qui ne change de forme. La page est écrite des deux côtés, ce qui double la contenance du livre par rapport au rouleau. Voici donc un moyen idéal pour rassembler en peu de place l'œuvre complète d'un grand auteur, voire une encyclopédie. Dans une bibliothèque, les volumes (au nouveau sens du mot : *livre*, mais non plus rouleau) tiennent moins de place que les lourdes boîtes circulaires. Cette véritable révolution ne peut être comparée qu'à celle qu'introduisent aujourd'hui la bande magnétique et l'écran cathodique.

Comme toujours l'ancien et le nouveau système coexistèrent. Mais un concurrent du papyrus se développe ; le parchemin. Inventé paraît-il à Pergame au IIe siècle avant Jésus-Christ, d'où son nom de *membrana pergamena* ou *pergamenum*, il se répand au IVe siècle. Il s'agit d'une peau de mouton, de chèvre ou de veau (et en ce cas elle s'appelle vélin) plongée dans l'eau d'une rivière, puis barbouillée de chaux sur le côté chair. Après plusieurs lavages, la peau était tendue sur un cadre de bois, débarrassée des impuretés de chair et de poils, enfin enduite d'une espèce de craie en poudre, la groison, sur laquelle l'encre pourra prendre. Il ne restait plus qu'à poncer la feuille ainsi obtenue pour la rendre lisse. La peau d'un mouton pliée en deux donnait notre format grand in-folio, en quatre ou en huit les livres ordinaires que nous connaissons sous le titre d'in-quarto ou d'in-octavo. Certes il fallait tout un troupeau pour composer les pages d'un livre, mais, malgré le travail de préparation des peaux, le parchemin revenait cependant moins cher que le papyrus. Il ne dépendait pas des arrivages d'Egypte. Enfin, il durait plus longtemps. Aussi, malgré le prestige du papyrus, le parchemin se répand-il lentement, et dès le Ve siècle on voit les ermites chrétiens considérer comme une tâche charitable et utile d'en fabriquer eux-mêmes au fond de leur retraite pour les scribes du monastère.

Une dernière nouveauté apparut au Ve siècle, la plume. Comme pour le livre et le papyrus, elle n'élimina point ses concurrents qu'étaient le calame et le stylet. La plume d'oiseau, en effet, fut toujours jugée comme très fragile, et les roseaux dont on tirait les calames furent utilisés jusqu'au XIIIe siècle. Le tuyau de la plume était fendu dans le sens de la longueur, ce qui permettait de retenir l'encre, puis taillé en biseau de diverses manières. Au contraire du calame qui donne un trait plein régulier, la plume d'oiseau permet de faire des pleins et des déliés. Très appréciée par les connaisseurs qui détiennent l'art de la taille, elle est mieux adaptée à l'écriture onciale qu'à la cursive. Ainsi l'étui qui servait de trousse à écrire comportait donc à la fin de l'Empire romain plusieurs outils et plusieurs possibilités de transmission et de correction des textes.

En somme, ces progrès indubitables qu'étaient entre autres le livre, le parchemin ou la plume auraient dû permettre de mieux apprendre ou enseigner ce programme scolaire réduit pratiquement à la grammaire et à la rhétorique. Il n'en fut rien, et si j'ai montré jusqu'ici les grandeurs et les réussites de cet enseignement, il faut en souligner maintenant les limites et dire ce qui, aux yeux même des contemporains, fut considéré comme un échec. Voici ce qu'en pense le petit-fils d'Ausone, Paulin de Pella, lorsqu'il entra à l'école à cinq ans en 382 : « ... Sans plus tarder on me contraint de lire et d'apprendre les préceptes de Socrate, les fictions guerrières d'Homère et les courses errantes d'Ulysse. Sans désemparer on me fait passer aux œuvres de Virgile alors que je n'avais encore qu'une connaissance insuffisante de la langue latine : j'étais jusqu'alors habitué au langage de mes serviteurs grecs auxquels m'avaient lié les jeux pratiqués depuis longtemps en leur compagnie. Aussi pour l'enfant que j'étais, ce fut une épreuve bien pénible, je l'avoue, que de comprendre ces livres écrits dans une langue que je connaissais mal. Si cet enseignement bilingue convient à des esprits supérieurs et orne d'un double éclat ceux qui possèdent ces deux langues, en ce qui me concerne, cette dispersion eut tôt fait d'épuiser les maigres ressources de mon esprit trop peu fécond. »

Certes, ces vers font écho aux plaintes de saint Augustin, dans *Les Confessions*, qui avoue avoir haï la grammaire grecque alors qu'il avait appris facilement le latin « parmi les caresses de ses nourrices », mais ils n'en correspondent pas moins à un malaise général des générations d'écoliers de la fin du IVe siècle et du début du Ve siècle. Partout, semble-t-il, la connaissance du grec recule parmi les gens cultivés. Il devient une langue étrangère que l'on lit mal et sa littérature ne peut désormais être connue que par le biais des traductions. Même chez les chrétiens qui devraient d'autant plus pratiquer le grec que les Evangiles ont été écrits dans cette langue, le recours à des spécialistes hellénisants devient courant. Au début du Ve siècle, saint Jérôme et Rufin jouent un rôle considérable par leurs traductions, tout autant que Jean Cassien ou Marius Mercator. Ils tinrent l'Occident romain au courant de ce que l'Orient byzantin apportait et inventait. La connaissance du grec devenait ainsi l'apanage d'un petit groupe de spécialistes. Ce n'est donc pas la faute du Moyen Age si l'adage *grecum est non legitur* (c'est du grec, ça ne se lit pas) a pu devenir une vérité générale.

Le poids d'un enseignement trop lourd et trop long en est responsable tout autant que l'affirmation de la personnalité d'un Occident romain qui vient de créer sa culture propre. N'oublions pas non plus que, dans l'aristocratie sénatoriale gallo-romaine, renoncer aux plaisirs de la chasse pour se consacrer exclusivement aux études paraissait être un véritable héroïsme. A peine, par exemple, Paulin de Pella tomba-t-il malade que son père s'ingénia à lui rendre le goût de la chasse : « Je voulus posséder un beau cheval richement orné de phalères, un superbe faucon, et une balle dorée. » Lorsque le poids de l'enseignement provoque ainsi un début de saturation, il est inévitable que des phénomènes de rejet apparaissent au profit d'un retour à la nature.

LE CHRISTIANISME FACE À LA CULTURE CLASSIQUE

Cet achèvement de l'édifice scolaire romain s'est produit aux IVe et Ve siècles sans aucune intervention du christianisme, alors même que les chrétiens sont déjà présents partout dans l'Empire. Cette absence oblige à poser le problème fondamental de l'hostilité ou de l'acceptation par la nouvelle religion du mode de vie romain, et donc de son école, ce qui nous amènera à voir de plus près ce qu'est l'enseignement chrétien proposé par saint Augustin et ses disciples en Gaule.

« Parents n'exaspérez pas vos enfants ; mais usez en les éduquant de corrections et de semonces qui s'inspirent du Seigneur. » Cette monition de saint Paul était déjà pour les premiers chrétiens une invitation à un type d'éducation nouvelle qui allait plus loin que celui du monde romain. Il s'agit d'une éducation religieuse aux dogmes de la foi et d'une mise en pratique dans la vie quotidienne. La formation morale est la conséquence de la formation dogmatique. Le lieu privilégié et idéal en est la famille. Comme par ailleurs cette Eglise est en état de mission, ses membres enseignent les convertis.

Dès 180, semble-t-il, le catéchuménat des adultes est régulièrement organisé. Un stage de trois ans avait lieu sous la direction de prêtres spécialisés appelés didascales qui enseignaient de manière graduée, mais jamais complète, les mystères chrétiens. Cette discipline de l'arcane n'avait pas pour but de rendre secrète la Révélation, mais de mener l'initié jusqu'à l'illumination totale par le baptême qui lui était donné au cours de la nuit de Pâques. Le catéchumène, plongé nu dans une piscine, disparaissait sous l'eau pour symboliser sa mort au péché et au vieux monde pour en ressortir littéralement ressuscité, tel un enfant nouveau-né accédant à la Vie et à la Lumière. Par cette cérémonie à la fois rite de passage et sacrement, le baptisé pouvait enfin comprendre le dogme essentiel de la révélation chrétienne, la Résurrection, à laquelle chaque homme est appelé. Une troisième forme d'enseignement commençait alors, la liturgie.

Dès la fin du IVe siècle, en effet, le cycle liturgique annuel paraît constitué. La liturgie (mot à mot : l'œuvre pour le peuple) a pour but de faire revivre à la communauté les principales révélations qu'apporte la vie du Christ et qui sont comme autant d'étapes au développement de la vie chrétienne. Déjà sont fixés les fêtes de Noël, les quarante jours de jeûne du Carême, la Semaine sainte que couronne la Résurrection du dimanche de Pâques (fériée dès 389), et deux temps de jeûne en septembre et décembre. Au milieu du Ve siècle apparaissent la célébration de l'Ascension et de la Pentecôte. Chacun de ces groupes de fêtes est l'occasion de processions, chants, oraisons et prédications où la foule est à la fois actrice et spectatrice. La messe romaine prend, elle aussi, une allure d'enseignement collectif : rite d'entrée avec chants des psaumes, deux lectures (Epître et Evangile), homélie (abondante surtout en période de jeûne), prière de la préface, offrandes accompagnées d'acclamations et d'encensements, enfin le canon, tels sont les rythmes de la synaxe qui familiarisent le peuple chrétien, même analphabète, avec les textes sacrés et les Livres saints. Tout cela concerne plus particulièrement la liturgie romaine, mais elle n'a guère de différence fondamentale avec la liturgie gallicane qui va apparaître à la fin du Ve siècle.

De toute façon, la liturgie est issue d'une caractéristique fondamentale du christianisme : le commentaire de la Parole du Christ recueillie dans les Evangiles et son annonce dans l'Ancien Testament. On oublie trop souvent que bible désigne le livre par excellence et que le christianisme repose sur la lecture et l'interprétation de textes écrits. L'expansion de la nouvelle religion ne peut donc avoir lieu qu'avec un minimum de culture. Le christianisme est forcément une religion savante qui instruit. Fallait-il pour que la liturgie et la prière puissent se faire à partir des Ecritures avoir recours à l'école romaine ? De plus, les ouvrages chrétiens de polémiques antihérétiques, d'apologétique face aux païens, ou de règlements disciplinaires pour organiser l'Eglise nécessitaient le recours à la culture ambiante. Une première attitude était possible : celle du refus absolu d'un monde païen corrompu parce que voué aux faux dieux, et, par voie de conséquence, la constitution d'un enseignement séparé.

Cette solution avait toujours été celle du monde juif, mais plus particulièrement encore depuis la *Diaspora*, après la prise de Jérusalem par Titus en 70. Dès le IIe siècle des communautés juives se sont établies en Gaule méridionale. Au Ve siècle, presque toutes les grandes villes commerçantes en comportaient. La vie religieuse juive suppose l'étude de la Loi *(Torah)*, c'est-à-dire des textes sacrés de l'Ancien Testament. Dès le IIe siècle, les Juifs revinrent à la Bible en hébreu, langue morte qui n'était plus parlée depuis plus de cinq siècles, et abandonnèrent sa traduction en grec. Puis les commentaires, gloses, explications, amplifications et applications diverses du texte biblique finirent par former une matière originale, la *Mischna*, qui fut codifiée et mise par écrit au IIe siècle.

Entre 220 et 550, la *Mischna* fournit la base d'une nouvelle interprétation : le *Talmud*, mot qui signifie étude, du verbe *lamad*, apprendre. Vers 360 apparut le Talmud de Jérusalem, puis vers 500 fut terminé le Talmud de Babylone qui eut la plus grande fortune au Moyen Age. Lorsque l'enfant entrait à cinq ou six ans dans l'école de la communauté, il suivait l'enseignement des maîtres (sens primitif de *rabbi*, devenu de nos jours rabbin) qui le faisaient passer par trois degrés successifs de connaissances : lecture de la Bible, étude de la Mischna et des règlements juridiques, sociaux et économiques qui en découlaient, enfin découverte du Talmud. Chaque synagogue comportait ainsi sa maison du Livre, que ce soit à Bordeaux près du mont Judaïque ou à Clermont-Ferrand à Fontgiève (Fontaine des Juifs) où étaient installés ces groupes juifs. Par cet enseignement purement interne, ils évitaient ainsi le contact avec les *goyim*, les païens, et maintenaient leur originalité par un refus total du monde romain.

Les chrétiens n'adoptèrent pas cette solution parce qu'il n'y avait pas pour eux de langue sacrée intouchable. Dès le début du IVe siècle, si ce n'est plus tôt, la liturgie de la messe a lieu à Rome et en Occident en latin à la place du grec. Mais certains prirent une attitude très hostile envers la culture classique romaine. Cette deuxième attitude mérite qu'on s'y arrête, car elle aurait pu être une cause de destruction et de recul de l'idéal humaniste. Cette hostilité était due justement au fait que le christianisme ne pouvait accepter une religion de la culture rivale, qui lui était intolérable, pas plus qu'il ne pouvait concéder un seul brin de vérité aux mythes explicatifs de la cosmogonie païenne. La vérité se trouvait dans la Bible seule avec la Genèse décrivant la naissance du monde, les prophètes annonçant la venue du Christ, les Evangiles apportant le salut. Ces textes, aux yeux de nombre d'ascètes et de moines, valaient n'importe quel discours ou poème issu de l'école antique. En fait, cette attitude rigoriste ne l'emporta point. Lorsque les Statuts Anciens de l'Eglise furent publiés en Gaule vers 475, ils comportèrent un article qui précisait « que l'évêque doit s'abstenir de lire les livres des païens, et ne consulter ceux des hérétiques qu'à l'occasion si cela est nécessaire ». Mais cet article ne fut pas pris au pied de la lettre. Il fut entendu, en effet, par livres des païens, ceux qui contiennent l'enseignement religieux païen. Il s'agissait de prémunir l'intellectuel chrétien contre le poison d'une autre croyance.

En revanche, l'école romaine fut acceptée au contraire de la culture religieuse païenne. Certes, elle véhiculait toute cette mythologie de dieux et de déesses aux amours adultères, mais il fallait bien que les enfants et les adolescents passent par ces études profanes pour aborder ensuite les études religieuses, quitte à redresser leur jugement par le biais des conseils familiaux ou à maîtriser l'éducation humaniste dans ce qu'elle a d'idolâtrique par des exigences chrétiennes. Même après Constantin et la transformation du christianisme en religion d'Etat en 391, il ne vint pas à l'idée des chrétiens de créer une école propre. Le corps professoral du IVe siècle est donc composé aussi bien de païens que de chrétiens qui donnent le même enseignement dans la plus parfaite neutralité. Les chrétiens considérèrent donc comme normal d'introduire dans le christianisme les éléments classiques de la culture grecque et romaine.

Clément d'Alexandrie, auteur du *Pédagogue*, livre destiné à prouver que le Christ est le véritable maître à suivre dans une formation morale, théorique et pratique, n'hésite pas à dire que l'éducation et la pédagogie sont « les biens les plus beaux et les plus parfaits que nous possédions en cette vie ». Aussi la symbiose était-elle largement achevée entre culture classique et christianisme lorsque l'empereur Julien, au néopaganisme fervent, s'avisa de rejeter les chrétiens dans les ténèbres de l'ignorance en considérant comme scandaleux que des maîtres puissent enseigner « l'hellénisme » sans y croire. En 362, il les somma soit d'apostasier soit de cesser leur enseignement, transformant ainsi la culture en religion officielle. Mais cette première mesure de « guerre scolaire » qu'ait connue l'histoire échoua ; dès 364, l'édit fut supprimé et les maîtres chrétiens reprirent leur place. L'historien Ammien Marcellin, pourtant païen, n'hésitait pas à reconnaître qu'« on devait passer sous silence l'acte cruel par lequel Julien interdit aux professeurs chrétiens d'enseigner la rhétorique et la grammaire ». Désormais de plus en plus admiratifs à l'égard de l'enseignement des classiques, les chrétiens allaient devenir les défenseurs attitrés d'une culture qui leur paraît être la seule possible.

En effet, l'homme cultivé lorsqu'il se reportait à une traduction latine des prophètes, par exemple, ne pouvait que trouver leur style grossier et malsonnant, comme le disait lui-même saint Jérôme qui s'accusait d'être trop cicéronien. De plus, et ceci constitue l'apport fondamental de saint Augustin au futur enseignement chrétien, l'homme doit s'approcher de la vérité non seulement par la foi, mais aussi par l'intelligence. Il faut avoir suivi cet enseignement classique pour s'ouvrir et se former au raisonnement philosophique. C'est pourquoi Augustin mit au point de 396 à 427 le *De doctrina christiana*, vaste programme de christianisation de l'enseignement et de la culture classiques. Leurs fleurons, le commentaire de textes et le discours de l'orateur, pouvaient être comparés à l'exégèse du théologien et au sermon de l'évêque. Saint Augustin présuppose donc le maintien de l'enseignement romain en lui ajoutant un apport fondamental : la Bible. Ce livre jugé grossier et incompréhensible par les intellectuels et les rhéteurs païens de son temps devient avec Augustin le livre par excellence où se trouvent cachés sous un voile les secrets et les mystères de la parole divine. Elle devra être étudiée dans ses profondeurs et dévoilée dans ses obscurités à l'aide de la méthode allégorique, car les signes, les chiffres, les symboles que l'on trouve dans la Bible sont les véhicules les plus subtils pour dérober et révéler tout à la fois les réalités ineffables. Augustin sent que l'enseignement ne se fait pas seulement par le langage, mais aussi et plus encore par la charge de l'image spirituelle et la force poétique ou de la figure symbolique. Pour lui, non seulement l'oreille entend, mais l'œil aussi écoute comme dira Claudel. Dès lors toute la culture classique n'est que le produit de ces correspondances dans une société dont on ne peut pas se passer. Ce mode de communication non dangereux est indispensable car il peut être utilisé pour mieux accéder à la sagesse.

Augustin sécularise donc définitivement l'éducation païenne en la transformant en une propédeutique de la Bible. L'intellectuel chrétien doit posséder à fond la technique du grammairien et la prolifération des manuels de l'Antiquité tardive saura l'y aider puissamment. Oubliant complètement le droit qui ne fait plus partie de la culture du lettré de son temps, l'évêque d'Hippone conseille à ses disciples d'étudier toutes les sciences dont j'ai parlé à propos du programme de l'enseignement classique, mais sans aller au fond, en s'en tenant en somme à Martianus Capella. Cet enseignement à base d'extraits et de résumés mène alors à l'exégèse, qui n'est autre que l'application de la méthode du grammairien à la Bible et à la théologie. La pratique d'une telle méthode s'enrichira des connaissances philosophiques, physiques, logiques, dialectiques et historiques de son temps. On voit combien ce programme d'une nouvelle culture chrétienne se trouve imprégné de formation classique, en particulier des règles stylistiques de la rhétorique. On s'en aperçoit surtout lorsque Augustin parle dans le dernier livre du *De doctrina christiana* de l'éloquence chrétienne.

L'art de l'orateur chrétien, dit-il, ne doit pas abandonner les ressources de la rhétorique, à condition de ne pas cultiver à l'excès le cliquetis verbal, l'enflure sophistiquée et l'outrance baroque du style asianiste des panégyristes de son époque. La pédagogie augustinienne du sermon est donc en rupture complète avec la mode romaine du Ve siècle. Foin de l'unique théorie des règles et de l'apprentissage interminable de la technique ! Les dons naturels et l'étude des grands maîtres doivent l'emporter, car l'éloquence est un moyen pour convaincre le peuple sans lasser son attention. Elle ne peut être un esthétisme de perpétuel étudiant. Augustin en allégeant ici les programmes est véritablement révolutionnaire. Sans le savoir, il pose les bases de ce qui fut plus tard le *sermo rusticus* de l'éloquence d'un Césaire d'Arles et des prédicateurs des peuples barbares auxquels ils surent annoncer « la Bonne Nouvelle » de la même manière que le Christ avait su l'annoncer à de simples et rudes pêcheurs. Tout doit être sacrifié à la nécessité d'être compris et à la clarté d'expression, telle est la rupture extraordinaire que la pratique du sermon fit opérer à Augustin malgré ses treize années d'enseignement de rhétorique... Avec lui le carcan des fautes contre la latinité était enfin soulevé.

D'ailleurs lui-même mit en pratique ce qu'il avait écrit dans cette œuvre théorique, soit par ses sermons soit dans son petit recueil intitulé : *De catechizandis rudibus* ou sur l'instruction des simples. Nous retrouvons ici la notion du *rudis* qu'il faut dégrossir, mais le mot nouveau tiré du grec *Katekhein*, et qui a donné notre mot catéchisme, signifie ici : faire retenir aux oreilles (sous-entendu : une réponse en écho à une question). Tous les principes d'Augustin s'y retrouvent et forment comme un dernier manuel de ses méthodes d'enseignement des vérités simples et claires. Ce maître à penser de la pédagogie médiévale laissa ainsi quatre-vingt-treize ouvrages répartis en deux cent trente-deux petits livres sans compter des liasses de lettres et des piles de sermons. Cette bibliothèque échappa en 430 à l'incendie, par les Vandales, de sa ville épiscopale Hippone (Bône ou Annaba aujourd'hui en Algérie) et fut transmise à l'Italie, la Gaule et l'Espagne. Ses disciples comme Prosper d'Aquitaine ou Gennade de Marseille répandirent ses idées et ses ouvrages. Désormais un nouvel enseignement et une nouvelle pédagogie étaient possibles.

deuxième partie

LES FONDATIONS DE L'ENSEIGNEMENT ET DE L'ÉDUCATION DURANT LE HAUT MOYEN ÂGE

V^{e}-XIe SIÈCLE

1

L'enseignement et l'éducation à l'époque mérovingienne Ve-VIIIe siècle

LA NOUVELLE culture chrétienne prônée par Augustin ne put s'établir tout de suite à cause de l'installation des Germaniques dans l'Empire et plus particulièrement en Gaule. Toutefois, l'influence de l'évêque d'Hippone resta fondamentale jusqu'à la création des universités médiévales au XIIIe siècle. Le retour en force de tribus guerrières sur le territoire gaulois a simplement retardé de quelques siècles la mise en place des institutions nécessaires pour réaliser ce programme, puisque personne en dehors des moines et fort peu du côté des Germaniques n'a contesté la culture latine classique rénovée par le christianisme. En effet, la Gaule eut beau être divisée entre Wisigoths (418-507), Burgondes (453-531) et Francs, puis réunifiée par ces derniers sous la dynastie mérovingienne jusqu'en 751, elle n'en resta pas moins profondément romanisée au sud d'une ligne Nantes-Besançon. Pendant trois siècles naît lentement un esprit méridional imprégné de culture romano-chrétienne.

En revanche, dans le nord, l'implantation de populations saxonnes, franques et alémaniques permet aux Celtes d'Armorique non romanisés de faire réapparaître les vieilles conceptions éducatives du temps de l'indépendance gauloise. Repartir à l'assaut des terres du nord pour réduire cette évolution régressive ne fut possible que tardivement. L'Eglise, devant la disparition de l'école antique, fut obligée de créer d'autres écoles d'un type nouveau et mit au point le programme réduit auquel pensait Augustin grâce à ses pionniers que furent Boèce, Cassiodore, Grégoire le Grand et Isidore de Séville. Cette acculturation progressive du nord de la Gaule permit alors l'arrivée au pouvoir de la dynastie carolingienne qui, persuadée par ses maîtres de la nécessité de pratiquer un augustinisme éducatif et politique, tenta alors de restaurer et l'école et l'Empire. Ce dessein grandiose devait échouer dans le domaine politique.

A partir de 843 apparaît un royaume de Francie occidentale, qu'on ne peut pas encore appeler France. De même qu'au temps de l'Empire romain la Gaule s'intégrait dans un vaste ensemble culturel dont elle n'était qu'une partie. Ainsi la Chrétienté médiévale allait-elle former un tout : l'Europe. Dans ce tout petit royaume qu'est alors la Gaule se développèrent et se croisèrent des influences multiples communes aux autres monarchies. On ne peut donc pas parler d'enseignement français ou d'éducation française à cette époque, et cela restera vrai presque jusqu'à la fin du Moyen Age. L'Europe comme l'Empire romain vit alors sur des concepts éducatifs universalistes. Si l'Empire carolingien puis germanique est donc un échec ou un idéal raté, en revanche l'école carolingienne a fourni les bases d'un renouveau éducatif qui aboutit à un très grand développement et même à une crise au cours du XIe siècle. Comme nous allons le voir, les cinq premiers siècles du Moyen Age sont un véritable défrichement de l'âme occidentale, et si certains points d'histoire qui viennent d'être traités à l'époque romaine n'apparaissent pas à cette époque appelée Haut Moyen Age, le lecteur devra conclure soit au maintien desdites traditions romaines, soit à l'absence de documentation ou encore à l'état imparfait des recherches sur ces temps qualifiés d'obscurs (alors qu'ils sont simplement méconnus). Au cours de ces siècles difficiles à bien connaître, nous n'oublierons donc pas que le système scolaire n'a jamais été l'unique moyen d'instruction et de formation de l'homme.

Réapparition de l'éducation à la violence : les Germaniques

Les soldats francs, installés à Tournai avant 481, puis à Soissons en 486, ne dépassèrent guère la Seine, et, même après les victoires de Clovis, peu de guerriers s'aventurèrent en terre profondément romanisée. La preuve en est que, dès le VIIe siècle, la progression de la langue germanique aux dépens du latin est stabilisée sur un front allant de la Picardie au nord de Tournai, qui longe la Sambre et la Meuse jusqu'à Maastricht et Aix, coupe la Moselle en laissant Trèves et Metz en pays de langue romane, suit la ligne de crête des Vosges et divise enfin l'actuelle Suisse en deux à l'est d'Avenches. Ce qui explique la présence d'une Belgique et d'une Suisse encore aujourd'hui francophones. Majoritaires au nord de cette ligne et minoritaires au sud, les Francs vont dès lors apporter une pratique éducative que les Gallo-Romains (à l'exception des Gaulois armoricains redevenus indépendants) avaient oubliée. Le lecteur se souvient en effet de l'apprentissage systématique de la cruauté, de l'éducation guerrière et de la pratique de la paternité adoptive qui caractérisaient la vie gauloise. Avec les Francs, nous retrouvons des comportements semblables mais non identiques, ce qui eut pour résultat immédiat de revivifier le vieux sang celtique. Le nom même du peuple franc vient de *frekkr*, qui signifie hardi, courageux, preuve qu'ils se distinguaient des autres Germaniques par la férocité de leurs mœurs. Effectivement, plusieurs siècles de lutte contre l'Empire romain avaient poussé ces tribus à cultiver la violence pour survivre. Groupées en lignages et en clans, les tribus se choisissaient un chef sur les seuls critères de sa capacité à vaincre, et ne le suivaient que s'il leur assurait la victoire, signe d'une protection et d'une force mystérieuses et divines : le *mund*, qui révélait sa liaison avec les puissances non humaines.

Cette conception d'un pouvoir charismatique du chef ou du roi incarné dans la dynastie mérovingienne aux longs cheveux survécut longtemps à la christianisation. Ainsi chez les Francs, au contraire des Gaulois, il n'y a pas coupure entre savoir et pouvoir, entre druides et guerriers, mais union dans le même homme de la connaissance et de la puissance. Au combat, les hurlements des femmes, les chants guerriers et les emblèmes ancestraux aiguillonnent leur bravoure. Cet idéal demeure entretenu par des chants qui rappellent ces moments de gloire. La dynastie mérovingienne eut bientôt à son actif toute une série d'épopées composées par des poètes guerriers qui chantaient les exploits de Clovis, de ses fils Thierry et Théodebert, de Clotaire et de Dagobert. De même en fut-il pour les premiers Carolingiens. Ce retour en force du chant épique, comme littérature orale enflammant l'esprit guerrier, l'excitant à la violence, caractérise la royauté mérovingienne et il y a de fortes chances pour que certaines épopées aient été composées non seulement en germanique, mais aussi en latin parlé de l'époque. Cette culture populaire orale reposait non sur l'écrit, alors ignoré en dehors de quelques formules magiques rédigées en caractères runiques, mais uniquement sur la mémoire. Celle-ci prenait une importance singulière dans le droit germanique dont les articles de chaque loi constamment mémorisés et rabâchés par des spécialistes, les rachimbourgs, permettaient de résoudre chaque cas au cours des procès suscités par les conflits entre guerriers.

En fait, l'éducation à la lutte l'emporte sur l'apprentissage de la paix. Pour les jeunes, la chasse reste l'occupation idéale pour s'aguerrir. Les rois mérovingiens furent tous des chasseurs enragés et non, comme les Gallo-Romains, des hommes cherchant un délassement. La loi des Francs Saliens punit sévèrement le voleur qui subtilise un faucon encore attaché à son poteau, ou refuse de rendre l'autour perdu. En 813, un an avant sa mort, à l'instar de ses parents mérovingiens, Charlemagne, âgé de soixante-six ans, chasse dans les Ardennes comme il le faisait toujours chaque année. Cette volonté de puissance et cette préparation aux combats étaient couronnées chez les Francs par un rite de passage que nous connaissons mal, au cours duquel le jeune, en accord avec les autres guerriers, recevait publiquement ses armes.

Voilà le peu que nous savons de l'éducation militaire du jeune Franc. Il est fort probable que, pour en arriver là, il ait, lui aussi, été confié dès son enfance à un oncle ou bien à un personnage qui lui servait de père adoptif, car nous connaissons dans la famille mérovingienne l'existence de *nutritores*, de nourriciers chargés de la formation des héritiers royaux, par exemple pour les fils de Clodomir et de Chilpéric qui ont perdu leur père. On ne peut voir seulement en eux de simples tuteurs, car leur rôle paraît bien analogue à celui des pères adoptifs de l'époque gauloise. Dans la péninsule armoricaine d'ailleurs la pratique survit, mais christianisée. Il est possible par exemple que saint Brendan ait été à la fois le parrain et le père spirituel du jeune saint Malo. Les parents de saint Samson de Dol avaient été des nourriciers d'enfants de la haute noblesse bretonne. Le roi franc lui-même pratiqua cette paternité adoptive de jeunes enfants de l'aristocratie germanique ou gallo-romaine, puisqu'ils sont appelés « *nutriti* », c'est-à-dire nourris. Mais, comme l'a fort bien montré Pierre Riché, la cour mérovingienne formait ainsi de véritables cadres civils et non des guerriers. La pratique primitive de la paternité adoptive par le partage du même toit et de la même table ne s'en perpétuait pas moins et retrouvait ainsi une nouvelle vigueur. Les moines irlandais, lorsqu'ils débarquèrent en Gaule, l'adoptèrent aussi, mais, cette fois-ci, dans un but de scolarisation et même de conversion à la vie ascétique. Ainsi s'explique qu'un moine put aller jusqu'à prendre en charge un bébé ! Mais, en général, les monastères ne reçurent que des enfants en âge d'être scolarisés et, dès lors, le rôle de père nourricier s'effaça au profit de celui de maître. Ces pratiques germaniques ou celtiques aidèrent donc au développement et à l'instauration d'une éducation chrétienne et laïque.

Une méthode germanique d'éducation des jeunes a des rapports étroits avec celle de l'époque gauloise dont j'ai parlé plus haut : les soldures. Tacite en souligne l'existence dans les tribus germaniques : des groupes de jeunes nobles, véritables compagnons militaires, entourent le chef, se battent pour lui et ne doivent jamais revenir vivants d'un combat où il aura été tué. Après chaque victoire, celui-ci les récompense par de somptueux cadeaux et tire un grand prestige de ses gardes du corps. Chacun d'eux épouse ses inimitiés et doit venger obligatoirement les injures ou les coups qu'il pourrait subir, au point qu'un tel acte de vengeance est tenu pour méritoire. Il résulte de cette morale qui pousse à la violence des vendettas interminables *(faida)* et surtout un extraordinaire mépris du travail manuel qui va caractériser toute l'éducation nobiliaire. A l'époque mérovingienne, les rois francs ont une garde personnelle : la *truste* (mot qui signifie fidélité, et d'où viennent les mots anglais *trustee* : homme de confiance qui tient en mains les actions de plusieurs compagnies, et *trust*). Comme on le voit, le ressort éducatif sur lequel joue la dynastie demeure ce sentiment de dévouement à la vie et à la mort en échange de l'entretien, de la nourriture et de la fourniture des armes.

L'*antrustion*, cependant, à la différence du *nourri*, n'a pas passé son enfance chez le roi. Il est entré dans sa garde par un rite de passage, « la recommendation par les mains », au cours duquel il a mis ses mains nues, jointes l'une contre l'autre, dans celles du prince qui referme alors les siennes sur elles, pour lui transmettre comme l'essentiel de sa force magique, de son *mund*, appelé plus tard *mainbour* en vieux français. Cette cérémonie d'initiation était une introduction au pouvoir charismatique du chef, une véritable sacralisation charnelle de la vertu guerrière. Le jeune entrait dans le monde du vieux, du patron, au sens où aujourd'hui encore les deux mots en langage familier sont synonymes. D'ailleurs, en latin, l'opposition de *juniores* à *seniores* – jeunes-vieux – était constamment soulignée jusque dans les épopées. La force de cette opposition est telle que *senior* donnera par la suite « seigneur ». Cette puissance que possède le chef de transformer un blanc-bec en guerrier professionnel est si considérable qu'il peut faire entrer dans sa garde même des esclaves. Appelés en gaulois *gwass* (ce qui prouve là encore la parenté profonde entre Germains et Gaulois), mot qui latinisé en *vassus*, *vassalus*, donnera vassal, ils se trouvent alors littéralement rachetés, libérés de leur infériorité par cet attouchement des mains, puis lavés de la macule servile par le sang répandu dans les batailles. Ils deviendront à leur tour des vieux, couturés de cicatrices, dignes d'être écoutés et suivis. Au fond, une même éducation, qu'elle soit l'éducation gauloise revivifiée ou l'éducation germanique implantée dans le nord de la Gaule, va créer une société fortement hiérarchique de supérieur à inférieur avec rites de passage. Le père adoptif crée de véritables fils, le chef guerrier se fabrique de non moins authentiques frères, le vieux « dur à cuire » élève jusqu'à lui le pied-tendre encore imberbe, le tout dans une atmosphère de cruauté vertueuse, d'amour farouche et de haines solides. Le meurtre, voilà la virilité !

Quant à la femme, elle est soumise elle aussi aux mêmes impératifs de survie. Productrice d'enfants, elle doit être protégée à tout prix du viol qui la rend inapte au mariage et la condamne à n'être plus qu'une prostituée. Dès lors, son éducation consistera à surveiller sa vertu et à la faire passer du monde du père à celui de l'époux par le mariage. Le rite de passage de la jeune fille à la jeune mère est là encore caractéristique. Au matin de la nuit de noces, le mari lui fait cadeau d'un douaire (appelé *Morgengabe*, don du matin) s'il l'a trouvée vierge. Sinon, il la renvoie. En dehors de cela, rien ne pousse au respect de la femme, à moins qu'elle ne réponde à l'idéal de certaines épopées qui la présentent tantôt comme interprète des rêves ou des formules magiques rédigées en caractères runiques, comme si elle était maîtresse de la destinée, tantôt comme une furie incendiaire, brisant son métier à broder, ourdissant des complots pour se venger. Cet idéal germanique de la virago n'est pas sans faire penser au célèbre conflit sanglant de l'ancienne esclave Frédégonde et de la très noble Brunehaut, laquelle termina sa vie à quatre-vingt-trois ans attachée par une main et un pied à la queue d'un cheval emballé. Voilà à quelle extrémité mène l'éducation germanique. On ne saurait l'oublier pour juger du fossé profond qui la sépare de celle de Rome, en dépit des points de rapprochement qui existent par ailleurs.

Les pionniers de l'enseignement médiéval

En affrontant, pour l'éduquer, ce monde jugé barbare, les tenants d'un enseignement romain et chrétien ne pouvaient évidemment que s'adapter à cette mentalité, d'autant plus que les régions sous-romanisées de la Gaule étaient tout aussi importantes que celles qui avaient été germanisées. Habitués à tirer les hommes du bas vers le haut, à juger en fonction de critères moraux et surtout à mépriser ce qui est peuple au profit d'une élite éclairée, les tenants d'un tel enseignement devaient choisir, comme l'avait souligné Augustin, entre le style fleuri de la rhétorique et le discours simple, en un mot abandonner leur complexe de supériorité. Même un moine comme Salvien de Marseille, qui louait pourtant les vertus morales des Germaniques, n'hésitait pas à dire : « Les barbares ignorent tout de la littérature et de la science ! » C'est dire combien l'effort d'adaptation va être difficile.

Quatre hommes vont œuvrer à cette transformation et aux changements qui en résulteront, chacun dans une optique différente, mais tous issus de l'école romaine classique : en Italie, Boèce (480-525), Cassiodore (v. 480-v. 575) et Grégoire le Grand (v. 540-604) ; en Espagne, Isidore de Séville (v. 570-636). Seuls les deux premiers connaissaient parfaitement le grec ; ils exercèrent de hautes charges administratives romaines sous le règne de Théodoric, roi des Ostrogoths, qui protégeait et admirait la civilisation romaine. Prenant conscience avec les derniers sénateurs romains du péril que courait la culture classique, Boèce décida de ramasser, en quelques ouvrages clés, les quatre arts scientifiques grecs : arithmétique, géométrie, musique et astronomie qu'il appela *quadruvium*. Le mot fit fortune et fut appliqué désormais à ce deuxième cycle d'études par opposition au premier : *trivium* (grammaire, rhétorique et dialectique). Il ne put écrire que les trois premiers ; encore celui sur la géométrie fut-il perdu. Puis il voulut traduire les œuvres philosophiques d'Aristote et les *Dialogues* de Platon. Il ne fit qu'ébaucher deux traités : l'un, une traduction de l'*Isagogè* de Porphyre avec un double commentaire qui est une introduction à la logique ; l'autre, une traduction avec commentaire des *Catégories*, de l'*Interprétation* et des *Analytiques* d'Aristote. *Catégories* et *Interprétation*, appelées *Logica vetus* (la vieille logique), ne furent enseignées qu'au IXe siècle, et les autres au XIIe siècle. Il n'empêche que Boèce, avec ses ouvrages philosophiques et ses opuscules théologiques, sans oublier sa célèbre *Consolation de Philosophie*, sauva l'enseignement de ces deux sciences pour lesquelles, disait-il, il voulait « faire se rejoindre la foi et la raison ». Il lui fallut un véritable génie créateur pour transformer le latin des rhéteurs classiques en une langue technique capable de transcrire avec précision l'abstraction des termes grecs correspondants. Il fut en même temps le premier à exprimer les affirmations théologiques selon les règles de la logique. Ainsi s'explique que Boèce ait pu devenir le véritable maître de la philosophie et de la théologie du Haut Moyen Age jusqu'au XIIe siècle.

Bien qu'étant son contemporain, Cassiodore ne se situe point à sa hauteur. Déjà il entend par philosophes ou parfois même par médecins ! « ceux qui disent que l'on doit vénérer le soleil, la lune et les autres astres ». Dans son monastère de Vivarium fondé en 555, il décida de mettre au point toute une culture chrétienne. Outre ses traductions des Pères de l'Eglise grecque, il s'attacha surtout dans ses *Institutiones divinarum et saecularium litterarum* à vulgariser les notions élémentaires de culture sacrée et de culture profane. Dans cette encyclopédie, les arts libéraux sont englobés dans la science sacrée, mais ils contiennent tous les *curiosa* de la science antique, tels la fontaine d'Aréthuse, le caméléon, la fabrication du papyrus ou l'invention du plomb. De plus, à chacune des sept disciplines, il donna des extraits des auteurs qui les concernent. Ce fut donc un manuel rêvé que ce compendium, puisqu'il constituait une véritable bibliographie analytique pour toutes les études.

Un deuxième aspect de l'œuvre de Cassiodore est tout aussi important. Directeur de l'atelier de copie des manuscrits *(scriptorium)*, Cassiodore en fit un modèle du genre pour tous les autres monastères. Il y utilise traducteurs, notaires qui transcrivent, copistes et relieurs. Le texte doit non seulement être copié correctement et clairement, mais aussi épuré de ses fautes et établi dans son contenu le plus authentique. Pour la Bible en particulier, l'exactitude doit être scrupuleuse et les méthodes de copie uniformes. Il finit par choisir une ponctuation plus pratique pour la lecture de la Bible, malgré celle qu'on lui avait apprise chez les grammairiens. Aussi Cassiodore composa-t-il à cet effet un court opuscule sur l'orthographe qui, là encore, eut un énorme succès. A ses yeux, un manuscrit est une espèce de prédication « non pas par le langage, mais par la langue » puisque « chaque mot dit et transcrit est une blessure infligée à Satan ». Les relieurs doivent revêtir leurs feuillets d'une belle couverture. Quant aux moines qui ne sont pas capables de bien écrire, qu'ils aillent cultiver le potager. Ils y liront aussi les *Géorgiques* de Virgile ou quelque agronome romain comme Gargilius, Columelle ou Emilien. Bref, l'étude était partout, jusqu'au milieu des poireaux !

La bibliothèque de Vivarium comportait huit armoires qui contenaient des livres dans l'ordre suivant des rubriques : 1) Ecriture sainte ; 2) introduction et expositions scripturaires ; 3) historiens ; 4) auteurs chrétiens (Hilaire, Augustin, etc.) ; 5) ouvrages pratiques à l'usage des travailleurs manuels ; 6) arts libéraux ; 7) dialectique ; 8) auteurs grecs. On ne connaît pas le nombre d'ouvrages qu'elle contenait, mais transportée à Rome quelques années après la mort de Cassiodore, elle fut ensuite répartie à travers toute l'Europe occidentale et, avec elle, les idées du vieux rhéteur qui avait su réaliser le programme d'Augustin en adaptant les arts libéraux à l'étude de la Bible. Il fut ainsi « le véritable guide littéraire et religieux des études au Moyen Age ».

Grégoire le Grand a la même culture que Cassiodore, à l'exception du grec. Il a le même goût pour l'érudition, l'*exemplum* et l'anecdote moralisante. Il préfère l'exégèse à la philosophie qu'il ne semble guère connaître ainsi que ses contemporains. Comme Augustin qui affirmait « qu'il vaut mieux se voir reprendre par des grammairiens plutôt que d'être incompris du peuple », il estime « souverainement inconvenant d'assujettir les paroles de l'oracle céleste aux règles de Donat ». Donc les arts libéraux seront au service de l'étude des paroles divines. Pour ce premier pape-moine, il faut méditer la Bible « qui transcende toute science et doctrine ». Il se veut d'abord et avant tout un formateur des consciences. Par trois de ses œuvres, il a durablement marqué la pédagogie monastique, cléricale et populaire. Pour lui, en effet, l'Eglise est une société de moines, de prêtres et de laïcs, c'est-à-dire de vierges, de continents et de gens mariés, typologie biblique qu'il essaie de faire entrer dans la réalité.

Dans les *Moralia in Job*, publiés en 594, Grégoire s'attache surtout à commenter l'histoire de Job, certes de manière littérale, mais surtout allégorique et morale : la figure de Job annonce celle du Christ que les moines doivent imiter. Il n'est donc plus question de « philosopher » sur la connaissance de Dieu mais de progrès spirituel et intérieur. Les *Moralia in Job* sont une œuvre remarquable de vulgarisation des doctrines spirituelles du temps et des principaux écrits des Pères de l'Eglise. Aussi furent-ils une source constante d'inspiration dans tous les monastères médiévaux et d'éducation à la vie intérieure.

Terminé, lui aussi, la même année, le *Liber Pastoralis* eut une influence tout aussi grande dont on peut détecter les traces jusqu'au XIIe siècle et même au-delà. En effet, cet ouvrage est un manuel du parfait évêque. Distribué partout, il fut même obligatoire, sur décisions des conciles carolingiens, d'en posséder un exemplaire dans chaque presbytère. Le monde clérical séculier du Moyen Age a donc été profondément marqué par ce livre. L'évêque y est présenté (ou le prêtre dans un sens général) comme celui qui a une lourde responsabilité, d'abord par les tâches matérielles dont il ne doit pas se rendre esclave en gérant les terres de l'Eglise : il ne lui faut point être rapace mais généreux envers les pauvres. Fort de son autorité, il pratique l'ascèse physique du célibat et doit, par conséquent, ne pas succomber à la *libido dominandi*, cette subtile jouissance de l'exercice du pouvoir qui gagne surtout l'homme vertueux. L'élu doit même renoncer aux joies de la contemplation pour le service des âmes. Savant par sa science des Ecritures, des canons, de la liturgie, des commentaires des Pères et des vies des saints, « il doit étudier sans arrêt » et ne jamais abandonner la lecture des textes sacrés. Il lui faut surtout prêcher et admonester chacun selon son état, homme ou femme, sage ou fou, riche ou pauvre. Parvenu lui-même au sommet du savoir, il doit faire attention à n'en point laisser passer ce qui pourrait choquer l'auditeur inaverti et ne l'en faire approcher qu'insensiblement. Enfin, qu'il soit juge ou confesseur, il est l'intermédiaire privilégié, le médecin de son peuple. Cette image idéale est donc celle d'un pasteur, non d'un théologien. L'enseignement de Grégoire fut remarquablement suivi sur ce point puisqu'il chercha à faire profondément passer des idées simples accordées à l'accueil et au comportement du clerc.

Cet enseignement adressé au peuple par le pasteur n'a plus rien d'un enseignement réservé aux élites, comme on s'en aperçoit en lisant le dernier ouvrage important de Grégoire, les *Dialogues*, toujours composés entre 593 et 594. Il s'agit du récit des vies des saints d'Italie. Reprenant là encore une initiative d'Augustin qui avait recommandé, en vue de l'édification du peuple, de mettre par écrit sous forme de procès-verbaux *(libelli)* les miracles qui s'étaient produits dans les sanctuaires, il recueillit, surtout dans le Livre II, tout ce qui concernait la vie et les miracles de saint Benoît, le père des moines occidentaux mort vers 547. Ces récits eurent un succès tel qu'ils furent recopiés et lus au peuple lors des fêtes, et plus souvent aux moines au cours des repas. La Gaule connaissait déjà un texte célèbre, celui de la vie de saint Martin, écrit par Sulpice Sévère en 397, avec l'épisode devenu populaire du manteau coupé en deux. De même certaines scènes de la vie de saint Benoît, comme la reconnaissance de Totila, se répandirent rapidement surtout lorsque ses reliques furent transportées en 673 ou 704 à Fleury-sur-Loire, aujourd'hui appelé Saint-Benoît-sur-Loire.

L'œuvre de Grégoire le Grand a tellement impressionné les clercs du Moyen Age qu'on n'hésita pas à lui attribuer la réforme du chant choral et la création des mélodies dites grégoriennes. En fait, s'il a modifié la liturgie romaine pour accentuer la participation de l'assistance à sa célébration, il n'est probablement pas l'auteur de cette musique qui ne fut peut-être créée qu'au début du VIIIe siècle.

De même l'œuvre d'Isidore de Séville gagna rapidement la Gaule et l'Europe. Elevé dans un monastère, évêque en 600, Isidore compila une vaste encyclopédie intitulée *Etymologies*. La table des matières en révèle le projet. L'ouvrage est divisé en deux parties et vingt livres. La première partie comprend dix livres dont les trois premiers englobent les sept arts libéraux, le quatrième est consacré à la médecine et le cinquième au droit. Les trois livres qui suivent groupent les sciences sacrées : l'Ecriture et la liturgie ; Dieu et l'Eglise ; l'Eglise, les sectes et les religions. Le neuvième livre réunit divers sujets : les langues, la politique, la société et la famille. Un index des mots importants assemblés par ordre alphabétique fait l'objet du dixième livre. La seconde partie forme un ensemble composite qui traite de l'homme et des monstres dans le onzième livre, et des animaux dans le douzième. Le monde et la terre occupent les deux livres suivants. Puis viennent dans le quinzième les constructions et les routes, et dans le seizième livre la minéralogie. On trouve curieusement associées côte à côte l'astronomie et la botanique au dix-septième livre. Le dix-huitième joint la guerre et les jeux, le cirque et le théâtre, cependant que le dix-neuvième livre rassemble les vaisseaux, les constructions et les vêtements. Et pour ne rien oublier, l'auteur consacre son dernier livre à la cuisine et à la vaisselle.

Puisant dans tous les manuels antiques et les Pères latins, Isidore veut réaliser ici le programme du *De doctrina christiana* d'Augustin. Pour lui, analyse grammaticale et étymologie de chaque mot (d'où le titre) fournissent toutes les explications nécessaires. La connaissance du mot permet la connaissance du monde. But bien modeste, mais qu'il ne pouvait pas dépasser. Ne voulant pas faire œuvre scolaire, il cherchait seulement à donner un abrégé des connaissances profanes encore accessibles. En réalité, sans s'en rendre compte, il permettait à chaque bibliothèque de Gaule ou d'Europe, par la possession de cet ouvrage, d'en conserver l'essentiel tout en promouvant par ses insuffisances la création d'une culture et d'un enseignement nouveaux.

La clarté d'esprit et le style simple de ses définitions que l'on retrouve dans ses ouvrages annexes comme les *Sentences*, petit manuel de théologie, ou les *Synonymes*, court résumé de vie morale primitivement destiné aux enfants, puis utilisé par les adultes, permirent en réalité de répondre aux besoins du temps, c'est-à-dire à l'acculturation des tribus germaniques mêlées aux peuples romanisés et christianisés depuis peu. Le retournement d'un enseignement vers d'autres fins grâce aux coupes sombres qu'y pratiquèrent ces pionniers était ainsi rendu possible. Mais la pénétration ne devait pas se réaliser facilement, car ces hommes venaient ou trop tard ou trop tôt dans un monde trop vieux ou trop jeune selon les régions. Enfin ce nouvel enseignement, cette nouvelle éducation ne furent pas sans rencontrer de sourdes résistances.

Les moines et l'éducation spirituelle

Elles vinrent en effet du monde monastique. Les premiers moines réfugiés au désert d'Egypte refusaient le monde, et par conséquent toute science qui leur paraissait vaine par rapport à la connaissance de Dieu. Dès le IIIe siècle, semble-t-il, ils prirent l'habitude de recevoir de jeunes enfants ou des adolescents et de les préparer à la vie monastique. Ces novices appelés plus tard oblats (du latin *oblati*, c'est-à-dire offerts par leurs parents) étaient confiés à un vénérable moine expert dans les voies divines, afin qu'il les initiât à la vie religieuse. Appelé par eux père (*abba* en grec, *apa* en copte, signifie papa), cet « abbé », au sens tantôt juridique tantôt affectueux du terme, s'efforçait de les initier à la lecture et à l'écriture à partir des psaumes et du Nouveau Testament, puis de les amener à la prière par la méditation des Ecritures saintes. La Bible doit être l'unique bagage culturel des apprentis de la vie spirituelle. Cela était particulièrement net chez les ermites qui n'oubliaient pas que leur fondateur, saint Antoine, le père des moines, était complètement analphabète et avait appris par cœur les textes sacrés. L'éducation ascétique ne tolère donc les lettres que dans la mesure où elles sont sacrées.

Le transfert de l'école monastique d'Orient en Occident au cours des IVe et Ve siècles se fit sans grand changement. Saint Martin, fondateur de Marmoutier près de Tours, apporte certes la tradition érémitique et cénobitique égyptienne sur les bords de la Loire, mais les jeunes moines s'y exercent, en plus, au travail des copistes tandis que les aînés vaquent à la prière. Pourquoi ? Parce que parmi les compagnons de Martin se trouvaient d'anciens nobles cultivés qui, désireux de s'initier à la vie spirituelle, n'auraient point toléré d'avoir des manuscrits insuffisants en nombre ou de tenir en main des textes mal corrigés. La copie des manuscrits leur était en effet indispensable pour pratiquer la prière à partir de la *lectio divina*, c'est-à-dire de la rumination des paroles divines.

Le meilleur adaptateur de la vie spirituelle orientale fut dans cet ordre Jean Cassien. Ce moine, originaire peut-être de la Dobroudja, finit, à la suite d'un séjour en Palestine et en Egypte auprès des Pères du Désert, par installer près de Marseille après 415 un couvent double, l'un d'hommes, l'autre de femmes, sur les bords de l'Huveaune. Il y écrit les *Institutions cénobitiques* et les *Conférences* qui firent de lui le « plus parfait des maîtres de la perfection monastique ». Cassien forma par ses écrits aussi bien les moines des îles de Lérins, ses voisins, que tout le monde monastique et même laïc du Moyen Age. Son enseignement porte sur deux parties essentielles : la recherche de la vie spirituelle et la pratique de la morale quotidienne. Dans son monastère de Saint-Victor, il met au point une méthode reposant sur l'Ecriture sainte pour progresser dans la connaissance de Dieu : la *lectio divina*.

A partir des psaumes et de l'expérience des premiers moines, la lecture divine est une rumination « de bouche (à haute voix) et de cœur ». Cette lecture est appelée divine, parce qu'elle est la parole de Dieu proférée en présence de Dieu (« Là où deux ou trois prieront en mon nom, je me trouverai » dit Jésus). En réalité, cette rumination est une écoute pour recevoir et entendre, à travers la parole divine proférée, ce que Dieu est, de la même manière qu'au cours d'une longue et profonde conversation chaque interlocuteur laisse entendre et percevoir ce qu'il est dans ce qu'il dit. Lecture et rumination impriment et fixent à la longue cette parole dans l'esprit de celui qui prie. Alors peut naître, même au milieu des activités nouvelles les plus pénibles, la méditation, sorte de dialogue intérieur et affectif à partir de la parole divine gravée dans le cœur. La mémoire n'est ici qu'une aide, une auxiliaire, pour entretenir et réactiver, si besoin est, le souvenir de la présence de Dieu dans le cœur de chaque moine. Tel était l'apprentissage de la prière enseigné dans les monastères provençaux, et tel il demeurera jusqu'au XIIe siècle.

Saint-Victor de Marseille est donc, tout comme le monastère double des îles de Lérins, fondé par Honorat en 410, une école d'ascèse pour chercher Dieu. Le primat de la prière y est tel que, selon un adage des Pères égyptiens, « le moine doit absolument fuir les femmes et les évêques », c'est-à-dire éviter le mariage et le sacerdoce, en somme le monde avec toutes ses tentations. De là s'ensuit l'enseignement d'une morale proposée à tous. Cette morale en appelle à l'autorité des anciens, c'est-à-dire aux premiers moines, pour demander la pratique de l'évangile et non de la loi juive. Pour Cassien, le laïc même baptisé est encore sous le fardeau de la loi. Le moine, par le nouveau rite de passage qu'est la profession monastique, entre enfin dans le règne de l'Evangile et donc de la charité qui passe tout autre vertu. Pour en vivre, il faut posséder l'esprit de discernement, et surtout obéir sans discussions aux règles qui ont pour elles l'antiquité, l'universalité et le consentement général. Les apophtegmes des Pères du Désert citent avec admiration certains cas d'obéissance, comme par exemple celui du moine qui arrose deux fois par jour pendant un an une branche morte. Cette obéissance monastique qui risque de se soumettre la Charité a surtout pour but d'éduquer le jeune moine à fuir la volonté propre et l'orgueil suggérés par Satan.

Cassien distingue (et il est le premier à le faire) les péchés mortels par rapport aux péchés véniels. Il indique toute une stratégie de combat contre les vices, selon lui au nombre de huit : la gourmandise, la luxure, l'avarice, la colère, la tristesse, le dégoût des choses spirituelles, la vanité et l'orgueil. Tous découlent les uns des autres et s'enchaînent mutuellement. Par conséquent, celui qui apprend à lutter contre eux doit commencer par combattre la gourmandise puisqu'elle engendre la luxure et ainsi de suite. Le renoncement au monde et le jeûne sont donc les premiers pas du débutant dans la morale monastique. A la stratégie s'ajoute une thérapeutique : l'ouverture de conscience. L'aveu de toute pensée mauvaise à l'ancien qui sert de guide spirituel enlève aussitôt sa force à l'esprit du mal. Tels étaient les principes qu'apprenaient les premiers moines gaulois et qu'apprirent par la suite tous les cénobites, bénédictins en tête, puisque le livre des *Collations* de Jean Cassien leur était lu constamment au léger repas du soir. De là vint d'ailleurs le nom de collation pour désigner une frugale restauration.

Ce que la lecture allait faire pour le monde monastique, le sermon le fit pour les laïcs. C'est ainsi que l'enseignement spirituel et moral de Cassien pénétra peu à peu la Gaule méridionale. En effet, les moines de Saint-Victor et surtout de Lérins eurent une étonnante influence aux Ve et VIe siècles. A force d'accueillir dans ces îles de jeunes enfants pour leur donner une instruction élémentaire, étudier les textes bibliques ou copier des manuscrits, certains historiens ont été jusqu'à parler d'une « école de Lérins ». En fait, il s'agissait d'une école préparatoire à l'ascèse et à l'érémitisme dont le rayonnement fut tel que des laïcs adultes, mariés ou non, mais le plus souvent très cultivés, vinrent y faire leur profession monastique pour s'y consacrer à Dieu. Le prestige de ces moines était tel que, bientôt, ils furent « arrachés au désert » pour devenir évêques.

Nous en connaissons une douzaine au moins pour les deux siècles qui ouvrent le Moyen Age. Parmi eux, il faut signaler Césaire d'Arles. Né vers 470 aux alentours de Châlon-sur-Saône, il quitte la maison familiale pour se réfugier à vingt ans dans l'île de Lérins. « Comme une mère illustre et sans pareille, et une nourrice qui donne tous les biens elle s'est efforcée de m'éduquer et de me nourrir », dit-il. Césaire parle ici non pas de son éducation classique, puisqu'il a dû la recevoir sans doute par un précepteur vivant chez ses parents, mais de l'enseignement ascétique et des écrits des Pères et de Cassien dont il dut s'imprégner. Une nuit, après avoir lu des auteurs profanes classiques, il rêva qu'un serpent dévorait son oreiller et le livre qui s'y trouvait caché. Rêve analogue à celui de saint Jérôme, qui prouve l'inquiétude de ces aristocrates lettrés devant le paganisme des lettres classiques, et surtout l'importance capitale que revêtait pour eux la conversion à un nouveau mode de vie.

De 502 à 542, à une époque où son diocèse fut successivement au pouvoir des Burgondes et des Francs,

Césaire fut évêque métropolitain d'Arles. Il se consacra alors tout entier à l'évangélisation du peuple par le sermon. Dans un monde où prédomine l'analphabétisme, l'homélie va désormais se substituer au discours oratoire romain. Pasteur d'âmes au premier titre, Césaire va dans ses nombreux sermons proposer aux laïcs la morale monastique qu'il a apprise à Lérins. Pour lui, le mariage n'est qu'une préparation à la vie monastique. Seule la virginité procure l'état de perfection : « Les vierges produisent cent, les veuves soixante, et les gens mariés trente. » Il en résulte donc une morale conjugale extrêmement sévère illustrée par des comparaisons agricoles très éloquentes. Reprenant les thèmes stoïciens qui condamnent le plaisir, il affirme que le mariage ne se justifie que par la procréation et qu'à l'instar du paysan qui ne sème son champ qu'une fois, les époux doivent s'abstenir de toute relation en dehors de ce but primordial. Quant aux riches, qu'ils fassent comme l'orme qui soutient la vigne du Seigneur ! Qu'ils donnent de leurs biens s'ils veulent participer aux fruits spirituels dont jouissent les serviteurs de Dieu qui en sont les sarments. En carême le jeûne est obligatoire. Il faut non seulement entendre les lectures divines à l'église, mais aussi les poursuivre chez soi en les méditant jour et nuit. La prière à laquelle doit participer le laïc est l'office monastique : vigiles, tierce, sexte, none. Ainsi la morale monastique plaquée sur la vie des laïcs tourne à la morale de devoir à base de préceptes empruntés très souvent à l'Ancien Testament. De plus, Césaire justifie et réclame le repos du dimanche ou le versement de la dîme en recourant à la loi juive. Dans sa stratégie de lutte contre le péché, il dénonce particulièrement l'ivrognerie, la luxure et l'avarice, fautes les plus répandues dans le peuple de son époque. Mais pour la thérapeutique, il en reste aux moyens spécifiquement monastiques prônés par Jean Cassien. Ainsi le renoncement du moine reste l'idéal de la morale chrétienne en ce début du Moyen Age. Fort proche et parfois même confondue avec celle du stoïcisme, cette ascèse qui ignore les besoins religieux spécifiques à la vie des laïcs sera enseignée pendant tout le millénaire médiéval.

Cette influence de l'école monastique se répandit d'abord dans toute la Gaule méridionale, depuis Arles vers Uzès, jusqu'en Burgondie à Condat (aujourd'hui Saint-Claude) et à Grigny, et en 515 à Saint-Maurice-d'Agaune où fut adoptée la pratique orientale de la *laus perennis*, la prière perpétuelle. Trois équipes de moines se succèdent pendant vingt-quatre heures, sans interrompre l'office, pour chanter la louange du Seigneur. Cette liturgie touche ici au but de la pédagogie monastique : éveiller tout homme à sa vocation qui est de parler avec Dieu. Des Irlandais vinrent à Lérins. La spiritualité monastique irlandaise s'inspira beaucoup en effet de cette recherche du désert qu'Eucher de Lyon avait chantée dans sa « Louange du désert » pour l'opposer à ceux qui pratiquent « la philosophie dans leur maison ». Cependant, la coupure ne fut pas totale entre lettres sacrées et lettres profanes. Dans son langage affecté de maniérisme baroque, Sidoine Apollinaire félicite un Irlandais passé par Lérins, Faust, évêque de Riez, d'avoir, comme le recommande le Deutéronome (XXI, 10), pris une belle captive « au milieu des escadrons ennemis ». Il s'agit de la philosophie « qui, pour vous offrir son corps désormais pacifié dans un mystique embrassement, s'est rasé les cheveux de la fausse religion et le sourcil dédaigneux de la science du monde, et a supprimé les plis de son antique vêtement que sont les détours de la sinistre dialectique qui ne servaient qu'à voiler les erreurs et les péchés de la conduite ».

C'est le premier hommage à l'école monastique du dernier élève des écoles gallo-romaines, mais cet hommage est la preuve que même la vie spirituelle la plus ascétique ne pouvait se passer de la discipline philosophique. Ici, le moyen proposé consiste à dépouiller la science profane de son paganisme pour qu'elle puisse s'intégrer à une culture nouvelle et chrétienne. Aussi lorsqu'à partir de 575, les moines irlandais débarquèrent avec saint Colomban en Gaule du Nord pour l'évangéliser, ne furent-ils point sans apporter dans leurs écoles monastiques des lettres sacrées soigneusement épurées. Saint Benoît, dont la règle, écrite vers 525, ne pénétra en Gaule qu'au cours de la deuxième moitié du VIIe siècle, eut la même attitude : créer « une école du service du Seigneur » où se puisse oublier le plus possible l'ancienne culture mondaine.

L'ignorance des belles-lettres ne signifiait donc pas l'inculture, et l'apprentissage des lettres sacrées n'était point sans quelques réminiscences voilées de leurs rivales répudiées. Dans ces monastères qui se répandent à travers la Gaule mérovingienne, il y a toujours une école de vie spirituelle et les règles monastiques insistent toutes sur le rôle pédagogique du père abbé. « Ecoute, mon fils, les préceptes du maître. Reçois volontiers l'avertissement d'un père plein de tendresse et accomplis-le efficacement... Il faut donc préparer nos cœurs et nos corps (on remarquera qu'il n'est pas question de l'intelligence) à combattre sous la sainte obéissance des divins commandements... Nous allons donc constituer une école où l'on apprenne le service du Seigneur. » Telles sont les premières lignes de la règle de saint Benoît. Elles en montrent le but. Quelles étaient les matières enseignées et les méthodes utilisées ?

Ces enfants qui entrent à sept ou à douze ans dans le monastère, et même sans limite d'âge au point que certains monastères celtiques devinrent de véritables nurseries, doivent d'abord apprendre à lire et à écrire. La Règle du Maître, dont s'inspira largement saint Benoît, précise que les petits enfants seront groupés par dix sous la direction d'un moine lettré qui les enseigne pendant trois heures par jour. Même les moines illettrés âgés de moins de cinquante ans doivent se joindre à eux. Quant aux récalcitrants, il faut les laisser : leur analphabétisme n'est pas un obstacle pour progresser sur les voies divines. Car ce qu'ils ne savent pas lire, ils l'entendront chanter. Quand il sait lire, le jeune novice apprend par cœur les cent cinquante psaumes. A côté des livres, tablettes et styles, le psautier est l'outil fondamental de la culture spirituelle monastique. Selon la Règle du Maître, trois heures encore par jour sont consacrées à cette étude. Elle se termine par un examen qui consiste en une récitation au choix de l'élève devant le père abbé.

Il est possible alors de « ruminer » les versets des psaumes au cours de n'importe quel travail manuel, au pétrin comme au four. Une lente imprégnation se produit alors : les versets du psalmiste, tantôt cris de détresse, tantôt chants de louange, ou parfois même appels à la vengeance, deviennent comme une seconde nature du moine. Cette culture devenue nature produit un véritable déracinement par rapport au monde environnant. Le renoncement au monde devient effectif par le profond changement de mentalité que provoquent ces poèmes qui chantent la confiance en un Tout autre. Face au monde franc qui cultive la violence, le monde monastique répond par l'abandon et attend qu'une autre force l'aide.

Cette formation généralement vétéro-testamentaire est complétée par les lectures en commun, aux repas et après les complies, parfois même pendant le travail. Le lecteur de semaine doit lire les vies des Pères du Désert, les *Conférences* de Jean Cassien et des extraits de la Bible.

Cette lecture doit aussi se faire pour les hôtes du monastère. Saint Benoît enfin précise avec minutie les temps de lecture personnelle : deux heures chaque matin de Pâques au 1er novembre, trois heures en hiver. Pendant la sieste, « si quelqu'un veut lire, il pourra le faire pourvu qu'il n'incommode personne », car la lecture à haute voix n'a pas encore disparu et rares sont ceux qui parviennent à la pratiquer mentalement. Pendant le Carême, le temps de lecture personnelle devient encore plus long. Le dimanche lui est entièrement consacré. Au début du Carême, ces moines doivent recevoir « chacun un livre de la bibliothèque qu'ils liront en entier à tour de rôle ». Au total, plus de vingt heures de lecture personnelle par semaine, chose alors tout à fait nouvelle dans une civilisation où la lecture publique était de règle. Cette discipline était si difficile à imposer que les règles monastiques prévoient toujours un ancien pour empêcher les bavardages et surveiller les paresseux, et un lieu éclairé la nuit pour que ceux qui le désirent puissent y lire. Dans certains monastères, comme à Tarnant, on ne pouvait quitter la salle de lecture sans permission.

Même si les bibliothèques se trouvent surtout formées d'ouvrages spirituels, leur contenu n'en est pas moins important et précieux. Le bibliothécaire, qui distribue les livres, le fait à heures fixes, en ouvrant les coffres ou les armoires dont il possède les clés. A voir prendre tant de précautions, on sent combien les livres sont jugés précieux, comme des objets de haute valeur tant matérielle que spirituelle. L'atelier de copie, le *scriptorium*, fait partie de la bibliothèque. Là sont transcrits et enluminés les manuscrits : à Uzès, par exemple, les moines qui ne travaillent pas la terre sont des scribes. Dans les monastères de femmes, celles-ci calligraphient, elles aussi, et peignent des enluminures.

La pédagogie monastique n'a garde en effet de les oublier. Aux alentours de 507-512, Césaire d'Arles, dans la règle qu'il destine aux moniales dirigées par sa sœur Césarie, précise que toutes doivent apprendre à lire, et pour autant y consacrer chaque matin deux heures. Lorsque Césarie envoie la même règle à Radegonde, fondatrice du monastère Sainte-Croix à Poitiers vers 560, elle insiste encore plus : « Que toutes celles qui entrent apprennent leurs lettres ; toutes doivent savoir par cœur le psautier… Lisez ou écoutez ensemble les lectures divines parce qu'elles sont l'ornement de l'âme ; faites de ces perles précieuses des boucles d'oreilles, des anneaux et des bracelets. » Radegonde, elle-même, une Thuringienne devenue épouse du roi Clotaire, avait reçu une culture suffisamment poussée pour être capable de lire et de commenter en commun des passages difficiles des Pères de l'Eglise tels Grégoire de Nazianze, Basile et Athanase (en traduction latine évidemment), d'Hilaire, d'Ambroise, de Jérôme, d'Augustin, de Sedulius et de Paul Orose. Au VIIe siècle, le niveau intellectuel des monastères féminins ne diminue point. A Chelles, fondée par la reine Bathilde, l'école comporte même des élèves des deux sexes venus d'Angleterre et elle fournit des maîtresses et des livres aux pays voisins. Vers 688, Anstrude enseigne, à Saint-Jean de Laon, les lettres qu'elle y a apprises après y être entrée à douze ans. A Nivelles, Gertrude fait venir des livres de Rome et des maîtres d'Irlande pour instruire les novices. Il n'y a donc aucune différence entre les écoles monastiques, masculines ou féminines.

On ne saurait donc trop souligner l'importante nouveauté que fut la création de ces centres d'enseignement cénobitique. Ils prônent une éducation à la vie spirituelle et mystique que l'Antiquité classique n'avait jamais connue. Il ne s'agit pas seulement de s'initier au rite, mais de découvrir par la vie intérieure une *personne*. La morale enseignée rappelle, certes, par de nombreuses tendances, celle des auteurs stoïciens, mais elle prend sa source dans l'Ancien Testament. L'étude biblique ne débouche jamais sur l'exégèse ou la théologie et ne peut donc absolument pas réaliser le programme de saint Augustin ou des grands pionniers comme Boèce ou Cassiodore. Elle recherche exclusivement l'apprentissage du dialogue intérieur et la purification du cœur, car comme le disait Jean Cassien, « la pureté du cœur est préférable à la science ». L'intelligence n'ayant aucune part dans cette grande tentative de déracinement, il y a donc opposition formelle entre la culture monastique et la culture classique antique, même rénovée par le christianisme. En effet, cette culture rénovée allait être proposée aussi aux clercs et aux laïcs.

Survie et abandon de l'école antique

Car la question de savoir où ces derniers allaient pouvoir s'instruire commençait à se poser. En effet, l'école antique a survécu aux invasions germaniques en Gaule, mais en accentuant tellement ses défauts que la critique monastique finit par la rendre suspecte. C'est pourquoi petit à petit, tandis que cette école disparaît, le désir d'un nouvel enseignement finit par se faire jour.

Il n'y a en effet, contrairement à ce qu'une vision catastrophique de l'histoire pourrait faire croire, aucune rupture entre les écoles gallo-romaines où fut élevé Sidoine Apollinaire au début du Ve siècle et celles de la fin du siècle, que ce soit sous la domination wisigothique, ostrogothique ou burgonde. Vers 500, Julien Pomère, d'origine africaine, enseigne à Arles la grammaire et la rhétorique. A Vienne, l'évêque Avit conserve dans ses relations écrites avec les lettrés de l'époque tous les tics de la rhétorique scolaire. Lorsque le rhéteur

Viventiole lui reproche d'avoir « pris comme une "longue" la syllabe médiane de *potitur* », il le renvoie vertement à son école et aux textes des auteurs qu'il commente devant ses élèves.

En Aquitaine, les aristocrates gallo-romains ne perdent rien de leurs talents littéraires. Souvent ils forment leurs enfants personnellement, tel Sidoine ouvrant Térence sous les yeux de son fils Apollinaire pour le lui commenter.

D'après les recherches de Pierre Riché, il semble bien que les institutions scolaires municipales existent encore dans le dernier tiers du Ve siècle. Nous n'en avons plus aucune mention après cette date, peut-être parce que les finances urbaines sont devenues incapables d'assurer les traitements, mais il est impossible de préciser, au cours de ces trois dernières décennies, où et quand elles ont cessé de fonctionner. Ces écoles ne durent pas s'arrêter d'un seul coup et leur disparition fut certainement progressive. Elles furent de plus relayées par le préceptorat qui avait toujours existé dans les milieux nobiliaires. Si, par ailleurs, le besoin d'écoles classiques se faisait sentir, il était toujours possible pour les enfants fortunés d'aller en Italie où les écoles municipales survécurent encore plus longtemps. Le petit-fils de Rurice, évêque de Limoges, Parthenius, alla probablement suivre des cours de droit à Ravenne, ce qui lui permit de devenir patrice à Arles, puis *magister officiorum* (chef des bureaux ou maire du palais) à la cour du roi Théodebert Ier à Trèves. Enfin, même si les professeurs laïcs officiels disparurent au cours du VIe siècle, rien n'empêchait certains de fonder des écoles privées et de vivre du traitement que leur versaient leurs élèves.

Les invasions n'ont donc pas détruit l'école antique. L'influence prodigieuse qu'elle eut sur les écoles monastiques d'Irlande comme la pratique continuelle de la rhétorique parmi les lettrés de la Gaule mérovingienne suffisent à nous prouver sa longue survie. S'il faut en croire certain manuscrit, des rhéteurs bordelais auraient fui leur ville lors de l'arrivée des Wisigoths pour se réfugier en Irlande, et peut-être ont-ils alors appris leur science du verbe aux jeunes Irlandais qui se pressaient dans les monastères de type égyptien et lérinien qui se créaient dans l'île à cette époque. Certes l'influence d'Isidore de Séville fut encore plus importante, mais lorsque les moines irlandais débarquèrent en Gaule du Nord à la fin du VIe siècle, ils montrèrent qu'à côté d'une forte culture monastique, ils possédaient aussi les « belles-lettres ». N'avaient-ils pas, depuis saint Patrick, pris l'habitude de traverser toute la Gaule méridionale pour se rendre en Italie ? Et ces deux pays ne leur offraient-ils pas cette culture ? L'école monastique d'Irlande sut donc accueillir l'héritage de l'école antique. De plus, l'influence de la grammaire et de la rhétorique en particulier, celle du style synonymique d'Isidore de Séville (cette prose travaillée au point que le signifiant finit par être plus chargé de sens que le signifié) séduisent nostalgiquement les lettrés de la Gaule mérovingienne. Chacun s'efforce de l'imiter. Le maniérisme baroque de Sidoine Apollinaire se retrouve dans un poème de la noble Eucheria, épouse du patrice Dynamius, à la fin du VIe siècle. Le style lettré, le *sermo scholasticus*, se perpétue jusque dans la correspondance de Didier, évêque de Cahors, mort en 656.

L'érudition grammaticale continue sur la lancée des grands auteurs de manuels. Rien n'est plus surprenant que de lire les *Epitomae* de Virgile de Toulouse, un maître dont on ne sait s'il fut Irlandais vivant en Aquitaine ou Aquitain séjournant en Irlande, mais qui vécut au début du VIIe siècle et qui s'acharne à créer à partir de mots rares une véritable grammaire cryptographique : « On coupe les mots pour trois raisons : la première pour éprouver la finesse de nos élèves lorsqu'ils ont à chercher et à découvrir ce qui se présente avec quelque obscurité à leurs yeux ; la seconde pour donner au langage un certain apparat et de belles formes ; la troisième pour cacher aux petits ou au premier sot venu l'intelligence de nos doctrines secrètes qui ne doivent rester accessibles qu'aux seuls initiés, et cela pour que les pourceaux n'aient point à piétiner des perles précieuses, comme dit le vieux proverbe. En effet, si les étudiants n'étaient pas soumis à ces principes, non seulement ils ne révéreraient pas leurs maîtres et ne leur témoigneraient ni déférence ni respect, mais encore comme de vrais pourceaux, ils mettraient en pièces ceux qui les ont parés. » Un tel mépris aristocratique à l'égard des humbles coupait définitivement l'enseignement classique romain de sa mission. On comprend qu'un Césaire d'Arles ou un Benoît de Nursie aient abandonné avec horreur les écoles de ces élites fermées qui se perdaient dans le cliquetis verbal. Ils fuyaient leur intelligence desséchée pour se former un cœur mystique.

D'autant que ce programme classique perdait aussi bien en valeur scientifique qu'en justification sociale. Si la tradition semblait se conserver, l'appauvrissement de la culture n'en était pas moins réel. La connaissance du grec disparaît en Gaule à la fin du Ve siècle et si, au siècle suivant, à l'instar des initiatives de Boèce et de ses amis, les traductions du grec en latin se multiplient, elles ne paraissent guère avoir été connues. Les œuvres philosophiques de Boèce n'intéressent personne, et nous avons vu ce que Cassiodore entendait par philosophie : des bribes de physique, d'astronomie et de médecine ; le cycle scientifique, le *quadruvium*, est ignoré. La perte du sens de l'abstraction est générale. Après le concile d'Orange de 529, aucun texte conciliaire ne pose de définition théologique. Désormais, la pastorale l'emporte sur la dogmatique parce qu'elle apparaît plus urgente et plus importante. Corrélativement, le goût pour les études diminue chez les jeunes aristocrates. A quoi bon n'être qu'un « éternel étudiant » ou un « infatigable pédagogue » comme l'observe Pierre Riché, si une fois sur ses terres, le grand propriétaire n'a plus pour prouver sa culture que l'occasion des manifestations mondaines, épithalames ou condoléances ! En effet, à l'abandon des villes par la noblesse qui préfère vivre sur ses grands domaines succède la diminution des postes de fonctionnaires consécutive à la disparition des structures politiques de l'Etat romain. Ces structures s'amenuisent au niveau régional des petits royaumes francs. Pourquoi donc étudier dans un monde qui change et ne présente plus de débouchés ?

Cela amène alors à nous poser la question de l'attitude des Germaniques à l'égard de l'école et de la culture classique. Leur sort est désormais dans leurs mains. Pratiquement, les rois wisigoths, burgondes et francs laissèrent en place ce qui existait sans oser toucher à quoi que ce soit. Leur ignorance de la culture romaine se compliquait en effet d'un sentiment d'infériorité. Déjà pourvus d'une éducation qu'ils estimaient la seule véritablement virile, ils n'en ressentaient pas moins une différence à leur désavantage. Par exemple les Francs se trouvaient *gens sensu rudis*, comme l'écrivait le roi Chilpéric dans une hymne en l'honneur de saint Médard, un peuple brut dans ses instincts. Aussi firent-ils des choix utilitaires et pratiques. Ils abandonnèrent très rapidement les écritures runiques pour le latin. Dès 461, Euric fait mettre par écrit le code de droit wisigothique, tandis qu'en 506 Alaric II fait abréger le Code théodosien à l'usage des Romains d'Aquitaine. Gondebaud fit de même pour les lois germanique et romaine de ses peuples. En 511, Clovis imite les Wisigoths et les Burgondes et fait rédiger la loi des Francs Saliens intégralement en latin, sauf quelques gloses dites *malbergiques* qui restent en vieil haut-allemand.

D'autres lois germaniques furent aussi transcrites en latin, mais la pratique du droit resta cependant orale pour eux, le texte écrit n'étant là que pour aider la mémoire. Des hommes libres, représentant le peuple, jugent sans l'aide de professionnels. Les aristocrates francs, eux, adoptèrent le droit privé romain pour la passation des actes notariés : ventes, échanges, donations ou testaments, et prirent l'habitude de conserver soigneusement ces actes authentiques dans leurs *scrinia* (mot dont nous avons fait écrins), c'est-à-dire dans leurs coffres. Ainsi l'écrit tend à devenir magique. De même l'intérêt qu'ils portaient à leurs terres ou à leur personne leur fit s'occuper surtout d'ouvrages romains d'arpentage, d'architecture ou de médecine. En somme, ces choix pragmatiques laissaient les belles-lettres de côté et ne visaient qu'à protéger une éducation noble guerrière en lui ajoutant les connaissances indispensables au maintien de la supériorité des grandes familles franques jusque dans l'exercice du pouvoir. On utilise les juristes gallo-romains qui tiennent des centres de consultation juridique, à Arles par exemple, mais l'enseignement du droit se fait surtout par la pratique, de même que celui de la tachygraphie pour les notaires, qui forment eux-mêmes leurs successeurs. Les rois francs et leurs nobles faisaient donc ainsi disparaître les avocats et les fonctionnaires lettrés au profit de techniciens formés dans les bureaux royaux ou bien sur place. S'ils venaient à leur manquer, il suffisait d'une expédition de pillage dans la Gaule méridionale pour ramener ces aides indispensables dans les cours de Soissons ou de Metz !

Ainsi l'école antique finissait par être vidée non d'attrait, mais de substance et de justification. Dès lors, un malaise grandissant se fait jour en Gaule au cours des Ve et VIe siècles, surtout chez les laïcs, qui sont de plus en plus sensibles aux critiques monastiques. Au fur et à mesure que le niveau culturel baisse, les attaques des rigoristes augmentent pour repousser l'immoralité des poètes, l'obscurité des stylistes et les erreurs des philosophes. Déjà Sidoine Apollinaire dénonçait auprès d'un de ses amis le recul de la langue latine : « La multitude des paresseux va tellement croissant que si vous, l'élite, le petit nombre, vous ne travaillez pas à préserver la pureté de la langue latine de la rouille des barbarismes populaires, nous ne tarderons pas à déplorer son abolition et sa mort ; déjà, toute la pourpre du beau langage perd de son éclat par l'incuriosité du vulgaire. »

Au siècle suivant pourtant, les sermons demeurent toujours de belles pièces de rhétorique et la poésie chrétienne relève des lois de la métrique classique lorsque, par exemple, Avit de Vienne destine aux enfants une paraphrase en vers des premiers livres de l'Ancien Testament. Cependant des voix s'élèvent contre ces confusions entre textes sacrés et profanes, ces vers compliqués dont personne ne goûte plus l'harmonie parce que la langue latine évolue dans sa prononciation, ces lois du genre qui veulent que pour épithalame, il faille toujours parler de Cupidon et de Vénus. Qu'y a-t-il de plus scandaleux que ces récits mythologiques où nymphes, satyres, dieux et déesses s'entrelacent ! Grégoire le Grand reprocha vivement à Didier, évêque de Vienne vers 601, d'enseigner « la grammaire à certaines personnes. Nous considérons la chose comme grave... Parce que dans une même bouche les louanges du Christ ne peuvent se marier avec les louanges de Jupiter. Considérez vous-même qu'il est grave et criminel pour un évêque de chanter des vers, chose qui ne convient même pas à un pieux laïc ». Alors que le risque de scandaliser les âmes encore proches du paganisme n'existait pas au IVe siècle pour des orateurs maîtrisant parfaitement la culture païenne, il n'en était plus de même lorsque cette culture classique se dégradait. Il fallait épurer l'héritage culturel, le débarrasser de ses ornements inutiles pour être compris du peuple. L'évangélisation des populations rurales nécessitait l'abandon d'une éloquence savante pour un style sobre et simple et tous les arguments d'Augustin furent ici repris dans ce sens par Césaire d'Arles.

Mais les plus rigoristes des éléments du monde monastique allaient encore plus loin. Non seulement le moine converti doit abandonner le culte des Muses pour celui de Dieu, mais aussi les évêques et même les laïcs. Cette intransigeance avait d'autant plus d'écho qu'au milieu du Ve siècle les *Statuta Ecclesiae antiqua* avaient stipulé que l'évêque ne devait pas lire les livres des païens (interdiction qu'avait enfreinte Didier de Vienne nous venons de le voir), et certains conciles précisaient même qu'un laïc ne serait ordonné clerc qu'après un an de conversion intellectuelle et de renoncement aux habitudes mondaines. Or, la majeure partie de l'épiscopat gaulois est composée d'aristocrates cultivés qui sont entrés dans les ordres vers quarante ans avec l'espoir sincère de sauver leur civilisation en passant à l'Eglise, seul édifice encore capable de résister à la barbarie. Pris entre les réclamations des anciens moines lériniens devenus évêques et leur désir de transformation du peuple chrétien, ils ne savaient comment abandonner cette école antique qui les avait nourris. Aussi n'observaient-ils que fort mal, et plutôt mal que bien, leur promesse de se détourner des arts libéraux. Ils ne résolurent leur crise de conscience que par des compromis boiteux.

Le cas de Grégoire, évêque de Tours de 573 à 594, est particulièrement révélateur. Comment enseigner le peuple de Dieu ? Voici sa réponse dans sa préface de l'Histoire des Francs : « Le culte des belles-lettres est moribond et même il se meurt dans les villes de Gaule... On ne peut trouver un seul lettré assez versé dans l'art de la dialectique pour décrire tout cela en prose ou en vers métriques (il faut entendre écrire selon les lois de la prose rythmée ou de la versification classique). Souvent beaucoup se lamentaient en disant : “Malheur à notre époque parce que l'étude des lettres est morte chez nous et qu'on ne trouve personne dans le peuple qui soit capable de consigner par écrit les événements présents.” Or comme je ne cessais d'entendre ces réflexions et d'autres semblables, je me suis dit que pour conserver le souvenir du passé, il fallait le faire parvenir à la connaissance des hommes même sous une forme grossière. J'ai été surtout stimulé parce que j'ai souvent entendu dire dans mon entourage à ma surprise qu'un rhéteur qui philosophe n'est compris que du petit nombre, mais que celui qui parle la langue vulgaire se fait entendre de la masse. » Ce style vulgaire et simple, Grégoire ne s'est pas résolu à l'utiliser sans crainte ni remords. Il adjure ses collègues à venir de ne jamais réécrire ou corriger ses livres sous prétexte qu'il écrit en « style rustique ». « Même en ce cas, je t'en supplie, ne détruis pas ce que j'ai écrit. » Tant la chose était nouvelle et inconnue ! Il a même fallu que sa mère lui apparût en songe pour qu'il se décidât à écrire ainsi : « Ne sais-tu pas, lui dit-elle, que nous tenons ta manière d'écrire en haute estime, parce que le peuple peut la comprendre. » L'argument essentiel est donné : être compris.

Il n'empêche que tous ceux qui prendraient au pied de la lettre ses excuses d'insuffisante formation littéraire se tromperaient lourdement, car l'examen de sa prose apparemment si simple et si réaliste prouve que toutes ses phrases se terminent par de savantes clausules métriques. Au fond, Grégoire de Tours abandonne le moule inadapté et accepte que l'enseignement classique change d'objectif. Mais s'il laisse de côté le carcan rhétorique, ce n'est pas par ignorance. C'est un choix délibéré mais douloureux, grâce auquel, espère-t-il, tout pourra être conservé. Fonder une nouvelle culture chrétienne qui englobe l'héritage humaniste pour mieux évangéliser les populations, tel est le projet éducatif mérovingien que reprendra au XVIe siècle, à une autre échelle, ce qui fut appelé l'humanisme dévôt. L'abandon de l'école antique n'en est, en réalité, que la transmutation, et la formation des clercs qui, eux, restent en contact avec le monde comme Grégoire de Tours, à l'encontre des moines qui en sortent, va être le domaine où, compte tenu des justes critiques qu'ils ont formulées, cet enseignement nouveau sera cette fois-ci adapté aux besoins du temps. On s'abaisse pour se faire plus accessible.

Création de la nouvelle école et coupure de la Gaule en deux à l'époque mérovingienne

Il était donc impossible de conserver une tradition classique étiolée, mais tout aussi irréaliste d'appliquer le programme des moines aux clercs. D'ailleurs l'entrée massive des laïcs cultivés dans les rangs de l'épiscopat les en aurait empêchés. Il importe donc de voir comment le goût de la vie et de l'humain qui caractérise, par opposition à l'artifice des belles-lettres, le nouveau projet s'incarne dans l'école cléricale tant en fonction du modèle prôné par les moines que de l'état social et religieux d'une Gaule romanisée ici, barbarisée ailleurs.

Tant que l'ancien système fonctionnait, il n'était nul besoin d'instruire les clercs. Ils arrivaient formés et franchissaient alors les différents ordres mineurs puis majeurs qui menaient au sacerdoce ; portier, lecteur, exorciste, acolyte, sous-diacre, diacre et enfin prêtre. L'état clérical ne commençait vraiment qu'à partir du diaconat pour lequel était exigé le célibat. L'état de lecteur réclamait toujours une belle voix et une connaissance poussée des manuscrits pour en utiliser la ponctuation sommaire de l'époque. A côté des ordres mineurs figurait le chantre qui devait connaître la musique pour diriger un groupe de chanteurs religieux ou laïcs. Enfin une équipe de « notaires » existait au moins dans chaque cathédrale pour prendre rapidement en notes des homélies épiscopales. Tout cela formait un personnel important auquel déjà Augustin avait proposé une règle de vie commune. Césaire d'Arles fit de même : il imposa à ses clercs les offices monastiques de tierce, sexte et none, les lectures pendant les repas, et exigea des futurs diacres qu'ils aient lu au moins quatre fois les livres de l'Ancien et du Nouveau Testament. Ainsi fonctionnait en Arles une véritable école épiscopale où les clercs se trouvaient instruits et éduqués. Si les villes manquaient de prêtres, les campagnes en avaient alors encore plus besoin. Ne pouvait-on former dans la maison du prêtre le futur desservant ? Il semble qu'au début du VIe siècle, l'école où vont se former le jeune Patrocle et son frère, située quelque part dans le diocèse de Bourges, soit déjà de ce type, puisque à l'âge d'environ douze ans un maître leur apprend les lettres sacrées et qu'ils progressent très vite. Patrocle devenu moine fonda au bourg de Néris-les-Bains, en Auvergne, une autre école pour les enfants. Ces initiatives diverses finirent par être acceptées et généralisées grâce à un article très précis du concile de Vaison de 529. « Il a été décidé, dit cet article, que tous les prêtres qui sont établis dans les paroisses selon la coutume que nous avons vu pratiquer par toute l'Italie, reçoivent chez eux, là où ils habitent eux-mêmes, de jeunes lecteurs, dans la mesure où ils ne seront pas mariés, et qu'ils s'efforcent en les nourrissant spirituellement comme de bons pères, à les préparer par des psaumes, à les occuper à des lectures divines, à leur enseigner la loi du Seigneur, afin de se préparer de dignes successeurs et de recevoir du Seigneur les récompenses éternelles. Lorsqu'ils parviendront à l'âge parfait, si l'un d'entre eux à cause de la fragilité de la chair veut prendre femme, la possibilité de se marier ne lui sera pas refusée. »

Ce décret constitue l'acte de naissance des écoles presbytérales. Il fut certainement appliqué dès ces années-là, tandis que la communauté cléricale groupée autour de l'évêque généralisait aussi les écoles épiscopales. Le programme, comme le montre le texte, ne devait pas être exclusivement monastique malgré l'obligation du psautier et des lectures. Par « Loi du Seigneur », il faut entendre probablement l'ensemble des décrétales et textes conciliaires régissant la vie de l'Eglise, ce qui nécessitait des connaissances non scripturaires mais juridiques puisque le droit romain règle la vie interne du clergé jusqu'au XIIe siècle. De plus, ce *cursus* primaire et religieux reste ouvert à des laïcs, puisque ceux qui le veulent peuvent quitter cette école au moment de leur passage dans les ordres majeurs. Ainsi apparaît un des caractères fondamentaux de l'école médiévale. Le corps enseignant est intégralement composé de clercs. Le savoir a tendance à devenir la propriété du groupe clérical. Sauf cas de préceptorat privé dans les grandes familles romaines, le laïc dépend du clergé pour son instruction. S'efface alors l'un des caractères essentiels de l'école romaine comme instrument d'ascension sociale, et revient en force la tradition druidique d'un groupe de prêtres dispensant la sagesse et le savoir, et finalement un certain pouvoir.

Mais la nouvelle école n'obtint pas tout de suite le monopole de l'enseignement. La culture classique romaine se maintint encore longtemps en Gaule mérovingienne, là où résistance à la barbarie et défense des lettres classiques s'identifiaient, c'est-à-dire dans cette partie méridionale plus romanisée que tout autre et d'où Wisigoths et Burgondes furent rapidement éliminés. On aura déjà remarqué que les écoles monastiques, épiscopales et presbytérales sont nées en Provence. Aux VIe et VIIe siècles, la majeure partie des grandes familles gallo-romaines vit au sud d'une ligne Nantes-Besançon. Les actes de droit privé romain continuent à être utilisés et enregistrés dans les *gesta municipalia*, les registres municipaux, preuve que dans les villes existent encore des bureaux où des scribes sur présentation publique d'un acte devant les curiales sont capables d'en prendre copie et d'authentifier ainsi les transactions. Si ces titres disparaissent, sont volés ou incendiés, une procédure de reconstitution existe. Une pancarte contenant l'énoncé des droits perdus est affichée pendant trois jours sur le forum. Si aucune protestation n'est faite, la pancarte est alors enregistrée avec valeur authentique. Pour qu'une telle procédure existât, il fallait bien que les passants sachent lire ! Elle est attestée à Poitiers, Bourges, Clermont, Le Mans, Angers, Tours, Paris, Orléans, Lyon et Arles. Ailleurs, elle ne devait pas être pratiquée. En somme se dessine ainsi une carte de la Gaule romaine, face à la Gaule barbare. La coupure devait s'accentuer par suite de l'évolution linguistique.

En effet, faute de système scolaire, la langue latine évoluait d'elle-même sous la pression de la prononciation populaire, sans que de sourcilleux censeurs en phonétique ou en orthographe soient là pour l'en empêcher. Bientôt, le son *ka* resta dur au sud d'une ligne longeant la Loire et rejoignant les Alpes à la hauteur de Lyon et du Dauphiné. Au nord de cette ligne, il fut prononcé *cha* pour redevenir dur en pays de

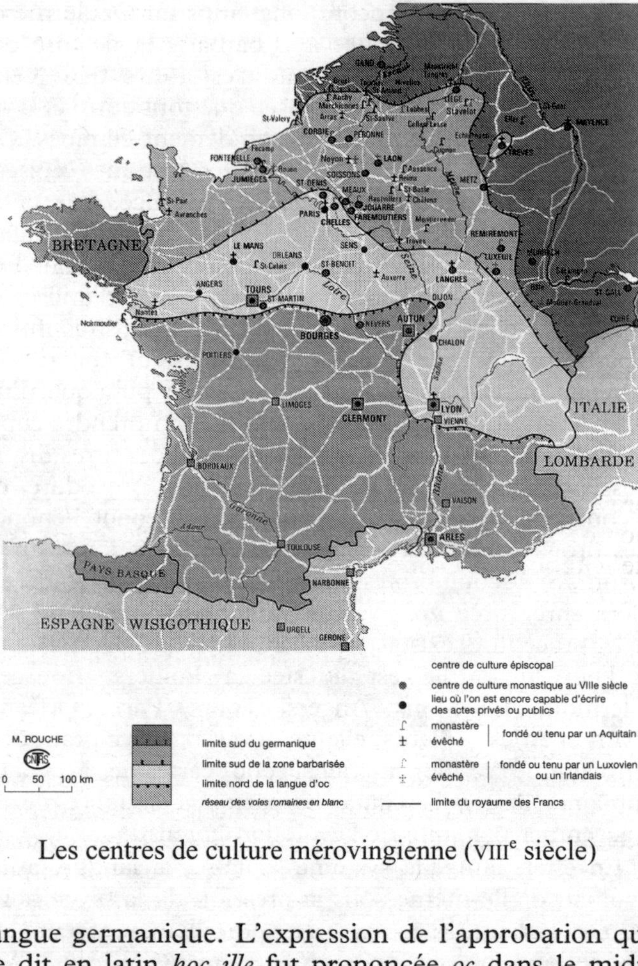

Les centres de culture mérovingienne (VIIIe siècle)

langue germanique. L'expression de l'approbation qui se dit en latin *hoc ille* fut prononcée *oc* dans le midi, *oil*, puis oui, dans le nord. L'époque mérovingienne a donc vu naître le domaine de la langue d'*oc*, plus conservateur parce que plus romanisé, par opposition à celui de la langue d'*oil* où se rencontrent Gallo-

Romains et Francs dans les capitales mérovingiennes, tandis que les Germaniques l'emportent au nord de leur propre frontière linguistique. Finalement, il y a même trois Gaules : romaine, barbarisée et barbare. Chacune de ces régions va connaître une évolution culturelle différente, liée aussi bien à son passé qu'aux guerres civiles qui éclatent à partir de 656 et 675, pour se prolonger jusqu'en 768.

En Gaule méridionale, il faut distinguer Provence et Burgondie d'avec l'Aquitaine. En effet, autour des rois mérovingiens, en pays méditerranéen et sur les bords de la Saône et du Rhône, se trouvent des fonctionnaires lettrés d'origine sénatoriale qui tiennent leur culture d'un enseignement privé typiquement classique. Asclepiodote, référendaire de Childebert II après 592, était instruit en rhétorique. Dynamius, petit-fils du patrice provençal du même nom, est capable d'écrire un poème à la gloire de Lérins qui, ô paradoxe, est tissé de citations d'Ovide, de Virgile, de Juvencus et de Fortunat, évêque de Poitiers. Certains sénateurs continuent à utiliser les services d'esclaves très cultivés en lettres, en droit, et en calcul dans la plus pure tradition antique. Nombre de laïcs devenus évêques ou abbés avaient reçu dans leur enfance une instruction dans les arts libéraux et ne s'en départissaient point ensuite à l'instar de Didier de Vienne qui, « à l'âge où il est normal d'apprendre, s'adonna à l'étude des lettres, dépassa bientôt ceux qui étaient savants et avaient une connaissance parfaite de la grammaire ». On a vu qu'il ne pouvait s'empêcher d'enseigner ensuite les lettres profanes. La réputation des beaux esprits méridionaux était telle qu'un abbé parisien refusa d'être nommé évêque d'Avignon par peur des moqueries « des sénateurs beaux esprits et des fonctionnaires philosophes ». Un moine de Lérins se scandalisait encore au VIIe siècle que l'on imitât comédies et poèmes des auteurs païens.

De même en Aquitaine, le particularisme romain alla en se renforçant autour d'un véritable bastion composé par le Limousin, l'Auvergne et le Rouergue. Là, en dehors de toute influence germanique et en gardant des liaisons régulières avec Rome, se maintiennent à la tête des comtés et des évêchés les descendants des grandes familles sénatoriales, tels Syagrius, Apollinaire, Léonce, Grégoire de Tours, etc. Pierre Riché montre qu'il y a quatre générations successives de laïcs lettrés devenus évêques qui continuent à priser la culture classique, et les femmes ne sont pas en reste dans ce domaine. Le dernier maillon est représenté par Bonnet, évêque de Clermont, né vers 640 et mort vers 700 au retour d'un pèlerinage à Rome. Il avait été « nourri par des lettrés de la science des grammairiens et même instruit des décrets du Code théodosien ». Lorsque l'Aquitaine devint un royaume indépendant au début du VIIIe siècle, les populations du sud-ouest de la Gaule prirent le nom de Romains, preuve imposante de leur désir de rester fidèles à une civilisation de l'écrit et de la culture.

Au nord de la Loire, le spectacle est bien différent. Les guerriers et les éleveurs francs ont fait disparaître toute école et toute civilisation romaine de la Somme à la Meuse, des Vosges au Jura. Seuls quelques îlots surnagent : Reims, Trèves, Metz, Soissons et Paris. Plus au sud, les jeunes Gallo-Romains germanisés et les jeunes Francs sont tous obligés pour obtenir une fonction politique d'être bilingues, tel déjà à la fin du Ve siècle un Romain au nom germanique d'Arbogast qui parlait couramment la langue des nouveaux venus dans son comté de Trèves. Très tôt en effet, les rois francs furent contraints de créer une chancellerie qui, même réduite à sa plus simple expression, mettait par écrit les ordres royaux sous forme d'actes publics et de lettres diplomatiques. Officiellement catholiques, les premiers Mérovingiens durent au moins recevoir une instruction religieuse, si primitive fût-elle. Les fils de Clovis s'entourèrent de conseillers lettrés, mais à la troisième génération l'instruction paraît plus poussée. Grâce à Fortunat, poète italien exilé à Poitiers dont il devint évêque jusqu'en 600, nous apercevons un monde franc princier et aristocratique qui a tenté d'adopter la culture classique. Bertrand, évêque de Bordeaux, dont la mère est une mérovingienne, fait des vers qu'il soumet au jugement de son collègue poitevin, Gogon, membre de la chancellerie de Sigebert à Metz, et maîtrise dans ses poèmes et ses lettres les rudiments de la métrique et de la rhétorique. La célèbre Brunehaut, instruite en Espagne, était capable de diriger l'instruction de son fils.

Mais le roi mérovingien qui poussa alors le plus loin le désir de se romaniser fut Chilpéric. Imitant le poète Sedulius, il versifia des hymnes « mais dans ses vers il n'a suivi aucune règle métrique » dit Grégoire de Tours, et même, nous l'avons vu, il composa un poème en l'honneur de saint Médard. Imitant l'empereur romain d'Orient, il rédigea un petit traité sur la Trinité dont le peu d'orthodoxie fit frémir les évêques auxquels il le montra ; il tenta enfin de réformer l'alphabet en introduisant trois lettres nouvelles dont on ne sait si elles étaient destinées à traduire la nouvelle phonétique du latin ou l'introduction de sons germaniques dans le parler populaire. « Il envoya des circulaires dans toutes les cités pour qu'on les enseignât aux enfants et que les livres anciens (qui ne comportaient pas ces nouvelles lettres de l'alphabet) fussent récrits après avoir été effacés à la pierre ponce. » Cette réforme n'eut pas de suite, mais tout cela est révélateur d'un intérêt croissant des princes francs pour la culture romaine non seulement religieuse, mais aussi profane.

Au cours du VIIe siècle, le sentiment d'infériorité qui les habite diminue même au point de s'inverser. Dans la plus pure tradition virgilienne apparaît la légende de l'origine troyenne des Francs. Lorsque l'on recopie l'hymne de Chilpéric en l'honneur de saint Médard, l'expression déjà signalée de *gens sensu rudis* pour désigner les Francs est changée en *forte Francorum genus*, la race courageuse des Francs ! Les princes comme Dagobert ou les nobles comme Arnoul, fondateur de la dynastie carolingienne, se considèrent comme cultivés, mais leurs précepteurs sont en fait des moines irlandais ou méridionaux et l'enseignement reçu est de plus en plus à dominante religieuse. Tous savent lire et écrire comme le prouvent leurs signatures autographes en bas des actes, mais au total l'enseignement qu'ils reçoivent ne peut être comparé à celui de la Gaule romaine. Certes les cours mérovingiennes sont de véritables centres de formation des laïcs. Là se rejoignent en un type social nouveau les conceptions de l'éducation franque des jeunes guerriers et celles de l'éducation romaine pour les jeunes fonctionnaires ; ce type sera celui de l'aristocrate grand propriétaire doté de pouvoirs militaires et administratifs.

Par une fusion progressive, la Cour était une véritable école de cadres pour ces jeunes gens. Partageant la table du roi, ils étaient comme les jeunes princes sous la direction du maire du palais. En lui s'unissait la notion germanique et celtique de père nourricier et de gouvernant. Il devait diriger les plus doués, tels saint Yrieix de Limoges ou saint Ouen de Rouen vers l'étude du notariat pour entrer ensuite dans la chancellerie, soit comme tachygraphes, soit comme référendaires, soit comme scribes proprement dits. Les diplômes mérovingiens conservés prouvent par leur contenu une conformité remarquable avec les règles de la prose rythmée et de la rhétorique, ainsi qu'un goût prononcé pour les mots rares et archaïques. L'écriture, une cursive aux hastes échevelées, continue celle de la Romanité tardive et, par son absence de calligraphie, prouve combien elle est utilisée vite et souvent par les gens qui doivent écrire de manière continuelle et suivie. Il est probable même que la pratique, sinon l'enseignement, du droit romain y régnait. Ce petit monde des jeunes courtisans ne devait pas être de tout repos, mais jeux, histoires, spectacles de mimes ou même de jongleurs au sens médiéval du terme, lui donnaient une allure cultivée tout autant que les épopées chantées au son de la harpe germanique. Jusqu'aux années 650 environ, la Cour fit bonne figure et la Gaule barbare commençait à moins mériter son qualificatif.

Cela était dû, il faut le souligner, à la reconquête culturelle du nord par les moines, les ermites et les évêques venus d'Aquitaine ou de Provence, ou par des laïcs méridionaux présents dans les cours de Paris et de Metz. Ici acculturation, romanisation et évangélisation allèrent de pair, en liaison souvent étroite avec les moines irlandais. Un homme comme saint Eloi caractérise fort bien cet aspect restaurateur de la civilisation romaine en terre barbarisée. Mineur puis orfèvre, il a conservé et enseigné les techniques apprises dans son enfance auprès de son père et d'un membre de cette corporation restée intacte. Personnage important de la Cour, il devient ensuite moine, puis évêque de Noyon-Tournai pour évangéliser jusqu'en Flandre les populations germaniques, et cela au mépris même de leur langue qu'il ignorait. Aussi désigna-t-il comme successeur Mommelin, parce qu'il était « expert dans les deux langues », non pas le latin et le grec, mais le latin et le francique ! Là se trouvait le grand changement d'un enseignement qui n'était plus destiné à une élite mais au peuple.

Cette dominante cléricale de l'enseignement ne pouvait qu'accélérer le transfert de la culture du midi romain vers le nord qui se transformait. Aussi entre 680 et 700, les effets de cette unification culturelle se font sentir à travers toute la Gaule et l'examen des œuvres littéraires de cette époque révèle que l'enseignement reçu ne fut pas seulement ascétique et ecclésiastique mais aussi humaniste. Les scribes des monastères de Corbie, Nivelles et Laon n'ont rien à envier à ceux de Saint-Maixent, d'Auxerre, de Volvic ou de Manglieu en Auvergne.

Or, justement, c'est au moment où ce transfert venait d'avoir lieu que les troubles politiques aboutirent à la ruine de la Gaule méridionale. Les invasions arabes combinées avec les expéditions de Charles Martel, de Pépin le Bref et de Charlemagne en Bourgogne, Provence et Aquitaine aboutirent en effet à briser l'essor du nouvel enseignement et de la nouvelle culture dans ces pays entre 732 et 768. A Autun, en 731, la cathédrale et les archives furent brûlées par les Sarrasins. En Aquitaine, Pépin le Bref incendia trente-cinq monastères. L'influence de la Gaule romaine en fut anéantie pour deux siècles. La Gaule du Nord, à cause du primat de la guerre, subit le contrecoup de ce retour de la violence en force. L'instruction des jeunes aristocrates y est négligée au point que devenus adultes ils signent les actes publics ou privés d'une croix. On en aperçoit même qui, nommés par faveur politique à la tête d'un évêché, sont complètement ignares. Dès lors il n'y a plus de laïcs dans les bureaux. Les diacres et les lecteurs deviennent notaires et scribes. Tout repose sur le clergé, tandis que les moines sont les seuls lettrés. La brutalité des premiers temps carolingiens a donc imposé une véritable cléricalisation de l'enseignement et de l'éducation, tout en réservant aux pays d'entre Loire et Rhin l'avenir de la culture. Ainsi se maintenait la coupure de la Gaule en deux, mais elle était cette fois-ci inversée au profit du nord.

Les écoles ecclésiastiques et la culture religieuse en Gaule mérovingienne

N'en concluons pas cependant qu'il y eut cassure. C'est plutôt à un transfert que nous assistons. Les contemporains prirent conscience de ce déplacement de l'enseignement depuis la Méditerranée jusqu'aux bords de la Seine et de la Meuse, puisqu'ils l'appelèrent *translatio studii*, déplacement des études.

Il fut rendu possible par un enseignement commun aux deux Gaules : l'enseignement épiscopal, presbytéral et monastique. Aussi importe-t-il d'en examiner le contenu, les méthodes et l'extension, tant chez les clercs que chez les laïcs, avant de voir comment le legs mérovingien a permis les réformes carolingiennes. En effet, toutes les bases de l'enseignement médiéval ont été posées par ces siècles prétendus obscurs.

Ils surent en effet définir le minimum indispensable pour l'acculturation d'un peuple des campagnes encore adonné aux pratiques païennes gallo-romaines ou bien d'un peuple de guerriers ne prisant que la force. Les évêques qui dirigent les écoles épiscopales ne sont donc ni théologiens ni exégètes. Bâtisseurs et administrateurs, orateurs sacrés et évangélisateurs, ils sont donc plutôt juristes, et fidèles à la culture antique, c'est-à-dire érudits au sens antique du terme, poètes et rhéteurs. Leur culture classique reste littéraire et fondée sur des extraits. Ils ont abandonné volontairement, nous l'avons vu, la grammaire du latin scolaire pour celle du latin parlé où déjà se confondent accusatif et datif. De l'*Enéide* de Virgile, ils n'ont étudié que les principaux passages des Livres I à VIII, et surtout évidemment le récit de la tempête. Ils utilisent toujours des manuels de rhétorique pour écrire les lettres qu'ils veulent soigner et ne dédaignent pas la pratique des *curiosa* à l'antique : prodiges atmosphériques, monstres humains ou pain sanglant ! La médecine les intéresse à titre pratique. Aussi ont-ils recours aux traductions et aux résumés des médecins grecs, mais ils se passionnent surtout pour la botanique, la pharmacologie et la diététique. Un exemple tiré d'un calendrier médical de cette époque révèle combien cet art est dépendant de la théorie des humeurs de Galien : « Juillet : ne pas diminuer le sang par une saignée ni boire de potion, se servir de sauge et de rhue... Novembre et décembre... couper la veine hépatique pour une saignée, poser des ventouses parce qu'à cette époque toutes les humeurs sont prêtes. Janvier : on ne doit faire aucune saignée mais l'on doit boire une potion contre les maux de gorge et prendre un électuaire. Février : on doit faire une saignée au pouce », etc. En somme une culture peu scientifique, simplifiée mais toujours classique d'esprit. L'enseignaient-ils alors à leur clergé ? Il ne semble pas.

En effet, les écoles épiscopales que nous connaissons dans une vingtaine de villes au moins regroupent dans les bâtiments de l'évêché « toute une foule de jeunes clercs » qui sont admis à cet état après la cérémonie de la tonsure. Entrés vers dix ans à l'école, ils sont encadrés par l'archidiacre, le chef des lecteurs, le chantre et le notaire, sans oublier l'évêque qui les instruit aussi, mais pas nécessairement. Aucun art libéral n'y est cependant enseigné ; chacun commence à lire les psaumes et à chanter les hymnes sous la direction respective du chef des lecteurs et du chantre, puis approfondit ensuite les lettres sacrées : Ecritures, actes des martyrs et vies des saints. Dans les écoles paroissiales qui nous sont signalées par les textes, comme à Issoire ou à Carignan, et certainement dans d'autres bourgs ruraux, le programme est semblable mais le prêtre s'occupe de tout. Comme le fait remarquer Henri

Irénée Marrou, cela définissait un véritable étiage de l'enseignement, un niveau humble à but technique : la profession cléricale.

Il en est de même dans l'école monastique qui est toujours aussi vigoureuse, renforcée qu'elle est par la création de Luxeuil et de monastères de type colombanien, surtout au nord de la Loire. La seule différence tient à l'importance accordée à l'étude de l'œuvre de Cassien et des Pères du Désert. Même Léobard, un ermite réfugié dans les bois, les scrute, tout en alternant sa méditation avec la fabrication du parchemin et la copie des manuscrits. Un même minimum culturel est donc requis dans les trois écoles cléricales. Il correspondait certainement à de grands besoins, quand on voit avec quel empressement Wulmer, un Saxon du Boulonnais entré tout jeune dans un monastère, apprenait son psautier aux champs. Son ardeur était telle qu'il en oubliait de guider son attelage de bœufs qui restait planté sans avancer tandis qu'il continuait à marcher seul en marmonnant ! Si faible que fût ce minimum, il n'en restait pas moins novateur. En effet, le texte appris est en même temps la parole de Dieu. Instruction littéraire et instruction religieuse se trouvent donc intimement liées dès les débuts de l'enseignement, de la même manière que le curé de village sera lui aussi instituteur. Le maître se présente à la fois comme un père spirituel, un savant et un sage. Du coup, la différence fondamentale entre l'école antique et l'école chrétienne apparaît nettement. Tandis que la première réservait sa sagesse à une élite et laissait mépriser le maître de l'école primaire, la seconde en apportant une science et une doctrine de vie, grâce à un programme accessible à tous dès le niveau élémentaire, restaure le prestige du maître. La pédagogie médiévale qui vient de se fonder vise des hommes vivant en communauté et non plus l'individu supérieur.

Elle est donc en contradiction totale avec une société romano-barbare qui ignore complètement l'enfant, pratique encore l'abandon et jette même les enfants dans l'esclavage puisque le terme de *puer*, enfant, est très souvent synonyme d'esclave. L'héritage de sévérité de l'Antiquité fut renforcé par la tradition germanique qui considère le père comme propriétaire de sa progéniture au point de pouvoir battre l'enfant, le vendre ou le tuer à sa guise. Dans ces conditions, les enfants admis au monastère connaissaient une situation privilégiée. Souvent offerts aux moines par les parents à la suite d'un vœu, ils y arrivaient très jeunes. On s'efforça de ne les accepter qu'à partir de six ou sept ans, souvent même de onze ou douze ans. Au contact de ces garçonnets et de ces fillettes, et non sans se référer au Christ qui avait dit « Laissez venir à moi les petits enfants », les pédagogues monastiques observent qu'à chaque âge doit correspondre une attitude différente du maître, selon les conseils de Grégoire le Grand dans le *Pastoral*. Saint Benoît recommandait la douceur dans la correction. Pour les moines, l'innocence est la caractéristique fondamentale de l'enfant. Saint Colomban formule ainsi ses quatre qualités : « Il ne persévère pas dans la colère, il n'est pas rancunier, il ne se délecte pas de la beauté des femmes, il dit ce qu'il pense. » Cette découverte des vertus de l'enfance est une nouveauté qui eut beaucoup de mal à se répandre. Elle resta confinée dans les cloîtres au moins jusqu'au XIVe siècle.

Quant à l'adolescent, âge des feux souterrains et des foucades passionnelles, il déconcerte l'éducateur monastique. Son puritanisme, que nous avons déjà constaté à propos du mariage, fait qu'il se montre particulièrement sévère à l'égard des jeunes gens. La peur des amitiés troubles et des relations homosexuelles, ou même de la mollesse du corps, lui fait alterner au dortoir un moine âgé près d'un plus jeune, lit par lit, tandis qu'une lampe allumée brûle toute la nuit. Il interdit même rigoureusement les bains sauf pour les malades. La sévérité éducative est donc ici orientée vers un volontarisme conquérant de la parfaite chasteté. Elle est la même pour les futurs moines que pour les jeunes moniales. Pour discipliner cet état inférieur qu'est le mariage, certains moines recommandent aux laïcs l'absence périodique de relations charnelles pendant le Carême ou avant les grandes fêtes. D'autres vont même jusqu'à l'abstention totale de ces relations, voire la non-consommation de l'union. Mais le plus sûr moyen reste encore de dégoûter complètement les jeunes filles de l'hyménée, comme le fait le poète Fortunat dans son *De virginitate*, par une description cliniquement juste mais particulièrement effrayante des douleurs de l'accouchement. Dans ces conditions, nul n'ira s'étonner que l'époque mérovingienne ait totalement ignoré l'éducation sentimentale. Le cœur qui n'appartient pas à Dieu par vœu de chasteté est voué au monde passionnel des sauvages tempêtes et des orages non désirés...

Si la pédagogie comporte des nouveautés, à l'inverse les techniques et les moyens matériels de l'enseignement ne bougent pas. La salle de classe est toujours aussi petite, reléguée quelque part dans les bâtiments claustraux ou épiscopaux. Tablettes recouvertes de cire et stylets en os ou en argent n'ont pas changé. Le parchemin qui a remplacé le papyrus est toujours aussi rare et cher. Poncé, on le récupère pour en faire un palimpseste. Les bibliothèques sont gardées comme des trésors. Pour lire, saint Eloi utilisait un pupitre tournant assujetti à un axe, ce qui lui permettait de consulter plusieurs ouvrages à la fois. Ce meuble comme la planche inclinée vont devenir la base de toute salle de travail intellectuel bien équipée.

Au niveau élémentaire, même absence d'innovation. La connaissance de l'alphabet permet l'apprentissage de la lecture, syllabe par syllabe, mot par mot, puis le maître fait passer l'enfant à l'étude du psautier. Il lui dicte un psaume, l'écoute lire le texte, corrige ses fautes, etc. Il fallait au moins deux ou trois ans pour savoir les cent cinquante psaumes par cœur. La mémoire, on le voit, continuait à jouer un rôle considérable. Le maître n'enseignait qu'un élève à la fois. Ensuite les jeunes moines s'entraidaient mutuellement. Pour le chant et le calcul, les méthodes sont toujours les mêmes : on pose la voix et l'on apprend la mélodie. Jetons ou comput digital sont les seuls moyens pour apprendre à compter.

Quant au contrôle des connaissances, l'abbé, l'évêque ou encore un hôte de passage particulièrement cultivé en étaient chargés. Il consistait en une simple interrogation de l'enfant. A tout prendre, cet enseignement sommaire correspondait à un très gros effort pour des jeunes placés dans une société en pleine mutation. Dans le Nord surtout, faire passer le barbare de l'aiguillon à la plume, du scramasaxe au stylet, était une véritable prouesse qu'on ne saurait sous-estimer. Sinon on comprendrait mal que la patience des moines ait fini par échouer devant certains esprits particulièrement obtus...

Aussi cette minorité de clercs, de moines ou de moniales appelés *litterati* ou *psalterati* constituait-elle une élite d'hommes et de femmes dont l'esprit se trouvait dégrossi. Au-delà, rares sont ceux qui passent à l'étude de la grammaire en utilisant les manuels désormais classiques de Donat, Priscien, Martianus Capella, etc. Le latin écrit, comme je l'ai déjà dit, se détache de plus en plus du latin parlé, même dans le cas du *sermo rusticus* ; c'est pourquoi des manuels nouveaux sont alors nécessaires, les glossaires. Aux VIIe et VIIIe siècles apparaissent ces recueils de mots avec leur explication donnée en face, le tout rangé par ordre alphabétique. De même existaient de nombreuses anthologies de textes classiques offrant les meilleurs extraits de Virgile, Pline ou Sénèque. C'est uniquement par l'intermédiaire des exemples des grammairiens, des explications des glossateurs, et des passages célèbres pris chez les grands auteurs que la culture classique romaine pénètre cet enseignement sacré. Si les anthologies des écrivains païens ont disparu, en revanche les florilèges des Pères de l'Eglise, eux, ont survécu. Le témoin le plus ancien pour la Gaule en est le *Liber scintillarum*, le « livre d'étincelles », rédigé par Défensor vers 700 dans le monastère de Ligugé. Des citations de Jérôme, d'Augustin, de Cyprien, ou d'Isidore de Séville sont regroupées sous différents titres : de l'abstinence (« gros ventre ne rend pas l'esprit subtil »), du serment, du commerce des bons et des mauvais, des médecins, de la tentation, du martyre, etc. De tels thèmes fournissent la base de départ d'une méditation. Ce genre de recueils eut un immense succès et les Irlandais en particulier les répandirent à profusion sous le titre de *Flos florum* (Fleur des fleurs !).

Quand enfin de rares privilégiés parvenaient à l'étude de la *sacra pagina*, du texte sacré proprement dit, ils n'utilisaient certainement pas pour le commenter Augustin, Boèce, ni même Cassiodore. Seuls Grégoire le Grand et Isidore de Séville sont pratiqués. Encore était-ce plus par l'interprétation qu'en donnait le maître que par l'accès direct à leurs ouvrages. La *Clavis Scripturae* écrite au VIIIe siècle (un glossaire biblique) constituait l'ouvrage de base. Tout dépendait en fin de compte de la culture du maître, du choix de ses lectures. Son autorité devenait alors absolument écrasante, faute d'avoir devant lui un auditoire qui fasse autre chose que d'apprendre. La Bible, du coup, tendait à répondre à toutes les questions, véritable arsenal d'arguments dont les incohérences les plus apparentes se trouvaient aplanies par les autorités citées sans aucune tentative d'exégèse littérale ou d'explication personnelle.

Ainsi dotés de ce léger bagage, clercs et moines pouvaient alors s'attaquer à l'instruction religieuse des laïcs. Deux moyens étaient à leur disposition, le sermon et la liturgie. J'ai déjà souligné l'importance qu'accordait Césaire d'Arles à l'homélie. Sa collection de sermons est d'autant plus capitale qu'elle fut rassemblée et recopiée à l'usage des prêtres ruraux pour qu'ils aient des modèles à suivre et ne puissent prétendre se trouver sans rien pour parler. « Ainsi non seulement les évêques des villes mais aussi les prêtres et les diacres dans les paroisses rurales peuvent et doivent prêcher fréquemment. Qui ne peut affirmer que personne ne doit rendre un culte aux arbres, ne doit observer les augures ni recourir aux enchanteurs ?... Faut-il être savant pour pouvoir dire : Venez le matin à l'église, apportez vos offrandes pour les faire consacrer sur l'autel, aidez les malades, accueillez les voyageurs, lavez les pieds de vos hôtes, visitez les prisonniers ? » Et d'exhorter alors sans cesse à profiter du sermon, de tancer les Arlésiennes qui n'écoutent pas, lors de la messe, les lectures des actes des martyrs ou des passages de l'Ecriture : « En effet, dès qu'on commence à lire la parole sainte, elles s'étendent comme si elles se trouvaient au lit. Et encore, si elles se contentaient de demeurer étendues et si, en silence, elles recevaient la parole de Dieu dans un cœur assoiffé ! Mais non ! Elles passent leur temps à conter des sornettes, si bien qu'elles ne sont pas attentives au sermon et empêchent les autres d'entendre. » Les admonestations de Césaire d'Arles furent reprises à travers toute la Gaule, et l'influence de celui qui s'intitulait « la mère des âmes » fut considérable, surtout par l'insistance qu'il mit à inviter les fidèles à pratiquer les œuvres de miséricorde qui prouvent la réalité de la foi et à lutter contre leurs vices. Cette homilétique repose sur un commentaire approfondi des deux Testaments et respire une atmosphère d'espérance. « Le Christ est la vraie joie », répète-t-il.

A partir du VIIe siècle, les thèmes et le ton des prédicateurs changent. Le public est de plus en plus fruste et rude, son paganisme surtout dans le nord encore plus ancré. Aussi pour attirer l'attention, ils abandonnent la Bible pour commenter les extraits des vies de saints, martyrs ou confesseurs, qui sont lus à l'office (monastique ou ecclésial) ; ils insistent de plus en plus sur l'observance de la morale quotidienne : ne pas voler, ne pas tuer, vivre chastement, abandonner les pratiques païennes, savoir par cœur le *Credo* et le *Pater*. La pauvreté spirituelle de ces sermons n'a d'égale que leur retour à un moralisme stoïcien, celui des « ordres de Dieu » qu'il faut observer. Quand les brebis se révèlent particulièrement têtues, alors le Berger brandit le bâton. Un sermon de saint Eloi adressé à ses paroissiens du Vermandois et du Tournaisis repose essentiellement sur la crainte de l'Enfer et du Jugement dernier pour les faire changer. « La vengeance divine est déjà là... La colère de Dieu s'approche... Dépêchons-nous donc mes frères d'achever notre course tant que nous en avons encore le temps, détestons ce monde que nous ne pouvons posséder plus longtemps. » La doctrine pessimiste du mépris du monde, d'origine monastique, l'emporte pour mieux frapper sévèrement un peuple-enfant qui n'obtempère pas. Les difficultés du prédicateur étaient les mêmes que celles que rencontraient les maîtres des écoles monastiques.

Pourtant le peuple se plaisait mieux aux cérémonies qu'aux sermons. Il y était d'autant plus disposé qu'au milieu de la vie de tous les jours chaque fête devenait l'occasion de banquets, de chants et de danses, aux noces comme aux funérailles, au solstice d'été ou d'hiver comme au Jour de l'an. Entraînée par des joueurs de harpe ou de cithare, la foule dansait en battant des mains ou bien chantait avec ardeur jusque dans les églises. Dans les régions germanisées, l'alcool coulait à flots à la table des convives, procurant ainsi une ivresse divine et une communication véritablement sacrée avec les puissances sauvages de l'au-delà. Aussi les moines horrifiés par le caractère païen et érotique de ces manifestations suivirent-ils le conseil de Grégoire le Grand de les christianiser tout en interdisant aux prêtres d'y participer. Alors apparaissent les longues processions des Rogations à travers les champs, la bénédiction du lit nuptial et celle de la coupe de la première barbe. Les évêques composent des chants pour les pèlerinages aux sanctuaires des saints, puis pour les messes proprement dites.

La liturgie fut alors présentée comme une fête collective pour le peuple, mais ce fut aux dépens du baptême. Nous avons déjà vu qu'aux temps romains, il était la seule occasion d'une véritable catéchèse. A l'époque mérovingienne, le catéchumène appelé *competens*, celui qui demande à entrer dans l'Eglise, n'est plus soumis à la discipline de l'arcane. L'évêque, après les sermons du Carême, se contente d'interroger les candidats sur leurs connaissances des vérités révélées du Symbole des Apôtres et du Notre Père. Bientôt même, une fois l'évangélisation terminée, la cérémonie du baptême des adultes dans la piscine baptismale la nuit de Pâques finit par disparaître. Le baptême des enfants nouveau-nés la remplaça très vite, et dès lors le rôle fondamental est pris par les parrains et marraines qui, en tenant l'enfant sur les fonts baptismaux, récitaient à sa place *Credo* et *Pater*. Il n'y avait pas d'éducation religieuse ni de pratique sacramentaire des enfants et par conséquent tout dépendait de celles apportées et demandées aux adultes.

Par suite de cette quasi-disparition de l'enseignement catéchétique, le cycle liturgique annuel prit de plus en plus d'importance. Aussi fut-il obligatoire pour tous les chrétiens, clercs et laïcs, de se rendre à la messe de l'évêque trois fois par an : à Noël, Pâques et Pentecôte. On imagine les cortèges provoqués à cette occasion sur les routes. Quiconque ne communiait pas à ces trois fêtes était excommunié. Sous l'influence de Jean Cassien et de Césaire d'Arles, la messe gallicane prit alors son allure définitive. Célébrée à la fin de la matinée, elle durait au moins deux heures, ce qui explique qu'il ait été interdit de quitter l'église avant la bénédiction qui précédait la communion. Celle-ci était donnée sous forme de morceaux de pain présentés sur une large patène que chaque fidèle recevait dans la main. Mais la misogynie monastique finit par imposer aux femmes de la recevoir avec un voile sur la paume.

L'ordre général du déroulement de cette messe était analogue à celui de la messe romaine, tout en comportant de nombreuses adjonctions. Au lieu d'une oraison (la collecte) avant l'épître, il y en avait jusqu'à cinq ou sept après l'offertoire *(Suscipe Sancta Trinitas)*, et pour les apologies où le célébrant confesse ses fautes et demande à Dieu miséricorde, à volonté ! Le goût pour le dramatique et le fastueux rehaussé de prières interminables aboutissait à de nombreux déplacements et processions, notamment lors du passage de l'autel situé au centre de l'église à l'ambon pour venir lire l'évangile. Le prêtre, toujours face au peuple, lançait alors un triomphal *Gloria tibi Domine* (Gloire à toi Seigneur) auquel la foule répondait par une véritable acclamation, comme aux autres invitatoires, notamment au *Kyrie* introduit par Césaire, et à l'action de grâce finale. Ainsi la participation des fidèles était réelle au milieu des chants, des répons et des encensements incessants, autour de l'évêque récitant ou priant à haute voix, les mains levées vers le ciel. Celle-ci devenait encore plus active lorsque au cours des grandes fêtes, elle prenait la forme d'une liturgie stationnale qui la menait d'une église à l'autre dans la cité épiscopale. Chaque cité comportait en effet au moins trois sanctuaires si ce n'est plus, en particulier des basiliques funéraires où l'on vénérait le tombeau d'un saint protecteur. Ainsi le peuple de Dieu prenait-il conscience de sa commune appartenance au milieu des chants et des processions, d'autant plus que le latin liturgique était encore fort proche de la langue parlée.

Cette éducation communautaire du peuple chrétien nécessitait toute une série de livres liturgiques : les sacramentaires contenant les préfaces et les oraisons, les lectionnaires avec leurs extraits des Ecritures à lire, les évangéliaires et les antiphonaires pour les deux groupes de chanteurs. Le canon appris par cœur était en général inscrit sur une tablette posée sur l'autel. Le *scriptorium* épiscopal devait les recopier souvent, car ceux-ci s'usaient plus vite que les autres. Ainsi en revenons-nous au nécessaire et indispensable enseignement des scribes. Toute activité enseignante et éducative était sous leur stricte dépendance. A la fin de l'époque mérovingienne et au milieu des féroces expéditions de Charles assommant ses ennemis à coups de marteau, comme le suggère son surnom, seuls sont vraiment en activité les *scriptoria* de Corbie, de Chelles, de Saint-Denis, de Meaux, de Laon, et surtout de Fleury-sur-Loire ainsi que Saint-Martin de Tours.

Là, peintres, calligraphes et auteurs collaborent étroitement pour produire des livres dont certains ont été conservés en raison de leur beauté, comme le Pentateuque de Tours, un commentaire de Tiberius Donat sur Virgile, un saint Augustin écrit à Laon, ou le sacramentaire gélasien de Saint-Denis. A Corbie, on recopie les homélies de saint Césaire d'Arles mais aussi l'Histoire des Francs de Grégoire de Tours. A Saint-Wandrille, les abbés font non seulement écrire des vies de saints, mais ils enrichissent leur bibliothèque de livres de toute sorte, aussi bien profanes que sacrés. Déjà de nombreux étrangers venus d'Irlande ou d'Angleterre sont à l'œuvre dans ces monastères, déjà la cour de Charles Martel n'est pas sans encourager les activités intellectuelles. Mais en confiant le jeune Pépin le Bref aux moines de Saint-Denis, un pas décisif se trouve franchi. Alors que jusqu'ici un laïc pouvait prêcher en public, et qu'il était normal qu'un jeune prince soit élevé par un gouverneur laïc, désormais le monopole de la culture va totalement passer aux mains des clercs. Une nouvelle page de l'histoire de l'enseignement est ouverte.

2

L'enseignement et l'éducation à l'époque carolingienne VIIIe-XIe siècle

Les réformes carolingiennes

Le lecteur saisira donc dès maintenant que, contrairement à la légende médiévale entretenue complaisamment par Frédéric Barberousse qui le fit canoniser en 1165 par un antipape, Charlemagne n'a pas été le créateur des écoles médiévales, même si les écoliers en firent leur patron le 28 janvier ! Il n'est pas parti de la table rase, car ses prédécesseurs mérovingiens avaient vu se créer de nouvelles écoles à dominante cléricale et proposer une nouvelle culture chrétienne issue de la culture gallo-romaine, mais épurée de son maniérisme baroque et hermétique. L'héritage classique romain lui a été transmis, transformé par la nouvelle foi, car les penseurs religieux du Moyen Age avaient compris, comme le rappelait Berdiaev, « que là où n'est pas le Christ, il n'y a pas d'humanisme ». Ils ont donc conservé et créé. Mais les guerres des premiers Carolingiens ont dépossédé le midi de la Gaule de sa prééminence et préservé le nord qui, récemment évangélisé et enseigné, va garder un minimum de culture. Cela explique que Pépin le Bref devenu roi, Charles couronné empereur, aient fait appel à tous les grands esprits européens, alors italiens, irlandais, espagnols et anglais, pour relancer l'enseignement.

Les réformes dites de Charlemagne sont alors l'œuvre de véritables équipes de conseillers qui l'entourent, lui et ses successeurs, jusqu'à Charles le Chauve. Ils proposent le schéma biblique d'une société hiérarchisée selon trois ordres : celui des clercs, celui des moines et celui des laïcs, chacun correspondant à un type d'enseignement et d'éducation différents. Voyons donc ce que fut cet effort créateur et novateur, s'il a réussi et s'est maintenu, malgré l'échec et l'effondrement de l'empire de Charlemagne à la fin du IXe siècle.

Dès le sacre de Pépin en 751, renouvelé par le pape à Saint-Denis en 754, s'annonce la grande nouveauté de l'époque carolingienne : pouvoir politique et pouvoir culturel coopèrent et se trouvent situés désormais dans la même région entre Seine et Rhin. Là, clercs et princes vont pouvoir rassembler tout l'héritage culturel dispersé. Déjà le pape Paul Ier envoie à Saint-Denis des ouvrages écrits en grec, dont les œuvres philosophiques de Denys l'Aréopagite. Boniface, moine anglo-saxon qui avait évangélisé la Thuringe, insista auprès de Charles Martel et de Pépin pour entreprendre avant toute chose une réforme du clergé. Il fallait pour l'instruire qu'il cessât de manier l'épée, de pratiquer la magie, de chasser les sangliers et de prendre femmes. Chrodegang qui succéda comme conseiller de Pépin à Boniface releva l'état du clergé de sa cathédrale de Metz en réintroduisant les règles de saint Augustin et de saint Césaire d'Arles par l'institution des chanoines. Ces clercs devaient vivre en communauté dans le même dortoir et le même réfectoire, pratiquer la pauvreté et suivre les offices monastiques, et s'adonner à la lecture de l'Ecriture et des Pères du Désert. C'était aligner de plus en plus les séculiers sur les réguliers.

Dans le même temps, au retour d'un voyage à Rome, Chrodegang introduisit le chant romain à Metz, prélude à toute la réforme liturgique. Le renom de Rome se trouvait alors à son comble avec sa *schola cantorum* et ses bibliothèques qui fournissaient l'Europe entière en chantres et en manuscrits. Bientôt des clercs de Rouen et de Metz partirent faire des stages de chant grégorien à Rome. L'alliance avec la papauté devint si étroite qu'à la suite de la conquête de Pavie par Charlemagne en 774, les relations intellectuelles se développèrent. Cette année-là, le pape Hadrien remet au roi une collection de décrets conciliaires et de décrétales pontificales, rassemblés par le moine Denys le Petit au VIe siècle, qu'il venait de faire mettre à jour. Intitulée *Dyonisio-Hadriana*, cette compilation allait permettre d'élargir l'utilisation du droit romain et ecclésiastique, et Charlemagne en fit un abondant usage pour réorganiser l'Eglise.

Il revint en Francie (terme qui désigne alors tout le nord de la Gaule) avec le grammairien Pierre de Pise qui fut son professeur et son secrétaire. En 776, un autre grammairien, Paulin, plus tard archevêque d'Aquilée, se trouve à la Cour. En 782, Paul Diacre, moine du mont Cassin, dédie à Charlemagne un compendium de Festus, lexicographe de Virgile, « pour ajouter quelque chose à ses bibliothèques ». Lors de son séjour chez les Francs, il écrivit plusieurs ouvrages grammaticaux et compila un grand homéliaire à partir de sermons des Pères de l'Eglise. Il portait sur toute l'année liturgique et Charlemagne l'inclut dans un de ses capitulaires, le rendant ainsi obligatoire. En 785 enfin, le roi des Francs reçut du pape le sacramentaire romano-gélasien. Complété par un supplément rédigé par Alcuin en 789, il allait permettre de réformer toute la liturgie au profit de la messe romaine. C'est l'apogée de l'influence des courants intellectuels venus d'Italie. Elle se concrétisa enfin par le couronnement impérial à Rome préparé de longue date par tous les clercs, scribes et écrivains romains.

Si prépondérant qu'ait pu être le courant romain dans la réforme carolingienne, il ne fut point le seul. Charlemagne à la suite de son père avait pris l'habitude de protéger et de libérer les Espagnols chrétiens du joug des musulmans. A leur appel, il lança une grande expédition sur Saragosse en 778. Elle se termina par le tragique échec de Roncevaux le 15 août, et l'on sait comment elle donna naissance à la célèbre épopée de *la Chanson de Roland.* Mais elle eut d'autres conséquences tout aussi importantes pour l'histoire de l'enseignement. Les chrétiens espagnols qui s'étaient compromis avec le roi des Francs durent s'exiler pour fuir la vengeance des occupants. Parmi les plus célèbres, nous connaissons Théodulf né peut-être à Saragosse vers 760 et qui devint évêque d'Orléans en 798, Claude qui fut le meilleur connaisseur de saint Augustin et travailla dans la bibliothèque de Lyon avant de devenir évêque de Turin, Agobard qui quitta son pays natal en 781 en emportant les meilleurs manuscrits de Tertullien pour les déposer à Lyon dont il fut archevêque entre 816 et 840. Beaucoup d'autres plus obscurs s'exilèrent, mais ils n'en jouèrent pas moins un rôle considérable par la vulgarisation des œuvres d'Isidore de Séville. De plus, Charlemagne et Louis le Pieux, en délivrant les villes situées au sud des Pyrénées, permirent à la culture espagnole néo-wisigothique de se développer. Désormais, la Catalogne, en faisant partie intégrante du royaume des Francs, va exercer par ses centres culturels monastiques une influence remarquable sur l'éducation et l'enseignement francs, d'autant plus qu'ils gardent constamment le contact avec l'Espagne musulmane. L'influence des Espagnols fut nette surtout à la fin du règne de Charlemagne et au début de celui de Louis le Pieux.

Plus ancien et plus constant fut le courant irlandais. Leur importance et leur niveau intellectuel étaient tels qu'ils n'étaient point sans créer autour d'eux des jalousies et notamment à la cour d'Aix où l'on remarquait le poète Clément et le lettré Thomas, précepteurs des enfants royaux, Dungal I, moine à Saint-Denis, et Dicuil, tous deux experts en astronomie. Ils sont nombreux surtout à Péronne, Fosses, Saint-Gall. A Metz, Drogon, demi-frère de Louis le Pieux, accueille Muretach, auteur d'un important commentaire de Donat.

A partir de 840, l'émigration irlandaise devint plus importante à cause des attaques de pirates scandinaves dans l'île. Vers 845, un autre commentateur des grammairiens antiques, Sedulius Scott, vint s'installer à Liège. Très vite son influence devient importante et il est déjà l'un des premiers à adresser à un prince, Lothaire, fils aîné de Louis le Pieux, un *Liber de rectoribus christianis* (Livre sur l'art de gouverner pour les rois chrétiens). D'autres fréquentent le nord de la Francie, Reims et surtout Laon où une rue garde encore leur nom, la rue des Echos (c'est-à-dire des Scots, premier nom des Irlandais). Là, Martin enseigne dans l'école épiscopale jusqu'en 875. De même après avoir commenté Martianus Capella au palais de Charles le Chauve, l'Irlandais Jean Scot Erigène (littéralement né en Irlande) accomplit à Laon une œuvre de philosophe et de traducteur du grec absolument capitale comme nous le verrons. De 850 à 870, il fut l'intellectuel le plus discuté et le plus novateur de l'Occident carolingien. Combien d'autres moines, plus ou moins gyrovagues, hantèrent les routes et les bourgs ruraux du pays des Francs pour proposer leurs connaissances à qui le désirait, nous ne le saurons jamais. Cependant ces deux Irlandais qui, un jour, vinrent clamer sur un marché « Sagesse à vendre ! » surent frapper les imaginations puisque leur histoire nous est parvenue. Rien n'était plus étonnant en effet que de vouloir enseigner contre argent à une époque où la gratuité était déjà de règle sous l'influence de l'Eglise. Ils avaient trouvé ce moyen pour capter l'attention et la curiosité des gens simples qui n'estimaient que ce qui s'acquérait à prix d'argent !

Leur plus grand succès fut cependant l'éducation de l'Angleterre. Au cours du VIIIe siècle, les Anglo-Saxons furent nombreux à venir en Irlande. La Grande-Bretagne devint alors à son tour une pépinière de professeurs. Le plus célèbre fut Bède le Vénérable, mort en 735. Ce copieur infatigable ne s'arrêtait que s'il avait l'onglée ou bien si son encre était gelée. Utilisant Isidore de Séville, il rédigea des manuels qui devinrent indispensables : traités d'orthographe, de musique, de comput et d'arithmétique, etc. Il fut surtout un grand historien et un exégète fort clair.

De tous ses émules, Alcuin, diacre à l'école épiscopale de York, fut le meilleur vulgarisateur bien que moins profond. En 781, de retour de Rome, il rencontra Charlemagne à Parme, et décida de répondre à son invitation. Pendant huit ans il enseigna à la Cour, puis revint dans sa patrie en Northumbrie. Dès 793 il est rappelé par Charlemagne pour combattre l'erreur théologique des Espagnols, appelée adoptianisme. Il est alors richement doté comme abbé de trois monastères auxquels le roi des Francs, qui tient beaucoup à lui, ajoute Saint-Martin de Tours en 796. Il y dirigea, face à la vieille ville « aux toits fumeux », un monastère de deux cents moines, s'occupant sans cesse de l'école, du *scriptorium*, faisant venir des manuscrits de York et surtout répondant à d'innombrables demandes de conseils, tant de la part de l'empereur que des personnages les plus haut placés de l'époque. Sa correspondance révèle à quel point il fut le véritable conseiller politique et pédagogique de son temps. Tenant d'un enseignement à dominante religieuse, capable de préparer une révision complète du texte de la Bible, il n'en connaissait pas moins Cicéron, Virgile et Lucain. Par les nombreux disciples qu'il forma, les manuels qu'il rédigea, il fut le véritable « instituteur » de la Francie. Il mourut aveugle à l'âge de 75 ans en 804. Son rôle devait être continué par son disciple anglo-saxon lui aussi, Fridugise, qui le remplaça à Saint-Martin de Tours où il mourut en 834. Après lui, l'influence des lettrés de Grande-Bretagne disparut pour s'effacer devant celle des Irlandais, mais le rôle d'Alcuin avait été décisif.

Pourquoi fut-il écouté par Charlemagne à qui il réclamait des écoles ? Il faut bien avouer que l'éducation reçue par Charlemagne paraît avoir été beaucoup plus celle des guerriers et des chasseurs germaniques que d'un lettré romanisant. Eginhard, son biographe, avoue ne rien savoir de son enfance. En revanche, parvenu à l'âge adulte, « il cultiva les arts libéraux, et plein de vénération pour ceux qui les enseignaient, il les combla d'honneurs. Pour l'étude de la grammaire, il suivit les leçons du diacre Pierre de Pise, alors dans sa vieillesse ; pour les autres disciplines, son maître fut Alcuin… l'homme le plus savant qui fut alors. Il consacra beaucoup de temps et de labeur à apprendre auprès de lui la rhétorique, la dialectique et surtout l'astronomie. Il apprit le calcul et s'appliqua avec attention et sagacité à étudier le cours des astres. Il s'essaya aussi à écrire, et il avait l'habitude de placer sous les coussins de son lit des tablettes et des feuillets de parchemin afin de profiter de ses instants de loisir pour s'exercer à tracer des lettres ; mais il s'y prit trop tard et le résultat fut médiocre ».

Il y a quelque chose de touchant dans ce géant d'un mètre quatre-vingt-douze, à la grosse moustache, qui s'escrime à calligraphier au milieu de ses insomnies ! Mais l'on comprend mieux, du coup, pourquoi cet autodidacte fut un ardent promoteur de l'enseignement. « Il voulut que ses enfants, les garçons comme les filles, fussent d'abord initiés aux arts libéraux, à l'étude desquels il s'appliquait lui-même ; puis à ses fils, l'âge venu, il fit apprendre à monter à cheval, suivant la coutume franque, à manier les armes et à chasser ; quant à ses filles, pour leur éviter de s'engourdir dans leur oisiveté, il les fit exercer au travail de la laine ainsi qu'au maniement de la quenouille et du fuseau et leur fit enseigner tout ce qui peut former une honnête femme. »

Il ne pouvait que passer ensuite de ses enfants à ses sujets. Il eut trois préoccupations que l'on retrouve dans tous ses capitulaires : la réforme liturgique pour unifier toute l'Eglise de l'Empire, la réforme et l'instruction du clergé, enfin la réforme administrative par la diffusion de l'écrit. Dans les trois cas, il voulut mieux encadrer les laïcs grâce à une meilleure pastorale, à un clergé plus savant, à des fonctionnaires, comtes, *missi dominici*, notaires et juges, bons connaisseurs des lois et des édits impériaux. Il s'agit au fond de faire pénétrer dans trois cent douze cathédrales, mille deux cent cinquante-quatre abbayes et environ quatre cents comtés le minimum culturel mis au point par les grands pionniers du Haut Moyen Age.

Le premier acte de cette politique d'éducation est le célèbre capitulaire de 789 intitulé *Admonitio Generalis* (Conseil Général). Dans ce vaste programme de réformes figure un chapitre intégralement consacré à l'école. « Que les prêtres attirent vers eux non seulement les enfants de condition servile mais aussi les fils d'hommes libres. Nous voulons que des écoles soient créées pour apprendre à lire aux enfants. Dans tous les monastères et les évêchés, enseignez les psaumes, les notes, le chant, le comput, la grammaire et corrigez soigneusement les livres religieux, car souvent, alors que certains désirent bien prier Dieu, ils y arrivent mal à cause de l'imperfection et des fautes des livres. Ne permettez pas que vos élèves les détournent de leur sens, soit en les lisant, soit en écrivant. Mais, s'il est besoin de copier les Evangiles, le psautier et le missel, que ce soient des hommes déjà mûrs qui les écrivent avec grand soin. » Comme on le voit, il s'agit d'un programme élémentaire d'alphabétisation religieuse : lire, écrire, chanter, prendre des sermons en tachygraphie, calculer les dates des fêtes mobiles de l'année comme Pâques (c'est le comput) et savoir corriger des manuscrits liturgiques.

L'application de ces mesures ne fut point immédiate, car Charlemagne dut réitérer ses ordres. Dans une lettre-circulaire adressée à tous les abbés et évêques entre 794 et 797, où certains reconnaissent la plume d'Alcuin, il réclame de nouveau un enseignement des lettres à ceux qui en étaient capables. Il demande « de ne pas négliger les études littéraires » afin de « pénétrer plus facilement et plus exactement les mystères des divines Ecritures ». Et de répéter à satiété dans ses lettres et capitulaires que les clercs doivent être cultivés et que les enfants doivent aller aux écoles. Dans une instruction aux *missi dominici* en 805, il résume exactement ses désirs : « Des lectures, du chant, des scribes pour qu'ils n'écrivent pas de travers, des notaires des autres disciplines, du comput, de l'art de la médecine. »

Jusqu'à la fin de son règne, il fit reprendre ses ordres par les conciles. Celui de Châlon en 813 ordonne aux évêques d'établir « des écoles où l'on puisse étudier l'Ecriture et les lettres profanes ». La même année à Mayence, l'assemblée précise exactement quel doit être le degré de culture des trois ordres de la société chrétienne : clercs et notaires doivent connaître les Evangiles, les Actes des Apôtres, les épîtres, les canons conciliaires, les extraits des Pères, le *Pastoral* de Grégoire le Grand. Les abbés et les moines, eux, doivent posséder à fond la règle de saint Benoît. Enfin les comtes et les juges sont invités à être experts dans la loi des tribus, loi qu'effectivement Charlemagne a fait corriger et remettre par écrit comme celle des Francs ou des Saxons. Mais, un peu plus loin, les évêques sont encore obligés de préciser à leurs collègues qu'il leur est interdit d'utiliser des jongleurs, de pratiquer des joutes hippiques, de jouer aux dés, de chasser avec des chiens et des faucons, etc. On voit que le rêve d'Alcuin : « Si beaucoup se pénétraient de vos intentions, une nouvelle Athènes se formerait en Francie, que dis-je, une Athènes plus belle que l'ancienne », était loin de se réaliser.

Le bilan du règne de Charlemagne est donc modeste, mais réel. Le plus important centre de culture paraît être la cour d'Aix où Charles résida tous les hivers à partir de 790. Dans ce milieu de jeunes princes, de scribes, de notaires et autres copistes occupés dans les bureaux, de maîtres et d'écrivains, la vie intellectuelle ne pouvait que se développer, d'autant plus que la curiosité de l'empereur y poussait. A table, il se fait lire des récits de l'Antiquité, ou bien la *Cité de Dieu* de saint Augustin. Quand il se baigne dans la piscine des eaux chaudes des anciens thermes romains d'Aix au milieu d'une centaine de personnes, amis, enfants et gardes du corps, il n'hésite pas à y discuter théologie avec Alcuin ! Entre eux, ils se donnent des surnoms littéraires à la manière irlandaise. Charlemagne est David, Alcuin Horace, Angilbert Homère. Mais Éginhard, l'un des rares laïcs cultivés de la cour, est plus souvent surnommé Nanard ou Nardillon, à cause de sa petite taille lorsqu'il s'agite de l'un à l'autre avec ses tablettes, que Besaléel, obscur et solennel nom biblique.

L'empereur pose des questions qui montrent bien à quel point il est avide de connaissances. Pourquoi la lune a-t-elle paru plus petite le 18 mars 799 ? Il fait copier des manuscrits et la bibliothèque du palais comprit bientôt des œuvres de Salluste, Cicéron, Claudien, Lucain, Stace, Térence, Juvénal, Martial et Tibulle, qui n'existaient guère dans les bibliothèques monastiques. Cependant, il n'y eut pas de véritable école au palais, malgré l'anecdote bien connue inventée par Notker de Saint-

Gall, et selon laquelle Charlemagne aurait mis à sa droite les élèves pauvres et méritants et à sa gauche les fils de nobles paresseux et ignares. Cette histoire est surtout révélatrice du souvenir laissé par le grand empereur trois générations plus tard, tout autant que de l'état d'esprit de l'enseignement primaire qui la répandit sous la IIIe République.

Les écoles monastiques et épiscopales se développèrent à travers l'Empire puisqu'elles permirent un essor qui ne se démentit point. L'archevêque de Lyon, Leidrade, annonce fièrement à Charlemagne qu'il a pu fonder et développer des écoles de chant et de lecture liturgiques. Les évêques de Liège et de Bâle précisent dans leurs statuts synodaux comment instruire prêtres et laïcs. Théodulfe, évêque d'Orléans, alla plus loin : « Si quelque prêtre veut envoyer à l'école son neveu ou un autre parent, nous lui accordons la permission de le faire soit à l'église Sainte-Croix, soit au monastère Saint-Aignan, soit à Saint-Benoît-sur-Loire, soit à Saint-Lifard ou dans les autres monastères dont la direction nous a été confiée. » Puis, après la formation des prêtres, il s'occupe de celle des enfants : « Que les prêtres aient des écoles dans les domaines agricoles et les gros bourgs ruraux, et si des fidèles veulent leur confier leurs petits enfants pour apprendre les lettres, qu'ils ne refusent pas de les recevoir et de les enseigner, et qu'ils les enseignent avec beaucoup d'amour... Qu'ils n'exigent aucun prix. » Cet effort de création d'écoles rurales gratuites reprend les initiatives mérovingiennes, mais nous ne savons pas combien de temps il dura et fut mis en pratique. Toujours est-il que sous le règne de Louis le Pieux (814-840), l'éclat de la Cour ne diminua point et les mesures de politique scolaire continuèrent.

Aidé par tout un groupe de lettrés qu'il fit venir d'Aquitaine, tels son chancelier Elisachar, le poète Ermold le Noir et surtout le moine Benoît d'Aniane,

Louis fit réorganiser les chapitres cathédraux et les monastères par une série de conciles réformateurs réunis à Aix à partir de 816. A chaque fois, la réforme de l'école est précisée. En 822 et 829, les évêques rappellent à l'empereur leur désir de développer l'enseignement. Mais les révoltes des fils de Louis le Pieux, entre 830 et 840, la division de l'Empire au partage de Verdun en trois royaumes, sans oublier les invasions scandinaves, ralentirent sans l'arrêter cette politique de développement des centres scolaires.

Dans le nouveau royaume de Francie occidentale, dont Charles le Chauve fut le premier roi de 840 à 877, l'effort reprit, notamment au concile de Savonnières en 859 où les évêques ordonnent « d'établir partout des écoles publiques », c'est-à-dire protégées par le roi, où l'on enseigne la sainte Ecriture et les lettres humaines. Elevé par Walafrid Strabon, ancien élève d'Alcuin à Tours, et par sa mère Judith, le roi est lui-même un homme cultivé qui a de l'autorité pour intervenir dans les grands débats doctrinaux de son temps, développer sa bibliothèque dont on connaît une cinquantaine de titres, faire copier des manuscrits à Saint-Denis ou à Reims et même écouter avec intérêt et patience les grandes leçons politiques d'Hincmar. Archevêque de Reims de 845 à 882, cet ancien moine de Saint-Denis est en effet un pur produit de la renaissance carolingienne, imbu du culte de la loi qui n'a pour lui aucune fin en soi, mais qui doit toujours être un instrument de pédagogie sociale. On ne peut lui opposer en diptyque que Loup, abbé de Ferrières en Gâtinais, type du pur érudit classique, véritable chasseur de manuscrits rares et adepte du beau style. Le pasteur homme d'action et le chercheur avide de science, telles sont les plus grandes réussites des réformes scolaires carolingiennes. Le clerc a réintégré les belles-lettres dans l'enseignement monastique, faute de laïcs cultivés nombreux, et si désormais il n'est plus question de mesures législatives en faveur de l'enseignement, il faut en attribuer la cause à un développement réel des centres scolaires à la fin du IXe siècle.

La Cour n'est plus le grand point de rendez-vous des meilleurs esprits. Ecoles épiscopales et monastiques ont définitivement pris leur essor au long des trois générations de lettrés et de professeurs illustrées par Alcuin, Raban Maur son élève, et Hincmar. Sous Charlemagne existent surtout des *scriptoria* nécessaires pour faire démarrer une école. Dans le nord sont en pleine activité Corbie sous la direction d'Adalhard, cousin de l'empereur, Saint-Wandrille et Saint-Riquier. Les écoles les plus développées fonctionnent à Tours, à Lyon, à Metz et évidemment à Saint-Denis où entre Hincmar enfant en 813. Par contre, au sud de la Loire, les ravages de Pépin le Bref ne sont toujours pas réparés, et le vide culturel qu'ils y provoquèrent n'y fut point comblé avant le Xe siècle. Sous Louis le Pieux et Charles le Chauve, les premiers résultats des efforts de Charlemagne arrivent à maturité. Tours se maintient ainsi qu'Orléans sous la direction d'un Aquitain, Jonas, mort en 843. Les écoles épiscopales du Mans et de Chartres apparaissent. la Bretagne sort de sa rudesse celte avec les écoles monastiques de Redon et de Lehon. Dans le nord, il faut ajouter aux monastères déjà cités Saint-Amand et Saint-Germain-des-Prés dont l'école est dirigée par Aimoin. Mais les écoles épiscopales sont encore plus importantes : Auxerre où enseigna Héric à partir de 865, élève de Loup de Ferrières, Laon illustrée par les Irlandais et surtout Reims.

Là Hincmar, que Charles le Chauve vient de faire archevêque de ce diocèse en 845, appliqua par la suite le programme de Savonnières de 859 en constituant une école à double culture, religieuse et humaniste. Nous sommes ici assurés d'une continuité absolue de l'enseignement avec le siècle suivant. Exigeant à l'extrême, l'archevêque faisait copier des textes d'un seul jet à partir d'un exemplaire préalablement mis au point. Il constitua ainsi une importante bibliothèque patristique et dogmatique qui fut très utilisée par la suite. Enfin, au-delà des frontières, et aux limites de la langue romane parlée, se développent les écoles de Liège, de Metz et d'Utrecht, ou des monastères comme celui de Stavelot illustré par l'Aquitain Christian, et celui de Saint-Mihiel près de Verdun tenu par le grammairien irlandais Smaragde. Cette nouvelle répartition géographique des centres d'enseignement révèle l'importance du glissement définitif qui vient d'avoir lieu. Tout le potentiel éducatif nouveau s'est implanté au nord de la Loire. Cela ne peut s'expliquer que par la proximité et l'insistance du pouvoir impérial et royal qui a su attirer depuis de vieux pays les meilleurs cerveaux pour dégrossir les esprits d'une terre jeune.

Il y a plus. Si la première génération des instituteurs carolingiens est marquée par une culture anglo-saxonne surtout religieuse, la deuxième formée à l'école des Irlandais a profité des innombrables manuscrits recopiés à cette époque (il en subsiste aujourd'hui plus de huit mille) et a su retrouver la culture profane classique. Loup de Ferrières n'a plus aucun complexe pour demander à ses correspondants « le traité de l'*Orateur* de Cicéron et les douze livres de l'*Institution oratoire* de Quintilien... et le commentaire de Donat sur Térence... ». La renaissance carolingienne a su deviner l'usage qu'elle pouvait tirer des lettres et de la philosophie profanes pour l'étude des Ecritures. Aussi les contemporains usèrent-ils pour exprimer cette réalité du terme de rénovation. Ils entendaient par là une deuxième naissance, celle du baptême qui rénove le païen. Cette rénovation est donc une re-naissance au sens littéral du terme où l'héritage païen classique baptisé devient la culture médiévale. Elle est une création neuve.

Les écoles et les maîtres au Xe siècle

Les historiens crurent pendant longtemps que l'élan donné par les Carolingiens avait été complètement anéanti au Xe siècle, sombre époque qui se serait terminée par les terreurs de l'an mille. Certes de nombreux facteurs poussaient à le croire.

Les derniers rois carolingiens et les premiers rois capétiens ne s'intéressent absolument plus à l'enseignement et à la culture. L'alliance entre le pouvoir et le monde savant clérical paraît rompue. L'Eglise d'ailleurs tombe aux mains des laïcs et le plus grand intellectuel du temps, Gerbert, ne s'intéresse pas du tout au petit royaume des Francs où il est pourtant né. Quant aux moines, ils s'éparpillent comme des volées de moineaux, emmenant en toute hâte reliques et manuscrits sous les coups des Danois, des Sarrasins ou des Hongrois. Même Hincmar, devant les Scandinaves qui venaient de brûler Laon, dut quitter Reims pour mourir en 882 à Epernay. A partir de 911 la Normandie et depuis 878 la Bretagne perdent toute trace de culture. Les grandes principautés régionales de Catalogne, d'Aquitaine, de Bourgogne, d'Anjou ou de Flandre deviennent totalement indépendantes. Ces invasions, ces désordres et ces ruptures sont en réalité trompeurs, car l'enseignement continua en certains endroits, et cette continuité aboutit même à un nouvel essor et à une crise au milieu du XIe siècle.

En effet, si le monde clérical est laissé à lui-même, cela n'empêche pas les réfugiés de laisser copier au passage leurs livres ou parfois même de les abandonner comme les moines de Saint-Vaast d'Arras firent à Beauvais.

Lors de la reconstruction, chaque évêque ou abbé fait appel à des maîtres ou à des scribes étrangers. Un mouvement de réforme monastique s'attaque bientôt aux abus de la mainmise des laïcs sur les églises. Le monastère de Cluny, par exemple, fondé en 910 à la stricte condition qu'il appartienne à Saint-Pierre de Rome, va restaurer une culture uniquement liturgique et monastique sous la direction de trois abbés remarquables, Odon (926-942), Maieul (954-994) et Odilon (994-1049). Ces trois mentors de l'Occident chrétien finissent par affilier à leur ordre la majeure partie des monastères d'Aquitaine, de Bourgogne et d'Ile-de-France. Saint-Benoît-sur-Loire observe plus ou moins à partir de 930 les mêmes coutumes réformées, tandis qu'en Lorraine d'autres groupes réformateurs autour de Gérard de Brogne, mort en 959, et Gorze relancée par Jean de Vandières étendaient leur influence jusqu'en Flandre et même en Normandie. Des moines irlandais viennent comme autrefois s'installer à partir de 940 dans les monastères et les évêchés de Lorraine, du nord du royaume et de l'Empire. Alors apparaît un caractère nouveau de la vie scolaire : à l'instar des ascètes celtiques, mais dans un autre but, les clercs se déplacent d'écoles en écoles soit pour recréer un enseignement soit pour en recevoir. La soif de connaissances est donc réelle à voir cette régénération s'opérer elle-même et un « tissu enseignant » se former à travers un royaume politiquement divisé.

La figure intellectuelle des rois depuis Louis IV d'Outremer jusqu'à Hugues Capet est en effet plutôt misérable. Le fondateur de la nouvelle dynastie est même tellement conscient de son incompétence qu'il envoie son fils Robert étudier aux écoles de Reims auprès de Gerbert. Robert le Pieux (996-1031) fut en fait le premier capétien lettré à s'intéresser à des questions d'érudition ou même de théologie. Encore eut-il la chance de fréquenter l'unique école urbaine intacte de l'époque. Le seul laïc véritablement instruit, mort en 913, paraît avoir été Géraud d'Aurillac, qui, après avoir renoncé à la vie militaire à cause d'une maladie, reçut une forte culture religieuse et juridique. Lui-même fonda un monastère où fut instruit vers 950 un jeune berger, Gerbert, que nous retrouverons plus loin. Le Xe siècle paraît être en effet l'époque d'une réapparition de quelques centres culturels en Aquitaine. Moissac, certes, ne commence à posséder un *scriptorium* actif qu'après l'affiliation de l'abbatiat de Durand de Bredons à Cluny en 1048, mais Saint-Martial de Limoges est en revanche très actif dès 950. Des tropaires de prose métrique avec annotations musicales y sont recopiés tandis qu'Adémar de Chabannes, né vers 988, collectionne des manuscrits, écrit une remarquable chronique et déploie une activité de faussaire sans vergogne pour faire reconnaître Martial comme apôtre de Limoges !

A l'est et au nord de la Loire, deux monastères brillent d'un éclat particulier, Cluny et Saint-Benoît. Odon, élève du grammairien Rémi d'Auxerre, prône l'étude des arts libéraux et la bibliothèque du couvent fut constamment pourvue d'ouvrages profanes à côté de ceux des Pères de l'Eglise. Chaque fois d'ailleurs qu'un moine lettré italien arrivait à Cluny, il finissait par prendre le chemin d'un monastère de Normandie, dernière région où il restait à restaurer des institutions spirituelles et scolaires. Un neveu de Guillaume de Volpiano, Jean, est élu abbé de la Trinité de Fécamp en 1028 ; il laisse une bibliothèque contenant quatre-vingt-sept manuscrits. Enfin, après la fondation de l'abbaye du Bec-Hellouin par l'ermite Herluin, en 1037, qui n'hésita pas à s'atteler à l'étude de la grammaire à l'âge de quarante ans, arriva un autre Italien, Lanfranc, qui n'allait pas tarder à devenir un maître illustre à l'échelle des royaumes européens, en raison surtout de ses connaissances juridiques qu'il avait acquises à Bologne.

Quant à Fleury-sur-Loire (ou Saint-Benoît, comme on voudra), l'école y fut illustrée par Abbon, son meilleur élève et son meilleur professeur. Non content de ce qu'il y avait appris, il se rendit aux écoles de Paris et de Reims pour compléter sa culture et accomplir tout le cycle des arts libéraux en astronomie et en musique en particulier ; mais pour la géométrie et la rhétorique, il dut les étudier par lui-même, le *quadrivium* n'étant pas encore partout enseigné. Il fit de Saint-Benoît le principal centre d'études monastiques du royaume ; partisan de la nouvelle dynastie, il est le seul rival de l'autre grand intellectuel du Xe siècle, Gerbert. Il laissa, outre ses travaux de logique, de comput et d'astronomie, une bibliothèque en grande partie « scientifique » de plus de cent ouvrages. Lorsqu'il mourut en 1004, tué d'un coup de lance par les moines du monastère de la Réole qu'il tentait de réformer, il fut surpris, comme Archimède à Syracuse, en train de dicter des remarques de comput.

Le Xe siècle connaît donc de nets progrès dans l'enseignement monastique. Mais la réforme carolingienne des chapitres cathédraux qui regroupait les chanoines en une communauté de prêtres réguliers fait aussi sentir ses effets. Comme les villes commencent à se développer aux alentours de 950, l'école urbaine prend alors un essor qui ne va plus s'arrêter, car les besoins vont être de moins en moins liturgiques et de plus en plus intellectuels, sacrés ou profanes. L'école de la cathédrale de Liège débute vers 901-920. Rathier, élevé au monastère de Lobbes, l'illustre à partir de 953, date de son avènement à l'épiscopat. Malgré une carrière mouvementée, il n'abandonne jamais Lobbes et Liège où il fut regardé comme un des meilleurs connaisseurs des auteurs clas-

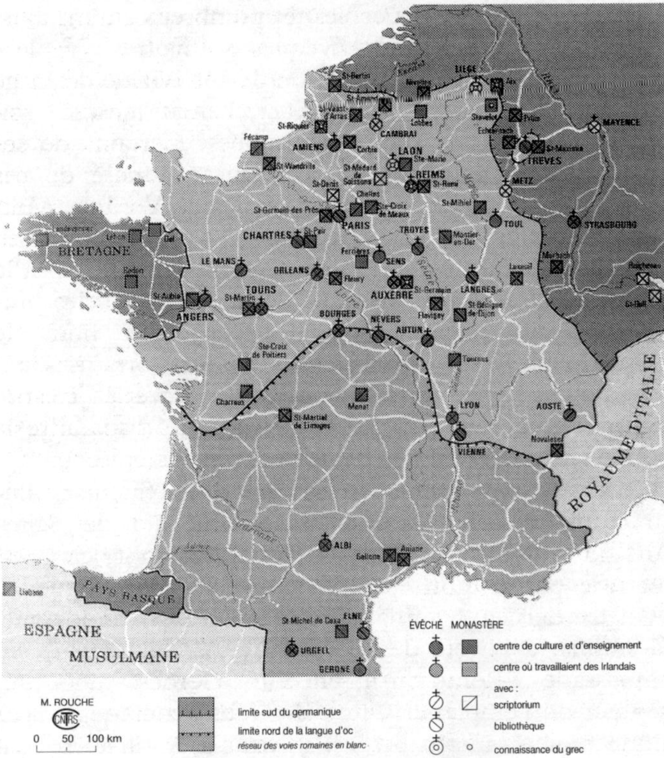

Les centres d'enseignement
à l'époque carolingienne (VIIIe et IXe siècles)

siques. Après lui, Notker, évêque de 972 à 1009, protégea Lobbes dirigée par Heriger et anima de très près les deux écoles, celles de la cathédrale et de la collégiale Saint-Jean, où il faisait entrer des serfs affranchis dont l'un d'eux fut son troisième successeur. En 1007, il mit

Wazon à la tête de ces écoles, et nombreux furent alors ses anciens élèves promus évêques ou maîtres d'école à travers l'Europe. Lorsque Wazon devint évêque de Liège en 1041, Franco, spécialiste de mathématiques, le remplaça à la tête des écoles de Lobbes. Certains de ses élèves étaient Catalans ou Tchèques. A côté de ces écoles urbaines exceptionnelles, celles de Verdun, Metz et Toul jouent un moindre rôle. Cependant, il faut signaler que dans cette dernière ville, Brunon y apprit le *trivium* et le *quadrivium* avant de devenir l'un des premiers grands papes réformateurs sous le nom de Léon IX en 1048. D'autres réformateurs lorrains sortirent de ces écoles et contribuèrent à lancer la célèbre réforme grégorienne qui s'attacha à faire disparaître le pouvoir des laïcs sur les églises et le corps épiscopal.

Reims, elle, continuait sur la lancée d'Hincmar. Illustrée par deux maîtres célèbres, Hucbald de Saint-Amand et Rémi d'Auxerre, elle vit son chapitre canonial réformé par le Lorrain Adalbéron, devenu évêque en 966. Ce dernier nomma alors un spécialiste de logique, Gerranus, à la tête de l'école. En 972, il l'envoya en ambassade à Rome où il rencontra Gerbert, alors précepteur de l'empereur Otton II. Nous avons déjà vu ce jeune moine (ancien berger) instruit à Aurillac. Il était devenu un maître réputé à cause de son séjour en Catalogne entre 967 et 970, où il avait étudié alors le *quadrivium* si mal connu dans le royaume. Grâce à l'évêque Hatton de Vich et à l'abbé Llobet de Barcelone, il entra en contact à Ripoll avec les textes d'astronomie et de mathématiques traduits de l'arabe en latin par des chrétiens mozarabes. Gerbert, mis en appétit par les connaissances en logique de Gerranus, lui proposa un échange mutuel de leurs connaissances, ce qu'ils firent effectivement. Devenu écolâtre de Reims de 972 à 980 puis de 983 à 997, il marqua définitivement l'enseignement de son temps avant de devenir le pape de l'an mille sous le nom de Silvestre II entre 999 et 1003.

Gerbert a visiblement médusé ses contemporains par ses connaissances. Grâce à son disciple Richer, nous pouvons découvrir ce qui faisait sa force. Il est d'abord le premier à enseigner exclusivement le *quadrivium*, ne négligeant pas pour autant le *trivium*, mais laissant à d'autres le soin d'enseigner la grammaire pour ne s'attacher qu'à la rhétorique et à la dialectique. Il développa en particulier la logique, à partir du commentaire de Boèce sur Aristote. Il fait raisonner ses élèves sur les notions de genre, d'espèce, de différence, d'essence et d'accident, ce qu'on appelle les cinq universaux qui définissent les manières par lesquelles un attribut ou prédicat se trouve lié au sujet, sans oublier par ailleurs les dix catégories de l'être : substance, quantité, qualité, relation, lieu, temps, situation, possession, action et affection qui caractérisent tout objet. Il réintroduisait ainsi l'abstraction dans l'enseignement. Il lui donna une base scientifique lorsque avec le *quadrivium* il initia « ses élèves à l'arithmétique, puis enseigna la musique alors complètement ignorée en Gaule, et sut rendre tout à fait sensibles les différentes notes en les disposant sur le monocorde, et en divisant les consonances en tons et demi-tons ». Les mathématiques ainsi retrouvées, selon la conception antique qui y annexe la musique comme science des rapports harmoniques, faisaient accéder les esprits à la raison qui, ne l'oublions pas, signifie en latin *(ratio)* calcul ! Ce passage de la musique et du nombre à la raison existait déjà *christianisé* au IVe siècle dans l'œuvre de saint Augustin, et plus particulièrement dans son traité *De l'ordre de la musique*. Comme toujours philosophie et théologie allaient pouvoir réapparaître grâce à la logique mathématique. Non seulement Gerbert redécouvrit et appliqua les ouvrages de Boèce, mais il fit rechercher de nombreux manuscrits, enseigna les poètes comme « Virgile, Stace, Térence..., les satiriques comme Juvénal, Perse, Horace... » et se révéla un excellent pédagogue.

Nous l'avons vu utiliser le monocorde, instrument à une seule corde divisé à volonté par des chevalets mobiles pour trouver les rapports des intervalles et les divisions du canon harmonique. Il fit aussi fabriquer un abaque, table de calcul ressemblant fort au boulier, ainsi qu'une horloge astronomique. Peut-être même avait-il connu les travaux musulmans sur l'astrolabe ? Du coup, « sa renommée était si grande qu'elle ne se limitait pas aux Gaules, mais s'étendait en Germanie. Elle traversa les Alpes et se répandit en Italie ». La majeure partie de ses élèves connus enseigna dans le nord du royaume de Francie occidentale, et l'école de Reims continua sur son impulsion.

On n'y enseignait pas tout cependant, car Richer dut faire un voyage particulièrement périlleux depuis Reims jusqu'à Chartres en 999 pour y apprendre l'art médical et y étudier le *Diagnostic* d'Hippocrate. Cela ne lui suffit pas et il put même y trouver une concordance d'Hippocrate, de Galien et de Soranos, œuvre d'un abréviateur du VIe siècle, Aurélius Esculapius. L'enseignement de la médecine existait donc dans cette ville. En 1003 vint s'y installer comme écolâtre (maître d'école) Fulbert, qui devint ensuite évêque de 1006 à 1028. Bien qu'on ne sache pas s'il a été élève de Gerbert, il n'en fut pas moins considéré par ses contemporains comme le maître le plus éminent et le plus savant après lui. Comme le maître de Reims, en effet, il ne s'intéresse guère à la grammaire, sauf lorsqu'il conseille à son élève Hildegaire chargé de l'enseigner à Poitiers de ne pas plaisanter avec Donat. Il connut à peu près tout ce qu'enseignait Gerbert, en particulier la logique. Un manuel de sa bibliothèque a été conservé : il contient l'*Introduction* de Porphyre, les *Catégories* d'Aristote, la *Distinction entre la rhétorique et la dialectique* qu'il avait lui-même écrite, les *Topiques* de Cicéron, le *Peri Hermeneia* d'Aristote, trois commentaires de Boèce et le *De ratione* de Gerbert écrit en 997. Fulbert se sépare cependant de Gerbert en des domaines que celui-ci n'avait guère explorés : il est souvent consulté sur des problèmes de droit canon, de droit romain et même de droit féodal. Evidemment il s'occupe de médecine. Il envoie par exemple à l'évêque Adalbéron de Laon un sirop de thériaque contre les serpents et quatre-vingt-dix pilules laxatives, preuve qu'il connaît et pratique Galien. Enfin, c'est un maître spirituel, comme le montre la lettre émue d'Adelman de Liège à Béranger de Tours, ses deux anciens étudiants, où le premier rappelle au second l'importance que Fulbert attachait à l'apprentissage de la prière. Ce rappel n'était pas sans intention, car déjà Béranger, un des premiers hérésiarques du XIe siècle, avait peut-être entretenu Fulbert de la place de la raison dans l'explication des dogmes.

Ainsi la mystique va s'effacer devant la dialectique, et Béranger s'y lance avec ardeur à partir de 1030, d'abord à l'école d'Angers, puis à celle de Tours. Le milieu du XIe siècle voit une troupe importante de nouveaux maîtres dans les écoles urbaines surtout, issue des enseignements de Fulbert de Chartres. Plus d'une cinquantaine de ses élèves, tous clercs, ont pu être retrouvés. Comme par hasard, ils enseignent soit à l'époque de l'affaire des soi-disant manichéens d'Orléans, soit pendant la controverse bérangérienne sur l'eucharistie. Fulbert a donc été le véritable vulgarisateur de Gerbert.

Le milieu du XIe siècle apparaît ainsi comme la fin de la gestation de l'enseignement médiéval. Les fondations posées par les pionniers des VIe et VIIe siècles ont préparé l'édifice carolingien dont la finition a été assurée par les moines et les clercs du Xe siècle. Les institutions scolaires

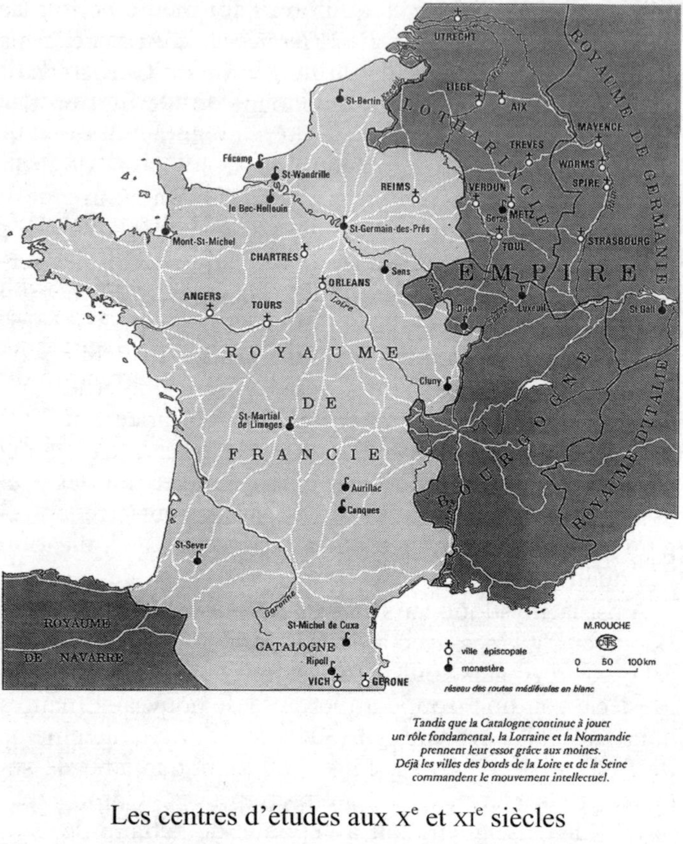

Tandis que la Catalogne continue à jouer un rôle fondamental, la Lorraine et la Normandie prennent leur essor grâce aux moines. Déjà les villes des bords de la Loire et de la Seine commandent le mouvement intellectuel.

Les centres d'études aux Xe et XIe siècles

n'ont plus besoin de l'impulsion politique pour progresser et s'implanter. Partout les écolâtres apparaissent et signent de leur nom et de leur fonction au bas des chartes. Ils sont présents aussi bien à Cambrai qu'à Béziers, à Rennes qu'à Lyon. L'école de Paris existe à côté de celles de Saint-Germain-des-Prés et de Sainte-Geneviève. Quelle distance entre la culture à dominante religieuse et liturgique d'Alcuin et celle de Fulbert et de ses élèves ! La culture profane est réhabilitée aux dépens de la science chrétienne carolingienne. Elle a souvent tendance à être pratiquée pour elle-même comme voie d'accès à la sagesse. La littérature l'a même emporté sur la théologie lorsque éclate la crise du milieu du XIe siècle. Dans un monde unifié intellectuellement, bien au-delà des frontières du royaume, une intelligentsia cléricale qui se déplace librement d'une école à une autre et communique facilement grâce à une langue universelle, le latin d'église, va pouvoir faire progresser et répandre très vite toute innovation scientifique et pédagogique. Maintenant que le programme antique est appliqué du début jusqu'à la fin (ce qui n'avait pas été le cas sous l'Empire romain), les fruits de cet enseignement vont pouvoir apparaître.

STRUCTURES ET PROGRAMMES SCOLAIRES DU IXe AU XIe SIÈCLE

Sans revenir sur ce qui a déjà été dit pour l'époque mérovingienne, il faut maintenant examiner les caractères propres de l'enseignement depuis Pépin le Bref jusqu'aux premiers Capétiens, car si le programme ne change pas, les données quantitatives et qualitatives évoluent considérablement, les connaissances s'approfondissent et le savoir de strictement utilitaire qu'il était au départ devient un but en soi. Cela s'aperçoit tant dans l'examen du monde scolaire que dans la langue utilisée, les *scriptoria*, les bibliothèques et les matières étudiées.

Des trois types d'écoles restaurées ou fondées par Charlemagne, paroissiales, monastiques et épiscopales, seules les deux dernières paraissent courantes dans chaque couvent ou évêché. Les tentatives de Théodulf n'ont pu être généralisées et Hincmar ne fait que conseiller, au lieu d'ordonner, à chaque prêtre de campagne qui a « un clerc qui peut tenir une école ou lire une lettre ou sache chanter » de pourvoir à ce qui lui est nécessaire. Les écoles rurales devaient donc être très rares. Avec la généralisation des chapitres canoniaux (communautés de chanoines) d'abord dans les cathédrales puis dans les collégiales, la direction et l'encadrement des écoles épiscopales furent facilités. Il fallut cependant longtemps pour que chaque cloître de chanoines disposât d'une école. A Reims, lorsque Foulques reconstruit au début du Xe siècle et agrandit son quartier épiscopal, il en profite pour en installer deux, l'une pour les chanoines, l'autre pour les clercs des paroisses rurales.

Cette disposition fut probablement une exception, de même que dans les monastères. En effet, le concile d'Aix de 817, pour éviter de mélanger les enfants qui resteraient laïcs avec ceux qui se préparaient aux vœux, avait recommandé de créer deux écoles, l'une « extérieure » à la clôture, l'autre intérieure. Pratiquement seul le plan de Saint-Gall, véritable projet de monastère modèle qui fut d'ailleurs mis en pratique, comme le prouvent les fouilles archéologiques, comporta cette double école. La première comportait deux grandes salles en bois entourées de douze petites salles d'études. Le logis de l'écolâtre est situé contre le flanc nord de l'église, de même que le *scriptorium* au rez-de-chaussée et la bibliothèque à l'étage. L'école des novices, elle, est à l'intérieur de la clôture, au sud du cloître qui leur est réservé. En dehors de cette exception très intéressante, l'école monastique eut en fait ses deux publics mélangés, même au Xe siècle où certains s'efforcèrent pourtant d'appliquer la règle comme à Fleury-sur-Loire, à Lobbes et à Saint-Hubert.

Dans ces bâtiments de plus en plus construits en pierre vivent les clercs, qu'ils soient professeurs ou élèves. Lorsque le monastère ou l'évêché sont pauvres, il n'y a qu'un maître qui fait tous les métiers : enseignant tout, y compris le chant, il copie les manuscrits et s'occupe de la bibliothèque. Si les élèves sont nombreux, alors les fonctions sont séparées et il apparaît même plusieurs maîtres. Ce devait être le cas de Saint-Riquier où Angilbert estime les élèves à une centaine, de même qu'à Saint-Gall. Mais en dehors de ces deux cas, Gerbert ou Fulbert ne devaient pas en avoir plus d'une douzaine.

Lorsque l'évêque est accablé par ses tâches d'administration, il se décharge de son enseignement sur son archidiacre ou bien nomme un maître qui doit être diacre et âgé de vingt-cinq ans, ce qui n'arrivait pas toujours. Il était même difficile de trouver un assistant pour le maître. Fulbert répond à Hildegaire qui lui en réclame un pour l'école de Poitiers qu'il ne peut pas lui en envoyer, car il n'en a pas trouvé qui ait l'âge requis et qui soit d'un caractère grave. « Sers-toi en attendant d'un de tes élèves pour t'aider quelque peu, jusqu'à ce que nous puissions discuter de cette question en commun. » Cette pratique de l'élève plus âgé, répétiteur pour les plus jeunes, était donc due à la rareté des maîtres et n'avait rien d'une méthode pédagogique voulue. Cette rareté entraînait une autre conséquence : le paiement des professeurs alors que la gratuité était la règle. Abbon ne put apprendre la musique à Orléans qu'auprès d'un clerc qui l'initia secrètement moyennant une forte somme d'argent.

Pour lutter contre ce mal, l'idée se fait jour dans les écoles cathédrales d'attribuer une part des biens du chapitre au maître. Dans les monastères, le problème était plus facilement résolu grâce à la communauté qui supportait les dépenses ou bien aux oblats dont les parents avaient offert une terre à titre de rémunération. Cela permettait de supporter le poids relativement lourd que devait être l'éducation d'un enfant de sept ans jusqu'à la puberté ; mais il avait aussi l'inconvénient de voir les moines pousser le novice à faire ses vœux afin de ne pas diminuer le temporel. Dans les chapitres, l'enfant entrait vers neuf ou dix ans et sortait vers quinze ans en demandant l'autorisation de se marier. Mais il arrivait aussi qu'il restât en se contentant des ordres mineurs. Au total, l'internat était donc la règle.

Rareté des maîtres et cherté des études se conjuguaient pour faire voyager professeurs et élèves. Rémi d'Auxerre quitta l'école de cette ville pour aller enseigner à Paris puis à Reims. Abbon de Fleury, qui avait déjà beaucoup voyagé pour s'instruire, alla même enseigner en 985 deux ans à l'abbaye de Ramsey en Angleterre. Nous avons vu Gerbert aller d'Auvergne en Catalogne, puis de Rome à Reims et à Bobbio. Les élèves se déplacent pour trouver un bienfaiteur ou une meilleure pitance quand ils sont pauvres. En ce cas, parcourant les routes, ces écoliers miséreux forment des troupes oisives que ne voient pas d'un bon œil les autorités cléricales. Le phénomène du clerc vaguant ou gyrovague était d'autant plus difficilement contrôlable que ses déplacements pouvaient toujours être justifiés par le désir d'aller s'instruire auprès d'un maître réputé qui était le seul à enseigner une science inconnue chez lui. Raban Maur, né en Bavière, fut l'élève d'Alcuin à Saint-Martin de Tours avant de devenir abbé de Fulda et archevêque de Mayence. La réputation de certains maîtres attire les élèves depuis la Germanie ou l'Italie, et cela est encore une preuve que le monde chrétien scolaire est à l'échelle de l'Europe et non point du royaume de Robert le Pieux.

Nous connaissons mal la vie quotidienne des enfants et des jeunes gens dans ces écoles, surtout celles des villes. Les oblats suivaient tous les offices monastiques de la journée et sonnaient la cloche à chaque fois, d'où leur nom de *pulsantes*, car ils poussaient la barre de bois transversale qui la surplombe. Ils travaillaient entre tierce et sexte, puis après le repas et la sieste, entre none et vêpres. Le repas du soir était suivi d'une lecture en commun et chacun se couchait après complies. Le tout était interrompu par des récréations, des jeux, des sorties et même des jours de fête comme le 28 décembre pour les saints Innocents, ou comme l'Epiphanie.

Malgré ces moments de détente, la tendresse et la modération des maîtres, dont j'ai déjà souligné plus haut le remarquable sens pédagogique, sont toujours en conflit avec la férule antique. Egbert de Liège s'en plaint. « Il y a des écoles qui consistent plus en fouet qu'en discours. On affaiblit le corps, on ne se soucie pas de soigner l'esprit... Des maîtres stupides veulent que les élèves sachent ce qu'ils n'ont pas appris, l'esprit se nourrit de l'intérieur et le fouet n'est d'aucun secours pour lui. Vous casserez en vain une forêt entière sur les épaules de vos malheureux élèves si l'esprit fait défaut... » Les coups pleuvaient surtout en grammaire. Aussi Rathier avait-il composé pour un de ses élèves un traité grammatical intitulé : Epargne-dos !

Devenu abbé du Bec-Hellouin en 1078, Anselme eut un jour cet entretien avec un autre maître d'école monastique qui parlait de ses élèves : « Que puis-je faire d'eux, je te le demande ? Ils sont pervertis et incorrigibles ; jour et nuit nous ne cessons de les battre à coups de fouet et sans cesse ils empirent. » Alors Anselme de s'étonner : « Vous ne cessez de les battre ? Et quand ils deviennent grands, comment sont-ils ? Tout à fait hébétés. » Alors Anselme : « C'est un bien mauvais signe que de dépenser de la nourriture qui transforme des hommes en bêtes ! Que pouvons-nous faire ? dit l'abbé, nous les forçons à avancer par tous les moyens et ils n'avancent pas. Vous les forcez ? Dis-moi, Seigneur abbé, si tu plantes un arbre dans ton jardin et si par la suite tu l'enfermes de telle sorte que ses rameaux ne peuvent s'étendre, l'ayant ainsi empêché de croître pendant des années, je te demande de me dire comment se présentera cet arbre ? Assurément ses rameaux seront recourbés et enchevêtrés et à qui la faute sinon à toi qui l'as contraint avec excès ? Vous faites de même avec vos enfants... Par suite d'un excès d'autorité qui les étouffe... ils entretiennent en eux des méchancetés et des sentiments enchevêtrés comme des épines... Si vous désirez que vos enfants soient bien élevés, il faut donc que vous leur apportiez l'aide de votre douceur et de votre piété paternelle. » On voit à quel point l'effort de la pédagogie monastique était sans cesse à recommencer. Malgré la référence évangélique à l'amour de Jésus pour les petits enfants, ce comportement qui nous paraît élémentaire aujourd'hui avait du mal à pénétrer l'esprit des maîtres.

A plus forte raison à une époque où l'on voit apparaître le diable partout, cette pédagogie grossière à l'égard de l'adolescent demeure inchangée, et la méfiance envers les femmes ne fait que se renforcer. A la fin du IXe siècle, Riculphe, évêque de Soissons, précise dans son statut synodal que les prêtres qui dirigent une école rurale doivent « corriger modérément leurs élèves, les enseigner chastement et les instruire dans les lettres, de telle sorte qu'ils ne les détruisent pas sous l'effet d'une mauvaise conversation. De plus, ils ne doivent jamais recevoir de jeunes filles dans leur école pour les enseigner avec leurs écoliers ». Cette mesure fut-elle propre uniquement à ce diocèse ou étendue à d'autres ? Nous n'en savons rien. Elle prouve que la mixité existait pour ce type d'école et qu'on chercha à l'interdire. Une femme laïque instruite ne pouvait donc que sortir d'un milieu aristocratique, grâce au préceptorat, ou demeurer dans un monastère féminin.

L'enseignement proprement dit se fait toujours en latin. Mais depuis l'époque carolingienne, la langue enseignée n'est plus celle que parle le peuple. Le concile de Tours, en 813, l'a constaté puisqu'il ordonna de prononcer les homélies « dans la langue rustique romane (c'est-à-dire langue d'*oil* ou langue d'*oc*) ou dans la langue germanique, afin que tous puissent comprendre plus facilement ce qui est dit ». Dans les écoles, en revanche, maîtres et élèves parlent latin, alors que même les souverains font des traités en langue vulgaire comme le prouvent les célèbres serments de Strasbourg de 842 mis par écrit en roman, germanique et latin. Il n'est donc pas étonnant que les statuts du monastère de Murbach stipulent qu'il est interdit aux élèves de parler en langue vulgaire. On revient ainsi à une situation propre à l'Antiquité. Dès l'âge de sept ans, l'enfant qui apprend à lire dans les psaumes est forcément bilingue, mais cette fois-ci au lieu de deux langues vivantes, il va en connaître une vivante et une morte. La ressemblance est accentuée par le fait que les manuels primaires de l'Antiquité réapparaissent aux IXe et Xe siècles : distiques de Caton, proverbes attribués à Sénèque, fables d'Avienus ou d'Esope reprises par Phèdre. Certaines de ces fables sont même si connues qu'elles sont représentées sur la broderie de Bayeux qui relate en même temps que la conquête de l'Angleterre en 1066, les fables du loup et de l'agneau, du corbeau et du renard, etc. L'enseignement élémentaire (lire, écrire, compter, chanter), en dehors du fait que le latin est une langue scolaire propre à tous les clercs, n'a donc pas changé par rapport aux temps mérovingiens et romains.

Lire, écrire, compter et chanter s'apprennent comme autrefois, sans changer de programme ni de méthode. Les leçons de la veille doivent être récitées le matin. La mémorisation est toujours aussi fondamentale, car, comme le dit Pierre Riché, « savoir par cœur, c'est savoir ». Alcuin et ses successeurs généralisèrent les dialogues avec questions et réponses. Le « Dit de l'enfant sage » est un de ces exemples de morale pessimiste et stoïcienne comme on les aimait toujours : « Qu'est-ce que la vie ? Une jouissance pour les heureux, une douleur pour les misérables, l'attente de la mort. » Ou encore : « Qui a dessiné le premier les lettres ? Mercure. Qui fut premier médecin ? Aesculape. Jusqu'à quel âge vécut Abraham ? Quatre-vingt-cinq ans[1]. Qui planta la vigne le premier ? Noé. » Nonobstant la multiplication de ces dialogues didactiques, psautiers, manuels de Donat ou de Martianus Capella pullulent à cette époque. La seule différence avec les temps mérovingiens vient évidemment de leur abondance.

Pour l'écriture, là aussi qualité et quantité des manuscrits s'améliorent considérablement. Les scribes carolingiens abandonnent la cursive aux hampes interminables pour une minuscule claire et bien formée à condition de l'écrire lentement. Mise au point à Corbie vers 770, elle se généralisa bientôt et fut utilisée jusqu'au XIIe siècle. Ces lettres extrêmement lisibles améliorèrent considérablement la faculté de lecture qui devint plus rapide. Elles eurent un tel succès qu'aujourd'hui enycore sous le nom de romain, ce type de caractères est toujours considéré par les typographes comme le plus utile de tous. Outre la minuscule caroline, la généralisation de la ponctuation se fait au cours du Xe siècle, ce qui là encore permit de lire mieux et plus vite. En revanche, si la pratique du notariat continue dans chaque chancellerie ou *scriptorium*, la disparition des notes tironiennes durant le Xe siècle sur les diplômes officiels ou les manuscrits est pour le moment inexpliquée.

Lorsque le maître préparait un travail, il utilisait souvent comme brouillon du parchemin et grattait ses erreurs avec un rasoir. Quand Alcuin voulait faire reco-

1. Alors que la Bible donne cent soixante-quinze ans ! (NDLA)

pier un texte dont il ne désirait que des extraits, il mettait des signes en marge pour indiquer le début et la fin. Hincmar faisait de même pour la vie de saint Rémi en marquant les passages à lire au public. Il fallait donc, pour préparer un manuel ou un ouvrage, disposer outre le *scriptorium* d'une bibliothèque bien fournie avec des manuscrits impeccables. Celle de Saint-Gall doubla au cours du IXe siècle. Nous avons gardé des catalogues de bibliothèques de l'époque sur lesquels le bibliothécaire a marqué le nombre de livres, leur plus ou moins bon état de conservation, y compris ceux qui étaient prêtés au loin pour être recopiés ou qui se trouvaient dans les mains des écoliers. La bibliothèque s'accroissait soit par achat, soit par prêt, soit surtout par héritage. Les livres et les cours des maîtres, c'est-à-dire les feuilles de parchemin pliées en quatre (*quaterniones* dont nous avons fait cahiers), où ils avaient consigné de petits textes scolaires ou des extraits de grammaire, étaient en effet légués à l'école où ils avaient enseigné.

Un simple exemple permettra de se rendre compte de l'importance d'une bibliothèque monastique. A Saint-Riquier en 831, il y a plus de cinq cents livres répartis à travers deux cent cinquante-six manuscrits. Pour l'Ecriture sainte, vingt-deux sont recensés. Les œuvres des Pères de l'Eglise dont saint Augustin, saint Grégoire le Grand, saint Isidore de Séville, sont au nombre de quarante-huit. Règles monastiques, psautiers et florilèges font soixante-dix livres ! Pour les manuels de grammaire et de rhétorique, les œuvres de poètes comme Virgile, Aratos et les fabulistes, vingt-six livres. Pour les historiens et les géographes, parmi lesquels figurent les origines et les gestes des Romains, les œuvres de Suétone, d'Eusèbe de Césarée, et les lois romaines et germaniques, quinze livres. Enfin, cette bibliothèque contenait des sermons (six livres) et la sacristie des livres liturgiques, en particulier des missels gélasiens. La part de la culture profane était donc importante dans une abbaye qui aurait dû théoriquement se consacrer exclusivement aux lettres sacrées.

Cela caractérise bien l'élargissement et le retour en force du programme antique. J'ai montré que jusqu'ici seules la grammaire et la rhétorique avaient été réellement enseignées après les rudiments. A partir du Xe siècle, le *trivium* l'est complètement et le *quadrivium* entre à son tour dans l'enceinte scolaire. La formation des lecteurs et des chanteurs fut particulièrement poussée grâce à la réforme liturgique. Le désir de marquer les notes sur les manuscrits fit inventer le neume, signe qui permet de fixer la hauteur d'un son. En dessous de chaque neume on plaça une syllabe, le trope. Ainsi était-il possible de faire coïncider chant et parole. Ogier de Laon peut alors faire la théorie du contrepoint dans le *De harmonica institutione*. Lorsque Guy d'Arezzo eut inventé au début du XIe siècle les noms des notes (ut, ré, mi, fa, etc.) et la portée, l'enseignement de la musique était désormais possible. Il ne devait plus bouger jusqu'au *Traité de l'harmonie* de Rameau en 1750, d'autant plus qu'à partir de l'imitation du comput digital, le procédé pédagogique de la main harmonique, où l'on attribue tons et demi-tons aux articulations et aux extrémités des doigts, avait été inventé peu auparavant.

Puisque l'enseignement de la grammaire et de la rhétorique ne fait que retrouver son éclat ancien, et qu'avec Gerbert, à la suite de bien d'autres, chaque maître répète que l'art de la parole est l'art de la vie car il est nécessaire à l'exercice du gouvernement, voyons plutôt comment la dialectique fit son apparition. Alcuin et son successeur Fridugise l'ignoraient. Tout au plus ce dernier essaya-t-il de réfléchir sur la notion de néant et fit-il un opuscule sur l'être du néant et des ténèbres. Ce furent les Irlandais qui réintroduisirent le raisonnement par syllogisme, et l'étude de la *Logica*

Vetus de Boèce. Jean Scot Erigène en fut le principal défenseur et sut, à la stupeur de ses contemporains, démontrer les erreurs théologiques de Gottschalk sur la double prédestination par le simple usage de la raison. A la fin du Xe siècle Gerbert à Reims, et Fulbert à Chartres au début du XIe siècle, l'enseignent aussi, de même qu'Abbon à Fleury.

Le progrès ainsi réalisé est bien expliqué par Fulbert dans un de ses poèmes : « La dialectique procède par courtes questions et réponses, la rhétorique par un discours continu... L'une essaie de persuader l'opposant de changer son esprit, tandis que l'autre s'efforce d'extorquer à l'adversaire ce qu'il veut. » Tout homme étant tenu pour raisonnable, le dialogue philosophique pouvait être désormais abordé et la discussion pratiquée. A partir du milieu du XIe siècle, l'instrument de la logique va permettre à l'élève doué de contester son maître, fait inouï dans une école où le prestige de l'enseignant était jusqu'alors universellement reconnu.

Quant au *quadrivium*, arithmétique, géométrie, astronomie et musique, il passa lui aussi par la même évolution : début d'enseignement à l'époque carolingienne, développement au Xe siècle. Cycle scientifique, puisqu'il porte sur des disciplines à dominantes mathématiques, il bénéficie d'un regard totalement neuf des hommes du Haut Moyen Age. Au lieu d'y chercher une connaissance théorique pure comme les Anciens, ils y voient d'abord, grâce à l'arithmologie, un moyen de découvrir l'équilibre interne de la création, et surtout des connaissances pratiques pour dominer le monde, délimiter les terres, voire celles des royaumes, et construire des édifices en sachant équilibrer les forces. Charlemagne et Louis le Pieux furent très curieux de calcul et d'astronomie. Le grand empereur avait même fait graver sur trois tables d'argent le plan de Constantinople, celui de Rome, et une « carte du monde entier » où trois cercles concentriques figuraient la terre et l'atmosphère, les « ciels » de la lune, du soleil et des planètes, et le ciel des étoiles fixes.

Aussi à partir des *Eléments* d'Euclide traduits par Boèce, du Livre V de Martianus Capella et du *De architectura* de Vitruve, géométrie et arithmétique se développèrent-elles au xe siècle en Lorraine, à Reims, à Chartres et en Catalogne. L'utilisation de l'abaque vulgarisé par Gerbert permet d'accélérer les opérations simples et notamment la division, qui était particulièrement difficile en raison de l'emploi encore courant des chiffres romains et de l'absence du zéro. Le tableau ci-après révèle à quel point cet enseignement pourtant neuf prenait énormément de temps.

La division 3 026 par 83

	milliers			**unités**		
	C	X	I	C	X	I
Différence : 100 – 83 = 17.........					1	7
Diviseur : 83					8	3
Dividende : 3 026			3		2	6
3000/100 = 30 30 x 17 = 510				5	1	
On retire le 3 de 3 000 26 + 510 =				5	3	6
500/100 = 5 5 x 17 = 85					8	5
On retire le 5 de 500 36 + 85 =				1	2	1
100/100 = 1 1 x 17 = 17					1	7
On retire le 1 de 100 17 + 21 =					3	8
Quotients partiels : 30 + 5 + 1 =					3	6

Le résultat, hélas ! n'était qu'approximatif, puisqu'il n'englobait pas les décimales. Aussi de nombreux manuels d'utilisation de l'abaque furent-ils écrits à cette époque, en particulier le *De geometria* attribué faussement à Boèce qui comporte aussi des pages consacrées à l'arpentage. De même pour le comput. Destiné en particulier à calculer la date mobile de Pâques, il est souvent lié à l'étude de l'astronomie et Dicuil, un Irlandais, écrivit au début du IXe siècle un manuel réunissant comput et astronomie. Bientôt, grâce à ses contacts avec l'Islam en Catalogne, Gerbert répandit, semble-t-il, l'usage de l'astrolabe, qui permet, en visant un astre, d'observer sa position et de déterminer sa hauteur au-dessus de l'horizon. Enfin, il inventa un tube optique pour suivre les étoiles la nuit et expliquer à ses élèves la course de chacune d'entre elles.

En revanche, contrairement aux dires de Richer, on ne lui doit point les progrès faits en musique au Xe siècle. J'ai déjà montré quelles avaient été les nouveautés en ce domaine. En matière d'instruments, l'orgue n'avait jamais disparu. Utilisé par Radegonde à Poitiers, il est connu de la cour de Pépin le Bref et devient courant pendant le Xe siècle dans toutes les grandes églises en liaison avec la polyphonie chorale.

Restent alors deux disciplines qui ne s'étaient maintenues que grâce à l'enseignement de la pratique, la médecine et le droit. Pour les princes carolingiens et les abbés, soigner les maladies est un art indispensable. Les premiers s'entourent de médecins juifs, les seconds désignent toujours un moine comme médecin de la communauté. A Laon, Reims, Corbie, Saint-Amand et Saint-Gall, de nombreux textes médicaux sont recopiés et la connaissance des grands auteurs classiques paraît alors très au point. Notker le Bègue, médecin de Saint-Gall, vit un jour sa science éprouvée par un grand personnage qui pour une analyse d'urine substitua à la sienne celle d'une femme enceinte. L'homme de l'art après avoir examiné le ballon annonça sans sourciller : « Dieu va réaliser un événement inouï, car dans trente jours le prince donnera naissance à un enfant ! » Une telle assurance et un tel humour chez un clerc prouvent qu'un enseignement réel de la médecine venait d'apparaître. En effet, en 966, un médecin de l'école de Salerne en Italie est présent à la cour de Louis IV d'Outremer. La deuxième moitié du Xe siècle voit arriver de Salerne par l'Afrique du Nord des traités perses et arabes de chirurgie et d'anatomie traduits en latin par Constantin l'Africain. Dialogues, abrégés, poèmes mnémotechniques se multiplient alors, notamment à Chartres dont nous avons vu la qualité de l'enseignement et la richesse de sa bibliothèque. Cet enseignement ne néglige pas non plus les remèdes à base de plantes, soigneusement cultivées dans les jardins monastiques. Enfin les traités de diététique sont toujours aussi prisés qu'à l'époque mérovingienne, étant donné le déséquilibre des rations alimentaires trop riches en féculents.

De même en droit, continuité et renouvellement marquent son enseignement à cette époque. L'étude des codes juridiques romains n'a jamais disparu du Midi aquitain et provençal, même si les notaires sont tous devenus des clercs. Dans le Nord, les scribes qui écrivirent les capitulaires carolingiens ou les fausses décrétales témoignent d'une bonne connaissance des lois romaines, mais Hincmar les dépasse tous et de loin. Nul n'a su mieux que lui retrouver l'esprit juridique romain pour qui le texte écrit des traités et des lois prime la force. Toute son action politique reposa sur le respect de la loi, canonique ou romaine selon les cas. Au Xe siècle, Fleury-sur-Loire et Cluny continuèrent cet enseignement, puis Fulbert à Chartres. Mais avec l'arrivée d'Italie du texte du Code Justinien en Normandie, un nouveau type d'enseignement allait apparaître, vers 1033, encore plus efficace et soucieux de pratique.

Enfin la science exégétique progresse, certes, grâce à la dialectique, mais les efforts d'un Jean Scot Erigène demeurent isolés. A Reims et à Chartres, Gerbert et Fulbert s'empêtrent encore dans la délimitation des domaines respectifs de la philosophie et de la théologie. Seules les études des textes bibliques progressent vraiment. Alcuin fit une révision complète de la Bible et Théodulf réalisa même une édition critique dont le manuscrit se trouve encore aujourd'hui au musée du Puy. Pour guider l'étudiant dans ses recherches exégétiques, on recopie le *De doctrina christiana* d'Augustin ou les œuvres de Cassiodore. A la suite des Pères de l'Eglise et d'Origène en particulier, on enseigne les trois sens de la Bible : historique, allégorique et moral, parfois le quatrième : anagogique (sens figuratif tourné vers la Jérusalem céleste). Mais, au total, les autorités sont citées sous forme de raisonnement. Il faudra attendre Anselme du Bec pour qu'après le milieu du XIe siècle apparaisse la théologie.

L'œuvre de ces trois siècles est considérable. Négligeant la science sacrée pour les lettres et les sciences profanes, l'enseignement clérical et monastique amorce ainsi ce qui pourrait être appelé une espèce d'enseignement supérieur. Il nous reste à considérer quelles en furent les conséquences pour les laïcs appartenant à l'aristocratie ou au peuple.

L'ÉDUCATION DE L'ARISTOCRATIE

Si le peuple chrétien est officiellement composé de laïcs, pratiquement il en va différemment. Au cours de la période carolingienne, l'ordre des laïcs se scinde en deux, les nobles et le peuple, surtout à partir du moment où l'aristocratie prend le pouvoir lors de l'échec de l'Empire. Aussi plusieurs types de formation concernent les jeunes dans les grandes familles, qu'il s'agisse de celle du guerrier, de l'homme politique, du couple, ou du chrétien mêlé au peuple.

En effet, lorsque débuta la grande aventure des premiers Carolingiens, les troupes de jeunes guerriers qui entourèrent Charles Martel et ses successeurs avaient reçu une éducation presque exclusivement guerrière au point de ne mettre au bas des diplômes (actes officiels des rois) dont ils ont été invités à être les témoins qu'une croix. Ces vassaux ne sont plus des esclaves, mais des hommes libres qui utilisent de plus en plus le cheval et éliminent corrélativement la piétaille des hommes libres. Charlemagne généralisa pour se les attacher la pratique de la recommendation par les mains. Quiconque acceptait d'entrer dans sa clientèle se mettait à genoux devant lui, mettait ses mains nues, jointes l'une contre l'autre, dans celles de l'empereur qui refermait les siennes sur elles. Ce rite germanique de « dédition » ou de livraison de soi était suivi d'un serment de fidélité sur des reliques, puis d'une remise d'une terre par le symbole d'une baguette ou d'une motte d'herbe. Par ce contrat viager, le noble entrait dans la *familia* du prince, mot que l'on ne peut traduire que par maisnie ou maisonnée et non par famille, car en elle survit la vieille notion des nourris et de père de remplacement qu'est devenu le vieux, c'est-à-dire le seigneur entouré de ce qui au début n'était qu'une garde de « gorilles » et devient une troupe de « fidèles ». Cette cérémonie et avec elle les liens d'homme à homme se généralisa dans toute la noblesse au cours du IXe siècle. Tandis que son aspect de parenté supplémentaire va en s'effaçant, surtout lorsque vers le XIe siècle elle prend le nom qu'elle va garder, celui d'hommage, un autre rite de passage double et sanctionne la fin de l'éducation proprement dite du guerrier. Si l'hommage est un rite de passage politique, l'adoubement est en effet l'entrée dans le monde militaire proprement dit.

Les origines en sont particulièrement obscures. Le mot est lui-même germanique. Il signifie frapper. la pratique en est attestée pour le jeune Louis le Pieux. En 792, alors qu'il était âgé de quatorze ans, « déjà adulte, il avait été ceint de l'épée ». Comme on le voit, l'âge de la majorité est toujours chez les Francs de quatorze ans et l'on passe sans transition de l'enfance à la vie adulte. Il n'y a pas d'adolescence. Louis reçut certainement à genoux un grand coup du plat de l'épée sur l'épaule, puis fut ceint du baudrier auquel on attacha son épée. Charles le Chauve fut officiellement adoubé au même âge. Cette coutume germanique, déjà rapportée par Tacite au IIe siècle, continue donc et nous pouvons affirmer que l'éducation à la violence n'a pas changé. Dès qu'un jeune peut se battre, il est adulte et par conséquent très tôt il est dressé à la chasse, à l'équitation et à l'escrime dans sa maison familiale. Déjà existent des exercices militaires et des joutes, mais ils ne sont guère connus dans leurs détails. Si nos sources parlent fort peu de ce type d'éducation, cela est dû à leur origine cléricale. Les écrivains et les enseignants de l'époque opèrent une véritable censure en ce domaine qui ne leur plaît guère, de même qu'ils se refusent à mettre par écrit les chants militaires que sont les épopées. Louer la violence leur est d'autant plus impossible qu'ils en sont souvent les victimes et que toute cette éducation qui prône la vengeance (la *faida*) au lieu du pardon des offenses exalte la force au point d'être à l'origine du pouvoir magique des chefs (le *mainbour*), et va à l'encontre de toute leur éthique.

Christianiser la violence et le pouvoir, tel est le programme d'une éducation sociale et politique à l'usage des princes et de la noblesse auquel s'attelle le clergé dès le début du IXe siècle. Utilisant le *De clementia* de Sénèque, les récits bibliques surtout, ou un texte irlandais qui mélange ces deux types d'écrits, le *De duodecim abusivis saeculi* (les douze abus de ce siècle), ils adressèrent aux princes des « Miroirs ». Alcuin en envoya à Charlemagne et à son fils. Jonas d'Orléans dédia à Pépin II d'Aquitaine le *De institutione regia* (l'institution royale). Charles le Chauve en reçut deux qu'il avait demandés à Hincmar. Ce dernier devenu tuteur de Louis III et de Carloman leur offrit le *De ordine Palatii* (l'ordonnance du Palais).

Ces ouvrages ont deux buts : politique et moral. Les clercs de Tours, du Mans ou de Reims constituent un véritable groupe d'intellectuels penseurs et de technocrates politiques qui cherchent à faire acquérir aux dynastes francs les notions de roi, d'empereur et surtout d'Etat et de loi. Face à des chefs de bande qui ne se font obéir que par la distribution du butin, la fidélité quasi charnelle du compagnonnage militaire et la victoire toujours recommencée, ils insistent sur la notion de *respublica christiana*, le bien public chrétien ou l'Etat chrétien. Pour y aboutir, le roi doit pratiquer sa fonction comme un service du peuple chrétien. Pour effacer le souvenir païen du chef qui apporte la fécondité à son peuple par ses victoires et sa virilité, chaque clerc insiste sur l'onction du sacre qui le met dans la dépendance de Dieu et l'alliance nécessaire avec le clergé. Hincmar, pour qui le roi doit être comme le résume Jean Devisse « un parfait chrétien, un parfait guerrier, et un justicier inhumain », va même jusqu'à vouloir fonder le pouvoir royal sur l'idée contractuelle, c'est-à-dire sur le respect des promesses mutuelles faites entre les nobles et le roi lors de la recommendation. Mais cette pédagogie de la légitimité divine et rationnelle était beaucoup trop en avance sur l'époque.

De plus, certains clercs, comme Agobard ou Wala, abbé de Corbie, à vouloir trop défendre l'utilité impériale, ou à trop séparer intellectuellement fonction et personne, précipitèrent sans la vouloir la chute de l'Empire. Hincmar lui-même à la fin de sa vie, à force de trop vouloir convaincre et dialoguer, finit devant son échec par revenir à la bonne vieille pédagogie pessimiste de la peur de la damnation en laissant circuler une vision de Charles le Chauve aux enfers. Faute d'être écouté par le prince chrétien, idéal qui n'arrivera qu'avec Saint Louis, le monde clérical en revint à spéculer sur la crainte de la mort. Elle seule pouvait faire reculer ces guerriers professionnels qui prenaient alors le pouvoir. Au cours du Xe siècle, il n'y a plus de « Miroirs » de princes. En revanche se multiplient les châteaux et le monde des hommes à cheval, les chevaliers désignés par le terme de *miles*, c'est-à-dire le soldat par excellence. Entre 950 et 1000, ils deviennent un groupe social en pleine ascension et leur éducation est faite selon les mêmes principes guerriers primitifs.

Cependant, ils ont abandonné bien des pratiques de l'antique lignage germanique sous l'effet de l'enseignement moral des éducateurs carolingiens. Pour leur assurer le salut éternel, toute une série de lieux communs leur a été assenée par les auteurs de « Miroirs », mais certains comme Jonas d'Orléans dans son *De institutione laicali* font œuvre originale. Il est le premier qui, tout en dénonçant la polygamie et le concubinage avec les servantes, propose une conception du mariage positive parce que fondée sur l'amour mutuel. Soucieux de l'éducation des enfants et du respect de la femme, il montre qu'au nom de l'égalité entre les deux sexes, l'homme ne peut commettre l'adultère qu'il trouve intolérable chez son épouse, ce qui lui permet de dénoncer la répudiation ou le divorce à l'initiative de l'homme. Ce ton nouveau se retrouve dans le Manuel que Dhuoda, épouse de Bernard de Septimanie, adresse à son fils Guillaume âgé de seize ans qui vient d'entrer dans la vassalité de Charles le Chauve. Souhaitant que son fils soit parfait, elle lui fait un résumé de la doctrine chrétienne pour recevoir les sept dons du Saint-Esprit et pratiquer les huit béatitudes : « Je t'invite à accorder généreusement l'hospitalité aux pèlerins ainsi qu'aux veuves et aux orphelins, aux enfants sans secours et à tous ceux que tu verras dans la misère. » Bien d'autres conseils seraient à citer qui prouvent que déjà une femme laïque de haute noblesse est capable d'enseigner les vertus qu'elle voudrait rendre caractéristiques de son appartenance sociale : fidélité au prince, force, justice, amour des proches et des pauvres. Elle va même jusqu'à essayer de lui apprendre à lire et à méditer le psautier. Cette éducation est cependant essentiellement fondée sur le moralisme.

Comment, en dehors de l'influence maternelle et domestique, les fils de nobles pouvaient-ils être instruits ? Le préceptorat privé continue à être pratiqué et le jeune Guibert de Nogent, vers 1053, en sait quelque chose lorsque sa mère lui trouve un clerc âgé, maître de grammaire, qui lui imposa une discipline très stricte. Il le cloîtrait littéralement dans son château et le réduisait à regarder « les bandes sauvages de joueurs », comme s'il avait été un animal apprivoisé. D'autres étaient reçus dans les monastères, puis plus tard à la Cour. Certains n'en sortaient qu'à peine dégrossis sachant lire mais non écrire ; quelques-uns en revanche connaissaient parfaitement le latin comme Géraud d'Aurillac ou le père d'Odon de Cluny. On ignore encore comment Dhuoda a pu être si bien instruite en rhétorique. Il est probable qu'elle a beaucoup lu et que sa bibliothèque était importante.

Charles le Chauve prit très grand soin par une manière de testament de répartir la sienne entre plusieurs grands monastères. Eberhard, marquis de Frioul et fondateur de l'abbaye de Cysoing près de Lille, nous a transmis le sien qui date de 865. Si on le compare à d'autres testaments de grands nobles de cette époque, on s'aperçoit qu'il y a au fond trois trésors dans leur cœur : leurs armes, leurs bijoux et leurs livres. Eccard, comte de Mâcon, lègue en plus, entre 876 et 882, ses chevaux, ses chiens et ses faucons, mais comme Eberhard, il partage ses livres. Ce dernier en distribue une cinquantaine entre ses quatre fils et ses quatre filles. Ce grand propriétaire s'intéresse d'abord au côté pratique de la culture : médecine avec la *Physionomie* de Loup, stratégie et tactique avec le *De re militari* de Végèce, sciences naturelles et géographiques avec le *Bestiaire* ou livre des monstres et la cosmographie de Virgile de Salzbourg. En tant que comte présidant un tribunal, il lui faut connaître le droit. Aussi possède-t-il les lois des Francs, des Ripuaires, des Lombards, des Alamans et des Bavarois sans oublier les capitulaires carolingiens. Les ouvrages d'histoire comprennent les gestes des Francs, Paul Orose, et, préoccupation significative des milieux nobles, une généalogie des anciens princes. Les livres religieux sont les plus nombreux : *Cité de Dieu* de saint Augustin, *Synonymes* d'Isidore de Séville, vie de saint Martin de Tours, missels, évangiles, livres de prières et psautiers.

L'instruction religieuse de ces aristocrates était donc réelle. Il leur arrivait même de disposer d'un commentaire des psaumes. Lorsque Odon de Cluny mit la vie de Géraud d'Aurillac par écrit, ce fut afin de proposer aux laïcs un saint de leur catégorie qui n'hésitait pas à faire donner des lectures à table, à interroger les clercs sur des points difficiles et à instruire les jeunes qui vivaient sous son toit et sous sa protection. Au début du XIe siècle, Guillaume III, le grand-duc d'Aquitaine,

« avait été dès son enfance instruit des lettres et avait une assez bonne connaissance des saintes écritures. Il conservait dans son palais beaucoup de livres, et s'il parvenait par hasard à se débarrasser du tumulte de la guerre, il s'adonnait à la lecture, travaillant dans ses livres durant de longues nuits jusqu'à ce qu'il soit vaincu par le sommeil ». Tout cela prouve que culture profane utilitaire et culture religieuse existaient parmi les grands aristocrates.

En fait, ces lettrés nobles n'étaient qu'une petite minorité face aux *illitterati*, aux illettrés, c'est-à-dire à ceux qui ne savaient pas le latin. Beaucoup de guerriers et de chefs de guerre ne connaissent que la langue d'*oc*, la langue d'*oïl* ou le vieil haut-allemand. Ils n'en disposent pas moins d'une culture orale épique, folklorique ou même religieuse. Si Géraud d'Aurillac proscrivait de sa table les lyres et les cithares, c'était afin d'éliminer toute cette formation profane qui entretenait l'idéal guerrier. Les bardes celtiques véhiculent toujours les légendes ancestrales en Bretagne et les chants sur les dynastes mérovingiens sont constamment repris. Charlemagne, nous dit Eginhard, fit mettre par écrit « les antiques poèmes barbares où étaient chantées l'histoire et les guerres des vieux rois », mais il n'en resta rien. Le seul témoin qui survécut est le *Ludwigslied*, le chant en l'honneur de Louis III, vainqueur des Normands à Saucourt-en-Vimeu en 882, qui fut composé en germanique et immédiatement écrit après l'événement. Devenue l'épopée de Gormond et Isembard, cette cantilène était encore chantée au XIe siècle dans la région du monastère de Saint-Riquier. Entièrement apprise par cœur, elle avait reçu de nouveaux remaniements qui ravissaient l'auditoire.

De même *la Chanson de Roland*, composée après la défaite de Roncevaux du 15 août 778, était sur toutes les lèvres aux dires d'un biographe de Louis le Pieux. Elle alla en s'enrichissant d'épisodes apocryphes comme la trahison de Ganelon. Un devoir d'écolier transcrit sur un morceau de parchemin antérieur à 1030 (le fragment de La Haye) montre comment des hexamètres du poème avaient été remis en prose latine. Il s'agit d'une description d'une mêlée dans une ville, d'un combat dans une forteresse et d'une bataille rangée. De ces récits colorés naissait toute une morale du guerrier chrétien où le point d'honneur, la fierté, l'art de regarder la mort en face, et la haine du païen, formaient un curieux mélange. Pratiquement ils annonçaient et propageaient l'idéal de ce qui allait devenir la croisade, tout en fondant un réflexe pré-national, celui de la « doulce France » qui n'était alors que la terre entre la Meuse, la Loire et la Manche. Avant la bataille d'Hastings en 1066, un jongleur dénommé Taillefer pour exciter ses camarades au combat leur chanta les hauts faits de Roland, preuve de la puissance évocatrice et unificatrice de l'épopée en langue vulgaire.

La formation du peuple chrétien

Dans les châteaux, à la veillée, tous les milieux sociaux se trouvaient mélangés pour venir écouter les hauts faits des guerriers. Une véritable éducation populaire se faisait ainsi par simple audition. Mais il y avait aussi des chants de nourrices, des chansons de paysans et des complaintes amoureuses que les clercs qualifiaient en bloc de chants déshonnêtes et luxurieux. Accompagnés de danses et d'instruments de musique dont jouent les *joculatores* ou jongleurs, ils sont l'occasion de réjouissances lors de grandes fêtes encore païennes, et même lors des fêtes chrétiennes où le peuple ne se départit pas de ses plaisanteries gauloises et de ses beuveries aux conséquences imprévisibles. Raoul, archevêque de Bourges, proteste contre ceux qui donnent dans les églises paroissiales « des banquets et autres comédies illicites, obscènes à voir et à entendre ». La culture populaire ne distingue absolument pas le domaine sacré du profane. Aussi le clergé fit-il un effort considérable pour aboutir à la christianisation des traditions populaires en pratiquant une meilleure instruction religieuse et une liturgie plus frappante. C'est le début de l'éducation de la conscience personnelle.

Supprimer d'un trait de plume les vieilles pratiques païennes était impossible. Hincmar lui-même lorsqu'il voulut interdire les gildes, ces associations en l'honneur du dieu Jul célébrées par des banquets, biaisa pour les christianiser. Constatant que les serments que l'on y prêtait sous l'effet d'une ivresse magique et sacrée étaient tenus jusqu'à l'absurde, il tenta de les transformer en associations d'aide mutuelle. En demandant que les sommes d'argent ramassées comme droit d'entrée soient partagées ou réparties en d'autres buts que l'achat du vin, il chercha à donner à leurs manifestations publiques un but charitable. Mais cela n'aboutit point avant le XIIe siècle.

Pèlerinages, translations de reliques, anniversaires des saints, furent beaucoup plus efficaces, car, là, chants et danses populaires s'intégraient parfaitement avec les veillées de prière, les processions et les encensements. La lecture des extraits de vies de saints et surtout le récit de leurs miracles avaient un effet éducateur adapté aux mentalités. Chaque récit de miracle invitait à prier et à implorer la toute-puissance de Dieu pour en obtenir la guérison de telle ou telle maladie. La conversion était donc plus ou moins liée à l'obtention d'une demande matérielle. Quant aux orgueilleux et aux rebelles, les châtiments miraculeux leur étaient lus pour leur rappeler que Dieu punit ceux qui se moquent de lui ou manquent à leur promesse. Parfois le saint apparaît plusieurs fois en vision pour demander un service. Si celui à qui il apparaît refuse ce qu'il lui demande, le saint peut lui assener des coups de bâton en plein sommeil ou des gifles qui le laissent avec une tête déformée pour longtemps. Par cet aspect très primitif des saints patrons, médecins des corps et des âmes, entrait littéralement dans la tête des paysans une crainte de la justice divine, véritable commencement de la sagesse. Naît aussi dans l'inconscient collectif l'idée que les jugements de la puissance divine ne frappent pas seulement nos actes mais aussi nos intentions. Certes un tel affinement de la conscience est encore confus. Encore extérieure à l'homme, elle se manifeste comme un double de Dieu. Elle n'en constitue pas moins un premier pas au-delà d'une christianisation rituelle.

L'instruction religieuse continuait en effet à demeurer aussi faible, étant donné l'insuffisance des prêtres ruraux, même aidés par les moines lorsque ceux-ci fondent des paroisses. Les moyens sont aussi pauvres. Dans la cure de Beine par exemple, au diocèse de Reims, le prêtre dispose de deux missels, dont un grégorien, et aussi d'un lectionnaire, d'un recueil de collectes, d'un psautier, d'un antiphonaire, d'un commentaire de saint Jérôme sur Mathieu, d'un *ordo* de baptême et d'un manuel de comput. Bref, le strict minimum ! La catéchèse baptismale est toujours réduite à la connaissance du *Pater* et du *Credo*. Passe encore quand elle est enseignée ! L'évangélisation des païens saxons fut tellement expéditive qu'Alcuin protesta et obtint qu'il y ait au moins quarante jours de formation avant l'administration du sacrement, car, là encore, les évêques préféraient évangéliser par étapes en tolérant certaines pratiques païennes.

L'expérience de l'évangélisation des Normands les avait préparés à une telle pédagogie. Elle leur évita certaines surprises, comme celle que leur fit ce pirate astucieux qui, ayant remarqué que l'on donnait à tout nouveau baptisé une magnifique chemise blanche, ne trouva rien de mieux que de recevoir le sacrement dans plusieurs ports différents pour faire commerce de ces beaux vêtements ! Aussi finit-on par en arriver à l'administration du baptême en deux étapes : la *prima signatio*, sorte d'ondoiement, et après vérification des connaissances et de l'identité du postulant, le baptême en soi. L'instruction réelle du chrétien se poursuivait après, et Hincmar l'avait compris. Il écrivit une vie de saint Rémi destinée à trois publics différents. Se trouvaient sélectionnés à l'intérieur du texte des passages à lire au peuple, d'autres pour inviter son clergé à méditer, d'autres enfin pour justifier l'action du saint auprès des puissants. Le culte de Rémi fut celui d'un père attentif pour tous ses enfants, quelle que soit leur position sociale. Ecouter des récits de sa vie menait à l'imiter. Ainsi retrouvons-nous l'instruction fondamentale : lectures, homélies et liturgie.

Comme je l'ai déjà dit, seul le sermon est en langue populaire à partir de 813 lors des offices et de la messe, mais pratiquement, comme pour les lectures aux fêtes des saints, le prédicateur improvise à partir d'un texte latin. Par crainte, et une crainte fondée, que les prêtres ne sachent point prêcher, les homéliaires furent multipliées, mais on ne peut que demeurer sceptique sur le résultat de ces prédications lorsqu'on voit par exemple Hincmar conseiller à ses prêtres de posséder les quarante homélies de Grégoire le Grand sur les Evangiles. Leur niveau était probablement trop élevé pour leurs ouailles. Restaient alors deux autres possibilités : soit commenter le *Pater* et le *Credo*, soit rappeler les devoirs de chacun. Le discours moralisant à base d'interdits en est alors le leitmotiv, comme à l'époque mérovingienne. Jonas d'Orléans, à l'instar d'Eloi, répète :

« Craignez les tortures de l'enfer tant que vous pouvez les éviter. » Ainsi s'instaure une pédagogie légaliste où ne pas faire tel ou tel acte répréhensible est presque aussi méritoire que de poser une bonne action. Mais pouvait-il en être autrement avec un troupeau qui respectait plus la crosse que le berger ?

La parole impressionnait moins que le spectacle d'un miracle, d'une cérémonie ou d'une peinture. Aussi Charlemagne était-il favorable à la vénération des images et fit-il prendre parti à Théodulf contre l'iconoclasme byzantin. Même sans inscription en dessous, fresques et mosaïques étaient en effet immédiatement éducatives. La mosaïque à fond doré de Germigny-des-Prés, église construite d'ailleurs par Théodulf, ne pouvait que porter les esprits vers l'au-delà par la splendeur de l'arche d'alliance entourée d'anges. De même les fresques des églises carolingiennes remplissaient un rôle identique. A Saint-Jean de Mustaïr (Suisse), elles présentaient en vingt tableaux l'Ancien Testament et en soixante-deux le Nouveau Testament.

En revanche, les clercs se méfièrent longtemps de la statuaire par peur de voir resurgir la vieille idolâtrie. Mais le culte des saints et le besoin physique d'un contact avec les restes du protecteur obligèrent les abbés et les chanoines à montrer aux foules ces reliques enchâssées dans des tombeaux à bâtière de taille réduite, en or avec des pierres précieuses, plus transportables que les lourds sarcophages antiques, et qui, ornés de scènes de leur vie, attiraient plus facilement la vénération. Du reliquaire le passage fut aisé à la statue dotée d'une cache dans le dos pour contenir un os du saint. La célèbre statue de sainte Foy de Conques qui date du début du Xe siècle est caractéristique d'une pratique qui naquit en Limousin, en Toulousain, en Rouergue et en Auvergne. En 1010, Bernard d'Angers venu à l'abbaye Sainte-Foy où était conservée la statue de la jeune martyre fut d'abord révolté par cette idole pour gens simples, habitué qu'il était aux seules représentations du Christ en croix. Il lui fallut pour l'accepter s'apercevoir que ce pieux mémorial était une manifestation populaire et une aide pour la foi des analphabètes. A la fin du Xe siècle est mentionnée aussi à Clermont l'existence de la plus ancienne vierge noire en majesté. Ainsi se concrétisait par des pratiques encore proches du paganisme un enseignement rendant le divin plus proche des hommes.

Outre le baptême, le sermon, les images ou le culte des saints, un autre moyen d'évangélisation fut développé surtout par les Irlandais : le sacrement de pénitence. Ils mirent au point une pédagogie du pardon beaucoup moins traumatisante qu'elle n'était dans la pratique primitive : la confession auriculaire. Jusqu'alors dans l'ancienne Gaule, la pénitence n'était accordée qu'une fois dans la vie après un long temps d'exclusion de l'Eglise. Une telle discipline était intolérable, surtout pour les Germaniques qui avaient terriblement peur de mourir damnés avant la réconciliation officielle. Aussi les moines celtes, imitant les lois germaniques, obtinrent une très grande faveur lorsqu'ils inventèrent le pénitentiel, véritable code de péchés assortis d'une pénitence tarifée. A la manière de la loi des Francs où le meurtre d'un homme libre était racheté par deux cents sous (ce qui arrêtait la vengeance de la famille de la victime), le parjure fut assorti de sept ans de pénitence, l'ivrognerie de sept jours, etc. Ces pénitences allaient d'une vie de grandes privations (comme se nourrir de pain sec et d'eau) à des aumônes fixées d'avance ou encore à la libération des esclaves, etc. Une fois accomplies, le coupable était réintégré dans l'Eglise et il pouvait à chaque nouveau péché se confesser, accomplir une autre satisfaction et recevoir de nouveau le pardon. Seul donc le péché était puni, mais rien n'était prévu pour corriger, créer le ferme propos de ne point recommencer et empêcher la récidive.

Cette pédagogie légaliste de la faute ne tenait donc aucun compte de l'intention et maintenait la conscience à l'extérieur de l'individu, comme le faisait aussi toute la littérature hagiographique. Aussi les réformateurs carolingiens interdirent à plusieurs reprises l'usage des pénitentiels, considérant qu'ils ancraient les fidèles dans une vision matérielle de la faute. Ce fut peine perdue, car ils se multiplièrent au IXe siècle, tel celui d'Halitgaire, archevêque de Cambrai, et perdurèrent aux Xe et XIe siècles sans grand changement, surtout dans les régions septentrionales de la Francie et de la Lotharingie. Leur succès était certainement dû à la sécurité qu'ils apportaient et à la conception primitive d'un Dieu sévère et juste qu'avaient alors les fidèles.

A la pédagogie individuelle s'ajoutait enfin la pédagogie communautaire de la liturgie. Ici les changements furent considérables. L'abandon du rite gallican pour la messe romaine sur l'ordre de Charlemagne ne se fit pas sans grincements de dents. Les *missi dominici* comportaient toujours un évêque chargé d'observer si la nouvelle liturgie était bien appliquée. La messe romaine sobre et concise, comme nous l'avons vu, fut donc introduite partout. Désormais le prêtre prie seul et récite le canon à voix basse. L'autel est repoussé au fond de l'église contre la muraille, ce qui sépare le peuple qui demeure dans la nef. La chaire de l'évêque quitte l'abside pour les côtés du chœur, avec les stalles des chanoines en deux rangs face à face comme dans une abbatiale. Le pain azyme fait alors son apparition pour la consécration sous forme d'hosties blanches et rondes qui ont l'avantage de ne pas faire de miettes quand elles sont brisées. De plus, un respect précautionneux entoure le saint sacrement, tandis que la communion des fidèles s'espace, que la patène est réduite à la dimension d'une soucoupe pour l'hostie du prêtre et le calice, et que la communion, quand elle a lieu, se fait uniquement avec l'hostie déposée désormais sur la langue.

Dans ces conditions, le peuple ne lance plus d'acclamations, mais répond simplement au *Kyrie eleison*, au *Gloria* et au *Sanctus*. Il s'efface et ne participe plus, malgré les innovations d'Alcuin qui introduit le *Credo* avant l'offertoire ou plus tard de Cluny qui ouvre la messe par le psaume quarante-deux : *Introibo ad altare Dei* (j'irai jusqu'à l'autel de Dieu), malgré aussi l'attitude nouvelle de la prière qui lui est prescrite comme au prêtre : les mains jointes l'une contre l'autre. Le cérémonial laïc de l'hommage entre ainsi jusque dans l'église, preuve de l'influence de la société ambiante. Le fidèle est un inférieur : « *In manus tuas, Domine, commendo spiritum meum* » peut se traduire par : entre tes mains, Seigneur, je fais recommendation (ou hommage) de mon esprit.

Parmi les autres imitations de la liturgie de Rome, signalons l'existence d'églises occidentées et non plus orientées, afin de copier le plan de Saint-Pierre du Vatican qui effectivement était la seule en ce cas. Les églises carolingiennes eurent donc deux absides. Celle de l'ouest fut surmontée d'un clocher-porche. Au niveau du sol étaient enterrés les saints, confesseurs ou évêques, parfois même des laïcs pieux et puissants. A l'étage se trouvait un autel autour duquel on célébrait la liturgie pascale, le dimanche de la Résurrection. Cette église haute, quasi aérienne, souvent dédiée à saint Michel et à saint Gabriel, les anges justiciers, symbolisait l'autre monde, celui des ressuscités. En revanche, la liturgie apocalyptique, celle du Vendredi saint, était célébrée au rez-de-chaussée, au milieu des sépultures, pour figurer la descente du Christ aux limbes et la future résurrection des morts. Les fidèles se déplaçaient et participaient à toutes les cérémonies. Les grandes églises abbatiales comme Saint-Riquier conservèrent longtemps cette liturgie stationnale.

Bientôt cependant les autels de ces petites églises furent rapatriés dans la plus grande : en ce cas, les processions se déplaçaient dans la nef d'un autel à l'autre. Puis au début du XIe siècle, la crypte se généralisa et reçut les principaux corps des saints. Dès lors les processions se limitèrent à un bref circuit et la liturgie se trouva désormais complètement statique à l'intérieur de l'église. Au début du XIe siècle, le fidèle, d'acteur de la messe, est devenu spectateur passif. La cause en est due à la volonté cléricale de remplacer la liturgie symbolique par une pédagogie allégorisante. On explique au fidèle que les sept chandeliers portés par les sept acolytes sont les sept dons du Saint-Esprit, que les deux flambeaux qui précèdent l'Evangile sont la loi et les prophètes, etc. Certes, cette évolution prouvait une élévation du niveau intellectuel des clercs, mais elle appauvrissait par ailleurs la participation des fidèles à la vie liturgique.

Pour empêcher les spectateurs de s'ennuyer, il n'y avait plus qu'un moyen : jouer l'Evangile devant eux. C'est à Saint-Martial de Limoges qu'apparaît pour la première fois vers 900 un jeu théâtral mimé : le *Quem Quaeritis*, ainsi appelé parce qu'il débute par l'interrogation de l'ange aux saintes femmes venues au tombeau du Christ : « Qui cherchez-vous ? » Ce court dialogue entre le messager du sépulcre et les compagnes éplorées a surgi de l'imagination d'un auteur de trope sans aucune influence du théâtre antique, mais directement des répons liturgiques. A la fin du Xe siècle, le clerc qui joue l'ange se revêt d'une tunique blanche et porte une palme tandis que trois autres, la chape rabattue sur les yeux, jouaient les femmes cherchant quelque chose. Les lecteurs-chanteurs sont devenus acteurs. Un nouveau mode d'enseignement et d'expression est né, bien qu'il s'agisse au départ d'une simple illustration liturgique. De plus il n'est pas gênant que le texte soit en latin puisque au début il ne fut joué qu'en pays de langue d'*oc* et que la foule en comprenait parfaitement le sens en raison de la proximité des deux langues. Visiblement, les initiateurs de ce drame liturgique se sont rendus compte que les plus belles hymnes n'impressionnaient pas assez le public des fidèles et ne suscitaient pas l'allégresse de la résurrection. Alors par les répliques des acteurs et leur présence active ils parviennent à créer cette joie née de la rédemption des âmes et des corps. Puisque le fidèle n'est plus acteur, qu'au moins il réagisse et vibre.

De telles adaptations ou innovations dans la pastorale populaire montrent que le royaume de Francie occidentale est en train de changer au niveau des esprits et des mentalités sous l'effet d'un enseignement que tout le monde recherche. L'écart devint de plus en plus net entre la culture populaire et celle des clercs ou de l'aristocratie. La liturgie est réservée aux élites et même devient ésotérique en certains cas. Aussi cherche-t-on à combler le fossé par ces inventions méridionales que sont la polyphonie, la statue-reliquaire ou le drame liturgique. De même le monde des petits nobles, des propriétaires ruraux capables de s'armer, qui deviennent chevaliers grâce à l'adoubement, désire être enseigné. Au milieu du XIe siècle, la mère de Guibert de Nogent multiplie les démarches pour trouver un précepteur pour son fils. Raoul Maucouronne, fils d'un chevalier normand, fréquente, lui, les écoles de Gaule et d'Italie. Le monde clérical est lui-même agité de mouvements divers. Les écoles épiscopales se multiplient ainsi que les clercs gyrovagues à la recherche d'une instruction jamais achevée. Les réformateurs clunisiens veulent arracher le clergé des mains des laïcs, mais les moines lotharingiens vont encore plus loin. Devant la crise qui menace, l'hérésie qui fleurit à Toulouse, Orléans, Reims ou Cambrai, ils préfèrent revenir à la vieille tripartition fonctionnelle celtique : clercs, nobles et paysans, pour renforcer leur autorité en se mettant eux-mêmes au premier rang. Ce schémas, qui va devenir jusqu'à la Révolution française le trio clergé-noblesse-tiers état, leur permet en effet de garder en main autorité et savoir.

L'éveil intellectuel issu de la mise en application du programme des deux cycles antiques (*trivium* et *quadrivium*) risque de se retourner contre la hiérarchie par la prédominance que viennent de prendre les lettres et les sciences profanes. Est-il normal de préférer Boèce aux auteurs sacrés ? A leurs yeux, évidemment non. Or l'introduction de la logique renverse les rapports entre enseignants et enseignés. L'élève devient enthousiaste et apprend avec ardeur. Il achète même la connaissance à tout prix. Il devient critique enfin. Gozzechin, ancien maître d'école de Liège, s'en plaint à son élève Vaucher : « L'ambition tarifie ses marchandises... de là naît... la ruine des mœurs et de l'instruction. On résiste à tout système régulier, et la sévérité, la férule de nos pères sont passées de mode... Les plus jeunes reçoivent une liberté prématurée ou se délivrent par une fuite aussi rapide que s'ils avaient des ailes... Rebelles à l'enseignement grave de la morale, ils se laissent emporter comme une paille légère... Il s'est élevé quelques faux professeurs de ces doctrines inventées par eux-mêmes... qui vagabondent ça et là... donnent de nouvelles interprétations des psaumes, des lettres de saint Paul, de l'Apocalypse et entraînent derrière eux, dans le sentier glissant des plaisirs, une jeunesse, avide de nouveautés, qui a pris en aversion la grave discipline de l'étude. » Lorsque des maîtres perdent pied devant une nouvelle génération et qu'ils s'écrient : « *O tempora, o mores !* », cette cassure est la preuve qu'ils ne peuvent sortir de leur hiver devant le printemps qui surgit. Or cette ardeur printanière va s'appeler Abélard.

L'ENSEIGNEMENT JUIF PENDANT LE HAUT MOYEN ÂGE

Avant cependant d'étudier l'enseignement classique médiéval, il importe de comprendre pourquoi Abélard éprouva le besoin de composer un dialogue entre un philosophe, un juif et un chrétien, et pourquoi Fulbert de Chartres prononça trois sermons pour dissuader le peuple d'assister aux cérémonies juives. Que sont devenus les Juifs installés en Gaule depuis la fin de l'Empire romain ? Ont-ils un enseignement qui continue à les couper des chrétiens ?

La première Diaspora avait créé des communautés répandues surtout en Gaule narbonnaise. Les Juifs méditerranéens furent alors appelés Sefardhim par opposition à ceux de la deuxième Diaspora qui allèrent plus au nord et qui s'installèrent surtout en Bourgogne, Champagne, Lotharingie et sur les bords du Rhin. Ce deuxième groupe de communautés fut appelé Ashkenazim et longtemps considéré comme pauvre et inférieur au précédent. De toute façon, toutes ces communautés urbaines furent protégées par les empereurs carolingiens contre le clergé catholique qui craignait constamment leur prosélytisme. Cette atmosphère de liberté dura presque jusqu'à la fin du XIe siècle.

L'antijudaïsme des évêques était dû au très haut niveau intellectuel des communautés israélites et par conséquent à la qualité de leur enseignement. Chacune s'administre en effet elle-même sans reconnaître aucun chef spirituel. Le rabbin n'est alors qu'un professeur et chaque croyant a une place dans la hiérarchie sociale selon une échelle très rigoureuse. Quiconque veut monter d'un degré à un autre doit étudier tant d'heures par semaine le Talmud. Dès le départ, une différence fondamentale apparaît face au monde chrétien : aucun juif ne peut être analphabète.

Effectivement, l'enfant juif commence à étudier l'alphabet dès l'âge de cinq ans. L'année suivante, l'éducation élémentaire se fait à raison de dix heures par jour pendant environ deux cent soixante jours par an, et cela sans arrêt jusqu'à treize ans au moins. Un nouveau cycle d'études, approfondi cette fois-ci, se déroule pendant plusieurs années au rythme de douze à quinze heures de travail par jour. Après un pareil effort, on pouvait être alors considéré comme un jeune homme cultivé, et il semble bien que ce fut le cas de la majorité des membres des communautés champenoises, à Troyes par exemple, lotharingiennes (à Metz) ou germaniques (à Mayence). Ce système intensif d'enseignement n'était pas pour autant terminé. Les hommes en activité professionnelle consacrent encore trois à six heures par jour à l'étude.

Un *responsum* (réponse d'un maître à la question posée par une communauté) émis par rabbi Gershom nous parle d'un marchand qui enseignait la Torah gratuitement. Ses étudiants s'étaient en effet aperçus qu'il faisait de gros bénéfices dans ses affaires et avaient trouvé ce moyen pour se faire entretenir par lui. Comme on le voit, chacun passait insensiblement du rôle d'élève à celui d'étudiant, puis de rabbin. Le prestige des maîtres juifs de Francie et de Germanie était tel que lors de leur passage en Espagne ou en Afrique du Nord, leurs compatriotes se cotisaient pour leur demander de bien vouloir leur faire des cours contre argent pendant un certain temps. Ecrivant à des Juifs de Champagne, ils leur disent : « Votre communauté est admirable, honorée et digne d'éloges. C'est une véritable assemblée de grands maîtres et d'étudiants. » Ce qui ne les empêchait pas d'être négociants !

Mais une question se pose inévitablement devant ce formidable investissement intellectuel. Pourquoi fallait-il y passer tant d'années ? Le texte utilisé, qu'il s'agisse de la Torah ou du Talmud, était écrit en hébreu ou en araméen, véritables langues mortes pour les juifs qui parlent le ladino dans le Midi et l'ancêtre du *yiddish* (ou judéo-allemand) dans le Nord. Dès le départ, l'enseignement est bilingue comme chez les chrétiens. De même que chez eux tout s'apprend par cœur. Le maître récite un verset de la loi, puis le commente et l'élève doit se mettre dans la tête et le verset et le commentaire en les répétant plusieurs fois et sans faire appel à la logique. Ce travail prenait énormément de temps, jusqu'à dix minutes pour trois lignes et leur explication. On y ajoutait même des prescriptions rituelles non inscrites dans le Talmud ou des ordonnances civiles. La rareté des livres nécessitait cette extraordinaire mémorisation qui transformait l'élève en bibliothèque vivante.

Dans le deuxième cycle intervenaient la logique et la libre discussion à partir du matériel enregistré. Certains étudiants observaient le comportement des maîtres qui tranchaient des questions devant eux et donnaient un *responsum*. Puis ils leur faisaient répéter la décision et l'apprenaient par cœur, augmentant ainsi leurs connaissances pour les transmettre. D'autres discutaient les méthodes d'interprétation du Talmud ou de la Torah, clarifiaient les éléments logiques d'un raisonnement, déduisaient de telle loi générale les principes d'application, opposaient entre elles les interprétations divergentes des grands maîtres pour soit trouver des possibilités de conciliation, soit résoudre des cas inconnus jusqu'alors. Une telle gymnastique de l'esprit permettait de départager textes et traditions, tout en restant fidèle à l'esprit du judaïsme.

La floraison des *responsa* aux Xe et XIe siècles révèle à quel point ces discussions utilisaient la logique. L'utilisèrent-ils avant les chrétiens, qui auraient pu alors la leur emprunter ? C'est possible, mais pour le moment aucune preuve n'en a été donnée. Il n'y a qu'une certitude : cet enseignement entièrement religieux englobe tous les secteurs de la vie individuelle, sociale et politique des Juifs. Il est la structure interne de la communauté. On comprend mieux alors l'origine de ce complexe d'infériorité des chrétiens à l'égard des Juifs. Au contraire de Danton qui affirmait ne pouvoir emporter la patrie à la semelle de ses souliers, les fils de Juda sont parvenus, eux, à garder Israël dans leur tête et dans leur cœur. Grâce à cet enseignement oral partagé par tous les coreligionnaires, le peuple juif se maintient. La condition en est lourde : il doit rester une nation de perpétuels étudiants. Dans aucune civilisation l'enseignement n'a joué un tel rôle.

La communauté fixe donc tout. Elle éduque ses membres pour leur apprendre à survivre au milieu de l'océan féodal du Xe siècle. Elle se comporte envers chaque membre d'une manière autoritaire et paternaliste, désigne les tuteurs des orphelins qui sont très nombreux à cause de la forte mortalité des pères lors de leurs expéditions commerciales, et enregistre les montants des dots des jeunes filles. L'enfant est en effet la propriété des parents. Ils décident de le marier très jeune, dès sept ans, par des promesses considérées comme valides par la communauté. Parfois même la fillette vit avec son futur mari bien avant la puberté. Cette pratique avait pour but aux yeux des Juifs les plus religieux d'éviter le péché de la chair et de permettre aux jeunes mariés une découverte rapide et sans danger de la vie sexuelle. Une personne non mariée avant vingt ans ne pouvait qu'être obsédée, car le célibat était ressenti comme impossible. Dans ces conditions il n'y a aucune éducation sentimentale puisque toute passion est charnelle et que Dieu ne peut être aimé qu'en esprit.

Le mariage n'est pas un rite de passage mais un contrat social. En effet, la femme qui n'a pas reçu d'éducation intellectuelle ne peut se marier que si elle reçoit une dot confortable, la *ketubah*. Cela permet de donner à un jeune couple un capital que les beaux-parents font fructifier, tandis que le père apprend au fils son métier quel qu'il soit, parfois de grand négociant itinérant. Beaucoup de jeunes mariés mineurs apprennent ainsi à la fois leur métier et la Loi. Au total, la cellule familiale renforce la communauté et vice versa, chacune selon leur type d'éducation.

Nous manquons de renseignements sur les différents métiers appris par les Juifs à cette époque. En dehors du grand commerce ou de la prise à bail de certaines terres cultivées par des chrétiens, beaucoup pratiquent la médecine. Charles le Chauve avait un médecin juif, Sédécias. Certains historiens estiment qu'ils jouèrent un rôle important dans la diffusion de l'enseignement des sciences médicales depuis l'école de Salerne dont j'ai parlé plus haut. Le monde juif est donc florissant au milieu du XIe siècle.

Ses contacts avec le christianisme ont lieu surtout au niveau de la liturgie, les uns assistant parfois au prêche, les autres à la messe dont ils goûtent le faste, mais peu au niveau des connaissances intellectuelles. Aucun maître chrétien entre les IXe et Xe siècles ne paraît avoir connu l'hébreu. Or étant donné que certains lettrés carolingiens affirment avoir consulté des textes hébraïques, cela ne put se faire qu'avec l'aide de certains rabbins. Ce qui expliquerait pourquoi un Amalaire de Lyon se vit accusé de trop fréquenter les Juifs. Il ne devait pas y avoir de fumée sans feu. Nous ne pouvons pas en dire plus. Comme le monde chrétien, les communautés juives vont être bouleversées par les grands changements du XIe siècle. Leur enseignement va s'élargir considérablement sous l'influence d'un de ses plus grands maîtres, le rabbin Rachi de Troyes (1039-1105), et nous verrons, cette fois-ci, les contacts entre les deux enseignements devenir plus fréquents.

troisième partie

L'APOGÉE DE L'ENSEIGNEMENT MÉDIÉVAL

XIe-XIIIe SIÈCLE

Introduction

Sans l'Université, les hommes du Moyen Age n'auraient pu construire les cathédrales. Leurs architectes n'étaient que les élèves des maîtres universitaires. La création la plus neuve et la plus originale de ce long millénaire chrétien demeure en effet cette institution d'enseignement supérieur que même la Rome antique, en sa splendeur, n'avait jamais osé imaginer. Cette innovation est d'autant plus étonnante que les esprits les plus éclairés avaient horreur de la nouveauté.

Bernard de Chartres, l'un des maîtres de l'enseignement scientifique, disait au début du XIIe siècle : « Nous sommes des nains juchés sur des épaules de géants. Nous voyons ainsi davantage et plus loin qu'eux, non parce que notre vue est plus aiguë ou notre taille plus haute, mais parce qu'ils nous portent en l'air et nous élèvent de toute leur hauteur gigantesque. » Persuadés de leur petitesse et de leur incapacité à se détacher de l'autorité des Anciens, et surtout de celle de l'Ecriture sainte, ces professeurs s'apercevaient que l'imitation des grands sages les menait plus loin. Cet enthousiasme de Bernard de Chartres prouve que la méthode utilisée, si conservatrice qu'elle puisse paraître au premier abord, était en réalité innovatrice. Rien n'est plus frappant que de voir l'allègre vent d'optimisme qui souffle dans le monde enseignant durant ces trois siècles. Une ivresse d'étude et de savoir passe alors dans le royaume de France et tout spécialement à Paris.

D'aucuns considèrent que ce grand essor est dû à la longue phase d'expansion économique qui traverse tout l'Occident médiéval depuis la fin du Xe siècle jusqu'à celle du XIIIe. Il est certain en effet qu'une croissance de la population, à peu près continuelle, jointe à l'amélioration de certaines techniques agricoles, permet la « flambée des essarts » et le plus grand mouvement de défrichement du sol avant le XIXe siècle. La terre, de sauvage et forestière qu'elle était, devient quadrillée de champs et peignée de sillons de blé. La nature que craignait l'homme des temps carolingiens est maintenant maîtrisée. Ses richesses sont plus abondantes. L'homme y tient une place centrale. L'isolement n'est plus possible. Les villes augmentent considérablement, avec de forts secteurs artisanaux et commerciaux. Une nouvelle société apparaît, en particulier avec les grands négociants, les bourgeois et les spécialistes de l'écrit, administrateurs royaux, seigneuriaux ou cléricaux. Des investissements éducatifs et intellectuels supplémentaires sont donc indispensables, surtout en ville.

Ils n'auraient pu cependant être fructueux sans l'extraordinaire atmosphère de liberté intellectuelle qui règne en ces temps. L'autorité royale n'est que celle d'un petit seigneur qui n'arrive même pas à se faire obéir entre Paris et Orléans. Le royaume n'est qu'un océan de principautés mouvantes, de seigneuries urbaines ou rurales, ou d'innombrables châtellenies qui ne tiennent vraiment en main que trois ou quatre paroisses. Les rois, jusqu'à Philippe Auguste inclus, sont de simples spectateurs de l'essor de l'enseignement. Les seigneurs ne peuvent pas s'opposer aux mouvements d'autonomie urbaine menés souvent par les nouveaux habitants et les clercs réunis. Ces derniers, eux, n'ont qu'un cri : *libertas Ecclesiae*, liberté de l'Eglise ! Menés par Grégoire VII puis par Urbain II, ils cherchent à se débarrasser de la tutelle intéressée, et parfois violente, des nobles laïcs... Cette réforme grégorienne se déroule au nom d'une plus grande pureté de l'Eglise, mais aboutit, en même temps, à renforcer les exigences morales et catéchétiques des simples laïcs auxquels il a été fait appel pour obtenir le succès.

Du coup, leurs critiques se retournent contre un clergé maintenant libre mais riche. L'approfondissement de la foi a pour résultat de voir des foules assoiffées de pureté, de pénitence et de pauvreté, écouter les prédications des hérétiques vaudois ou cathares. La lutte contre l'hérésie devient alors, à la fin du XIIe siècle et au début du XIIIe, le leitmotiv d'une Eglise qui a de plus en plus besoin de clercs savants, de théologiens experts et de pasteurs impeccables. Toute initiative nouvelle en ce domaine est alors accueillie avec faveur par une papauté qui a perçu combien le rôle de l'intelligence est désormais capital dans une société en plein mouvement. Son attitude est la même envers les nobles et les chevaliers qui, pourvus désormais de loisirs grâce à l'enrichissement général, ne sont plus seulement des guerriers professionnels mais aussi les adeptes d'une culture nouvelle, la courtoisie. Ici, il faut adopter une attitude pédagogique inédite pour canaliser leur violence et christianiser le culte de la dame aimée. A monde nouveau, à société profane naissante, il fallait enseignement et pédagogie adaptés.

L'adaptation se produisit non sans protestations, sous les coups de la réforme grégorienne, de l'hérésie, de la violence et de l'argent. L'élan imprimé aux études par les glorieux prédécesseurs Alcuin, Gerbert et Fulbert continue. L'engouement pour les belles-lettres prend de plus en plus d'ampleur aux dépens des lettres sacrées.

Les écoles carolingiennes avaient pour modèle Virgile, le chantre de la grandeur. Le Xe siècle honorait particulièrement Horace, l'ami de la médiocrité dorée. Le XIIe siècle fut un fervent adepte d'Ovide, le poète de la joie de vivre. Le choix d'un tel parangon, non de vertu mais de vitalité, est révélateur d'un monde en pleine expansion.

De même, l'approfondissement de la connaissance du latin indique bien l'influence de l'enseignement. Durant les XIe et XIIe siècles, le latin, langue de la liturgie et de la culture, est pratiqué à travers l'Europe entière, tant dans les églises, les abbayes, les collégiales et les écoles que dans les chancelleries des rois et des princes. Privilège des clercs et de certains aristocrates, il est la seule langue dont la grammaire soit apprise. Il n'y a donc aucune possibilité d'expression précise, et encore moins raffinée, dans les langues vulgaires qui sont simplement transmises de mère à enfant. Aussi le latin parvient-il alors à son apogée, tant par la connaissance approfondie qu'en ont les élèves que par la qualité et la richesse du style. Appris et possédé à fond par un milieu de spécialistes peu nombreux, il retrouve l'élégance cicéronienne, s'enrichit de termes chrétiens ou populaires latinisés. Dans les bureaux des chanceliers ou des cours féodales, à la chaire ou dans les chœurs alternés, les lois de la prose rimée et du cursus rythmique poétique permettent de traduire les finesses de la diplomatie et les élans du cœur avec un rare bonheur d'expression. Le latin n'est donc pas une langue morte. Il est la langue parlée des lettrés.

Mais à partir de 1210 environ, l'inspiration poétique ou la beauté littéraire abandonnent ce langage. Sous l'influence de l'école et de l'Université, il devient une langue technique et professionnelle réservée aux professeurs, aux élèves, aux prêtres et aux clercs de chancellerie. Nul ne pense plus en latin, mais chacun transcrit sa pensée dans un latin convenu qui s'aligne de plus en plus sur la structure de la phrase française. Les théologiens en particulier forgent une langue complètement technique et le latin devient alors la propriété des écoliers qui seuls le parlent couramment en classe.

Ce recul du latin est dû corrélativement au progrès des langues vulgaires. Dans le royaume de France, langues d'oïl et d'oc sont subdivisées en de multiples dialectes. Ceux-ci sont donc un obstacle à la communication. Aussi, au cours du XIIe siècle, deux d'entre eux sont choisis pour être des langues de transmission ; en Ile-de-France, les Capétiens développent le dialecte francien qui devient petit à petit le français, tandis que les premiers troubadours prirent le nord-occitan ou limousin pour écrire leurs chansons. Ces deux langues parlées évoluèrent très vite pour s'imposer par leur caractère universel. Elles jouèrent un très grand rôle dans l'expression des sentiments directs et simples. De plus, elles acquirent une audience internationale, la première en Angleterre et en Italie, la seconde dans la péninsule Ibérique surtout. Leur développement indique la montée des laïcs et leur affranchissement à l'égard d'une certaine culture cléricale.

Au demeurant langue des relations sociales supérieures ou langue technique des milieux scolaires, le latin demeure l'instrument pédagogique. La finalité de l'enseignement continue en revanche à être sans cesse remise en question, d'abord par la crise du XIe siècle, dont nous avons montré plus haut combien elle mettait en cause certains maîtres, puis par la dispute entre Abélard et saint Bernard, enfin par la querelle des Mendiants à l'université de Paris au XIIIe siècle. A chaque fois, les vieilles oppositions réapparaissent : refus de la nouveauté et retour à l'éducation ascétique, louange des lettres profanes, ou encore refus d'une culture exclusivement mondaine au profit d'un enseignement qui englobe la science au bénéfice de la théologie. Le triomphe simultané ou successif de ces trois solutions explique la réussite du XIIIe siècle. A la question : Pourquoi éduquer ?, il répond : Pour que l'homme puisse offrir le monde en remerciement à Dieu.

1

Le grand essor des écoles

Aussi nous efforcerons-nous de montrer comment, grâce au recul des écoles monastiques, conjugué avec le progrès des écoles urbaines et les apports des influences étrangères, a fini par naître insensiblement l'université de Paris. Notre documentation devient ici très abondante au point de privilégier l'enseignement supérieur aux dépens des autres degrés. Les démêlés de l'université avec la papauté, au XIIIe siècle, sont en effet dus à l'apparition d'un nouveau type social qui vit de sa parole et de sa plume : l'intellectuel.

Il nous faudra donc examiner quels types de connaissances il enseigne et avec quelles modifications par rapport aux époques précédentes ; l'apparition de pédagogues ou de chantres de l'amour nous permettra de mieux comprendre la place de l'enfant, de la famille, de la femme et du cœur, dans les préoccupations du temps. L'éducation militaire, religieuse et sociale, nous montrera enfin les ombres et les lumières d'un système d'enseignement trop intellectuel qui fait moins de cas du chevalier, des foules de croyants ou des marchands et artisans groupés en corps de métiers, que du lettré. Nous constaterons une fois de plus que l'enseignement n'est pas la scolarisation et que l'éducation ne se réduit point à la pédagogie. La société médiévale, aux multiples liens verticaux et horizontaux, l'avait compris.

Reprenons notre tour du royaume de France afin d'analyser les réactions des écolâtres et des scribes monastiques face à la crise du XIe siècle, à la réforme grégorienne et aux hérésies. Qu'ils soient clunisiens ou cisterciens, ces monastères installés dans les campagnes jouent un rôle intellectuel important mais qui perd peu à peu de son influence. Leurs écoles vont en effet se trouver renvoyées soit vers la mystique, soit vers la théologie.

Dans le Midi, où le roi n'a guère d'influence et où la réforme grégorienne semble frapper de stupeur les abbés trop liés aux familles nobles locales, les centres d'enseignement paraissent peu développés.

Face aux cathares qui prêchent dans ces régions à partir de 1145, les réactions monastiques furent nulles. Les monastères cisterciens se répandirent peu : une quinzaine… et ceux destinés aux moniales encore moins : deux ! Les moines n'ont donc pu former des élèves aptes à répondre aux arguments des hérétiques, même lorsqu'il leur fut demandé d'intervenir par la prédication, sur ordre du pape, à partir de 1178. Cette carence de l'école monastique en Languedoc ne fut jamais réduite. Il fallut attendre l'époque de l'abbé de Moissac, Bertrand de Montaigu (1260-1293), pour voir douze moines sortir de leur monastère et aller au collège fondé à Toulouse, auprès de l'université. L'aveu d'impuissance était net.

En Aquitaine, peu d'écoles sont à signaler. En Bourgogne, le spectacle est différent, car le monachisme y est non seulement prospère, mais abondamment renouvelé. Tandis que Pierre le Vénérable redonne à Cluny, de 1122 à 1156, un lustre européen, Bernard de Fontaines, entré à Citeaux en 1112, fonde en 1115 Clairvaux, dont il fut l'abbé jusqu'en 1153, et Bruno de Cologne crée la Grande-Chartreuse en

1094. Aussi les vieilles fondations font-elles peu parler d'elles. En revanche, l'école de Cluny voit son règlement bien précisé dans les coutumes du monastère. Il y a deux maîtres et six enfants. Ces oblats sont instruits jusqu'à quinze ans. Pierre Damien, archevêque de Ravenne et ancien ermite, envoie même un de ses neveux à Cluny pour y apprendre les deux cycles des arts libéraux. Cet adversaire des sciences séculières préfère en effet les voir enseignées dans la vieille perspective d'une éducation ascétique. Au XIIe siècle vivent à Cluny plusieurs maîtres et grammairiens. La bibliothèque s'enrichit de nombreux textes patristiques mais possède aussi une vingtaine d'ouvrages de grammaire, sur une centaine consacré aux arts libéraux.

Après leur profession, les moines continuent à étudier. De plus, parmi les vocations plus tardives, Pierre le Vénérable, dans sa correspondance, nous signale au passage l'installation à Cluny d'au moins trois anciens professeurs de Liège et deux de Laon. Pierre lui-même, avant d'être abbé de Cluny, a enseigné les jeunes moines de Vézelay. Il fit probablement de même pour ceux de la grande abbaye. Il représente l'un de ces derniers grands moines capables de posséder à fond en même temps les lettres profanes et sacrées. Il est suffisamment intelligent et délicat pour accueillir Pierre Abélard, repoussé de partout, à Cluny, à la fin de sa vie, et lui permettre de se livrer à la prière tout autant qu'à l'étude.

Il est encore plus attiré par la spiritualité cartusienne et entretient avec les chartreux une correspondance qui révèle son goût pour la mystique. Pour les aider à réparer les pertes dues à une avalanche qui avait enseveli six chartreux (la moitié de la communauté !), il envoie à Guigues, leur prieur, les vies de saint Grégoire de Nazianze et saint Jean Chrysostome et la lettre de saint Ambroise contre Symmaque. Mais il n'a pu lui transmettre le Traité de Prosper contre Jean Cassien qui ne se trouve pas à Cluny. Il a demandé à cet effet l'exemplaire qui se trouve à Saint-Jean-d'Angély. Tous ces textes concernent les premiers ermites et les premiers moines. Les chartreux en avaient besoin pour l'apprentissage de la prière et de la solitude. Pierre le Vénérable a beau diriger la plus importante abbaye d'Europe, il lui manque cependant certains livres. Aussi, dit-il à Guigues, emprunterait-il volontiers le gros volume que possèdent les chartreux sur la correspondance d'Augustin et de Jérôme. Il faut en effet remplacer celui qui, dans un monastère dépendant de Cluny, a été dévoré par un ours. En conséquence, le *scriptorium* de Cluny fut d'autant plus actif que les livres coûtaient toujours aussi cher. Une peau de mouton faisait quatre pages in-folio, recto verso. Un troupeau d'au moins cent bêtes était nécessaire pour fabriquer un ouvrage important ; un ours vorace pouvait donc ruiner un petit couvent.

Ce genre de relations épistolaires et ces échanges de livres entre les monastères étaient constants et indispensables. Cela explique pour une part que, chez les cisterciens, comme à Pontigny, à Morimond, à la Ferté et à Clairvaux, où Bernard s'installa avec douze moines, l'école revient à la stricte tradition ascétique. Certes, ses scribes ont fort à faire pour transcrire ses sermons, ses homélies, sa correspondance ou ses traités, mais l'objet des études à Clairvaux et dans ses dépendances reste toujours la science sacrée. Bernard lui-même, qui a reçu une forte éducation littéraire, s'abstient volontairement de toute allusion aux auteurs profanes. Il s'efforça de réduire les études, dans l'école monastique, à la grammaire et à la littérature pour déboucher rapidement sur la découverte du texte biblique. Les cisterciens reviennent donc au programme de Césaire d'Arles et de Cassien.

Franchissons la Loire d'est à l'ouest et du sud au nord, et regardons maintenant le spectacle présenté par les écoles monastiques. Elles sont beaucoup plus nombreuses et nous ne pourrons parler que des principales. Leur concentration était particulièrement forte en Normandie, Ile-de-France, Flandre et Lotharingie. Nous commencerons par les régions de l'ouest du royaume, plus pauvres en effet tant en hommes qu'en richesses. Pierre Abélard, issu d'une famille noble, né au Pallet en 1079 près de Nantes, fut obligé, pour s'instruire, de courir de-ci de-là, à travers les provinces de l'Ouest. Robert d'Arbrissel, un autre Breton né près de Rennes vers 1045, dut aller jusqu'à Paris.

En Normandie, pays récemment évangélisé, où les couvents sont en réalité de création ou de restauration récente, l'enseignement est beaucoup plus important. Nous avons déjà montré le rôle des maîtres italiens, nécessaires pour faire renaître les écoles, au Mont-Saint-Michel et au Bec-Hellouin en particulier. Lanfranc fut par exemple arraché au Bec pendant un certain temps pour aller enseigner à Saint-Etienne de Caen, récemment fondé. Arnoul, plus tard premier patriarche latin de Jérusalem, y enseigna la grammaire, Virgile et les grands auteurs classiques. A chaque fondation d'un monastère était créée une école, qu'il s'agisse de Saint-Evroult, de Saint-Ouen, dans la banlieue de Rouen, ou de Fécamp.

Mais la plus célèbre de toutes fut évidemment celle du Bec, illustrée par Lanfranc de 1042 à 1066, puis par son élève, un autre Italien originaire d'Aoste, Anselme, jusqu'en 1093. Ils pratiquèrent tous les cycles des arts libéraux et la *sacra pagina*, c'est-à-dire l'Ecriture sainte.

Anselme était un esprit encore plus original. Nous avons déjà vu combien sa pédagogie reposait essentiellement sur l'amour. Ce spirituel, qui s'occupa certes un temps de la grammaire, comme en témoigne le Traité qu'il a rédigé, se déchargea rapidement de l'enseignement des enfants qu'il confia à deux subordonnés au moins pour s'adonner surtout à la théologie. Il est un de ceux qui, en appliquant la logique aux vérités révélées ou aux découvertes spirituelles, firent sortir l'enseignement de la philosophie et de la métaphysique de la crise du XIe siècle. Après lui, néanmoins, l'école du Bec devint strictement monastique.

Dans toutes les campagnes du Bassin parisien, rares furent les écoles claustrales ouvertes sur le monde au XIIe siècle. Elles ne représentaient au fond que le reflux d'un trop-plein scolaire urbain ou d'un échec professionnel dans une école cathédrale. Tout cela prouve combien l'école monastique n'est plus tournée vers l'extérieur.

Aussi trouvons-nous le même spectacle en Champagne, avec cependant quelques exceptions. Saint-Thierry reste dans la tradition ascétique. Guillaume, né à Liège entre 1075 et 1080, reçut probablement dans sa ville natale un enseignement de type carolingien et ottonien, c'est-à-dire « allégorico-exégétique », avant d'entrer comme moine à Saint-Nicaise et de devenir abbé de Saint-Thierry de 1121 à 1135. Très influencé par saint Bernard et attiré par le mode de vie cistercien, ce bénédictin jouera un rôle important dans la réforme des couvents de son ordre. Il voulait que chaque moine puisse pratiquer les *otia negotiosa*, les loisirs laborieux. Cette antithèse volontaire, qui aurait choqué les vieux Romains, voulait suggérer que la contemplation doit reposer sur une connaissance et un travail intellectuel approfondi des lettres sacrées.

Ce théologien érudit était en même temps un mystique. Fort de tout ce que représentait le monachisme ancien et nouveau (puisqu'il termina sa vie chez les cisterciens de Signy en Ardenne), il n'hésita pas à intervenir à trois reprises dans des questions doctrinales où furent impliquées les écoles, en particulier contre Abélard et Guillaume de Conches. Issu lui-même des écoles dont il connaissait l'art et la manière de classer les Sentences des Pères, il se sentit autorisé à intervenir au nom de toute une tradition qui refusait les nouveaux philosophes enseignant dans les écoles urbaines.

La nature du conflit se mesure bien à la lecture du catalogue de la bibliothèque de Saint-Thierry. Le *scriptorium* y fut en effet très actif, surtout au XIIe siècle. A partir de 1150 se multiplient les manuscrits des Pères de l'Eglise, y compris Origène, sans oublier Alcuin, Bède et des contemporains comme Gilbert de la Porrée, Hugues et Richard de Saint-Victor, Pierre Lombard ou les Sermons de saint Bernard sur le Cantique des cantiques. Au XIIIe siècle, la bibliothèque s'enrichit surtout de livres liturgiques et de droit canon (droit ecclésiastique).

Un trait domine et devait l'emporter dans l'esprit des élèves de l'école : ces œuvres convergent sur la *lectio divina*, l'explication des textes sacrés et l'apprentissage de la prière depuis Jean Cassien jusqu'aux œuvres mystiques de saint Bernard. Il y a même un abécédaire hébraïque reproduisant chaque caractère hébreu face à la lettre latine correspondante. Pour mieux établir le texte de la Bible, les moines de Saint-Thierry n'avaient donc pas hésité à entrer en collaboration avec les rabbins champenois ! Une telle homogénéité dans cette bibliothèque, certainement voulue par Guillaume, révèle bien la préoccupation de l'école claustrale : rechercher la présence de Dieu, en réaction contre une intellectualisation de la connaissance divine.

Plus nous nous dirigeons vers le nord et l'est, en Francie et en Lotharingie, plus l'aspect archaïque des écoles monastiques est net. Gorze possède plus de cent vingt-six volumes sur les arts libéraux. Les écoles monastiques demeurèrent ouvertes au monde, surtout dans les vallées de la Meuse et de la Sambre. A Lobbes, l'abbé Léonius finit vers 1134 par réserver l'école Saint-Ursmer, qui avait fait la célébrité du monastère, à un chanoine qui en devint le maître attitré et interdit aux clercs de venir dans l'établissement claustral réservé aux novices et aux moines adultes illettrés. Il n'y avait là qu'une stricte application des décisions des conciles carolingiens. A la fin du XIe siècle, Saint-Gall perdit son école extérieure.

En somme, exception faite des couvents du nord du royaume, ou de quelques cas précis, partout l'école monastique revient à l'intérieur de la clôture et retourne à sa vocation primitive : l'éducation ascétique par l'étude des textes sacrés. Ce refus du contact avec les laïcs caractérise bien la réforme grégorienne. La vieille pratique des oblats « nourris » a tendance à disparaître, surtout sous l'influence de Cluny. Tout enfant offert à un monastère doit maintenant devenir moine. Citeaux accentua cette ségrégation. L'école est destinée aux moines. L'importance du travail manuel certes y diminue le temps réservé à la culture. Mais en même temps il s'agit d'un retrait volontaire du monde.

Il est interdit à tout moine cistercien d'étudier même le *Décret* de Gratien, code qui vient d'être publié vers 1141 et pose les bases de tout le droit ecclésiastique. En 1198, un cistercien fut condamné pour avoir appris l'hébreu auprès d'un juif, en 1199 un autre pour avoir composé des poésies profanes. En 1163, au concile de Tours, le pape Alexandre III alla dans ce sens. Il rappela que « sous aucun prétexte de science, les moines ne soient attirés de nouveau dans des actions mondaines » et il leur répéta l'interdiction d'enseigner la médecine et le droit, en dehors des couvents, comme cela avait lieu jusqu'ici. Il s'agit donc d'un retour à l'appel primitif de la vie angélique et nullement d'une baisse de niveau intellectuel ou d'un obscurantisme rétrograde.

Au fond, réapparaît le vieux débat des Ve et VIe siècles. Faut-il raser ou non la cananéenne ? Faut-il adapter les lettres profanes aux lettres sacrées ? Quel est le véritable humanisme ? La pensée de Cassien est toujours là pour répondre, de préférence à celle plus nuancée d'Augustin et de Grégoire le Grand. On ne peut trouver Dieu qu'au désert, mais non à la ville. Les plus grands pourfendeurs de l'école urbaine sont tous d'anciens professeurs. Pierre Damien, qui a enseigné aux écoles de Ravenne pour les abandonner au profit de l'érémitisme, proteste contre la science séculière. Elle n'est qu'une invention du démon, qui dès les débuts de l'humanité s'est institué professeur de grammaire. « Vous serez comme des dieux, connaissant le bien et le mal (Gen. III, 5). Voilà, frère, tu veux apprendre la grammaire ? Tu apprends à décliner Dieu au pluriel ! » Cet ancien rhéteur cherche la logique profonde qui unit les sciences à Dieu et refuse la dialectique qui est une logique coupée de la vie.

De même Bruno, né en 1030 dans une famille noble de Cologne, après avoir brillamment dirigé les écoles de Reims où il eut pour élève le futur pape Urbain II, abandonna l'enseignement pour se retirer dans un lieu totalement sauvage et vide d'hommes, la Grande-Chartreuse, en 1084. Là fut créé un établissement monastique véritablement nouveau parce que totalement érémitique. Au contraire de Cassien, qui subordonnait l'amour à l'obéissance, Bruno estimait que la solitude permet un perpétuel examen de conscience et la découverte personnelle de l'obéissance à Dieu. Pour cela, la lecture attentive d'un texte et la rumination des phrases mènent à l'oraison. La Chartreuse est donc une école de grands priants.

Mais au triptyque traditionnel mis au point par Cassien et repris par Hugues de Saint-Victor dans son traité sur la méditation, Guigues II, prieur de l'ordre, mort en 1193, ajouta un quatrième stade : la contemplation. Dans sa lettre sur la vie contemplative, il explique fort bien sa pédagogie spirituelle. « La lecture est l'étude diligente de l'Ecriture avec un esprit attentif. La méditation est l'activité studieuse de l'esprit pour chercher la connaissance de la vérité cachée sous la conduite de la raison. L'oraison est l'élévation fervente du cœur vers Dieu afin d'obtenir d'éviter le mal et d'acquérir le bien. La contemplation est une élévation de l'âme en Dieu, au-dessus d'elle-même, pour goûter les joies de l'éternelle douceur. »

L'homme tout entier apprend ainsi à unifier son être, corps, intelligence et affectivité, pour aboutir à cette expérience mystique fort rare, comme en témoigne d'ailleurs le nombre constamment faible des chartreux durant toute leur histoire. Par cette échelle offerte aux moines, Guigues apportait une véritable éducation de l'insatiable désir humain de perfection. Il la proposait à tous, car, pour lui, le but de la vie est la familiarité avec Dieu. Telle est la réponse monastique à la crise du XIe siècle : le triomphe de la mystique. Ce que l'intelligence seule ne peut comprendre, la sagesse de l'amour infusé dans l'homme le fait sentir.

Poussés par cet amour véhément, d'autres spirituels ont tenté de convaincre leurs contemporains enfoncés dans le siècle. Saint Bernard a répandu son *Commentaire sur le Cantique des cantiques*, présenté comme un drame amoureux avec séparation et retrouvailles de l'âme humaine avec Dieu. Son ami, Guillaume de Saint-Thierry, reprend dans la *Lettre d'Or*, un des écrits spirituels les plus répandus au Moyen Age, l'idée du « bouquet spirituel » pour l'oraison journalière. « Il faut chaque jour détacher de la lecture quotidienne de l'Ecriture quelque bouchée et la confier au ventre de la mémoire pour la digérer fidèlement et la ruminer fréquemment : une pensée en rapport avec notre genre de vie, capable de soutenir notre intention, de retenir l'âme pour qu'elle ne trouve pas son plaisir dans des pensées étrangères. »

Tandis que le bénédictin champenois invite par ces mots à suivre les chartreux pour mener la vie solitaire de l'antique Egypte, l'abbé de Clairvaux n'hésite pas, en 1140, à s'adresser ainsi aux maîtres et aux écoliers de Paris : « Fuyez du milieu de Babylone, fuyez et sauvez vos âmes. Volez tous ensemble vers les villes de refuge (les monastères) où vous pourrez vous repentir du passé et attendre avec confiance l'avenir. Tu trouveras bien plus dans les forêts que dans les livres. Les bois et les pierres t'apprendront plus que n'importe quel maître. » Plus d'une vingtaine de ses auditeurs le suivirent ! Ils avaient préféré la conquête de la vie intérieure à celle du monde et le désert à la ville.

Il est évident qu'au XIIe siècle, maîtres et élèves sont au cœur d'une discussion fondamentale sur le but et le contenu des connaissances. Au milieu d'une explosion de vitalité, chacun des tenants des deux positions cherche à l'emporter. Les maîtres de la solitude ont choisi une solution radicale qui leur a permis des progrès réels, mais, au XIIIe siècle, leurs successeurs en seront réduits à fonder des collèges urbains pour leurs moines, afin de rattraper le retard qu'ils ont pris dans les hautes connaissances intellectuelles.

L'ÉDUCATION POPULAIRE IMMUABLE ET CHANGEANTE

Le recul des écoles monastiques et leur retrait derrière la clôture n'a pas été dû seulement à un plus grand désir d'authenticité et de fidélité à la règle. Il vient aussi du fait que le désert n'est plus le désert. Il se peuple et se remplit de villes. A partir du milieu du XIe siècle, les espaces sauvages sont attaqués par l'homme. Avec les défrichements, le grand livre de la nature change de contenu. Il n'enseigne plus au paysan illettré les mêmes connaissances. Cette grande mutation permet d'apercevoir les causes qui ont permis aux écoles urbaines de l'emporter sur les écoles des monastères et à l'éducation populaire de changer sinon de contenu, du moins d'atmosphère.

Ce passage d'une ignorance du monde par les paysans à une meilleure connaissance des méthodes pour maîtriser les forces obscures de la terre est bien expliqué par l'auteur anonyme des Gestes des évêques de Cambrai : « Les anciens expliquent (allusion à Cicéron) les causes de la construction des villes de la manière suivante. D'abord, les hommes erraient de tous côtés à la manière des bêtes sauvages. Ils n'étaient régis par aucune coutume, ni par une culture, ni par la raison du maître et ils ne savaient rien d'humain ou de divin. A cause de cette erreur et de cette ignorance, la volonté de puissance téméraire et aveugle épuisait, avec l'aide de vassaux pernicieux, les forces physiques, pour sa propre satisfaction. Ces hommes, disent-ils, se rassemblèrent pour élever des fortifications urbaines et apprirent à respecter la fidélité et à pratiquer la justice. Ils apprirent à obéir à la volonté des autres… Ce ne fut point vilenie ou absurdité que de rendre doux et apprivoisés ces hommes, cachés dans les champs, sous leurs chaumes, au fond des bois, et de les extraire de leur sauvagerie et de leur monstruosité. »

Cette vision de l'apprivoisement de l'homme des bois a beau être attribuée aux temps primitifs d'avant Rome par notre chroniqueur, elle n'en est pas moins inspirée par le spectacle qu'il vient d'avoir sous les yeux, celui des grands défrichements et de la construction des châteaux et des premières grandes églises. Il a raison de dire que cela n'a pu se produire que par une nouvelle attitude, une nouvelle culture.

Peut-on parler cependant de culture et d'éducation quand le monde rural n'est pas touché par l'école et qu'il demeure analphabète ? Je réponds nettement par l'affirmative. Nous avons déjà pris en considération la culture orale des Gaulois et des Germaniques. Elle continue durant les deux siècles des grands défrichements, des XIe et XIIe siècles. Mais elle se modifie sous l'effet du christianisme. Elle change encore plus, parce que cette école de la vie qu'est la nature cosmique, par les résistances ou les cadeaux qu'elle apporte à l'homme, lui apprend des lois immuables et des arts de vivre permanents. Rien n'est plus difficile à l'historien que de saisir cette culture populaire et cet apprentissage du paysan médiéval qui constitue la majorité, pour ne pas dire la quasi-totalité du monde médiéval. Cependant, il est relativement possible d'en dire quelques mots grâce à de récentes fouilles archéologiques ou aux dernières études folkloriques et ethnologiques. Culture matérielle et culture orale peuvent s'épauler. Essayons donc de feuilleter le grand livre de la nature qui s'offrait à l'homme de la terre et écoutons avec lui les contes merveilleux qui lui enseignaient une certaine sagesse. Nous verrons qu'ils forment le fond de tout un comportement qui n'a commencé à disparaître qu'au cours de notre XXe siècle, tellement ils furent prégnants.

L'azur et le ciel sont les premiers éducateurs du cultivateur et du berger. La course apparente du soleil lui révèle l'heure de la journée, sa hauteur au-dessus de l'horizon, la saison dans laquelle il se trouve. Sa bienfaisance est inéluctable comme le retour des saisons. La chute des feuilles et la neige de l'hiver ne sont que l'annonce, plus ou moins différée, du retour du printemps et d'une nouvelle génération à venir. Le temps est perçu comme cyclique. Ainsi s'ancre, dans l'esprit du paysan, le mythe païen du retour éternel.

L'Eglise, malgré tous ses efforts, ne peut faire entrer dans sa tête le sens d'un temps linéaire, avec un commencement, un milieu et une fin. Le temps ne s'écoule point. Il revient sans cesse et la mort est compensée par la naissance. Aussi les clercs ont-ils vainement essayé de christianiser le nom des jours de la semaine. Lundi est toujours le jour de la lune, mardi celui de Mars, mercredi celui de Mercure, etc. Quant aux mois, il n'en fut même pas question. Le calendrier des travaux agricoles reste inchangé depuis les origines gallo-romaines. Au tympan de Saint-Ursin de Bourges, les douze mois de l'année commencent par février avec l'homme qui se réchauffe les pieds devant son feu et se terminent par janvier, le mois de Janus où le même individu répare ses outils après avoir successivement ramassé le grain, la laine et la viande de porc nécessaires à sa survie. Seules ont disparu les scènes méditerranéennes. La boucle est bouclée en un incessant recommencement. D'ailleurs, plus haut, les quatre fables populaires mettant en scène compère Renard enseignent que les trois âges de l'homme sont eux aussi marqués par un incessant recommencement et une terrible lutte pour la vie.

De même que le spectacle du tympan, l'observation de la nuit apportait aussi au paysan cette notion d'éternel retour. Les allées et venues périodiques de l'obscurité et la contemplation de la voûte étoilée provoquaient d'autant plus la révélation d'un monde infini et transcendant que les étoiles et les constellations la parcouraient de manière régulière. Ils n'étaient pas sans avoir remarqué qu'une seule étoile fixe, la Polaire, ordonnait cette sorte de coupole, et que la Grande Ourse, par exemple, s'y déplaçait sans en sortir, alors qu'Orion réapparaissait en avril et Sirius en août. La ligne de l'horizon était comme la zone de partage, l'obstacle que franchissaient, en un lent et dramatique effort, tantôt le soleil, tantôt les étoiles.

De même, les phases de la lune et sa révolution régulière de vingt-huit jours les incitaient à faire un parallèle, souvent même à établir un lien de cause à effet, avec le cycle féminin. Ils repoussaient ainsi les mystères du deuxième sexe du côté de la nuit et des forces sataniques. Opposant le soleil à la lune, ils acceptaient comme une fatalité la supériorité de l'homme sur la femme. Ainsi leurs esprits s'imprégnaient de l'inéluctabilité de la naissance, de la vie et de la mort. Le balancement cyclique de la fin et du recommencement s'inscrivait dans leur subconscient comme une plaque photographique dont on aurait laissé l'obturateur ouvert toute la nuit, en un cercle sans cesse reparcouru. De même, les architectes romans construisaient leur coupole à la manière d'une demi-sphère céleste. Par quatre fenêtres ou plus, judicieusement placées, ils suggéraient, grâce aux pinceaux lumineux qui balayaient lentement l'intérieur de la voûte, le lent et éternel mouvement de l'univers. Ainsi, l'éternité s'imposait aux dépens du temps.

Il n'était guère possible d'apprendre à lire l'heure. Les cloches des monastères avaient beau appeler les moines aux offices canoniques de laudes, matines, prime, tierce, sexte, none et complies, elles ne sonnaient jamais tout au long de l'année au même moment de la journée. Celle-ci, en effet, était officiellement divisée en douze heures de jour et douze heures de nuit. Les heures diurnes étaient comptées à partir du lever du soleil jusqu'à son coucher. La durée d'une heure n'était donc point fixe. Elle variait selon les saisons. Ainsi, prime, la première heure, commençait en été à quatre heures vingt-sept minutes et à sept heures trente-trois en hiver. Du coup, chaque heure se promenait littéralement dans l'année sur environ trois heures.

Le temps était élastique. A la limite, loin des cloches conventuelles, il n'était même pas perçu.

Ces hommes perdus sous leurs chaumières, au fond des bois, comme disait le chroniqueur des Gestes des évêques de Cambrai, ne pouvaient donc pas dominer ni appréhender le temps. Ils savaient encore moins vaincre la nuit et l'espace. L'opacité est leur lot quotidien, car non seulement ils s'éclairent difficilement après le crépuscule, à l'aide de lampes à huile ou de chandelles ou bien à la lueur du foyer, mais en plein jour, leur demeure sans fenêtre reste encore dans la pénombre. Ainsi, pour lutter contre l'angoisse sécrétée par l'inconnu et l'obscurité qui donnent libre cours aux forces mauvaises, les clercs entretiennent-ils dans ces cavernes sombres qu'étaient alors les premières églises romanes de véritables brasiers de cierges auprès des autels. Leurs énormes dépenses en faveur du luminaire ont pour but d'enseigner que le Christ est lumière. Certes, cela ne va pas sans inconvénient et nombreux furent les incendies issus de pareilles imprudences. Mais ces maisons de clarté habituèrent les esprits des fidèles à l'idée quelque peu simplifiée que le salut vient du jour et la damnation de la nuit.

La culture populaire est d'autant plus confinée dans la sphère du mal que les paysans ne dominent ni le temps ni l'espace. Celui-ci étouffe l'homme par sa végétation touffue dans le Nord ou ses garrigues sans cesse recommencées dans le Midi. N'oublions pas encore une fois que le sauvage est l'homme des bois (*silvaticus*, qui a donné sauvage, vient du latin *silva* : le bois). Partout, les terres incultes l'emportent, que ce soit la forêt, le marécage, la lande ou le maquis. Le paysage que présente alors la France est encore celui de la Gaule Chevelue, un crâne couvert de touffes forestières où seule la calvitie des Causses pose une tache blanche. Çà et là, quelques clairières de culture à peine visibles laissent deviner la présence de l'homme.

Il lui faut connaître surtout les secrets des bois profonds, repaires de brigands, de loups et de sangliers. Mais là aussi se cachent les fruits et le gibier, indispensables à sa nourriture. Qui plus est, il doit savoir y trouver, outre les zones de passage des bêtes à piéger, son propre chemin. Pour traverser certaines forêts, il faut jusqu'à cinq jours de marche. Domaine de l'inconnu et de la peur, la forêt est donc le théâtre principal des tragédies qui hantent la mémoire collective. Elle est une punition, car lieu de danger, de solitude et de mort. Elle est la nuit non plus temporelle, mais spatiale. On comprend que notre chroniqueur des évêques de Cambrai considère que le critère du passage de la nature à la culture réside dans l'apprentissage de la vie en commun. Tous les cauchemars de l'homme obligé de vivre dans les bois pour sa survie sont peuplés de monstres, de géants et de divinités tantôt maléfiques, tantôt bénéfiques. Seuls les vieux mythes celtiques ou germaniques que l'on raconte à la veillée sont là pour lui apporter une réponse dans sa solitude.

La liturgie chrétienne est, comme nous l'avons vu, désormais intégralement cléricale. Elle enseigne aux paysans la passivité : persévérance, obéissance, observance. Lorsqu'une nouvelle église est consacrée, tout le peuple est invité. Mais le pontifical romano-germanique qui règle cette très longue cérémonie qui devait impressionner les fidèles, en particulier par l'abondance des grands cierges, insiste sur l'aspect terrible qu'acquérait la nouvelle demeure du Seigneur. De même, lorsqu'ils étaient convoqués à une excommunication publique, on leur enseignait, en un long prône, que l'excommunié était passé au diable, abandonnant la promesse de son baptême. C'était le seul cas de prédication vraiment populaire en dehors du sermon de la messe. L'évêque devait expliquer la rigueur de la sanction.

Il n'est même pas question de la miséricorde de l'Eglise mais de l'énergie dans le châtiment. Le prédicateur affirmait avec assurance que l'excommunié était déjà retourné véritablement au paganisme et qu'il était l'objet de malédiction. Enfin, la cérémonie se terminait sur un geste terrible, qui frappait les imaginations : les douze prêtres entourant l'évêque jetaient à terre leurs grands cierges allumés, les piétinaient pour les éteindre et rentraient dans l'église qui refermait ses portes, laissant expirer sur la place vide les dernières mèches fumantes. Pour tous ces paysans, venus de loin, la lumière n'était plus pour quelqu'un. De telles cérémonies renforçaient cette impression d'un Dieu terrible et lointain, d'autant plus que, malgré la fréquence des oratoires dans les campagnes, la possibilité d'y célébrer la messe en était formellement exclue.

Les autres actes liturgiques auxquels pouvait assister l'homme des campagnes laissaient souvent intactes les vieilles croyances païennes. La prière pour la tonte de la première barbe du jeune homme le félicitait pour son entrée dans la vie adulte. La bénédiction de l'étendard d'une armée, ou pour l'armée elle-même, et les différentes prières pour le jugement par le fer rouge, les ordalies, les jugements de Dieu, les femmes enceintes ou stériles, tournaient toutes autour des préoccupations fondamentales des rustres : apprivoiser les forces brutes de la nature pour qu'elle apporte la victoire et la fécondité. Ces recettes religieuses étaient encore en grande partie imprégnées de magie. Au total, baignant dans une atmosphère pré-chrétienne, ou vaguement chrétienne, les paysans sont au fond les victimes d'une nature marâtre, qui les soumet aux dures lois d'un temps et d'un espace aux limites et aux pouvoirs inéluctables et infinis. L'Eglise elle-même n'avait pas atteint leur conscience. Le grand livre de la nature restait scellé, mystérieux et écrasant.

Puis lentement il s'ouvrit et révéla ses secrets et ses richesses. De multiples facteurs entrent alors en jeu pour déclencher, durant les XIe et XIIe siècles, un vaste mouvement de défrichement des terres incultes. Il n'est pas de notre propos de l'exposer. Mais il nous importe d'en voir les résultats sur le monde rural. Désormais, il pose un œil neuf sur la terre. Les essarts et leurs incendies savamment dirigés ont permis de semer des graines sur les cendres, entre les souches encore debout des géants foudroyés des forêts. La nature marâtre se change en mère féconde. Les champs s'élargissent et bientôt se rejoignent. L'horizon s'ouvre. Le paysage prend une allure peignée et soignée. Les limites reculent et paraissent même disparaître. Les contraintes et l'angoisse laissent la place à l'esprit de conquête le plus fou et à l'optimisme le plus irraisonné. La multiplication des hommes et des ressources fait craquer les contraintes familiales et les enseignements des vieux parents. Désormais, l'homme seul n'a plus peur de l'inconnu. Les familles conjugales se multiplient aux dépens des familles patriarcales. Des individus se regroupent pour fonder des communautés villageoises neuves. On s'éduque par soi-même. On discute ensemble les règlements auxquels chacun se soumettra. Bref, un brassage considérable agite les populations, renouvelle leur expérience et les mène soit aux assemblées du village, soit aux réunions des communes urbaines. C'est l'époque des « noveltés » honnies par les clercs.

On comprend que dans ce grand mouvement qui porte le paysan en avant, il échappe à ses anciens maîtres, seigneur, curé de village ou moine du plus proche monastère. Comme la construction des nouvelles églises ne suit le rythme des essarts qu'avec retard, et que l'enrichissement subit, la fluidité sociale ou les nouveautés inconnues lui posent des problèmes moraux ou techniques, il va se chercher de nouveaux maîtres. Rares sont en effet les autodidactes qui ont suffisamment de personnalité pour se guider seuls, tel ce paysan qui, à force de vendre son pain en surplus, finit par devenir boulanger dans la plus proche ville. On ne s'improvise pas artisan ou marchand. On ne supporte pas le choc moral provoqué par les changements sans s'inquiéter. Aussi trouve-t-il bientôt deux maîtres inattendus : l'ermite et la route.

Dès 1050, en effet, certains esprits furent frappés par l'élargissement des possibilités humaines qu'offraient les défrichements et la construction des villes. Face à cette nouvelle puissance, il fallait répondre aux problèmes moraux et religieux qu'elle posait. La richesse était dangereuse pour la foi. Aussi des ascètes gagnaient-ils les déserts forestiers pour vivre la pauvreté et enseigner les vertus sociales à ceux que menacent les vices de ce monde et souvent aussi l'hérésie. Comme les paysans qui deviennent libres en fuyant la seigneurie, ils cherchent, eux aussi, à découvrir une vraie liberté. Prière et travail manuel sont leur leitmotiv.

Dans leur hutte, ils font de la vannerie. Ils aident les boisilleurs qu'ils rencontrent, charbonniers ou bûcherons. Ils s'occupent des marchands qu'ils aperçoivent sur le bord de la route, leur offrent l'hospitalité. Bientôt des disciples arrivent aussi et s'installent autour d'eux dans la clairière défrichée. Vers 1090, Bernard de Thiron s'installe aux confins de la Normandie et du Maine. Il attire à lui des forgerons, des bûcherons, des sculpteurs, des orfèvres, des peintres, des maçons, des vignerons et des cultivateurs. Son action est même autorisée par les réformateurs grégoriens et le pape Urbain II accorde à cet ancien abbé de Saint-Cyprien de Poitiers une licence de prêcher. Ce fut aussi le cas du célèbre Pierre l'Ermite.

Ainsi apparaît, en ces époques de fluctuations, un nouveau maître pour les masses populaires. Lié à l'autorité ecclésiale par un strict minimum institutionnel, l'ermite est le pédagogue des paysans en rupture de ban, des chevaliers mis hors la loi, des serfs évadés et autres criminels en fuite. Habillé d'un vêtement noir ou bien d'une étoffe de laine non teinte, il ne se tond pas en signe de pénitence. Il porte cheveux et barbe longue. Il marche à genoux et pieds nus. Il vit dans des lieux souvent affreux ou bien, afin de n'être jamais installé, il voyage pour prêcher, souvent juché sur un âne. Et chacun s'empresse, au passage, d'arracher une touffe de poils à la pauvre bête pour en faire des reliques.

Le message transmis enthousiasme en effet les auditeurs. Il crée effectivement une nouvelle spiritualité populaire qui prend appui sur l'ancienne. Face aux forces puissantes du mal, il somme chacun de penser à son salut ; il prend à partie chaque homme du peuple pour le pousser à la véritable conversion. Pour cela, il faut suivre le Christ et faire pénitence. Véritable pénitent lui-même, l'ermite invite à l'imitation du Christ. Il réhabilite le travail manuel, mais discrédite l'argent. Il va même jusqu'à repousser l'habitude clunisienne des belles cérémonies. Les ermites de l'Artige en Limousin refusaient de chanter des messes et de faire des processions.

Mettant ainsi sur le même plan Marthe et Marie, l'action et la contemplation, ils cherchent sans arrêt à faire sortir le peuple d'Egypte pour qu'il entre au désert et fasse pénitence. Marie-Madeleine, la pécheresse repentie, saint Jean-Baptiste, le premier ermite, saint Michel, l'archange du Jugement dernier sont les patrons de ce nouveau peuple en marche. Ainsi n'enseigne-t-on plus à ces foules la vénération des reliques, malgré leur désir habituel d'en créer toujours, mais au lieu d'une pratique statique, un mouvement et une marche en direction du Christ. Ainsi l'ermite réforme-t-il la chrétienté par la base.

Cette éducation populaire, adaptée à des groupes humains en pleine ascension sociale, eut des résultats nets. En 1083, six chevaliers pillards de la région d'Alost en Cambrésis furent convertis par un prédicateur errant. Ils revinrent sur les lieux de leurs crimes et créèrent, dans le désert forestier d'Aflighem, une communauté où ils priaient, travaillaient de leurs mains et accueillaient des voyageurs qui circulaient sur la grand route voisine. Bientôt accoururent, pour vivre avec eux, des hommes, des femmes et même des familles entières. Vers 1100, ils comptaient déjà 230 personnes. Vers 1090, quelques ermites s'installèrent au cœur de la forêt d'Arrouaise et créèrent un ordre qui se développa jusqu'à la Révolution. Toujours en Cambrésis, Aybert se convertit à la vie solitaire en écoutant chanter une complainte populaire décrivant la vie de reclus du comte Thibaud de Champagne mort en Italie en 1066. Ici, le jongleur prit le relais de l'ermite. Beaucoup d'autres cas seraient à citer, mais il importe surtout de voir comment les ermites furent les propagateurs d'un type de vie chrétienne populaire.

Ils furent aussi ceux qui lancèrent les foules sur les routes de Jérusalem. Lorsque Urbain II prononça en 1095 à Clermont-Ferrand un sermon appelant à une expédition pour délivrer l'Orient chrétien, il ne s'attendait certainement pas à l'explosion et à l'épidémie de départs qui se produisirent. Là où il ne prévoyait qu'une simple expédition militaire, surgit un peuple en marche sous la direction de Pierre l'Ermite. Effectivement, seule une culture populaire, faite à la fois de folklore, d'épopée et de sermon explique qu'il se soit jeté sur les routes. Certes, le pèlerinage était depuis longtemps l'apprentissage d'un dépouillement de soi. Mais avec les récits du voyage de Charlemagne à Jérusalem, avec surtout les prédications réformatrices et eschatologiques des ermites, l'esprit populaire était désormais ouvert à tout appel d'apparence extraordinaire.

De même que Charlemagne était présenté par le conteur épique siégeant après sa mort aux côtés du Christ, de même crurent-ils qu'eux-mêmes seraient « élus » s'ils arrivaient à Jérusalem avant l'antéchrist. Parmi ceux qui suivirent Pierre l'Ermite, certains étaient persuadés qu'il était détenteur d'une missive tombée du ciel contenant un message que lui seul connaissait. L'écrit magique jouait ainsi un rôle primordial auprès d'une population analphabète. Le monde n'était plus opprimant. Il l'appelait à l'aventure, telle cette femme des bords du Rhin qui se mit à suivre une oie qui l'emmenait de toute évidence à ses yeux vers la Terre sainte ! A de tels détails se mesure le changement de mentalité dans une nature domestiquée qui s'ouvre aux appels d'une libération par le voyage et la pénitence collective. Est-il possible dans ces conditions de mieux saisir la manière dont était élevé et éduqué un de ces jeunes paysans contemporains des grands défrichements ?

En l'absence totale de documents écrits concernant cette question, il faut avoir recours aux sources fournies par l'archéologie. Très récemment, les fouilles subaquatiques pratiquées dans les eaux du lac de Paladru, entre Lyon et Grenoble, ont permis de mettre à jour les sites de cinq villages neufs de la fin du XIe siècle. Noyées brusquement par un éboulement qui a fait remonter le niveau des eaux, les installations humaines sont restées intactes et nous offrent le spectacle d'une vie rurale bien différente de celle des siècles précédents en effet, par l'indéniable prospérité qu'elles révèlent. Nous sommes dans une région frontalière entre la Savoie et le Dauphiné, loin de tout pouvoir politique, ecclésiastique ou même seigneurial. Les châtellenies appuyées sur des mottes féodales ne sont pas encore officialisées. La nature sauvage va ouvrir son sein généreux aux nouveaux arrivés.

Suivons le jeune paysan qui vient s'installer avec d'autres compagnons sur ces terres vierges. Il lui faut d'abord apprendre à manier la cognée pour abattre de grands chênes. Il en tire des madriers de 10 à 12 mètres de long, simplement ébranchés. Il les empile les uns sur les autres, à angles droits et les maintient par des pieux verticaux. Ces derniers, eux, sont équarris grossièrement à l'herminette, outil qui demande une nette habileté manuelle. Sur ces bases quadrangulaires, et sur ces pieux qui servent de piliers, le bûcheron devenu maçon élève des murs en pisé, faits de terre d'argile et de gravier mélangés, moulés dans des coffrages. Il ajoute un étage, fixe des cloisons de clayonnage pour séparer les pièces et enfin pose un toit de chaume à deux pans, avec ouverture centrale pour laisser passer la fumée du foyer. Ce dernier est disposé sur une masse d'argile enfermée dans une chape de bois carrée. Un manteau de bois conduisait la fumée vers le haut.

Mais en revanche, toujours pour se protéger des intempéries et du froid, notre maître d'œuvre improvisé ne posait aucune fenêtre à sa maison. A l'intérieur, il devenait menuisier et fabriquait coffres, tables, bancs et berceaux, les sculptant même au couteau, ou bien par pyrogravure, il les ornait de frises à feuilles ovales à nervure centrale. Là encore, il lui fallait apprendre toutes les techniques du travail du bois : chevilles, mortaises et tenons, entailles en utilisant comme outils des ciseaux à bois, des gouges, des vrilles, des scies, des haches, des herminettes et des couteaux. Au total, plusieurs maisons se regroupaient près d'une plage du lac, séparées des terres par une clôture faite d'écoinçons fichés en terre et bordés par un quai grossier de pieux renforcés de galets de quartzite. L'installation humaine était donc toujours imprégnée de méfiance envers l'environnement.

Effectivement, elle abritait dans une partie des maisons l'étable, ainsi que des plates-formes protégées par l'auvent des toits où séchaient les fourrages et les produits des récoltes. Nos défricheurs paraissent en effet pratiquer surtout l'élevage et la cueillette et beaucoup moins l'agriculture, même si la présence des faucilles, d'un four et d'une pelle à pain révèlent que les céréales et les légumes secs étaient cultivés. Les jeunes allaient garder de nombreux troupeaux de cochons dans les bois, ou de moutons et de chèvres sur les pâtures. Pour les retrouver dans les montagnes voisines, ils sonnaient avec des trompes d'appel en céramique. Les adultes leur apprenaient à manier les forces, ces incommodes ciseaux de l'époque pour tondre la laine des ovins. L'activité essentielle qui ne nécessitait guère d'apprentissage était la cueillette. Il fallait d'abord ramasser pour le bétail fourrage et glands. On allait cueillir noix, noisettes, châtaignes, cèpes et mousserons que l'on conservait pour l'hiver à venir. L'abondance des noyaux de cerises, de prunes et de pêches, des pépins de pommes, de poires et de raisins qui ont été découverts prouve combien l'alimentation a changé. Elle est désormais beaucoup plus riche, car le paysan n'hésite plus à s'aventurer dans les sous-bois et les halliers pour y prendre des plants sauvages qu'il veut greffer. La nature lui ouvre maintenant tous ses trésors.

En revanche, il a besoin d'un long apprentissage pour devenir pêcheur et chasseur. Lancer le filet armé de flotteurs en écorce, surprendre le poisson fuyant, l'œil aux aguets en le transperçant subitement d'un coup de foène, nécessite précision du geste et ampleur du mouvement de bras. Il y faut du temps et de l'entraînement. De même, il doit s'exercer longtemps à manier l'arc et les flèches à pointe pyramidale et il lui faut un certain âge pour bander l'arbalète à la violente détente. Il commence à tirer le canard, quelques échassiers, des oiseaux, des renards qui rôdent autour des clôtures pour surprendre la volaille. Le dernier stade arrive avec la poursuite du gros gibier. Il apprend à tuer le cerf ou le sanglier à l'aide d'une lance ou d'un épieu à pointe de fer avec douille. La force, le courage, la violence sont toujours des qualités à conquérir même si la lutte pour la vie est moins dure qu'auparavant.

En somme, notre jeune pionnier doit apprendre à savoir tout faire de ses mains. Et déjà les besoins de la communauté le poussent même à se spécialiser. La division du travail existait certainement pour le forgeron qui fabriquait outils et armes. Il savait même plaquer d'argent les ornements de ceinture et les pièces de harnais et ciseler les clés qui fermaient portes et coffres. Le potier tournait de nombreux pots de forme globuleuse avec un large col, les marquait de motifs estampés. Il retrouva même l'ancienne technique de la glaçure au plomb qui donne à ses produits une couleur verdâtre et opaque.

Son rival, le tourneur sur bois, avait beaucoup plus besoin d'habileté manuelle que de connaissances techniques. Il fabriquait des assiettes et des plats en bois tendre, des cuillères en érable ou en noyer et même des peignes en buis. Il savait aussi monter des tonneaux avec bondes et robinets à vis en bois. Nulle part le clou n'était employé, preuve de l'existence de traditions artisanales léguées de père en fils, car le fer n'était pas rare dans la région. Enfin les peaux étaient dégraissées et préparées à l'aide de racloirs à manche, découpées, cousues avec du fil à l'aide d'alènes en fer ou en os. Le travailleur du cuir, à la fois bourrelier, sellier et cordonnier, fabriquait des harnais, des lanières et des chaussures pointues, assemblées sur des embauchoirs en bois gravé que les fouilleurs ont retrouvés.

Les besoins les plus fondamentaux, la nourriture et le vêtement, étaient probablement assurés par les femmes. Chaque mère apprenait à ses filles à entretenir le foyer, à broyer les aliments sur de petites meules à bras en quartzite, à les cuire dans les poêles en fer à long manche, ou à tourner la soupe dans la marmite avec des cuillères en bois longues de presque un mètre. Elle leur montrait comment, après avoir fait rouir le chanvre ou le lin, le broyer avec un écouchoir en bois pour en séparer les fibres.

Le moindre temps libre était occupé à filer lin, chanvre ou laine à l'aide de quenouilles sculptées, de fuseaux en bois tourné et de fusaioles, sortes de rondelles en bois percées d'un trou. Ce travail de patience nécessitait l'apprentissage de gestes dissymétriques : tandis que la main droite tordait le brin entre le pouce et l'index pour en faire un fil, la main gauche devait tourner le fuseau sans arrêt, entre le pouce, l'index et le majeur. Enfin, de nombreuses pièces de métier à tisser prouvent que les femmes devaient apprendre aussi à manier, accroupies sur le sol de terre battue, la navette qu'elles lançaient de droite à gauche et de gauche à droite pour relier le fil de chaîne aux fils de trame et produire de longues pièces de tissu. Avec ces dernières elles confectionnaient les pièces essentielles de l'habillement.

Ces hommes, dressés à tout faire, abondamment pourvus du nécessaire, passaient facilement de la chasse à la grosse bête au métier guerrier. Ces paysans bûcherons, à la cognée haut levée, éleveurs égorgeant leur bétail en un tournemain, étaient aussi des cavaliers. Leurs jeunes gars apprenaient certainement à ferrer de petits chevaux nerveux, à leur poser un mors, à leur piquer à bon escient les flancs de leurs éperons, à les harnacher, les bouchonner et les étriller. Non seulement ils apprenaient ainsi l'équitation, mais ils s'entretenaient aussi à manier la lance et l'épée. De même qu'il existait des associations de jeunes apprenant à tirer à l'arc dans tous les villages, de même trouvons-nous chez ces rustres enrichis la preuve qu'ils s'entraînent à la guerre et qu'ils vont remplir les rangs des futurs chevaliers dont nous reparlerons plus loin. Grâce à l'abondante mère nature, le paysan s'élève lui-même, insensiblement, vers un genre de vie noble. La présence de nombreuses monnaies de bon aloi prouve qu'il ne vit plus replié sur lui-même et qu'il est habitué aux échanges. Il n'est plus courbé par la nécessité. Il vient d'apprendre à dominer le monde. Pourquoi n'aspirerait-il point plus haut ?

Cette impression de libération se vérifie à la découverte des objets qui démontrent que sa culture, bien que toujours non écrite, reflète la joie de vivre. Une flûte en bois à huit trous, un chevalet de vièle montrent qu'il savait danser et jouer de la musique. Il pratique même le jeu d'échecs, jeu propre aux nobles s'il en est. Certes les pièces ne sont pas en ivoire, mais en saule, sculptées au couteau et les pions sont légèrement arrondis en dôme. Il joue aussi à une espèce de jeu de dames avec des pions circulaires, plats, « blancs » ou « noirs », selon la couleur du bois, ou bien encore aux dés. Bref, tout cela suggère chez nos pionniers enrichis loisirs, détente et moments heureux passés à se raconter légendes et belles histoires. Ici, nous entrons maintenant, après l'apprentissage manuel, dans celui de la formation de la culture rurale de ces hommes et de ces femmes maîtres de nouvelles terres.

Nous avons remarqué qu'une certaine permanence marquait l'apprentissage du travail manuel des paysans. Il doit savoir tout faire pour mieux vaincre cette nature jusqu'alors rebelle, en proie aux forces mauvaises. La spécialisation et la division du travail, nouveautés indubitables, viennent d'apparaître, mais ne peuvent vraiment s'épanouir qu'en ville, comme nous le verrons plus loin. De même cette impression de permanence dans un certain changement caractérise les récits et les contes qui tenaient lieu d'enseignement et d'explication des mystères du monde. Véhiculés par la mémoire, ils étaient chantés, racontés, et expliqués au coin du ſeu, formant ainsi toute une sagesse transmise de génération en génération sans que l'on sache très bien ce qui séparait le vrai de l'affabulation et le fantastique de l'inexplicable.

Le conteur est en effet un véritable professeur de sagesse. Il possède à fond ces techniques pédagogiques que sont la répétition ternaire qui fait mieux se souvenir, les refrains d'introduction et de conclusion (et barri-barra le conte est fini là), le sobriquet pittoresque (Geoffroi Plantevelue, c'est-à-dire poil aux pattes), les couples d'amis antithétiques (Roland, le guerrier irréfléchi, Olivier le Preux, sage) et surtout la personnalisation dans le récit : « Et moi aussi, j'y étais, on m'a donné une petite miche de corne et un grand coup de pied dans le derrière, je m'en souviens encore. » Le récit vécu s'intègre aussitôt à la mémoire collective. Le mépris pour le temps historique, la confusion entre homonymes font que l'invention immédiate prend valeur d'éternité.

En ce début du XIIe siècle, gras et profitable, où tout ce qui rentre fait ventre, comme dit le proverbe, le mythe du pays de Cocagne prend probablement naissance. De même a lieu une nouvelle élaboration des traditions folkloriques par une christianisation ambiante qui cherche à les vider de leur paganisme toujours latent. Pour l'Eglise, la culture rurale et guerrière transmise par oral était particulièrement dangereuse, parce qu'elle sacralisait, nous l'avons vu, la fécondité et la violence. Or, au cours des XIe et XIIe siècles, légendes épiques et folkloriques se mettent à pulluler parallèlement à cet essor des chevaliers et des ruraux, avant de finir par être mises par écrit, les premières au XIIIe siècle, les dernières enfin aux XIVe et XVe siècles.

Nous ne les connaissons ainsi que sous leur vêtement chrétien, mais il est possible cependant d'apercevoir, derrière l'interprétation, le visage à peine voilé des paganismes gallo-romain, celtique et germanique.

Les chansons de geste visaient certes à rafraîchir les mémoires pour leur rappeler le passé, mais elles le faisaient de manière à frapper surtout le cœur et l'imagination. Les situations sont simples et mettent en scène des personnages qui défendent le bien contre le mal, que ce soit Charlemagne, Guillaume d'Orange ou Gérard de Vienne, face aux musulmans. Ces derniers sont honnis et présentés comme des païens, des adorateurs d'idoles, en particulier « Mahom et Tervagant ». Si le premier peut être facilement identifié avec Mahomet et si sa présentation prouve l'ignorance simpliste des hommes du Moyen Age sur la nature réelle du fondateur de l'Islam, en revanche, le deuxième nom recèle indubitablement le souvenir d'un authentique dieu gaulois, Tarvos Trigaranos, le taureau aux trois grues, symbole de la violence fécondante, précédée d'une triade protectrice. Cette divinité aux trois grues devait exister dans le sanctuaire anté-islamique de la Kaaba de La Mecque (*gharaniq*).

Aussi le merveilleux païen est-il toujours présent dans l'épopée, tandis que le surnaturel chrétien est comme plaqué sur la mort des héros que les archanges Michel ou Gabriel viennent aider dans leurs derniers moments. On a pu repérer quatre-vingt-six prières parmi les différents cycles épiques français. Elles révèlent que la seule véritable influence chrétienne est celle de la liturgie des défunts avec l'espoir du salut par la confession des péchés. Mais la majorité de ces implorations concernent beaucoup plus le héros que le saint. L'honneur, la fidélité, le courage inlassable, la vénération envers l'épée qui ne doit pas tomber dans les mains des ennemis et le refus de fuir constituent tout un code du guerrier que l'on retrouve aussi bien chez Roland que Huon de Bordeaux, Renaud de Montauban ou Raoul de Cambrai.

L'épopée enseigne les sentiments forts et simples, la haine du traître et du menteur. Enfin et surtout, et cela est caractéristique d'une époque qui refuse la fatalité et le destin, elle ne laisse impunie aucune défaite. Il n'y eut aucune trahison lors de la catastrophe de Roncevaux. Pourtant l'imagination populaire ne put tolérer de voir cette catastrophe impunie, ni imputée à l'impéritie de Charlemagne. Elle inventa de toutes pièces un traître, le fameux Ganelon, et fit arrêter le soleil par le grand empereur, nouveau Josué, pour qu'il puisse prendre Saragosse et même Cordoue. L'opposition entre le bien et le mal va même très loin dans Gormond et Isambart qui présente un chevalier renégat, assoiffé de violence. Il fait couler le sang partout sur son passage et ne se réconcilie avec Dieu que sur son lit de mort. De pareils récits correspondaient aux goûts du temps et influençaient certainement les jeunes chevaliers issus de nos paysans conquérants de la terre, ivres de leur récente prise de conscience, de leurs forces neuves.

L'épopée avait un double public, rural et noble. Très vite elle fut aspirée vers les hautes couches sociales et couchée par écrit malgré l'hostilité du clergé. Dès le milieu du XIIe siècle, elle se laisse absorber par le roman. En revanche, le conte folklorique, les mythes explicatifs païens, courent sous les toits des chaumières sans que l'effort de christianisation morde sérieusement sur leur contenu. Certes, on ne peut s'en apercevoir qu'en utilisant une documentation postérieure au XIIe siècle ; mais elle nous permet de pratiquer une analyse régressive. Et dans bien des cas, il devient évident que, faute d'avoir pu enseigner un monde rural en pleine expansion, l'Eglise a laissé remonter à la surface de la mémoire collective toute une série d'explications païennes dont nos modernes contes de fées sont les héritiers abâtardis. Ils ne s'adressaient point comme aujourd'hui à l'imagination enfantine, mais fournissaient aux adultes tout un système du monde destiné à les rassurer et à leur en assurer la maîtrise.

Tous les paganismes indo-européens font intervenir des serpents ou des dragons dans leurs mythes. Au contraire de la bête à sept têtes, monstre infernal incarnant la mort et la destruction comme toutes les divinités crachant le feu par leurs langues et leurs gueules (voir ce que j'en ai dit à propos du paganisme gaulois), le serpent à la queue sans cesse agitée de replis est un génie fécondant, porteur de bonheur. Très tôt, le christianisme a eu beau l'identifier à Satan, l'esprit du mal, en le faisant transpercer par saint Michel ou tuer par saint Georges, il n'a pas pu venir à bout du dragon protecteur ou bénéfique. Le dragon n'est identifié au péché que sur les chapiteaux romans et les tympans gothiques. Ailleurs, dans certaines vies de saints, dans la légende celtique de Merlin l'Enchanteur, les romans arthuriens ou dans les processions urbaines qui nous sont connues au XIVe siècle, les dragons sont des créatures bonasses auxquelles on offre en sacrifice propitiatoire, comme autrefois aux temps païens, gâteaux et fruits.

Ces protecteurs des peuples et des cités qui survécurent à travers les processions des carnavals étaient en fait dans toutes les légendes des gardiens de trésors. Or, existe-t-il un thème plus populaire que celui de la chasse au trésor aux multiples obstacles ? Ainsi s'expliquent les innombrables contes qui enchantaient les veillées des chaumières où il n'était question que de dragons veillant devant une grotte ou surveillant une belle jeune fille. Et les légendes germaniques renchérissent dans le mythe du dragon gardien de la richesse. Lorsque Siegfried arrive à tuer Fafnir, il le tire de sa grotte et mange son cœur. Alors il comprend le langage des oiseaux, signe qu'il est désormais maître non seulement de la terre, mais aussi des airs et du cosmos entier.

Merlin l'Enchanteur et la fée Morgane, les géants à trois têtes, les animaux métamorphosés en monstres, tels que vouivres, chipies, dragons ou sirènes, sont tous plus ou moins les témoins déformés de vieux dieux et déesses du paganisme. Les fées sont les anciennes Fata romaines, les Parques, instruments du destin. Selon les régions germanisées ou romanisées de la France, partout, les soirs de grand vent ou bien d'ecir (tempêtes de neige), les anciens parlaient alors de la chasse volante. Appelée ailleurs Chasse au Roi Arthur ou Mesnie Hellequin, c'est une procession de soldats à cheval, de chasseurs horribles à voir et de femmes hurlant. Ils passent en un train d'enfer, revenants maudits, mal enterrés. Ce sont en fait les cortèges de la déesse germanique Holda ou bien les suivantes de la déesse de la lune, Artémis, la femme sans homme, entourée de chiens sauvages et dévorants. Beaucoup d'histoires de ce genre concernent donc soit les forces du bien, avec le dragon, soit les forces du mal contre lesquelles l'homme est impuissant. Mais il existe aussi des monstres ambivalents, attirants et repoussants à la fois. La sirène en est le prototype, belle en sa poitrine attirante, horrible en sa queue de poisson malodorante. Au cours du XIIe siècle, le folklore français mit au point le symbole et l'explication de cette nature féminine et cosmique s'ouvrant ou se fermant aux hommes, sous la forme de Mélusine.

L'histoire de cette fée était répandue partout à travers le royaume et dans bien d'autres régions qu'en Poitou et autour de Lusignan, dont la grande famille noble du même nom tenta de s'emparer pour en faire son éponyme. Les folkloristes ont prouvé qu'elle était connue en Savoie et en Dauphiné, en Auvergne, en Bretagne celtique évidemment et bien ailleurs. Ce mythe circula certainement chez nos paysans défricheurs et nos jeunes chevaliers en herbe. Il y prit chez eux sa forme définitive. Derrière la forme chrétienne que lui donna Jean d'Arras à la fin du XIVe siècle, on peut ainsi en reconstituer le thème.

Au cours d'une chasse en pleine forêt où un sanglier monstrueux vient de tuer son seigneur, un jeune chevalier rencontre une fort belle dame, en pleine nuit, près d'une fontaine. Elle lui apprend à sortir de ce mauvais pas puis à obtenir un immense territoire en friche grâce à une lanière magique en peau de cerf. Elle lui propose enfin le mariage à la condition formelle que chaque samedi, il la laisse vaquer à ses propres affaires sans s'occuper d'elle. Bientôt le couple prospère. Mélusine bâtit des châteaux en une nuit, avec l'aide d'une « dorne », son tablier ou devanteau, symbole du giron maternel. Bientôt elle donne à son époux un enfant tous les ans et toujours ce sont des garçons. Mais l'aîné avait les yeux l'un rouge, l'autre pers, les oreilles aussi grandes que les anses d'un van. Le second avait une patte de lion sur la joue gauche, toute velue. Le troisième n'avait qu'un œil, mais il lui permettait de voir jusqu'à quatre-vingts kilomètres. Un autre eut une énorme dent qui lui sortait de la bouche d'au moins trois centimètres, telle une défense de sanglier. Les deux suivants avaient, l'un une tache sur le visage en forme de peau de taupe et l'autre trois yeux. Ce dernier était si méchant qu'il tuait ses nourrices à force de leur mordre les seins.

Un jour, le mari, dont la jalousie avait été éveillée par un parent, épia sa femme le jour interdit. Il fit un trou dans la porte avec son épée. Il vit Mélusine se baignant dans un bassin : « Jusqu'au nombril, elle avait l'apparence d'une femme et elle peignait ses cheveux ; à partir du nombril, elle avait une énorme queue de serpent, grosse comme un tonneau pour mettre des harengs, terriblement longue, avec laquelle elle battait l'eau qu'elle faisait gicler jusqu'à la voûte de la salle. » Démasquée et trahie, la fée fut alors obligée de disparaître. « Alors, poussant une plainte douloureuse et un terrible soupir… elle s'élança dans les airs et se transforma en un énorme serpent long de près de cinq mètres. Apprenez que le rebord de la fenêtre par laquelle elle passa y est toujours et que la trace de son pied s'y trouve gravée. » Par la suite, elle revint souvent, tournant autour du château à plusieurs reprises, pleurant ses enfants ou un membre de la famille qui allait mourir, avec une voix de femme qui déchirait les cœurs de tous.

Ainsi la légende de Mélusine enchantait et faisait à la fois trembler les imaginations des auditeurs. Elle leur apprenait l'art de séduire la nature sauvage symbolisée par l'énorme sanglier. Déesse des eaux, de la lune et de l'accouchement, elle est la *Mala Lucina*, la mauvaise Lucine, qui fait périr les femmes en couches, mais leur donne de magnifiques garçons si les tabous qu'elle a fixés sont respectés. Pour les hommes obsédés de fécondité, chaque année, à chaque cycle solaire, l'épouse humaine enfante un nouveau héros. Ces jeunes gens, encore marqués par les instincts animaux, ont tout des bêtes sauvages par leurs tares, mais elles leur servent aussi à conquérir terres et femmes comme leur mère « maternelle et défricheuse » selon l'expression de Jacques Le Goff. Mélusine est la fée des paysans conquérants, la porteuse de richesse et de prospérité. Mais que vienne à être transgressé le tabou qu'elle a fixé, alors tout s'écroule.

Comme dans toute culture païenne, l'interdit frappant la nudité et la femme pendant ses règles est ici concrétisé par la promesse de ne jamais la regarder pendant ses ablutions revenant à intervalles réguliers. L'impur est l'envers du bonheur, la mort prend la place de la vie. Et désormais Mélusine n'apparaît plus que pour annoncer l'approche d'un décès, pour un de ses descendants, comme si elle venait le remettre en son propre sein. Le retour à l'origine est, comme le serpent qui se mord la queue, le temps cyclique qui recommence sans fin. L'éternel retour est toujours là.

Fort curieusement, cette fée qui apprend aux hommes à passer de la nature à la culture, cette patronne de l'essor économique médiéval, tel que l'ont vécu les défricheurs des bords du lac de Paladru, ne procure pas aux hommes la libération. Cette culture populaire est donc changeante, mais, malgré la grande mutation économique, elle demeure immuable. Le folklore n'arrache pas l'homme de la terre à son malheur. La notion de progrès ne peut être découverte et enseignée qu'ailleurs. La culture orale, symbolique et affective ne procure qu'une sagesse. La culture écrite, rationnelle et cérébrale apporte une science. Elle cherche non plus à savoir découvrir les recettes pour dominer le monde, mais à trouver les solutions qui vont expliquer pourquoi (et non plus comment) l'homme peut et doit maîtriser la création. La ville, création humaine, non soumise aux lois de la nature, va en être le lieu privilégié.

Le développement des écoles urbaines

L'expansion démographique, économique et sociale se concentre surtout dans les villes à cette époque. Les écoles se multiplient dans les lieux habités. Selon Guibert de Nogent, vers 1060 « on ne rencontrait pour ainsi dire pas de maîtres de grammaire dans les bourgs ; c'est à peine si on pouvait en trouver dans les grandes villes : encore leur science était-elle bien courte ». Mais, vers 1104-1112, il déclare que « la grammaire fleurit de tous côtés et le grand nombre des écoles la met à la portée des plus pauvres ». A l'en croire, il y en aurait même dans les villages, les bourgs fortifiés et les villes. Il est impossible de vérifier, statistiquement parlant, cette affirmation, mais il est sûr que les écoles presbytérales se sont multipliées dans les campagnes sans que, pour autant, chaque paroisse en soit dotée. En revanche, partout où se tenait un chapitre de chanoines, soit dans une collégiale, soit dans une cathédrale, il est certain que fonctionnait une école. Au XIIe siècle, plus d'une soixantaine de cités épiscopales en sont dotées sans préjudice de celles qui fonctionnaient dans les monastères et autres églises canoniales suburbaines.

Aussi, dans ce nouveau tour de France scolaire, ne nous attarderons-nous pas à les dénombrer. Mieux vaut montrer les plus célèbres, avec leurs maîtres les plus créateurs et, à partir principalement de Chartres, Orléans, Reims et Laon, expliquer l'irrésistible ascension des écoles parisiennes. Alors apparaîtra mieux, à propos des grandes querelles intellectuelles autour de Pierre Abélard, l'importance de l'apport monastique aux foyers d'enseignement urbain : la théologie.

En même temps, nous apercevrons l'originalité de l'école urbaine, qui découvre la nature et le monde et s'empare, grâce à la dialectique, du pouvoir doctrinal.

Il y a en général deux modes d'évolution de ces centres d'enseignement. Les uns se développent de manière continue, sous la direction d'écolâtres à la renommée locale, les autres naissent, vivent et meurent le temps que passe un maître éblouissant. Les établissements méridionaux sont dans le premier cas. Mais l'exemple de Montpellier est unique en son genre : dès 1137, l'enseignement de la médecine y est attesté. Vers 1150, ses médecins et ses pharmaciens sont célèbres tant par leur savoir que par leur cupidité. Ainsi deux synodes locaux interdisent-ils aux moines de venir y apprendre « la physique ». Montpellier devint alors aussi réputé que Salerne. Cette science pratique put s'y développer librement sous la direction de l'évêque de Maguelonne, seigneur de la ville, et grâce aux influences conjuguées des Italiens, des Arabes d'Espagne et des Juifs du pays. Cela n'empêchait pas le fonctionnement normal des arts libéraux, mais pour la théologie le niveau devait être bien faible puisqu'il fut nécessaire de faire venir Alain de Lille à la fin du XIIe siècle. Il enseigna afin d'élever le niveau intellectuel et de répondre aux cathares. Il rédigea deux ouvrages résumant sa pensée : un *Art de prêcher* et le *Contre les hérétiques*. Cela confirme donc l'impression, en dehors de l'art hippocratique, d'une médiocrité de ces foyers de culture languedocienne.

En Aquitaine, où le synode de Bourges de 1031 rappelle l'obligation pour tous les clercs, y compris les *capiscoles*, de la tonsure, chaque cité épiscopale avait probablement son école. La Bourgogne et l'Est de la France présentent à peu près le même spectacle que le Midi languedocien. Si nous passons dans la province ecclésiastique de Tours, nous retrouvons évidemment un centre célèbre : Saint-Martin, désormais englobé dans l'enceinte de la ville. La continuité des écolâtres y est remarquable. L'ancien élève de Fulbert, Bérenger, eut cette charge peu avant 1040.

Il y obtint très rapidement une réputation extraordinaire dans le domaine des arts libéraux. Il eut le tort d'appliquer imprudemment la dialectique au dogme de l'Eucharistie. A trop vouloir lutter contre une conception matérialiste de la transsubstantiation, il s'attira les critiques de Lanfranc et de Bruno de Cologne et dut se rétracter. Mais avant sa mort, en 1088, il avait eu le temps de se former de nombreux disciples qui prolongèrent ses premières impulsions littéraires ou théologiques.

Hildebert de Lavardin, après avoir été écolâtre et archidiacre du Mans, revint à Tours comme archevêque en 1125. Il fit parvenir à son apogée une pratique scolaire apparue déjà sous Fulbert, l'*ars dictaminis*. Cet art d'écrire les lettres utilise toutes les techniques de la rhétorique et imite à la perfection les auteurs classiques. Les cent sept lettres d'Hildebert devinrent un recueil appris par cœur dans les écoles. On y remarque surtout son excellente connaissance de Sénèque à qui il emprunte le goût des formules courtes et des phrases « à pointe », les sentences. Ses poèmes sont encore plus mondains. Ils révèlent à quel point il fut touché par la grandeur païenne de Rome et combien ses études antérieures l'ont marqué. Les réminiscences d'Ovide, de Juvénal et de Martial reviennent en foule sous sa plume. Ce poète latin, qui reçut le surnom d'Homère, est un bon reflet du niveau élevé des études littéraires tourangelles.

A Angers, l'écolâtre de la cathédrale dirigeait plusieurs écoles puisqu'il prit à ce moment le titre d'*archiscolaster*. Toujours à la même époque apparaît la première fondation que l'on connaisse en faveur d'écoliers pauvres. Le comte d'Anjou et sa femme firent une donation au monastère suburbain de Notre-Dame de Ronceray. Douze enfants seront nourris par le monastère qui leur donnera chaque année, à chacun, cinq setiers de seigle et un boisseau de légumes secs, outre vingt sous moins trois oboles de Tours. Le treizième, dit « le pauvre de la comtesse Hildegarde, recevra sept miches de pain blanc... ». Pour deux cent quarante jours de travail scolaire, chaque enfant disposait donc de six cents grammes de pain environ, et peut-être de cinquante grammes de pois chiches ou de lentilles. Avec un denier par jour, il pouvait compléter sa ration journalière en vin, œuf ou viande de porc. Comme toujours au Moyen Age, l'enfant est nourri de la même manière qu'un adulte. Il manque aussi, par conséquent, de protides et de vitamines. L'importance d'Angers se mesure donc à cette présence des écoliers pauvres.

Rennes et la Normandie fournirent surtout de nombreux clercs qui peuplèrent la chancellerie royale anglo-normande. Avant d'aborder les grands centres d'Ile-de-France et de Champagne, voyons plutôt l'état des écoles de cathédrales ou de collégiales dans le nord et l'est du royaume. Elles se multiplient, par suite du fort peuplement de ces régions et ne sont pas confinées aux cités épiscopales.

A Cambrai et en Flandre, elles sont très nombreuses. Liège demeure un foyer exceptionnel d'enseignement. La cathédrale Saint-Lambert entretient au XIe siècle des maîtres célèbres, dont certains disciples de Fulbert. Son recrutement scolaire est alors international. Sept collégiales au moins ont un écolâtre. Alger dirige de 1101 à 1121 l'école de Saint-Lambert, tandis que Maître Baudoin occupe la même charge vers 1140. Mais, à la fin du siècle, les écoles liégeoises ont perdu leur notoriété et n'attirent plus d'écoliers venus de pays lointains. Cette évolution, caractéristique des pays lotharingiens, fut identique à Metz, Toul et Verdun, par absence de renouvellement et trop grande fidélité au programme littéraire et allégorico-exégétique qui avait présidé à leur fondation. Malgré leurs richesses, la Flandre et la Lotharingie n'ont pu renouveler l'enseignement alors qu'elles lui avaient donné un élan incontestable aux alentours de l'an 1000.

Puisque nous n'avons trouvé de grands maîtres novateurs qu'autour du Bassin parisien, à Tours, Angers ou bien au Bec-Hellouin, force nous est donc de revenir à la couronne formée par Chartres, Orléans, Reims et Laon, autour de la capitale des Capétiens. Cela nous permettra de mieux comprendre comment le nord de la France devient de plus en plus cultivé et pourquoi, à partir de 1150 environ, cette constellation d'écoles finit par se métamorphoser en un véritable astre parisien. Anciennes et prestigieuses demeurent donc au XIe siècle les écoles chartraines. Disciple de Lanfranc, Yves enseigna d'abord au Bec, puis à Saint-Quentin de Beauvais, avant de devenir évêque de Chartres (1087-1115). Un séjour en Lombardie lui avait permis d'approfondir ses connaissances en droit romain, déjà solides, grâce à son maître padouan. Il joua un rôle politique capital, en particulier dans la solution juridique de la querelle des Investitures. Il eut dans son école, au moins deux sinon trois Bretons comme élèves : Guy l'Universel, que nous avons déjà rencontré, et deux frères, Bernard et Thierry. L'aîné fut écolâtre dès 1114, puis chancelier à partir de 1121 et mourut avant 1130. Le cadet lui succéda et revint mourir à Chartres vers 1150, après un court temps d'enseignement à Paris. Leur enseignement est bien connu grâce à Jean de Salisbury, qui étudia sous la direction d'anciens élèves de Bernard, Guillaume de Conches et Richard l'Evêque.

Ce grammairien Bernard montrait dans la lecture des auteurs « ce qui était simple et conforme à la règle ; il mettait au grand jour les formes de grammaire, les figures de rhétorique, les détours des sophismes et par quelle part le point de la lecture proposée était en rapport avec les autres disciplines ». Ainsi, tout le contenu des arts libéraux était traité et Bernard finissait même par aborder la philosophie, désireux qu'il était d'accorder Platon et Aristote. Thierry était un enseignant aussi complet. Il avait complètement retrouvé l'aspect encyclopédique de la culture antique. Son *Heptateuque* est un manuel où, pour la première fois, « nous avons disposé, dit-il, en un seul corps, non pas nos œuvres, mais celles des principaux docteurs sur les arts et nous avons uni et comme marié ensemble le *trivium* et le *quadrivium* ». Effectivement, il s'agit d'une série d'extraits de quarante-cinq ouvrages concernant les sept arts, type de manuel inconnu sous cette forme. Ce savant ne manquait pas de caractère. Dans son commentaire sur la rhétorique de Cicéron, il refuse toute démagogie : « On nous dit que si nous n'alléchons pas la foule, nous resterons seuls dans nos écoles. Et moi je ne le fais pas, et cependant j'ai beaucoup de disciples. » Visait-il l'éloquent Abélard qui lui reprochait d'être un mauvais philosophe ? En tout cas, son œuvre et ses legs en livres firent la gloire de Chartres.

Un élève de Bernard, Gilbert de la Porrée, enseigna à Chartres sans être écolâtre, puis donna des cours à Paris avant de devenir évêque de Poitiers en 1142. Il fut le plus célèbre des maîtres chartrains, tant par son enseignement dans toutes les disciplines (excepté l'astronomie) qu'en théologie. Mais son commentaire du *De Trinitate* de Boèce lui valut une sévère condamnation au concile de Paris de 1147. Il s'inclina d'ailleurs, au contraire de ses disciples. Après son départ, ce fut le déclin. Au lieu des étudiants étrangers adultes, attirés par le renom de tel ou tel grand maître, il n'y eut plus que des jeunes recevant les premiers rudiments. A peine dégrossis, ils se précipitaient à Paris. Sous Jean de Salisbury, devenu évêque de 1176 à 1180, Chartres redevint une simple école cathédrale.

Orléans avait été fortement secoué par l'affaire des hérétiques brûlés en 1022, puisqu'ils comptaient dans leurs rangs nombre d'intellectuels. Aussi les lettres profanes devinrent-elles le terrain privilégié de ses principaux maîtres. Au milieu du siècle, Foulques paraphrase Ovide et Arnould glose Lucain. Au XIIe siècle, parmi les professeurs qui se succèdent à Sainte-Croix, Hugues Primat s'est vu attribuer plusieurs pièces de poésie burlesque ou érotique, caractéristiques des étudiants bohémiens de l'époque, qui furent surnommés Goliards. La pratique de l'art épistolaire et de la poésie, dont nous avons déjà parlé pour Tours, y fut particulièrement en honneur. Nulle école ne fut plus profane que celle d'Orléans.

Théodulfe avait donné ses lettres de gloire à Orléans, mais Reims avait eu Hincmar et Gerbert. Ici, ce rôle de métropole scolaire continue jusqu'en 1192, date à laquelle l'écolâtre fut assigné à résidence et pourvu d'une prébende et d'une rente confortable. Trois maîtres eurent une renommée européenne, Hériman, Bruno surtout, plus couvert d'éloges par ses contemporains comme professeur qu'en tant que fondateur de la Grande-Chartreuse, et Godefroid.

Mais dans la deuxième moitié du siècle, la tentation parisienne fut trop forte pour certains maîtres rémois qui résidèrent de moins en moins et se firent remplacer par des maîtres plus nombreux mais moins cotés. Reims avait perdu son monopole théologique et ne se maintenait plus que dans les arts libéraux, même si ses écoliers étaient encore nombreux et bruyants, au point de se faire confirmer par le pape leur immunité juridique en 1172.

Laon pouvait s'enorgueillir de l'unique philosophe carolingien, Jean Scot Erigène. Elle eut avec Anselme de Laon, disciple d'Anselme du Bec, le deuxième théologien médiéval chronologiquement parlant. Né vers 1050, il trouva dans les trois cents volumes de la bibliothèque de Notre-Dame ample matière pour mûrir sa pensée : Boèce, Isidore de Séville, Cicéron et évidemment Jean Scot. Jusqu'en 1117, date de sa mort, il enseigna les arts libéraux, la *divina pagina* et la théologie. Il posait des questions à propos des passages difficiles de l'Ecriture et les résolvait par des « sentences ». Ce fut le premier effort de théologie rationnelle. Aussi ses élèves vinrent-ils de tous les pays de la Chrétienté : Albéric de Reims, Guillaume de Champeaux, Gilbert de la Porrée, sans oublier des Italiens, des Anglo-Saxons et des Germaniques.

Après 1155, là encore, Paris attira tout et il y eut même interruption de l'enseignement de la théologie. Nous voici donc maintenant arrivés dans cette ville qui attire tous les grands esprits, Babylone pour les uns, Jérusalem pour les autres, selon l'expression de Jacques Le Goff. Là s'élabore un nouvel enseignement et se cherche un nouveau statut de l'enseignant. Nous avons vu que les écoles y fonctionnaient dans les cloîtres de Notre-Dame et de Sainte-Geneviève. Avant d'étudier les grands débats qui agitèrent les écoles parisiennes, il est nécessaire de connaître le processus de leur extension.

Bien que Paris soit déjà fréquenté au XIIe siècle par des étudiants étrangers, tel saint Stanislas, patron de la Pologne, qui y aurait étudié sept ans, un seul maître apparaît à cette époque : il s'appelle Guillaume de Champeaux et pratique les arts libéraux, en particulier la rhétorique, dans le cloître de la cathédrale. Les élèves devaient être de plus en plus nombreux, car, en 1127, l'évêque les fit sortir du cloître et des maisons canoniales pour les installer dans un lieu fort proche. La grande querelle entre Guillaume et Abélard se termina en 1113 sans que le second ait pu créer une chaire rivale. Mais après le départ de Hugues, consacré évêque de Châlons, il le remplaça et atteignit alors la fortune et la réputation par ses cours de philosophie et d'exégèse. Un ami lui dit qu'alors : « La Bretagne lointaine vous envoyait ses animaux à équarrir. Les Angevins, domptant leur ancienne brutalité, s'étaient mis à votre service. Poitevins, Gascons, Espagnols, Normands, Flamands, Germaniques et Suédois s'accordaient à vous louer et à vous suivre assidûment. » Il eut parmi ses disciples l'Italien Gui, pape sous le nom de Célestin III. Mais sa liaison avec

Héloïse, dont nous reparlerons, et le scandale qui en résulta, lui firent abandonner son poste en 1118.

Lui succéda un dialecticien, Gualon. En 1136, Abélard revint enseigner sur la rive gauche dans la chapelle Saint-Hilaire qui dépendait de l'abbaye Saint-Marcel. Jean de Salisbury fut alors son élève, buvant tout ce qui sortait de sa bouche comme miel délectable. Mais condamné en 1140 pour ses erreurs théologiques au concile de Sens, Abélard dut abandonner l'enseignement et se retira à Cluny.

Auprès d'un pareil météore les remplaçants font évidemment pâle figure. Les maîtres se multiplient à Sainte-Geneviève et à Saint-Germain-des-Prés, ainsi qu'à la collégiale Saint-Victor (à l'emplacement actuel du Centre Censier). Là, Guillaume de Champeaux avait professé jusqu'en 1113. Hugues de Saint-Victor y demeura jusqu'à sa mort en 1141. Il résuma son expérience de l'enseignement dans le *Didascalion*. La collégiale demeura pendant tout le XIIe siècle un centre de théologie spirituelle. Tous ses maîtres devaient être probablement déjà soumis à une autorisation donnée par le chancelier de l'évêque.

Entre 1142 et 1158, une autre célébrité de la Chrétienté, un Italien, Pierre Lombard, va dominer les écoles de Paris avant d'en devenir l'évêque. Spécialiste des gloses du Décret de Gratien, qui venait d'être publié vers 1141, et de l'exégèse, il a laissé un livre des *Sentences* qui devint le manuel classique de la théologie. Cet ouvrage, parfaitement impersonnel, apportait des réponses très précises, dans une ligne augustinienne, aux questions fondamentales sur la Révélation disputées dans les écoles. Il fonda la suprématie théologique du centre parisien et chaque maître en science sacrée dut se définir pour ou contre ses positions. Ce fut le cas de son successeur à l'évêché, Maurice de Sully (1161-1196), qui enseigna auparavant dans la Cité.

Sous l'épiscopat de Maurice de Sully, la réputation des maîtres parisiens l'emporte définitivement. Venu de Troyes, Pierre le Mangeur est chancelier de 1168 à 1178. Ce dévoreur de livres était si apprécié pour son encyclopédisme que son *Historia Scholastica*, histoire de l'Ancien et du Nouveau Testament, expliquée de la Genèse aux Actes des Apôtres, devint le manuel de base de l'interprétation des Ecritures. Les provinciaux devenus parisiens, Alain de Lille, Pierre le Chantre, Pierre de Poitiers, sont eux-mêmes concurrencés par des étrangers comme le Lombard Prévostin. Bref, à la fin du siècle, tout est enseigné à Paris : arts libéraux, théologie, médecine et droit. On connaît même un professeur de médecine, Gilles de Corbeil, qui, de retour de Salerne, devint le médecin de Philippe Auguste, eut de nombreux élèves et laissa des traités de médecine pratique intitulés *Du Pouls* et *Des Urines*.

Une géographie parisienne de l'enseignement apparaît déjà : sur le Petit Pont, les logiciens ; dans l'île, les philosophes et les maîtres des sept Arts, les théologiens et les juristes. La rive gauche est encore secondaire par rapport à la Cité. Aux dires de Guillaume le Breton, Paris, « capitale du royaume, enseigne au monde entier ». Le pape le plus important de l'époque, Innocent III, élu en 1198, n'y a-t-il pas été l'élève du théologien Pierre de Corbeil ? Un stade nouveau est franchi lorsque ce n'est plus la célébrité d'un maître qui attire les étudiants mais l'école elle-même. Cela a lieu au tournant du milieu du siècle. En 1100, l'école suivait le maître, en 1200, le maître suivait l'école, dit l'historien Haskins. On vient y chercher d'abord la science et le savoir. L'abbé Philippe Harvengt écrit à un disciple : « Il faut tenir à honneur non pas d'avoir été à Paris, mais d'y avoir acquis une science honnête. » Aussi les élèves accourent-ils nombreux au point, dit-il, que le nombre des clercs va dépasser celui des laïcs. Déjà apparaît ici un des caractères fondamentaux de Paris, la disproportion du nombre des étudiants par rapport à la population totale.

L'internationalisation va en s'accentuant, tant parmi les auditeurs que chez les professeurs : à côté des Italiens et des Romains, les Anglais ne sont pas les derniers. Le célèbre Thomas Becket est venu y achever le cycle des arts libéraux. Les documents laissent entrevoir la présence de Germaniques, de Hongrois. L'archevêque danois de Lund (aujourd'hui en Suède) a envoyé son neveu apprendre les lettres sacrées dans l'abbaye Sainte-Geneviève. Il désire, dans une lettre, qu'il fréquente aussi les autres écoles de la Montagne Sainte-Geneviève, au risque de transformer le futur moine en clerc séculier.

Bref, l'avidité des connaissances l'emporte sur toute prudence. Une allègre frénésie de jouissance intellectuelle, de désir du pouvoir et de faim d'enrichissement s'empare d'une ville explosant de vitalité. Déjà, son trop-plein déborde : « Que dirai-je des écoliers, se plaint Prévostin, qui sortent armés la nuit et brisent les portes des maisons des femmes seules, se livrent sur elles à des violences dont elles portent plainte chaque jour, les unes parce qu'elles ont été battues, les autres parce qu'elles ont eu les cheveux coupés (pour les transformer en prostituées), d'autres enfin pour des choses qu'il est même honteux de dire. » Ces groupes de jeunes célibataires perturbent donc l'équilibre d'une ville où le monde scolaire a crû trop vite. N'était-ce pas justifier les accusations monastiques ? Paris, sentine de vices, n'était au fond qu'une ville de perdition et vaine était la science qui s'y apprenait.

Nous voici ramenés au cœur du grand débat du XIIe siècle. Pourquoi, brusquement, l'enseignement urbain s'est-il révélé plus attirant ? Tenons compte d'abord d'un immense besoin en clercs instruits pour les chancelleries, tribunaux, bureaux et autres organismes administratifs, qu'ils soient royaux ou épiscopaux. Mais là n'est pas l'essentiel. L'histoire des idées n'est pas du ressort de ce livre et je n'en parlerai que par la bande. Il n'empêche que la cause fondamentale du succès vient de la pratique de la dialectique dans le cycle des Arts et de l'essor corrélatif d'une théologie théorique et rationnelle. Cette théologie parut beaucoup plus enthousiasmante que celle que proposaient les moines, trop spirituelle et moraliste, parce qu'elle était neuve, moderne et n'acceptait les autorités que dans la mesure où elles ne contredisaient pas la logique.

Lorsque Abélard suivait les cours d'Anselme de Laon, certains disciples le provoquèrent, alors qu'il n'était que logicien, à faire le commentaire d'une obscure prophétie d'Ezéchiel, en lui faisant sentir qu'il n'était pas qualifié pour cela, la méthode théologique n'ayant rien à voir avec la méthode dialectique. « Je répondis que ce n'était pas mon habitude d'avoir recours, pour professer, à la tradition (c'est-à-dire aux gloses) mais aux seules ressources de mon intelligence. » Tout est là. Jusqu'où peut-on appliquer les règles de la logique, c'est-à-dire les principes de non-contradiction et d'identité, aux Vérités révélées ? Les principes des universaux leur sont-ils applicables ?

Face à cette question, les modernes, comme Roscelin, appliquèrent avec intrépidité le raisonnement au monde invisible. Refusant le raisonnement platonicien idéaliste qui veut que la réalité soit dans les idées, il la voyait et dans les êtres et dans les noms émis par notre voix. Ce nominalisme faisait qu'une seule réalité divine, la Trinité, ne pouvait pas coexister en dehors des trois personnes, car il y aurait eu quatre réalités divines. Par cette contradiction logique, il attaquait le dogme. Anselme du Bec, se fondant sur l'affirmation du Psalmiste, préféra renverser la perspective et utiliser la dialectique une fois le dogme accepté. Croire afin de comprendre et non pas comprendre pour croire. Il y a des raisons nécessaires de l'existence de Dieu et de la Trinité. Par sa hauteur de vue spirituelle, Anselme arrivait à concilier les interprétations divergentes des autorités du temps, sans les utiliser.

Pierre Abélard voulut les concilier et dans son célèbre *Sic et non* se mit au fond en retrait des hardiesses d'Anselme. En effet, préoccupé de mettre au point une leçon de méthode, il dispose face à face les textes de l'Ecriture et des Pères, divergents ou contradictoires, pour fonder véritablement un esprit critique. Il souligne qu'après avoir éliminé les falsifications, détecté les rétractations d'opinions, il faut hiérarchiser les autorités afin de chercher la logique profonde qui les unit. A l'instar de Gratien, qui vers la même époque hausse le droit canon à la hauteur d'une science en établissant la concordance des canons discordants, Abélard cherche et trouve, grâce à sa technique, une conciliation réelle. Il n'a donc rien d'un démolisseur. Bien au contraire, il fonde toute la pratique de l'exposé systématique et raisonné des Vérités de la foi. Cet art de combiner logiquement les traditions en une synthèse plus riche fut aussi celui de Pierre Lombard et de Thomas d'Aquin. Enseignement et recherche étaient ainsi définitivement liés.

Abélard démontre que les mots ne sont que des créations de l'intelligence humaine. C'est le conceptualisme qui enlève aux universaux toute connaissance du particulier, laquelle passe par nos sens. Du coup, toute pensée abstraite est inapte à saisir non seulement la réalité visible, mais à plus forte raison les réalités invisibles de la foi. C'était préparer la voie au nominalisme du XIVe siècle et au fidéisme.

Ainsi s'explique que les spirituels, comme Guillaume de Saint-Thierry et saint Bernard, qui n'avaient strictement rien compris aux affirmations d'Abélard, sentirent obscurément le danger et le firent condamner sans l'écouter au concile de Sens en 1140, car ils auraient été battus à propos d'ouvrages théologiques pourtant bien classiques. Le seul crime de lèse-pensée qu'avait commis Abélard était au fond d'avoir deviné ce que les linguistes du XXe siècle ont découvert : le signifiant ne coïncide jamais avec le signifié. A un pareil trait de génie se reconnaît la place formidable que prenait l'intellectuel enseignant dans la Chrétienté. Il s'emparait littéralement du pouvoir doctrinal en rendant muets des adversaires incapables d'expliquer pourquoi ils étaient persuadés de leur propre bon droit.

Si stupidement brutal qu'ait pu être le coup de barre de saint Bernard, il n'en rendit pas moins un éminent service aux écoles parisiennes en leur permettant de poursuivre la réflexion théologique dans d'autres directions, celle en particulier de l'homme créature de Dieu. Les spirituels voient dans l'homme une personne unique, en laquelle se joue un drame mystérieux qu'il faut découvrir. Déjà, l'esprit chartrain avait tracé la voie. De même que saint Bernard a démoli vigoureusement tout le symbolisme roman issu des âges païens, Thierry de Chartres refuse une lecture symbolique du monde et cherche à désacraliser la création, parce que justement elle n'est qu'une œuvre créée. Dans la ligne tracée par saint Anselme du Bec, les maîtres chartrains estiment que le monde a été créé pour l'homme. Au milieu d'une atmosphère d'optimisme, due certes au développement économique de l'époque, mais aussi au goût pour la nature enfin dominée par les défrichements, une immense curiosité pour le monde se développe. Alors sont copiés et recopiés nombre de lapidaires et de bestiaires. Le monde est senti comme rationnel.

Que ce soit dans la philosophie du monde de Guillaume de Conches, le *De mundi universitate* de Bernard Silvestre, ou le *De planctu naturae* d'Alain de

Lille, partout l'univers est décrit comme une unité organique régie par des lois, culminant dans une merveille qui en est l'âme et le résumé : l'homme. Ce dernier est alors comme un microcosme rassemblant en lui toutes les qualités du monde : le macrocosme. Le corps de l'homme peut alors être réhabilité. Il s'agit d'un véritable naturalisme chrétien. Honorius, dit d'Autun, dans son *Elucidaire*, vulgarise donc à l'usage des lettrés et dans un but d'édification morale et religieuse ces connaissances scientifiques qui sont au fond celles de l'Antiquité. « L'exil de l'homme, dit-il, c'est l'ignorance ; sa patrie, c'est la science. »

Le lecteur du XXe siècle pourra sourire en lisant Honorius décrivant le monde, ses quatre éléments, la terre et ses cinq zones, les espaces interstellaires et les intervalles de temps. On a trop daubé sur les Sciopodes, ces êtres lointains qui n'ont qu'un seul pied pour courir et s'en servent pour abriter leur tête de la chaleur du soleil, sans voir qu'il s'agit tout simplement d'une copie, mot pour mot, de Pline l'Ancien. Il y a dans cette enfance de l'esprit scientifique comme un éclatement de l'enseignement des arts libéraux.

Englobant la science antique dans la Sagesse chrétienne, Hugues de Saint-Victor propose en effet dans son *Didascalion* (l'art de lire) un programme à la fois ancien et nouveau. Il ajoute au *trivium* et au *quadrivium*, la science théorique (théologie, mathématiques et physique), la science pratique (morale individuelle, domestique et politique) et enfin la mécanique. Cette dernière comprend encore sept sciences : tissage, armurerie, navigation, agriculture, chasse, médecine, théâtre. Il brise ainsi la dichotomie romaine opposant l'*otium* au *negotium*, redonne au travail sa dignité et englobe dans l'enseignement tout objet digne de connaissance. Ce traité des études se termine par l'itinéraire de l'âme grâce à la mystique vers le port de la félicité divine, telle l'arche de Noé flottant sur l'océan du monde. De même, Honorius d'Autun ajoutait aux sept Arts la physique, la mécanique et l'économique.

Ces encyclopédies, certes, sont en retard sur les découvertes de Gilbert de la Porrée ou d'Abélard. Telles quelles, elles n'en constituent pas moins un incontestable progrès. Ainsi s'explique que la connaissance du monde l'ait emporté sur celle de Dieu et que « l'école de sagesse se soit transportée de Rome à Paris, comme autrefois elle s'était déplacée d'Athènes à Rome », comme le dira Vincent de Beauvais au XIIIe siècle. D'Alcuin à Pierre Abélard, l'enseignement, de peu répandu qu'il était, est devenu omniprésent. Il est maintenant le moteur de la pensée.

L'enrichissement des connaissances

Il ne faudrait cependant pas trop gratifier quelques individus peu communs du bénéfice de cette avancée. L'élargissement des esprits a été permis par un enrichissement du patrimoine intellectuel européen sous l'effet de l'arrivée de textes nouveaux, venus soit des communautés juives, soit d'Italie, soit d'Espagne.

Au XIe et XIIe siècle, l'enseignement dans les communautés juives du Midi ou de la Champagne, tenues par les Sefhardim et les Haschkenazim, passe du monde sacré à celui des disciplines profanes. Dans le Nord, après les pogroms de la première croisade, Rashi mit par écrit son Commentaire du Talmud. En neuf ans, il recopia ses notes de cours et en fit un ouvrage intelligible. L'étude par écrit du Commentaire de Rashi se généralisa alors dans toutes les communautés. L'oral est abandonné, sauf évidemment pour l'analyse des textes accompagnée de discussion. Cela permettait de se passer de professeur pour les problèmes résolus par le grand rabbin. Les adultes, eux, se réunissaient le soir sous l'autorité du plus cultivé, prenaient un verset, l'exposaient et le discutaient. Mais déjà à cette époque, à partir de 15 ou 16 ans, on étudiait la logique d'Aristote, les *Eléments* d'Euclide, les mathématiques, l'optique, l'astronomie, la médecine, etc. Ce développement de l'enseignement se fit sans heurt dans la Champagne et les pays rhénans jusqu'à l'explosion de 1306, en Languedoc et en Provence jusqu'aux environs de 1320. Dans ces deux dernières régions, les communautés atteignirent leur apogée à la fin du XIIe siècle comme en témoigne Benjamin de Tudèle.

Au cours de son voyage vers Jérusalem, il visita tous les groupes vivant dans ces régions : Narbonne, estime-t-il, est le plus important, car il tranche dans les grands débats intellectuels et religieux ; viennent ensuite Béziers, Montpellier, Lunel, où sont enseignés tous les Juifs qui viennent de l'étranger. Là, les rabbins comptent parmi eux le médecin Juda Ibn Thibon. « Ce sont là ceux qui enseignent tous ceux qui viennent des pays étrangers pour apprendre la Loi. Ils leur donnent aux dépens de la synagogue de quoi vivre et se vêtir pendant qu'ils y restent pour étudier. » Parmi les autres villes où l'enseignement juif est réputé, Benjamin de Tudèle signale Beaucaire, Noguères, Arles et Marseille. Par leurs relations humaines et économiques, ces communautés étaient donc en liaison avec tout le monde méditerranéen, musulman ou byzantin. Elles étaient comme des relais naturels entre les trois grandes civilisations médiévales ; judaïsme, christianisme et islam ne pouvaient alors que s'influencer dans le domaine de l'enseignement puisqu'ils demeuraient trois religions du Livre.

Les bibliothèques des communautés israélites deviennent plus importantes au XIIe siècle. Comme tout parchemin sur lequel est écrit le nom de Dieu doit être soigneusement conservé, les livres sont particulièrement choyés et entretenus. Juda Ibn Thibon dit à son fils Siméon : « Examine les livres hébreux à chaque nouvelle lune, les volumes arabes une fois tous les deux mois et les rouleaux chaque trimestre. Classe la bibliothèque en ordre de manière à ne pas avoir à chercher les livres. Un bon plan doit être déposé dans chaque compartiment, avec une liste écrite des livres qui y sont contenus... Examine les feuilles détachées de chaque volume ou de chaque rouleau et préserve-les. Ces fragments contiennent des matières très importantes que j'ai collectionnées et copiées. Ne détruis aucun acte ou lettre de tous ceux que j'ai laissés. Jette souvent un coup d'œil sur le catalogue, de manière à te souvenir des livres qui sont dans ta bibliothèque. Couvre les boîtes à livres de tapis de fine qualité, préserve-les de l'humidité ou de la moisissure et de toutes sortes de dangers ; ces livres sont un véritable trésor. Si tu prêtes un volume, fais une fiche avant qu'il ne quitte ta maison et quand il revient, raye son nom d'un trait de plume. A chaque fête de Pâques ou des Tabernacles, rappelle tous les livres prêtés. »

Il y avait donc, dans cette bibliothèque de Lunel, et dans d'autres probablement, des livres rédigés en arabe et même des rouleaux écrits selon la technique antique. Ces ouvrages étaient lus, annotés et glosés. Enfin, ils étaient prêtés. Le prêt gratuit était considéré comme une obligation morale et un acte pieux lorsqu'il était pratiqué à l'égard des étudiants nécessiteux. Souvent même, l'opinion forçait la main au bibliothécaire trop méfiant ou trop avare. Ainsi, les connaissances circulaient.

Les contacts avec les chrétiens furent, cette fois-ci, réels tant en Champagne, comme nous l'avons vu, qu'en Languedoc. Tel écrivain juif est fier de la présence des notables et des prêtres au mariage de son fils, tandis qu'un étudiant va copier des textes d'Averroès chez un chrétien. Avec l'arrivée de Joseph Khimi à Narbonne et de Juda Ibn Thibon à Lunel vers 1150 commence une vague de traduction des œuvres poétiques et philoso phiques judéo-arabes. Les Juifs espagnols, chassés par l'intolérance des Almohades, apportèrent les œuvres de Moïse Maimonide, le grand philosophe de Cordoue. Deux de ses ouvrages jouèrent un grand rôle dans l'évolution de l'enseignement : la *Michnè Torah* ou deuxième Loi, qui est un abrégé systématique de l'enseignement traditionnel sur les lois juives, les dogmes et les prescriptions rituelles ; puis le *Guide des égarés* qui date de 1190. Cette synthèse de la vision religieuse, avec la conception rationnelle du monde selon Aristote, cherchait à montrer que non seulement la foi mais aussi la raison est une révélation divine. L'Univers entier ne représente rien d'autre que la réalisation des idées de Dieu.

Une atmosphère nouvelle se répand alors dans les milieux rabbiniques méridionaux et même septentrionaux avec l'arrivée de textes antiques traduits en arabe. Avec fièvre, Juda Ibn Thibon dresse un plan de vingt-cinq ans de traduction de textes de grammaire, de lexicologie et de philosophie, en particulier Aristote et son commentateur musulman Averroès (1126-1198). Dès lors, l'enseignement purement religieux des grands maîtres, tel que celui des Anciens de Narbonne ou des « Avisés » de Lunel, change et s'élargit considérablement sous l'impulsion de Samuel Ibn Thibon (1150-1230).

Son père Juda Ibn Thibon lui avait fait les recommandations suivantes dans son testament : « Mon fils, ne néglige pas la doctrine et les sciences médicales. Consacre-toi à un moindre degré aux affaires mais occupe-toi de la doctrine. Etudie aussi avec zèle les livres profanes, tu y trouveras ce dont tu as besoin dans la vie pratique. Prends l'habitude d'examiner au moins une fois par semaine les épices et les herbes officinales (c'est-à-dire les composants des médicaments) et n'utilise pas dans la médecine pratique ce que tu ne connais pas. Mais ne renonce pas à écouter le Talmud de la bouche de ton professeur et ne commence à instruire les gens qu'au retour de l'Académie, c'est-à-dire la nuit. Tout ce que tu as appris de moi, enseigne-le à des élèves sûrs. »

L'éclectisme ouvert des contemporains de Samuel entendait ne pas négliger l'étude du texte sacré, tout en allant jusqu'à la composition d'œuvres philosophiques originales, ce qui déplut aux juifs pieux. Jacob Ibn Makir et Joseph Kaspi écrivirent alors pour défendre la supériorité de la philosophie contre les purs fidéistes. Désireux de montrer qu'ils ont réalisé une synthèse entre la Loi et la Raison, ils ne tardèrent pas à provoquer un débat analogue à celui qui opposait mystiques et dialecticiens chez les chrétiens.

Les rationalistes furent donc en butte aux allégoristes et aux littéralistes qui leur opposèrent que la philosophie n'était pas juive. Le dieu d'Aristote, disaient-ils, n'est qu'un « premier moteur » qui ne s'occupe pas des hommes et demeure inaccessible à la prière. Une pareille conception naturaliste ne peut que conduire à l'hérésie. Aussi le XIIIe siècle vit-il les intellectuels et les rabbins s'accabler d'excommunications *(herem)* mutuelles. La coupure s'accentua lorsque la piété religieuse fit naître à Lunel, Posquières et Narbonne, à partir de commentaires de Philon d'Alexandrie et de textes venus d'Orient, le mouvement mystique appelé kabbale.

Le livre *Bahir*, écrit entre 1180 et 1200, fut dénoncé comme hérétique par Meir Ben Simon de Narbonne en 1230-1235. Ces recueils de sentences sur des versets de la Bible consacrent la réapparition d'une pensée gnostique qui fut enseignée de manière ésotérique à des élèves choisis pour leur intelligence. La méthode consistait à progresser dans la Révélation sur la plénitude divine par questions d'un élève et réponses du maître, ou bien à l'aide de paraboles mystiques. Ainsi, le monde juif se trouva partagé entre deux modes d'enseignement jusqu'au XIVe siècle. Le premier reposait sur des formulations rabbiniques et philosophiques ; il l'emportait de très loin sur l'autre, la kabbale, courant souterrain et caché, très minoritaire, mais doué d'une grande force d'attraction par sa mystique de la prière. Le parallèle avec l'enseignement chrétien est donc ici particulièrement évident.

Les Juifs n'ont pas eu cependant le monopole du relais dans la transmission des textes grecs et arabes à l'Occident chrétien. Leur rôle fut surtout primordial dans une meilleure connaissance de l'hébreu et des textes bibliques. En revanche, ils eurent de nombreux rivaux chrétiens dans les centres de traduction italiens ou espagnols. En Italie, en proie à la querelle des Investitures entre le pape et l'empereur, la réflexion juridique avait stimulé l'enseignement du droit romain que Frédéric Barberousse opposa au droit du pape, le droit canon, comme un droit universel et supérieur.

Dès le XIe siècle, l'arrivée en France de textes authentiques du Code Justinien et du « Digeste » avait rendu périmés les vieux abrégés du Code théodosien en vigueur en Aquitaine et en Bourgogne. Mais l'essor de l'enseignement du droit à Bologne, sous la direction d'Irnetius (1060-ap. 1125), aboutit à un ouvrage intitulé « Questions sur les subtilités du Droit » qui fit date. Ces commentaires et gloses avaient pour résultat d'introduire le souci de classifier les problèmes juridiques et d'abstraire à partir de cas réels. Cette aptitude à généraliser faisait de la raison non plus un instrument d'investigation de l'invisible, mais de domination du quotidien. Elle permettait enfin des applications directement politiques. De nouveau, un lien pouvait s'établir entre l'enseignement et la politique, mais au profit surtout des laïcs. Les clercs en effet ont désormais, à partir de 1141 avec le Décret de Gratien, un code du droit strictement ecclésiastique qui permettait de mieux discerner leurs responsabilités propres. Aussi l'enseignement des deux droits, romain et canon, par Yves de Chartres généralisa-t-il en France des distinctions fondamentales entre pouvoir et autorité, justice et équité, temporel et spirituel, qui désacralisèrent la royauté et permirent l'essor d'une pensée laïque.

En Italie du Sud et en Sicile s'était constitué un royaume normand qui, sous la direction de Roger II (1130-1154), entra en contacts étroits avec l'islam et Byzance grâce à une école de médecine arabe installée à Palerme. Salerne, qui en faisait partie, avait déjà depuis le XIe siècle diffusé en Occident les textes médicaux arabes et grecs. Mais avec les traductions de Constantin l'Africain (mort en 1087) et de son élève, Jean le Sarrasin (mort vers 1103), tous les grands médecins antiques sont désormais connus. De plus, la dissection que l'on y pratiquait sur le porc et non sur l'homme, par un respect encore sacral, fit progresser les connaissances anatomiques.

A Palerme, Henri Aristippe traduit deux dialogues philosophiques de Platon : le *Ménon* et le *Phédon*, la *Mécanique* de Héron de Syracuse, l'*Optique* d'Euclide et l'*Almageste* de Ptolémée, appelé aussi *Composition mathématique* (exposé du système géocentrique). Vers 1156, il transcrivit de l'arabe les *Météorologiques*, la *Physique* et la *Métaphysique* d'Aristote, jusqu'alors inconnues des chrétiens. Un autre Italien, Burgondio de Pise, donne un texte latin complet des *Aphorismes* d'Hippocrate, des œuvres de Galien, et des homélies des Pères grecs, après 1136. Pierre Lombard les utilisa. Enfin l'Anglais Adélard de Bath, qui séjourna en Italie, en

Sicile et demeura sept ans en Cilicie, Syrie et Palestine, traduisit de l'arabe les *Eléments* d'Euclide, et le livre des *Introductions* d'Al-Khwarizmi (tables astronomiques).

Son admiration pour la science musulmane est telle qu'il n'hésite pas à critiquer toutes les méthodes utilisées par ses contemporains jusqu'ici, et notamment l'appel aux autorités. A son neveu qui lui demandait de parler des animaux, il répondit : « Il m'est difficile de discuter des animaux avec vous, car j'ai étudié avec mes maîtres arabes sous la conduite de la raison ; et vous, captivé par l'apparence de l'autorité, vous suivez votre licou. Car comment appeler l'autorité, sinon un licou ? Si donc vous voulez m'entendre en dire plus, rendez et recevez raison. Car je ne suis pas homme à me nourrir de l'apparence d'un beefsteak. »

Cet esprit scientifique se veut autonome, mais pour convaincre ses contemporains de la recevabilité de ses découvertes personnelles, exposées dans ses « Questions naturelles » il va plus loin encore : « Notre génération a ce défaut ancré qu'elle refuse d'admettre tout ce qui semble venir des modernes. Aussi, quand je trouve une idée personnelle, si je veux la publier, je l'attribue à quelqu'un d'autre et je déclare : “C'est un tel qui l'a dit et non pas moi.” Et pour qu'on me croie complètement, de toutes mes opinions je dis : “C'est un tel l'inventeur et non pas moi.” Pour éviter l'inconvénient qu'on pense que j'ai, moi, ignorant, tiré de mon propre fond mes idées, je fais en sorte qu'on les croie tirées de mes études arabes. Je ne veux pas que si ce que j'ai dit a déplu à des esprits attardés, ce soit moi qui leur déplaise. Je sais quel est, auprès du vulgaire, le sort des savants authentiques. Aussi, ce n'est pas mon procès que je plaide mais celui des Arabes. »

Si d'autres que lui utilisent ce procédé, on comprend que l'enseignement ait été totalement renouvelé par l'afflux d'encyclopédies scientifiques arabes. Ainsi passa en Normandie et en Angleterre la pratique de l'« Echiquier », pour calculer les recettes budgétaires, ce qui explique pourquoi l'actuel ministère anglais des Finances en a gardé le nom. Puis Léonard de Pise introduisit les chiffres dits « arabes », en réalité originaires de l'Inde, avec cette invention capitale qui s'appelle le zéro. Désormais, les enfants allaient pouvoir résoudre les quatre opérations fondamentales avec une très grande rapidité par rapport à l'extraordinaire lenteur occasionnée par les chiffres romains.

Les centres de traduction espagnols, Saragosse, Huesca, Vich, Barcelone, Ségovie et surtout Tolède où l'influence française est prépondérante sous l'épiscopat de Raymond (1125-1151), furent encore plus actifs grâce à la présence simultanée et concurrente d'au moins trois générations de traducteurs, jusqu'au début du XIIIe siècle. En 1106, Moise Sefardi se fit baptiser à Huesca. Ce juif converti était médecin, astronome et philosophe. Désormais appelé Alfonso, il voyagea en France et en Angleterre où il répandit ses connaissances. Il contribua en particulier à détacher l'astronomie de l'astrologie en insistant sur la nécessité absolue de l'observation.

Vers 1140 se rencontrèrent, sur les bords de l'Ebre, deux hommes étonnants : Hermann de Carinthie, ancien étudiant à Chartres, qui avait appris l'arabe et Robert de Chester, l'un Slave, l'autre Anglais. Ils traduisirent ensemble des ouvrages astronomiques. Puis le premier, après être passé par Léon et Toulouse, acheva dans cette dernière ville, en 1143, sa transcription du *Planisphère* de Ptolémée. Robert rentra à Londres en 1147 par Pampelune et Ségovie, y ramenant sa version latine de *l'Al Djabr* (réduction) d'Al-Khwarizmi. Le nom de l'ouvrage fut directement adopté en notre langue puisqu'il a donné le terme d'algèbre. En 1147, le livre des plans fut traduit de l'arabe par l'Italien Platon de

Tivoli et le juif Abraham bar Higga de Barcelone. Ce traité de géométrie pratique contenait en même temps, pour la première fois, la solution complète des équations au second degré. Il y avait là de quoi révolutionner tout l'enseignement des mathématiques.

Les travaux les plus importants concernèrent cependant la philosophie. Deux juifs convertis, Jean d'Espagne et Dominique Gundissalvi, travaillèrent sous la direction de Raymond de Tolède à traduire les œuvres d'Aristote, l'un de l'arabe en castillan, l'autre du castillan en latin. Ce fut d'abord l'*Organon*, qui concerne la logique. On l'appela *Logica nova*, par opposition à la *Logica vetus* de Boèce. Abélard en prit connaissance sans l'approfondir. Puis ce furent des traités attribués à Aristote sur les propriétés des éléments et les œuvres médicales d'Avicenne (ibn Sina, 980-1037) appelées le Canon. Ceux-ci furent traduits par Gérard de Crémone en italien.

Les commentaires sur Aristote étaient encore plus importants. L'équipe de traducteurs gravitant autour de Gundissalvi s'attaqua en particulier au traité d'Avicenne concernant la logique, la philosophie de la nature, la psychologie, la métaphysique et toute une série d'explications des œuvres d'Aristote qui vont jouer un rôle considérable dans l'élaboration des systèmes de pensée des grands théologiens européens du XIIIe siècle. Vers 1220 enfin, Michel Scott traduisit, toujours à Tolède, un commentaire d'Averroès (1126-1198) sur la *Physique* d'Aristote. Cette nouvelle philosophie réaliste et non plus idéaliste, comme celle des néoplatoniciens, n'était pas sans inconvénients, par suite soit d'un caractère trop littéral des traductions, soit d'une mauvaise identification des auteurs. Néanmoins, cet Aristote, encore impur mais audacieux, allait révolutionner les esprits et provoquer de grands débats.

En revanche, les traités de médecine, d'astronomie et de sciences naturelles firent se développer sans aucune hostilité chez les chrétiens cette passion de découverte de la nature qui marqua l'esprit chartrain et celui des écoles en général. Certes, les sciences exactes peuvent être enseignées surtout pour arracher à la nature le secret de ses forces cachées et non pas sous l'angle d'une recherche fondamentale. Cependant, cette curiosité intéressée va de pair avec un désir de maîtriser la connaissance qui explique que finalement la pensée du XIIIe siècle, tout en reléguant les sciences dans le domaine de l'homme, profite des apports des traducteurs pour placer l'enseignement des universités sous le régime dominant de la philosophie et de la théologie, maîtresses absolues régnant sur ses servantes.

Cet esprit dominateur qui caractérise le monde enseignant de cette époque ne va pas jusqu'à découvrir l'autre monde d'où venaient toutes ces traductions, en tant que monde étranger. Pierre le Vénérable fut le seul, au cours d'un voyage en 1142, à tenter de découvrir vraiment ce qu'était l'Islam. Il fit traduire le Coran, contre argent, par Robert de Chester, Hermann de Carinthie, un mozarabe, Pierre de Tolède et un musulman, Mohammed. Il voulait réfuter les dogmes de cette religion et situer ainsi le combat sur le plan intellectuel de manière à placer les musulmans sur le terrain de la logique. Ce désir de dialogue était beaucoup trop audacieux pour l'époque et la traduction latine du Coran, bien que fort honnête, fut sans influence. Enseigner l'autre par la discussion n'intéresse pas la mentalité occidentale qui vient seulement d'arriver à la découverte de la connaissance rationnelle. L'autre, inconnu, offre trop de résistances, parce qu'il n'est pas pure logique. Le raisonnement sur les textes est une véritable clé pour les maîtres du XIIIe siècle, qui leur permet, estiment-ils, de maîtriser le monde et de progresser dans la découverte de Dieu. L'assimilation des traductions, le culte de l'intelligence pure vont permettre d'achever l'édifice scolaire médiéval.

NAISSANCE DES UNIVERSITÉS

La constitution en université de certaines écoles est la conséquence de la renaissance intellectuelle du XIIe siècle, et tout particulièrement de l'élargissement du contenu des études qui a créé une soif de savoir désintéressé, ainsi que d'un élan spirituel qui a considérablement fait se développer la théologie dans le cas particulier de Paris. Cette innovation spontanée n'eut aucun précédent historique, même si les intellectuels du Moyen Age, toujours préoccupés de s'appuyer sur une autorité ou un précédent, crurent pouvoir en trouver un par le biais de l'idée de *translatio studii*, d'un transfert des études d'Athènes à Rome, de Rome à Byzance et de Byzance à Paris.

Elle est aussi le résultat direct du développement urbain, des foules qui s'y rassemblent et des métiers qui s'y organisent en corps jurés ou *jurandes* appelés corporations par les historiens du XIXe siècle. Comme ces *jurandes* ont le monopole du métier, elles prennent parfois le nom d'*universitas* (totalité), c'est-à-dire d'ensemble des membres exerçant l'activité en question. Cela correspond au *collegium*, au collège, tel que le droit romain classique l'avait reconnu. L'Université est donc un corps de métier comme un autre et cela montre que les clercs tonsurés qui la composent ont bien conscience de la spécificité de l'enseignement qu'ils exercent ou reçoivent puisqu'ils considèrent que cette activité est plus importante que leur appartenance à l'ordre du clergé. De plus, en réclamant tous les privilèges accordés à n'importe quelle corporation, ils font passer définitivement l'activité intellectuelle dans le domaine du travail, ce qui procède de la rénovation et de la réhabilitation des activités manuelles prônées par le XIIe siècle. Ils cassent ainsi l'idée romaine pragmatique qui faisait de l'étude un loisir pour élites en la faisant passer dans le négoce *(negotium)*, le travail, avec l'idée sous-jacente qu'il mérite salaire, puisqu'il est bien connu dans la Chrétienté que « celui qui ne travaille pas n'a pas le droit de manger » (St Paul, II Thess.)

Ce corps de métier exerce son activité dans un lieu appelé *studium generale*. Résider dans une université se dit alors : *in studio degere, in scolis militare*, c'est-à-dire travailler à l'école. Là viennent des étudiants de tous pays parce que le niveau des études y est très élevé et que les professeurs y sont nombreux. Au début, ces deux réalités juridiques sont sans lien l'une avec l'autre. L'Université est née la première de l'esprit spontané d'association, tant à Paris qu'à Bologne, entre 1170 et 1200. Les pouvoirs politiques et religieux n'y furent pour rien. Ils enregistrent d'abord ces nouvelles institutions et n'interviennent pour en créer d'autres qu'à partir des années 1230-1250. C'est pourquoi, avant de détailler leur organisation, considérons d'abord comment naquit la première université du royaume, puis les deux grandes querelles, celle des Mendiants et des séculiers corrélative de celle de l'aristotélisme.

J'ai déjà montré la multiplication des écoles à Paris pendant le XIIe siècle. Il y en a de trois sortes : l'école épiscopale dirigée par un écolâtre qui est le chancelier de l'évêque, avec des professeurs, souvent chanoines, qui enseignent dans leurs maisons, autour du cloître de Notre-Dame ; les écoles monastiques, comme Sainte-Geneviève, Saint-Victor (qui disparaît vers 1237), Saint-Germain-des-Prés, Saint-Magloire, etc. Enfin des écoles privées pouvaient s'ouvrir n'importe où, pourvu que le maître puisse obtenir l'autorisation du chancelier. Cette autorisation est appelée *licentia docendi*, permission d'enseigner. Elle a donné notre mot de licence.

Déjà, en 1170-1171, le pape Alexandre III avait interdit d'accorder la licence contre argent, et n'avait fait d'exception que pour Pierre le Mangeur. C'est alors que le dix-huitième canon du troisième concile du Latran renforça la nature cléricale des maîtres et des écoliers ainsi que le principe de la gratuité de l'enseignement : « Puisque l'Eglise de Dieu est tenue, telle une bonne mère, de protéger les pauvres, tant en ce qui concerne le bien des corps que le soin des âmes, il est ordonné que la possibilité de lire et de progresser ne soit pas enlevée aux pauvres qui ne peuvent être favorisés par des revenus de leurs parents, et que dans chaque école cathédrale il soit accordé au maître qui enseigne gratuitement les clercs de cette église et les écoliers pauvres, un bénéfice convenable, afin que la dure nécessité soit enlevée des épaules de l'enseignant et que s'ouvre le chemin de la science aux enseignés. Qu'aucun prix ne soit exigé pour la licence d'enseignement et que personne ne donne quelque chose à ceux qui enseignent, même si cela était obtenu sous l'effet de la coutume et que tout ce qui a été accordé autrefois dans les autres églises ou monastères soit restitué. Que l'on n'interdise pas d'enseigner à quiconque demande la licence alors qu'il en est capable. Quiconque osera s'élever contre ces principes sera privé de son bénéfice ecclésiastique. Il est en effet normal que, dans l'Eglise de Dieu, celui qui vend la licence d'enseigner par cupidité et s'efforce d'empêcher le progrès des églises ne jouisse pas du fruit de son travail. » De plus, le maître dûment autorisé, et qui enseigne où il veut, se fait payer par les élèves fortunés qui viennent suivre ses cours. Ces prescriptions, renouvelées au quatrième concile du Latran en 1215, fondaient par conséquent l'autorité de l'Eglise sur l'enseignement.

Mais les maîtres libres, une fois licenciés, n'avaient plus qu'une dépendance théorique envers le chancelier puisqu'ils n'étaient plus dans le cloître. Pierre Abélard, lorsqu'il s'installa sur la montagne Sainte-Geneviève, « afin de gagner de l'argent » puisqu'il n'était plus pourvu de sa prébende de chanoine, n'était pas le seul et le nombre de ces professeurs alla se multipliant. Ces clercs, qui n'exerçaient souvent aucune fonction religieuse, étaient en fait des laïcs qui s'ignoraient, fort proches des gens de la ville, mais en même temps mal vus par les bourgeois, comme tout groupe de jeunes non mariés, source de perturbation dans un monde installé. Ce groupe flottant de maîtres et d'étudiants non contrôlés par le chancelier ne pouvait que provoquer des heurts.

En 1200, une rixe éclata dans une taverne : le serviteur d'un étudiant noble, évêque élu mais non investi de Liège, se prit de querelle avec le cabaretier. Il fut rossé et ses amis dévastèrent l'estaminet. Le prévôt de Paris attaqua alors, à la tête d'une troupe de citadins armés, un hôtel qui abritait des étudiants liégeois et l'évêque fut tué avec quatre autres personnes. Maîtres et élèves portèrent plainte du coup auprès du roi en menaçant de cesser l'enseignement et de quitter la ville si le prévôt n'était pas châtié. Pris de panique, le gouvernement de Philippe Auguste céda aussitôt et reconnut dans une charte que tout écolier arrêté par le prévôt serait livré à des juges ecclésiastiques. Cette immunité juridique des clercs est appelée « for ». Elle fut renforcée en 1231 par le privilège du « canon », c'est-à-dire que quiconque porte la main sur un clerc est automatiquement excommunié. Déjà en refusant de porter la main sur le *capitale Parisiensium scholarium*, le chef des écoliers parisiens, dont le nom nous est inconnu, Philippe Auguste reconnaissait le caractère clérical de ce corps de métier très particulier.

Mais la corporation n'était pas encore vraiment constituée. Pour obtenir toutes les caractéristiques d'un corps de métier, c'est-à-dire son autonomie, elle joua de deux autorités, celle de l'évêque de Paris, représenté par le chancelier, et celle de la papauté. La première entendait contrôler tous les maîtres et étudiants par le biais de la licence ; la seconde ne voyait que des avantages à laisser se développer des centres novateurs de haute culture intellectuelle d'où sortiraient des fonctionnaires assurant une meilleure centralisation de l'Eglise et des prédicateurs combattant efficacement les hérétiques vaudois ou cathares. Quant au roi, désireux de ne pas avoir d'ennuis avec ce groupe social turbulent, de garder une capitale au renom prestigieux et d'éviter les ennuis d'une dispute avec le Saint-Siège, il préféra s'abstenir de toute intervention pourvu que la paix régnât dans la ville. Il s'en désintéressa d'autant plus qu'Honorius III, en 1219, lui accorda l'interdiction d'enseigner le droit romain à Paris. Grâce à cette mesure, le roi était maître chez lui puisqu'il avait éliminé de sa capitale le droit de l'empereur germanique.

Le combat pour obtenir le statut de l'Université se déroule donc de 1200 à 1229-1230 dans une ambiguïté curieuse. L'autorité pontificale est recherchée, parce que lointaine et censée moins contraignante. Si son arbitrage ne suffit pas, il reste alors deux autres armes, la grève et la dispersion, menace très grave pour le roi et les Parisiens, qui s'enrichissent en louant chambres, hôtels et maisons aux étudiants. Dès 1205, Innocent III, ancien élève de ces écoles comme nous l'avons vu, invite les délégués élus « de votre Université à se conformer sans aucune exception aux statuts jurés qu'ils viennent de fixer ».

Dans une autre bulle de 1212-1213, il intervient pour empêcher le chancelier d'exiger des serments de fidélité en accordant la licence, ce qui interdit à ce dernier

Au XIIe siècle, les écoles épiscopales du nord du royaume l'emportent définitivement. Seules les écoles monastiques de la région de Liège continuent la tradition carolingienne d'ouverture vers l'extérieur. Désormais la science arabe est enseignée à Paris.

Les centres d'enseignement au XIIe siècle

d'être le chef de la corporation universitaire. Comme il avait par ailleurs enfermé quelques écoliers, l'ensemble des maîtres et étudiants quitta l'île de la Cité pour émigrer sur la rive gauche. Ils s'installèrent dans l'ancien Clos-Garland où des hôtels *(hostisiae)* venaient d'être récemment bâtis. Ainsi apparut le premier Quartier latin, autour de la rue du Fouarre (c'est-à-dire rue des

Bottes-de-Paille sur lesquelles on s'asseyait pour écouter), rue des Trois-Portes, rue Galande, etc. Le conflit fut résolu (mais la rive gauche ne fut pas abandonnée pour autant) par la rédaction, en 1215, des statuts de l'Université sur l'intervention du légat Robert de Courçon, lui-même ancien maître en théologie de Paris.

La situation ne fut pas réglée pour autant, car l'évêque et le chancelier continuaient à refuser de reconnaître à l'Université son caractère de corporation autonome. Ils accusèrent celle-ci de conspiration, terme classique en langage clérical pour qualifier toute association jurée qui cherche à élire ses procureurs, représentants en justice et à posséder un sceau pour authentifier ses opérations financières. Le chancelier reprochait à l'organisation corporative de nuire aux études.

Voici ce que dit par exemple Philippe de Grève : « Jadis, quand chaque maître enseignait de son côté et que le nom même d'université était inconnu, lectures et disputes étaient fréquentes ; on avait du zèle pour l'étude. Mais maintenant que vous vous êtes unis pour former une Université, les leçons sont devenues rares, tout se fait à la hâte, l'enseignement est réduit à peu de choses ; le temps pris aux leçons est gaspillé en réunions et en discussions et dans ces assemblées, tandis que les anciens délibèrent et légifèrent, les jeunes ne pensent qu'à former d'abominables complots et à préparer leurs expéditions nocturnes. » Cette critique de louangeurs du temps passé montre bien quelle intolérable nouveauté représentait l'Université et elle explique les nouveaux conflits. Les bulles de 1219 et 1222 interdisent au chancelier de posséder une prison ou d'excommunier un procureur.

Mais l'Université montra encore plus de force lors de la grande crise de 1229-1231. Pendant le Carnaval (qui allait de l'Epiphanie au mercredi des Cendres), des étudiants trouvèrent du bon vin dans une taverne du bourg

Saint-Marcel. Une dispute éclata à propos du paiement. Chacun passa des gros mots aux gifles, puis aux cheveux tirés, enfin aux coups. L'aubergiste appela ses voisins qui expulsèrent les trublions. Vexés, ils revinrent le lendemain armés d'épées et de bâtons, renversèrent tout, y compris de paisibles consommateurs. Le prieur de Saint-Marcel se plaignit à l'évêque, qui en appela à Blanche de Castille, alors régente. Celle-ci, avec la même « impulsivité femelle » qu'elle mit plus tard à mater les jeunes pastoureaux, ordonna au prévôt de punir les auteurs de ces méfaits. Ce dernier n'y alla pas de main morte. Il lâcha sur des étudiants innocents qui jouaient au-dehors des murs des mercenaires d'un genre particulier appelés routiers *(ruptiarii)*, sorte de bandits de grand chemin à leurs heures de loisirs. Ils en tuèrent évidemment plusieurs. Aussitôt, les cours furent suspendus. Le pouvoir ne bougea pas.

A Pâques 1229, l'Université décida que si justice n'était point faite, elle ferait sécession, prononcerait sa dissolution pour six ans et ne reviendrait jamais. Effectivement, tous quittèrent Paris pour Oxford et Cambridge (ce qui fut l'origine de ces deux universités), Reims, Orléans, Angers et Toulouse. La chose était d'autant plus facile que la corporation ne possédait aucun bâtiment d'école ou revenu personnel et que le fait pour les citadins de voir partir un tel groupe de consommateurs vidait leurs escarcelles tandis qu'il minait le prestige du roi et privait la papauté de ses meilleurs auxiliaires. Le rapport des forces leur était favorable ; il fallut négocier.

En avril 1231, la bulle *Parens scientiarum* de Grégoire IX ordonne de punir les meurtriers, de fixer les loyers des logis des étudiants grâce à des commissions composées de deux professeurs et de deux bourgeois. Elle confirme la légalité du droit de grève en cas de non-satisfaction, après un préavis de quinze jours. Le chancelier n'a plus que le droit de priver de scolarité les étudiants qui ont porté les armes ou d'excommunier les « vagabonds, les truands et les écoliers incorrigibles », et encore est ce par délégation pontificale. Avant d'accorder la licence, il doit consulter les maîtres. Pratiquement, il ne fait désormais que sanctionner leur décision. De plus, il a un rival. Depuis 1227, l'abbé de Sainte-Geneviève a reçu le droit d'attribuer la licence et, dès 1255, existe un chancelier « d'en Haut », c'est-à-dire exerçant son droit sur la montagne. Enfin, si les droits de justice de l'évêque sont maintenus, les étudiants obtiennent de ne jamais être cités en justice hors du ressort épiscopal parisien, même s'ils sont arrêtés à l'extérieur. En ce cas, à partir de 1246, date à laquelle l'Université reçoit son sceau, ils seront jugés devant la cour du conservateur des privilèges de l'Université qui siège au couvent des Mathurins. Il est élu parmi trois évêques voisins, ceux de Meaux, Senlis et Beauvais.

Ainsi sont confirmées toutes les franchises et autonomies universitaires. Elles sont au nombre de quatre : monopole de la collation des grades et cooptation, autonomie administrative avec droit de faire prêter serment à ses membres et d'en exclure les récalcitrants ; autonomie judiciaire avec capacité d'élire des représentants, autonomie financière avec l'autorisation d'ordonnancement des dépenses symbolisée par le sceau. Il s'agit donc bien d'une corporation : l'université des maîtres et écoliers résidant à Paris, c'est-à-dire d'une institution de paix au sens où l'entendaient les « feudistes[1] » de l'époque, puisqu'elle fait se contrôler eux-mêmes les maîtres en leur donnant autorité sur les étudiants, leur fait assurer sa propre discipline, sans qu'il y ait besoin d'une intervention extérieure.

1. Hommes versés dans l'étude du droit féodal.

La papauté a soutenu avec clairvoyance cette évolution, tablant sur le souci de respectabilité et de compétence des maîtres. En fixant à huit le nombre de chaires de théologie dès 1207, elle empêche toute carrière fulgurante ou désordonnée du genre de celle de Pierre Abélard à qui on avait reproché d'enseigner sans autorisation. En faisant espérer une carrière internationale par le prestige de l'Université, elle attend que ses membres fixent eux-mêmes l'orthodoxie catholique par la dénonciation des erreurs théologiques de leurs confrères, ce qui arriva en effet dès 1210, à propos de David de Dinant. L'intérêt des maîtres rejoignait donc celui des papes, puisque ces spécialistes de la théologie et du droit canon devenaient souvent évêques et cardinaux et donc de bons défenseurs de l'Eglise.

Aussi cette évolution fut-elle définitivement concrétisée en 1292, par le privilège que s'était accordé le pape de décerner à une université la *licencia ubique docendi* (la licence d'enseignement partout dans la chrétienté), prérogative qu'effectivement il concéda à Paris à cette date. Juridiquement alors, l'Université devient un *studium generale* pontifical. Curieuse évolution qui mène une corporation urbaine d'un simple statut local à une situation européenne capitale, puisque Bologne ne peut rivaliser avec elle à cause de sa dominante juridique.

Pour les papes du XIIIe siècle, l'université de Paris jouait donc un triple rôle : elle fournissait les meilleurs fonctionnaires et les meilleurs cadres de l'Eglise, tant pour elle-même que pour les monarchies européennes ; elle apportait aux prédicateurs un arsenal d'arguments antihérétiques ; enfin, par la qualité de ses recherches théologiques, elle définissait mieux l'orthodoxie. Qui dit découverte intellectuelle sous-entend liberté. Cette liberté avantageuse pour les deux partenaires le devint moins lorsque se présentèrent au service de Rome deux ordres monastiques nouveaux, lui obéissant directement, les Dominicains et les Franciscains, autrement dit les Mendiants, tandis que le nouvel Aristote apparaissait dans les écoles apportant une nouvelle matière à discussion. L'enchevêtrement des deux conflits doit être bien senti afin que l'on comprenne pourquoi la papauté a systématiquement choisi de maintenir les nouveaux moines à l'intérieur de l'Université.

Cette double dispute, qui prouve l'extraordinaire vitalité de l'université de Paris, passa par trois stades. Du début du siècle à 1220, interdiction du nouvel Aristote ; de 1220 à 1256, acceptation du nouvel Aristote et des Mendiants, puis de 1256 à 1277, triomphe puis chute des Mendiants par la condamnation des thèses aristotéliciennes et averroïstes.

Les cisterciens avaient donc abandonné l'enseignement, mais là où ils avaient échoué, notamment devant les cathares en 1178, Dominique de Caleruega, lui, commença à réussir à partir de 1210. Dans les constitutions de l'ordre qu'il fonde en 1220, il est précisé que le futur dominicain doit avoir pour but : l'étude, la prédication et le salut de l'âme. La science fondamentale qu'il doit connaître est la théologie, la dialectique et les sept Arts n'étant qu'une propédeutique à l'étude du texte sacré. Droit et médecine leur sont comme autrefois interdits. En 1228, il fut précisé qu'aucun prieuré ne peut être fondé sans un lecteur qui ait fait quatre ans de théologie.

Dès lors, dans chaque province fut instituée toute une hiérarchie de *studia*, d'écoles, de couvents, souvent ouverts sur l'extérieur. L'une de ces écoles était destinée aux trois premiers arts, l'autre au *quadrivium*, deux étaient ensuite réservées à la Bible et aux Sentences de Pierre Lombard. Ce cursus des études, parallèle à celui des universités, pouvait être dangereusement concurrentiel. Il ne fut pas perçu comme tel au début.

Chez les Franciscains, l'évolution fut identique. Alors que le Poverello ne tolérait même pas qu'un de ses frères possédât un psautier, très vite après sa mort en 1226 la nécessité des études s'imposa. Que des couvents dominicains entretinssent des écoles de théologie, à Toulouse par exemple, où cet enseignement n'existait pas jusqu'alors, n'était point gênant. Mais du jour où, en 1217, fut installé à Paris, rue Saint-Jacques, le premier monastère dominicain, et en 1230, après un bref séjour à Vauvert, l'équivalent franciscain rue des Cordeliers, la situation changea radicalement. En effet, les Mendiants envoyèrent à l'Université les frères, pour qu'ils obtinssent leur licence en théologie et même pour qu'ils y recrutassent de nouvelles vocations parmi les maîtres et les étudiants. D'abord disciples, tel Roland de Crémone, élève de Maître Jean de Saint-Gilles en 1228-1229, puis maître en mai 1229, ils font ensuite des adeptes. Le même Jean de Saint-Gilles prit l'habit dominicain en 1230 après un discours retentissant sur la pauvreté, tandis que l'Anglais Alexandre de Halès, un autre séculier, entrait chez les franciscains l'année suivante.

Pendant cette période de bonne entente, les textes d'Aristote et de ses commentateurs arabes ou juifs commencent à être lus et expliqués. Or les ouvrages d'Aristote existaient en plusieurs versions. Certaines véhiculaient des explications néoplatoniciennes de type idéaliste, destinées à pallier le caractère uniquement rationaliste de la *Physique* d'Aristote. Dès 1240, le dominicain Albert le Grand utilisa à Paris des traductions meilleures des traités de philosophie naturelle (Du Monde, Des Animaux, etc.) et, vers 1260, tous les textes sont connus souvent même directement en grec.

Mais cela passa inaperçu, car entre-temps, de 1220 à 1256, se déroule le grand conflit entre les maîtres en théologie dominicains et franciscains et les maîtres séculiers. Lors de la grève de 1229-1231, les Mendiants, arguant de leur obéissance au pape, spécifiée dans leurs constitutions, refusèrent de s'associer au mouvement.

Puis un classique incident de Mardi gras éclata en 1253 : un écolier fut tué dans une rixe par les hommes du prévôt, d'autres maltraités et emprisonnés, sans que Blanche de Castille, de nouveau régente, les protégeât. La grève fut aussitôt décidée, mais une fois de plus les Mendiants refusèrent de la pratiquer et en appelèrent à Rome. Du coup, ils furent expulsés de la corporation universitaire. Les coupables finirent par être punis, mais les Mendiants ne furent point réintégrés. Les séculiers se défendent donc de manière malthusienne en cherchant « à réduire les effectifs de la profession » pour mieux s'en assurer le monopole, comme le dit fort bien Jacques Verger.

En avril 1255, la bulle d'Alexandre IV, *Quasi lignum vitae*, annula l'expulsion des Mendiants et ne permit aux frères de faire grève que si la décision était prise à la majorité des deux tiers. Or, ils étaient plus d'un tiers ! L'Université refusa. Excommuniée, elle prononça alors sa dissolution et attaqua franciscains et dominicains sur le plan idéologique, malgré le soutien du pape et du roi Louis IX dont le confesseur était un moine. Soutenus par l'épiscopat et l'opinion parisienne, les séculiers organisèrent le boycott des Mendiants pendant tout l'hiver 1255-1256. Il fut interdit aux élèves d'approcher des monastères incriminés, de recevoir un frère chez soi, de se confesser à l'un d'eux ou d'écouter leurs sermons. Sortaient-ils dans la rue, ce n'étaient sur leur passage qu'aboiements de chiens (jeu de mots sur *Dominicani*, *domini canes*, chiens du Seigneur), grognements d'ours, sifflements de serpents, eaux sales et ordures déversées inopinément d'une fenêtre, jets de boue et de pierres, et même de flèches contre les couvents pourtant gardés jour et nuit par le guet du prévôt.

En même temps, Guillaume de Saint-Amour, au nom des séculiers, lança un livre attaquant les Mendiants, le *Traité des périls des derniers temps*.

Le livre de Guillaume de Saint-Amour, bien que défendu à Rome par les procureurs de l'Université, le recteur et un maître des Arts, fut condamné comme scandaleux et pernicieux mais non comme hérétique. Les Mendiants furent de nouveau confirmés dans leurs tâches. Tous se soumirent, sauf Guillaume qui dut s'exiler dans son pays natal, en Franche-Comté. Bonaventure et Thomas d'Aquin furent solennellement réintégrés. Les dominicains eurent droit à deux chaires de théologie en 1261, les franciscains à une et les autres ordres à une. Mais les sanctions contre les séculiers étaient levées, tout étudiant séculier serait examiné par un séculier et les privilèges de l'Université étaient confirmés. Cette victoire partielle des Mendiants était due au fait que les généraux des deux ordres étaient toujours à Rome et que la papauté appréciait leur fidélité.

Corrélativement, pendant cette grande querelle, s'enflait de plus en plus le débat sur la conciliation de l'aristotélisme avec le dogme chrétien. L'enjeu des libertés universitaires paraissait, aux yeux des papes, de peu d'importance face au rationalisme et à la prétention de laisser la raison agir en dehors de toute référence à la foi. De plus, la supériorité intellectuelle d'un Bonaventure (1221-1274), d'un Albert le Grand (1206-1280) et d'un Thomas d'Aquin (1224-1274) dans leurs critiques de l'averroïsme ne pouvait que fortifier la papauté dans sa politique de soutien aux Mendiants. En effet, l'étude des nouveaux textes finit par être acceptée partout, en particulier à Paris en 1256, malgré les interdictions et sous l'impulsion des étudiants de la nation anglaise qui avaient imité l'exemple d'Oxford.

De 1256 à 1277 se succèdent donc parallèlement les grandes sommes des théologiens et les efforts des maîtres ès arts pour mieux connaître Aristote. Autrement dit, à l'aristotélisme chrétien va s'opposer l'aristotélisme tout court. Parmi les tenants du premier, nous trouvons d'abord Albert le Grand. Ce dominicain germanique, né en Souabe, fut maître régent de l'école de théologie, rue Saint-Jacques à Paris, de 1242 à 1248. Ses paraphrases et explications d'Aristote l'amenèrent à bâtir une vaste encyclopédie des sciences naturelles de l'époque qui lui valut la réputation de plus grand savant de tous les temps. Il ne se contentait pas de commenter, car il expliquait sans citer les textes. Il sut distinguer soigneusement ce que l'on sait de ce que l'on croit, séparant ainsi définitivement la philosophie de la théologie. Il tua dans l'œuf tout concordisme.

En revanche, Bonaventure se méfiait de cette distinction qui pouvait devenir une coupure. Né à Viterbe en Italie, il avait fait ses études à Paris entre 1236 et 1242. Franciscain en 1243, il dirige le *studium* monastique de 1253 à 1257. Puis il est élu Général de son ordre et porte jusqu'à sa mort un intérêt continuel à l'Université. Mystique pour qui le seul bien est l'amour de Dieu, il accepte toutes les opinions nouvelles pourvu qu'elles concourent à ce bien suprême. Se méfiant d'une étude de la philosophie seule, qui mènerait au naturalisme pur, il montre que la connaissance sensible ne suffit pas pour découvrir ce qu'est l'âme. Seule l'illumination intérieure, chère à saint Augustin, permet à l'âme de découvrir en elle la trace de Dieu. L'augustinisme vient ici au secours d'un aristotélisme que Bonaventure juge insuffisant.

La troisième grande synthèse, la plus harmonieuse de toutes, est évidemment celle de Thomas d'Aquin. Ce fils de petite noblesse italienne devient dominicain en 1244. Il étudia à Paris sous la direction d'Albert le Grand jusqu'en 1248. Puis une fois devenu maître, entre 1252 et 1256, il enseigna en pleine querelle des Mendiants et des séculiers, quitta Paris en 1259 pour y revenir précipitamment à la demande de son ordre afin de répondre aux averroïstes de 1268 à 1272. C'est dans la *Somme théologique* surtout qu'il s'efforça de réduire l'antinomie entre la science antique et la Révélation chrétienne, de manière à englober entièrement le monde dans le plan divin. Avec hardiesse il accepte les concepts aristotéliciens de matière et de forme et fait siennes les notions de substance et d'accident pour fonder toute sa construction non sur l'esprit humain, mais sur l'être, c'est-à-dire sur tout ce qui existe. Si l'âme est la forme du corps, toutes ses connaissances lui viennent des sens et l'être humain n'a pas en lui-même sa raison d'être. Il dépend donc de l'Etre par soi-même existant qu'est Dieu. L'enchaînement des causes formelles, efficaces et finales doit l'amener à accepter la grâce divine et l'illumination intérieure. Thomas d'Aquin allait donc beaucoup plus loin que saint Anselme et saint Bonaventure. Il sanctifiait le monde en l'intégrant dans la création et risquait de s'attirer le reproche de naturalisme. Il faisait confiance en l'homme en montrant que « la volonté est la force de l'intelligence ». Pour lui, agir selon la nature est bon, ce qui ne pouvait que hérisser les augustiniens, persuadés que l'habitude du péché est une seconde nature.

Cela n'aurait été que demi-mal si les averroïstes n'avaient poussé jusqu'à l'extrême les conséquences du positivisme aristotélicien. Les maîtres d'Oxford, comme Robert Grosseteste, qui avait étudié la théologie à Paris entre 1214 et 1219, et Roger Bacon, qui commenta Aristote dans la faculté des arts vers 1250, voulurent créer un esprit véritablement scientifique reposant sur les mathématiques. Le premier attribue à la lumière un rôle capital dans la construction du monde. Le second a l'intuition du rôle de l'expérience dans la connaissance et lance le terme de « science expérimentale ». Pour lui, elle l'emporte sur tous les autres modes de connaissance. Mais, pour ces deux maîtres, l'étude des sciences de la nature n'était pas une fin en soi.

Or, à la faculté des arts, Siger de Brabant prend cette attitude dans son enseignement à partir de 1265. Avec Boèce de Dacie, un Danois et quelques autres, il accepte toutes les thèses rationnelles d'Aristote, y compris celles qui sont en contradiction avec la Révélation, en particulier celles qui affirment l'éternité du monde. Dès 1267, Bonaventure dénonça ces idées. Thomas d'Aquin combattit alors activement les thèses averroïstes, tout en étant lui-même attaqué par le franciscain Jean Peckham, qui, en bon augustinien, lui reprochait d'être un trop fidèle disciple d'Aristote. En même temps, Siger présentait ses idées comme une simple exigence d'honnêteté intellectuelle. Membre de la faculté des arts et uniquement philosophe, il revendique pour lui l'utilisation du raisonnement seul. Suivant pas à pas Averroès, il accepte les idées d'Aristote, selon qui Dieu n'est qu'un « premier Moteur » immobile et nécessaire à l'âme humaine mortelle. Siger et ses amis en arrivèrent à soutenir qu'il n'y a de vie humaine et cosmique que rigoureusement déterminée. Ils abandonnaient toute tentative de conciliation entre la raison et la foi. C'est la doctrine de la « double vérité ».

Une première condamnation de quinze thèses, dont treize averroïstes, le 10 décembre 1270, les laissa indifférents, puisque, disaient-ils, ils réprouvaient ces thèses en tant que chrétiens mais les acceptaient en tant que philosophes. Cette attitude, dont l'historien ne peut juger si elle était sincère ou feinte, mit le comble à l'agitation intellectuelle devant ce qui fut interprété comme une hypocrisie. La haine théologique tourna à la rage et la division passa aussi bien entre les maîtres ès arts qu'entre les réguliers.

Le pape Jean XXI, ancien maître en théologie, de tendance augustinienne, demanda à Etienne Tempier, évêque de Paris, lui aussi de même origine, de résoudre la crise en tranchant la question. L'évêque promulgua à la va-vite, le 7 mars 1277, un décret de condamnation des partisans de Siger de Brabant et un catalogue de deux cent dix-neuf thèses incriminées. Ces thèses reprenaient des phrases d'auteurs condamnés. Mais toutes n'étaient point averroïstes. Quelques-unes étaient compatibles avec la foi chrétienne, d'autres professaient un rationalisme purement philosophique analogue à celui de Fontenelle et Voltaire, d'autres même étaient des affirmations de Thomas d'Aquin. En plus, des phrases du *De Amore* d'André Le Chapelain y avaient été ajoutées pour condamner l'amour courtois. Bref, à voir du naturalisme partout, les maîtres augustiniens jetèrent la consternation et même la colère chez les dominicains en particulier. Il y avait comme un relent de vengeance dans cette atteinte au thomisme de la part de certains séculiers appuyés par les franciscains. L'averroïsme disparut pour se maintenir souterrainement. L'essor de l'école thomiste en fut brisé pour plusieurs années.

La condamnation de 1277 eut pour résultat de casser tout effort de synthèse entre science et foi. Elle interdisait au fond d'affirmer que le monde est parfaitement et uniquement intelligible. En transformant l'université en gardienne de l'orthodoxie, elle rompit l'alliance féconde entre enseignement et recherche, laissa la théologie dans son empyrée et permit aux autres disciplines de se développer désormais seules. Inévitablement, la confiance en la « scolastique », cette discipline d'école pour amener à la vérité, fut profondément atteinte. Le recours aux philosophes antiques, qui avait été la base des progrès de la théologie, fut de plus en plus rare et le livre des *Sentences* de Pierre Lombard de moins en moins consulté. Les liens étroits qui avaient été créés entre les sciences humaines et la théologie, science de Dieu, dans la réalité présente, furent brisés. Les maîtres ès arts revinrent à l'étude de la grammaire et de la logique, etc, sans déborder sur la « philosophie naturelle » qui fut abandonnée au grand dam de l'esprit scientifique.

Cette dispersion d'un enseignement unifié au sein de l'université de Paris eut des avantages aux yeux de certains. D'abord, comme après la condamnation d'Abélard en 1140, elle permit à la mystique de reprendre son essor et d'être enseignée de nouveau dans les couvents, d'autant plus que les écoles franciscaines la propagèrent. Les sciences « laïques » n'eurent plus à se préoccuper de leurs fondements philosophiques. Le droit et la médecine, c'est-à-dire les sciences du corps social et du corps individuel, purent se développer en toute indépendance et prendre la place laissée par la théologie, c'est-à-dire la première. Au total, l'Université est condamnée à se transformer à la fin du XIIIe siècle, alors même qu'elle avait atteint son autonomie après 1231. Mais la crise de 1252-1261 a marqué les limites de l'indépendance de la corporation universitaire, tandis que les condamnations de 1270-1277 ont borné sa liberté intellectuelle. Ces deux restrictions l'obligent ainsi à trouver en elle son propre renouveau.

L'ORGANISATION DES UNIVERSITÉS AU XIIIe SIÈCLE

Pouvait-elle le faire à l'aide de ses institutions ? L'organisation universitaire, avec ses franchises et ses privilèges, est intéressante à connaître afin de comprendre la place respective tenue par les maîtres et les étudiants et les causes de l'invention des collèges. Elle nous permettra de mieux saisir alors comment sont nées les universités provinciales dans le royaume de France et en quoi elles diffèrent de celle de Paris.

A la suite des différents heurts avec le chancelier, les gens du roi ou même la papauté, l'université de Paris a atteint le terme de son organisation à la fin du XIIIe siècle. Deux questions se posent : quelle est sa composition interne ? qui dirige ? La corporation est d'abord une fédération d'écoles rivales et concurrentes puisque chaque maître dirige un établissement d'enseignement. Donc, autant de maîtres autant d'écoles, dont la fréquentation dépend du prestige du professeur. En théologie, il y eut ainsi huit écoles, puis douze. Leurs maîtres en exercice *(regentes)* étaient appelés régents. Dès les années 1220, ils sont groupés en facultés, au nombre de quatre : arts, droits (romain et canon), médecine et théologie. A partir de 1219, le droit romain disparu, il n'y eut plus qu'une faculté, comme nous l'avons vu, en droit ecclésiastique, en décret, comme on disait. Les régents de chacune d'entre elles élisent un doyen pour la diriger. L'ensemble regroupe les maîtres et les élèves.

Mais très vite une distinction apparut entre la faculté de base, celle des arts, qui regroupait en ses deux cycles le plus grand nombre d'étudiants et les plus jeunes, et les trois autres, considérées comme supérieures à cause du haut niveau de leur enseignement. Celle de théologie de Paris, en particulier, demeura la seule en Europe jusqu'en 1362, date où Toulouse obtint enfin la sienne. Cela explique son rôle exceptionnel et la prétention du chancelier à vouloir la diriger. Les étudiants de chacune de ces facultés étaient une poignée. Ils restaient inscrits à la faculté des Arts tant qu'ils n'avaient pas tous leurs grades. Cette dernière ne tarda pas à se tailler une suprématie de fait, puisqu'elle offrait un enseignement général à tous et qu'on pouvait très bien arrêter ses études à sa sortie. La licence ès arts est accordée par le chancelier de Sainte-Geneviève. Cette formation, moins cléricale que celle des facultés supérieures, lui donne donc un rôle à part que renforcent ses écoliers plus jeunes et plus turbulents puisqu'ils y entrent dès quatorze ans.

Ils sont si nombreux et d'origine si diverse que la faculté des arts fut, dès avant 1222, la seule faculté à être divisée en quatre nations : Français, Normands, Picards et Anglais. Les étudiants venus d'un même pays préféraient se regrouper ensemble : ceux des pays latins dans la nation de France, les Germaniques et les Slaves avec les Anglais, ceux de l'Ouest du royaume sous l'égide des Normands, enfin les Flamands avec les Picards. Très tôt, la nation de France fut la plus nombreuse. Dès avant 1237, chacune des nations élisait son procureur. Les quatre procureurs furent seuls habilités pour désigner un maître ès arts comme recteur de leur faculté. Toutes ces élections se déroulaient entre maîtres, à plusieurs tours. Mais, dans la faculté des arts, les nations avaient des pouvoirs importants puisque les étudiants non gradués des facultés supérieures en faisaient partie. Les maîtres de ces nations pouvaient modifier les études et les examens. Leur faculté constituait une espèce de corporation à l'intérieur de l'Université puisqu'elle possédait des finances communes, des bedeaux et un sceau. Aussi le recteur des arts finit-il, petit à petit, par devenir le véritable chef de toute l'Université. Dès 1249, bien que non élu par les quatre facultés supérieures, il fait exécuter les décrets de l'Université. A partir de 1256, la majeure partie de tous les maîtres séculiers acceptent de lui prêter serment d'obéissance et de défense des privilèges de l'Université.

Le recteur est donc la clé de voûte du système. Il doit être élu dans un temps inférieur à celui que met une bougie pour brûler. Aussi, les représentants des quatre nations doivent-ils s'entendre auparavant. Ses pouvoirs sont étendus : il réclame aux agents du roi les étudiants arrêtés et les fait libérer pour être jugés par le tribunal de l'Université. Il fixe le loyer des logements dans la ville et le prix de location des livres. Il dirige les finances avec l'aide des quatre nations. Il peut infliger, en cas de litiges entre maîtres et élèves, des amendes et des arrêtés de suspension ou d'expulsion. Il convoque l'assemblée des maîtres et fixe l'ordre du jour. Enfin, en tant que gardien des statuts, il représente l'Université à l'extérieur avec l'aide de huit bedeaux, c'est-à-dire de sergents de justice, qui font exécuter ses décisions. Mais ce chef de la corporation n'est élu que pour trois mois. Cela permet à l'assemblée des maîtres de le contrôler et de lui faire appliquer les décisions qu'elle vote et de mettre en pratique les conseils que les commissions qu'elle a déléguées à ses côtés lui apportent. Ce système démocratique était donc analogue à celui de toutes les autres guildes et corps de métiers urbains. Evêque et chancelier ne faisaient qu'enregistrer les décisions ou présider aux cérémonies.

L'acte essentiel de cette démocratie était donc l'assemblée des maîtres. Au début du XIIIe siècle, elle se tenait dans l'église Saint-Julien-le-Pauvre. Le recteur en précisait l'heure et plus tard le lieu, lorsque les séances furent déplacées chez les Cordeliers ou les Jacobins, ou bien dans le petit réfectoire du couvent des Mathurins. Dans le premier cas, on disposait quatre chaires aux quatre coins de la nef, pour les quatre procureurs des nations. Les membres des Arts délibéraient donc aux quatre coins. Quant aux maîtres des trois autres facultés, ils occupaient les places laissées libres. Puis avait lieu, après chaque avis des facultés, une délibération générale, avec vote des quatre corps à main levée. Le recteur prenait acte de la conclusion générale et appliquait à tous la décision prise. Il faut attendre 1340 pour avoir la preuve que le vote se faisait à la majorité des facultés, c'est-à-dire forcément trois voix contre quatre. Ce principe fut appliqué très tôt dans les arts dont l'assemblée, plus turbulente et chicanière, pratiqua souvent l'obstruction.

Les responsabilités des recteurs étaient faibles sur le plan matériel. Ils n'avaient presque pas de problèmes de gestion puisque l'Université ne possédait aucun bâtiment en propre, ce qui lui permit de pratiquer la dispersion et la sécession avec succès à chaque fois. Comme on l'a vu, les églises étaient prêtées pour les rassemblements, le sceau déposé à Sainte-Geneviève et les archives dans le couvent des Mathurins. Chaque nation avait une église particulière pour y faire célébrer sa messe. Les examens et les cérémonies se déroulaient aussi dans les églises. Chaque maître, quand il ne donnait pas son cours dans la rue, louait une salle à ses propres frais. La seule véritable propriété de l'Université était le Pré-aux-Clercs, grâce à une usurpation et à des chicanes infinies aux dépens de l'abbaye Saint-Germain-des-Prés. Il s'allongeait en dehors des murs sur la rive gauche de la Seine. Là, le dimanche, les écoliers allaient jouer et se promener. Quant aux finances, elles provenaient des amendes en majeure partie, ou des contributions après examen.

Finalement, l'essentiel de l'action du recteur portait sur la défense des privilèges de l'Université : exemption d'impôts et de certaines taxes locales, de toute forme de guet ou autre service militaire et surtout exemption de toute juridiction laïque : le célèbre « for ecclésiastique ». Chaque maître ou étudiant ne peut être jugé que par la cour de l'évêque. La cour du prévôt de Paris s'occupe de toutes les actions civiles, car cet officier est chargé d'agir ici en conservateur des privilèges de l'Université. En effet, l'évêque ne peut emprisonner que les clercs. Il lui faut faire appel au prévôt pour arrêter ou emprisonner un laïc impliqué dans une affaire avec les étudiants.

Reste enfin la cour du conservateur apostolique qui juge de toute atteinte aux droits de l'Université en tant que franchises accordées par la papauté. Cette dernière faisait sentir ainsi son autorité, comme nous l'avons vu, mais elle accordait aussi aux maîtres des bénéfices ecclésiastiques qui leur permettaient de vivre décemment. En conséquence, le légat pontifical commence à jouer auprès de l'Université à la fin du XIIIe siècle un rôle non négligeable.

Tous ces droits garantissaient, on l'a montré, une très grande liberté dans la recherche intellectuelle. Ils donnaient à l'Université un véritable pouvoir doctrinal. Ce pouvoir eut des conséquences pour la vie quotidienne jusque dans le milieu social urbain, nous le verrons, à propos, en particulier, de la réglementation des usages corporatifs et des interventions moralisant les règles de la vie économique en faveur des étudiants pauvres : prix, loyers, valeur de la monnaie, etc. Ce pouvoir s'exerçait d'abord dans le domaine des exigences de niveau intellectuel et cela nous amène aux examens et aux grades universitaires donnant compétence, respect et par conséquent autorité.

Entré à quatorze ou quinze ans, après des études élémentaires fort mal connues, le jeune écolier de la faculté des Arts doit suivre son enseignement pendant au moins six ans. A vingt ans révolus, il s'engage alors à enseigner pour deux ans, s'il est reçu au baccalauréat ès arts. Cet examen a lieu devant un jury formé par les maîtres des nations. Après avoir prouvé par ses réponses qu'il est apte, il est admis à présenter une *determinatio* entre le Carnaval et la fin du Carême. Il s'agit d'une dispute sur un sujet de son choix devant quatre maîtres, pour prouver qu'il est capable d'argumenter et de faire un cours devant ses camarades. Le bachelier est donc un élève professeur qui d'auditeur devient assistant d'un maître. Au bout de deux ans se déroule alors l'examen de la licence. Si le candidat a effectivement résidé auprès de la faculté et assisté aux leçons, accompli les exercices et lu les livres prescrits, il est automatiquement inscrit sur la liste des reçus, selon l'ordre de son mérite, par les maîtres. Ces derniers envoient alors les noms des impétrants au chancelier de Sainte-Geneviève, qui n'a plus qu'à confirmer l'octroi du grade.

Les nouveaux licenciés, revêtus de leur chape, vont alors en procession depuis le couvent des Mathurins jusqu'à Sainte-Geneviève, précédés par les bedeaux, le recteur et les procureurs des quatre nations. Ils s'agenouillent devant le chancelier qui leur donne le parchemin attestant qu'ils ont obtenu la licence. Six mois après, ils entrent en charge comme maîtres ès arts. C'est le rite de passage par excellence, l'entrée dans la corporation.

De même que les apprentis deviennent valets, puis maîtres dans un corps de métier, l'ancien écolier est passé bachelier, pour devenir ensuite professeur. La cérémonie s'appelle *inceptio* : entrée en charge. Il donne une leçon inaugurale à titre de « chef-d'œuvre » (selon l'usage des corporations) et reçoit de son maître régent les insignes de sa charge : la barrette, sorte de bonnet plat fait de quatre pièces carrées cousues ensemble, avec un anneau d'or et un livre. Après le baiser et la bénédiction de son maître, il jure alors obéissance au recteur. La cérémonie s'achève par un grand banquet offert par le nouveau professeur à ses pairs, accompagné de cadeaux, sous forme de gants, de robes et même d'argent. Le goût de l'ostentation s'en mêle souvent et certains ont à honneur d'y faire jouer de la trompette, d'inviter des mimes ou des orchestres de danse, alors que ces dépenses somptuaires sont interdites. Dans ces beuveries officielles revit au fond toute la vieille sacralité païenne de la rupture temporaire des interdits pour mieux les conforter ensuite. Elles n'étaient pas sans parallèle avec la cérémonie d'entrée des écoliers, la *depositio*, dont nous reparlerons.

De plus, par ces fêtes, la corporation universitaire éprouve quasi charnellement sa solidarité et affirme sa place parmi les autres groupes sociaux. Elle ressent la noblesse de son métier, comme les chevaliers après l'adoubement. Elle affirme qu'aucun acte n'est individuel et que seule la volonté commune fait exister chacun à sa place. Les serments, les liens festifs, et les rites de passage contribuent à concrétiser cette conscience, explicitée intellectuellement d'ailleurs à la fin du XIIIe siècle par la hiérarchie des communautés naturelles mise au point par Thomas d'Aquin.

Dans les autres facultés, le *cursus honorum* était semblable. En théologie comme en médecine ou en droit, on passait le baccalauréat, puis la maîtrise ou doctorat, le premier au bout de cinq ans, le second sept ans après. Encore pour être docteur en théologie fallait-il avoir au moins trente-cinq ans ! Le bachelier biblique était appelé *cursor*, parce qu'il expliquait les textes bibliques au pied de la lettre sans résoudre les problèmes qu'ils posaient. Pendant un an, il faisait un véritable cours comme bachelier « sentenciaire », sur le livre des *Sentences* de Pierre Lombard. Lors de la deuxième année, il était admis à passer un examen appelé tentative, après avoir assisté à tous les exercices, prononcé des sermons et être intervenu dans les disputes. Un maître proposait une question à laquelle il répondait et les bacheliers présents pouvaient enchaîner d'autres interrogations sur sa réponse. Enfin, la licence ou doctorat en théologie était accordée tous les deux ans à la Toussaint. Cette fois-ci, tous les maîtres exerçant ou non l'interrogeaient.

Le candidat était reçu, car il obtenait toujours les deux tiers des voix. La sélection des candidats se faisait en effet antérieurement par abandon ou par incapacité financière à payer les frais du banquet de réception. La cérémonie du doctorat était identique à celle de la maîtrise ès arts. Avec la différence que le chancelier de l'évêque posait lui-même la barrette sur la tête du nouveau docteur, qui prêtait ensuite serment. Venait alors là aussi le banquet avec les cadeaux et l'argent à payer aux maîtres qui avaient fait passer l'examen, aux camarades et aux étudiants pauvres. Ces sommes, souvent importantes, formaient une partie des revenus de l'Université. Aussi, pour limiter ces dons de « joyeux avènement », le concile de Vienne, en 1311, limita leur montant à trois mille livres tournois.

Ces études étaient particulièrement longues. En théologie, elles se terminaient aux alentours de trente-cinq ans, en droit et en médecine vers vingt-huit ans. La part énorme de l'apprentissage par cœur et de la mémorisation jointe au souci du travail expliquent qu'un étudiant ait dû faire longtemps ses preuves pour être admis au doctorat après être passé par les Arts. Il n'empêche que ces hommes entraient fort tard dans la vie active à une époque où la longévité était beaucoup plus faible qu'aujourd'hui. Quarante ans, c'était déjà la vieillesse ! Thomas d'Aquin est mort à quarante-neuf ans. Aussi beaucoup abandonnaient-ils plus tôt les facultés supérieures. Même si personne n'était refusé aux examens, les résultats paraissent avoir été sévères, dans la mesure où il est possible d'avancer des chiffres qui ne sont que des impressions extrapolées. Peut-être, en effet, y avait-il la moitié des étudiants inscrits en faculté des arts qui obtenaient le baccalauréat, et un quart la maîtrise, selon Rashdall. Jacques Verger avance, pour les facultés de droit, « qu'un étudiant sur trois ou quatre devenait bachelier, un sur quinze ou vingt licencié ». Au total, de longues études dont très peu sortaient professeurs ou médecins. L'essentiel des

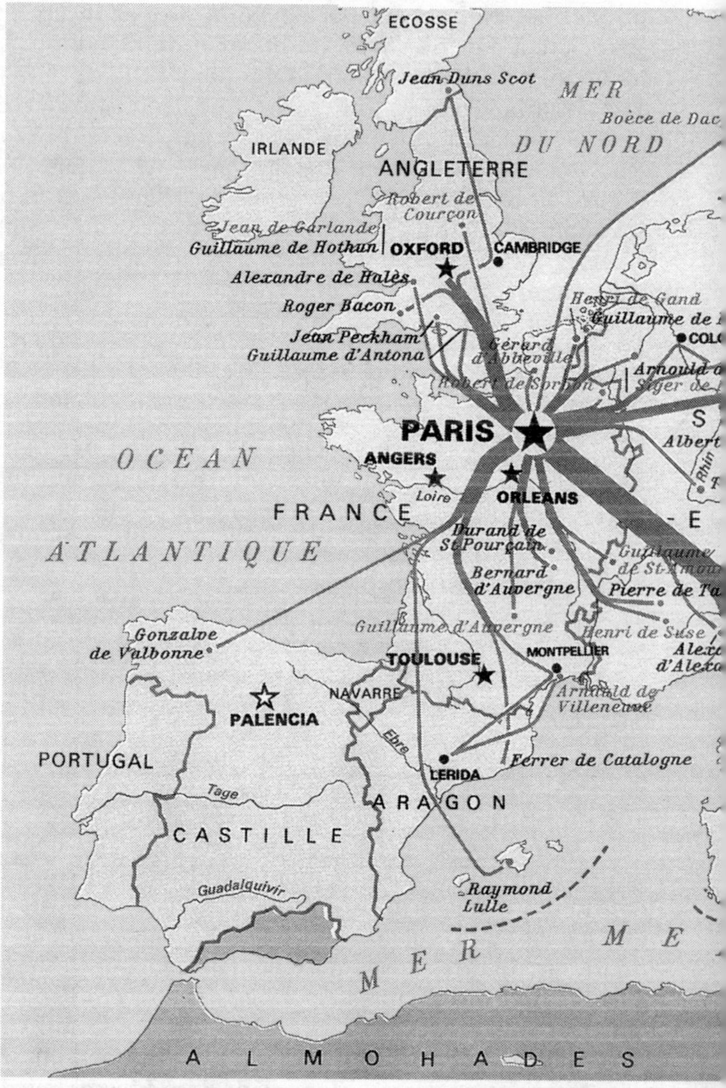

Les grands maîtres européens à Paris au XIIIe siècle

LES GRANDS MAITRES EUROPEENS A PARIS AU XIIIe SIECLE
université fondée par des maîtres et des étudiants parisiens
université avec statuts de type parisien
Siger de Brabant grand maître séculier
Thomas d'Aquin grand maître régulier
d'après les travaux du Laboratoire de Recherches Historiques de Bordeaux
DANEMARK
POLOGNE
Elbe
Oder
Vistule
Dniestr
Eckhart
Ulrich de Freiberg
Liège
Jerôme de Moravie
Alexandre de Hongrie
HONGRIE
Danube
PONT-EUXIN
PADOUE
VENISE
Roland de Crémone
BOLOGNE
Remi de Florence
Augustin d'Ancône
ETATS DE L'EGLISE
Mathieu d'Aquasparta
Bonaventure
ROME
Adenulfe d'Anagni
Gilles de Rome
Thomas d'Aquin
NAPLES
CHRETIENTE
CONSTANTINOPLE
D'ORIENT
ROYAUME DE SICILE
0 100 500 1000 km
M. ROUCHE
CNRS

étudiants entrait dans les chancelleries royales ou ecclésiastiques, comme spécialistes de l'art épistolaire, de la rédaction d'actes juridiques ou bien encore comme assesseurs de juges laïcs ou ecclésiastiques, chanoines et évêques.

Il fallait donc être animé par un grand espoir d'ascension sociale et une avidité de connaissances peu commune pour devenir étudiant. Il fallait aussi des moyens financiers : droits d'immatriculation à l'entrée, achat ou location de livres, loyer de la chambre, salaire du professeur, droits d'examen, faibles pour le baccalauréat mais terriblement lourds, nous l'avons vu, pour la licence et le doctorat. Seuls les étudiants riches, en droit et en médecine, pouvaient les acquitter. Les pauvres formaient une bonne part des écoliers de la faculté des arts et de celle de théologie. Aussi, très souvent, les plaintes des *pauperes scholares* trouvent-elles écho dans nos sources. Il ne suffisait pas en effet de fixer d'autorité les loyers à un taux très bas. Dans une ville comme Paris qui, à la fin du XIIIe siècle, comptait probablement 200 000 habitants, chiffre énorme qui la mettait en tête de toutes les capitales européennes, vivaient au moins cinq mille étudiants, si ce n'est dix mille ! Un tel déséquilibre entre ce groupe de jeunes et l'ensemble de la population est exactement identique à celui qu'a connu la même agglomération en 1968 avec cent quarante mille étudiants pour six millions d'habitants. Les logements étaient donc insuffisants. Aussi, de même que chaque corporation sécrétait sa confrérie destinée à venir en aide à ses membres malades ou nécessiteux, de même des institutions charitables apparurent, sous forme de fondations pieuses. Un riche protecteur donnait une terre ou un revenu destiné à construire un logement et un lieu d'étude pour quelques étudiants pauvres. La dotation était suffisamment importante pour permettre ensuite, par ses revenus, d'assurer le gîte et le couvert. Au début, ces maisons pour étudiants pauvres avaient pour fin de les décharger de tout souci matériel. Ces collèges avaient des statuts. L'un des étudiants, généralement un bachelier, était chargé de leur application et de la discipline, tandis que le fondateur chargeait un visiteur, généralement un ecclésiastique, de contrôler la régularité des dépenses et des versements.

Nous avons déjà entrevu une création de ce genre à Angers. Dans Paris, le premier fut, en 1180, le collège des Dix-huit, ainsi appelé parce qu'il était réservé à dix-huit écoliers. Il était situé en face de Notre-Dame, comportait un nombre de lits suffisant et une somme de douze sous par mois y était affectée. Chacun des écoliers recevait en plus un denier par mois. En échange, ils devaient veiller les morts de l'hôpital, l'Hôtel-Dieu, et porter la croix et l'eau bénite aux enterrements. En 1208-1209, un couple de bourgeois de Paris fonde le collège des Bons-Enfants pour treize écoliers qui seront surveillés par le doyen du chapitre de l'église Saint-Honoré. Puis, après les collèges pour séculiers, vinrent ceux des franciscains et des dominicains, d'abord pour leurs propres novices, puis pour d'autres écoliers payant pension. En 1246, Etienne de Lexington, abbé de Clairvaux, fonda le collège du Chardonneret pour les cisterciens qui viennent étudier à l'Université. En 1280, un autre collège pour séculiers apparaît, celui d'Harcourt, puis en 1304 celui de Navarre, fondé par Jeanne, reine de Navarre. Là étaient reçus surtout des étudiants en arts et tout particulièrement en grammaire. Il s'agit d'obtenir des clercs de niveau élevé. L'administration de la propriété n'appartenait pas au collège. Les responsables financiers donnaient l'argent au proviseur de l'établissement, lequel était nommé par le chancelier. Ainsi étaient séparées la gestion et la dotation, et l'administration interne du collège exercée par les intéressés.

Le plus célèbre de ces collèges fut très rapidement celui que fonda, pour seize pauvres étudiants, en 1257, le chapelain de Saint Louis, Robert de Sorbon. La nouveauté résidait dans sa destination. Au lieu de recevoir des artiens, il allait héberger de futurs théologiens afin de contrebalancer l'influence des Mendiants qui attiraient de plus en plus les vocations de ce genre chez eux. Le projet fut longuement mûri, en accord avec le roi. De novembre 1254 à février 1255, Robert se livra à quarante transactions diverses, achetant vingt-neuf maisons, onze granges, des jardins et des prés situés rue Coupe-Gueule (plus tard rue aux Hoirs de Sorbonne), rue des Maçons, rue Saint-Jacques et rue des Poirées. Le roi lui fit don d'autres terrains et, en octobre 1257, le collège fut ouvert sans que les travaux fussent pour autant terminés. D'après une lettre d'étudiant, nous savons « qu'on a parfaitement aménagé la maison, et sans parler des pièces du rez-de-chaussée, il y aura vingt-trois chambres très convenables ». A la mort de Robert de Sorbon, en 1274, le collège est doté d'une fondation de soixante-deux maisons au total.

Ce fils de vilain et de vilaine avait voulu éviter aux écoliers la quête plus ou moins avilissante de prébendes. Il désirait surtout que le collège ne fût point une simple pension de famille à la nourriture abondante. Il dressa les statuts et précisa qu'il voulait que les étudiants vivent « socialement, collégialement, moralement et scolairement ». Nous retrouvons ici l'idéal associatif et corporatif du Moyen Age. Ils doivent élire chaque trimestre un procureur mineur qui dresse la liste des charges, des amendes, des redevances, des frais de l'entretien général et du vin à commander. Il doit toujours y avoir au moins deux tonneaux d'avance. Celui qui est nommé à Pâques se préoccupe du personnel domestique à maintenir ou à congédier et de faire la provision de bois annuelle pour la cuisine et la grande salle du chauffoir. Celui qui est élu à la Saint-Barthélemy veille aux moissons à engranger, aux vendanges à assurer et aux quantités de salaisons à faire rentrer. Le procureur de Noël s'intéresse en particulier au ravitaillement pour le Carême : pois chiches, fèves et épices. Au-dessus d'eux se trouve le procureur majeur, qui a la responsabilité de tout le budget. Le prieur, en revanche, lui aussi élu, veille aux interdits spirituels et à l'observance des règlements. Enfin, au sommet, seul le proviseur est nommé de l'extérieur par un collège de gouverneurs formé de docteurs de la faculté de théologie.

Sauf cette dernière fonction, tous les étudiants boursiers (ils sont bientôt trente-six) doivent occuper à tour de rôle une de ces charges. Au sortir de son temps, chacun doit faire une reddition de comptes, sinon il est condamné à dix sous d'amende plus six deniers par jour de retard. Tout est discuté en commun au réfectoire après le repas, en assemblée où chacun peut intervenir. Les résolutions sont adoptées à l'unanimité ou à la majorité. Ce système représentait une véritable autonomie de gestion. Seuls participaient aux assemblées ceux qui avaient reçu une bourse nommément, par les gouverneurs. Les associés non boursiers, *socii sine bursa*, n'y jouaient aucun rôle. Le système des collèges parisiens n'est donc pas semblable à celui des collèges d'Oxford où l'autogestion était complète, parce que la propriété de la dotation était totale. A Paris, il y avait possession des bourses issues des revenus de la dotation et donc autonomie de gestion. Cette organisation dura jusqu'à la Révolution.

Elle entraînait par conséquent effort commun et autocritique. Chacun promettait obéissance aux statuts. Enfin, et ceci était encore plus nouveau, le prieur, aidé d'un maître d'études, organisait des répétitions et des disputes. Il gérait la bibliothèque. Les livres étaient prêtés aux seuls pensionnaires, mais leur accès était permis aux étudiants étrangers à la maison. Bientôt les exercices qui y étaient donnés furent réputés. Les anciens boursiers, devenus titulaires du bonnet carré, revenaient même y louer les salles pour enseigner. Ainsi, le collège de la Sorbonne finit par être un des hauts lieux de la théologie dans la ville de Paris.

Au total, les collèges se développèrent très vite, car ils permettaient de supprimer le vagabondage et de surveiller les fréquentations des écoliers. Dès 1300, il y en a quatorze, non compris ceux qui appartiennent aux ordres réguliers. Le collégien était privilégié par rapport au martinet, qui logeait, comme son nom l'indique, sous les toits, chez un bourgeois. Entre membres du collège, il était obligatoire de parler latin. Les exercices et les bibliothèques favorisaient le travail. Mais les inconvénients étaient réels. Les collèges opéraient une ségrégation en regroupant les étudiants pauvres et en les séparant de ceux qui pouvaient se payer des serviteurs et menaient grand train de vie. Ils rassemblaient, sur les vœux des fondateurs, les jeunes d'un même pays. Enfin la multiplication des répétitions les fit bientôt tourner en véritables cours et transforma les collèges en rivaux des écoles. Le prestige de la Sorbonne au début du XIVe siècle en faisait foi. Une révolution pédagogique et scolaire risquait ainsi de sortir de cette institution.

Cependant, ces collèges étaient très peu nombreux ou inexistants dans les autres universités du royaume, surtout celles du Midi, à dominante médicale ou juridique, fréquentées par des étudiants à fortes ressources personnelles. De plus, contrairement à l'université de Paris, qui est dirigée par les maîtres, les étudiants n'étant que leurs suppôts (c'est-à-dire posés en dessous d'eux, sous leur autorité), elles regardaient plutôt vers le type universitaire bolonais où les étudiants dirigent, recrutent les professeurs et exercent un contrôle sur la régularité de leur enseignement. Mais, comme nous allons le voir, les universités créées dans le reste du royaume n'adoptèrent ces statuts qu'en les atténuant considérablement, au point d'aboutir à un type mixte donnant autant de place aux étudiants qu'aux professeurs.

Dans le cas de Toulouse, la création de l'université n'eut rien de spontané. Il y avait certes une école dans le chapitre cathédral de Saint-Etienne. Mais elle avait été bien incapable de répondre aux arguments des cathares. Aussi, après la terrible croisade des Albigeois (1209-1213), Dominique avait-il tenté de créer dans la ville un couvent avec *studium*. A partir de 1223, cette école de théologie fonctionne aux Jacobins. Mais dans son esprit elle ne suffisait pas. Ainsi fut-il à l'origine d'une véritable tentative de décentralisation en s'attaquant au véritable monopole de la théologie que possédait Paris. En 1217, devant la crise de l'instruction religieuse dans le Midi languedocien, il fait lancer, par une bulle pontificale, un appel aux maîtres et étudiants parisiens pour qu'ils viennent enseigner et étudier à Toulouse. Il s'agit de distribuer à un peuple affamé « le froment de la doctrine », grâce à Paris, « le four où cuit le pain de toute la chrétienté ».

Ce projet ne prit corps qu'en 1229 lorsque la paix fut signée à Meaux et à Paris. Un article du traité prévoyait la création d'une université. Il fallait remplacer la violence par la sagesse « avec les arts de Mercure, les traits de Phébus et la lance de Minerve ». L'initiative était due au cardinal-légat Romain de Saint-Ange. Une clause précisait, stipulation inconnue jusqu'alors, que le comte de Toulouse Raymond VII paierait pendant dix ans quatre mille marcs d'argent pour quatorze professeurs, quatre en théologie à raison de cinquante marcs chacun, six maîtres ès arts qui recevraient vingt marcs, enfin deux grammairiens qui devraient se contenter de dix marcs. Cette hiérarchie des salaires montre quelle était l'importance accordée aux matières enseignées. La situation paraissait d'autant plus favorable que la grande dispersion de l'université de Paris en grève avait commencé. La propagande pour provoquer cette décentralisation avait même été fort astucieuse. Le but essentiel étant de créer une faculté de théologie, on assura aux maîtres et aux étudiants la liberté d'étudier les nouveaux textes d'Aristote, interdits à Paris, ainsi que le droit civil. Les étudiants pourraient ainsi « scruter les secrets de la nature jusqu'à la moelle ».

L'opération parut réussir au début. Un groupe arriva, dirigé par un grammairien, Jean de Garlande, et un cistercien, Hélinand. Puis arriva peu après un autre maître parisien, un théologien, Roland de Crémone. Mais, très vite, l'opposition de l'opinion hostile à ces hommes venus du Nord, et la cessation de paiement des salaires par le comte eurent raison d'eux. Les bulles de Grégoire IX en 1233 et d'Innocent IV en 1245 tentèrent de relancer l'université. Pratiquement, la théologie ne put être enseignée que chez les dominicains et resta juridiquement en marge de l'université jusqu'en 1360, date officielle de la création de la faculté. A partir de 1239, les salaires furent de nouveau payés et le personnel des maîtres finit par être de plus en plus originaire du Languedoc. Alors petit à petit se dégagea l'université du *studium* toulousain. L'étude du droit romain se révéla très fructueuse, surtout après l'entrée du comté dans le royaume de France et la création du parlement de Toulouse en 1274, puisque le Midi était désormais sous ce régime juridique. De nombreux professeurs entrèrent au service du roi. Etienne Motel, par exemple, est, dès 1282, juge à la cour des appels au sénéchal, juge des encours d'hérésie du comté, puis juge mage du sénéchal. En 1284, le roi le chargea de promulguer les coutumes de Toulouse. Aussi, très tôt, l'université fut-elle favorable au roi.

Les statuts précisaient que l'assemblée générale comprenait les étudiants et les maîtres. Elle fixe elle-même son règlement intérieur. Elle dispose du droit de grève au cas où des étudiants seraient emprisonnés pour dettes ou bien atteints dans leurs autres privilèges. A partir de 1266 apparaît un recteur, qui est élu par les étudiants parmi les maîtres des quatre facultés. Il est assisté d'un conseil de quatre maîtres issus des quatre facultés, mais élu par les écoliers. S'y ajoutent deux autres personnages, l'un nommé par l'évêque, l'autre par le chancelier. Ce dernier a une situation fort proche de celle de son homologue parisien. Au total, ce régime, malgré une nette participation des étudiants, ne leur donnait pas vraiment l'autorité comme à Bologne.

Cela paraît être dû à la présence d'écoliers pauvres. Dès les origines, Grégoire IX précise qu'une commission paritaire, composée de deux clercs et de deux laïcs, fixera le taux du loyer des logements vacants. En 1245, Innocent IV enjoint de recevoir les étudiants pauvres dans les hôpitaux de la ville. La vie des écoliers toulousains n'en fut pas moins agitée. Malgré l'interdiction du port d'armes qui leur avait été signifiée, ils furent cependant impliqués dans de nombreuses bagarres. Pour ne pas les laisser à la rue, des collèges furent alors créés. Le premier fut fondé par un riche bourgeois toulousain en 1243, Vidal Gauthier. Voici ce qu'il dit : « Moi, Vidal Gauthier, je concède aux étudiants pauvres faisant leurs études à Toulouse, cinq maisons et leurs dépendances, pour ainsi dire ce que j'ai de meilleur... pour le salut de mon âme et des âmes de mes père et mère. » Pour assurer son salut par cette action charitable, il prévoit que vingt étudiants, originaires de douze diocèses différents, vivront des revenus de dix-huit autres maisons. Un recteur, nommé par l'évêque, gèrera l'établissement. En remerciement, les étudiants devront célébrer une messe en l'honneur de la Vierge Marie tous les samedis.

Ce collège fonctionna pendant un certain temps, puis disparut, on ne sait comment. Etait-ce faute d'étudiants ? On l'ignore. Toujours est-il qu'en dehors du collège Saint-Raymond, en 1256, aucun autre destiné aux séculiers ne fut fondé avant le début du XIVe siècle. En revanche, trois collèges monastiques apparurent. L'un, dédié à saint Bernard, était cistercien (1281), l'autre était, comme nous l'avons vu, celui de Moissac, fondé en 1286-1290 près de Saint-Pierre-des-Cuisines. Le dernier créé à la même époque était le collège de Boulbonne. la discipline y était beaucoup plus stricte à cause de la clôture. Les cours se faisaient à l'intérieur des murs.

L'impression demeure donc, face à ces lents développements toulousains, que l'initiative pontificale a été primordiale. Elle fut même systématique. Désireuse de répandre une meilleure instruction dans un pays où cathares et vaudois continuèrent à proliférer jusqu'au XIVe siècle, elle fut même à l'origine de deux tentatives avortées. En 1243-1245, Innocent IV essaya de développer l'enseignement du droit et de la théologie à Narbonne. Ce fut un échec et, si les cours demeurèrent, il n'y eut jamais d'université. En 1295, toujours pour les mêmes raisons, le bouillant Boniface VIII fonda dans le dernier réduit cathare une université à Pamiers. Dans ce diocèse se trouvait le village de Montaillou. La présence de quatre couvents de Mendiants, avec leurs centres d'études, Prêcheurs, Mineurs, Carmes et Clarisses ne pouvait que favoriser son développement. Mais la trop grande proximité de Toulouse et l'hostilité des populations étouffèrent cette création artificielle. En définitive, le résultat de toutes ces actions fut simplement de reconnaître aux papes la prérogative de fonder un *studium generale*.

Mieux valait donc une université née spontanément, à partir d'initiatives locales. Ce fut le cas de Montpellier. Nous avons vu le rôle de l'étranger dans le développement de ses écoles de médecine, combiné avec celui des Juifs. Les médecins, groupés autour de l'église Saint-Firmin, ne tardèrent pas à voir confirmer l'existence de leur université par les statuts que leur accorda le cardinal-légat Conrad en 1220. Les écoles particulières de médecine sont fédérées en quelque sorte, sous l'autorité de l'évêque de Maguelonne, seul compétent en matière d'examens et de licences avec l'assistance d'un jury. Il nomme un chancelier, aidé par trois professeurs. Une autorité aussi serrée ne pouvait pas plus être acceptée dans le Midi qu'à Paris. Aussi, dès 1203, le chancelier fut-il élu par les maîtres à la majorité des deux tiers et la licence accordée selon le même régime. Il fut précisé en 1234-1240 que trois ans et demi d'études étaient nécessaires pour obtenir le baccalauréat et six mois de pratique hors de la ville pour pouvoir prétendre à la licence. Après ce stage, le candidat se présente tour à tour dans les principales écoles de médecine de Montpellier. Si l'un des examinateurs le refuse, les autres font de même. La médecine devenait ainsi la seule technique que l'on enseignât après contrôle universitaire, ce qui donna à l'institution un rôle social considérable.

Cela n'empêchait pas que se développassent en même temps des écoles de grammaire et de logique. Elles obtinrent un statut de faculté des arts en 1242. Groupés autour de l'église Sainte-Foy de Montpellier, les artiens reçoivent exactement la même organisation que celle des médecins. De même le droit romain avait été enseigné par l'Italien Placentin jusqu'en 1192, date de sa mort. En 1248, le roi d'Aragon, de qui dépendait Montpellier (la ville n'entra dans le royaume de France qu'en 1349), nomma d'autorité, au grand dam de l'évêque, un professeur de droit civil, Guilhem Séguier. Le pape intervint et légalisa cette nomination en rappelant le droit épiscopal. Ce n'est, semble-t-il, qu'à partir de ce moment que les études juridiques se développèrent vraiment à Montpellier. Enfin, en 1289, Nicolas IV ordonna fermement la création d'un *studium generale*, avec le droit d'accorder la licence et la maîtrise, dans trois facultés classées par ordre d'importance : droit civil et canonique, médecine et arts. Il manque évidemment la théologie. Enseignée naturellement chez les franciscains, elle le fut aussi, à partir de 1263-1265, dans le couvent cistercien de Valmagne, situé à l'emplacement de l'actuelle rue du Coureau. Comme on le voit, la papauté ici n'a fait qu'organiser une université apparue spontanément. Il n'y eut pas besoin de payer ses maîtres comme à Toulouse. Aussi l'évolution n'est-elle pas terminée au début du XIVe siècle et, vu la prédominance des écoliers en droit et en médecine, faut-il s'attendre à des conflits importants avec l'autorité épiscopale.

Toujours hors du royaume de France, la ville d'Avignon appartenait à Charles d'Anjou, frère de Saint Louis, lorsqu'il prit sous sa protection les maîtres et les étudiants en droit qui y demeuraient. En 1303, le pape Boniface VIII créa un *studium generale*. Sous l'autorité de l'évêque, les maîtres ès lois dirigeaient l'université en collège. Ils élisaient chaque année un « primicier » dont l'office était identique à celui du chancelier de Montpellier. Il n'y avait pas d'autres facultés.

Dans Orléans, où le temps des belles-lettres est bien révolu, la prépondérance du droit romain explique aussi le considérable succès des écoles. On a vu que ce type d'études avait été chassé de Paris à cause de l'intervention royale. De plus, elle bénéficia de la grande sécession de 1229-1231 et les étudiants étrangers affluèrent.

Entre 1288 et 1296, des attitudes malthusiennes apparurent avec la limitation du nombre des maîtres : deux en décret, trois en décrétales et cinq en droit romain. Mais les maîtres finirent là aussi par se révolter contre l'autorité de l'écolâtre. En 1306, Clément V dut intervenir et leur accorder les statuts de Toulouse et la possibilité d'élire un recteur parmi les docteurs ainsi qu'un procureur choisi parmi les étudiants de chacune des dix nations. Cette université d'Orléans n'avait que deux facultés, droit et arts. Encore cette dernière disparut-elle très vite.

Le même phénomène caractérise les écoles d'Angers. L'archaïsme y fut encore plus durable. Pratiquement, elles fonctionnaient comme une université. Juridiquement, elles restèrent jusqu'en 1364 de simples écoles, groupées autour de Saint-Aubin. Ainsi, à la fin du Moyen Age classique, le royaume de France et ses alentours comptent au total environ six ou sept universités. Deux ont une renommée internationale : Paris, qui profite de l'absence de *studium* dans tout l'Empire germanique et de son monopole théologique, Montpellier à cause de la médecine qui attire dans ses trois nations Provençaux, Bourguignons, Catalans et bien d'autres. Partout les institutions font une grande place à la vie associative, mais toujours sous la direction des maîtres. Même dans le Midi, l'influence des universités d'étudiants, à l'exemple de Bologne, est faible à cause de l'intervention pontificale qui penche toujours pour le type parisien. Mais que viennent à tomber la théocratie et la monarchie pontificale, que s'arrête l'essor de la reine des disciplines, la théologie, alors, venus du Midi vont passer sur le devant de la scène les droits canon et romain et les réclamations d'étudiants d'esprit plus laïc que les pauvres clercs du Nord. La disparité dans le développement des collèges entre les deux parties du royaume montre bien cette opposition. Les nouveautés pédagogiques qui s'y préparent montrent que l'âge classique de l'enseignement médiéval est proche de sa fin.

Les programmes, les méthodes et les moyens de l'enseignement

Entrons maintenant un peu plus dans les préoccupations quotidiennes des étudiants et voyons comment évoluent insensiblement les programmes, les méthodes et les moyens matériels de l'enseignement au cours de cette formidable période d'expansion. Une fois de plus, faute de documents, ce que nous appelons l'école primaire nous échappe. Elle ne devait probablement pas comporter de grandes nouveautés par rapport à l'époque précédente.

En fait, les pédagogues médiévaux s'intéressaient surtout d'abord aux sept arts en commençant évidemment par la grammaire. Au XIIe siècle, Jean de Beauvais avait rédigé une grammaire mnémotechnique qu'il avait appelée *Livre des pauvres*. Elle n'a pas éliminé la grammaire de Priscien en deux tomes. En rhétorique, le *Barbarismus* (le troisième livre de Donat) est toujours utilisé, comme le précisent les statuts de Robert de Courçon en 1215. Entre 1230 et 1240, un inconnu rédige à Paris un manuel sur la vie scolaire : *De disciplina scolarium*. Attribué à Boèce, il eut un immense succès et fut sans cesse recopié. Or, pour notre maître pédagogue, l'enseignement fondamental doit commencer par Sénèque, Lucain, Virgile, Stace, Horace, Persé, Martial, le « discret Ovide » (*sic*) et Cicéron. Rien n'a changé par conséquent, pas même les sempiternels distiques de Caton. En dialectique, science du philosophe, la vieille Logique de Boèce est toujours pratiquée jusqu'en 1255-1256 au moins ; cependant l'*Isagogue* de

Porphyre, l'*Organon* d'Aristote et ses traités de métaphysique finissent, comme on l'a vu, par être pratiqués en entier.

De même, grâce aux initiatives des chartrains, les traités scientifiques, traduits du grec ou de l'arabe, furent adjoints aux vieux manuels du *quadrivium*. L'*Heptateuque*, de Thierry de Chartres, est souvent utilisé. Cependant, à partir du milieu du siècle, deux nouvelles grammaires détrônèrent enfin Priscien et Donat : le *Grecismus* d'Eberhard de Béthune et le *Doctrinal* d'Alexandre de Villedieu écrit en vers. Elles avaient surtout pour but de proposer un latin simple et clair, dépourvu des anciens artifices rhétoriques. Il s'agissait d'un latin scolaire et technique. Ces grammaires, au fond, étaient utilisables pour les enfants de sept à quatorze ans, tandis que les grands auteurs pour la dialectique l'étaient à partir de ce dernier âge.

En théologie figuraient en tête la Bible, l'*Historia Scholastica* de Pierre le Mangeur et le livre des *Sentences* de Pierre Lombard évidemment, à partir de 1220-1225. Les grands maîtres commentèrent aussi les Pères grecs et les philosophes païens, mais ils disparurent peu à peu des programmes après la condamnation de 1277. La médecine, appelée Physique, se prétendait d'autant plus une philosophie qu'on étudiait les textes du Canon d'Avicenne. Néanmoins, les futurs médecins devaient posséder à fond l'*Antidotaire* de Nicolas de Salerne, le *De Regimine acutorum* de Johannicius, le *Livre des fièvres* du juif Isaac, le *Viatique* et l'*Ars medicinae* de Constantin l'Africain, sans oublier le *Pronostic* et les *Aphorismes* d'Hippocrate, ainsi que les œuvres de Galien, soit en gros une dizaine d'ouvrages. Les connaissances étaient si théoriques à Paris qu'Arnaud de Villeneuve, médecin montpelliérain, n'hésitait pas à accuser ses confrères de cette ville d'être incapables d'appliquer un clystère ou de guérir la fièvre quarte. La dissection humaine n'était toujours pas pratiquée.

En droit, les textes de base différaient selon qu'il s'agissait de droit canon ou civil. Dans le premier cas, le texte fondamental était évidemment les Décrétales ou Extra, compilées par Raymond de Penafort, à partir de 1234. D'autres additions eurent lieu encore en 1298 et en 1317 (Clémentines). En droit romain, le Code Justinien comporte, par ordre d'enseignement, le Digeste vieux et les neuf premiers livres du Code, puis le Digeste neuf, l'Infortiat, les *Institutes* et les trois derniers livres du Code. Des manuels de glose s'y ajoutèrent notamment les sommes d'Azon sur le Code et les *Institutes* vers 1200, puis vers 1250 la Glose ordinaire de François Accurse qui en regroupait quatre-vingt-seize mille ! Tels étaient les ouvrages fondamentaux sur lesquels s'exerçaient maîtres et élèves.

Comme ils étaient peu nombreux, rares et chers, seul pratiquement le maître en avait un exemplaire devant lui. La méthode de base de l'enseignement s'appelle alors *lectio* (lecture), sans que rien ait changé par rapport aux origines antiques. Lire un livre veut dire en fait l'entendre. L'élève écoute donc le maître présenter le livre, son plan, ses idées générales. Puis chapitre par chapitre, les maîtres expliquent les passages les uns après les autres, tant pour le fond que pour la forme. Cela avait lieu le matin. Bernard de Chartres, comme le fait remarquer Jean de Salisbury, tirait toute une série de connaissances de la *lectio*. « Et comme la mémoire se fortifie et que l'intelligence s'aiguise par l'exercice, il pressait les uns par des encouragements, les autres par le fouet et les punitions, d'imiter ce qu'ils entendaient. Chacun devait rendre compte le lendemain d'une partie de ce qu'il avait écouté la veille. » Faute d'un enseignement historique, le maître glissait souvent sans s'en rendre compte sa propre pensée dans le commentaire. La leçon était par conséquent l'exercice de base qui formait l'étudiant. Apparurent ensuite les leçons extraordinaires, commentaires faits par les élèves maîtres que sont les bacheliers, soit en fin de matinée, soit au début de l'après-midi. Le fruit de tels exercices était alors donné en conclusion sous la forme d'un enseignement précis appelé sentence.

Si le sens du texte est particulièrement difficile à expliquer, alors naît la *questio*. Le maître compare les opinions divergentes des autorités sur le point en question. Il faut mettre en forme logique les arguments pour et contre. Cela donne naissance à un nouvel exercice, la dispute, qui, au XIIIe siècle, devint l'exercice scolastique par excellence parce qu'il permettait au maître de se détacher du texte et aux étudiants d'éprouver toutes les ressources de la logique. Il les passionnait au point de devenir le plus courant et le plus réclamé. Guillaume de Conches dénonce cette nouveauté comme un abus : « Nos étudiants ont renoncé au système pythagoricien qui exigeait sept ans passés à entendre et à lire (allusion à la *lectio*) et ne permettait d'interroger le maître que la huitième année. Aujourd'hui, à peine entré à l'école, avant de s'asseoir, l'écolier interroge le maître et, ce qui est encore pis, il le juge ! »

Effectivement, sur un sujet choisi par le maître, un bachelier présentait la question : « Faut-il honorer ses parents ? Satan sera-t-il sauvé ? » etc., et répondait à tous les arguments et objections présentés et proposés par les maîtres présents, les bacheliers et les étudiants, même venus d'autres écoles. Le lendemain de la discussion, le maître alors faisait la synthèse des arguments et proposait lui-même sa propre solution : la *determinatio*. La question disputée était ensuite mise par écrit, avec références précises aux textes invoqués. Ainsi progressait la recherche intellectuelle au milieu d'une véritable participation de tous les membres de l'université. De passif qu'il était, l'étudiant devenait actif, ne fut-ce même qu'en posant des questions.

Cette pédagogie collective eut un tel succès que pendant les années de grève 1229-1231 fut inventée probablement la question quodlibetique, ainsi appelée parce que le sujet en était posé par n'importe qui *(quodlibet)* sur n'importe quoi *(ad voluntatem de cujuslibet)*. Le maître ici ne pouvait rien préparer à l'avance, puisqu'il devait répondre, avec un de ses bacheliers, aux questions du public, à l'improviste. C'était l'occasion, pour les adversaires plus ou moins bien intentionnés, de trouver la faille dans le raisonnement du maître, tandis que d'autres cherchaient simplement à combler les lacunes de leurs connaissances. Cette véritable épreuve d'endurance, qui s'étalait de six heures du matin à six heures du soir, avec une heure d'interruption au déjeuner, réclamait des qualités de discernement, de sens de la riposte et d'encyclopédisme des connaissances rarement réunies chez un seul homme. Le *quodlibet* n'avait d'ailleurs lieu que deux fois par an, vers Noël et Pâques. Comme pour la dispute, il se terminait le lendemain par la synthèse du maître. En 1271, Thomas d'Aquin conclut une des douze controverses quodlibetiques qu'il a laissées, sur le rôle respectif de l'autorité et du raisonnement dans la foi, par ces mots : « Si nous résolvons les problèmes de la foi, par seule voie d'autorité, nous posséderons certes la vérité, mais dans une tête vide. »

De même en droit ou en médecine, la dispute existait sous forme de cas que l'on analysait, toujours à l'aide des principes logiques des Seconds Analytiques d'Aristote : identité (a est a), non-contradiction (a ne peut être b), et syllogisme (tous les hommes sont mortels, or Socrate est un homme, donc Socrate est mortel). La démonstration rationnelle s'est ici considérablement raffermie. On n'en est plus au jeu d'Adam du Petit

Pont qui, au XIIe siècle, proposait le thème de discussion suivant : « Tu as ce que tu n'as pas perdu, or tu n'as pas perdu de cornes, donc tu as des cornes. » Cette logique déductive, maintenant rigoureuse, explique que la théologie ait pu être considérée à juste titre comme une science, car elle procurait ainsi, par le sens critique, un pouvoir créateur. La scolastique a le sens du progrès de la pensée. Son point faible se situe de façon évidente dans les sciences de la nature. Car là, les prémices du raisonnement sont forcément empruntées à l'état des connaissances du moment. Elle se périme facilement dans le domaine des réalités visibles mais demeure inaltérable dans celui des invisibles. Roger Bacon l'avait bien senti. Aussi avait-il proposé la vérification par la preuve expérimentale, mais la condamnation de 1277, qui ne fut pas sans l'atteindre, stoppa net l'esprit scientifique de la scolastique. La pratique n'allait pas pouvoir conforter la théorie.

Les autres méthodes sont moins bien connues. Les élèves utilisaient certainement la *reportatio*, la prise du cours du maître en notes rapides, mais nous n'en avons gardé comme preuve que le changement d'écriture. Au début du XIIIe siècle réapparaît une cursive aiguë, plate et abondamment fournie en abréviations, difficilement lisible, comme d'habitude chez ceux qui écrivent beaucoup. Trop souvent d'ailleurs, le cours est dicté. Les répétitions permettent d'emmagasiner les connaissances et la mémorisation continue à jouer un rôle capital. Les recettes mnémotechniques sont toujours utilisées et les juristes excellent à forger des « brocards » bien frappés qui s'inscrivent facilement dans l'esprit. Ce terme, déformation du nom du décrétiste Burchard de Worms, désignait en effet un adage du genre : « Ce qui concerne tout le monde doit être approuvé par tout le monde. » L'esprit ainsi meublé pouvait alors faire face aux pointes impromptues des disputes.

Nous ignorons tout par ailleurs des méthodes ou même de l'enseignement des langues mortes ou vivantes. Le rôle écrasant des traducteurs et le bilinguisme expliquent leur faible rôle. Même le grec ne fut pas enseigné au XIIIe siècle. On se contenta, aux XIIe et XIIIe siècles, des glossaires gréco-latins anciens et autres *derivationes*, qui n'étaient que des recueils d'étymologies. Même en ce cas, la transcription des caractères était si mal faite que la célèbre phrase de Socrate : *gnothi seauton* (connais-toi toi-même) était devenue *gnothi solitos*. On s'en tirait en expliquant dans les écoles que litos signifiait en un premier sens pierre et en un second soi-même !

Le franciscain Roger Bacon, encore lui, n'hésita pas avec son sens critique, à rédiger deux grammaires : l'une grecque et l'autre hébraïque. Son effort demeura vain. De même les Mendiants, qui, nous l'avons vu, développaient les études de langues orientales et firent même rédiger, vers 1303, un dictionnaire latin-persan-couman, ne purent faire appliquer le décret du concile de Vienne de 1311 qui rendait obligatoire dans quatre universités européennes, dont Paris, la création de chaires d'hébreu, de grec, d'arabe et de chaldéen. Malgré l'importance de leur réseau scolaire (dix-neuf écoles de logique, huit de philosophie et quarante-neuf de théologie dans la province du Languedoc par exemple), les dominicains ne parvinrent pas à faire triompher cette innovation à but missionnaire. L'obstacle se trouvait dans les mentalités, dont la curiosité scientifique n'avait pas encore épuisé les mystères du monde occidental.

N'oublions pas non plus combien les moyens matériels peuvent encore limiter la soif de connaissances. Les livres, certes, sont plus nombreux et deviennent des auxiliaires de l'enseignement, mais ils n'éclipsent point encore le rôle de la parole pour prêcher ou plaider. La copie des manuscrits sort cependant des monastères pour les besoins des maîtres et des étudiants riches. Les écoliers miséreux gagnent souvent leur vie en travaillant à la page. Ainsi baisse le prix à la production, mais aussi sa qualité. La minuscule gothique calligraphiée, alors utilisée, est très pratique parce qu'elle s'écrit plus vite que la caroline à l'aide de la plume. Le calame est abandonné. On n'a plus le temps de peindre des enluminures. Le format des livres diminue pour qu'ils soient plus maniables et transportables, au lieu d'être enchaînés dans les bibliothèques. Les rubriques sont plus nombreuses, les tables des matières et les renvois en rendent l'utilisation plus facile. Les corrections sont faites à l'aide d'un petit couteau appelé canivet ou canif dont la lame mobile est fixée sur un manche d'os ou d'ivoire, ou bien avec une lime. Ils permettent de gratter le passage incriminé sur le parchemin et de réécrire au même endroit le mot juste. La chose était si courante qu'elle explique la fortune d'expressions telles que « donner un coup de canif dans le contrat » ou « limer un texte ».

Autour des maîtres apparaît bientôt une véritable équipe de rédaction. Dans les couvents des Mendiants en particulier, l'auteur était accompagné certes d'un secrétaire personnel qui écrivait souvent à sa place, comme c'était le cas pour Thomas d'Aquin, mais aussi de deux associés, l'un qui vérifiait dans la bibliothèque la référence d'un texte patristique et l'autre qui préparait un cahier de parchemin en traçant les réglures à la pointe sèche.

La publication des cours des professeurs, la nécessité de les avoir lus pour les examens firent inventer, sous le contrôle de l'Université, un système nouveau d'édition des textes. L'auteur faisait établir le texte sur des cahiers de parchemin constitués d'une peau de mouton pliée en quatre folios : la *pecia*, dont nous avons tiré le mot pièce.

La totalité des pièces constituait l'ouvrage authentifié par une commission de docteurs, l'*exemplar*. Entrait alors en lice le *stationarius*, sorte de libraire-éditeur accrédité par l'Université (ils sont vingt-huit à Paris en 1323). Il employait des scribes auxquels il distribuait à chacun une *pecia* à copier. Cela permettait d'obtenir dans le même temps qu'aurait mis un seul copiste à transcrire l'*exemplar* en entier autant de copies qu'on mettait de pièces en circulation à la fois. Les pièces étaient ensuite réunies et reliées en un seul ouvrage, de même que les copies qui lui étaient toutes identiques.

Le libraire pouvait alors soit vendre le livre, soit le louer à ceux qui n'avaient pas les moyens de se le procurer. Chaque livre neuf, dûment autorisé, était vendu ou loué au prix officiel *(taxatio)* pendant quatre jours au couvent des Frères noirs, près de la Halle aux parchemins. Le système de la *pecia* permettait donc d'obtenir rapidement des livres nouveaux, mais il ne devait guère diminuer leur prix. La preuve en est que le *stationarius* est en même temps bibliothécaire et prête des ouvrages. Chez les Mendiants, comme on exigeait que chaque frère tienne en mains une Bible et le livre des *Sentences* et qu'il puisse s'acheter des rames de parchemin, les livres étaient marqués au nom du monastère qui les lui avait prêtés. A sa mort, ils revenaient à leur lieu d'origine, tandis que ceux qui lui avaient été offerts par sa famille ou des amis appartenaient au couvent où il était décédé.

Constituer une bibliothèque demeurait donc difficile. Aussi les legs de livres par testament étaient-ils fort appréciés. Gilbert de la Porrée fut particulièrement loué pour avoir légué à Chartres les livres corrigés de sa bibliothèque personnelle. Pierre Lombard fit de même en 1160 pour le cloître de Notre-Dame. Nous avons montré l'importance de celle du monastère de Saint-Thierry. La petite abbaye des Prémontrés de Belval, dans les Ardennes, fondée en 1133, avait une bibliothèque d'au moins deux cent cinquante ouvrages à la fin du XIIIe siècle. Saint Louis partagea les mille deux cents volumes de la Chapelle royale entre les Mineurs, les Prêcheurs et les Cisterciens de Royaumont. Le collège de Sorbonne commença à étoffer sa bibliothèque. En 1290, elle comporte mille soixante-dix-sept livres, tous soigneusement attachés par une chaîne. Quarante-huit ans plus tard, on constate que sont apparus six cent cinquante nouveaux livres. Faibles acquisitions ! En effet, un pareil rythme d'achats ou de dons représente en moyenne treize nouveaux livres par an. Nous sommes toujours dans un monde où la culture est le privilège d'une élite, celle du clergé ou des princes. La différence, certes, est nette par rapport à l'époque du Haut Moyen Age, puisque les livres sont passés de l'ordre de quelques centaines à celui du millier, mais elle n'est pas proportionnelle à l'augmentation de la population et de la production. Techniquement parlant, la fabrication des livres reste un goulot d'étranglement pour la circulation des connaissances.

La cause essentielle devait être l'insuffisante production du parchemin. Certes, les cisterciens firent fortune en vendant la laine de leurs moutons, mais il ne semble pas que les produits de l'élevage aient mieux profité de l'augmentation générale des prix que les denrées agricoles. En dehors de l'exception cistercienne, il n'y avait pas d'élevage spécialisé du mouton. Aussi la profession de parcheminier était-elle surveillée par l'Université. Le recteur, à Paris, en nommait quatre qui étaient dès lors jurés. Il se rendait avec eux à la foire du Lendit à Saint-Denis, pour surveiller l'arrivée des balles de parchemin. A Toulouse, une rue entière, la rue Pargaminières, leur était réservée. Les parcheminiers évaluaient et fixaient avec le recteur le prix qui ne devait plus bouger. Les balles étaient alors exposées pendant vingt-quatre heures dans la halle près des Mathurins et vendues par rames. Sur chaque produit vendu, le recteur levait une taxe qui constituait la plus importante ressource de sa fonction. Les détails manquent pour savoir si ce processus rendait ou non le parchemin encore plus cher.

Le déblocage de cette situation finit par être possible grâce à l'apparition sur le marché d'une révolution technique pourtant très ancienne : le papier. Inventé par l'eunuque Tsaï Loun en 105 dans la Chine des Han postérieurs, il fut propagé lentement de l'Est vers l'Ouest. Au VIIIe siècle, il parvient dans le Turkestan, au Xe en Syrie, en Egypte et en Espagne. Lors de son voyage, Pierre le Vénérable constata que ce nouveau support de l'écriture était couramment utilisé par les Mozarabes, mais il se méfia beaucoup de son côté périssable. Le papier pénétra alors en Europe par deux voies différentes, d'un côté par l'Espagne, de l'autre par la Sicile et l'Italie. Les succès de la *Reconquista* en furent la cause. Venu de Jativa et de Valence par l'entremise des Juifs, il est utilisé pour le livre des Statuts de la Réole en 1207. Quelques feuillets des registres de Coutumes de Bordeaux de 1248-1250 sont en papier.

S'il faut croire les traditions orales soigneusement recueillies par Henri Pourrat, trois Français, dont un Montgolfier, auraient apporté les secrets de fabrication en Auvergne vers 1270. Là, ils auraient construit les premiers moulins à papier dans trois vallées débouchant sur la petite Limagne d'Ambert. Il en subsiste actuellement encore un, le Moulin Richard-de-Bas, récemment remis en fonctionnement. Le choix du site était nécessité par la présence d'une eau extrêmement pure. Effectivement, ce papier fabriqué non plus avec la technique chinoise, mais selon la recette musulmane, est issu des chiffons de lin ou de chanvre.

Le travail du papier est en effet la première industrie de récupération qui ait fonctionné à partir de la collecte de vieux vêtements. D'ailleurs le village de Bertignat ne tarda pas à se spécialiser dans le ramassage de chiffons et devint le siège d'une corporation de chiffonniers qui alimentaient en matière première les moulins du ruisseau de Grandrif. Après avoir été déteints au lait de chaux et exposés au soleil, les chiffons étaient broyés dans des cuves par des marteaux alternativement animés par un arbre à cames. Ce dernier tournait régulièrement sous l'effet de la roue du moulin à eau. La pâte blanche ainsi obtenue était soigneusement délayée dans de l'eau pure. Avec une forme rectangulaire (grandeur d'un in-folio), on en extrayait une légère couche qui, une fois séchée, était lissée avec une dissolution d'empois d'amidon. Les feuilles pouvaient alors être vendues.

Le papier arriva par une deuxième voie : l'Italie. En 1248, le notaire Giraud Amalric utilisait à Marseille du papier venu de Gênes. En effet, les premiers moulins furent installés en Italie à Fabriano, vers 1268-1270. Puis ils apparurent dans le Comtat Venaissin, enfin à Troyes, en Champagne, un peu avant 1348. En 1345 sont construits ceux de Corbeil et d'Essonne, près du plus gros centre de consommation. A partir de ce moment, l'intérêt de la nouvelle technique est vraiment perçu. Elle est acceptée partout, sauf pour les actes officiels, que l'on s'obstine à écrire sur parchemin, parce qu'il est plus durable. Au début du XIVe siècle, le prix des feuilles de papier est encore supérieur à celui de son rival. Puis, lentement, il baisse à la fin du XIVe siècle, la feuille coûte dix fois moins cher que son équivalent en peau de mouton. Désormais les centres universitaires peuvent multiplier la technique de l'écrit aux dépens de l'oral. Le travail intellectuel individuel est facilité au point de l'emporter sur l'étude en groupe. La présence d'un brouillon permet une meilleure élaboration du style.

Cependant, cette révolution, impliquée par le changement de support de l'écriture, ne fit sentir ses effets que très lentement. La corporation des tablettiers, par exemple, continua encore longtemps à fabriquer les antiques tablettes enduites de cire sur les deux faces intérieures. A Paris, le Livre des métiers compilé sur l'ordre d'Etienne Boileau, le prévôt des marchands, après 1268, précise qu'il est interdit d'en fabriquer en cèdre, en brésil ou en cyprès et de mélanger du suif à la cire. Objet courant, la tablette est donc toujours indispensable, puisqu'il faut qu'elle reste bon marché. Au total, les conséquences de l'apparition du papier sur le marché du livre furent faibles. Elles n'eurent lieu qu'aux XIVe et XVe siècles, dans le domaine de l'enseignement surtout, parce qu'il constituait un nouvel outil de travail plus pratique que la craie et le tableau noir. Telles quelles, ces méthodes et ces moyens de l'enseignement traçaient déjà une partie du cadre de la vie des maîtres et des écoliers des XIIe et XIIIe siècles.

L'APPARITION DES INTELLECTUELS

Le développement des écoles durant ces deux siècles a permis la naissance d'un nouveau type social : l'intellectuel. Comme Jacques Le Goff l'a brillamment démontré, « ces hommes qui font profession de penser et d'enseigner leur pensée » constituent, avec leurs étudiants, un type social nouveau qui, dans les classifications de l'époque, est difficilement cernable. Est-il clerc, selon ce que précise son statut juridique, ou travailleur intellectuel, philosophe, comme le réclame Siger de Brabant ? Est-il un citadin comme les autres, membre d'une corporation, ou un bohème international vaguant d'école en école ? Ces groupes de jeunes sont-ils des adultes insérés dans la société ou bien des marginaux dangereux par leurs critiques ou leur discipline ? Enfin, si tout ce monde s'affirme chrétien, certains se demandent s'il est possible de pratiquer dans la vie les préceptes de pauvreté, de charité et de gratuité de l'enseignement. Toutes ces ambiguïtés et ces contradictions expliquent qu'il est particulièrement difficile de décrire ce groupe aux contours flous et à la conscience collective pourtant nettement affirmée. Essayons cependant de suivre la naissance et le devenir de cette caste, son recrutement social et international, son comportement, son idéal et les réalités quotidiennes qu'elle doit affronter. Nous percevrons mieux alors le poids de l'enseignement dans la société.

Le premier élément du rythme de la vie scolaire qui la différencie de tous les autres métiers est évidemment son calendrier. Depuis 1231, Grégoire IX a ordonné que les vacances ne dépasseraient pas un mois. Théoriquement, les leçons et les exercices du bachelier et des étudiants continuent pendant cette période. Cela n'empêche pas l'allongement de ce temps de repos selon les rythmes particuliers à chaque faculté. Les uns vont cesser leurs cours depuis la veille des saints Pierre et Paul (29 juin) jusqu'au lendemain de la Saint-Louis (25 août), tels les artiens, ou même au-delà de la Sainte-Croix (14 septembre) comme les théologiens et les décrétistes. Si l'on ajoute quelques jours de repos autour de Noël et de Pâques, les jours de fête et les dimanches, les jours de leçons inaugurales, de *quodlibet* ou de processions universitaires, il restait environ 140 jours ouvrables, divisés en deux parties : le grand ordinaire, de la Saint-Denis (9 octobre) à Pâques et le petit ordinaire, de Pâques à juin. Le rythme des vacances était donc identique à celui de l'Antiquité gallo-romaine.

La journée était, chez les artiens, divisée en deux : le matin exercices et corrections sous la direction des bacheliers précèdent le cours du maître en début d'après-midi. Chez les théologiens et autres membres de facultés supérieures, le rythme est différent. Selon les statuts de Robert de Courçon, le maître fait une *lectio* avant tierce (donc avant huit heures et demie-dix heures). Le bachelier sententiaire donne ensuite la sienne avant sexte ; donc, selon les saisons avant onze heures et demi-treize heures. L'après-midi était réservée pour la dispute, quand il s'en tenait, sinon une leçon avait lieu. Les journées de travail étaient donc longues. Le lever oscillait entre quatre heures et cinq heures et demie, le petit déjeuner était pris vers dix heures, le déjeuner vers midi et le souper vers cinq heures. Chacun pouvait alors se promener librement, mais, pour ceux qui étaient dans un collège, le coucher devait avoir lieu vers vingt et une heures, après la collation où l'on buvait quelque peu. Au fond, ce rythme était visiblement décalqué sur celui de la journée monastique avec ses heures régulières, tierce, sexte, none, vêpres et complies. D'ailleurs, les cloches des couvents des villes universitaires ne rythmaient-elles point, en l'absence d'horloges, un temps élastique, mais finalement destiné au travail ? L'enseignement nocturne existait donc, surtout en hiver le matin, et Jean de Garlande précise bien que, parmi les instruments du clerc, se trouvaient « une lampe de nuit avec du suif, un chandelier, une lanterne ».

Les renseignements sur les repas, les jeux et la discipline sont très rares aux XIIe et XIIIe siècles. Une nette impression de très grande liberté se dégage cependant des récits du temps. Les verges ne sont plus utilisées, sauf pour les enfants de sept à douze ans étudiant la grammaire Parmi les sculptures de Chartres, seule l'allégorie personnifiée de cette science est représentée avec une férule. Au-delà de cet âge, on inflige des amendes ou des châtiments sur décision judiciaire, telle l'expulsion. D'ailleurs le maître est toujours pénalement responsable de son élève. Les jeux des nobles coûtaient trop cher et on ne pouvait pas aller tous les jours au Pré-aux-Clercs, jouer à la balle ou à la crosse. Le premier lieu de délassement était donc d'abord la fête scolaire.

Attestée depuis l'époque carolingienne, la fête des saints Innocents permettait toutes les fantaisies et les inversions de rapport entre supérieurs et inférieurs. Elle donna aussi en même temps le cadre de la cérémonie d'initiation des « béjaunes ». Par cette allusion aux jeunes faucons dont le bec était encore recouvert d'une taie jaune, on appelait ainsi les nouveaux écoliers tout frais arrivés de leur campagne. Nous disons aujourd'hui les « bizuths ». Il semble que dès le XIIIe siècle leur rite de passage ait été une cérémonie professorale parodiée en trois temps : épreuve, acceptation du nouveau et fête à ses frais. Chaque béjaune se voyait en butte à toute une série de questions vexatoires qui le présentaient comme une bête brute, aux longues dents et aux cornes ornant un front buté, puant et crasseux, sot et méchant. Bref, on retrouve ici le symbole du *rudis* que l'éducation va transformer en *eruditus* et faire passer du sauvage au cultivé. Après qu'on l'eut débarrassé de son aspect hirsute par un bain, ses cornes et autres excroissances lui étaient enlevées, et il lui fallait alors avouer, en un simulacre de confession, d'horribles énormités. Une fois admis au pardon, il était promené sur un âne dans la ville et s'acquittait de sa pénitence sous forme d'un banquet.

Dans le Midi, le processus était en gros le même, à la différence qu'au lieu d'être présenté comme une bête, le béjaune était déguisé en criminel qui devait purger son péché et comparaître devant une cour qui le jugeait. Et cela sans préjudice évidemment des multiples services réclamés en faveur des anciens ou encore de sévices, tels que vol de ses livres et coups de cuillère de bois sur la tête en cas d'infraction aux règles de cette espèce de confrérie étudiante. Ainsi entrait dans la tête du nouveau venu, après sa réception, la conscience d'appartenance à un groupe social particulier.

Il était ensuite maintenu dans ce corps par une deuxième marque : le costume. Tout écolier reçoit la tonsure et porte la robe cléricale, de quelque couleur qu'elle soit. S'il est maître ès arts, il doit, selon les statuts de Robert de Courçon, « avoir une robe arrondie, noire et tombant sur les talons, au moins quand elle est neuve. (On peut la raccourcir ensuite.) Il peut convenablement porter manteau. Il ne doit pas avoir de souliers lacés, passant sous sa robe arrondie ; jamais il ne doit s'en permettre qui soient recourbés à l'extrémité ». Les maîtres-régents portent obligatoirement sur la robe une chape ronde à manches, avec une bordure et un capuchon de petit-gris. Sans doute tous peuvent en porter, mais ce liséré de fourrure distingue le maître du bachelier, qui, lui, n'a droit qu'à de l'agneau ou de la peau de lapin. Enfin la coiffure : barrette de forme carrée ou *pileum* rond, avec un gland, complétait l'aspect respectable de l'universitaire médiéval. Le pseudo-Boèce insiste beaucoup sur le respect et l'amour que l'élève doit porter au maître. Pour achever enfin le portrait moral, un dernier signe distinctif : le célibat.

Bien que pour les séculiers il ne soit pas obligatoire sauf en théologie, pratiquement l'usage en fait une des conditions du respect envers le métier. Cela est très net chez Pierre Abélard, qui, pour ne pas ternir sa réputation, demanda à Héloïse de tenir leur mariage secret. Le sage ne doit point se marier. D'ailleurs, Cicéron n'avait-il pas dit que le philosophe ne peut donner ses soins à la fois à une femme et à la sagesse ? Une telle conception interne et externe du métier de professeur aboutissait pratiquement à interdire le mariage. Dans certains cas, si maître ou écolier passaient outre, ils se voyaient en butte à la risée publique et au charivari, au milieu du tintamarre des poêles à frire et des trompettes, comme de vulgaires veufs incontinents.

Cette vénération entretenue autour du maître fut réelle dans certains cas et bien des écoliers furent fidèles jusqu'au-delà de la condamnation, comme par exemple les disciples de Gilbert de la Porrée ou de Siger de Brabant. De toute façon, l'enterrement d'un maître faisait s'arrêter la vie universitaire. « Tous les maîtres prendront part aux vigiles. On lira ou fera lire le psautier. On restera dans l'église où les vigiles sont célébrées jusqu'à minuit, même plus tard, si aucun motif raisonnable ne s'y oppose. Le jour du convoi du maître, il ne doit y avoir ni leçon ni dispute. » De même, si un écolier mourait, la moitié des maîtres devaient assister aux funérailles. La solidarité du corps universitaire se manifestait donc entièrement à travers ce dernier rite de passage qu'est la mort.

Le moule enserrait par conséquent les membres de l'Université de la naissance à la mort, de l'entrée à la sortie. Il était voulu et accepté, grâce à une prise de conscience de la solidarité et de l'unité qui devaient régner dans la collectivité. L'adage fondamental, tiré des *Confessions* de saint Augustin : « Il est honteux qu'une partie ne s'accorde pas avec le tout *(universus)* » était inscrit dans le Décret et demeurait une invite permanente à l'accord de l'Université. Nous avons vu comment cette doctrine finit par être au point après les conflits du XIIIe siècle. Mais ses composantes psychologiques apparurent petit à petit. Chez Pierre Abélard, il y a d'abord renonciation à son milieu social naturel : la noblesse. Il choisit les lettres contre les armes et même si son autobiographie est farcie de comparaisons militaires, il donne une première définition du métier scolaire où l'on gagne gloire et argent. Un deuxième refus permet ensuite l'approfondissement de cette prise de conscience, celui de la mendicité et du travail manuel. Pierre Abélard, Philippe de Harvengt et le poète Rutebœuf, dans ses poèmes contre les Mendiants, refusent tous d'être « ouvriers de leurs mains et en même temps de tendre la main ». Ils ont en horreur la pauvreté impécunieuse.

Le pseudo-Boèce revient constamment sur cette absence d'argent qui oblige le professeur à aller enseigner à l'étranger et gêne sans cesse les écoliers. Les prêteurs ne peuvent que les accabler sous le poids des remboursements à date fixe. Le frère aîné, qui dépense tout l'argent de la famille pour son adoubement, condamne à la pauvreté le cadet qui étudie et qui accable ses parents de demandes répétées. A l'inverse, comment garder le sentiment de sa dignité quand on est prébendé ou pourvu d'un bénéfice ecclésiastique, ou logé dans un collège ? Pour certains, comme Pierre Abélard ou le pseudo-Boèce, mieux valait se faire payer par les élèves. C'était alors créer une contradiction entre le comportement professoral et le principe de la gratuité de l'enseignement.

D'aucuns s'en tiraient en précisant que si le don de la science est normal puisqu'elle vient de Dieu, le travail du maître, lui, doit être payé. Le gain des maîtres n'est pas un profit honteux, contrairement à ce que disait saint Bernard, mais un salaire justifié, surtout s'il n'est rien demandé aux étudiants pauvres. En insistant sur la nécessité d'être payés, les maîtres penchaient vers le statut de travailleurs. Tant qu'il y eut des étudiants riches pour le faire ou, exceptionnellement, comme à Toulouse, une autorité publique capable de payer des émoluments, cette réclamation put être satisfaite, mais, en réalité, la *collecta* versée par les écoliers alourdissait encore plus leurs charges et leur pauvreté n'en devenait que plus criante. C'était tomber de Charybde en Scylla et le bénéfice ecclésiastique devint l'unique solution du problème. Du coup, les intellectuels étaient rejetés dans les rangs des privilégiés et le lien de dépendance envers l'Eglise rendit les disciplines scientifiques et techniques méprisables ou indignes d'être enseignées. Les travaux artisanaux et les arts mécaniques en sortirent dévalués.

Cela était absolument inévitable dans une chrétienté incapable de séparer fonction enseignante et fonction religieuse. L'un des résultats les plus visibles de la généralisation des prébendes ne fut pas cependant la domestication intellectuelle des maîtres, mais l'absence d'innovation. En effet, à la fin du XIIe siècle, la concurrence entre écoles disparut puisque le maître n'avait plus à retenir ses élèves pour vivre. Il ne courait plus le risque de se voir abandonné pour un confrère prestigieux.

Restaient en effet les deux autres avantages du métier : le prestige et la gloire. Abélard ne s'en cache pas : « Le prestige de mes deux cours multiplia le nombre de mes élèves. La renommée a dû t'apprendre combien d'argent et de gloire j'en tirai. » Et un peu plus loin, il fait allusion au fait qu'il se regardait dès lors comme « le seul philosophe sur terre », et à l'orgueil « qui me venait surtout de ma science ». Il est certain que le XIIe siècle et la première moitié du XIIIe siècle bénéficièrent considérablement de l'atmosphère de liberté qui y régnait et d'une véritable lutte à couteaux tirés qui sélectionnait durement les meilleurs maîtres. Cette découverte de sa propre valeur venait justement de la conscience professionnelle et de l'autonomie du métier intellectuel.

Les séculiers, évidemment partisans d'un salaire, considérèrent alors que l'humilité n'était rien moins qu'une vertu. De la lecture de l'*Ethique* d'Aristote, ils tirèrent une morale aristocratique de l'intellectuel qui leur permettait d'affirmer la supériorité de son statut sur tous les autres. Le père Gauthier a su montrer combien la morale stoïcienne et aristotélicienne de la magnanimité, défendue par Siger de Brabant et Boèce de Dacie, était un humanisme rationaliste. Cette affirmation du moi, qui s'épanouit par la connaissance, fin ultime de l'homme, avait certes pour but de donner ses lettres de noblesse au métier intellectuel pour le distinguer de la vocation cléricale. La naissance de cet idéal laïc se comprenait d'autant mieux que la recherche ne peut se faire qu'en dehors de toute mesure, dans une confiance folle en sa découverte. Mais l'ivresse intellectuelle que donne l'alcool pur de la connaissance tournait par trop à la surestimation du moi et à l'ignorance de la grâce pour qu'elle ne s'attirât point les foudres des Augustiniens en 1277. Dès lors, la morale universitaire fut ramenée à l'observance de la morale chrétienne, de la piété quotidienne et du service des princes laïcs et ecclésiastiques.

Descendons maintenant de l'idéal à la réalité, de la morale à la moralité et essayons de réaliser concrètement d'où viennent ces maîtres et ces écoliers et comment ils se comportent. Aux XIIe et au XIIIe siècles, le recrutement social se fait dans tous les milieux sans distinction. Les nobles y tiennent une place importante, surtout en droit. Bien logés et bien servis dans leur hôtel, ils sont entourés d'une *familia* de valets et même parfois d'un tuteur et d'un chapelain. Cela n'empêche pas les fils de chevaliers, de marchands, d'artisans ou de paysans de se trouver dans leurs rangs, ne serait-ce que par le biais d'un oncle ecclésiastique qui veut les pousser dans la carrière. Le patronage pallie souvent les insuffisantes ressources familiales. Robert de Sorbon était d'origine rurale. Hélinand, fils de petits nobles flamands, fut d'abord trouvère avant de se faire cistercien puis théologien.

A la diversité sociale du recrutement répond la variété géographique. Au XIIe siècle, nous avons parlé de certains étrangers au royaume de France, présents dans les écoles, tels les Anglais Jean de Salisbury et Adam du Petit Pont et l'Italien Pierre Lombard. Cependant, les grands esprits qui font progresser l'enseignement et la pensée sont tous Français : Pierre Abélard, saint Bernard, Pierre le Vénérable, Guillaume de Saint-Thierry et Maurice de Sully. Au XIIIe siècle, l'université de Paris est complètement internationalisée. Le seul maître français, Guillaume d'Auvergne, né à Aurillac et évêque de Paris de 1228 à 1249, fait piètre figure auprès des Anglais Alexandre de Halès, Jean de Garlande, Robert Grosseteste, Roger Bacon, du Germanique Albert le Grand, des Italiens Bonaventure, Thomas d'Aquin et Gilles de Rome et du Danois Boèce de Dacie. Ce rayonnement de l'université de Paris prouve la royauté théologique dont elle s'est emparée et permet de mieux comprendre le mot d'un chroniqueur contemporain selon lequel l'Eglise est alors composée de trois forces « naturelle, vitale et scientifique, l'Empire, la Papauté et l'Université ». Nous retrouvons une fois de plus cette idée du pouvoir doctrinal, sinon de décision, apanage de l'enseignement.

Maîtres et écoliers viennent de partout, surtout à Paris et Montpellier. Ailleurs leur patrie d'origine est la mouvance royale, les duchés, comtés et petites châtellenies. Cette origine régionale se maintient dans le cadre des Nations. L'amour de la patrie y entretient un chauvinisme local qui n'est pas sans provoquer des disputes et des querelles. Jacques de Vitry donne une description saisissante des aimables rapports qui existaient entre écoliers : « On traitait les Anglais de buveurs et de paons orgueilleux, les Français de vaniteux, de délicats et d'efféminés, les Germaniques de furieux qui ne gardaient aucune retenue dans leurs repas, les Normands de fanfarons et de glorieux et les Poitevins d'hypocrites qui courtisaient la fortune, les Bourguignons de brutes et d'imbéciles, les Bretons de vagabonds sans consistance qui avaient tué le roi Arthur, les Lombards d'avares, de méchants et de lâches, les Romains de turbulents qui se révoltaient toujours et rongeaient leurs ongles, les Siciliens de despotes et de féroces, les Brabançons de sanguinaires, d'incendiaires, de grossiers, de ravisseurs et les Flamands de prodigues, gourmands, mous et flasques comme du beurre. »

Ces particularismes s'exaspéraient d'autant plus facilement que le temps de l'exil était long. Répétons-le encore une fois : il durait au moins dix ans pour les artiens, seize pour les juristes et les médecins, vingt-cinq pour les théologiens. Il fallait supporter un déracinement complet. L'instabilité de ces adultes jeunes (car il ne faut pas parler de jeunes gens, puisqu'on était majeur à quatorze ans) était accentuée encore par leurs déplacements continuels d'école en école, à la poursuite d'un maître célèbre ou d'un bénéfice plantureux.

Car le clerc vaguant, lointain souvenir de l'Irlandais gyrovague, est toujours un phénomène social. Il s'est même accentué à partir de 1050 pour ne se restreindre et disparaître qu'au XIIIe siècle avec la fixation des grands maîtres dans le cadre universitaire. Les Goliards étaient inévitablement liés à la mobilité sociale d'un temps de pleine expansion. Se targuant du patronage d'un mythique Golias, ces poètes ribauds sont déjà mal vus au Xe siècle. En 1092, le concile de Reims répète leur excommunication et l'interdiction qui leur est faite de porter la tonsure. Ce ne sont point des marginaux repoussés par la société, mais très souvent des écoliers indisciplinés ou expulsés, des prêtres apostats ou hérétiques, des moines en rupture de vœux qui cherchent à se faire oublier de leurs anciens supérieurs en se transportant ailleurs. En attendant que l'oubli fasse son

œuvre, ils chantent, écrivent, jouent leurs déconvenues, leurs aventures et leurs espoirs. Ils monnayent alors leurs talents auprès d'un seigneur amusé ou d'un prélat indulgent. Très répandus, surtout dans les pays rhénans et le nord du royaume de France, ces clochards intellectuels ne rêvent que des plaisirs d'une seule ville, *Parisius, paradisus*, Paris, Paradis !

Leur appétit de jouissance, leurs critiques virulentes sont étalés dans leurs poèmes que nous ont gardés les Cambridge'Songs du XIe siècle, et les *Carmina Burana*, du nom des lieux où furent trouvés les manuscrits qui les contiennent. Les thèmes les plus courants en sont le vin, le jeu et l'amour. Mais de la rencontre d'une veine populaire, triviale et érotique avec une inspiration classique, frottée d'Ovide ou de Catulle, naît une poésie « énorme et délicate » des plus étonnantes.

Douce terre de la patrie natale
Lieu des jeux, domaine de la grâce,
Je vous quitte demain ou maintenant
Je suis entraîné par la rage d'amour, moi l'exilé
Adieu ma terre, adieu amis,
Vous que j'aimais de tendre affection
Et moi habile en douce étude
Pleurez-moi, je suis perdu pour vous par ce feu.

Encore n'est-ce là qu'un petit exemple. Car tout n'est qu'un mélange de chants populaires et sacrés, de latin macaronique et de français argotique, de pornographie défiant toute traduction et de tendresse authentique. Plus féconde encore est leur veine anticléricale, leur dénonciation des abus épiscopaux ou de la vénalité de la cour pontificale. Ils s'en prennent au moine, au paysan et même au noble. Devant ce dernier, ils étalent leurs succès féminins et illustrent avec éclat le débat qui oppose les deux groupes sociaux sur la supériorité du clerc ou du chevalier en amour. Mais ils vibrent aussi avec la sensibilité populaire lorsque Jérusalem tombe aux mains de Saladin en 1187. « Que tout crucifie la deuxième croix du Seigneur, la nouvelle blessure du Christ. L'arbre du Salut est perdu. La gent étrangère détruit par violence le Sépulcre. La ville reste seule assise. Le lien de l'agneau est rompu par le bélier ; la fiancée de Sion pleure la dot perdue. » Et leurs hymnes à la Vierge rejoignent les plus beaux poèmes mystiques issus des cloîtres ou les séquences populaires de l'Assomption.

En eux jaillit une voix du cœur que l'école avait été incapable de susciter. Comme si le poète ne pouvait prendre son élan qu'en réaction contre l'institution scolaire, le Goliard a besoin de la misère, de l'abandon et de la marginalité pour se purger du vice logique instillé par la philosophie. La preuve en est que Pierre Abélard, « le chevalier de la dialectique » selon l'expression de Paul Vignaux, n'écrit des vers qu'au moment le plus orageux de sa vie, lorsqu'il tombe clandestinement amoureux d'Héloïse. « De ces vers, tu le sais, la plupart devenus populaires en maints pays sont encore chantés par ceux dont la vie est sous le charme du même sentiment. » Les Goliards ont d'ailleurs vu tarir leur inspiration au même rythme que s'exilaient de l'enseignement universitaire les belles-lettres chassées dès le début du XIIIe siècle par le prurit raisonnant. L'enseignement purement cérébral ne pouvait tolérer les inconséquences du cœur et l'histoire des Goliards nous fait toucher du doigt la faiblesse d'un système scolaire qui privilégiait la rationalité.

Elle nous fait découvrir aussi que leurs aspirations coïncidaient avec les vœux de tout le groupe intellectuel. Hugues Primat, maître à Orléans (1093-1170), fut, nous l'avons vu, un professeur réputé, mais aussi un grand buveur et un bohème. Gauthier de Chatillon, né à Lille (1135-1182), pédagogue à la cour d'Henri II Plantagenêt, finit comme chanoine de

Reims une vie mouvementée. Philippe de Grève, le chancelier de Paris (mort en 1236), que nous avons vu critiquer vertement l'Université, fait lui aussi partie des Goliards ! Bref, ces écoliers qui rêvent d'une bonne place ne sont pas des anarchistes. Comme tous leurs confrères, devenus maîtres ils oublient les frasques de leur jeunesse, mais ils demeurent des critiques engagés. Vulgaires et raffinés, croyants sincères et pécheurs récidivistes, arrivistes et subversifs, ils assument vaille que vaille les contradictions de ce type social nouveau qu'est le clerc intellectuel médiéval.

Ils sont aussi la preuve de son extraordinaire sauvagerie. Si l'éducation consiste à policer l'élève, il faut bien avouer que, exception faite des Mendiants, maîtres et écoliers étaient des forces de la nature encore fort primitives. Tel poème du XIIIe siècle nous dit que « du matin jusqu'au soir, es taverne li goliard se boutait es bons morceaux es hanaps » et vivait du gain de folles femmes. Le pseudo-Boèce n'hésite pas à stigmatiser les trois grands défauts de l'étudiant « qui court parmi les rues et les places, les tavernes, les chambres des prostituées, les spectacles publics, les cérémonies et les chants, les repas et les banquets publics, les yeux vagues, la langue pendante, l'esprit pétulant et l'aspect négligé ». Ce mal vient, dit-il, « du coït, de la gueule et de la coquetterie ». La prostituée, gouffre dévorant, fatigue les prêteurs, les parents et naturellement l'intéressé. Le coït donne envie de boire et l'ivresse rend hébété, énerve la mémoire, produit l'ignorance, à moins que ce ne soit la fureur et les bagarres. Enfin, la coquetterie ruine les parents par le choix de multiples vêtements, de peignes pour se coiffer à la dernière mode et de rasoirs pour se faire un visage frais, sans oublier parfums, colliers et souliers pointus, qui mènent tout droit à la pédérastie.

Ce portrait du parfait petit débauché avait beau être peint aux plus noires couleurs par les maîtres, il n'en arrêtait que peu sur le chemin des tentations. Bagarres entres nations, querelles de tripots, femmes enlevées et « autres énormités horribles à Dieu » sont vainement dénoncées par l'official de Paris en 1269. En 1278, une véritable guerre éclate entre les étudiants et les moines de Saint-Germain-des-Prés. Le lendemain d'une Saint-Nicolas un peu trop arrosée et bruyante, les maîtres et les étudiants se promenaient ou s'amusaient le long du Pré-aux-Clercs. Après avoir fermé les portes de la ville, les moines, dirigés par le prévôt de leur chapitre, attaquèrent aux cris de « mort aux clercs », au son des trompes et cornes de chasse, à coups de bâtons, d'épées et de flèches. Le choc fut rude, car, acculés à la défense, les universitaires firent front. Ils n'en laissèrent pas moins sur le terrain plusieurs blessés et deux morts. Grèves, plaintes au roi et au pape furent suivies de la punition de l'abbé et du prévôt. Ils furent privés de leur office et les moines obligés de construire à leurs frais deux chapelles expiatoires.

Un même scénario se déroula en 1304, cette fois-ci contre les bourgeois. Le prévôt de Paris dut dépendre deux étudiants, embrasser leurs cadavres, tandis que toute la corporation défilait devant sa maison en la criblant de pierres. La contrainte de longues études et du célibat, le déracinement et les langues étrangères des étudiants, l'inconfort des lieux de travail et la chaude ambiance des tavernes ne pouvaient qu'entretenir un climat latent de violence dans les villes universitaires.

L'interdiction du port d'armes et les menaces des bourgeois étaient donc bien insuffisantes pour calmer ce monde instable. Les pratiques religieuses et la vie de foi pouvaient seules être un frein aux passions. La corporation universitaire avait forcément une confrérie qui s'occupait, on l'a vu, des funérailles des maîtres et élèves, assurait l'entraide, organisait les fêtes des saints patrons et les cérémonies liturgiques correspondantes. Chaque nation, chaque faculté, avait en effet son protecteur particulier et le culte des saints tenait une place particulière dans le cœur des écoliers. En tête venaient saint Nicolas (6 décembre) et sainte Catherine, patronne des philosophes (25 novembre) ; les saints Côme et Damien, qui avaient soigné gratuitement les pauvres (25 septembre) protégeaient, avec saint Luc, les médecins. A Paris, les Français fêtaient Guillaume de Bourges (10 janvier), les Anglais saint Edmond (20 novembre), les Normands saint Romain (23 octobre) et les Picards saint Firmin (25 septembre).

Bref, dans toute ville universitaire, se déroulaient messes et sermons à leur usage non seulement lors des fêtes, mais aussi les dimanches. Toujours à Paris, tous les membres de l'Université assistaient à la messe le dimanche chez les dominicains et, lors des fêtes en semaine, chez les franciscains. Le sermon faisait partie des obligations des maîtres, même de ceux qui n'avaient reçu qu'un ordre mineur et lorsqu'une grève éclatait, elle frappait aussi la prédication, ce qui entravait gravement la vie paroissiale. Les bacheliers devaient en prononcer aussi, comme nous l'avons vu. Selon Pierre le Mangeur : « Les leçons sont les fondations, les disputes les murs, et les sermons le toit. »

Le sermon est donc un exercice scolaire. Cette étroite liaison entre travail intellectuel et oratoire explique le rôle de correction et d'éducation de la gent écolière joué par ces homélies faites en un latin de haute tenue à partir d'un passage de l'Epitre ou de l'Evangile du jour. On y retrouve – et c'est normal – les thèmes chers aux Goliards : dénonciation de la chasse aux prébendes, des moines vivant grassement ou des mauvais prélats, mais aussi tout un discours moralisant contre l'argent, la poursuite d'un métier lucratif (le droit évidemment, ou la médecine), la fréquentation des femmes, l'ambition et l'hypocrisie, etc. Au tableau des mœurs libres des écoliers, sorte de contrepoint confirmant ce que nous avons vu à propos de leur comportement, s'ajoutent enfin les allusions directes aux conflits du moment. Par chaires interposées, de véritables guérillas oratoires s'instaurent entre le chancelier Philippe de Grève et son évêque Guillaume d'Auvergne, saint Bonaventure et saint Thomas d'Aquin.

Mais en dehors de la polémique sur l'averroïsme qui alla jusqu'à diviser les maîtres du couvent des Jacobins, une pastorale à dominante mariale l'emporte nettement. Depuis que saint Bernard a développé le culte de la Vierge et ajouté au *Salve Regina* la clausule : *O clemens, o pia, o dulcis virgo Maria*, le regard se tourne vers celle qui est la plus apte à implorer le pardon. Poèmes, prières et sermons concourent ici à faire apparaître un peu de cette espérance et de cette douceur qui manquent tant au monde intellectuel violent que nous avons rencontré.

Ainsi, à la fin du XIIIe siècle, un nouveau groupe social a surgi dans la vie de la société médiévale. Il s'est donné rythme de vie et rites de passage. Il a pris conscience de lui-même sans résoudre ses contradictions. Instables et violents, sans discipline, ces gens de plume et de gueule n'en sont pas moins les porteurs et les diffuseurs de la science du temps.

Ainsi s'explique le mélange curieux de respect et de méfiance qui entoure les intellectuels universitaires qui ont fini par symboliser tout l'enseignement.

2

Les nouveaux domaines de l'éducation

ILS n'étaient pourtant point les seuls éducateurs et il serait opportun maintenant de nous détourner d'eux pour savoir comment l'enfant est accueilli dans un monde aussi violent. Les enfances, celles des jeunes filles comme celle du baron, commencent à sortir du brouillard d'une recherche qui les ignorait jusque-là. Les pédagogues spécialistes des jeunes gens et des jeunes femmes apparaissent d'autant mieux que la famille prend un aspect nouveau. Malgré cela, la constante référence aux Anciens et le discours moralisant empêchent souvent d'apercevoir la réalité. Néanmoins, deux nouveautés fondamentales apparaissent pendant ces deux siècles et demi : l'enfant et la femme prennent une place au sein de la famille conjugale.

C'est d'autant plus nouveau que le Moyen Age aime les gens sérieux, d'âge mûr, vénérables par leurs cheveux blancs, et qu'il se méfie de l'inconstance des jeunes. Aussi, chacun cherche à se vieillir et néglige les premières années. De plus, comme je l'ai dit, la mort frappe tôt. La vieillesse commence donc au minimum à trente-cinq ans et l'on se considère comme un véritable ancêtre quand on a dépassé soixante ans. Les vieilles distinctions romaines sur les âges de la vie reprises par Isidore de Séville considéraient que l'enfance *(pueritia)* finissait à quinze ans, l'adolescence à trente ans, la jeunesse à quarante-cinq et la maturité à soixante. Guillaume de Saint-Thierry énumère lui aussi quatre âges, mais il arrête l'enfance à quatorze ans, l'adolescence à vingt-cinq et la jeunesse à trente-cinq ans. Cette théorie des quatre âges paraît mieux correspondre à la réalité. Elle sera notre guide avec, en particulier, cette réapparition de l'adolescence dont il n'était plus question depuis la fin de l'époque gallo-romaine.

L'ÉDUCATION FAMILIALE : L'ENFANT ET LA FEMME

Pratiquement, la vie sociale de l'enfant commence non pas avec la naissance, mais avec le baptême. Certes, il est baigné devant un grand feu et immédiatement emmailloté à la manière antique, mais aux yeux du monde, étant donné la très forte mortalité infantile, il faut vite le baptiser afin qu'il meure sauvé. Il est plongé nu, par son parrain, dans les fonts baptismaux. On lui fait baiser l'autel et il est revêtu d'une robe blanche, tandis qu'une chandelle est mise dans sa menotte ou tenue contre elle. Souvent, le nom qui est alors donné à l'enfant est celui du parrain ou de la marraine. En milieu nobiliaire, l'habitude finit par être prise de désigner deux parrains et une marraine pour les garçons, mais deux marraines et un parrain pour les filles. Le bébé a même jusqu'à trois nourrices. Mais c'est une exception et c'est ainsi que l'allaitement maternel est la règle chez les paysans et les artisans jusqu'à trois ans. La mère, de toute façon, doit aller célébrer les relevailles entre huit et vingt jours après la naissance.

Jusqu'à sept ans, qu'il ait ou non une nourrice, l'enfant joue à sa guise, sous la surveillance étroite des servantes ou de sa mère, car il faut toujours le surveiller et éviter deux grands dangers dans lesquels il peut tomber : l'eau et le feu. Philippe de Novare, dans son recueil de conseils écrit en 1265, *Les Quatre Âges de l'homme*, recommande tout particulièrement aux mères de ne pas écraser sous elles les enfants qu'elles ont couchés la nuit dans leur lit. Il était normal, en effet, que toute la famille dormît dans le lit, nue, sauf les bébés, toujours emmaillotés. Notre vieux pédagogue (il a soixante-dix ans) continue à s'attendrir sur les petits enfants car ils ont de belles qualités : ils aiment et reconnaissent les personnes qui les ont nommés, ils sont joyeux quand on joue avec eux, et tout éducateur ne peut avoir que pitié d'eux. Malgré cela, il est nécessaire de les corriger quand ils sont petits, car, plus tard, on casserait leur personnalité. Les corrections doivent surtout avoir pour but de bloquer les tendances au vol, à la violence et au blasphème. On reconnaît aussi la tendresse déjà signalée à l'abandon des verges.

Le petit garçon et la petite fille jouent à tous les jeux de leur âge et ce sont les mêmes depuis l'Antiquité : les osselets, la pirouette (toupie), cache-cache et colin-maillard, la poupée évidemment et pour le garçon la petite guerre. Certes, ils sont sales, ennuyeux, braillards et capricieux. Le vieux refrain sur l'enfant gêneur continue à être soutenu et répandu, y compris par Pierre Abélard, qui dénonce « la malpropreté des enfants en bas âge ». Enlumineurs et sculpteurs ne sont toujours pas capables de représenter l'enfant. Mais cependant, du XIe au XIIIe siècle, on sent grandir petit à petit, au milieu d'une vaste indifférence à la mort des bambins, un net intérêt pour l'enfant, à partir de l'âge de sept ans surtout, lorsque la certitude d'avoir passé le cap difficile est enfin atteinte.

Si le petit garçon ne va pas à l'école, ce qui est le cas de la très grande majorité des paysans et d'une part importante des nobles, le père va lui apprendre son métier, la mère quelques éléments d'instruction chrétienne, *Credo, Pater*, l'*Ave Maria*, qui n'apparaît qu'au milieu du XIIe siècle, et les deux premiers commandements. Philippe de Novare conseille évidemment les deux métiers les plus honorables du temps : clergé et chevalerie, les plus profitables s'ils sont appris très jeunes et les seuls à être le moyen d'une forte ascension sociale. Celui qui est déjà noble monte très tôt à cheval, parfois dès cinq ans. Il joue à des jeux caractéristiques de son état, les échasses, les raquettes, le volant, la pelote, la balançoire et surtout les tables (trictrac ou jacquet selon le cas) et les échecs, jeu immémorial déjà connu des Celtes.

La mère s'occupe de sa formation morale et sociale. Les chants épiques y contribuent pour leur part. Récits et apologues maternels tissent un comportement type auquel le jeune homme est invité à se conformer. Le prudhomme est celui qui a le cœur entier, la parole ferme et non feinte, au service de son seigneur. Il préfère la mort à la honte. Il méprise le vilain sans foi et le bourgeois couard. Roland et Olivier, Hector et Alexandre, le roi Arthur, Charlemagne et Godefroi de Bouillon, voilà ses maîtres. En général, le père, mais très souvent aussi le seigneur, comme nous le verrons, se charge des rudiments de l'escrime et de l'équitation, jusqu'à ce que l'enfant quitte la famille pour aller apprendre la chevalerie au loin.

Certains fils de nobles sont mis temporairement à l'école juste pour apprendre le psautier, savoir lire et écrire une lettre. D'autres ont un précepteur et alors ils entrent dans le groupe des gens cultivés. Cependant, comme le souligne Philippe de Novare, le préceptorat a surtout pour but de socialiser le jeune, de lui apprendre à bien parler, à connaître les belles manières pour accueillir hôtes et amis, de lui faire découvrir les livres qui contiennent de belles histoires, de hauts faits et de bons conseils. L'éducation nobiliaire est toujours utilitaire. En pays thiois, les comtes et marquis lotharingiens engagent de jeunes Français pour apprendre cette langue à leurs fils.

Cette absence de visée intellectuelle se constate aussi lorsque les nobles ont des enfants de conformation faible ou handicapés. La solution est simple : ils sont offerts au plus proche monastère. En 1161, la plupart des moines de l'abbaye d'Andernes sont boiteux, borgnes, chassieux, manchots, aveugles et, de plus, tous nobles. De pareils procédés transformant les couvents en pensions pour demeurés et infirmes accentuèrent l'hostilité monastique à l'égard des jeunes oblats destinés à rester laïcs. J'ai montré comment, petit à petit, ils finirent par disparaître. Désormais, au XIIe siècle, les monastères s'occupèrent surtout de l'éducation des jeunes moines, bien que leur nombre aille en diminuant. En effet, chez les chartreux, les entrées de novices avaient souvent lieu vers trente ans, tandis que pour les Mendiants l'âge moyen des vocations ne descendait pas plus bas que celui des écoliers.

Seuls les moines noirs, les clunisiens, eurent encore de jeunes enfants comme futurs novices. Ils jouaient un rôle important dans la liturgie, lisaient au chapitre et au réfectoire. Leur rôle était capital dans les chants pour entonner les antiennes, chanter les répons à matines et à vêpres. Mais leur grande fête demeure évidemment celle des saints Innocents où « ils remplissent tous les offices à l'église ». Ce jour-là, ils sont les rois. La fête est en leur honneur. On élit un enfant évêque. C'est l'origine de la fête des fous. Noël, enfin, est la fête d'un enfant unique : Jésus. A Cluny, selon Pierre le Vénérable, cette naissance était célébrée « avec mélodies, chants, luminaires, lectures et profusion de larmes ». Les enfants, habillés de blanc, venaient vénérer l'autel auprès duquel était construite la crèche. Sous l'influence de la lecture des évangiles apocryphes, l'âne et le bœuf sont bientôt figurés à côté des principaux personnages. Puis au XIIIe siècle, avec le rôle grandissant de la spiritualité franciscaine, la crèche de Noël finit par figurer bientôt dans toutes les églises. Elle popularisa le culte de l'innocence enfantine, de la faiblesse des humbles et le respect de la nature. Cette notion de pureté de l'enfance, que les païens avaient eux aussi, lui confère même le don de prophétie. Certains n'hésitaient pas à faire ouvrir au hasard par un petit garçon, une Bible, pour y lire, à l'endroit qu'il désignait, un verset prémonitoire, une phrase censée répondre aux questions que se posait l'interrogateur.

Au XIIIe siècle, ce respect envers les jeunes enfants gagne l'opinion populaire et aboutit à un phénomène unique en son genre : la croisade des Pastoureaux. En 1211-1212, un petit berger, Etienne, entraîne derrière lui des centaines de jeunes de son âge, pour aller délivrer Jérusalem. L'aventure se termine tragiquement dans les ergastules égyptiens. En 1251, à l'annonce que Louis IX est prisonnier, d'autres quittent le troupeau paternel, la forge ou l'échoppe, pour suivre un inspiré, un vieillard, le maître de Hongrie, afin d'aller délivrer le roi. L'idéal de ces pauvres enfants fait honte aux adultes. Ils les accueillent comme les prophètes d'un nouvel âge. Mais à Paris, Blanche de Castille, méfiante, les laisse seulement venir sur la rive droite et fait barrer le Petit Pont pour qu'ils n'entrent point en contact avec les étudiants. Effectivement, lorsqu'ils passèrent ensuite à Orléans, bergers et écoliers se battirent atrocement. Bientôt, leurs déprédations furent telles que la reine les fit pourchasser. Ils disparurent, massacrés comme de vulgaires « chiens enragés ». Cette irruption des enfants dans une société qui les ignorait jusqu'alors est très symptomatique d'un nouvel état d'esprit. D'objets d'éducation destinée à les transformer en hommes, ils deviennent les maîtres mystérieux venus d'ailleurs qui enseignent aux adultes la volonté divine. L'enfance n'est plus un état transitoire mais un monde en soi qui prend sa place dans la société et auquel vont s'intéresser les pédagogues.

D'ailleurs cette grande nouveauté se laissait deviner à travers certains témoignages exceptionnels. L'autobiographie de Guibert de Nogent révèle comment, au milieu du XIe siècle, une jeune veuve de petite noblesse s'obstine, malgré la pression de son lignage qui veut la remarier, à s'occuper exclusivement de l'éducation de son fils. Bien qu'illettrée, elle lui apprit à prier et sut lui trouver un précepteur. Ses continuelles attentions, preuve d'une grande émotivité, et sa possessivité inquiète sont révélatrices de la précarité de la vie enfantine de l'époque et de la mortalité infantile qui restait considérable, mais aussi de la visée éducative chez les femmes. En effet, Guibert nous dit qu'il se considérait encore à douze ans comme un petit enfant, alors que ses contemporains voyaient déjà en lui un adulte.

Ces angoisses maternelles étaient certainement dues aux innombrables dangers qui entouraient la naissance, à la honte qui frappait la stérilité (la mère de Guibert n'était devenue enceinte qu'au bout de sept ans de mariage) et à la peur de concevoir en des périodes interdites par l'Eglise (Carême, dimanches, règles, etc.). Aussi, nul traité de médecine n'est plus répandu que celui de Soranos, sur les maladies des femmes. Beaucoup de ses prescriptions se retrouveront dans le *Livre des propriétés des choses* de Barthélemy l'Anglais, un franciscain, maître de théologie à Paris. Cet ouvrage, de pure compilation, date du début du XIIIe siècle, mais, en fait, est révélateur de ce que l'on apprenait aux simples et aux ignorants, dès le XIIe siècle et jusqu'au XVIIe siècle. Il insiste en particulier sur le rôle des sages-femmes qui composent des onguents pour détendre l'utérus à l'accouchement, reçoivent l'enfant sur des feuilles de roses pilées avec du sel, pour le délivrer du mucus. « Après, on le doit souvent baigner et puis oindre de huile rosat et frotter pour tous les membres et par especial de masles de qui les membres doivent être plus durs que es femelles pour le labeur. » Il ne faut jamais donner de médicaments à un bébé malade, mais à la nourrice.

Contrairement à toutes les idées reçues de son époque, Barthélemy est le premier à recommander l'allaitement maternel, alors que la nourrice est considérée comme une preuve d'ascension sociale. Il en explique fort bien les conséquences psychologiques sur l'équilibre affectif de l'enfant. A la fin du XIe siècle, la mère de saint Bernard, de haute noblesse bourguignonne, l'avait pratiqué pour ses sept enfants, six garçons et une fille, tout en veillant soigneusement à ce qu'ils n'aient ni vêtements fins ni plats délicats. Elle les destinait tous au monastère dès leur naissance, ce qui explique cette éducation exactement inverse de celle dispensée par la mère de Guibert de Nogent. Si exceptionnels au total que paraissent ces deux cas, ils annoncent cependant cette montée de l'émotion devant l'enfant et cette recherche d'une certaine pédiatrie qui explique qu'au XIIIe siècle, il ne soit plus un inconnu dans la maison.

Une évolution identique touche la fillette et la femme. Elles prennent à leur tour une place importante dans la société. Cela tient peut-être au fait que la mortalité des femmes en couches est telle qu'elles sont moins nombreuses que les hommes et qu'on leur porte plus d'attention, mais cela est dû surtout au triomphe, sous les interdictions de plus en plus restrictives de l'Eglise, de la famille conjugale. Les possibilités de divorce ou de séparation sont désormais nulles. Saint Bernard fut, dans un premier temps, violemment hostile aux Templiers, car il craignait que certains n'y entrassent que pour mieux se débarrasser de leur femme.

Certes, la misogynie monastique n'a pas disparu et beaucoup de bestiaires continuent à propager le symbole de l'éléphant qui ne connaît pas la concupiscence de la chair et détourne la tête lorsqu'il s'unit à l'éléphante, pour montrer qu'il a honte de ce qu'il fait. En fait, ces Adam et Eve proboscidiens ne sont plus le modèle du temps. Dans chaque chaumière, dans chaque château, il n'y a qu'un seul lit conjugal et l'enseignement officiel donne au mariage une place réelle dans la société. En 1175, Alexandre III reconnaît que les consignes de continence, de jours de jeûne, données jusque-là aux gens mariés, ne sont que des conseils. Peu de temps après, à propos des frères de l'ordre de Saint-Jacques qui étaient mariés, le même pape déclare que l'état de perfection n'est pas lié à la virginité, renversant ainsi les affirmations d'Augustin et de Cassien. Pierre Lombard n'hésite pas à affirmer l'égalité de la femme et de l'homme dans leur spécificité réciproque, l'une supérieure par le cœur, l'autre par l'intelligence, alors même qu'Héloïse, à la génération antérieure, se considérait comme l'inférieure de son époux, Abélard, malgré les objurgations égalitaires de ce dernier.

La culture extraordinaire de la plus célèbre amoureuse du Moyen Age est peut-être symptomatique en effet d'une plus grande prise en considération de la femme et d'une meilleure éducation. Il est probable qu'Héloïse fut un cas tout à fait à part, puisqu'elle connaissait non seulement les Ecritures, saint Jérôme et saint Augustin, mais aussi Lucain. Il faut croire cependant que les religieuses d'Argenteuil, qui lui avaient appris les lettres sacrées et profanes, étaient elles-mêmes d'un niveau fort honorable. L'abbesse Herrade de Landsberg a lu Isidore de Séville, Bède, Grégoire le Grand, Honorius d'Autun, saint Anselme, Yves de Chartres et même Pierre Lombard.

Les femmes appartenant à la société laïque ne sont pas en reste. Toujours au XIIIe siècle, Hermengarde, duchesse de Bretagne, reçoit des « Vies » de la part de Marbode. Les deux femmes d'Henri Plantagenêt, Mathilde, puis Adélaïde, correspondent régulièrement avec Hildebert de Lavardin. Et ne parlons pas des comtesses méridionales : Esclarmonde, la comtesse de Die, Marie de Ventadour et Béatrice de Provence, femme du comte Raymond Bérenger, dont les cours brillantes prouvent leur goût pour la culture intellectuelle. Deux filles de ce Raymond Bérenger épousèrent l'une Saint Louis, l'autre Henri III d'Angleterre. D'ailleurs, les femmes nobles du Nord développèrent elles aussi leurs qualités de mondaines bien éduquées. Marie, comtesse de Champagne, commanda à Chrétien de Troyes *le Chevalier à la Charette*. Marie de France est, elle-même, poétesse. Si ces femmes ne sont probablement pas sorties de l'Université, elles possèdent toutes au moins une culture en langue populaire qui leur permet de savoir écrire et de jouer de la musique.

Il n'est pas jusqu'aux femmes de la bourgeoisie urbaine qui n'aient reçu un enseignement de ce type. En 1287, dame Marie Payenne, de Tournai, lègue « à Jakemin, son fils, une décrétale en langue romane et son grand safir, à Katerine, sa fille, le livre de Nostre-Dame et l'émeraude, à Hanekin le psautier, un roman et le Livre des Estoiles, à Gentelet le Livre des Pères, à Biemart le Roman du Chevalier au Cygne ». Il est fort probable que ces femmes instruites ne furent qu'une minorité. Philippe de Novare estime qu'il ne faut pas apprendre à lire et à écrire aux filles, à moins qu'elles ne deviennent nonnes, parce que cela permet aux hommes de leur envoyer des billets doux ou des chansons folles. Mais, en cela, il ne se fait pas l'écho de la conception la plus courante.

Ce changement d'état d'esprit et ce nouveau regard sur la femme se retrouvent dans les traités en langue vulgaire. S'ils se préoccupent peu d'instruction, ils insistent beaucoup sur l'apprentissage des bonnes manières. Robert de Blois, à la fin du XIIIe siècle, enseigne à tous ses lecteurs qu'il faut respecter sa mère et les femmes qui rendent sages. Dieu aime plus la femme que l'homme car il l'a créée dans le Paradis. D'ailleurs, c'est d'abord à des femmes qu'il est apparu après sa résurrection. Dans « le Chastoiement des Dames », il enseigne aux jeunes dames nobles à se bien conduire dans le monde. Il faut croire que la liberté des rapports sociaux était fort grande à cette époque, car certains conseils, qui nous paraissent aujourd'hui aller de soi, sont surprenants : « Ne vous laissez pas mettre la main aux seins, ni baiser sur la bouche ; n'acceptez point de joyaux. Si vous avez mauvaise haleine, mangez du fenouil, de l'anis ou du cumin, ou sinon, abstenez-vous de donner le baiser de paix à l'église. Ne tournez pas sans arrêt dans toutes les directions comme une belette, ni ne regardez les gens comme un épervier qui fond sur une alouette. Prenez-y garde, les regards sont messagers d'amour et les hommes sont prompts à s'y tromper. Et si vous êtes invitée à la table d'un hôte, de grâce, ne vous mouchez pas dans la nappe. » Il était aussi de bon ton pour les pucelles dont le père recevait un chevalier de passage au logis d'aller tastonner et caresser l'étranger dans les cheveux et sur la poitrine, pour qu'il s'endorme mieux…

Philippe de Novare est plus sévère quant au destin des femmes. Il souhaite qu'elles se marient tôt, dès quatorze ans. Il condamne vigoureusement, comme ses contemporains, l'infidélité féminine. Que leurs maris les aiment, mais pas trop car elles en concevraient de l'orgueil. Qu'elles ne fassent point folie de leur corps, car si ce genre de péché n'est pas considéré comme grave pour les hommes, c'est le déshonneur pour elles et toute leur parenté. D'ailleurs, précise-t-il sans sourciller, les femmes ont de la chance. Alors que pour devenir un honnête gentilhomme il faut être à la fois courtois, prodigue, hardi et sage, il suffit à une femme de rester fidèle pour marcher la tête haute ! Cette polarisation générale sur l'impeccabilité féminine, qui n'est pas sans réminiscence païenne, explique que les éducateurs du temps aient cherché à décaler les âges du mariage, celui de la femme à la puberté, celui de l'homme à vingt ans au moins si ce n'est plus. Ainsi apparaît une adolescence de plus en plus prolongée, même en dehors des milieux scolaires, tandis que le mariage devient un lien conforté par l'insistance de l'Eglise sur la liberté des consentements.

Ce nouveau courant d'idées, si faiblement favorable qu'il soit à la femme, n'en est pas moins contesté dès la fin du XIIIe siècle. Le pessimisme monastique, clérical et même universitaire réapparaît. Les lamentations de Mahieu, clerc marié, et qui en a perdu ses privilèges, sont un réquisitoire contre le mariage et un plaidoyer pour l'amour libre : « Toutes pour tous, et tous pour toutes. N'épousez pas, soyez amis. » Et Jean de Meung, qui traduisit Boèce en français, d'écrire peu avant 1305 dans la deuxième partie du *Roman de la Rose* que le mariage est « un lien détestable ». Cette révolte contre « ce martyre qui est le plus sûr moyen d'obtenir la couronne céleste » et cet esclavage contre nature prouvent *a contrario* le succès de deux siècles d'éducation à la famille conjugale, mais en même temps l'apparition de contradictions inaperçues jusque-là. Nous verrons plus loin qu'elles sont dues à l'éducation sentimentale, mais le XIIIe siècle devant l'enfant, la femme et le jeune homme a tenté de prendre une vue générale du problème éducatif. Apparaissent en effet les premières théories pédagogiques.

Aucun programme d'enseignement et d'éducation n'avait été mis au point depuis Isocrate et Platon. Vincent de Beauvais, dominicain, fut lecteur au monastère de

Royaumont et enseigna devant Saint Louis. Grâce au roi, il put composer son *Speculum majus*, encyclopédie résumant toute la scolastique, les sciences et l'histoire de son temps. Il publia donc, en 1256-1259, cet ouvrage, dont le premier livre contient ses idées sur l'éducation. Il n'hésita pas à dire, en s'appuyant sur le *Protagoras* de Platon, que « l'éducation et les conseils commencent dès les premières années de l'enfance et durent jusqu'à la fin de la vie ». Tout débute à la maison. Il précise donc comment choisir une nourrice, nourrir le bébé et le baigner. Il veut que l'éducation morale recherche l'harmonie du corps et de l'âme, car, dit-il, utilisant la théorie des humeurs de Galien, la colère échauffe les humeurs animales tandis que la tristesse les dessèche et la paresse les excite. La journée d'un jeune enfant doit donc commencer par un bain, continuer par le jeu jusqu'au petit déjeuner, pour y revenir ensuite avant et après le déjeuner et se terminer sur un autre bain. L'école doit débuter à six ans, mais on ne poussera pas l'enfant à y aller tous les jours. L'éducation physique doit apparaître à douze ans. Dans le *De eruditione filiorum nobiliorum* composé à la demande de la reine Marguerite pour les deux enfants de Saint Louis, Louis (1244-1260) et Isabelle (1242-1271), il insiste sur l'importance du choix d'un bon maître. Il n'apporte rien d'original en ce qui concerne le programme des études, mais, en revanche, il proteste contre le vieux distique de Caton : « Jeune saint devient vieux diable. » Persuadé de l'innocence de l'enfant, il refuse cette soi-disant vérité destinée à justifier les débordements des jeunes. Il refuse toute punition corporelle à moins qu'elle n'ait été annoncée à l'avance. Certes, il se méfie, comme tous les pédagogues monastiques, de l'adolescence et cherche à inculquer très tôt l'obéissance filiale, à hâter la maturité. D'ailleurs, dit-il, le mariage, les enfants et la direction d'une maison, ainsi que la recherche d'un ami, apporteront au jeune homme la sagesse.

Quant aux filles, Vincent de Beauvais leur réserve une éducation particulière. Influencé par le *Pédagogue* de Clément d'Alexandrie et par Tertullien, saint Cyprien et saint Jérôme, il est en deçà de Pierre Lombard et considère les femmes comme inférieures à l'homme. D'abord, il faut préserver leur chasteté en les gardant à la maison. Mais au lieu de consacrer vingt chapitres à leur éducation, comme pour les garçons, il ne leur en accorde qu'un seul ! Elles apprendront les lettres et la morale. Lire et écrire permettent d'échapper aux mauvaises pensées, aux plaisirs et aux vanités de la chair. Sur ce point Vincent de Beauvais est quand même moins pessimiste que Philippe de Novare ! Attention à la viande et au vin qui remplissent le ventre et enflamment le désir. De même, Barthélemy l'Anglais recommande d'éviter les herbes crues et les fruits nouveaux. On en revient toujours au bon vieux régime bourratif des fèves et des pois chiches, sorte de panacée aux vertus dormitives. Enfin, évitez le sommeil trop long et les bains trop fréquents.

Le mariage doit être mûrement délibéré – par les parents s'entend. Vincent insiste ensuite sur le libre consentement de la femme, car le sacrement indissoluble est la figure du mariage du Christ et de l'Eglise. Aussi, explique-t-il, en citant Théophraste, le mariage à l'essai est impensable. « Vous pouvez essayer un âne, un cheval, une vache, un chien ou même des vêtements, un chaudron, une tasse ou une cruche avant de les acheter, mais pas une femme. » Quant aux parents, ils se doivent de lui inculquer une certaine éducation sexuelle « non pour l'amour du plaisir », mais pour répondre aux exigences du devoir conjugal. Avant qu'elle ne les quitte, ils devront lui rappeler qu'il faut aimer ses parents, supporter les défauts de son mari, éviter la jalousie, aimer ses enfants et ses domestiques et, par-dessus tout, vieux refrain maintes fois ressassé par les Pères de l'Eglise, ne pas se teindre les cheveux, ni s'orner de bijoux, ni se peindre la figure, etc. Bref, on ne peut qu'être frappé par la vision dichotomique du projet pédagogique de Vincent de Beauvais, visiblement favorable aux hommes et restrictif envers les femmes. Chez lui, l'éducation à la virilité et l'éducation au mariage sont presque semblables.

Autant il est sensible aux nouveautés du XIIIe siècle envers les garçons, puisqu'il leur permet de tout lire, même les livres des hérétiques, les auteurs païens (au nombre de vingt-cinq) y compris Ovide et le *Satiricon* de Pétrone – et seulement six écrivains chrétiens antiques –, autant à l'égard des femmes il se laisse influencer par la misogynie d'un Tertullien et va jusqu'à leur refuser l'instruction supérieure que, vers 1260-1265, Brunet Latin, dans son livre du Trésor, trouve pourtant normal d'accorder à la gent féminine. Dans son souci d'universalité, qui lui fait englober toute la scolastique et les belles-lettres païennes négligées depuis deux générations, il revient en arrière sur ses propres contemporains sans s'en rendre compte. Ce préhumaniste est un réactionnaire.

Regardons en effet le *De instructione puerorum* (De l'instruction des enfants) de Guillaume de Tournai, un dominicain lillois qui vint passer son doctorat en théologie à Paris vers 1272-1274. Son livre fut recommandé par le chapitre général de l'Ordre en 1264 à tous les enseignants. Les enfants, dit-il, doivent être enseignés par leurs parents, leurs parrain et marraine et leurs maîtres. Ils doivent être menés à la baguette, mais aussi par la parole et surtout par l'exemple. Il faut qu'ils aillent fréquemment à l'église, qu'ils écoutent les sermons, qu'ils apprennent le *Pater* et le *Credo*. L'enseignement doit d'abord porter sur la foi, les mœurs et la science. Tout cela doit être enseigné à égalité entre filles et garçons. Pour cela, trois choses sont nécessaires : comprendre et retenir les préceptes, travailler diligemment, prendre de bonnes habitudes. De plus, les serviteurs et les servantes de la maison doivent, eux aussi, être instruits, car il y va de leur salut. Ce programme est, comme on le voit, à dominante morale et religieuse. Il s'adresse à tous les milieux sociaux en général. Bien que son niveau soit plus bas que celui de Vincent de Beauvais, il est nettement plus influencé par l'état d'esprit rationnel, et ouvert à tous, quels que soient le sexe ou le niveau social.

Le dernier programme éducatif du temps est l'œuvre d'un juriste qui se veut efficace, Pierre Dubois. Il écrit avant 1314 le *De recuperatione Terrae sanctae* (Sur la récupération de la Terre sainte). Ce réformateur intrépide, qui veut faire se tourner les Etats européens vers la reconquête de la Palestine, bâtit un projet curieusement utopique et déjà totalitaire. Il faut supprimer le célibat ecclésiastique pour avoir plus de soldats et fermer les monastères féminins afin d'organiser une colonisation sérieuse. L'enseignement doit être un entraînement professionnel des jeunes et les filles en particulier devraient apprendre la chirurgie pour soigner les blessés. De plus, elles doivent recevoir la même éducation intellectuelle que les garçons : latin, une langue vivante (chose que néglige parfaitement Vincent de Beauvais, malgré la montée des langues vernaculaires), grammaire, logique, religion, apologétique, sciences naturelles, etc. Quand les soldats auront reconquis la Terre sainte, les femmes bien instruites seront mariées à des orientaux qu'elles convertiront à la vraie foi, grâce à leur vertu et à leur haute culture.

Pour la première fois depuis Platon, l'éducation est considérée comme une arme purement politique, au service, dans ce cas, d'un impérialisme français. Cette première émergence de l'esprit laïque est aux antipodes du joyeux anarchisme sexuel de Jean de Meung, mais ces deux réactions sont révélatrices d'un état de crise latent et d'une interrogation profonde sur les fins de l'enseignement. On comprend qu'à mi-chemin entre l'enrégimentement des femmes et la destruction du mariage, les thèses de Vincent de Beauvais aient paru modérément novatrices alors qu'elles étaient en réalité un retour en arrière par rapport aux idées courantes du temps, exprimées par Guillaume de Tournai. Son sens critique et son encyclopédisme masquaient un moralisme qu'avaient pourtant dénoncé Pierre Abélard, Pierre Lombard et Thomas d'Aquin. Mais son retour à l'humanisme antique fut facilité par l'échec de la théologie, cassée par la condamnation de 1277. Aussi fut-il traduit en français au XIVe siècle, imité et recommandé. Après lui s'annonce une autre époque, celle de la remise en question de tout l'enseignement classique médiéval.

Le refus des belles-lettres pendant les trois générations du XIIIe siècle a donc permis l'apparition de nouveaux domaines éducatifs, ceux de la femme et de l'enfant. Mais ce temps fut trop court, le temps de l'apogée de la théologie. L'innovation ne put triompher, sauf dans un domaine, nous allons le voir, celui de l'éducation de la conscience.

L'ÉDUCATION NOBILIAIRE : LE CORPS, LE CŒUR ET LA CONSCIENCE

Loin des écoles et loin de sa mère, le jeune noble reçoit une éducation pour élites qui lui est spécialement réservée. Lui aussi, comme l'écolier, connaît l'exil, mais celui-ci lui permet de devenir ce qu'il a choisi d'être et ce à quoi il est destiné : l'état de chevalier, la *militia*, le port des armes. L'idéal de la chevalerie, qui n'existait pas durant le Haut Moyen Age, commence à être explicité et atteint la perfection dans son expression et dans l'instruction qui en est donnée à la fin du XIIe siècle et au début du XIIIe siècle. Mais il est multiple et contradictoire. L'exaltation de la brutalité fait difficilement bon ménage avec l'art d'aimer des troubadours. Celui-ci est encore plus mal vu par les ermites, qui invitent le chevalier à se consacrer au service de la veuve et de l'orphelin. Il est donc difficile au jeune noble d'être à la fois courageux, courtois et chrétien alors que les éducations respectives du corps, du cœur et de la conscience tirent à hue et à dia.

Comme nous l'avons dit, le jeune homme ne reçoit pas de formation intellectuelle en dehors de ce que lui a appris sa mère. S'y ajoutent sûrement les récits épiques chantés le soir au château par des bardes celtiques ou des « scops » germaniques appelés maintenant jongleurs. Ils lui apprennent le goût du sang et du massacre, les beaux coups d'épée qui donnent honneur et renom, la fidélité inconditionnelle au seigneur et l'identification de la doulce France avec la chrétienté. Les connaissances géographiques des jeunes nobles ne sont pas des plus développées. Les croisés eux-mêmes savent à peine ce qu'est la mappemonde de l'époque : l'*imago mundi*. Pour eux, il y a trois terres, l'Europe, l'Asie et l'Afrique autour d'une seule mer, et trois villes, Rome, Constantinople, et Jérusalem qui est un autre centre du monde. Lestés de ce léger bagage, ils préfèrent aller cultiver leurs muscles chez le seigneur qui va les nourrir, dès l'âge de douze ans. La vieille paternité adoptive survit dans ce long apprentissage qui dure de cinq à sept ans, pour mener à l'adoubement qui a généralement lieu entre quinze et vingt et un ans. Les termes qui désignent ce jeune apprenti guerrier varient selon les régions : infanzon au sud des Pyrénées, *baccalarius* dans le Midi (dont nous avons fait bachelier), terme qui désigne primitivement un jeune au service de quelqu'un, *domicellus* (damoiseau, donzeau et donzelle dont fut tiré Mademoiselle) pour indiquer que le jeune est nourri dans la maison du seigneur, enfin écuyer, c'est-à-dire porteur de l'écu, le bouclier du maître. Ce dernier terme ne devient général qu'au XIIe siècle. Mais tous, ils insistent sur la jeunesse de ces non-adoubés.

Comme toujours, la chasse est le premier apprentissage de l'art de tuer. Il y a donc des seigneurs ou des serviteurs qui sont professeurs de chasse. On commence par la fauconnerie, en apprenant à faire voler l'oiseau, puis à le nourrir, à l'appeler, et enfin à bien le tenir sur le poing ganté. Il faut savoir coudre les paupières des « autours » et leur attacher des campanelles aux pattes pour mieux les retrouver dans les fourrés. Même les femmes apprennent à jeter le faucon avec les enfants. L'art de la vénerie est plus brutal et plus dur à apprendre. Rien n'est oublié dans le dressage des chiens, les types de sonnerie selon les étapes de la chasse et la « cuirée finale » (appelée aujourd'hui curée) où l'on dispose les os, les abats et les morceaux que ne mangent pas les hommes sous la peau de l'animal fraîchement écorché. Tout est dans le coup de rein pour enfoncer l'épieu dans le sanglier acculé ou la force du bras pour égorger le cerf immobile, d'un coup de dague. Aussi une véritable amitié s'établit-elle entre le faucon ou le chien et leur maître à la suite de ces instants exaltants. Cette passion sauvage va jusqu'à préférer la course avec l'animal au déduit avec la pucelle. Dans Gérard de Vienne, une querelle éclate entre Roland et Olivier, uniquement à propos d'un faucon volé.

En même temps, le donzeau apprend l'escrime au bâton, à l'épée et à la lance et tout ce qui concerne chevaux et harnachements. Il doit savoir rouler le haubert, suspendre l'écu au cou par des courroies, tenir le cheval du maître à droite (« destre » d'où destrier), le frotter et l'étriller après la bataille. Lorsqu'il y a des hôtes, il prépare les tables, lave les mains des invités, prépare les tranchoirs sur lesquels il dispose ensuite un émincé de chevreuil ou une aile de perdrix, distribue le vin, etc. Ces tâches fastidieuses sont acceptées pour mieux pouvoir maîtriser l'art de chevaucher. L'exercice de la « quintaine » était spécialement réservé aux bacheliers. Dans un pré, un pieu était planté, grossièrement sculpté en forme d'homme avec un écu accroché à bonne hauteur. Le jeune homme montait à cheval avec un haubert d'au moins cinquante kilos et le heaume sur la tête. Il coinçait une grande lance en bois de frêne sous son bras droit, chargeait au grand galop en visant le centre de l'écu pour renverser la quintaine sous le choc. Il fallait ensuite jeter le tronçon de lance brisé et continuer sur son cheval. Sinon, le malheureux recevait le poteau en pleine poitrine et tombait désarçonné. Pour corser la difficulté, on inventa même une quintaine tournante. Un mannequin représentant un féroce Sarrasin brandissant une massue était monté sur le pieu. Si le point de mire était raté, il tournait sur lui-même et le maladroit recevait un coup de gourdin sur la nuque. Au total, ces exercices, auxquels s'ajoutaient les charges en conrois (ou colonnes) ou bien en échelles (sur un même front), nécessitaient force et adresse. Nul n'était plus prisé s'il savait jeter la pierre, haut, fort et bien. Bref, cet apprentissage sélectionnait les meilleures brutes.

Venait enfin le jour de l'adoubement. Il avait lieu aux grandes fêtes, mais surtout à Pâques et à la Pentecôte, ou bien tout simplement après la bataille dans un champ. Ainsi, par exemple, en 1129, Geoffroi Plantagenêt se rendit à quinze ans à Rouen pour se faire adouber par son seigneur, Henri Ier Beauclerc, roi d'Angleterre et duc de Normandie. Il prit un bain avec vingt-cinq autres compagnons, s'habilla d'une chemise de lin, d'une robe en drap d'or, d'un « bliaut » de pourpre, de chausses de soie et se chaussa de souliers aux liens d'or. Puis, agenouillé devant son seigneur, il reçut une formidable

« colée » (grand coup) sur l'épaule gauche, sans vaciller. Aussitôt, on lui ajusta son haubert à mailles double et son heaume ; on lui attacha son écu au cou, on le ceignit de ses éperons et de son épée. Enfin, on lui remit sa lance de bois de frêne avec un fer de Poitiers. C'est alors qu'il sauta à cheval pour montrer son agilité et participer aux jeux habituels. La fête dura sept jours.

Comme on le voit, ce rite de passage, devenu maintenant fondamental, est une cérémonie intégralement laïque. Lentement et petit à petit, l'Eglise tenta de christianiser cette sacralisation de la force, mais ce ne fut pas sans mal. Il fallut attendre le XIIIe siècle pour voir, comme en témoigne l'ordre de la chevalerie, apparaître la veillée d'armes et la bénédiction de l'épée et du nouveau chevalier. Un nouveau symbolisme est proposé afin de purifier cette force en la mettant au service d'autrui. Le bain est assimilé au rite du baptême, tout comme le costume blanc. La veillée, la nuit, dans une chapelle, suivie d'une messe au matin rappelle que rien dans la vie du chrétien ne se fait sans rencontre du Christ. L'épée est bénie, parce qu'elle rappelle par ses deux tranchants que l'on doit frapper le riche qui opprime le pauvre et le fort qui persécute le faible. Après la colée vient ensuite un sermon.

Beaucoup de chevaliers, une fois adoubés, n'étaient pas plus socialement implantés que les « béjaunes » après leur « bizuthage ». En dehors des aînés qui, très souvent, se marient alors, ils continuent à former un groupe de jeunes, turbulents et instables, parce que difficilement casables. On continue à les appeler jeunes, selon les critères d'âge que nous avons déjà vus, mais aussi en retardant de plus en plus la majorité. Alors qu'elle était à quatorze ans, elle passe au XIIIe siècle à vingt et un ans dans le très ancien coutumier normand, dans celui de l'Anjou et dans les *Etablissements* de Saint Louis. Cette adolescence qui se prolonge et ce recul de l'âge du mariage correspondent aux études si longues des écoliers. Comme le remarque Georges Duby, « la jeunesse peut être définie comme la part de l'existence comprise entre l'adoubement et la paternité ». Et par conséquent, l'éducation continue jusqu'à ce qu'on ait pu fonder sa maison. C'est la vie du chevalier errant. Guillaume le Maréchal fut un jeune écuyer auprès de son oncle, Guillaume de Tancarville, de onze à vingt ans ; puis de 1164 à 1189, une fois armé chevalier, il mena une vie d'aventure et de prouesses jusqu'à ce qu'il prit femme à quarante-cinq ans ! Bien d'autres firent de même et eurent de longues « jeunesses ».

Ils allaient souvent au hasard, en bandes de camarades fraîchement adoubés. A une époque de très forte natalité, surtout en Flandre et en Normandie, les cadets sont obligés de partir à la chasse du bel héritage ou du beau fief à conquérir. S'il n'y a point de guerre où leur agressivité puisse se donner libre cours, pour ne pas retourner au logis où le père tient bon le fief, il ne leur reste plus, tel Arnaud d'Ardres, qu'à se couvrir de gloire dans les tournois. Là peuvent en effet se rencontrer les héritières et les nombreux concurrents en une sorte de marché du mariage où les nobles femmes sont moins nombreuses que les hommes puisque beaucoup de chevaliers ne sont point aristocrates. Aussi le tournoi est-il une sorte d'école de guerre et de séduction à la fois, le dernier examen de passage pour entrer dans la noblesse et le mariage.

Pratiquée depuis l'époque carolingienne, cette espèce de grande manœuvre prend une ampleur inégalée aux XIe et XIIe siècles. Un grand champ, des terres cultivées, des vignes et même parfois les rues d'un village servent de champ de bataille là où deux bandes rivales se sont donné rendez-vous. La veille, et même la nuit, on fourbit les armures, on fixe sangles et étriers, on essaie les heaumes. Au matin, une fois les limites fixées derrière lesquelles la poursuite est interdite, on commence par s'échauffer avec quelques duels individuels, puis c'est la mêlée où chacun cogne comme un bûcheron pour désarçonner et assommer l'adversaire. A la fin d'un combat, les compagnons de Guillaume le Maréchal le cherchèrent longtemps. Ils finirent par le trouver chez un forgeron, la tête sur l'enclume, à moitié étouffé par son heaume complètement cabossé. L'artisan parvint enfin, à grands coups de marteau, à force de tenailles et de pinces, à casser les soudures des plaques et à le délivrer. Les vaincus, eux, perdaient leurs chevaux et leur armement et, s'ils étaient faits prisonniers, payaient rançon. Alors le vainqueur pouvait récompenser ses compagnons et ses écuyers pour faire bombance. Puis quelques règles apparurent, les lices furent plus petites, une tribune fut édifiée où vinrent assister au spectacle seigneurs et nobles dames. Mais l'acharnement au combat ne fit qu'empirer, car les femmes encourageaient les plus beaux coups. Telles des bandes de lemmings en surnombre ou des vols de criquets surnuméraires, les chevaliers se massacraient dans une joie débordante et sans aucune méchanceté, comme pour éliminer un surcroît de vitalité. Au tournoi de Neuss, près de Cologne, en 1240, il y eut, en une seule journée, soixante morts. Nous constatons une fois de plus l'extraordinaire sauvagerie de cette éducation à la violence si ancienne, si indéracinable qu'elle en est réduite à s'inventer des guerres d'un jour comme soupape de sécurité. Selon la vie de Guillaume le Maréchal, on annonçait au moins un tournoi tous les quinze jours. Aussi l'Eglise tenta-t-elle, vainement d'ailleurs, d'interdire ces bains de sang au concile de Clermont en 1130, au troisième concile du Latran en 1179. Le pli était pris et aucune fête ou foire ne put se dérouler sans tournoi. Les ordonnances royales qui voulaient éviter la perte d'aussi brillants soldats répétèrent encore plus inutilement les interdictions à partir de 1280.

Lorsque le mauvais temps retenait les jeunes au château, ils formaient naturellement le public qui écoutait les conteurs et les jongleurs. Arnaud d'Ardres se faisait raconter par son parent Gauthier de l'Ecluse l'épopée de Gormont et Isembart, la légende de Tristan et Iseut et la geste des anciens seigneurs du château. Le jeune s'identifiait alors au héros de la littérature épique et romanesque qui se développait de plus en plus et jouait un rôle éducatif notamment sur le plan sentimental. Certes, les romans de « la matière de Bretagne », les prophéties de Merlin, qui font revivre le roi Arthur, ou l'amour tragique de Tristan et Iseut n'étaient guère susceptibles d'adoucir le cœur de ces ours à deux pieds. L'amour y est toujours lié à la mort. La passion y apparaît invincible, subite et irrépressible. On ne peut rien faire pour l'arrêter. Mais peu à peu, à partir de 1150, des romans apparaissent qui reflètent plus ou moins l'influence d'Ovide, le « Roman d'Alexandre », le « Roman de Thèbes », le « Roman d'Eneas » ou le « Roman de Troie ». A chaque fois, l'analyse psychologique de l'amour s'approfondit.

En même temps se développe, venu du Midi aquitain, le lyrisme occitan des troubadours. Créées à la fin du XIe siècle par Guillaume IX, les chansons courtoises apportent une nouvelle conception de l'amour et surtout une description plus fine de l'amour masculin. La dame aimée y est peinte comme supérieure, inaccessible et pourvue de tous les dons. Les poètes chantent la joie de vivre et la perspective de jouir des baisers de l'amante… Mais il suffit de lire le meilleur de ces troubadours, Bernard de Ventadour, pour s'apercevoir que ce sont les femmes mûres toujours mariées qu'il aime. Il n'en prononce jamais le nom, mais il est clair qu'elles appartiennent à un autre qu'elles n'aiment point. C'est pourquoi un itinéraire de longue attente, de soins multiples, de menus cadeaux, va constituer la trame de ce qu'un autre poète appelle « l'amour de loin ». L'amour courtois est nécessairement adultère, de même que celui de Tristan et Iseut, mariée au roi Marc, oncle du jeune chevalier.

Le roman celtique cherche à prôner fidélité, noblesse des gestes dans le service du seigneur comme dans le service d'amour, sans trouble, dans la mesure et jusqu'au bout de la passion. Chrétien de Troyes cependant est parvenu à cet amour sauvage comme dans *Erec et Enide*. La chanson courtoise, en revanche, recommande de pratiquer envers la dame une véritable vassalité à base d'humilité, de réserve et de secret. Comme pour Tristan et Iseut, séparés par une épée, l'interdit augmente l'excitation amoureuse sur laquelle la jalousie envers le mari jette un piment supplémentaire. Ainsi Cercamon, Marcabru, Bertrand de Born présentent aux jeunes privés de femmes une érotique païenne sous la forme d'un trio : mari, femme mariée, jeune servant en courtoisie. C'est une première tentative d'apprivoisement de la passion sauvage d'amour. La dame, pièce centrale d'un jeu social complexe, est, comme aux échecs, l'objet des manœuvres des chevaliers. Tandis que le roi entretient les désirs des fous, l'amour de la dame inspire « joi et jovens », disponibilité et allégresse, chez l'aimé. Dans ce jeu délicat, l'épouse est à la fois l'appât serré de près par le mari, et la femme qui entretient la joie de l'amant par un regard, un baiser, ou finit même par se donner à lui en l'enveloppant de son manteau. Stratégie dangereuse où la femme, divinisée, est finalement un objet, le chevalier un pion. Mais il n'empêche que l'amour courtois n'est pas une technique de séduction.

Quelles que soient les arrière-pensées intéressées de ces joueurs, il y a là une découverte et une mise en pratique du respect envers la femme. Comme le rappelle Henri Irénée Marrou, nos troubadours n'ont pas eu besoin de lire Freud pour découvrir ces règles d'or : « En amour, ne jamais demander plus que n'en veut accorder l'aimée. » « Il n'y a nul plaisir à ce qu'on prend malgré Elle. » « L'amant vrai ne souhaite rien recevoir que de l'amour de l'amante. » Ces préceptes, tirés du *De amore* d'André Le Chapelain sont révélateurs d'une nouvelle éducation sentimentale. Le chevalier découvre qu'à l'instar du renard du Petit Prince, il faut savoir attendre pour apprivoiser l'être aimé. Ainsi l'amour n'est plus lié à la mort. Il devient l'espoir d'absolu au lieu d'être pure destruction. Cet amour d'adolescent perpétuel est au fond le premier émoi de celui qui ferme les yeux pour rêver de sa belle, brisant ainsi le cercle de la fatalité, de l'attachement charnel et païen. L'amour courtois était un premier dégrossissement du guerrier.

Mais, lorsque cette nouvelle pédagogie amoureuse parvint, à partir de 1150, dans les cours du Nord, il fallut bien constater qu'elle n'était pas plus chrétienne que l'*Art d'aimer* d'Ovide. Folquet de Marseille, un troubadour converti devenu évêque de Toulouse, faisait pénitence au pain et à l'eau chaque fois qu'il entendait une chanson d'amour courtois. Matfre Ermangau eut beau essayer de le christianiser dans son *Breviari d'Amor*, en l'ancrant dans l'amour divin, il échoua. Les doctrines de l'amour étaient d'autant plus discutées et diverses que le naturalisme du XIIe siècle célébrait la joie du corps à la manière des Goliards. Le débat pour ou contre une christianisation ou non de l'amour charnel apparut d'abord chez les intellectuels, pour se propager ensuite dans les milieux nobiliaires des cours.

En posant cette question, le drame exemplaire d'Héloïse et d'Abélard marqua la mentalité occidentale, et médiévale en particulier, puisque Jean de Meung et Villon y font allusion. Nul n'ignore comment le plus célèbre logicien du XIIe siècle tomba amoureux de sa jeune et brillante élève, Héloïse, âgée de dix-sept ans. Après qu'il l'eut cyniquement séduite, ils devinrent follement amoureux l'un de l'autre et furent obligés de se marier en 1119. Mais, par souci de sa carrière, Abélard préféra un mariage secret. L'oncle d'Héloïse, persuadé qu'il était joué, se vengea en le faisant mutiler. Le déshonneur était tel, cette fois, que Pierre Abélard se fit moine et imposa à Héloïse de prendre le voile aussi. Or, après plus de dix ans de séparation, Héloïse écrit à Abélard du fond de son couvent des lettres d'un amour déchirant où elle se plaint que les souvenirs des plaisirs de leur amour l'empêchent de prier, même à la messe. Lettrée, elle a pris à son compte toute la doctrine sur le vrai philosophe qu'Abélard lui a enseignée, celle de l'amour pur et totalement désintéressé pour le héros. Victime sans s'en rendre compte d'une morale cicéronienne et stoïcienne, insistant sur l'absolu désintéressement à l'intérieur du couple, elle a accepté le mariage, puis le voile, pour expier les fautes du héros. Quant à Abélard, s'apercevant des ravages de sa propre conception du couple qui pousse l'un des conjoints à se sacrifier à l'autre, quelle que fût la volonté d'Héloïse, il essaya vainement de lui faire accepter sa condition monastique. Il lui proposa une conception chrétienne et non plus volontariste de l'amour. Mais Héloïse préféra se taire, fidèle à son idéal héroïque de constance. Ce couple extraordinaire frappa les contemporains au point que, même à la fin du XIIIe siècle, Jean de Meung disait d'Héloïse : « Onques puis fust nul telle fame » (Jamais depuis ne fut aucune femme semblable). Ils avaient posé ainsi d'une manière unique en son genre, par leur tragédie, le conflit qui naît de la substitution de l'amour humain à l'amour divin.

Exemplaires mais non imitables, Héloïse et Abélard n'eurent donc guère d'imitateurs. Les cris de passion de la nonne par amour eurent d'ailleurs plus de retentissement que l'appel à l'humilité et à l'acceptation de l'amour de Dieu. Seul, peut-être, Chrétien de Troyes sut concilier amour charnel et amour spirituel. Mais il est bien isolé. En effet, tandis que décline au cours du XIIIe siècle l'influence de l'amour courtois, jongleurs et jongleresses propagent dans les cours et même dans les villes, chez les bourgeois, un idéal de joie de vivre qui n'a cure des raffinements du « fin amors ». Sauteurs, tombeurs, musiciens et taboureurs mènent la danse sur les places et jusque dans les églises, au grand désespoir des moralistes.

Le soir, dans les hautes salles des châteaux, une fois les tables enlevées, on danse au son de la vielle et de la rote, puis on écoute le trouvère ou le ménestrel privé du maître du lieu. Et chacun d'ouïr *Aucassin et Nicolette*, moquerie perfide des clichés courtois qui décrivaient la dame parfaite. A côté des pieds nus de Nicolette, les fleurs paraissent noires ! Par pitié pour un pèlerin malade, la brave pucelle lève sa cotte et lui montre sa jambe. A cette vue, le pèlerin est aussitôt guéri ! Enfin, le « fin amors » devient un art du cocufiage. Le *Roman de Flamenca*, écrit en 1234, présente le parfait chevalier du temps comme un jeune homme qui a suffisamment appris les sept arts pour ouvrir une école, mais possède un maître d'escrime, Dominique. Sportif, il est capable de moucher avec son pied une chandelle fixée plus haut que lui sur un mur. Pour jouir de sa belle sans éveiller la jalousie du mari, il se déguise en clerc et communique avec elle à l'église, par le biais du lectionnaire. Ce mélange d'impiété et d'attentes savamment calculées obtenait enfin le résultat escompté, à la grande satisfaction d'un auditoire ravi de voir ridiculisés, avec le mari, les clercs, éternels rivaux des nobles auprès des femmes.

Il ne reste plus de l'amour courtois repoussé qu'une seule idée : l'amour ne peut pas coïncider avec le mariage chrétien. A partir de la fin du XIIIe siècle, la littérature divertissante ou didactique enseigne de plus en plus un amour charnel et cynique, loin des romans de chevalerie et des amours « de loin ». Déjà, Chrétien de Troyes avait réalisé, autour de 1176, une traduction de l'*Art d'aimer* d'Ovide. Mais celle que fit Jacques d'Amiens eut énormément d'influence. Il traduisit, un peu avant 1230, d'abord les deux premiers Livres, destinés aux hommes, puis le troisième, « les remèdes d'Amour », après 1268. Il s'élève contre une doctrine du mariage, contrat indissoluble où l'homme et la femme sont égaux juridiquement. Il vise ici les Mendiants, de la même manière que Rutebœuf dans le poème sur son mariage. Adam de la Halle, un autre clerc, dénonce lui aussi les misères du mariage dans *le Jeu de la Feuillée*. Bref, chez les clercs séculiers, dégoûtés du lien conjugal, tout autant que chez les nobles mariés d'office, se développe une violente misogynie qui contraste avec la réhabilitation de la femme opérée par les théologiens. La traduction de l'*Art d'aimer* vient donc à point pour renforcer ce sentiment et accentuer la crise du mariage. Pour justifier son enseignement joyeux et le rendre inoffensif, Jacques d'Amiens classe froidement l'*Art d'aimer* parmi les sciences, à savoir immédiatement après l'astronomie ! Cette moralisation d'Ovide, devenu ainsi « scientifique » malgré lui, permet de traiter le texte comme un enseignement philosophique. Notre traducteur glose alors savamment les vers, y ajoutant proverbes moraux faciles à retenir et explications mythologiques. L'*Art d'aimer* devint alors un véritable traité scolastique.

J'ai déjà signalé cette crise de la fin du XIIIe siècle et l'on aura remarqué que, lors de la condamnation de 1277, le *De amore* d'André Le Chapelain a été déclaré hérétique. Le lecteur aura noté aussi le retour au moralisme antique et carolingien de Vincent de Beauvais. *L'Art d'Amours*, plus habile que le naturalisme de Jean de Meung ou la misogynie de Mahieu, propose un véritable moralisme antimatrimonial. « Les natures des femmes sont telles qu'il leur plaist trop à tenir un homme en leur destroit et si avient aucune fois que quand elles voient sages et honnestes, si se doubtent trop d'eulx et pour ce les refusent. » La femme étant bizarre et dominatrice, il faut donc la conquérir par mille ruses. « Femme de sa propre nature est convoiteuse. » « Nul ne doit adiouster fiance aux sermons que les amans font, pour ce que de coustume, ils se pariurent volentiers. » « Toute la fin principale à quoy femmes tendent, soit par escriptures ou autrement, si est pour décevoir ceulx qu'elles ont en leur las. »

Ce portrait de la femme qui ment pour mieux plumer, tromper et utiliser l'homme aboutit à présenter, là encore, l'amour comme un jeu purement charnel, une stratégie machiavélique où chacun des deux protagonistes doit être expert. Voilà pourquoi, dit Jacques d'Amiens, ma traduction est profitable aussi bien aux jouvenceaux qu'aux jouvencelles. L'abondance des manuscrits et des éditions de son ouvrage dès le XIIIe siècle, prouve qu'il fut écouté. Certes, le développement d'une longue ascèse sexuelle, provoquée par le mariage tardif des nobles à trente ans avec des jeunes filles de dix-huit, a été mal supporté. Elle explique ce choc en retour, cette dépréciation de la femme mariée et cet épicurisme à fleur de peau. Mais, de toute façon, l'éducation sentimentale qui était apparue avec les troubadours recule et disparaît devant l'apprentissage du plaisir.

Ce passage insensible de l'amour pur et fou à la jouissance désabusée est la preuve que l'éloge du mariage d'amour par Pierre Lombard avait marqué les esprits. Le cynisme de la fin du XIIIe siècle était au fond une réaction contre un idéal que la conscience avait accepté. Or, justement, l'un des plus grands succès de l'éducation médiévale fut l'approfondissement et l'intériorisation de la conscience individuelle. L'œuvre pédagogique des clercs du XIIe siècle fut ici capitale, en particulier dans les milieux nobiliaires. Pierre Abélard, une fois de plus, en fut l'initiateur. Dans son « Ethique » ou « Connais-toi toi-même », il distingue en logicien généreux le vice du péché. L'un est une inclination au mal, l'autre une absence. Le bien est dans l'intention du vouloir qui produit l'acte. Ainsi, il n'y a faute qu'à condition que notre consentement ait été volontaire. Il déniait ainsi toute valeur morale aux « pénitentiels », ces catalogues de crimes et d'infractions aux lois qui punissaient uniquement les délits commis. En montrant que la contrition efface le péché par l'acceptation de l'amour divin, il obligeait chacun à s'interroger sur la motivation de ses actes. Au lieu de recevoir de l'extérieur, passivement, une loi terrible, le pénitent est invité à trouver en lui les causes de son comportement et l'appel du Christ qui pardonne. De coupable, il devient un malade, tandis que le confesseur, de bourreau, se transforme en médecin des âmes. Il faut en effet guider cette intériorisation de la conscience. Comment instruire les fidèles dans la connaissance du mal et les raffinements de l'analyse psychologique ? Deux moyens furent utilisés, la confession et la littérature didactique, qu'elle soit technique ou romanesque.

Au cours du XIe siècle, le sacrement de pénitence est de plus en plus pratiqué. Autrefois rare et dramatique, la confession a maintenant lieu pour les clercs chaque samedi en cas de péché grave, pour les laïcs, à Noël, Pâques et Pentecôte. Les prêtres, qui ne peuvent sans cesse avoir sous la main les gros volumes des *Sentences* de Pierre Lombard ou du « Décret » de Gratien, disposent bientôt de « Sommes de péchés », petits manuels sur l'art d'écouter les pénitents. Ils se multiplient jusqu'au concile de Trente. Alain de Lille fut le premier qui amorça le grand tournant et rendit périmés les « Pénitentiels » carolingiens, toujours utilisés malgré les condamnations.

Vers 1180, lorsqu'il enseigna la théologie à de jeunes nobles de Montpellier, il rédigea un manuel original. Le confesseur y est présenté comme le docteur de la vie spirituelle dans les deux sens du mot « docteur ». Il accueille agréablement le malade et établit un diagnostic à l'aide d'un interrogatoire détaillé. « Qui a agi ? Qu'a-t-il fait ? Avec quels moyens ? Pourquoi ? Où ? Quand ? De quelle manière ? » Les techniques conjointes de la rhétorique et de la médecine, enseignées dans les écoles voisines, ont influencé ici nettement Alain de Lille. Puis il conseille au confesseur de faire choisir une nouvelle direction de vie et de proposer une pénitence satisfactoire afin d'éviter la récidive. Il insiste tout particulièrement sur son refus des tarifs automatiques et son désir de faire de la pénitence une vertu qui évite de réitérer la faute. Ainsi, au lieu d'étudier les torts causés à une société par un individu, Alain de Lille crée un nouveau type de confession qui cherche à faire la lumière sur le comportement de l'âme. Qu'ai-je fait ? Quelle est ma responsabilité ? A partir de ce moment, les maîtres théologiens et prédicateurs insistent sans cesse sur le libre consentement dans le mariage et la vie morale. Ils contribuent ainsi, par cette maturation de la responsabilité et du sens moral, à l'éducation de l'autonomie personnelle.

L'idée fut bien accueillie et la littérature romanesque prit le relais. Chrétien de Troyes écrivit à la même époque qu'Alain de Lille, vers 1180-1190, *le Conte del Graal* ou *Perceval le Gallois*, à la demande du comte Philippe d'Alsace. Ce véritable itinéraire spirituel résuma pour beaucoup de chevaliers cet enseignement qui cherchait à modeler le cœur et la conscience. Le jeune valet Perceval cherche à se perfectionner pour devenir chevalier. Tout dévoué à la poursuite de sa gloire, comme Héloïse à celle de son époux, il se laisse emporter par ses impressions charnelles et matérialistes. Il méconnaît le sens des préceptes de sa mère, qui lui a dit de protéger les dames et de fréquenter les églises. Au fur et à mesure qu'il avance dans la perfection mondaine du chevalier, il s'enfonce dans le culte de soi et se trouve incapable d'aider le « Roi pêcheur » malade ou de découvrir que la fonction du Graal est de porter l'hostie. Refusant d'entrer en lui-même, victime d'une conscience extérieure, il ne s'aperçoit pas des malheurs qu'il crée sur son chemin et se précipite de plus en plus dans les exploits chevaleresques. Mais, lorsqu'il est devenu parfait chevalier, alors la joie le quitte. Sa gloire est vide, ses amours sont tuées. Dans cet obscurcissement, la rencontre d'un ermite et l'écoute du récit de la Passion lui ouvrent les yeux et le rendent capable de se mettre sous la dépendance d'un Autre. Il se rend compte alors que son ignorance de Dieu lui a permis de reporter toute la gloire sur lui-même lorsqu'il protégeait les faibles. Et l'ermite lui donne alors, en pénitence de son péché, les deux préceptes de sa mère : service des hommes et service de Dieu. L'intériorisation de la conscience le mène à la découverte de la dépendance envers autrui. La pénitence est instruction de la vraie vie.

Cette découverte, d'une grande richesse sur le plan psychologique, influença considérablement le monde nobiliaire et bourgeois par les multiples versions qui en furent tirées. De plus, la prédication des Mendiants généralisa ces thèmes. Ils facilitèrent en effet la confession, parce qu'ils n'étaient que des moines de passage. Hommes et femmes préféraient leur avouer leurs fautes plutôt qu'au curé de la paroisse ou du bourg qui connaissait trop bien ses ouailles. Le franciscain qui accompagnait les hommes d'armes était toujours là pour les entendre avant la bataille quand l'écho des romans de chevalerie résonnait encore dans leur mémoire. Les récits de Joinville montrent bien comment

Louis IX et les chevaliers de sa génération furent modelés par une spiritualité individuelle. Ils ont tous un sens aigu de leurs responsabilités, même si leur courage est encore des plus débridés.

Effectivement, depuis Alain de Lille, les manuels de confession se sont multipliés. En 1220-1221, un dominicain catalan, saint Raymond de Penafort, a écrit la *Summa de casibus penitentiae*, la Somme des cas de confession. Nous avons déjà vu ce qu'était un « cas » chez les Décrétistes, l'équivalent de la « question » disputée chez les théologiens. Comme un bon juriste, Raymond divise son livre en trois : les péchés contre Dieu, les péchés contre le prochain, pénitence et rémission. Il résume et clarifie tous ses prédécesseurs. Enfin, innovation importante, il ajouta un quatrième livre sur le mariage, et des rubriques sur l'interdiction des tournois, du duel judiciaire, etc. Une fois de plus, éducation du cœur, du corps et de la conscience sont impliquées dans ce travail. Pour aider le pénitent dans la recherche de sa responsabilité, on lui propose toute une série de cas analogues ou proches. L'influence du droit universitaire est ici évidente. La loi excusait par exemple le vol, en cas de nécessité absolue, chez celui qui était menacé de mourir de faim. La rigueur du langage juridique permettait donc d'affiner l'analyse et de préciser le degré de licéité d'un acte. Ainsi débuta la science des cas, ou casuistique, bien loin de toutes les perversions dont Pascal l'accusera plus tard.

Cet enseignement se généralise donc dans les *studia* des Mendiants et devint indispensable pour l'exercice du ministère des prêtres. Vers 1290, un dominicain, Jean de Fribourg, y ajouta l'apport de la théologie. Son énorme « Somme des confesseurs » inclut en plus toute une doctrine sur la propriété et ses implications économiques. Le monde du travail, rural, artisanal et marchand était à son tour invité à s'interroger sur ses rapports avec autrui dans ces relations ambiguës que crée l'argent ! Vu le nombre de cas cités, il lui fallut résumer son gros ouvrage en un manuel élémentaire et pratique, le *Confessionale*, à l'usage des confesseurs. Il eut un succès considérable. On peut dire qu'un lieu pédagogique nouveau est désormais fondamental pour l'évolution de la mentalité occidentale, celui où un prêtre reçoit un homme à genoux, récitant le *Confiteor*, puis assis pour faire son examen de conscience, et le renvoie après son aveu, absous et chargé de sa pénitence.

Est-ce à dire pour autant que ces intellectuels qui sont intervenus pour christianiser la violence physique du chevalier, apprendre que l'amour n'est pas la possession de l'autre et intérioriser la conscience ont réussi ? Certainement pas, car les tournois continuent, l'éducation sentimentale et le mariage sont ridiculisés, l'approfondissement du sens de la responsabilité engendre un sens critique toujours plus virulent contre les échecs de cet enseignement. Mais sous l'effet de ces recherches vers plus d'authenticité, un point fondamental a été découvert : une seule éducation est importante, celle du désir. La gloire, l'argent, les femmes ne peuvent le combler. Ces multiples pulsions ne peuvent être dressées et matées par un simple élagage. Inassouvi ou même épuisé, le désir ne se connaît pas lui-même. Reprenant le « Connais-toi toi-même » de Socrate, le Moyen Age classique y ajoute : Connais-toi par l'autre. Il lui reste à délivrer, dans ce défi éducatif qu'il a posé, la culpabilité de celui qui échoue et à démontrer aussi que le désir peut sortir sans danger de sa sauvage forêt.

L'APPRENTISSAGE DES TECHNIQUES ET DES MÉTIERS

Cependant, les maîtres universitaires, s'ils se sont intéressés aux défis posés par les nobles, n'ont guère tourné les yeux vers les bourgeois des villes qui jouent pourtant un rôle social de plus en plus considérable à partir de l'an 1000. Il fallut, comme l'a montré Jacques Le Goff, leurs pressions répétées, jointes à la louange du travail manuel par saint Bernard et les cisterciens, pour que la place des corps de métiers soit enfin reconnue et que les professions du troisième état – les travailleurs – soient prises en considération. Corporation comme une autre, l'université aurait pu s'ouvrir à l'enseignement des techniques. Elle ne fit pas de place cependant aux arts mécaniques, bien que l'enseignement des maîtres chartrains y ait vigoureusement poussé. Hugues de Saint-Victor ne fut pas suivi quand il proposa, dans son *Didascalion*, d'enseigner le travail de la laine, des armes, des bâtiments, des bateaux, de la terre, de la chasse et du théâtre. La Logique étouffa tout et nous avons vu qu'elle parvint même à exiler les belles-lettres pendant trois générations. L'invention technique ne fut donc qu'épisodique dans la recherche universitaire. La transmission des tours de mains, des méthodes de calcul et des secrets professionnels fut, par la force des choses et l'indifférence des lettrés, l'apanage des guildes et corps de métiers. Dès les origines et sur le modèle romain, l'apprentissage et l'école sont séparés. Le savoir est préféré au savoir-faire.

Pourtant, les premiers grands marchands qui se mirent à parcourir les routes européennes et les mers savaient certainement, à l'exemple des grands négociants juifs, tenir leurs comptes, lire, écrire. Où avaient-ils appris ces connaissances élémentaires ? Les notaires n'avaient certainement pas disparu dans le Midi. Devenus souvent clercs, ils continuent à exercer un métier qui leur permet de rédiger des actes de procédure civile, mais aussi des contrats de pratique commerciale. Certains durent apprendre les premiers rudiments de l'écriture, de la lecture, du calcul et du latin aux fils de négociants. Vers 1050, les règlements de la « Carité », ou guilde marchande de Saint-Omer, prouvent que l'association payait un clerc comme notaire. Il devait probablement tenir et vérifier leurs livres. De même, en Méditerranée, dès le début du XIIe siècle, chaque bateau comportait un écrivain du bord, qualifié de *notarius* et souvent clerc. Cette pratique générale dans l'Europe explique que le terme de clerc ait fini par désigner un employé aux écritures (clerk en anglais), sens qu'il n'a gardé en français que dans l'expression « clerc de notaire ».

Une autre solution consistait, pour un marchand, à envoyer son fils suivre dans une école monastique le cycle des sept arts. Mais comme on le sait déjà, cette solution s'avéra rapidement impossible avec la fermeture sur l'extérieur de ces foyers de culture, dès le début du XIIe siècle. La pratique s'en perpétua cependant plus longtemps, nous l'avons vu, en Lotharingie et en Flandre. Mais elle avait parfois des conséquences imprévues. Vers 1150-1160, un marchand de Huy confia aux moines de Villers-en-Brabant son fils, « afin de s'y rendre capable de tenir note des opérations commerciales et des dettes de son père ». Or, lorsqu'il parvint à l'âge du choix, vers quinze ans, l'enfant s'était pris de passion pour les belles-lettres et préféra se faire moine. Une élémentaire prudence ne pouvait qu'inciter les hommes d'argent à négliger ces établissements où, de plus, on enseignait le mépris du profit et l'interdiction du prêt à intérêt. Une troisième solution s'imposa, mais elle ne fut praticable que par les plus riches : le préceptorat privé à domicile. Au fur et à mesure, cependant, que croissaient en nombre marchands et artisans, et tout particulièrement en Flandre, ce palliatif s'avéra à son tour insuffisant. Nous y avons remarqué l'importance des écoles de collégiales. Elles sont dues aux initiatives des comtes de Flandre qui, au cours du XIe siècle, divisèrent leur territoire en circonscriptions appelées « châtellenies », avec un châtelain, sorte de fonctionnaire gardant le château comtal. A côté s'ouvrit rapidement un marché, parfois même une foire. Le comte venait résider dans le donjon et fondait souvent un chapitre canonial : Saint-Donatien à Bruges, Sainte-Pharaïlde à Gand, Saint-Winnoc à Bergues, Saint-Pierre à Lille, Saint-Amé à Douai et Saint-Omer dans la ville du même nom. Dans chacune de ces collégiales s'ouvrit une école accessible aussi bien aux futurs notaires du comte qu'aux futurs marchands.

Or voici qu'au début du XIe siècle un incendie ravage Sainte-Pharaïlde, l'église, l'école et ses archives. De riches bourgeois ouvrirent alors des écoles, tandis que le chapitre voisin de Saint-Pierre, qui prétendait octroyer la licence à toutes les paroisses, en créait d'autres et voulait fermer celles des marchands. Les chanoines de Sainte-Pharaïlde se tournèrent vers le comte, ceux de Saint-Pierre vers le pape pour faire cesser les leçons « que l'insolence des laïcs s'était enhardie à organiser ». Pourquoi les avaient-ils ouvertes ? Parce qu'ils avaient besoin d'un enseignement strictement utilitaire – écriture, lecture, calcul et rudiments de latin – pour leurs enfants. Le reste du programme classique ne les intéressait pas. Pour la première fois, le problème de l'enseignement professionnel était posé.

En 1179, Alexandre III trancha en faveur de Sainte-Pharaïlde, mais le comte Philippe d'Alsace intervint pour faire accorder au chanoine Simon, qui était en même temps son notaire comtal, le droit de décerner la licence d'enseignement, soit dans le château, soit dans la ville. Il légalisait ainsi les écoles des bourgeois. En 1191, ils obtinrent même la liberté totale d'ouvrir une école. En 1235, la nomination des maîtres revint au chapitre, mais celle du *magister scolarum* devait être acceptée par le comte, qui, évidemment, prenait avis des bourgeois avant de donner son accord. Bientôt, le système fut généralisé dans toutes les villes flamandes.

Henri Pirenne a décrit les deux types d'écoles laïques. Les grandes étaient ouvertes avec l'autorisation du chapitre. Les petites n'avaient besoin d'aucune permission, à condition de ne pas dépasser, après la lecture et l'écriture, l'enseignement des *Distiques* de Caton. Ainsi, commerçants et artisans, commis et notaires purent se multiplier grâce à cette formation scolaire accélérée. Ils apprenaient surtout à rédiger des lettres missives, lettres de foires, billets à ordre et bientôt lettres de change, à partir du début du XIVe siècle. Dès les années 1250, on y enseigna même le français. C'est à ce moment-là que furent traduits les *Distiques* de Caton.

Les futurs marchands s'imprégnèrent à leur tour du même pessimisme moralisant qui avait déteint sur les vieux Romains :

Se riche es, paiz si ta bouche
Que d'averté n'aies reproche
de ta richesse n'est nus biens
Si tu comme povres te tiens.

Une même culture de base imprégnait, par ces proverbes, tous les bourgeois. Ainsi, ce nouvel enseignement laïc, qui se développa hors de Flandre dans les grandes villes commerçantes, en particulier par les petites écoles qui eurent beaucoup de succès, aboutissait au triomphe de la langue vulgaire et à une séparation d'avec le système clérical. Puis l'étendue des relations lointaines poussa nécessairement à l'étude des lettres étrangères. Déjà, de grands négociants, comme Marco Polo et Brunet Latin, avaient éprouvé le besoin d'écrire en français « parce que la parleure en est plus délitable et plus commune à toutes gens ». A Bruges apparaissent alors de nombreux glossaires et guides de conversation français-flamand et flamand-français. Lorsque les relations économiques et religieuses se multiplièrent avec l'Orient byzantin et palestinien, il fallut bien que marchands et pèlerins connussent quelques mots de la langue grecque parlée. Ainsi dans un manuscrit d'Avranches, du XIe siècle, se trouve cette série de phrases : *Da mihi panem* (donne-moi du pain), *Dos me psomi, Da mihi piscem et caseum et carne et faba et poma* (donne-moi un poisson, du fromage, de la viande, des fèves, des fruits), etc. Un peu plus tard, au XIe siècle, ces guides songent aux croisés : *Ti aquis to ape to vasilio romeco ?* (Quoi de neuf chez l'empereur byzantin ?) *Francis calom* (il est gentil avec les Francs). *Ti calo docem ? Pola lacotina que armata.* (Que leur donne-t-il de bon ? Beaucoup d'argent et d'armes.)

Outre ces manuels de conversation, furent mis au point des guides de pèlerinage décrivant les itinéraires. Aux alentours de 1139 fut rédigé le Guide du pèlerin de Saint-Jacques-de-Compostelle qui décrit les différentes routes françaises, puis les conditions de traversée du Pays basque. A ce propos, l'auteur donne quelques appréciations peu flatteuses sur ces sauvages dont le langage est pareil à des aboiements de chiens. Pour éviter au pèlerin de fâcheuses mésaventures, il donne une quinzaine de mots basques avec leur traduction : « Le pain, orgui, le vin, ardum, la viande, aragui, le poisson, araigu, la maison, échéa, Saint-Jacques, Jaona domni Jacue. » C'est le plus vieux témoin de la langue basque. Cet échantillon est réduit au strict nécessaire : manger et trouver sa route. Les ancêtres du Baedeker étaient donc très simples. Ils ne pouvaient pas servir à apprendre les langues étrangères et les interprètes devaient assurer pour les marchands ou les pèlerins l'essentiel des traductions. Cependant, certains grands marchands du XIIIe siècle parlèrent des langues étrangères. Nous ne connaissons pas d'ouvrages de cette époque donnant aux grands négociants des renseignements sur les prix et les conditions du commerce dans les grandes places européennes.

Les associations de marchands furent bientôt imitées par les corps de métiers qui s'organisent dès la fin du XIe siècle et au cours du XIIe. Arras, Rouen et Paris voient apparaître les premiers. A Toulouse, les corroyeurs ont leurs statuts dès 1158, les teinturiers à Montpellier en 1181. Bientôt leur nombre se multiplie. Ils sont reconnus par les autorités publiques et religieuses et, grâce à ces textes réglementaires, nous pouvons mieux comprendre comment se fait l'apprentissage. Les statuts des « Cent un métiers parisiens », mis par écrit en 1260 à Paris, sur l'ordre du prévôt Étienne Boileau, sont particulièrement intéressants et révélateurs. Deux points reviennent sans cesse : l'entrée dans le métier et les conditions de l'apprentissage. Chaque corporation ayant tendance par nature au monopole, le fils du propriétaire de l'étal ou de la boutique est toujours privilégié. A lui iront par préférence les enseignements de son père, afin qu'il prenne la succession. Les exclusions de tout apprentissage sont fréquentes : les bâtards, les usuriers, les hommes vivants en concubinage ne peuvent y prétendre. La discipline du corps juré, comme à l'Université, jouait un rôle éducatif, afin de créer une solidarité complète. Le serment exigé de tous, y compris des apprentis, permettait de regrouper les individus et d'appliquer la réglementation et de résoudre les problèmes posés par les affaires collectives. Si l'on prend le cas de Paris, il y avait deux types d'apprentis, les privés, membres de la famille, et les étrangers. Par malthusianisme, un seul apprenti étranger était autorisé par atelier. Quelquefois ils étaient deux, lorsque la femme exerçait le métier, comme par exemple chez les laceurs ou les merciers... parce que le couple était compté pour deux maîtres. Seuls les haubergiers, les archiers, les barilliers et les imagiers avaient droit à plusieurs apprentis étrangers.

Leur condition était beaucoup plus dure que celle des fils de maître. Ils étaient en effet soumis à deux exigences fondamentales : le temps d'apprentissage et le prix à payer pour être admis. Nulle part, fort curieusement, l'âge d'entrée en apprentissage n'est précisé. En revanche, il est stipulé que la durée de l'apprentissage n'est qu'un minimum et que le maître peut la prolonger à volonté. Elle variait selon les métiers, à partir de deux ans pour les cuisiniers jusqu'à dix ans pour les orfèvres et douze pour les « patenotriers » de corail et de coquilles. Pour les premiers frais d'entretien du jeune apprenti, les parents versaient au patron une somme fixe pour chaque métier : en général vingt sous, plus cinq sous à la confrérie, quand elle existait. Si les parents étaient trop pauvres, ils pouvaient échelonner le paiement, par exemple six deniers par jour pendant la première année chez les charpentiers. Cette somme de six deniers devait équivaloir à la dépense journalière que faisait le maître pour la nourriture, le vêtement et le logement du garçon. Dans d'autres cas, la durée de l'apprentissage était allongée. Chez les serruriers, elle passait de sept à huit ans. Les fabricants de tapis sarrasins allaient même jusqu'à dix ans au lieu de huit. Toutes ces conditions étaient expliquées et débattues devant l'intéressé, les parents, le maître et un ou deux jurés et parfois d'autres confrères. Une fois les stipulations acceptées, chacun jurait d'accepter et d'appliquer le contrat. La convention était en général orale mais déjà certains métiers la faisaient coucher par écrit, tels les cuisiniers ou les fileresses de soie. Enfin les jurés avaient vérifié au préalable que le maître était capable, professionnellement et humainement, de prendre un apprenti. Il fallait éviter que l'enfant ne perde son temps et les parents leur argent. De plus, il était obligatoire qu'il y ait toujours un valet dans la boutique pour surveiller l'apprenti quand le maître était sorti.

Malgré l'excès de documentation sur les structures juridiques de l'apprentissage et l'absence de détails sur le contenu même de l'enseignement du maître, il paraît évident que le patron en tirait un travail gratuit pour plusieurs années, surtout s'il prenait bien soin de l'enfant et ne lui donnait pas motif à s'enfuir. Curieusement, les statuts prévoient en effet à plusieurs reprises cette éventualité, l'« envoisure ». Le phénomène devait être très courant, car la tolérance est grande envers ces fugues intitulées « foloure », « joliveté ». Chez les couteliers, il est précisé que l'apprenti sera expulsé à la troisième escapade, car s'il s'enfuit pendant un ou deux mois, il oublie tout ce qu'il a appris, ce qui cause un grand dommage au maître. Les drapiers de soie, eux, ne le bannissaient qu'au bout d'un an et un jour d'absence ! Cette longanimité était due à une conception que nous avons déjà rencontrée à l'Université : le maître est responsable du comportement du jeune sous son autorité. Si la fuite était définitive, il ne pouvait engager, dans certains métiers, un nouvel apprenti qu'à l'échéance du terme fixé par le contrat. Les tisserands allaient même jusqu'à accepter de recevoir, en présence du maître du métier, les plaintes de l'apprenti contre son patron. Si la plainte se révélait justifiée, le maître admonestait son confrère. Sur une deuxième plainte, il retirait l'enfant de l'atelier et l'engageait chez un autre.

Lorsque enfin arrivait la fin de l'apprentissage, les deux contractants, l'employeur et l'employé, se présentaient devant les prud'hommes du métier et affirmaient, par serment, l'exécution complète du temps fixé par le contrat. Ainsi libéré, le jeune homme ne pouvait devenir maître qu'après avoir travaillé seul à son compte pendant un an. Il devenait alors maître et pouvait prendre un apprenti. La cérémonie était d'ailleurs bien précisée chez les talemeliers et boulangers. Le premier dimanche de janvier, le nouveau arrivait à la maison du maître de métier, devant laquelle se tenaient tous les confrères. Le maître du métier donnait alors au nouveau maître un bâton, avec quatre coches, attestant que son apprentissage était fini et un pot de terre contenant des noix et des oublies. Le nouveau lui rendait le pot qu'il brisait contre le mur de la maison. Tous entraient alors dans le logis pour participer au même feu et au même vin, puis au repas offert par le nouveau maître. Ces rites de convivialité soudaient la corporation qui communiait ainsi dans la reconnaissance des mêmes compétences. Au spectacle de ces rites de passages, le parallèle avec le corps universitaire s'impose évidemment.

Le dernier examen, devenu plus tard célèbre, le « chef-d'œuvre », n'est que très rarement attesté au XIIIe siècle. Un seul cas, toujours à Paris, est bien connu. Les chapuiseurs de selles et d'arçons précisent : « Si li aprentis set faire un chief d'oevre tout sus, ses mestres puet prendre un autre aprentiz : pour la reson de ce que quand un aprentis set faire son chief d'oevre, il est resons qu'il se tiegne au mestier et soit en l'ouvroir et est resons que on l'oneurt et deporte plus que celui qui ne le set faire ; si que ses mestres ne mie en la vile quere son pain et son vin aussi come un garçon ; et par cele reson puet li mestre prendre un autre aprentiz, si tost que cil set faire son chief d'oevre. » Mais nous n'en savons pas plus, tant sur la nature que sur les conditions selon lesquelles avait lieu ce travail exceptionnel. Nous ignorons même le statut des valets. Sont-ils encore en apprentissage, bien qu'ils soient payés, ou déjà autonomes, bien qu'ils ne soient point maîtres ? Ils étaient engagés à la semaine, au mois ou à la demi-année en place de Grève, près de l'Hôtel de Ville, à la journée place de l'Aigle, près de la porte Saint-Antoine. A la fin du XIIIe siècle, la majeure partie des corps de métiers est autonome. Mieux que l'Université, ils se dirigent eux-mêmes, sans aucune tutelle religieuse ou politique. Les confréries s'occupent, grâce à leur caisse commune, d'élever et d'éduquer les enfants des confrères devenus orphelins ou pauvres. Les selliers parisiens vont même jusqu'à favoriser l'apprentissage gratuit en autorisant, outre ceux qui sont étrangers, la présence d'un apprenti « gratuit pour Dieu » chez chaque maître.

Les secrets de tous ces enseignements ont été bien gardés puisque personne n'éprouve le besoin de rédiger un « Art du forgeron » ou un « Art du charpentier ». La pratique devait d'ailleurs être beaucoup plus importante que la théorie, sauf peut-être en certains métiers. Qui apprenait par exemple aux maçons à tailler les pierres, les clavaux, les colonnes nécessaires à l'édification des cathédrales ? Au cours du cycle du *quadrivium*, géométrie et mathématiques pouvaient déboucher sur un enseignement scientifique et technique, surtout après l'arrivée des chiffres arabes. Effectivement, les recherches de Robert Grosseteste et de son disciple Roger Bacon permirent de découvrir le retard du calendrier julien par rapport à la course (non encore apparente selon les connaissances de l'époque) du soleil, mais ils ne furent pas écoutés. Le plus grand inventeur du Moyen Age est probablement Pierre de Maricourt, qui, aux dires de Roger Bacon, a acquis grâce à ses expériences la compréhension des choses naturelles, médicales et chimiques. Ses lettres sur la pierre magnétique, écrites en 1269, prouvent qu'il a su combiner à la fois la théorie et la pratique, « les mathématiques… et le travail manuel ». Mais, au demeurant, il fut surtout un génial autodidacte. Personne ne lui avait appris à découvrir.

Cette coupure entre la théorie universitaire et la technique quotidienne se remarque encore mieux chez l'ingénieur et l'architecte. Le terme d'*ingeniator* désigne en effet un technicien capable de faire construire, réparer et fonctionner des engins de guerre, ballistes, trébuchets, tours roulantes, etc. L'*Heptateuque* de Thierry de Chartres et le *quadrivium* pouvaient peut-être se révéler utiles comme base de départ à ces constructeurs de machines. Mais il leur fallait trouver eux-mêmes les voies de la technique, à partir du Traité de Vegèce sur l'art militaire dont douze manuscrits du XIIIe siècle attestent la vogue. De même pour l'architecture, le rôle de la curiosité personnelle était capital. Les grands maîtres d'œuvre étaient extrêmement respectés et admirés. Ils avaient même le droit de se faire enterrer avec leur femme dans la cathédrale dont ils étaient les créateurs. Voici l'épitaphe de Pierre de Montreuil : « Ci-gît Pierre de Montreuil, fleur parfaite des bonnes mœurs, en son vivant docteur ès pierres ; que le Roi des cieux le conduise aux hauteurs des pôles. »

Cette prétention au statut intellectuel et cette invention d'un titre universitaire qu'il s'attribue prouvent combien les préjugés des savants théoriciens refoulaient vers le bas de la hiérarchie un « mécanique » prétentieux. Pourtant, le métier d'architecte n'avait rien de manuel. Que faisait-il, en effet, lorsque après contrat signé il arrivait sur un chantier ? Il rassemblait maçons, tailleurs de pierre et parliers. Ces derniers, auxquels il parlait, transmettaient « les patrons », surveillaient et faisaient contrôler l'application de ses indications de dimensions et de ses ordres. Chacun se formait donc sur le tas et utilisait avec lui l'équerre à trente-six degrés et le compas. Le maître d'œuvre traçait, sur des toiles en grandeur nature, schémas et plans, ainsi que les profils des outils. Les charpentiers en tiraient des maquettes en bois et l'architecte n'avait plus qu'à se retirer, tout n'étant plus qu'une affaire de réalisation. Puis, en allant lui-même de chantier en chantier, il s'instruisait toujours plus et modifiait sa technique au fur et à mesure qu'il prenait note de ce qu'il voyait.

Un seul carnet de notes d'un architecte du Moyen Age a été conservé, celui de Villard de Honnecourt. Né près de Cambrai, vers 1200, il travailla à l'abbaye de Vaucelles à partir de 1225, admira la cathédrale de Cambrai qui sortait alors de terre, puis celle de Reims dont il étudia les passages, les escaliers et les fenêtres, dessina les bœufs sculptés sur les tours de Laon, interpréta personnellement la grande rosace de Chartres dans un croquis original, puis fut invité en Hongrie. De retour de ce voyage, au cours duquel il dut construire plusieurs églises, il travailla à la collégiale de Saint-Quentin et, vers 1250, transforma son carnet de notes en « livre de chantier » à l'usage de ses collègues et élèves. Ce livre servit effectivement de manuel pendant au moins deux générations. Plusieurs déductions peuvent être tirées de l'examen de ces dessins. Un goût pour l'invention technique et les machines s'y révèle nettement. Une scie hydraulique voisine avec un mécanisme d'horlogerie : « Par ce moyen, on peut faire qu'un ange tienne toujours son doigt tourné vers le soleil. » Effectivement, une statue de ce genre exista à Chartres jusqu'en 1836. Plus bas se trouve un aigle, bourré de poulies et de courroies, à la tête dressée : « Par ce moyen on peut faire tourner la tête de l'aigle vers le diacre pendant la lecture de l'Evangile. »

Ingénieur, Villard construisait aussi des trébuchets et des ponts. Il décrit même un ingénieux mécanisme pour recéper des pilotis sous l'eau. Nombre de ces dessins ont dû lui être suggérés par la lecture du *Traité de l'Architecte* de Vitruve. Il utilise ses conseils pour montrer les canons et les proportions des constructions en pierre des animaux et des hommes. Il tire pour chaque représentation le tracé géométrique qui l'ordonne intérieurement. Vitruve disait : « La longueur de la face est déterminée de la manière suivante : un tiers est la distance du dessous du menton au dessous des narines. Le second tiers va du dessous des narines à une ligne passant entre les deux sourcils. Le troisième tiers va des sourcils à la racine des cheveux et comprend le front. » Effectivement, Villard a dessiné sur une page deux têtes s'inscrivant, selon ces proportions, l'une dans un rectangle, l'autre dans un cercle ; deux autres, l'une de cheval, l'autre d'homme, intégrées chacune dans un triangle. Une étoile à cinq branches forme de même l'ossature interne d'un chef barbu et d'un aigle. Il s'agissait de modèles proposés aux élèves pour leur apprendre à projeter en perspective, sur un mur pour une fresque, sur la pierre pour une statue, sur le verre pour un vitrail, les personnages à représenter. Selon l'expression de Villard, c'était une « méthode du trait pour dessiner la figure, ainsi que l'art de la géométrie l'enseigne, pour facilement travailler ».

La science de Villard de Honnecourt vient donc en grande partie d'une parfaite possession des *Eléments* d'Euclide, ainsi que des conséquences techniques et pratiques des théorèmes euclidiens. Ainsi peut-il montrer avec un compas « comment calculer le diamètre d'une colonne que l'on ne voit pas entièrement » (ce que nous appelons une colonne engagée). Ou bien comment, par un simple jeu de triangles, faire « un pont de bois sur une eau de vingt pieds de long », « tracer un cloître avec ses galeries et son préau », « prendre la largeur d'une eau sans la passer », calculer par trigonométrie la hauteur d'une tour et enfin, avec une simple corde, bâtir une voussure parfaite. Il semble même que

Villard ait été aussi expert en géométrie dans l'espace, d'après certains de ses tracés. La hardiesse de ces bâtisseurs est assez étonnante. N'oublions pas en effet qu'il fallut attendre 1889, avec la tour Eiffel, pour que les cent quarante-huit mètres de la cathédrale de Strasbourg fussent dépassés ! Or cette géométrie théorique nous paraît simple. Mais il est encore plus étonnant que ces hardiesses architecturales soient, là encore, le résultat d'une recherche d'autodidactes. On comprend maintenant mieux pourquoi ces techniques ne s'enseignaient que sur les chantiers par le biais de la parole ou de ces dessins. Ils n'intéressaient point les universitaires qui avaient hérité du même préjugé que celui des Romains et des Grecs : la science doit permettre de découvrir la clé du mystère de la connaissance et non la domination du monde. Deux enseignements se développent parallèlement, l'un cultivant l'esprit, l'autre armant la main. La géométrie ne débouche pas naturellement sur l'architecture. Il faut que des hommes de la technique remontent à la théorie pour la rendre immédiatement rentable.

Malgré l'admiration portée par les hommes du Moyen Age envers ces maîtres des arts mécaniques, la coupure demeure entre une science enseignée qui se prétend supérieure parce qu'elle est en même temps sagesse et une pratique technique qui se sent méprisée alors qu'elle est connaissance de la réalité physique. Les grands responsables de cette dichotomie dommageable pour l'enseignement sont très probablement les philosophes antiques, pour qui seul comptait l'*homo sapiens*. L'*homo faber* ne pouvait inventer que des jouets. Les penseurs du Moyen Age changèrent légèrement ce point de vue en considérant que l'innovation technologique était utile. Mais, comme elle n'amenait pas au Bien suprême, ils ne la mirent point au premier rang et ne la classèrent point parmi les doctrines à enseigner. Dans le *Confessionale* de

Jean de Fribourg, où sont classés les péchés par catégories professionnelles, viennent en tête ceux des clercs, puis nous trouvons au cinquième rang les juges, au septième les médecins, au dixième les gens mariés, au onzième les marchands et les bourgeois, au douzième enfin, les artisans et les gens mécaniques. Au dernier rang, paysans et travailleurs. Une fois de plus, nous vérifions l'aspect élitiste de l'enseignement médiéval. Le classement enfin est révélateur de la hiérarchie des impératifs éducatifs : la Foi, le Droit, la Médecine (les trois facultés supérieures), l'amour conjugal et les techniques commerciales et machinistes. Les marchands sont parvenus à créer leurs propres écoles, mais les autres métiers restent confinés dans l'apprentissage sur le tas, ou bien de père en fils. L'enseignement ne structure ainsi la société qu'imparfaitement, en partant du haut de l'échelle sociale. Il nous reste donc à voir quelle éducation pouvaient recevoir ceux qui constituaient la majorité de la population, les foules rurales et urbaines, c'est-à-dire les analphabètes.

L'éducation des foules, par l'œil et l'oreille

Abandonnons le monde de l'écriture pour celui de la tradition orale et cherchons comment, dans les églises et sur les places publiques, un ensemble d'enseignements chrétiens et de divertissements profanes instruit les mentalités du temps. La vie paroissiale et les loisirs fournissent en effet une culture qui diffuse les idéaux cléricaux et nobiliaires en les atténuant. Ils sont aussi les deux moyens grâce auxquels est lancée une formation d'esprit bourgeois. Le maître d'œuvre de l'église, le prêtre, le prédicateur, le jongleur, s'adressent à un public de fidèles ou de spectateurs qui s'imbibe d'une nébuleuse de connaissances que certains voudraient appeler populaires ou folkloriques. Ces connaissances sont en réalité beaucoup trop jeunes pour être aussi nettement caractérisées. La forte crédulité et l'aspect magique qui les marquent sont aussi partagés par les autres couches sociales. La seule véritable nouveauté qui apparaît, l'esprit laïc, est due en grande partie à l'autonomie culturelle urbaine. Encore faut-il nuancer en précisant bien que cet esprit laïc est toujours intégralement chrétien.

Le premier instructeur du peuple est tout simplement le sculpteur, le peintre à fresques ou le verrier. Les images qui abondent dans les églises romanes et gothiques créent en effet un ensemble de représentations et de tableaux qui attirent l'attention et appellent l'explication. Le magnifique cycle des fresques de Saint-Savin-sur-Gartempe est une véritable Histoire sainte qui pouvait être commentée à satiété tout au long, de même qu'une lecture pouvait être mise en correspondance avec la peinture qui décrivait la même scène. La Bible pouvait être imagée de manière fort simple. Lorsque la sculpture réapparut à partir de l'an 1000 à Saint-Genis-des-Fontaines et qu'elle se développa sur les tympans, les piliers et les chapiteaux, un autre mode d'instruction devint possible par le symbole. Toutes les grandes scènes des Christs triomphants de Vézelay ou de l'Apocalypse comme à Moissac pouvaient s'interpréter d'elles-mêmes. Mais il n'en était pas de même quand, sur un chapiteau, était représenté un monstre à grandes dents dévorant un homme ou bien un moulin à bras servi par deux anges. L'aspect frappant ou mystérieux de ces figures formait un monde de signifiants dont le mystère devait être percé. Le signifié était souvent plus facile à découvrir qu'aujourd'hui par des fidèles en étroit contact avec la nature et grâce aux récits oraux, contes, fables, proverbes, grâce aux traditions relatives aux propriétés des pierres, des arbres ou des animaux véhiculées par les bestiaires ou les lapidaires. Le monstre avaleur était vite identifié avec le diable dévorant le mauvais riche (Saint-Sernin de Toulouse), l'avare ou la femme luxurieuse. Le moulin était mis en rapport avec le pressoir mystique, symbole de la Croix chez le second Isaïe. Le symbole (primitivement : objet cassé en deux) permettait donc, par le rapprochement d'un figuré surprenant et d'un sens éclairant, que jaillisse la lumière. Par définition, il donne accès au mystère.

Les constructeurs des églises romanes, en utilisant les archétypes les plus fondamentaux, allaient même très loin dans l'enseignement d'un savoir et d'une sagesse profonde. Pour des bergers accoutumés à regarder tourner la nuit les étoiles autour d'un point fixe, chaque coupole d'une église était, vue de l'intérieur, la représentation du monde comme une demi-sphère. Elle ne prenait tout son sens que parce qu'elle était fondée sur l'autel du Christ qui se trouvait en dessous. Tout cloître était un microcosme sacré ordonné par quatre avenues de l'espace se rencontrant en un point : un puits, un arbre, une colonne. Le symbolisme de la montagne signifié par la tour-clocher entourée par la masse de ses chapelles absidiales suggérait aussi l'arche de Noé, arrêtée sur un sommet, le Sinaï. L'échelle de Jacob était le chemin vers Dieu. L'eau, le feu, l'arbre, le jardin, la source étaient utilisés tour à tour pour exprimer la purification, le Salut, le Paradis, le baptême. Les archétypes de l'inconscient collectif étaient repris avec un rare bonheur pour enseigner l'indicible et l'ineffable. Parfaitement illogique, toujours à l'affût de « correspondances » qui auraient ravi Baudelaire, le symbolisme roman s'adresse aux profondeurs de l'être humain. Sa valeur pédagogique était d'autant plus prégnante que l'homme de l'époque était enraciné dans la nature cosmique. Pour lui, cultiver un jardin avait de multiples sens et il n'avait pas attendu Jung pour le savoir.

Cependant, cette sagesse ne tarda pas à se muer en savoir sous l'influence de la science exégétique et de l'allégorie, première forme d'une pensée spéculative. L'enseignement commence à déteindre sur le symbole roman à partir de la première moitié du XIe siècle. L'explication ne s'impose plus d'elle-même. Il faut la suggérer et l'enseigner. Le pied de croix de Saint-Omer en est un bel exemple. Les évangélistes, avec leurs symboles respectifs, composent leurs livres sous l'inspiration de quatre vivants, quatre inspirés vétéro-testamentaires. Ils soutiennent le monde représenté par un hémisphère d'après la conception ptolémaïque, car la terre est une galette plate, couverte par la coupole du ciel. L'ensemble porte un pilier, dans lequel s'encastrait la Croix, l'Arbre du Salut. Et l'on remarquera dans le chapiteau du haut les quatre éléments, l'eau, le feu, l'air et la terre, cette dernière représentée comme une nourrice aux gros seins s'appuyant sur une bêche. Sur le pilier, les émaux sont ornés de scènes de l'Ancien Testament préfiguratrices du sacrifice du Sauveur. Comme on le voit, l'exégèse typologique, due aux Pères de l'Eglise, fait son intrusion dans le symbolisme. Elle nécessite une certaine culture religieuse et son sens n'est plus directement perçu. Il était donc nécessaire que ces subtiles préfigurations soient expliquées oralement.

Le deuxième âge roman, en poursuivant dans sa recherche de l'expression du mystère des représentations toujours plus fouillées, insista, avec saint Bernard, sur le refus des sculptures étranges, issues du vieux fond païen celtique, et sur le désir d'une architecture aux lignes épurées. Or les thèmes iconographiques, en s'imprégnant de la mystique et de l'allégorie, se coupaient finalement du peuple. Seul le vitrail, mis en honneur par les architectes de l'art ogival, pouvait proposer de nouveaux tableaux aux foules. Emile Mâle a dit avec excès que la cathédrale était une Bible historiée et imagée. Entendons-nous bien. Les grandes verrières sont souvent bien trop hautes pour pouvoir être vues et lues. La preuve en est que les corps de métiers, lorsqu'ils en offraient une, se disputaient pour obtenir la place la plus basse, juste au-dessus d'une travée ou bien dans une chapelle de bas-côté. Les scènes narratives (vies de saints ou de la Vierge) sont plus faciles à comprendre. La vie quotidienne y fait son apparition. Si le symbolisme demeure, il est d'essence biblique, comme l'Arbre de Jessé par exemple, ou allégorique, tels les sept arts représentés à Laon.

Mais là n'est point l'essentiel de l'enseignement des cathédrales gothiques. Chefs-d'œuvre rationnels, directement inspirés par l'Université, elles veulent concrétiser la théorie de la lumière de Robert Grosseteste. La constante tension vers le haut permet d'évider les murs et de faire pénétrer les rayons du soleil à flots. Le meilleur moment pour saisir l'intention didactique du maître d'œuvre est de pénétrer dans une cathédrale au matin, lorsque les verrières de l'abside, tournées vers le soleil levant, sont illuminées de pinceaux multicolores. Ils crèvent l'ombre et convergent sur l'autel. Que monte, si une messe est alors célébrée, l'encens de la prière vers les voûtes, et ces faibles volutes sont comme prises et informées, au sens thomiste du terme, en des colonnes de louanges qui s'élèvent dans la lumière. Ce double mouvement de descente de la clarté et d'ascension des parfums de la terre concrétisait ainsi la rencontre de Dieu et de l'homme. L'intellect géométrique cherchait ainsi à faire saisir par l'œil les réalités invisibles, loin de toute représentation matérielle. L'église romane est un livre d'images ouvert à toute heure ; la cathédrale gothique un écran qui s'anime à l'aurore sous les projecteurs de ses verrières et de ses rosaces.

Donc, les pierres enseignent. Et le prêtre ? Une impression très mitigée se dégage des instructions des évêques à leurs curés. La réforme grégorienne a rendu exigeants les fidèles et le corps épiscopal. Aussi, quand le prêtre n'est pas à la hauteur, écoute-t-on le premier prédicateur venu qui dénonce ses fautes ou son incompétence. Des moines en rupture de cloître ou des laïcs de retour de la deuxième croisade prêchèrent alors les idées cathares aux populations. Pendant plus de soixante ans, le Midi languedocien fut sans réaction devant l'enseignement hérétique, toléré et même protégé. Peu après 1145, saint Bernard voulut prêcher la population de Lavaur en la réunissant sur la place de la petite ville. Mais les habitants des maisons voisines firent un tel tintamarre, à coups de poings et de casseroles sur les portes, qu'il ne put se faire entendre. Dans les évêchés de Carcassonne, Toulouse et Narbonne, le catharisme fut librement enseigné par les Parfaits, jusqu'en 1203. Se présentant en remplaçants du clergé, anciens, diacres et évêques cathares surent, par leur vie austère et leur pauvreté, transmettre toute une série de recettes sur la vie quotidienne et la bonne mort. Les rares ouvrages de catéchèse cathare qui subsistent ne sont que des versets bibliques sélectionnés et reliés entre eux par une logique imperturbable. Ces ouvrages polémiques étaient d'un niveau littéraire et philosophique complètement nul, mais justement leur simplisme en faisait des instruments de propagande habile.

De même, le valdéisme se développa grâce à un fond d'ignorance populaire. Pierre Valdo avait obtenu en 1180 l'autorisation de prêcher, avec une communauté de laïcs, sur le thème de la pauvreté. Ignorant le latin, il s'était fait traduire les Evangiles et le Psautier. Les

Vaudois, par leur anticléricalisme simpliste, finirent par tomber dans l'hérésie en un conflit classique entre conception intellectuelle et conception populaire de la foi. La lutte finit par tourner autour d'un unique problème : un laïc peut-il prêcher ? Innocent III trancha la question en réservant la prédication aux évêques, aux prêtres et aux abbés ayant charge d'âmes. Mais de même qu'il autorisa dominicains et franciscains à prêcher les hérétiques, il autorisa aussi certains laïcs, comme les « Pauvres Catholiques » de Durand de Huesca, à se regrouper en un tiers ordre de célibataires. A partir de 1212, ils créèrent une espèce d'institut séculier où l'on instruisait les frères de la foi et des erreurs cathares. Ils furent des prédicateurs efficaces, mais les succès des Mendiants les firent disparaître à la fin du siècle.

L'hérésie posait donc une interrogation fondamentale : pourquoi le peuple n'avait-il pas été instruit directement de la Bible par son clergé ? La papauté et l'épiscopat, échaudés par l'expérience vaudoise, finirent par en interdire la lecture aux laïcs, sauf l'exception citée. Seuls furent autorisés le Psautier et le Missel en latin. L'instruction du peuple revenait donc aux Mineurs et aux Prêcheurs, ou bien au prêtre du lieu. Le rôle des sermons fut alors considérable. Les cisterciens d'abord, avec Césaire de Heisterbach, puis les dominicains avec Jacques de Vitry et les franciscains sous la plume d'Etienne de Bourbon, préparèrent de véritables recueils de modèles pour la prédication. L'œuvre de ce dernier s'intitule : *Traité des diverses matières à prêcher*. Un autre recueil anonyme franciscain s'appelle le *Livre des exemples, à l'usage des prédicateurs*. Ces ouvrages contenaient en effet des centaines d'exemples. Ces historiettes étaient parfois classées sous la rubrique du péché à dénoncer ou par ordre alphabétique. Bientôt, sous l'influence de Vincent de Beauvais, les recueils furent munis d'un index avec renvois. Ainsi le prédicateur pouvait-il choisir un ou deux exemples pour illustrer le sermon et l'adapter directement à son auditoire. Le succès des Mendiants vint en grande partie de l'aspect coloré, direct et concret de leur parole, à la fois facilement mémorisable et de haut niveau théologique.

Pouvait-on en demander autant aux curés de campagne ? Les synodes locaux, où l'évêque réunissait son clergé, tentèrent d'élever le niveau intellectuel des desservants. Chaque prêtre devait prendre une copie des décisions et en apprendre par cœur le texte afin de pouvoir en rendre compte à son évêque. Mais, à voir, par exemple, les statuts du diocèse d'Angers répéter la même injonction chaque année à satiété, il faut bien en conclure que cette règle n'était point appliquée. Certains exhibaient l'exemplaire d'un collègue ou celui qui datait déjà d'une vingtaine d'années.

L'inlassable répétition de certaines prescriptions révèle en effet l'énorme différence de niveau qui séparait les séculiers des réguliers. Un prêtre n'a pas le droit de porter les armes, mais la tonsure. Combien font le coup de poing avec leurs ouailles ! Eudes Rigaud, dans son Journal de tournées à travers l'archevêché de Rouen, se plaint de la faiblesse des connaissances des prêtres en latin à chaque examen. Voici par exemple ce que réclame au XIIIe siècle l'évêque de Clermont : « Comme on commet beaucoup d'abus dans ces ordinations, nous ordonnons que tous les candidats se présentent le mercredi des quatre-temps (les trois jours de jeûne des quatre saisons de l'année) aux archidiacres pour que ceux-ci fassent enquête tant sur leur vie que sur leurs mœurs et sur leur science, s'ils chantent, s'ils lisent, s'ils parlent latin. » L'évêque de Rodez, lui, se plaignait qu'on lui présentât à la cléricature des enfants illettrés. Ce niveau minimum était exigé de chaque prêtre, car il était indispensable pour la liturgie et la prédication, mais aussi pour diriger l'école du village. En 1305, Guillaume de Mâcon, évêque d'Amiens, se plaignait ainsi à ses doyens : « En visitant votre diocèse, nous avons trouvé en divers lieux des enfants et des jeunes gens que leurs pères auraient voulu faire initier à la doctrine scolaire, pour que, tôt ou tard, ils puissent être admis aux ordres sacrés, Dieu aidant… Et pourtant, quoique leurs enfants soient doués… nous les avons trouvés, par la faute des maîtres, complètement ignorants dans l'art de la grammaire. » L'école presbytérale était donc viciée à la base par la nullité du recteur du village. Ainsi, dans ce cas précis, l'évêque décida-t-il d'examiner lui-même chaque prêtre pour lui accorder ou non le droit d'enseigner dans son propre ressort paroissial. Si en revanche le niveau intellectuel du curé est à peu près convenable, alors éclate, à travers les textes diocésains, une autre antienne, cette fois-ci contre le prédicateur intrus. Certes, il peut s'agir d'un hérétique, mais, la plupart du temps, le curé ne veut pas entendre parler des Mendiants qui ont toujours plus de succès que lui. Son prône fait évidemment piètre figure face à leurs envolées enflammées. Ainsi, les évêques précisent que seuls les Mineurs et les Prêcheurs ont l'autorisation diocésaine de prendre la parole et surtout de confesser. Ils interdisent de les diffamer en les accusant de révéler les péchés qui leur ont été avoués. Dans le Midi languedocien, l'hostilité est encore plus nette. Etienne Capendu, évêque de Carcassonne, interdit, en 1277, aux Mendiants d'administrer les sacrements dans son diocèse et de prêcher. Dans les ressorts épiscopaux voisins, ils doivent fournir aux curés la liste des gens qu'ils ont confessés. Bref, comme on le constate, le sermon et la confession étaient les deux moyens fondamentaux de l'enseignement religieux et les Mendiants avaient su les rendre parfaitement efficaces.

Le curé ne pouvait cependant pas être dépossédé de la formation de base. Maintenant que le baptême par infusion d'eau sur la tête du bébé est généralisé, le prêtre interroge les parrain et marraine (scrutin, examen). Il procède ensuite à l'acte sacramentel avec la formule rituelle précédée du prénom de l'enfant. Il doit d'ailleurs apprendre à tous ses paroissiens à baptiser en cas d'urgence, car les fidèles étaient particulièrement sensibles au risque de damnation d'un bébé mort sans baptême. Les statuts de Dax et de Bordeaux précisent que si le laïc ignore le latin, il doit dire : « Petre (ou un autre nom) jot babtizi en nom deu Paire et deu filh et deu Saint-Esprit. » de même, le prêtre présentait à l'évêque les jeunes à confirmer lors de sa visite pastorale. La confirmation se développa à partir de la fin du XIIIe siècle avec l'imposition des mains et le geste du soufflet destiné à mémoriser l'importance de la cérémonie. Le geste fut emprunté aux actes de plantation de bornes d'un champ. On y giflait toujours un jeune enfant, pour que, devenu vieillard et appelé en témoignage, il pût affirmer se souvenir et du lieu et de la claque imméritée. Le curé avait aussi à enquêter pour les mariages afin d'interdire les unions consanguines. Il tenait la liste des excommuniés pour, après leur mort, éviter de les enterrer dans le cimetière du village. Enfin, il devait apprendre par cœur à ses ouailles le « Je crois en Dieu », le « Notre-Père » et le « Je vous salue Marie ». Au total, un enseignement d'autorité qui était à base de sacramentalisation, mais non de pastorale.

Les statuts insistent sur la présence des fidèles aux offices le dimanche et les jours de fêtes. La liturgie, en effet, continue à jouer le principal rôle formateur. De nouvelles fêtes apparaissent au XIIe siècle : les Saints-Innocents (28 décembre) qui avaient un extraordinaire succès populaire à cause surtout de la « fête des fous » toujours vainement interdite, l'invention de la Sainte-Croix (3 mai), la Saint-Laurent (10 août), la Saint-Michel (29 septembre), la fête des Morts (2 novembre), la Saint-Martin (11 novembre) et la Saint-Nicolas (6 décembre), fête, nous l'avons vu, des écoliers. La solennité de l'Immaculée Conception (8 décembre) se développe aussi de plus en plus sous la poussée d'une foi mystique que les théologiens, comme saint Thomas d'Aquin, n'approuvaient guère. La célébration de la messe vit même naître un culte nouveau, celui de l'Eucharistie.

En effet, la messe demeure toujours un spectacle auquel assiste passivement le fidèle. Tout se concentre sur un seul acteur, le prêtre. Au cours du XIIe siècle, il se charge du rôle de lecteur et de chantre. Disparaissent alors « sacramentaires », « lectionnaires » et « antiphonaires » pour être remplacés par un missel plénier que l'enfant de chœur transporte du côté droit de l'autel pour l'épître, vers le côté gauche pour l'Evangile et vice versa. L'autel gothique est né, longue table étroite où se trouvent, côte à côte, le livre, le pain et le vin, cachés sous le voile. L'explication de la messe est toujours donnée de manière allégorique. Yves de Chartres, Honorius d'Autun, puis Innocent II interprètent officiellement la célébration eucharistique comme une sortie d'Egypte, une Pâque, une passion du Christ, représentée par l'action du prêtre. Cet enseignement sur la messe, où entraient en jeu spéculations arithmologiques et alternance des couleurs de la chasuble, ne fut pas perçu par le fidèle, qui n'y vit que sèche spéculation intellectuelle. La messe, comme rappel et comme actualisation de la passion et non plus comme action de grâce, l'éliminait de ce spectacle mystérieux. Repoussant le symbolisme des espèces du vin et du pain, il voulut voir dans le sacrement lui-même la vie historique du Christ. Le désir de contemplation de l'eucharistie devint alors la seule participation des laïcs.

Aussi, en 1210, l'évêque de Paris, pour empêcher dès le début de la messe l'adoration du pain et du vin, ordonna-t-il de faire une élévation de l'hostie, assez haut pour qu'elle soit vue, aussitôt après la consécration. Cette vénération allait en se développant tellement que certains ne communiaient plus et sortaient de l'église immédiatement après pour aller voir une autre élévation dans une paroisse voisine. Pour satisfaire cette piété contemplative fut alors inventé l'ostensoir. La procession du Saint-Sacrement devint une coutume générale à la fin du XIIIe siècle. Créée en 1246, la Fête-Dieu rassembla en cette liturgie un faisceau de pratiques processionnelles et spectaculaires qui résume bien la piété gothique. A la grandeur du Tout-Puissant répond l'admiration muette du laïc, tandis que le prêtre est de plus en plus sacralisé. La coupure entre les deux catégories de chrétiens est accentuée par le jubé qui sépare le célébrant des assistants. La chorale se déplace vers la tribune du fond et plaque avec l'orgue ses chants, telle la messe des Anges, composée à la fin du XIIIe siècle, sur ce drame murmuré qui se joue loin là-bas, venu d'on ne sait où. La liturgie gothique est faite de grandeur distante et de splendeurs lointaines, éperdue d'admiration pour le « Beau Dieu » marmoréen, tel celui d'Amiens.

Qu'une telle tension ait pu marquer les esprits du XIIIe siècle ne fait pas de doute ; les autres formes de rites et de dévotion qui se développèrent prouvent que le christocentrisme ne satisfaisait point toutes les âmes. L'instruction religieuse du peuple se fit souvent avec des moyens plus humbles et mieux adaptés. Parmi les corporations parisiennes figurent les « patenotriers ». Ils fabriquaient des couronnes de grains alternés, les uns gros, les autres petits, permettant de réciter soixante-quinze *Pater* et soixante-quinze *Ave*. C'est l'ancêtre du chapelet. D'autres écoutaient les récits des vies de saints ou des miracles de la Vierge. Lorsque le dominicain Jacques de Voragine eut mis par écrit, vers 1255, la légende des saints, la piété populaire put se nourrir de ses leçons simples, voire simplistes diraient certains, et de son merveilleux, caractéristique de ceux qui ne peuvent séparer intellectuellement mondes visible et invisible. Les manifestations extérieures, chants, danses et jeux dramatiques, continuaient à enchanter les populations et les prêtres avaient toujours autant de difficultés à faire de leurs églises des espaces sacrés. La « fête des fous » ou celle « de l'âne » (dimanche des Rameaux) menaient en effet bon ménage avec les drames liturgiques. Nous avons vu leur naissance au cours du Xe siècle. Ils prennent de l'ampleur ensuite, qu'ils soient en latin ou en langue vulgaire.

A la fin du XIe siècle apparut en Angoumois le drame du *Sponsus*, adaptation de la parabole évangélique sur les vierges sages et les vierges folles. A Beauvais, au XIIe siècle, fut joué le « Daniel » qui chante la confiance du jeune homme en Dieu, même au fond de la fosse aux lions. Les premiers drames liturgiques avaient surtout pour caractéristique d'insister sur la Résurrection, source et promesse de joie et d'espérance. Puis, à la fin du XIIe siècle, probablement sur les objurgations épiscopales, le drame liturgique sortit de l'église pour être joué sur le parvis. Le Jeu d'Adam eut en particulier beaucoup d'influence par le rôle principal qu'il donne à Satan et à son emprise sur les premiers hommes. Divisé en trois parties, il décrit avec une grande finesse psychologique la tentation d'Adam et d'Eve, le meurtre d'Abel et l'échec des prophètes. Les leçons de ce drame éclatent à chaque instant, d'abord par le dispositif scénique, le Paradis à droite et la gueule de l'Enfer à gauche, puis par l'intervention constante des diables noirs et cornus qui s'emparent des damnés ou bien parcourent le public avant d'entrer en scène. Malgré sa morale quelque peu manichéenne, ce théâtre religieux faisait revivre avec beaucoup d'animation et de force persuasive les événements sacrés. Son rôle catéchétique était certainement beaucoup plus prégnant que dans la liturgie elle-même qu'il était censé illustrer.

Désormais jouées jusque dans les rues, ces pièces théâtrales se laïcisèrent de plus en plus, face à un public enthousiaste. Vers 1200, Jean Bodel adapte l'hagiographie à la scène avec le « Jeu de saint Nicolas ». Rutebœuf, dans *le Miracle de Théophile*, y introduit la piété mariale et présente la Vierge comme ultime victorieuse de Satan. Mais le XIIIe siècle voit surtout naître le théâtre divertissant et comique à destination des bourgeois. Arras joue ici un rôle considérable par sa confrérie, association d'écrivains professionnels appelée « Puy ». En 1265, *le Jeu de la Feuillée*, d'Adam de la Halle, est le premier exemple d'une pièce satirique destinée au pur divertissement. Désormais, un autre public apparaît, distinct de celui des églises ou des cours nobiliaires, celui de la ville. Il ne réclame pas une information uniquement didactique. Il veut qu'elle soit aussi distraction et utilise la langue vulgaire. Or l'utilisation de cette dernière est un moyen supplémentaire pour diffuser et vulgariser le savoir, même si son authenticité et sa valeur en sont quelque peu diminuées au passage. Aux non-lettrés, qui ne sont pas passés par l'Université mais savent lire, s'offre alors toute une littérature didactique. Mélangés avec les analphabètes, tous vont écouter les jongleurs.

La science transmise en vieux français véhicule en effet une série de connaissances encore valables au XIIe siècle, mais déjà parfaitement archaïques au XIIIe siècle. Si l'on prend par exemple la littérature des « Miroirs de princes », qui continue à être pratiquée comme à l'époque carolingienne, un monde sépare le *De morali Principis institutione* (De l'éducation morale du Prince) de Vincent de Beauvais, écrit vers 1260-1263, de *la Somme le Roi*, dédiée à Philippe III en 1279 par le dominicain Laurent. Autant le premier est original, insiste sur l'écrasement des misérables par les puissants et réclame le consentement du peuple à l'action du roi, autant le second dépend d'un Miroir du Monde beaucoup plus ancien. Quand Laurent utilise Vincent de Beauvais, il lui emprunte surtout ses idées sur la piété, la bonté et la foi du roi, ou encore sur l'aumône, vertus indispensables pour mener le peuple au salut. Il oublie souvent les limites imposées au pouvoir royal par l'ancien précepteur des enfants royaux. Or son livre eut énormément de succès. On en connaît plus de cent manuscrits. Un même décalage existe entre les travaux scientifiques des universitaires et les encyclopédies en langue vulgaire.

Philippe de Thaon, dans son « Bestiaire » écrit avant 1135, répète encore le fait curieux que rapportait déjà saint Augustin à propos de l'aspic. Quand ce serpent, dont la morsure est mortelle, aperçoit des enchanteurs qui veulent le prendre, il se bouche une oreille en l'appliquant contre terre et l'autre avec sa queue ! Une « Image du Monde », écrite en dialecte lorrain, à Metz, en 1247, démarque encore Honorius d'Autun : la terre est bâtie sur l'enfer. Le purgatoire se trouve quelque part en Irlande. Le firmament est un ciel de cristal. L'empyrée, couleur de pourpre, est au-delà. C'est le séjour des anges et le Paradis. la « Lumière ès lais », poème dialogué, a bien du mal à faire coïncider les connaissances d'Honorius d'Autun avec le langage philosophique, très technique, de Pierre Lombard. De même, une autre encyclopédie écrite au XIIIe siècle aussi, celle de Thomas de Cantimpré, tenta de vulgariser les opuscules de sciences physiques et naturelles d'Albert le Grand. Une fois traduite, elle eut le même succès et les mêmes inconvénients. Sous le nom de Grand et de Petit Albert, elle fut même considérée comme un livre de magie noire et blanche qu'il valait mieux critiquer. Ainsi s'amorça un décalage entre les connaissances des intellectuels et celles des lecteurs ordinaires, nobles ou bourgeois.

Tout le monde se retrouvait à égalité lorsqu'il s'agissait de s'amuser. Si les fabliaux ou *le Roman de Renart* connaissent un extraordinaire succès, qui ne se démentit jamais à partir de 1150, leur portrait de l'anti-héros n'était qu'une réponse caricaturale à une culture saturée par les récits épiques, les pairs de Charlemagne, leurs hauts faits extraordinaires, tel le grand coup d'épée qui fend le heaume, les épaules, le haubert, la ceinture et atteint même, après l'enfourchure des cuisses, le cheval ! Les chanteurs d'épopées étaient accompagnés de jongleurs qui mettaient en valeur ces récits, harpistes, joueurs de vielle et de psaltérion, trompettistes et taboureurs. D'autres se spécialisaient dans les tours de cirque, lançaient des couteaux, dansaient sur les mains, crachaient du feu en se désarticulant à la renverse et, comme dans l'Antiquité, mimaient des personnages ou entraînaient à la danse. Ils accouraient à la première fête venue, menaient les noces à un train endiablé. Ils amenaient leur auditoire à crever de rire avec leurs histoires obscènes, ou le faisaient pleurer à chaudes larmes en écoutant les malheurs du roi Arthur et les errances de Tristan et Iseut.

Dans les villages, ils étaient appréciés pour les tours qu'ils faisaient opérer à leurs chiens, à leurs singes ou à leur ours. Leur faveur était si grande qu'on les voit se présenter dans toutes les cours princières, aux tournois, dans les églises, et recevoir en remerciements robes de vair et d'hermine, ou de drap d'écarlate et de soie. A l'un un cheval, à l'autre des deniers. Leur tradition, ininterrompue depuis l'époque gallo-romaine et franque, est celle de la culture populaire de l'ébattement, de l'expression corporelle, de la joie et de la tristesse, des grands sentiments violents et passionnés, bref du vieux fond primitif où la joie de vivre n'a cure de la morale. Le traître doit finir dans les plus atroces tourments et l'innocent se relever d'injustes accusations.

Leur genre de vie bohème, tantôt misérable, tantôt insultant de richesses ostentatoires, leur liberté de mœurs affichée, leur accueil souvent sympathique aux Goliards, expliquent que l'Eglise ait, à plusieurs reprises, condamné leurs activités, en dehors évidemment de ceux qui chantaient les Vies des saints. Jean de Salisbury répétait, avec les Pères de l'Eglise, qu'il faut leur refuser la communion, car ils versent dans l'âme la mollesse par leur musique dissolvante. Leur but n'est que de plaire pour être récompensés ; certains vont même jusqu'à interrompre leur récit au moment le plus palpitant et demandent à l'auditoire de revenir le lendemain, chacun avec une pièce de monnaie, s'ils veulent entendre la suite.

Pour les clercs, jonglerie est sœur du luxe et du vice. Ils dénonçaient souvent leur malhonnêteté. Ainsi deux jongleurs, reçus à la table d'un seigneur, se jalousaient. Il était alors habituel, quand on mangeait de la viande, de jeter les os que l'on avait rongés sous son tabouret. Mais le plus méchant jeta les siens sous le siège de l'autre. Quand le tas fut assez considérable, il l'accusa devant tous d'être un goinfre, mais l'autre rétorqua que son voisin était encore plus glouton, puisque l'absence de restes autour de lui prouvait qu'il avait tout dévoré. Jacques de Vitry, dans ses exemples, cite l'anecdote du jongleur qui, mal reçu par le portier d'un monastère, l'accusa devant l'abbé de lui avoir offert un festin. Malgré ces attaques en pleine chaire, ils continuèrent cependant à être bien vus. Saint Louis les recevait souvent pendant ses repas. Les clercs oublient en effet de dire que les jongleurs enseignaient une culture rivale de la leur. Ils refusaient de voir que le rire et le jeu sont les conditions nécessaires pour qu'une éducation sociale se fasse. Cultiver l'hilarité permettait d'accepter autrui et d'évacuer l'agressivité. En refusant les condamnations cléricales, les gens du XIIIe siècle avaient senti combien le bouffon, par son miroir déformant, instruisait chacun sans en avoir l'air. La sagesse du rieur est plus profonde que la tristesse du sage.

Les autres moyens de détente, à la portée des paysans et des citadins, nous sont mal connus pour cette époque. Le sport, apanage des nobles, est peu développé. Tout au plus sait-on qu'à Paris, le jeu de paume avait une grande faveur, puisque le rôle de la taille de 1292 signale la présence de treize « paumiers » fabricants de balles. Appelé aussi « pelote » ou « bande », il consistait à frapper la balle de la main en la lançant à un équipier qui devait la relancer après un seul rebond. Aucune règle ou limite n'était fixée à ce sport qui se déroulait dans les fossés des fortifications, au Pré-aux-Clercs, etc. La « soule » (« choulle » ou « cholle » dans l'Artois et la Picardie) était un ballon en bois ou rempli de foin, que chaque équipe devait pousser à grands coups de pied dans le camp adverse. Bientôt, chaque joueur fut muni d'une crosse, sorte de bâton recourbé à son extrémité avec lequel on tapait sur la boule. Le même rôle de taille de 1292 mentionne l'existence de deux « crossetiers ». *Le Jeu de Robin et de Marion*, d'Adam de la Halle, met en scène des joueurs de soule et le folklore picard popularisa le personnage du grand « cholleur » qui trompa même le diable par sa vigueur pour frapper la balle.

L'Eglise et la place publique sont donc devenues des lieux éducatifs rivaux. L'apparition de spectacles laïcs, la montée de la langue vulgaire et la faveur envers les jongleurs ont fait de l'homme médiéval l'enjeu de deux cultures. Leur décalage n'est pas une cause de rivalité, car la barrière du latin fixe la limite des influences cléricales. Cependant, l'apparition de groupes d'intellectuels nobles et bourgeois utilisant la langue populaire a fait abandonner un langage universel : le symbole. Le spectacle devient le grand moyen d'éducation, quel qu'il soit : liturgique, théâtral ou festif. Simultanément, l'éducation du sens du sacré et de l'esprit critique a progressé. Le premier est maintenant perçu comme extérieur à la personne humaine. Le second s'exerce aux dépens des clercs, au spectacle de la faille chez eux entre les paroles et les actes, par le biais du rire et de la satire. Mais, de toutes les façons, le bilan de l'enseignement et de l'éducation du XIe au XIIIe siècle révèle un impressionnant progrès de l'écrit sur l'oral et de la pensée abstraite sur le discours narratif. L'individualisme scolaire a commencé à mordre sur la pensée sauvage, prélogique et collective, même s'il demeure encore minoritaire. En effet, nobles, bourgeois et paysans ont été atteints par les relais de l'école que furent les nombreux spectacles du temps : monologue du sermon, psychodrame de la confession, comédies laïques et tragédies liturgiques.

quatrième partie

LA CRISE DE L'ENSEIGNEMENT MÉDIÉVAL

XIVe-XVe SIÈCLE

Introduction

Lorsque, le 24 juin 1303, Philippe le Bel réunit dans les jardins du Louvre les religieux de tous ordres pour leur faire approuver la convocation d'un concile destiné à juger le pape pour hérésie, quatre-vingt-sept franciscains sur cent cinquante-cinq refusèrent d'y souscrire. Or ils étaient tous étrangers au royaume de France. La scène est révélatrice du grand ébranlement qui frappe aussi bien le royaume que l'Université. A travers l'Université, la chrétienté universaliste est écartelée par cette intervention du pouvoir laïc. A partir de l'attentat d'Anagni, le 7 septembre 1303, s'ouvre une crise de la chrétienté médiévale qui dure, s'aggrave et s'approfondit irrémédiablement jusqu'à la Réforme. En brisant la solidarité chrétienne au profit du particularisme national, le roi place l'Université dans le royaume et la fait sortir de la chrétienté. Il faut donc attendre cette date pour parler d'un enseignement et d'une éducation proprement français.

Mais, du coup, s'ouvre alors une série de ruptures dans lesquelles tout le corps enseignant et étudiant va être entraîné. Certains événements agissent comme de véritables coups de boutoir sur la conception, les fins et les moyens d'une école de plus en plus intégrée à la nation. Ce fut d'abord le séjour de la papauté en

Avignon (1303-1378) qui mit les papes sous l'influence française, puis le Grand Schisme (1378-1419) qui créa un tel désordre que l'Université crut pouvoir faire jouer son magistère pour trouver une solution, enfin la guerre de Cent Ans qui perturba gravement les populations à travers deux phases, l'une de violences (1336-1380), l'autre de guerres civiles (1405-1453) et, pardessus le tout, une situation économique catastrophique où la famine revient irrégulièrement tandis que la peste en 1348 ravage le pays, tuant trois personnes sur quatre.

Professeurs, prédicateurs, prêtres et laïcs cultivés se trouvent donc face à une mentalité collective qui a perdu le calme serein, l'optimisme créateur et l'élan dynamique de la période précédente. A l'instar de l'Eglise, divisée entre deux et même trois papes, un schisme s'installe dans les âmes et les cœurs, dans l'intelligence même des enseignants et des enseignés. Les doctrines classiques du XIIIe siècle sont désormais considérées comme anciennes et sont en butte aux nouvelles positions laïques. L'internationalisme se heurte à la naissance de l'esprit national ; l'autorité pontificale lutte vainement contre le pouvoir royal grandissant, l'esprit de réforme cherche à triompher de la mentalité de caste des universitaires, la scolastique provoque la naissance d'une attitude moderne anti-intellectualiste. Bref, tout est remis en question.

Crise ne signifie pas toujours recul, déclin et décadence. Ces notions inventées par les romantiques sont contredites par la réalité... Une crise peut être aussi la conséquence d'une expansion. Dans le cas qui nous occupe, une véritable lame de fond emporte les esprits : la diffusion de la culture. Quand on s'interroge, on veut en savoir plus. Devant le désordre qui s'installe, le gouvernement s'arc-boute pour centraliser son administration. Il a besoin de gens compétents. Aussi, lecture et écriture deviennent deux moyens indispensables de domination des passions et des hommes. Le nombre des étudiants augmente tout autant que celui des fonctionnaires. Il n'est plus possible de gouverner sans archives, ni d'acheter au loin sans correspondance d'affaires, sans mercuriales ni comptabilités à jour. La royauté française, qui lutte pour mettre sur pied des impôts levés année par année et payer une armée permanente, a besoin d'une pléiade de clercs lettrés et de juristes laïcs. Le corps épiscopal se rend compte que la culture des pasteurs est fondamentale pour équilibrer et rassurer un troupeau désemparé. L'augmentation quantitative de l'instruction permet alors de renverser le rapport entre culture intellectuelle et culture populaire. A partir de ce nouveau point de vue, la décision est maintenant prise de faire reculer la seconde au profit de la première, désormais considérée comme absolument supérieure et sans rivale.

Il est donc particulièrement difficile de mettre un peu de clarté dans tous ces conflits incohérents, où la sensibilité prend le pas sur la raison, où le cœur balaie la culture tandis que les intérêts personnels poussent certains à chanter la palinodie. Néanmoins, nous essaierons de distinguer d'abord comment la scolastique est gravement attaquée au cours de ces deux siècles, puis pourquoi l'Université se trouve tantôt en butte aux tentatives d'une espèce de pouvoir étudiant, tantôt saisie par la tentation du pouvoir politique. Nous comprendrons mieux alors pourquoi elle finit par tomber aux mains du roi, tandis que le retour à l'humanisme classique la fait délaisser puisque les collèges sont devenus le lieu le plus ouvert aux nouvelles tendances. Dans l'absence de changement profond des programmes et des institutions, domine en effet le déclin de la théologie devant le droit qui devient la discipline essentielle. Les transformations les plus importantes concernent surtout le domaine de la pédagogie enfantine et familiale, la mutation du chevalier en courtisan et l'approfondissement intérieur de la religiosité populaire. L'apparition de l'imprimerie nous fera alors sauter à pieds joints dans un monde où l'éducation gagnera en pratique et en efficacité, mais loin de l'unité médiévale qui brille de ses derniers feux dans le XVe siècle finissant.

1

Carence de l'Université

LA CONDAMNATION, en 1277, de toute tentative de synthèse n'a pas arrêté l'essor de l'enseignement théologique. Mais en permettant au sens critique de suspecter d'hérésie toute forme originale d'intégration des écrits païens, elle a poussé à la division des efforts dans la recherche théologique, au rejet de l'argument d'autorité des Anciens, à la notion de pluralité des vérités, ou le plus souvent à l'intérêt pour les doctrines empiriques de vie religieuse et à leur corrélatif : l'engouement pour la pensée mystique. L'Université passe ainsi par quatre stades successifs : une théologie classique qui s'enlise ; un nominalisme qui crée le scepticisme ; un juridisme politique enfin dont les excès provoquent le dégoût chez les partisans du bons sens et les créateurs d'une dévotion moderne rejetant la science.

LES DIVISIONS DE LA PENSÉE UNIVERSITAIRE

Saint Thomas d'Aquin avait bien dit, à la fin de sa vie, que tout ce qu'il avait écrit n'était que de la paille face à la grandeur divine et que la foi d'une vieille femme lui permettait d'en savoir autant que lui sur

Dieu. Mais ce qui n'était qu'humilité chez ce maître penseur devint un véritable dévergondage intellectuel chez les derniers grands théologiens qui illustrent la faculté la plus haute de l'université de Paris. Dès 1309, les dominicains allaient maintenir l'enseignement du Docteur Angélique parce que Duns Scott, un Ecossais qui étudia à Oxford et à Paris, après être entré chez les franciscains, avait enseigné dans la capitale de Philippe le Bel de 1302 à 1305. Malgré une courte expulsion en 1303 due à sa fidélité au pape, il y avait mis au point un système qui lui permettait d'éviter le naturalisme des averroïstes et le nominalisme.

Duns Scott reproche à Thomas d'Aquin de remonter des créatures au Créateur et de vouloir prouver ainsi la cause par les effets, ce qui, en bonne logique, n'est pas convaincant. Mieux vaut partir de Dieu, être infini dont tout intellect humain a une expérience confuse. Mais du coup, Dieu ne peut jamais être démontré par la spéculation intellectuelle. La logique est impuissante à en déduire des vérités absolues. La réflexion apporte des vérités probables et non péremptoires. Du coup, la théologie n'est plus une science, ce qui redonne sa liberté à la philosophie, même si elle ne peut que poser des hypothèses. Seule la parole divine de la Révélation peut permettre la découverte de Dieu et par conséquent la vie morale redevient première. En effet, la raison ne fait qu'orienter la foi. Elle ne mène pas nécessairement à la foi.

Guillaume d'Ockham (1290-1349), encore un Britannique et un cordelier, fut plus empirique mais aussi très polémique et même destructeur. Cet adversaire du pape Jean XXII, qui fut convoqué en Avignon sous l'accusation d'hérésie, a en effet complètement détruit la synthèse de Duns Scott. Il n'admet comme preuve logique que ce qui découle d'une évidence sensitive ou intuitive.

Il n'y a de connaissance que du singulier. Avec une pareille prémisse, toute idée ou concept général n'est qu'une invention de l'esprit, un mot sans aucune réalité. Les termes abstraits sont de purs produits de l'esprit humain. Ce nominalisme rendait inutile la métaphysique mais eut permis la connaissance scientifique concrète si les moyens intellectuels (arithmétique, preuve expérimentale) avaient existé. Mais comme ce n'était point le cas, cette réflexion critique, qui mettait en doute l'exercice de la raison sur des réalités qui n'en étaient point, en privilégiant le sensible, faisait s'écrouler comme un château de cartes toutes les synthèses antérieures et à venir. Il ne restait plus que la Révélation. Du coup, les deux types de connaissance sont séparés. Dieu est absolument libre et inconnaissable. Il n'y a plus qu'à croire d'un côté, et de l'autre à connaître le monde par nos sens. Le scepticisme philosophique engendre le fidéisme théologique. Dans cette faille entre la foi et la science va se glisser l'angoisse d'une époque. La pensée universitaire médiévale vient de procéder à un véritable hara-kiri intellectuel.

Mais comme, à cette époque, l'ockhamisme était à l'instar de la pensée d'Abélard absolument irréfutable, il se répandit très vite. Qualifiée de voie moderne, cette pensée fut enseignée à l'université de Paris dès avant 1339. Malgré des condamnations reprises sans cesse jusqu'en 1474 et 1481, elle se répandit régulièrement et, à la fin du XVe siècle, Thomas Bricot et Noël Bédier en étaient les tenants à la faculté de théologie de Paris. Ce succès fut dû au fait que, dans un premier temps, abandonnant logiquement la philosophie, les premiers partisans de Guillaume d'Ockham s'aventurèrent sur le premier terrain de recherches qu'ils avaient réouvert : la physique. Jean Buridan, deux fois recteur en 1328 et 1340, enseigna à la faculté des arts jusqu'en 1360 au moins. Il découvrit, pour expliquer le mouvement, le principe de l'*impetus*, du mouvement initial, qui permet à la force de se maintenir, mais il n'alla point jusqu'à préciser la réalité d'une inertie freinant le mouvement. Il est tout de même curieux qu'un savant qui eut la prescience de la dynamique moderne ne soit passé à la postérité que par le célèbre argument de l'âne entre deux seaux d'eau, dont on ne trouve nulle trace dans ses œuvres.

Son disciple, Albert de Saxe, recteur de Paris en 1357, fut le premier recteur de l'université de Vienne en Autriche où il fit triompher l'ockhamisme. On lui doit une théorie de la gravité tout aussi nouvelle. De même, Nicolas Oresme, un théologien qui fut maître du Collège de Navarre en 1356, et enseigna jusqu'en 1376, fut un savant remarquable. Il découvrit entre autres la loi de la chute des corps et fut le fondateur de l'économie politique avec son traité sur les monnaies.

L'ockhamisme aurait pu être tout aussi fructueux dans le deuxième domaine auquel il avait redonné son autonomie : l'exégèse biblique. Mais faute d'appliquer les décisions du concile de Vienne sur l'enseignement des langues orientales, la critique des textes scripturaires fut bloquée. Il fallut attendre le début du XVIe siècle pour que la philologie grecque et hébraïque permette de corriger les textes fautifs. Faute de quoi, chaque maître reprit à satiété les gloses carolingiennes et les textes explicatifs de Pierre le Mangeur. Devant cet échec, les dominicains revinrent au thomisme, les averroïstes réapparurent et maintinrent leur influence à Paris, tandis que les nominalistes, pour ne pas s'avouer vaincus, cherchèrent, envers et malgré la pensée de leur maître, à revenir sur le terrain de la théologie spéculative. Or ce fut pour poser des problèmes et des questions sans les rassembler en une synthèse, ce qui aurait été illogique.

Ils se demandaient par exemple si le Seigneur pouvait commander à l'homme de le haïr ou bien si Dieu aurait sauvé tous les hommes dans l'hypothèse où il se serait incarné dans un âne. On comprend que ce type de scolastique ait attiré les ricanements des humanistes. Un savoir aussi émietté ne pouvait que mener au scepticisme, à l'indifférentisme et à la lassitude. Comme les querelles entre les écoles de pensée continuaient sans cesse, la faculté de théologie de l'Université de Paris, ainsi que les autres qui s'étaient développées, n'apportèrent pas un enseignement qui répondît aux attentes. Pour la première fois de son histoire, l'Université était en train de faillir à sa mission.

Deux réactions eurent lieu cependant. L'une accentua l'esprit laïc, l'autre prôna le retour à l'action pastorale et mystique. Toutes deux ont pour origine et pour cadre l'université de Paris. Jean de Jandun avait été maître des artiens au Collège de Navarre. Ce séculier est un pur averroïste qui reprend tous les principes de Siger de Brabant assortis d'une constante affirmation de fidélité à l'Eglise. Il fit connaissance de Marsile, originaire de Padoue, maître ès arts et docteur en médecine, qui enseigna à Paris dès 1311 et fut recteur. En 1324, tous deux publièrent un livre capital, le *Defensor pacis* (le Défenseur de la paix). Ils appliquent, avec une logique de pamphlétaire, la séparation de la foi et de la raison au domaine politique et renversent complètement la doctrine de la théocratie pontificale. En liaison avec Guillaume de Nogaret et les partisans de l'Empereur, les Gibelins, ils considèrent que l'autorité pontificale et cléricale n'a aucun fondement, car l'autorité spirituelle n'est pas un pouvoir et que seul le pouvoir vient de Dieu, mais rien des apôtres.

Si les apôtres ne transmettent rien, encore moins leur successeur. Par conséquent, le pape ne peut être vicaire du Christ. Seul le pouvoir civil peut l'être. L'Etat et la société sont les seuls faits positifs dignes d'intérêt. Tout doit être soumis au pouvoir civil, y compris l'Eglise, les membres du clergé et ses biens. Ses tribunaux et le for ecclésiastique (dont jouit pourtant l'Université) n'ont aucune justification. La multitude est seule capable de voir le bien commun et de donner à un homme le pouvoir de contraindre.

Cette doctrine, fondamentalement nouvelle, qui va même jusqu'à nier la notion de nature chez Aristote, eut une influence considérable à longue échéance. Elle prépare la soumission de l'Université au prince, exalte le rôle de la multitude et de l'assemblée dans l'action politique et surtout justifie une théorie totalitaire de l'Etat, néfaste pour toute liberté de pensée. Enfin, renforcée par les attaques de Guillaume d'Ockham, après sa fuite d'Avignon, contre le magistère doctrinal de la papauté, cette idéologie laïque critique prépare les déchirements du Grand Schisme et les interventions des intellectuels dans la politique.

En somme, dès la première moitié du XIVe siècle, l'effervescence destructrice de la pensée universitaire a tout mis en place pour une crise irrémédiable. Irrémédiable en effet, parce que cette pensée détruit l'acquis précédent, met en doute la valeur même de ses découvertes, crée l'anti-intellectualisme, renonce aux privilèges qui faisaient sa force et préfère démissionner entre les mains du prince. Cette première grande trahison des clercs porte en germe tout le déroulement des événements qui, à partir de 1334, mènent à l'écrasement de l'Université. Certes, l'indignation morale devant une papauté assimilée à la Grande Prostituée explique ces théories ; mais comme elle n'était point tempérée par un enseignement de l'Histoire de l'Eglise qui aurait permis de relativiser les échecs et de mesurer les possibilités, elle arasa tout, sans distinction.

Construire était donc impossible. Maintenir tout au plus et encore ! devant ce schisme profond de l'âme médiévale entre la *via antica* (réalisme, thomisme, etc.)

et la *via moderna* (nominalisme, ockhamisme) qui se disputent âprement les chaires universitaires, Jean Le Charlier de Gerson, né en 1363 à Barby, près de Rethel dans les Ardennes, demeura un témoin attristé et lucide. Ce fils de paysans entra au Collège de Navarre à quatorze ans, fut docteur en théologie à trente ans, ce qui était exceptionnel, et devint chancelier de l'université de Paris en 1395, succédant à Pierre d'Ailly dont nous reparlerons. Loin des systèmes, il répond à la génération de la guerre civile qui réclame au ciel un signe (Math. XII, 39) et à l'Université un enseignement pour ces temps de malheurs que l'orgueil ruine la théologie. N'appliquons point, dit-il, outre mesure la logique à la métaphysique. Ni vraiment réaliste, ni vraiment nominaliste, Jean Gerson ne veut jamais séparer la sensibilité religieuse et l'intelligence de la foi.

Il revient aux victorins et à saint Bonaventure pour redonner à la théologie sa vraie place, la discipline de la foi qui apporte consolation. D'ailleurs, à la *Consolation de Philosophie* de Boèce, il oppose en 1418 sa *Consolation de Théologie*. Il rêvait d'une seule et unique école de théologie qui enseignerait les vérités fondamentales à tous les prêtres et responsables qui ont charge d'âmes. En 1408, au concile provincial de Reims, il reprend une idée émise par Guillaume Durant, évêque de Mende en 1340, et propose la création d'écoles destinées aux futurs recteurs et curés. On y enseignerait, sur le modèle du *Breviloquium* de saint Bonaventure, un ensemble de connaissances portant sur les dogmes et les mœurs. En somme, il aurait voulu une synthèse harmonieuse, une théologie dogmatique et morale non spéculative, mais fondée sur sa théologie mystique. Cette proposition de création des séminaires n'eut guère de succès. Il fallut attendre le concile de Trente pour qu'elle soit adoptée, et la date de 1622 pour que s'ouvrît en France le premier établissement digne de ce nom.

Le bon sens et l'appel à l'humilité caractérisent donc la pensée de Gerson. Il intervient hors de l'Université pour dénoncer faiblesses et incohérences d'une pensée appliquée de travers à la politique. En octobre 1405, il adresse aux conseillers politiques, à travers le roi fou Charles VI, un programme de réformes contenu dans son discours *Vivat rex*. Il fait condamner par l'Université en 1409 l'apologie du tyrannicide composée par Jean Petit pour justifier le duc de Bourgogne d'avoir fait assassiner le duc d'Orléans. Enfin, comme nous le verrons, il intervient activement dans la résolution du Grand Schisme. Homme d'action, il est aussi homme de prière et son rôle dans la mystique est capital. Comme toujours, en effet, l'échec d'une théologie engendre le retour au mysticisme. L'intelligence spéculative, en s'isolant, cède le pas à l'intelligence du cœur.

On revient donc à l'échelle de la prière et surtout à son quatrième stade, la contemplation, selon l'itinéraire tracé au XIIe siècle par les cisterciens et les chartreux. La piété laïque s'enflamme pour la mystique dès la fin du XIIIe siècle, mais l'aventure tragique de Marguerite Porète, dont le Miroir des simples âmes, écrit en langue vulgaire en 1300, fut brûlé pour avoir décrit une ascension mystique qui parut panthéiste, orienta les écrits de ce genre vers une présentation très intellectualiste. Ce fut le cas des mystiques rhénans, tel un Maître Eckhart, un dominicain qui enseigna à Paris vers 1300-1302 et 1311-1313, et de Jean Ruysbroeck, chapelain de Sainte-Gudule de Bruxelles. Chacun décrit en effet les techniques de la contemplation, la nécessité du dépouillement intérieur pour pouvoir accueillir le don de Dieu. Jusqu'en 1370, les cercles mystiques flamands et rhénans répandirent chez les âmes ferventes un désir amoureux de fusion avec le Christ ou d'identification à l'Eglise qui ne laissa pas les contemporains indifférents. Une telle expérience entre un Dieu incommensurable et un être humain limité était-elle possible ? Eckhart et Ruysbroeck voulurent scruter cette zone obscure.

Gerson se méfiait, lui, de ces élans supérieurs réservés à une élite. Il jugea sévèrement l'Ornement des noces spirituelles de Ruysbroeck, critiqua rudement les écrits de sainte Brigitte de Suède. Il conseilla à ses protégés de se fier d'abord au jugement de leur confesseur, et aux femmes de se méfier de leur exaltation et de leur imagination créatrice en ce domaine. Mieux valait étudier le cheminement de la grâce dans le cœur humain et mettre au point une méthode décelant les étapes d'avancée ou de recul dans cette communion spirituelle et les moyens qui y contribuaient. *La Montagne de Contemplation* et la *Mendicité spirituelle*, deux opuscules qui résument bien la pensée de Gerson en ce domaine, invitent l'humble fidèle à tendre la main comme un truand à Dieu. Foin des jeûnes et des veilles excessives, assez de spéculations exaltantes ! La vie mystique présuppose l'obéissance aux autorités et l'humilité sans laquelle il n'est point de savoir. Gerson favorisait ainsi l'essor d'un autre mouvement spirituel : la *devotio moderna*.

Ce mouvement, né en Hollande entre 1374 et 1384 sous l'influence de Gérard Groote, veut faire déboucher la contemplation sur la charité. Les « Frères de la vie commune » se répandirent alors dans le nord de la France. Le dernier état de la vie de prière ne s'atteint pour eux que grâce à une introspection poussée et à l'étude des meilleurs spirituels depuis Augustin et Cassien jusqu'aux auteurs contemporains. Ils font des florilèges de citations des grands priants, afin de mieux se mettre en état d'oraison. La spiritualité devient alors une discipline parfaitement autonome, séparée du savoir théologique. Pour que leur vie intérieure ne meure, ils pratiquent la charité quotidienne en copiant des livres de piété qu'ils vendent à bon marché ou bien en dirigeant des écoles où ils donnent des conférences de spiritualité.

L'ouvrage le plus achevé de cette pédagogie du mysticisme fut l'*Imitation de Jésus-Christ* écrite en 1427 par Thomas a Kempis. Il eut un succès foudroyant puisqu'on en connaît plus de sept cents manuscrits avant la première édition imprimée de la fin du XVe siècle. Il exprimait parfaitement l'esprit du siècle : « Tout homme désire naturellement le savoir (citation de la première phrase de la *Métaphysique* d'Aristote), mais la science sans la crainte de Dieu que vaut-elle ? » Tout est dit en cette dernière incise. Le ton désabusé envers la science, le lyrisme chaleureux pour la découverte de Dieu font de cet ouvrage un monument d'anti-intellectualisme et de pessimisme envers le monde.

Gerson, en soutenant la *devotio moderna* au concile de Constance, a permis le développement de ce grand courant de pensée éducateur de l'individualisme religieux et de la foi des simples. Cela était parfaitement conforme à sa pensée et à son action de prédicateur auprès des foules urbaines, dont nous reparlerons. Par son souci fondamental d'éducation du sentiment religieux, il a favorisé une pensée qui détournait de l'Université. Aussi certains lui ont-ils reproché d'être avant tout un clerc plutôt qu'un intellectuel, un homme soucieux de pastorale et un fossoyeur du travail de l'esprit. Pouvait-il en être autrement quand tous les penseurs de son temps faisaient faillite ? Gerson seul avait compris que la science chrétienne devait aller aux jeunes et au peuple. Dans une époque de troubles, quelle est la plus grande qualité intellectuelle ? Le discernement des esprits. Exilé, parce que hostile au tyrannicide – et donc antibourguignon –, Gerson mourut à Lyon en 1429. Il venait juste d'écrire le 14 mai un opuscule concluant en faveur du caractère divin de la mission de Jeanne d'Arc, et cela deux ans avant son procès. Gerson est le seul intellectuel à poser un regard aussi aigu sur les réalités contemporaines.

Cette personnalité à multiples facettes avait d'autres dons. Nous verrons plus loin qu'il fut un grand pédagogue, plus important que Vincent de Beauvais, ainsi qu'un humaniste. En ces deux domaines, il se montre parfaitement neuf. Sa popularité fut grande et beaucoup d'universitaires firent place, à son instigation, à la pastorale dans leur enseignement, en France et en Germanie. Sa postérité fut moindre mais nette cependant, car des théologiens s'efforcèrent de présenter la science divine non comme un exercice intellectuel mais comme une révélation s'adressant à l'homme tout entier. En favorisant la *devotio moderna*, il permit à la pédagogie mystique de connaître au XVIe siècle un de ses plus beaux fleurons, les « Exercices » de saint Ignace de Loyola. Contrairement à tous ses collègues universitaires, Jean Gerson avait constaté que l'Université s'était coupée des sources vives de l'enseignement faute de conviction et qu'elle était ignorée des masses religieuses. Il a voulu l'ouvrir et l'empêcher de devenir une caste fermée sur elle-même. Mais il était trop tard, car sur les têtes creuses ou trop pleines vont s'abattre le discrédit du mauvais choix politique et l'exaspération devant les juvéniles turbulences de leurs écoliers.

L'Université, la politique et les jeunes

Le monde de l'enseignement est donc toujours très actif au XIVe siècle. Sa place dans la société est de plus en plus grande. Les maîtres, armés de leurs théories sur l'Eglise ou sur l'Etat, veulent être écoutés par les puissants du temps. Ils aimeraient même être les conseillers des rois et des princes qui utilisent un si grand nombre de leurs anciens élèves. La tentation « technocratique » les habite. Experts ès droit canon ou ès sciences politiques, ils s'estiment aptes à gouverner. Philippe le Bel n'a-t-il pas déjà accordé en 1302 le poste de chancelier à Guillaume de Nogaret, ancien professeur de droit à l'université de Montpellier ? Lorsque le magistère ecclésiastique vacille durant le Grand Schisme, leur intervention est encore plus facile à justifier. Ne sont-ils pas clercs et n'ont-ils pas des lumières personnelles sur la théorie qui fonde l'Eglise et son unité ? Enfin, lorsque le royaume de France s'effondre, partagé entre les Anglais, maîtres du nord du royaume, et les gens du dauphin réfugiés en Berry, les universitaires se sentent encore plus en mesure de dire le droit et la justice sur le traité de Troyes qui a créé la double couronne.

Corrélativement, les princes en effet multiplient les universités pour leurs besoins administratifs. En même temps, les famines et les guerres font des coupes claires dans les populations. La natalité augmente par à-coups brutaux et envoie dans les écoles et universités de forts contingents de jeunes. Ils prennent alors conscience de leur poids et de leur rôle. Aussi cherchent-ils à élargir leur audience et leur place dans les institutions universitaires. Ainsi, la crise de l'Université évolue en deux temps : essor des universités par gonflement de leurs membres, accroissement de l'intervention politique des maîtres, tentatives de pouvoir étudiant, puis recul de son influence et suppression de l'autonomie.

L'*Alma mater* est donc pour le prince un élément de prestige et d'efficacité administrative fondamentale. Il gouverne maintenant à l'aide d'une bureaucratie complexe où la Cour des comptes, les Parlements, les Conseils du roi, les officiers subalternes des baillis et sénéchaux sont de plus en plus nombreux. Le roi n'est plus seulement un parfait chrétien et un bon chevalier. Il doit être aussi un intellectuel, tel Charles V le Sage (c'est-à-dire le savant) frotté d'Aristote. Aussi lui faut-il des universités. Le comte de Provence, maître de l'Anjou, accorde ainsi à Angers son statut d'université en 1398 et fonde celle d'Aix-en-Provence en 1409. Le duc de Bourgogne, qui ne veut pas dépendre de son cousin capétien, crée celle de Dole en 1423, et son successeur la fait transférer à Besançon en 1481. Le roi d'Angleterre, toujours pour les mêmes raisons, soutient, en ses propres domaines, la fondation de Caen en 1432-1437, puis de Bordeaux en 1441, sans grand succès pour cette dernière d'ailleurs. L'échec de Grenoble, fondée à la demande d'Humbert II en 1339, fut compensé par la création de Valence sur les instances du dauphin Louis en 1452. Devenu roi, il obtint en 1463, pour sa ville natale, Bourges, un statut universitaire. Son père, Charles VII, alors encore dauphin, avait pu, puisqu'il était chassé de Paris, se voir accorder une université, fidèle à son parti armagnac, Poitiers, en 1431. En 1425, le duc de Brabant et les bourgeois de Louvain en obtinrent une à leur tour. Le duc de Bretagne ne voulut point être en reste et en 1461 put, après trois essais infructueux, voir fleurir celle de Nantes.

Toutes ces universités, bien qu'issues d'initiatives politiques, avaient été confirmées par bulles pontificales. Mais ce privilège, réel au XIIIe siècle, était devenu fictif et la cause déterminante de leur installation était bien politique et laïque. Les seules actions pontificales propres concernèrent Orange qui eut une existence fantomatique entre 1365 et 1475, et Cahors en 1332, parce qu'elle était la patrie de Jean XXII, mais qui ne connut qu'une longue agonie jusqu'à la fin du XVe siècle. Cette douzaine d'établissements supplémentaires d'enseignement

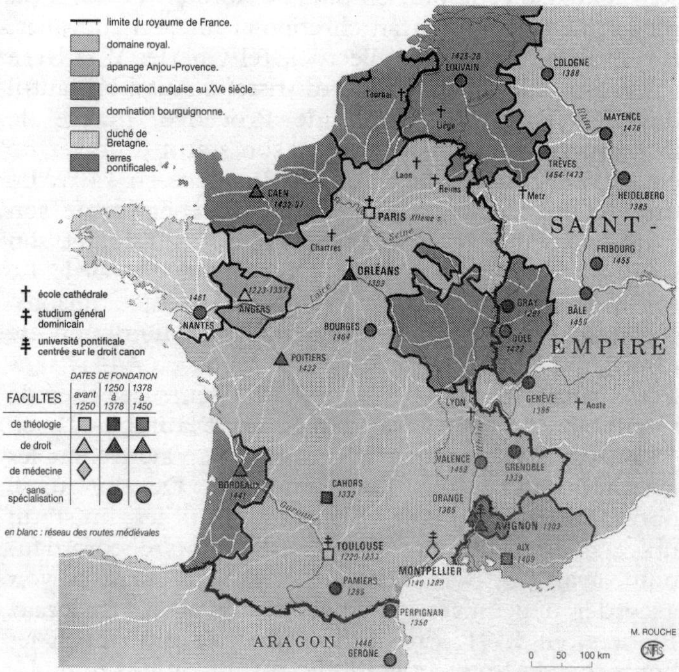

Les universités (XIIIe au XVe siècle)

supérieur, dans et autour du royaume de France, prouve (comme le montre la carte) que désormais ces institutions ont en réalité un nouveau maître : le roi ou le prince. Certes, les particularismes régionaux ou les contrecoups du Grand Schisme ont joué un rôle important, soit dans la dispersion d'étudiants refusant l'obédience du pape d'Avignon, soit dans le désir d'éliminer les étudiants bourguignons ou de les empêcher d'aller à

Paris, selon l'état de la situation. Mais au total, le principal résultat fut l'augmentation du nombre des professeurs et des étudiants, même si ces derniers n'arrivaient que quelques années après la fondation officielle.

Les gradués des anciennes universités étaient, nous l'avons vu, bien dotés, dès avant 1334, de théories politiques et ecclésiologiques. Lors de la première réunion des états généraux, Philippe le Bel avait fait appel à leur soutien contre le pape. Seuls intervinrent vraiment les artiens et les théologiens, habitués à poser les problèmes généraux. Ils servirent par exemple de médiateurs entre les bourgeois et le roi lors de la révolte d'Etienne Marcel en 1357-1358 et après l'émeute des Maillotins en 1382. Cela valut à l'Université, puisqu'elle devenait ainsi le canal privilégié de l'opinion publique auprès du roi, le titre de fille aînée du royaume. Puis, avec le Grand Schisme, dès 1378, elle joua un rôle primordial en tête même de la chrétienté.

Au début, elle avait soutenu le pape français revenu en Avignon, contre le pape romain. Mais dans une époque incapable de pratiquer la séparation du spirituel et du temporel, les conseillers de Charles V finirent par demander à l'Université de trouver un moyen pour sortir du schisme. En corporation habituée au régime d'assemblée, elle fit une consultation d'opinion. En janvier 1394, un tronc fut donc placé dans le cloître des Mathurins et environ dix mille de ses membres y déposèrent leurs suggestions. Le dépouillement fut opéré par les théologiens. Trois solutions apparurent : la voie de cession (démission simultanée des deux papes), la voie de compromis et la voie de consultation de l'Eglise par le concile. Un mémorandum composé par Pierre d'Ailly, Nicolas de Clamanges et Gilles Deschamps proposa ces trois voies en déclarant schismatique tout pape qui ne s'y soumettrait pas. Les deux premières solutions se révélèrent vite inadoptables et, pour forcer les papes à revenir au concile, l'université de Paris proposa et mit en pratique, en 1398, la soustraction d'obédience. Elle ne reconnut plus le pape d'Avignon qu'au spirituel et confia au roi l'octroi des bénéfices ecclésiastiques. Cette politique qui ne dura que cinq ans fut réitérée une seconde fois à l'initiative du duc de Bourgogne en 1406, mais révéla rapidement son inconvénient. Elle faisait passer l'Université sous un maître beaucoup plus dur que l'ancien.

Sous l'effet des propositions de Pierre d'Ailly et du traité de Gerson sur l'unité de l'Eglise, les universitaires parisiens en vinrent à considérer que le concile était la partie la meilleure et la plus saine de l'Eglise et qu'il pouvait, une fois réuni par les cardinaux, déposer les papes. Les plus exaltés allaient jusqu'à poser comme fondamentale la suprématie du concile sur le pape. De 1414 à 1419, le concile de Constance se tint en grande partie sous l'influence des maîtres parisiens. L'assemblée comportait en effet trois cents docteurs gradués d'Université, c'est-à-dire la moitié de ses membres. Plus de deux cents d'entre eux étaient passés par Paris, sans tenir compte des évêques qui avaient fait des études universitaires. Ils proposèrent tout de suite un type de vote analogue à celui de leur corporation, ce qui brisa net la majorité italienne. Il y eut en effet une voix pour la nation française, une pour l'anglaise, une pour la germanique, une pour l'italienne et une pour l'espagnole.

Ce système eut pour inconvénient d'exaspérer les rivalités nationales entre Anglais et Français, et même entre Bourguignons et Armagnacs, mais la volonté conciliatrice du président de la nation française, Gerson, qui voulait éviter le triomphe du conciliatisme absolu dans la ligne de Marsile de Padoue, permit cependant d'aboutir à l'élection d'un pape unique, le 11 novembre 1417. C'était le triomphe de l'Université française et l'apogée de sa gloire. Elle avait même imposé une périodicité automatique dans la réunion du concile, sans aucune convocation pontificale. Cette doctrine de l'assemblée conciliaire contrôlant le pape était évidemment un placage direct du schéma institutionnel universitaire sur l'Eglise. Finalement, la papauté mit une trentaine d'années à se débarrasser de cette vision démocratique et corporative de l'Eglise. Elle n'avait plus aucun intérêt à protéger l'Université. Elle se garda bien de le faire ensuite.

De plus, une deuxième intervention des universitaires dans la politique détourna leur attention des problèmes de la chrétienté : la guerre civile et étrangère en France. A la suite du meurtre de Louis d'Orléans par les sbires du duc de Bourgogne Jean sans Peur en 1407, Jean Petit, un des maîtres régents, fit, nous l'avons vu, l'apologie des tyrannicides et souleva l'opposition de Gerson. Malgré son intervention, insensiblement l'Université bascula dans le camp bourguignon. Déjà, après les journées des barricades de mai 1413, les maîtres séculiers acceptèrent de rédiger l'ordonnance cabochienne, très réformiste d'esprit. En 1418, la minorité des professeurs armagnacs fut chassée de son enseignement.

Gerson, rentrant de Constance, abandonna son poste de chancelier pour s'exiler à Lyon, tandis que la majorité bourguignonne lançait de violents pamphlets contre le dauphin réfugié à Bourges. En 1420, elle prêta serment au traité de Troyes qui créait la double couronne de France et d'Angleterre et reconnaissait comme unique roi l'enfant à naître de Henri V et de Catherine de Valois, qui s'appela Henri VI. Puis elle soutint Bedford, le régent, dans toutes ses initiatives, y compris celle qui mena au procès et à la condamnation de Jeanne d'Arc en 1431. Elle s'impatienta même de la lenteur et de la minutie avec lesquelles Pierre Cauchon, docteur en droit et en théologie, composa son tribunal de gens érudits, honnêtes et pieux, sûr qu'il était du bon droit des Bourguignons et des Lancastre.

Elle appuya ensuite la politique de réconciliation de Charles VII avec le duc de Bourgogne Philippe le Bon, puis accueillit sans enthousiasme la libération de Paris par les troupes royales en 1436. Elle ne se départit point ensuite de sa mauvaise humeur dans ses démêlés avec les officiers royaux et lors de la promulgation de la Pragmatique sanction de Bourges en 1438, qui accordait pourtant une extension de l'accession aux bénéfices ecclésiastiques pour les gradués.

Pourquoi l'université de Paris eut-elle une telle attitude politique ? Il serait trop facile de dire que cela fut dû au rôle de la nation picarde composée en grande partie de sujets bourguignons. De plus, ses choix partisans ne faisaient que venir au secours de la victoire des armes et n'ont donc guère eu d'influence politique réelle. Il n'empêche que ses membres se discréditèrent par l'irréalisme de leurs solutions. Ils plaquèrent leur analyse théorique et morale qui avait réussi à Constance sur une réalité politique neuve : le fait national français. Cela était en contradiction formelle avec la notion de chrétienté ou de double couronne, qui réussissait ailleurs, en Suède ou en Pologne. Les universitaires n'ont pas vu la naissance d'une opinion populaire, persuadés qu'ils étaient d'en être la seule source. Ils ont condamné Jeanne d'Arc parce qu'elle n'obéissait pas à l'Eglise, sans voir l'enjeu politique du procès.

Ils voulaient la paix et la fin de la guerre civile à tout prix, car ses horreurs étaient néfastes pour la vie de foi. Pacifistes attardés, ils n'ont vu dans cette aventure que la ruine de leurs intérêts ou, pour les plus honnêtes, celle de l'Eglise. En somme, ils restaient prisonniers d'un enseignement théorique et sclérosé qui refusait de prendre en compte la supériorité de l'Etat et s'en tenait à l'idéal corporatif de liens nationaux horizontaux mais non verticaux. Enfin, ils restaient des clercs et ne pouvaient comprendre la montée de l'esprit laïc.

L'échec de leur politique était inclus dans celui de leur pensée. Au fond, ils ne se sont pas rendu compte qu'ils avaient perdu un pouvoir doctrinal créatif. Ils n'en étaient plus les artisans mais les répétiteurs.

Tout cela ne fut pas compris sur le moment. De plus, jusqu'en 1420-1430, l'impression demeura que l'*Alma mater* était le corps le plus important du royaume. Le prestige des maîtres était encore intact et les vagues de création en avaient augmenté l'influence et le nombre. Dans cette époque d'illusions et de déceptions que fut le XIVe siècle, le gonflement universitaire permit en même temps les tentatives de pouvoir étudiant. Le mouvement partit de Bologne où les étudiants, nobles et âgés en général, étudiaient le droit. Nous avons déjà remarqué que leur rôle administratif était important, puisqu'ils allaient jusqu'à élire les professeurs, arguant du fait qu'ils les payaient. Au cours du XIIIe siècle ils imposèrent un véritable contrôle aux docteurs, par le biais de statuts très précis. En France, les révoltes étudiantes de ce type n'allèrent pas aussi loin. Comme en Italie, elles ne concernèrent que la médecine ou le droit, pour les mêmes raisons socio-économiques. De plus, elles furent tournées contre le pouvoir ecclésiastique, puisque la plupart des universités méridionales françaises étaient d'origine pontificale. Leurs statuts étaient hybrides, tantôt accordant la prééminence aux maîtres, tantôt la partageant avec les étudiants. Ces derniers voulurent obtenir une plus grande participation dans la direction de leur université et souvent s'opposèrent alors aux docteurs et aux lecteurs, qui s'appuyaient sur l'évêque. Au fond, la lutte continuait pour aboutir à une totale autonomie.

A Montpellier, les juristes ne supportaient plus l'autorité de l'évêque de Maguelonne et se disputaient constamment avec les bourgeois de la ville à propos de taxes sur les importations de vins. Le désordre fut tel qu'en 1339 un appel à Rome aboutit à un rapprochement des statuts de l'Université avec ceux de Bologne. Théoriquement, l'autorité de l'évêque restait intacte. Pratiquement, le recteur était élu parmi les docteurs par un collège électoral de treize membres où figuraient dix représentants des étudiants. Ils devaient être licenciés ou bacheliers. Donc les nations pouvaient exercer un certain contrôle sur le recteur, même si les statuts limitaient le droit de grève à huit jours. A Orléans, un même type de protestations anima les étudiants en droit.

En 1312, Philippe le Bel interdit aux nations de tenir des assemblées qui perturbaient l'Université, à la suite de bagarres qui en résultaient, et la mit sous la surveillance des baillis de la ville. Aussitôt, maîtres et élèves firent grève, puis sécession. L'Université s'installa à Nevers en 1316 et n'en revint qu'en 1320, après que Jean XXII, un de ses anciens étudiants, eut imposé un compromis. Désormais un collège comportant les docteurs et les dix procureurs des nations assiste le recteur dans son action. Celui-ci est élu par les nations. Il décide, en accord avec le collège, de convoquer ou non l'assemblée générale des étudiants. Ce succès des juristes orléanais n'était pas total, certes, mais il leur donnait une part importante du pouvoir, malgré l'hostilité des bourgeois et du roi.

L'université d'Angers était, au début du XIVe siècle, dans une situation des plus archaïques, puisque les maîtres n'étaient point autonomes et que le scolastique, l'ancien maître d'école, était encore, en 1350, l'unique tête de l'ensemble. Doyen, recteur, nations n'existaient point. En 1373, les docteurs ès lois refusèrent de permettre aux nations de participer aux activités administratives universitaires. A deux reprises, en 1389 et en 1395, les étudiants se rebellèrent pour obtenir une part réelle dans le gouvernement. Les statuts de 1398 leur donnèrent un recteur assisté par le collège des docteurs et des procureurs des six nations, comme à Orléans. Puis, en 1410, le recteur fut même obligatoirement choisi parmi les licenciés. Il était élu à deux degrés, par des électeurs nommés par les nations. L'autorité ecclésiastique ne faisait plus que confirmer les grades par le biais du scolastique. La corporation universitaire d'Angers avait donc obtenu une réelle démocratisation dans l'exercice du pouvoir du recteur.

En dehors de Montpellier, Orléans et Angers, le mouvement étudiant échoua. En Avignon, le pape pouvait difficilement accepter une université qui lui échappât. Aussi, lorsque à partir de 1350 les étudiants en droit se révoltèrent à de nombreuses reprises pour obtenir le droit d'élire un recteur, l'autorité pontificale ne céda jamais. Il fallut attendre 1459 pour que Pie II promulguât une bulle autorisant l'élection d'un recteur choisi à tour de rôle dans une des quatre facultés parmi les bacheliers ou les maîtres ès arts. Mais le conseil électoral était en majorité aux mains des docteurs. Le système était donc moins démocratique qu'à Orléans et Angers. Encore n'est-on point sûr qu'il fût vraiment appliqué. De même à Toulouse, où les juristes et les décrétistes étaient nombreux et se plaignaient de l'absentéisme des maîtres qui faisaient lire leurs leçons par un étudiant, leurs assemblées générales tentèrent d'imposer des directives qui furent jugées anarchiques. En 1313, leurs pouvoirs législatifs furent restreints par l'adjonction au conseil du recteur des docteurs et des maîtres. Mais, en 1328, cette restriction fut annulée par un article des statuts qui précisa qu'aucun membre de l'Université ne pouvait engager celle-ci sans consulter l'assemblée.

Les papes d'Avignon trouvèrent ce pouvoir excessif, surtout lorsqu'ils eurent restauré la faculté de théologie. En 1369, Urbain V y fit transférer les reliques de saint Thomas d'Aquin afin de donner à l'université toulousaine un lustre nouveau. Il espérait qu'auprès de ce palladium vénéré par les maîtres et les étudiants, l'enseignement du thomisme prendrait un essor incontesté. Cet encouragement à la gloire ne suffit pas et l'un de ses successeurs, Clément VII, imposa en 1394, à l'aide d'une commission de trois rapporteurs apostoliques, la réduction du rôle des assemblées étudiantes dans l'élection des officiers trimestriels. En même temps, le chancelier, émanation de l'évêque, reçut l'autorisation d'accorder des dispenses de temps d'études ou d'examens. Ainsi l'autonomie était-elle réduite, même si l'élection du recteur appartenait toujours aux étudiants. Finalement, aucune université française ne parvint à s'aligner sur les statuts de Bologne. Tout au plus, celles du Midi et des bords de la Loire purent-elles garder des constitutions mixtes où l'autonomie de la corporation envers l'Eglise était plus nettement affirmée que la participation étudiante, jugée souvent irresponsable et dangereuse.

D'ailleurs, tous ces mouvements ne dépassèrent guère le XIVe siècle. Ils n'atteignirent jamais les universités du nord du royaume où les artiens plus jeunes et plus nombreux n'avaient pas la maturité d'esprit des juristes ou des médecins pour discuter de rapports institutionnels. Ils acceptaient beaucoup mieux un système hiérarchique et ne comprenaient pas l'esprit égalitaire qui animait ces habitués du droit romain. Souvent protégés par leurs maîtres, il ne leur serait jamais venu à l'idée de s'opposer à eux, comme à Bologne. Tout au plus étaient-ils d'accord à Angers comme à Orléans pour réclamer une certaine participation, mais non l'autorité complète. La vague d'agitations qui traversa les universités françaises au XIVe siècle était donc beaucoup plus la recherche d'une autonomie corporative qu'une volonté de pouvoir étudiant.

Ces réclamations étaient en réalité parfaitement inadaptées à ce temps de malheurs et furent d'autant plus considérées comme une anomalie contraire à l'ordre naturel qu'elles ne faisaient qu'augmenter le désordre au sein d'une société anxieuse et désireuse de paix. Elles oubliaient enfin la montée d'un nouvel acteur, beaucoup plus puissant que l'Eglise, l'Etat. Au sortir des effroyables guerres civiles et étrangères qui ravagèrent le pays de 1405 à 1436, l'Université, en particulier celle de Paris, était complètement désorganisée. Les statuts n'étaient plus appliqués. L'absentéisme sévissait. Les querelles et les bagarres entre étudiants ou avec les hommes du prévôt continuaient cependant comme si de rien n'était. Les privilèges universitaires étaient de plus en plus mal vus. Ainsi, Charles VII, Louis XI et Louis XII n'eurent de cesse qu'ils n'aient repris en main et réformé les institutions et les mœurs universitaires. Cette mise au pas fut facilitée par le discrédit, la méfiance et les rancœurs politiques envers les professeurs qui avaient choisi le parti anglo-bourguignon. A partir de 1436, d'ailleurs, la crise s'accéléra à Paris où les effectifs étudiants diminuèrent constamment au point de n'être plus que d'environ trois mille à la fin du XVe siècle, tandis que la corporation s'avérait incapable de se réformer.

Que ce soit en province ou à Paris, les universitaires ne surent proposer que des corrections inefficaces ou démagogiques aux anciens statuts. Les unes cherchaient à supprimer les scandales les plus criants, absentéisme ou prévarication des professeurs dans les jurys. Les autres tendaient à perpétuer plus ou moins la pratique des « faux étudiants » ou bien à allonger la durée des vacances. Tout cela explique « la part prépondérante prise dans l'élaboration des réformes par les pouvoirs publics », comme le montre Jacques Verger. En effet, les serviteurs du roi, conseillers ou parlementaires plus ou moins jaloux du corps universitaire et de ses droits, poussèrent de plus en plus à cette réforme. Les procureurs royaux trouvaient les grèves scandaleuses, l'arrogance des universitaires choquante et leurs privilèges exorbitants. La jalousie entre grands corps d'Etat et le désir de transformer les universités en « annexes des parlements » expliquent en grande partie cette entreprise d'abaissement. Le fonctionnaire royal pourrait enfin prendre pied dans une institution qui s'était prétendue hors de toute atteinte du pouvoir politique.

La plupart des réformateurs des universités d'Angers en 1494, d'Orléans en 1447 ou de Toulouse à partir de 1470 furent des conseillers royaux ou des parlementaires nommés par le roi. A Toulouse, ils imposèrent la fin de l'autonomie judiciaire et du droit de grève. Ailleurs, les étudiants débutants perdirent le droit de vote. Cette politique au coup par coup fut encore plus prudente envers l'université de Paris. En 1404 l'affaire Savoisy et en 1407 la pendaison par le prévôt de deux clercs étudiants avaient été l'occasion de deux succès éclatants de la corporation dans l'affirmation de son for judiciaire. Les statuts accordés par les cardinaux-légats de Saint-Marc et Gilles de Montaigut en 1366 avaient nettement besoin d'être réformés. Ils n'avaient pratiquement rien changé à ceux de 1255 et se bornaient à interdire l'absentéisme professoral ou la corruption des maîtres. Lorsqu'en 1434 la faculté de théologie proposa aux trois autres de se joindre à elle pour mettre sur pied de nouveaux règlements plus efficaces, les médecins répondirent que « la réforme ne s'imposait point et qu'il suffisait d'observer les anciens statuts ».

Devant cette carence, le roi profita des maladresses des maîtres et des violences des écoliers pour parvenir à ses fins. En 1444 et 1445, l'Université, arguant de son exemption fiscale, refusa de participer à un emprunt royal et interrompit ses cours. Le souverain nomma quatre commissaires pour trancher le litige. Les maîtres refusèrent cette juridiction, déclarant ne dépendre que du roi. Pour comble d'insolence, le recteur qui avait suspendu la grève menaça de la reprendre si les étudiants et un maître ès arts jetés en prison par le prévôt n'étaient point libérés. Devant la mise à exécution de la menace, Charles VII fit alors promulguer une ordonnance brisant le privilège judiciaire de l'Université et remettant au parlement de Paris toutes ses causes civiles. « Nous ne pouvons, dit-il, vaquer et entendre nous-mêmes, discuter et décider les querelles, causes, négoces et questions de notre fille, l'université de Paris. » Désormais, la corporation voyait ses affaires collectives portées au Parlement, tribunal suprême du roi, et les suppôts de l'Université leurs plaintes au Châtelet, instance propre au prévôt de la ville. Cette perte de l'autonomie judiciaire était une première brèche sérieuse dans les privilèges universitaires. Bien que l'Université n'ait pas accepté cette décision, le roi profita d'une nouvelle échauffourée qui éclata en 1451 pour faire avaliser en 1452, par le cardinal-légat d'Estouteville, une réforme des statuts rédigée par une commission de parlementaires. Publiée le 1er juin, elle cherchait essentiellement à renforcer la discipline. Là encore, cette intervention royale était contraire aux privilèges universitaires, mais elle était imparable en stricte légalité. De plus, elle éclata au beau milieu de l'affaire du « pet-au-diable » qui passionnait beaucoup plus les étudiants.

Rue du Martroy-Saint-Jean, près de l'église Saint-Jean en Grève, se tenait un hôtel appartenant à Mlle de Bruyères. Une grosse borne de pierre, en forme de vessie, était posée contre un de ses murs. Les écoliers l'avaient surnommée « le pet-au-diable ». Une nuit, ils l'arrachèrent et la transportèrent triomphalement dans leur territoire, la montagne Sainte-Geneviève, rue du

Mont-Saint-Hilaire. La demoiselle était d'un caractère pincé. Elle porta plainte pour vol au Parlement, lequel chargea le lieutenant criminel au Châtelet d'enquêter sur cette borne. Consciencieux à l'extrême, celui-ci fit saisir par ses sergents le corps du délit pour le déposer dans la cour du Palais. Entre-temps, Mlle de Bruyères avait fait planter une autre borne pour remplacer son cher « pet-au-diable ». Nonobstant la herse du Palais qu'ils forcèrent, les étudiants récupérèrent leur fétiche auquel ils ajoutèrent, pour faire bonne mesure, son double, qu'ils surnommèrent la vesse. Ils les attachèrent ensuite par des bandes de fer et les scellèrent dans du plâtre sur leur domaine. Puis ils procédèrent en grande pompe au mariage du pet et de la vesse, forçant les passants et les officiers du roi à saluer les nouveaux mariés. A ce stade de provocation, la sagesse eût été de s'abstenir. Mais le prévôt et ses sergents, le 5 mai 1453, allèrent s'emparer des trophées, pillèrent deux maisons et y arrêtèrent maîtres et étudiants, tout ce qu'ils pouvaient rencontrer, y compris une jeune femme qui hachait sa purée à l'enseigne de Saint-Nicolas. Un sergent osa même s'affubler d'une robe d'étudiant !

Devant ces emprisonnements et ces « molestations atroces », le recteur fut chargé de réclamer la libération des emprisonnés, ce qu'il obtint. Mais au retour le cortège triomphal des étudiants croisa un commissaire et neuf archers. Certains des étudiants se permirent quelques appréciations peu flatteuses à l'égard des hommes du prévôt qui rétorquèrent par des coups. Les bourgeois firent chorus avec la gent policière et accueillirent à coups de pelles, de bûches ou de bâtons les écoliers blessés qui voulurent se réfugier chez eux. On cria « Aux armes, tuez, tuez, il y en a trop », des chaînes furent tendues à travers les rues. Un bachelier en droit resta sur le carreau. Le lendemain, l'Université, réunie aux Bernardins, vota à l'unanimité la grève générale des cours et des sermons jusqu'à ce qu'elle ait obtenu réparation. Une nouvelle échauffourée, le 12 mai, fit un mort supplémentaire et quinze blessés.

A partir de ce moment, les facultés commencèrent à se diviser, les unes refusant la justice du Parlement, les autres voulant obtenir l'arrestation du prévôt. Les artiens, plus extrémistes que les étudiants des facultés supérieures, firent toute une série de contestations pour entraîner les modérés. Finalement, les cours reprirent le 23 décembre 1454, après dix-neuf mois d'interruption, sur la promesse du Parlement, qui se révéla plus tard fallacieuse, d'élever un monument commémoratif rappelant « la juste détestation que méritait un si grand crime ». Pour la première fois de son histoire, l'Université échouait. Elle avait été incapable de punir les meurtriers de ses suppôts. Personne ne l'avait soutenue. Son privilège judiciaire qui lui a été enlevé et attribué au Parlement était resté lettre morte. Le roi, l'évêque, le pape et l'opinion publique étaient contre elle.

Louis XI intervint encore plus directement. Il expulsa hors de Paris quatre cents étudiants bourguignons, sujets de Charles le Téméraire. Cet acte de xénophobie était en flagrante opposition avec la vocation universaliste d'une Université de chrétienté. Il interdit, usurpant les fonctions pontificales, l'enseignement du nominalisme. Il essaya même d'enrôler les étudiants parisiens dans l'armée, alors que de tout temps, les clercs avaient été reconnus comme criminels s'ils portaient les armes. A chaque procession, pétition ou protestation du corps universitaire, il répondait avec superbe : « Vous ne valez point que je me mêle de vous ! » Louis XII fut encore plus cassant. Il limita d'autorité la jouissance des privilèges universitaires à la durée réelle des études. En mai 1499, l'Université se mit en grève en refusant la réforme. Les gens du roi montèrent alors de toutes pièces une opération d'intoxication psychologique, prétendant qu'une émeute populaire se préparait. On éloigna du roi un professeur, Robert Gaguin, qui voulait le détromper. Aussi reçut-il de fort méchante humeur les délégués qu'il somma, sans ménagements, de reprendre les cours et menaça de poursuites « pour lèse-majesté ». La grève cessa net. Ce fut la dernière dans l'histoire de l'Université parisienne avant celles du XXe siècle. Désormais l'autonomie avait disparu. Seules subsistaient pour les étudiants leurs exemptions militaires et fiscales. L'échec était total, les maîtres écœurés ou fatalistes, les étudiants peu nombreux et dispersés dans les collèges.

Les causes de cette faillite étaient certes liées à la crise profonde de ces deux siècles ; mais elles étaient issues au premier chef de l'impuissance créatrice des universitaires. Le schisme dans l'âme, créé par l'ockhamisme, avait frappé d'incertitude les maîtres. Les uns ne voulurent rien changer, d'autres proposèrent des réformes. Tiraillés entre des tendances contradictoires, ils ne purent faire face au pouvoir de l'Etat qui voulut imposer à l'Université une autre finalité que celle imprimée par l'Eglise. Les changements nécessaires n'étaient possibles qu'à partir d'une analyse lucide de la situation. En fonction d'un certain constat, ils devaient d'abord concerner l'organisation scolaire, le contenu et les méthodes de l'enseignement. Nous avons déjà vu comment les réformes n'avaient visé que des abus. Examinons-les maintenant en profondeur, pour savoir si le conservatisme l'emportait sur l'innovation.

L'organisation des écoles et des universités

La route avait donc été courte, du triomphe du concile de Constance, en 1419, à la déconfiture de la fin du siècle. Et pourtant l'ensemble des cycles d'enseignement avait connu un réel développement. Deux nouveautés, nées au XIIIe siècle, bénéficièrent alors d'une nette généralisation : les petites écoles et les collèges. En revanche, rien de bien neuf n'apparut dans les enseignements universitaires en dehors de l'humanisme. Leur fonctionnement alla même en se détériorant.

Les enfants entraient, nous l'avons vu, entre six et huit ans dans des écoles tenues par le curé d'un gros bourg rural, ou par un clerc dans les villes. On se rappelle la création en Flandre de petites écoles élémentaires pour les fils de bourgeois. La formule semble s'être généralisée au XIVe siècle sous l'autorité des municipalités. Un peu partout, selon ce que nous révèlent les documents, des initiatives locales en Normandie, en Champagne, en Bourgogne, en Provence aboutissent à la naissance de ces établissements et à l'entretien d'un maître, parfois, mais de manière rarissime, d'une maîtresse, par les deniers publics. Cela n'empêchait pas les écoles de cathédrales et de collégiales de poursuivre leur existence.

A Lyon, la Manécanterie de Saint-Jean n'était pas seulement une école de chant choral mais une sorte de collège où l'on enseignait les rudiments aux clergeons. Mais les enfants qui y entraient étaient déjà plus ou moins destinés à l'état clérical. Le besoin d'instruction à l'usage exclusif des laïcs fit donc s'implanter dans les pays les plus actifs du royaume les petites écoles. Toujours à Lyon, les consuls cherchèrent à échapper à l'autorité de l'écolâtre, de l'archevêque et allèrent chercher souvent fort loin un maître capable de bien diriger et tenir les enfants. Vers 1402, ils engagèrent un homme originaire de Dijon ; ils l'installèrent dans un des beaux hôtels du Vieux Bourg et lui accordèrent les subventions nécessaires pour qu'il puisse en payer le loyer. De même, à Aix-en-Provence, le recteur, engagé pour un an ou deux, rarement quatre ou cinq, venait de l'extérieur. La pension versée par les magistrats municipaux ne devait guère suffire au maître qui, même lorsqu'il était clerc, vivait exclusivement de son métier. Ainsi les élèves lui versaient-ils chacun son écot.

En Provence et au Comtat Venaissin, Jacques Paul signale des fondations d'écoles dans des petites villes comme Brignoles, Riez, Sisteron, Aix et même Marseille, durant la deuxième moitié du XIVe siècle. Le cas de Carpentras est particulièrement révélateur. Le maître reçut d'abord les sommes payées par les parents, puis en 1399, la municipalité lui remboursa le loyer de la maison où il logeait et enseignait. Vers 1435 enfin, il reçut un salaire annuel de dix florins, mais certains élèves continuaient, pour payer leur pension, à lui verser un florin et demi : de la Saint-Luc (18 octobre) à Noël, de la Saint-Hilaire (14 janvier) aux Rameaux, de Pâques à la Pentecôte et de la Pentecôte à la Saint-Michel (29 septembre). La notion contemporaine d'externat existait donc et les vacances duraient juste vingt jours en hiver, huit au printemps et vingt en automne.

Dans cette école de grammaire, trois types d'enseignement coexistaient : alphabétisation, nomenclature grammaticale (adverbes, participes, noms, etc.) et analyse logique. Les manuels utilisés étaient les deux grammaires d'Évrard de Béthune et d'Alexandre de Villedieu dont nous avons déjà parlé, les inévitables « Distiques » de Caton, un traité du Mépris du Monde et un ouvrage de Logique. En somme, une bonne partie du *trivium* était déjà abordée. Enfin, le samedi, le maître faisait le bilan du travail, appliquait les coups de fouet aux désobéissants, et infligeait des amendes d'une obole ou allant même jusqu'à trois deniers à ceux qui s'étaient trompés. L'argent était versé pour le luminaire de l'église voisine des Frères Prêcheurs.

L'instruction religieuse était donnée par une personne désignée par l'évêque.

Quant à la nourriture des pensionnaires, elle reposait essentiellement sur le pain, les légumes secs, le vin, une viande de nature inconnue, les poissons, probablement salés, le fromage et l'huile. Comme toujours, ce régime était lourd et indigeste. Ainsi fonctionnait, au milieu du XIVe siècle, la petite école de Carpentras. Il est probable que Pétrarque, qui en fut l'élève de 1312 à 1316, connut le même type d'enseignement et y découvrit, avec ravissement, malgré un maître peu habile, l'harmonie des phrases de Cicéron. Mais il faut attribuer ce retour à l'humanisme beaucoup plus à la valeur de l'élève qu'au programme et à la qualité du maître.

A Reims, au XIVe siècle, chaque paroisse avait sa petite école, y compris celle de Saint-Nicaise, la plus petite pourtant puisqu'elle ne recélait que cinquante feux, soit peut-être deux cents personnes. Elle ne devait donc confier au maître qu'au maximum quinze enfants. Le couvent de la paroisse Saint-Etienne entretenait une école ouverte aux jeunes du quartier, probablement pour leur apprendre le latin. Cette pratique, usuelle au XIe siècle, était devenue exceptionnelle à l'époque, mais il devait être difficile pour un monastère urbain de refuser les demandes des parents. Grâce aux travaux de Pierre Desportes, on peut même déceler à Reims l'existence de deux maîtresses d'école qui paraissent vivre à la limite de la pauvreté. Ainsi les filles n'étaient pas oubliées dans cet effort pour la scolarisation.

Les résultats de cet enseignement paraissent avoir été réels puisque, d'après les estimations de Pierre Desportes, douze pour cent au moins de la population rémoise avait reçu la tonsure. Or, pour l'obtenir, il était exigé du candidat qu'il sache lire. Certes, il y avait des abus et certains devenaient clercs uniquement en sachant par cœur quelques prières. Mais la proportion des tonsures était encore plus forte dans les bourgs ruraux de la région au XVe siècle : jusqu'à trente pour cent des feux ! (unité d'imposition comptant entre deux et quatre personnes en moyenne). Cela prouve qu'une forte minorité au moins avait reçu les bases de l'instruction. De plus, beaucoup de laïcs et clercs rémois – et c'est tout à fait nouveau – ne savent pas le latin, au contraire des anciens écoliers de Carpentras, et même les échevins. Une culture en langue d'oïl écrite est donc réellement apparue et amène à supposer que, sauf l'exception du couvent cité plus haut, les petites écoles rémoises enseignaient en français. D'autres écoles de ce type, où la frontière entre ce que nous appelons aujourd'hui le primaire et le secondaire est difficile à tracer, pourraient être citées. Léopold Delisle a prouvé l'existence d'au moins trente-trois d'entre elles en Normandie, jusque dans des villages de très faible importance. A Paris, en 1380, une assemblée des écoles élémentaires réunit quarante et un maîtres et vingt-deux maîtresses, chiffre très faible si la population fait deux cent mille habitants, comme certains le pensent. Mais en Franche-Comté, au XIVe siècle, la totalité des paroisses possède une école.

Au total, il semble bien que, compte tenu des interruptions dues à la guerre, le nombre des gens alphabétisés ait augmenté nettement sur les deux siècles, et cela n'a sûrement pas été sans influence sur l'apparition d'une mentalité nouvelle, dont l'anticléricalisme chrétien n'était pas l'une des moindres composantes. La zone où cette première instruction est répandue couvre la moitié nord et nord-est de la France.

Ce gonflement des effectifs du premier enseignement se remarque aussi grâce à un autre phénomène : la multiplication des collèges. La cause de leur création avait été sociale. Il s'agissait de favoriser l'accès des écoliers les plus pauvres à la culture universitaire dans les disciplines les moins rémunératrices. Mais petit à petit, ce but charitable devint secondaire. La papauté, grâce à la centralisation avignonnaise et au système d'attribution des bénéfices ecclésiastiques aux clercs voulant étudier en université, multiplia le nombre des bénéficiers et diminua corrélativement celui des écoliers démunis. Cela avait l'inconvénient de laisser vacante une place de chanoine ou de curé, mais les revenus du poste permettaient au clerc de vivre en étudiant. Urbain V (1362-1370) et Clément VII (1378-1394) furent particulièrement généreux en ce domaine. Puis, à partir du XVe siècle, la crise économique et les nécessités de la reconstruction diminuent cet élan. Aussi la fondation d'un collège a-t-elle désormais d'autres causes, plus strictement pédagogiques. En France, ces fondations furent nombreuses, surtout dans le Nord, mais rares dans le Midi où l'élément laïc et l'importance des étudiants en droit ou en médecine n'exigeaient guère leur présence. Même en Avignon, pour un effectif global de deux cents à deux cent cinquante étudiants, en 1480, les collèges n'offraient que quarante-huit places. Toulouse rattrapa son retard au XIVe siècle avec la fondation d'une douzaine de collèges.

En revanche, à Paris, vingt-sept collèges furent créés entre 1300 et 1350, mais vingt-trois seulement pendant le siècle et demi suivant. Sur trois mille étudiants à la fin du XVe siècle, six cent trente au moins étaient boursiers, vivant en collèges. Parmi les plus célèbres, citons d'abord le Collège de Navarre, fondé par la reine Jeanne de Navarre en 1304 pour former un clergé séculier de haut niveau théologique. Il pouvait recevoir vingt étudiants en grammaire, à raison de quatre sous chacun par semaine, trente en arts à six sous et vingt en théologie à huit sous. Chacun des trois cycles possédait son bâtiment, son dortoir, son réfectoire et sa chapelle. Le patron du Collège de Navarre finit par être le confesseur du roi et, avec celui du Collège de Sorbonne, il devint l'un des personnages les plus importants du monde universitaire parisien.

Cette évolution était due au fait que petit à petit les collèges, qui n'apportaient primitivement aux boursiers que le gîte, le couvert et quelques répétitions, virent les leçons et les disputes s'y multiplier. L'enseignement se déplaça dans les collèges au point qu'au XVe siècle la rue du Fouarre, qui était fermée à ses deux extrémités par des portes, ne servait plus qu'aux examens et aux cérémonies officielles de l'Université. Les revenus financiers des collèges permirent d'autant mieux d'y attirer des professeurs que l'habitude de prendre des pensionnaires qui payaient l'équivalent d'une bourse, outre les frais de location des salles et d'entretien des maîtres, se généralisa de plus en plus.

Cette aisance relative attira les meilleurs éléments et les non-boursiers collégiens se multiplièrent aux dépens des martinets. Ces étudiants libres virent leurs conditions de travail empirer. Les bibliothèques de chapitres dont ils disposaient étaient moins à jour que celles, toutes neuves, des collèges. Les maîtres qui les enseignaient rue du Fouarre étaient souvent jeunes et inexpérimentés, les plus réputés pratiquant l'absentéisme parce qu'ils avaient été alléchés par la sécurité financière d'un traitement régulier en collège. Les régents, en effet, se laissèrent attirer par les plus importants de ces établissements, tout en essayant de ne pas perdre leurs droits proprement universitaires, bien qu'ils n'enseignassent plus à l'université même. Aussi n'est-il point étonnant qu'en 1445 l'Université ait déclaré « qu'elle réside tout entière dans les collèges », ce qui était contraire aux statuts primitifs. D'associations de professeurs et d'étudiants, elle se transformait insensiblement et sans bien s'en rendre compte en équipes de professeurs chargés d'éduquer des jeunes.

Cette pulvérisation, en multiples cellules d'enseignement, avait en effet de nombreux avantages aux yeux des contemporains, anxieux d'ordre et de discipline. Régents de collèges et conseils d'administration pouvaient mieux surveiller grâce aux règlements les jeunes turbulents. Pour y entrer, il fallait être choisi. Un étudiant plus ancien, le tuteur, surveillait les progrès du béjaune. Les parents ne tenaient pas du tout à voir leur fils se faire expulser pour mauvaise conduite, car l'enseignement y était meilleur. Aussi s'efforça-t-on au XVe siècle de multiplier l'équivalent des collèges pour la faculté des arts, jugée la plus houleuse et la plus dangereuse. Apparurent alors les « pédagogies », le nom est révélateur, dirigées par un maître ès arts aidé de quelques régents. Ces pensions étaient au fond destinées à bien encadrer les jeunes trublions. Dans sa réforme de 1452, le cardinal d'Estouteville précise que « l'âge tendre de cette faculté doit être fortifié par une discipline plus ferme ». Puis il ordonne à ladite faculté d'élire quatre maîtres ès arts chaque année en octobre, qui seront chargés de visiter les collèges abritant des artiens et de faire un rapport sur la vie de ces établissements. C'était un viol flagrant de l'autonomie des collèges. De plus, « les pédagogues » étaient munis de pouvoirs étendus sur leurs élèves, « car la crainte et le respect sont le nerf de la discipline des écoles ». Tout écolier puni pour faute ou négligence sera rendu à sa pédagogie, s'il s'en est enfui, par le maître chez lequel il se sera réfugié. Pour éviter que les pédagogies ne se transformassent en officines de marchands de soupe imposant leurs prix, un autre système d'inspection y est prévu. Enfin, en 1457, les martinets durent s'inscrire dans un collège ou une pédagogie, sauf s'ils habitaient chez leurs parents ou chez une personne notable.

Cette première tentative de grand renfermement des étudiants ne fut pas totalement réalisée, mais elle est caractéristique d'un nouvel état d'esprit propre au XVe siècle et corrélatif des progrès de la pensée humaniste. Les châtiments corporels, qui n'avaient jamais été appliqués à ces âges et contre lesquels avaient sans cesse protesté autrefois les moines, surtout pour les jeunes enfants, font alors leur réapparition. La sévère discipline de l'internat, inconnue jusqu'alors, se développe et des règlements analogues sont alors mis en application à Caen, Angers et Orléans. Une autre Université naissait : moins de libres discussions, de rapports familiers entre le maître et l'élève, moins de solidarité et beaucoup plus d'exercices pratiques, de sanctions et de surveillance de la part du maître. L'idée humaniste, mais aussi étatique de formation de l'homme, préférait privilégier le dressage efficace préalable à la science désintéressée.

Une telle attitude pédagogique, contraire à l'esprit du XIIIe siècle, eut pour résultat de diminuer considérablement les effectifs des facultés des arts au profit des petites écoles, des collèges et des pédagogies qui eurent un public d'âge varié et finirent par monopoliser ce que nous appelons l'enseignement primaire et secondaire. Notons bien toutefois qu'elle est caractéristique des années d'après-guerre, à partir de 1436. Auparavant, la vie d'un collège était animée d'un tout autre esprit. Prenons par exemple le collège de l'Ave Maria à Paris, fondé par Jean de Hubant en 1339 sur la montagne Sainte-Geneviève. Ce président de la chambre des enquêtes au Parlement était juriste de métier et prêtre par vocation. Il réserva sa fondation à six jeunes garçons pauvres de son village natal de Hubant, dans le Nivernais. Ses principes pédagogiques étaient : encourager ce qu'il y a de bon dans l'enfant au lieu de punir le coupable, ou bien, s'il ne comprend pas, l'expulser.

Une seule punition corporelle est envisagée, mais elle est compréhensible : au cas où un élève aurait abîmé un livre, le fouet. Si le fautif est inconnu, le châtiment doit être appliqué à tous. En dehors de cette exception, Jean de Hubant compte sur l'intelligence des boursiers pour qu'ils respectent les statuts. Afin de les engager à les lire, il les a fait d'ailleurs illustrer, en excellent pédagogue qu'il est, par des explications visuelles sous forme de bandes dessinées que le manuscrit original nous a conservées.

Toute la vie quotidienne de ces jeunes écoliers qui avaient entre huit et seize ans nous apparaît alors, avec leur fraîcheur et leur authenticité du moment. Les bâtiments comportaient une chapelle, un dortoir, quatre chambres, un réfectoire et deux salles de classe. Les livres de la chapelle et de la bibliothèque étaient au nombre d'au moins quarante-trois. Certains étaient enchaînés. Dans le dortoir, les enfants couchaient à deux par lit et devaient apporter leur linge. Dans la salle de classe la plus grande, le mobilier comportait une cheminée avec deux chenets où brûlait le bois de chauffage, un banc, deux longues chaises couvertes de tapisserie avec écritoires le long des murs et quatre tables. Le maître enseignait donc debout ou assis, selon le cas ou la matière enseignée. Agé de vingt et un ans, il était assisté dans la direction par le chapelain. Contrairement à ce qui se passait dans les collèges fondés au XIIIe siècle, il n'était pas élu et l'organisation était peu démocratique, car Jean de Hubant se méfiait de la jeunesse écervelée. Aussi avait-il prévu qu'il soit nommé par les recteurs et les gouverneurs de collège.

La vie des écoliers comportait trois genres d'occupations : apprentissage de la vie sociale par la charité publique, prière et liturgie, enfin enseignement. Pour ne pas être coupés de la vie réelle, ils doivent être au contact de la misère avec des nécessiteux et découvrir l'isolement des vieillards. Ainsi vivent dans le collège ou à côté, dans d'autres maisons, deux petits bénéficiaires qui peuvent postuler la première bourse vacante et six pauvres étudiants qui reçoivent six bols de soupe par jour et ne dînent qu'aux jours de fête avec les boursiers réguliers. Ces derniers ont de nombreuses obligations liturgiques. Au jour anniversaire de la mort du fondateur, ils récitent un psautier entier pour le repos de son âme. A cette occasion d'ailleurs, tout le monde participe aux vigiles et à la messe. Ils doivent aussi s'occuper d'un hospice réservé à dix vieilles femmes, tout à côté, rue des Amandiers. Ils leur apportent chaque samedi une écuelle de soupe et les jours de fête une chopine de vin.

Et je ne parle pas des dépendants du collège, boulangers, vendeurs de vin, forgerons, bouchers qui sont attachés à fournir les mille et un objets nécessaires à cette communauté de très jeunes ou de très vieux. Bref, le collège était un monde en réduction, une société en miniature. Mais les difficultés de la vie, la guerre, la hausse des prix épuisèrent très certainement les intérêts et même le capital de la fondation, car, en 1430, il fallut suspendre les paiements. Les difficultés financières qui durèrent jusqu'en 1450 ne furent probablement surmontées que grâce à des coupes claires dans ces dépenses charitables. Le collège de Hubant, qui disparut au XVIIIe siècle, s'aligna sans doute alors sur les nouvelles tendances signalées plus haut.

Mais avant de le quitter, venons-en à l'essentiel de son activité. Dans un premier stade, les enfants apprenaient à lire, à écrire, sans oublier trois prières fondamentales : *Credo, Pater* et *Ave Maria.* L'alphabet était alors attaché à la ceinture du garçon, ou bien un petit livre de prières. Lorsqu'il possédait un modeste vocabulaire en latin, il attaquait en un deuxième stade le psautier et pratiquait les deux grammaires déjà citées, le *Graecismus* et le *Doctrinale*, encore et toujours les « Distiques » de Caton, les fables d'Avienus, etc. Apparaît alors une espèce de supplément à Caton, le *Facetus*, dont le but est d'apprendre noblesse et courtoisie qu'ignorait ce vieux Romain.

Parmi les autres manuels ou textes utilisés, figurent la *Massa computi*, traduite en français, pour apprendre à compter, un *Ars dictandi* pour composer lettres et documents officiels et privés, un traité moral sur Ovide (*sic*), un texte des *Métamorphoses* du même auteur, et même une traduction française de *l'Art d'aimer*. Enfin, à quatorze ans, ils travaillaient la logique à l'aide des *Sophismata* où étaient proposés des sujets pour les disputes : sophismes insolubles, impossibles ou réguliers. L'exercice consistait à dénoncer chez les sophistes les truismes dont l'affirmation ne prouve rien, par exemple : toute chimère est non étant. Ainsi s'acheminait-on vers la faculté de théologie et l'on voit que le collège avait déjà fait l'économie de la faculté des arts. Enfin, la parenté était très nette entre ces exercices, les disputes du XIIIe siècle et les controverses du temps de l'Empire romain.

Pour se reposer, les enfants du collège de l'Ave Maria (car il était dédié à la Vierge) pouvaient observer les chardonnerets mis en cage. Le semainier leur donnait à boire chaque jour dans la chapelle et nettoyait la cage le dimanche. L'enfant Jésus était alors souvent représenté en train de jouer avec les petits oiseaux et leur présence était ainsi une invitation concrète à l'imiter. A la récréation, ils jouaient au château, que l'on construit avec trois noisettes ou trois châtaignes, surmontées d'une quatrième. Il faut alors le démolir en lançant, à certaine distance, une noix. Le gagnant ramasse les ruines. Ou bien encore l'un d'entre eux, les yeux bandés, jette le chaperon (colin-maillard) ; d'autres encore lancent les cailles (billes) ou pratiquent la crosse dont nous reparlerons plus loin. Pour se restaurer, ils ont droit le matin à du pain, pour le petit déjeuner, à une écuelle de soupe ou un morceau de mouton (ou de lard entre Pâques et la Saint-Jean-Baptiste) pour le déjeuner, à deux ou trois écuelles de soupe et du fromage au dîner, sans oublier un peu de vin à faible degré d'alcool mélangé avec de l'eau. Ces renseignements très maigres, c'est le cas de le dire, doivent être complétés par ceux que nous possédons pour les vingt écoliers du collège de Périgord à Toulouse à la même époque, car ils donnent une image plus exacte de la nourriture dans les pensions.

Tout tourne, si j'ose ainsi m'exprimer, autour du pot. On y jette viande, poireaux, choux, fèves, pois, pour en tirer tous ces produits cuits à l'eau et évidemment le potage ou soupe. Chaque étudiant reçoit en moyenne un kilo de pain par jour, deux litres de vin, cinquante grammes de fèves et trente-sept de pois, quatre-vingts grammes de viande fraîche ou salée, notamment des tripes de porc au poivre. Le fromage est courant mais le lait inconnu. Quant aux fruits, en dehors des raisins ou des cerises, ils sont surtout secs : châtaignes, amandes, noix, noisettes et figues. En termes diététiques actuels, ces jeunes gens disposaient au minimum de quatre mille calories, total excessif vu leur absence de travail physique. De plus, ils manquaient de lipides et de vitamines. Un tel régime alimentaire, reflet d'ailleurs de celui des contemporains, ne favorisait pas les digestions et délabrait rapidement le corps. Mais personne n'en avait alors conscience.

Pour terminer ce tableau de la vie dans les collèges, n'oublions pas l'uniforme. A l'Ave Maria, ils portaient une chemise blanche, changée chaque semaine, une paire de chausses, et une longue tunique grise pardessus, avec un surtout de laine en hiver. Au Collège de Navarre la livrée était noire, mais à celui de Beauvais bleue et violette. Le vêtement prend une importance toute particulière au XVe siècle. Alors qu'il n'y était fait aucune allusion dans les statuts de 1366 pour l'université de Paris, ceux de 1452 insistent sur l'obligation, pour les bacheliers et les maîtres, du port de la robe longue, du chaperon, de la barrette et des souliers à bout carré. Sinon le droit de vote leur est supprimé. Même les juristes et les médecins, beaucoup plus laïcisés pourtant, insistent, à Montpellier par exemple, pour que leur vêtement long, sans ceinture, muni d'un capuchon, laisse bien en évidence les insignes des grades marqués sur l'épitoge. Les docteurs en particulier se réservent les insignes les plus prestigieux, fourrures de grand luxe, étoffes de soie ou gants. L'ordre des préséances dans les cérémonies et les processions est minutieusement fixé et donne lieu à des querelles souvent futiles. Cette affirmation de la hiérarchie universitaire et de l'éminente dignité de ses membres a une cause cachée et profonde. On espère que grâce à l'apparat, à la gravité extérieure, les privilèges seront maintenus, l'appartenance à une élite justifiée, que l'impression produite enfin sur les esprits sera profonde au point de faire reculer le mépris et diminuer la perte de prestige qui menace de plus en plus l'Université. Ultime défense d'un corps qui serre les rangs et ne sait comment faire face à une situation nouvelle autrement qu'en se raidissant. Ainsi s'explique que les professeurs aient accepté et même coopéré à la remise en ordre disciplinaire. Ils trouvèrent normal d'interdire les réjouissances habituelles, qui certes menaient souvent à des rixes, lors des fêtes ou des succès aux examens. Ils allèrent jusqu'à interdire, pour la même raison, les jeux et même les représentations théâtrales que l'on donnait dans les collèges. Des érudits ont retrouvé en effet des textes de « moralités », composées par les élèves et les professeurs en français et jouées devant ces derniers. Ils interprétèrent par exemple au Collège de Navarre, en 1426, une pièce intitulée *le Cœur et les Cinq sens*, à cinq personnages : « Dieu, le Docteur, le Péché, le Dyable et l'Homme », où l'on montre, à partir des écrits des Pères, comment l'homme peut triompher du péché. Il faut croire que certaines de ces pièces, aujourd'hui disparues, avaient une couleur satirique, car dans certaines universités, comme Orléans ou Paris, elles furent interdites. Le genre était pourtant hautement pédagogique et il ne faut point s'étonner que les Jésuites l'aient repris au XVIe siècle.

L'immobilisme pédagogique et le maintien à tout prix des anciens cursus des études et des programmes restent frappants. J'ai dit plus haut combien les réformes furent modestes et inefficaces ou imposées de l'extérieur. Par rapport au XIIIe siècle, les lectures, les disputes, les « quodlibet » ne changent pas, non plus que les grades. Tout au moins abaissa-t-on la durée des études de six ans à trois ans pour les artiens. On put donc être bachelier, puis licencié ès arts en trois ans.

Tout nouveau maître devait enseigner à Paris au moins deux ans après sa réception. Cette obligation fut supprimée en 1452. Dans les autres facultés, rien ne changea vraiment. Les études oscillaient entre quatre et six ans, sauf en théologie où elles furent toujours plus longues. Quant aux manuels, ce sont toujours les mêmes. En 1452, le cardinal d'Estouteville ordonne d'étudier les mêmes livres que ceux indiqués dans les statuts de 1366. Il se contente d'ajouter, pour les artiens, un « Art de versifier », ce qui serait peut-être la preuve d'une timide influence de l'humanisme littéraire. Nous savons par ailleurs qu'ils étudiaient Aristote, les *Summulae* de Pierre d'Espagne, ouvrage de logique, le *De disciplina scolarium* du pseudo-Boèce, dont nous avons déjà parlé et peut-être les « Quantiques » de Jean Buridan, seul ouvrage récent. Dans les autres facultés, aucune réforme n'a eu lieu. Malgré les conseils de Gerson qui voulait que l'on étudiât les Pères grecs et latins, les théologiens continuent à utiliser les ouvrages d'Aristote et les *Sentences* de Pierre Lombard. Bref, le conservatisme est complet.

Les statuts de réforme lèvent cependant le voile sur les abus que l'Etat reprochait aux universités. Ils essaient en particulier de supprimer l'absentéisme des professeurs qui faisaient lire leur cours, leur *lectio*, par un étudiant et de faire venir les régents aux disputes, dont le nombre obligatoire a pourtant été réduit à deux afin d'éviter les rixes. Ils dénoncent et interdisent les nombreuses dispenses d'âge, de durée des études, d'équivalence d'années de travail, de livres à étudier, les faux certificats de présence ou, pis encore, les partialités et les corruptions des jurys d'examen. Toutes les mesures destinées à enrayer ces pratiques restèrent en fait lettre morte. Les matricules, registres d'inscription des universités, continuèrent à comporter les noms de faux étudiants qui avaient payé pour obtenir les privilèges universitaires. Les jurys continuèrent à favoriser les élèves de tel ou tel de leurs membres. Seule l'autorisation du mariage pour les médecins finit par être acceptée. Certes, ces pratiques s'expliquent sans être excusables, parce qu'elles permettaient de retenir les étudiants qui devenaient ainsi plus facilement gradués, mais du coup leur niveau scientifique baissait immanquablement. Ce laisser-aller était d'autant plus inévitable qu'il ne venait alors à l'idée de personne de refuser un candidat à un examen. Le seul remède que trouvèrent les conseillers royaux qui inspirèrent le cardinal d'Estouteville fut d'avertir « les maîtres de ne pas permettre à leurs écoliers ou bacheliers de se présenter aux épreuves, s'ils ne sont pas sûrs qu'ils soient suffisamment préparés ». L'idée d'ajourner un candidat ne paraissait possible qu'avant l'examen !

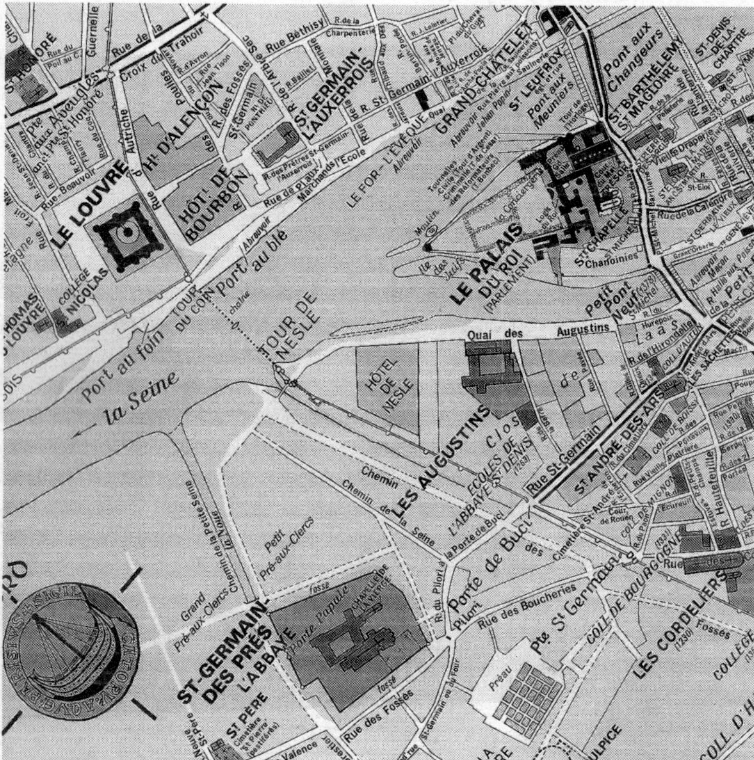
LE LOUVRE
HÔT.L DE BOURBON
Hl D'ALENÇON
ST GERMAIN-L'AUXERROIS
GRAND CHÂTELET
ST LEUFROY
Pont aux Meuniers
Pont aux Changeurs
ST BARTHÉLEMY
ST MAGLOIRE
ST DENIS DE LA CHARTRE
LE PALAIS DU ROI (PARLEMENT)
STE CHAPELLE
Chanoinies
Ile des Juifs
LE FOR-L'ÉVÊQUE
Port au blé
Port au foin
la Seine
TOUR DU COIN
TOUR DE NESLE
HÔTEL DE NESLE
COLLÈGE ST NICOLAS
Quai des Augustins
Petit Pont Neuf (1378)
LES AUGUSTINS
Clos de L'ABBAYE ST-DENIS
ÉCOLES DE
Rue St-Germain
ST ANDRÉ DES ARS
Porte de Buci
Chemin de la Seine
Petit Pré-aux-Clercs
Grand Pré-aux-Clercs
ST-GERMAIN-DES PRÉS L'ABBAYE
Porte Papale
CHAPELLE DE LA VIERGE
ST PÈRE
Rue des Fossés
Rue des Boucheries
Pte St Germain
COLL DE BOURGOGNE
LES CORDELIERS (1230)
Préau
LA FOIRE
ST SULPICE
Rue Béthisy
Rue de la Croix du Trahoir
Rue St-Honoré
ST HONORÉ
Rue d'Autriche
Rue Beauvoir

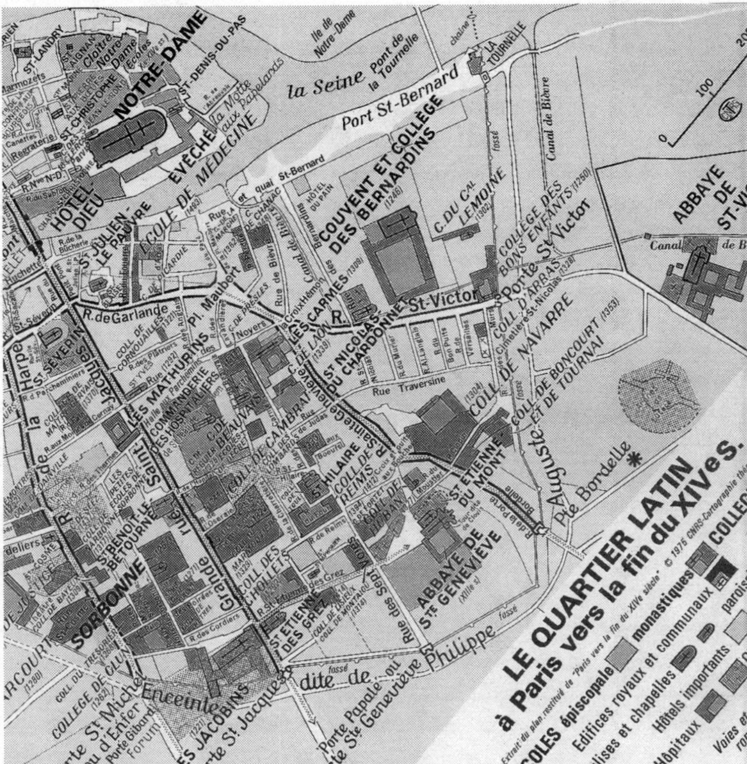
LE QUARTIER LATIN
à Paris vers la fin du XIVe S.
Extrait du plan restitué de "Paris vers la fin du XIVe siècle" © 1975 CNRS-Cartographie thématique
ECOLES épiscopale
monastiques
COLLEGES
Edifices royaux et communaux
Eglises et chapelles
paroissi
Hôtels importants
Hôpitaux
Voies et
NOTRE-DAME
ST-DENIS-DU-PAS
Ile de Notre-Dame
Pont de la Tournelle
la Seine
LA TOURNELLE
Port St-Bernard
Canal de Bièvre
ABBAYE DE ST-VIC
Canal de Bi
COUVENT ET COLLÈGE DES BERNARDINS
(1246)
et quai St-Bernard
HÔTEL DU PAIN
C. DU CAL LEMOINE
(1302)
COLLÈGE DES BONS ENFANTS
(1250)
Porte St-Victor
R. St-Victor
ÉVÊCHÉ
ÉCOLE DE MÉDECINE
HÔTEL DIEU
ST JULIEN LE PAUVRE
R. de Garlande
Pl. Maubert
LES CARMES
(1309)
COLL. D'ARRAS
(1328)
COLL. DE NAVARRE
(1304)
COLL. DE BONCOURT
(1353)
ET DE TOURNAI
ST NICOLAS DU CHARDONNET
Rue Traversine
R. Sainte Geneviève
ST SEVERIN
R. de la Harpe
LES MATHURINS
COMMANDERIE DES HOSPITALIERS
C. DE BEAUVAIS
COLL. DE CAMBRAI
ST HILAIRE
COLL. DE REIMS
ST ETIENNE DU MONT
ABBAYE DE STE GENEVIÈVE
(XIIe s.)
Pte Bordelle
Auguste
SORBONNE
ST BENOIT LE BETOURNÉ
Grande Rue Saint Jacques
COLL. DES CHOLLETS
ST ETIENNE DES GREZ
Rue des Sept Voies
Enceinte dite de Philippe
fossé
Porte St Michel ou d'Enfer
LES JACOBINS
Porte St Jacques
Porte Papale ou Porte Ste Geneviève
COLLÈGE DE CLUNY
(1262)
COLL. DU TRÉSORIER
(1268)
Forum
R. des Cordiers
0
100
200

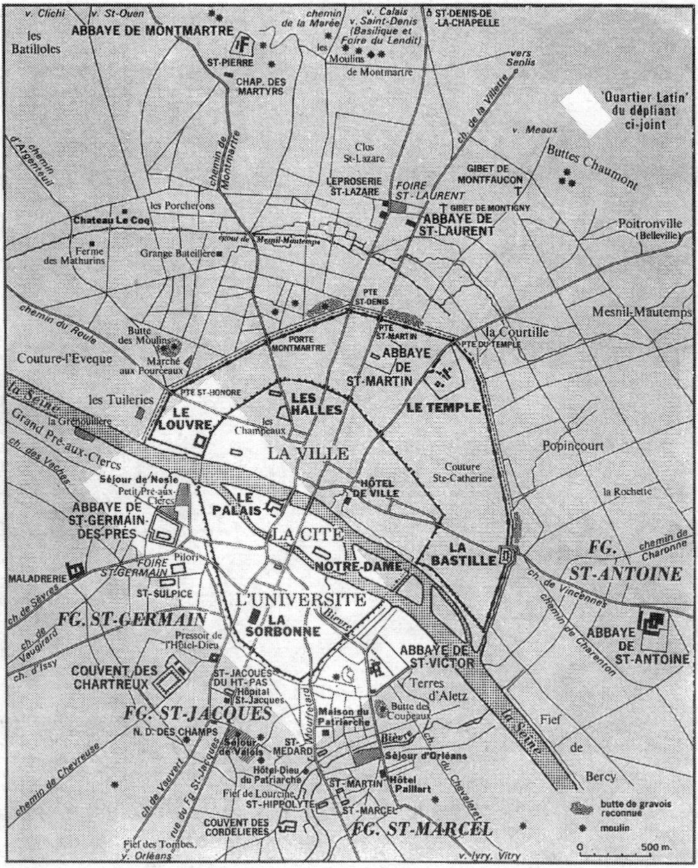

Paris et ses faubourgs, fin du XIVe siècle

Ainsi les petites écoles et les collèges, par leur dynamisme, ont progressé aux XIVe et XVe siècles aux dépens de l'Université. Les facultés supérieures, crispées sur leurs privilèges, incertaines en matière de pédagogie et d'enseignement, n'ont su que maintenir les legs de l'âge précédent, sans répondre aux critiques. Isolée, coupée du reste de la société, l'Université, à la fin du XIVe siècle, est semblable au célèbre écolier limousin que rencontre Pantagruel à Paris et qui lui raconte en son jargon ce qu'il fait avec ses camarades : « Nous transfretons la Sequane au dilucule et au crépuscule ; nous deambulons par les compites et quadrivies de l'Urbe ; nous despumons la verbocination latiale (nous épuisons la langue latine, etc.). » Le latin scolaire n'est plus qu'un charabia barbare plus ou moins francisé et Rabelais, grand adepte du grec, voulait stigmatiser par ces mots le refus de toute nouvelle connaissance. A quoi pouvait servir l'Université si elle ne contribuait plus, comme elle l'avait fait au XIIe siècle, en acceptant la science arabe, au renouvellement intellectuel ?

LE RETOUR À L'HUMANISME ET LA PRIMAUTÉ DU DROIT

Les finalités de tout enseignement sont de deux sortes. La première consiste à former un homme à l'acquisition du savoir, sans le spécialiser, en lui ouvrant la recherche intellectuelle. Ce fut la tendance prédominante du XIIIe siècle : apprendre à penser. La seconde vise plutôt l'acquisition d'un savoir-faire. L'Eglise, avec sa répulsion pour l'argent, avait favorisé la première tendance. Mais, au XIVe siècle, elle dut pratiquer la seconde car elle avait beaucoup plus besoin de décrétistes que de théologiens. L'Etat vint accentuer cette évolution par la création de nouvelles institutions : Parlement, Cour des comptes, Conseil du roi.

A partir du XVe siècle, les demandes en juristes gradués sont telles que la faculté de droit devint, dans toutes les universités, en commençant par celles du Midi, la plus importante et la plus nombreuse, loin devant celle de « Décret », qui elle-même l'emportait sur la faculté de théologie, monopolisée par les Mendiants, et les effectifs squelettiques de la médecine ou des arts. La demande en fonctionnaires devint la justification de l'enseignement universitaire tandis que l'Etat avait dès lors de plus en plus intérêt à le contrôler. On en venait ainsi à une situation analogue à celle de l'Empire tardif. Aussi la recherche pure s'exila-t-elle du *studium* avec d'autant plus de facilité que le corps enseignant y était devenu hermétique.

Le premier aspect de cette recherche fut le retour à l'humanisme. J'en parlerai fort peu, puisqu'il eut lieu presque en dehors des institutions scolaires. Néanmoins, certains universitaires ne l'ignorèrent point. On se souvient que les belles-lettres, et tout particulièrement la rhétorique, avaient été bannies des études à la fin du XIIe siècle au profit de la logique. Or nous avons vu Pétrarque se bercer à Carpentras de la musique de l'éloquence cicéronienne. En 1333, il découvrit avec enthousiasme la beauté du style d'Augustin dans les *Confessions*. Ses deux voyages à Paris lui permirent probablement de semer à l'Université ses idées contre les dialecticiens barbares qu'il détestait. Toujours est-il que le Collège de Navarre, qui depuis sa fondation était spécialisé dans les humanités, vit apparaître aux alentours de 1380, parmi ses élèves, Jean de Montreuil, Nicolas de Clamanges et Jean Gerson, de véritables lettrés qui n'avaient rien à envier à ceux de Florence.

Parmi les œuvres du jeune Gerson, alors âgé de dix-huit ans, figure un traité à la gloire de l'université de Paris et une églogue de deux cents hexamètres où le Christ et l'Eglise sont mis en scène sous la figure de Pan, dieu des Bergers, et de Palès, déesse des troupeaux, et où se trouvent déjà tous les thèmes de l'humanisme : l'idée de la voie nouvelle à frayer, la redécouverte de l'histoire et de la vérité historique, la renaissance de l'éloquence antique et la volonté de dépassement à l'égard des Grecs et des Romains. Il y eut certainement, pendant la décennie 1370-1380, juste à la fin du règne de Charles V, un véritable bond en avant dans l'étude de la rhétorique au Collège de Navarre. Ces premiers humanistes français, en particulier Nicolas de Clamanges, se lancèrent à la recherche des meilleurs manuscrits antiques, surtout ceux de Cicéron, des auteurs grecs, en particulier les Pères du ve siècle, et créèrent, à l'exemple des Italiens qu'ils feignaient de mépriser, la philologie, science de la langue. Ami de Gerson, et tout aussi anti-Anglais que lui, Nicolas de Clamanges revint même, en 1418, au Collège de Navarre, récemment pillé par les Bourguignons, pour restaurer dans cette fondation royale l'étude des humanités. Jusqu'à la libération de Paris en 1436, il y enseigna la belle latinité. C'était dans son esprit l'équivalent d'un acte de résistance politique à l'intérieur de ce collège, face à l'Université, qui, dans sa majorité, avec son enseignement de la vieille dialectique, était passée aux Anglais.

Les partisans très minoritaires du roi furent donc les premiers propagateurs de cette recherche de nouveaux matériaux intellectuels que fut l'humanisme. Nicolas Trivet qui commentait les *Déclamations* de Sénèque, Guillaume Fichet, un théologien, Robert Gaguin, doyen de la faculté de droit, furent les tenants, vers 1430-1470, de la nouvelle tendance qui triomphait à Paris. Malgré la protestation de la majorité des scolastiques qui affirmaient que la science n'a pas besoin de beau langage, la culture de la forme stylistique l'emporte dans la faveur des lettrés. La création en 1466 d'une chaire de grec à l'université de Paris est le symbole de la fin d'une époque.

Les humanistes sont les partisans politiques du roi. L'esthétique humaniste permet de revenir aux seules questions importantes aux yeux de l'Etat : la morale et la politique. Foin de la connaissance scientifique et de ses querelles, l'important est de convaincre pour diriger, de tancer pour se faire obéir ! De l'atmosphère de reconstruction et de remise en ordre de ce temps, Robert Gaguin, partisan d'une monarchie forte, est l'exemple le plus net. Il enseigna la rhétorique aux Mathurins, traduisit le *De bello gallico* de César (la Guerre des Gaules) et la troisième décade de Tite-Live. Mais il publia en 1495 une œuvre particulièrement révélatrice du nouvel esprit : le *Compendium de Francorum origine et gestis* (Résumé de l'histoire et des origines des Francs). Patriote, il écrit une histoire qui tourne autour des Gaulois. Il est le premier en particulier à montrer quel lien profond unit les druides à l'Université médiévale.

Sceptique et critique, il démolit de nombreuses erreurs historiques, y compris celles que Pétrarque a prises à son compte, car pour lui l'humanisme français est supérieur à l'italien. Contre les transalpins, il reprend de manière rhétorique le thème de la *translatio studii*, si cher à Alcuin, en affirmant que Paris est une seconde Athènes, même si Bologne est une université plus ancienne. Les portraits des rois français, très chrétiens et protecteurs des lettres, sont pour lui l'occasion d'enseigner leurs vertus. Enfin, parfaitement conscient de la crise de l'Université, il l'attribue à l'abandon des belles-lettres qu'il place en 1240. Pour lui, il n'y eut ensuite que barbarie jusqu'à son époque. Ainsi est lancée pour la première fois la grande calomnie contre l'obscurantisme médiéval. Pour Robert Gaguin, tout progrès s'est arrêté après Hugues de Saint-Victor et saint Bernard qui déployèrent beauté du style et ferveur religieuse. Créant un véritable mythe gaulois et une ferveur pour les origines, il fonde par là même un patriotisme culturel et lance l'idée de la grandeur de la France. L'humanisme se met au service de l'idéologie royale officielle et pour la première fois justifie que l'enseignement soit mis au service de l'Etat pour forger la nation.

On aura remarqué le petit nombre de ces universitaires humanistes et l'on connaît maintenant les causes intellectuelles et politiques de leur succès. Le résultat le plus important du triomphe de l'humanisme fut qu'il se développa en dehors des universités. Anti-intellectualiste, antiscientifique, antirationaliste, l'humaniste ne pouvait développer ses recherches dans une Université qui méprisait et refusait en bloc littérature, poésie et mystique. Il restaurait donc la vieille opposition cicéronienne entre l'*otium* et le *negotium*. Et pour lui il est normal de réintégrer dans la catégorie du loisir l'activité de l'esprit, alors que pour l'intellectuel médiéval elle était partie intégrante de toutes les peines des hommes. Le loisir studieux et solitaire à la campagne, loin du tumulte des villes... et des étudiants, voilà l'idéal !

Beaucoup d'humanistes n'enseignèrent point, furent secrétaires d'un prince et jouirent de prébendes plus souvent d'origine laïque qu'ecclésiastique. Jean de Montreuil fut le protégé du roi Charles VI, du dauphin, des ducs de Berry, de Bourgogne et d'Orléans ! Par leur correspondance, ils révèlent leurs goûts et leur nouvelle mentalité. Adeptes de la beauté et de la richesse, ils se considèrent comme une élite située au-dessus de la masse. Ils sont des amis du prince et des solitaires préparant une œuvre géniale. Au professeur discutant pied à pied avec ses élèves succède l'érudit, seul et silencieux au fond de son cabinet, entouré de manuscrits et de livres. Grâce à ce nouveau statut, cette aristocratie de l'esprit peut se dispenser de communiquer ses découvertes à de jeunes trublions. La pensée vivante est alors coupée de l'enseignement et la recherche intellectuelle, qui avait rendu l'Université si éclatante de santé au XIIIe siècle, l'a complètement désertée. Cette « rupture entre la science et l'enseignement » est, comme l'a fort bien montré Jaques Le Goff, avec l'apparition du nouveau type social qu'est l'érudit, la cause fondamentale de l'échec de l'Université médiévale désormais coupée de ses sources.

Derrière le renouvellement de l'inspiration, la condamnation de la scolastique et le service du prince, percent au fond l'utilitarisme. La recherche désintéressée est passée aux mains du roi mécène, à condition de soutenir ses idées. Les facultés de décret et de droit ont les effectifs les plus nombreux parce qu'elles offrent de considérables débouchés dans l'Eglise et l'Etat. La papauté d'Avignon orthodoxe (1316-1378) puis schismatique pendant le Grand Schisme (1378-1414) fit de cette ville la capitale de la chrétienté. Pour reconquérir Rome, les papes mirent au point toute une bureaucratie destinée à drainer vers eux les revenus des biens de l'Eglise. La Chambre apostolique devint un organe fondamental pour assurer l'expédition du contentieux financier et de la correspondance spirituelle ou temporelle. Comme les papes purent bientôt pourvoir à tous les bénéfices majeurs, ils tinrent ainsi dans leurs mains aussi bien les nominations des fonctionnaires curiaux que les prébendes des futurs étudiants. Tous devaient être gradués au moins en droit canon, si ce n'est en droit civil ou en théologie. Ce souci du bon droit l'emporta d'autant plus que la religion du temps, faite d'anxiété devant la mort subite, était avide de techniques juridiques pour connaître le salut et la bonne mort.

Comme le souligne Jacques Verger, « le prêtre devait être l'homme qui connaissait les formules (prières), les règles (préceptes moraux, obligations canoniques, commandements de l'Eglise) que devaient observer les fidèles, les pénitences et les sanctions qu'ils encouraient s'ils les transgressaient ». On sait comment ces quantifications et ces observances réglementaires aboutirent aux excès des indulgences que stigmatisa Luther. Ainsi, l'homme d'Eglise devint un fonctionnaire du sacré, un rouage dans la structure. Les commentateurs du Code de droit canon eurent donc une clientèle abondante et fournie, car il leur fallut aussi répondre aux besoins des évêchés. Ils diversifièrent à l'extrême l'enseignement du Décret, y ajoutant les lettres de Jean XXII, dites « Extravagantes », parce qu'elles étaient, sans thème ordonnateur, des traités de morale économique, des manuels de confesseurs, etc.

Les papes d'Avignon favorisèrent d'autant plus ces études qu'ils étaient tous eux-mêmes, sauf Benoît XII (moine cistercien et bachelier en théologie), sortis des facultés juridiques ou compétents dans les deux droits. Urbain V, par exemple, avait suivi des cours à Montpellier, Toulouse et Paris, où il obtint son doctorat en droit canon en 1342, puis il fut professeur à Montpellier et en Avignon. Il fut d'ailleurs celui qui s'intéressa le plus à l'enseignement, au point de trouver normal que les étudiants qui tiraient leurs ressources du Saint-Siège finissent pères de famille, avec un métier manuel. L'essentiel était qu'ils aient étudié. D'autres, comme Grégoire XI (1370-1378), firent recopier les œuvres de Pétrarque et diffuser l'humanisme. L'université d'Avignon eut donc une importante faculté en droit canon, et cela même après le départ de la Curie en Italie au XVe siècle, et malgré pourtant une véritable « crise de l'emploi » qui s'ensuivit. En effet, selon Bernard Guillemain, l'ensemble des bureaux, y compris la Curie, employait quatre mille trois cent quatre-vingt-onze personnes au XIVe siècle, faisait aller et venir quinze à vingt mille courtisans, alors que la ville elle-même ne comprenait normalement que cinq mille personnes. La chute fut donc nette, mais les suppliques et demandes de grâces expectatives pour obtenir des bénéfices, que l'on adressait au pape, continuèrent à être nombreuses même si elles n'étaient pas toutes accordées.

En 1378, selon les chiffres de Jacques Verger, les universités françaises présentèrent une liste de quatre mille sept cent quatre-vingt-huit noms à Clément VII. En 1403, elles en envoyèrent encore à Benoît XIII quatre mille quatre cent soixante-dix-huit. Beaucoup d'étudiants en droit obtinrent donc un canonicat ou une paroisse pour payer leurs études. Les candidats aux bénéfices accouraient ainsi en cour d'Avignon, passaient des examens devant des gradués d'université qui les interrogeaient en latin, en chant et en art d'écrire les lettres. Un échec entraînait la perte de tout droit au bénéfice demandé. Les pauvres clercs en particulier furent de fervents adeptes de cette politique pontificale. S'ils avaient moins de quinze livres tournois de revenus par an, ils pouvaient postuler aux grâces expectatives réservées aux pauvres *(in forma pauperum)*, généreusement accordées lors d'un nouvel avènement ou d'un grand événement. A l'autre extrémité de la carrière ecclésiastique, certains, à l'inverse, cumulaient deux ou trois bénéfices de plusieurs centaines de livres de revenu au total. Bref, les clercs décrétistes pouvaient tous avoir un bel avenir devant eux.

L'enseignement de cette discipline aurait donc dû transformer la culture intellectuelle du clergé et l'améliorer. Cela ne fut vrai qu'en partie. Toujours selon Bernard Guillemain, sur 134 cardinaux (dont 118 siégeants) dans le royaume de France, entre 1309 et 1376, 66 au moins ont reçu des grades universitaires. Cela ne fait que la moitié. Sur ce nombre, 21 avaient fait du droit canon et 18 du droit civil, soit 71 % du total, contre 28 % en théologie (souvent dominicains ou franciscains) et 1 % en arts. Certes, cela confirme l'aspect de cardinal-fonctionnaire aux dépens de l'aspect chef religieux, mais, malgré tout, cette proportion d'anciens étudiants au plus haut degré de la hiérarchie ecclésiastique n'est pas majoritaire. En dehors de la Curie, dans les villes épiscopales, dans les chapitres, la proportion des gradués est encore importante autour de l'official, du vicaire général ou du maître de l'école cathédrale. Mais ailleurs, chez les moines noirs et dans les cures paroissiales, ils sont très rares. Au XVe siècle, on signale bien après 1450 une remontée de la proportion des gradués dans le clergé. Si la Pragmatique sanction de Bourges de 1438 avait été bien appliquée par le roi, elle aurait réservé 22 % des bénéfices aux gradués d'Université. Dans certains diocèses ou même dans le chapitre de Notre-Dame de Paris, 50 % des prêtres seraient passés par l'Université, avec toujours une forte prédominance de canonistes.

Il se peut fort bien que cette augmentation soit due à la dévaluation des titres universitaires. L'université d'Orange par exemple, avec un ou deux docteurs en décret, vendait sans vergogne les diplômes malgré les protestations indignées de ses rivales plus sérieuses, Avignon ou Montpellier. Au total, une petite élite de canonistes et quelques théologiens aventureux ou peu écoutés ne suffisaient point pour que le clergé puisse être considéré comme cultivé dans son ensemble. L'Université, institution pontificale et cléricale, remplit peut-être son but pour fournir des fonctionnaires, mais elle n'atteint pas sa tâche lorsqu'il s'agit d'instruire les clercs. Un haut clergé habile pour administrer, un bas clergé ignorant, telle est la situation qui indignait Guillaume Durant, evêque de Mende, ou plus tard Gerson, curé de Saint-Jean en Grève, et les poussait à réclamer vainement la création de ce qui fut plus tard les séminaires.

En revanche, l'Etat réussit beaucoup mieux à utiliser à son service les juristes en droit civil qui, une fois leurs grades obtenus, résignaient leurs bénéfices, se mariaient et obtenaient un poste soit dans le gouvernement central, soit dans les administrations locales. En effet, l'appareil bureaucratique de la monarchie française se précise sous Charles V et devient très important à partir de Charles VII. Le roi entend se faire obéir et il trouve des serviteurs qui vont encore plus loin que lui. Pour lutter contre la féodalité, il multiplie ses organismes de justice, tant au niveau parisien, avec les différentes chambres du Parlement, qu'au niveau provincial en multipliant les parlements locaux. A partir de 1455, il lui faut mettre sur pied une administration fiscale pour lever les impôts annuellement. Avocats, juges, trésoriers, receveurs sont de plus en plus nécessaires pour les services de l'Etat. Les facultés de droit civil vont les fournir. Dans le Midi de la France en particulier, l'Etat prit le relais de la papauté qui avait quitté Avignon, en utilisant aussi des décrétistes qui souvent, nous l'avons vu, avaient fait du droit romain.

La discipline connaît alors un très grand essor. Les travaux des Italiens, en particulier ceux de Bartole de Sassoferrato (1314-1357), qui commentèrent aussi le droit féodal et les coutumes locales, permirent à toutes les facultés de droit civil de s'adapter à la demande. Beaucoup d'universités nouvelles au XVe siècle furent même fondées pour fournir des fonctionnaires au duc de Bourgogne ou au duc de Bretagne. Certaines villes essayèrent d'obtenir une faculté de droit pour satisfaire les demandes des bourgeois en spécialistes de contentieux financier. A la fin du XIIIe siècle, les Lyonnais avaient arraché la création de deux chaires de droit civil et trois de décret. La peste noire de 1348 dispersa l'école. Deux essais infructueux au XVe siècle ne laissèrent subsister qu'un enseignement du notariat. A Reims existait une école de droit où s'illustra par exemple, après 1386, Guillaume Fillastre, un des premiers humanistes, comme avocat et professeur.

Dans la plupart des villes se trouvaient donc des professeurs ès lois ou des notaires capables de former des clercs lisant, écrivant et frottés de notions de droit. Mais s'ils voulaient pousser plus loin, il leur fallait partir pour les universités afin d'y passer leurs grades. Pour obtenir le baccalauréat en droit, ils étudiaient, après quatre années en arts, pendant au moins quatre ou cinq ans. La licence demandait encore quatre à six ans de plus. Certains ajoutaient même la licence en droit canon pour obtenir l'exemption fiscale. Selon le stade où l'on parvenait, on était saute-ruisseau ou clerc principal, sergent, huissier, avocat du roi, lieutenant du baillage, dit juge-mage dans le Midi, bailli ou sénéchal. Comme pour les canonistes, la proportion des gradués en droit fut importante dans les organismes centraux parisiens mais beaucoup plus faible dans les provinces. A Senlis, Bernard Guenée signale des avocats, simples maîtres ès arts.

Puis à partir de 1450, la proportion des gradués augmente. « Plus le temps passe et moins la licence ès arts suffit », selon l'expression de Bernard Guenée. La centaine des parlementaires parisiens est intégralement passée par l'Université. Mais dans les sénéchaussées languedociennes, à Lyon, à Senlis, ils restent encore minoritaires, même si les licenciés en droit sont devenus plus nombreux. Ils utilisent de plus en plus une armée de tabellions, de greffiers et de sergents. Vers 1400 apparaît la communauté de ces clercs de justice, la Basoche, l'une au parlement de Paris, l'autre au Châtelet. Celle de Lyon naît vers 1450. Ils jouent des farces et des jeux en public. Le théâtre est une activité normale pour ces clercs cultivés qui puisent souvent leurs intrigues comiques dans les pièces de leurs procès.

Qu'ils soient officiellement clercs ou laïcs, tous ces hommes de loi mènent en réalité une vie qui n'a plus rien à voir avec l'Eglise. Ils sont désormais parvenus à une situation sociale importante et respectée. Il reste à savoir si l'Université a permis de l'atteindre à tous ceux qui l'ont souhaité, si elle a favorisé certaines origines sociales plutôt que d'autres. Cela nous amène aux aspects sociaux et économiques de l'enseignement.

Aspects sociaux et économiques de l'enseignement

Une élite restreinte de gens cultivés, un groupe un peu plus important de gens alphabétisés, tel est le bilan des universités et des petites écoles. Trois sortes de filtres ont sélectionné petit à petit ces privilégiés : l'origine géographique, l'argent et le groupe social de départ. Au XIIIe siècle, le recrutement professoral et estudiantin était international. Tous les groupes sociaux étaient représentés dans le monde scolaire et universitaire, avec une particulière faveur pour la bourgeoisie et la petite noblesse. Aux XIVe et XVe siècles, une tendance à la fermeture apparaît, même si la papauté d'Avignon a été l'âge d'or des clercs gradués, et la reconstruction, après la guerre de Cent Ans, l'acte de naissance des cadres de l'Etat pour les juristes. L'aspect de chrétienté internationale qu'offrait chaque université disparaît en effet inéluctablement sous l'effet de la création de nombreuses rivales européennes, en Germanie principalement.

Les étrangers n'ont donc plus aucun motif de venir en France puisque cet enseignement est maintenant chez eux. Cependant, certains viennent encore, attirés par le renom, tels les Suédois à Orléans, les Italiens à Paris, mais bientôt les désordres du Grand Schisme ou des guerres, la nécessité de prendre un parti religieux ou politique firent choisir une université pour d'autres motifs que l'excellence scientifique. L'écœurement devant la scolastique, la valeur identique des enseignements de droit civil nivelèrent la hiérarchie universitaire, sauf peut-être pour la médecine à Montpellier où la dissection sur l'homme est couramment pratiquée à partir de 1376. Aussi devient-il beaucoup plus pratique de se rendre à l'université la plus proche. Le recrutement se régionalisa de plus en plus. Les nations devinrent de moins en moins représentatives et se querellèrent entre elles encore moins. Le déracinement, qui avait fait la force de ces institutions parce qu'elles offraient aux écoliers une structure d'accueil, devint plus faible et la prise de conscience du corps universitaire et de ses privilèges en diminua d'autant.

Dans certaines universités, les nations tombèrent même en sommeil et la défense des privilèges par les étudiants fut beaucoup moins ferme. En 1434, par suite de l'occupation anglaise, il ne restait plus de la nation anglo-germanique qui regroupait les écoliers d'Europe continentale que deux membres : un Flamand, Albert Vorden, qui était procureur, et un Suédois, Olaf Magnus, qui était receveur. Puis la peste de 1438-1439 ne laissa survivre de cette nation que son robuste bedeau, Bohémond de Kaiserslautern. Néanmoins, à partir de 1441, les étudiants germaniques commencèrent à s'inscrire de nouveau dans la nation. Puis les décrets de Louis XI, expulsant les Bourguignons et interdisant qu'un recteur étranger soit élu, firent boycotter l'Université par les étudiants du diocèse d'Utrecht. En 1481, ils n'étaient plus que sept. L'importance de la nation germanique a donc varié en fonction des événements politiques.

Le père Gabriel, qui a étudié les livres de receveurs de cette nation entre 1425 et 1494, a pu dénombrer mille cinq cent trente-cinq bacheliers, dont plus de 75 %

venus de Germanie, Suisse, Europe centrale et Scandinavie. Cela donne une moyenne trompeuse de 22 étudiants par an. Les fluctuations de leur nombre, qui alla jusqu'à la quasi-extinction à deux reprises, la courte période de remontée vers 1450, n'empêchèrent pas les institutions de la nation de fonctionner. Mais ses responsables s'efforcèrent surtout de répondre aux besoins de ses membres, car les montants des cotisations prouvent qu'au moins 64 % d'entre eux étaient ou bien pauvres ou bien munis de ce que nous appellerions aujourd'hui un strict minimum vital. Une bonne partie des finances de la nation fut donc consacrée à l'aide et à l'entretien des plus misérables (18 % environ). Ce petit groupe a donc survécu au milieu des autres nations beaucoup plus puissantes, celle des Normands lors de l'occupation anglaise, celle des Français ensuite. Il préféra garantir aux écoliers une véritable assurance sociale dans le cadre d'une camaraderie internationale plutôt que de participer à la défense des privilèges et des statuts de l'université de Paris. En effet, parmi les nations parisiennes, seule celle de France manifesta un réel acharnement dans ses luttes avec le roi. La toute petite minorité d'écoliers étrangers ne fit jamais parler d'elle.

L'exemple de l'université de Toulouse, en 1378, révèle bien cet aspect prédominant du recrutement régional. Cette année-là fut envoyée à Clément VII une requête en faveur de mille trois cent quatre-vingts maîtres, licenciés, bacheliers et étudiants des facultés des arts, de droit canon et de droit civil. L'écart entre les étudiants de ces deux dernières facultés confirme l'importance du Décret : cinq cent cinquante-cinq contre cent quatre-vingt-douze en droit civil. Cela est normal dans une université méridionale. Elle regarde vers Avignon qui octroie les prébendes et les places. Mais l'étude des origines locales de cette population scolaire confirme la régionalisation du recrutement.

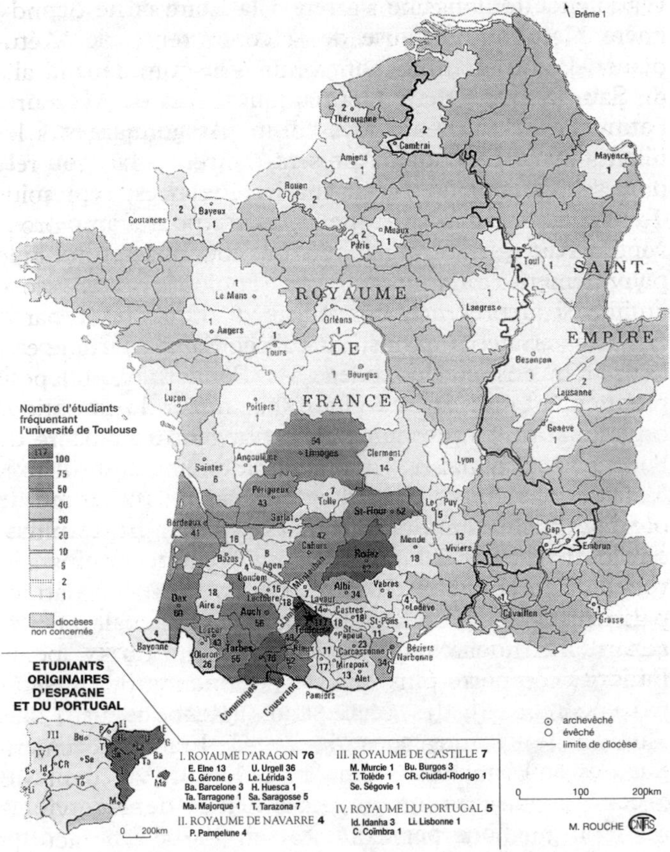

Origine, par diocèse, des étudiants
de l'université de Toulouse en 1378

Comme le montre la carte, le diocèse de Toulouse vient en tête, la majeure partie des maîtres et étudiants étant originaire du Bassin aquitain et du Massif central.

L'audience toulousaine s'arrête à la Loire et ne dépasse guère Narbonne à cause de la concurrence de Montpellier. Peu d'étrangers sont venus s'inscrire dans la cité de Saint-Sernin : deux Germaniques, l'un de Mayence, l'autre de Brême. Quelques voisins Aragonnais et Castillans sont cependant présents : trente-six pour le diocèse d'Urgell, à cheval sur les Pyrénées, sept pour Tarragone, six pour Gérone et quatre pour Pampelune. Même avec quatre-vingts étudiants ibériques au total, le rayonnement international de Toulouse reste donc limité. Si la présence du collège de Foix, réservé aux Pyrénées et aux Gascons, du collège Saint-Martial pour les Limousins et du collège de Périgord explique le recrutement dans le Sud-Ouest, elle ne rend pas compte cependant de l'importance du contingent du diocèse de Saint-Flour pourtant peu peuplé (cinquante-deux). Toucherions-nous ici du doigt un cas de recherche de promotion sociale hors d'un pays pauvre ? En tout cas, au total, 93 % du monde universitaire toulousain venaient de la région environnante !

L'Université vit donc déjà, au niveau régional, à l'intérieur d'une monarchie nationale. Au début du XVe siècle, Paris ne comporte plus que des Normands (Caen n'est pas encore créé), des Champenois (Reims n'eut jamais d'université) et des gens de l'Ile-de-France. Ecossais, Suédois et Flamands y sont, nous l'avons vu, une poignée. L'expulsion plus ou moins teintée de xénophobie des Bourguignons par Louis XI, en 1470, acheva cette réduction à la dimension nationale. L'*Alma mater* ne mérite plus cette appellation de mère nourricière, puisqu'elle n'accueille plus les étrangers.

Par l'installation des collèges, elle nourrissait encore cependant les pauvres écoliers. Nous avons vu les efforts de l'Eglise en ce sens et nous savons que l'université de Paris, pour trois mille étudiants, offrait encore à la fin du XVe siècle six cent quatre-vingts bourses. Mais ces chiffres sont trompeurs. Bien des places de collège étaient occupées par des pensionnaires payants. Nous avons remarqué à propos des Anglo-Germaniques que le maintien du système des nations chez les artiens permettait d'entretenir l'ouverture de l'Université aux nécessiteux. Mais ces institutions s'étiolaient à la fin du XVe siècle. La réduction du nombre des étudiants en arts ou en théologie se fit aux dépens des pauvres, tandis que l'augmentation dans les deux droits et en médecine se fit au profit des riches. Les carrières intéressantes ne pouvaient attirer que les enfants des milieux fortunés.

D'ailleurs, les études coûtaient cher. Bernard Guenée montre que le jeune écolier qui quittait Beauvais ou Senlis pour le *studium* parisien devait payer l'écolage, les frais de pension (salaire des professeurs, nourriture, logement) et apporter l'argent nécessaire pour les vêtements et les fournitures scolaires, sans oublier les frais d'examen. Quatre ans de faculté des arts revenaient en gros à une somme oscillant de quatre-vingts à cent vingt livres tournois. De même, l'étudiant lyonnais, envoyé en Avignon ou à Toulouse, coûtait à ses parents, y compris les étrennes aux bedeaux, les banquets, les frais de livres, etc., cinquante-trois ducats dans la première ville et trente écus dans la seconde.

Au total, vers le milieu du XVe siècle, il fallait dépenser par an trente à trente-cinq livres tournois, ce qui équivalait à l'époque à deux fois et demie et même quatre fois le salaire d'un manœuvre. En valeur absolue, cela représentait le capital d'une petite maison, selon René Fédou. Et cela chaque année ! Le grade de docteur était donc celui des riches et il fallait vraiment s'obstiner pour continuer à payer des études de droit à un jeune homme de dix-huit ans alors qu'il aurait déjà pu gagner sa vie chez un praticien.

Aussi les écoliers pauvres sont-ils une minorité qui caractérise les facultés des arts, aux études plus courtes et plus faciles. S'ils sont l'exception dans les universités méridionales, on les trouve plus facilement dans celles du Nord. Gerson, par exemple, était le fils d'un petit propriétaire agricole de la région de Rethel et tenancier de l'abbaye Saint-Remi de Reims. Il était l'aîné d'une famille de douze enfants et fut distingué par son curé qui l'envoya à Reims puis au Collège de Navarre.

Mais s'il justifia les espérances de ses protecteurs, inversement, un autre étudiant pauvre, François Villon, déçut les espoirs de son oncle chanoine. A dix-sept ans, en 1449, il passe le baccalauréat ès arts puis la licence et la maîtrise en 1452. Il participe alors à la célèbre affaire du « pet-au-diable ». Habitué aux tavernes, client des filles, expert aux jeux de hasard, il est de toutes les rixes. A la suite d'une bagarre au cours de laquelle il tue un prêtre, il s'enfuit de Paris. Puis à la Noël 1456, avec Colin de Cayeux, ex-étudiant recyclé chez les truands, un moine picard et un de ses amis, lui aussi maître ès arts, il parvient à faire crocheter les coffres du Collège de Navarre où ils volent cinq cents écus. Villon, grâcié, récidiva. Après avoir connu les prisons de l'archevêque de Bourges, celles du duc d'Orléans, puis celles de l'évêque d'Orléans, à Meung-sur-Loire, il est encore condamné en 1463 à la pendaison pour s'être laissé entraîner dans une bataille, mortelle pour l'un des protagonistes. Après appel au Parlement, il obtient, le 5 janvier 1463, que la peine soit commuée en un bannissement de dix ans. On perd alors toute trace de lui.

Ce fils d'une pauvre veuve qui avait troqué son nom, Jean de Montcorbier, contre celui de son oncle et tuteur Guillaume de Villon, professeur de droit, a donc mal tourné. Grand poète et bon vivant, il faisait partie de ces jeunes hommes déracinés et de faible volonté qui, de dix-huit à trente ans, n'arrivent pas à se stabiliser dans une ville tentatrice. Marginal par occasion, il passa de la violence au vol et entra ainsi en contact avec le milieu des bandits professionnels. Il était de ceux qui justifient les protestations et les accusations des bourgeois et des sergents contre la gent écolière, source de désordres et de crimes. En fait, il semble bien, selon Bronislaw Geremek, que la délinquance ait été rare dans le milieu étudiant.

En revanche, d'authentiques truands se faisaient tonsurer pour jouir des privilèges judiciaires des clercs et profiter de la plus grande mansuétude des tribunaux ecclésiastiques. Il était souvent difficile de distinguer, parmi d'honnêtes clercs mariés, exerçant un métier, les malandrins cachés, tel ce soi-disant pâtissier qui était en réalité un souteneur. Cela provoquait, entre le tribunal de l'évêque et le Parlement ou le Châtelet, des querelles de juridiction qui exaspéraient l'hostilité anti-universitaire, au point que Goliard veut dire désormais proxénète. Des prêtres ou des moines errants pouvaient parfois être confondus avec les écoliers, mais les tribunaux ecclésiastiques étaient beaucoup plus sévères envers leurs infractions. En somme, la coupure du milieu familial et la jeunesse de l'âge servaient d'excuse aux écoliers instables. Une bonhomie volontaire à leur égard avait pour but d'éviter que, pauvres ou non, certains d'entre eux soient tentés de verser dans la criminalité. Les quatre grâces ou remises de peines successives dont jouit Villon en sont la preuve. C'est seulement lorsque l'Université eut été mise au pas durant la seconde moitié du XVe siècle que l'attitude répressive parut l'emporter.

Les pauvres ne furent donc pas éliminés d'autorité. Ils furent rejetés insensiblement par le coût des frais de licence ou de doctorat ou le faste ostentatoire de la profession. Déjà en 1311, le concile de Vienne avait interdit que les sommes dépensées par un docteur lors de son *inceptio* (entrée en doctorat) dépassent la somme de trois mille gros tournois (soit cent cinquante livres) ! Toutes les mesures d'interdictions somptuaires de ce genre échouèrent. Les sommes offertes à l'obtention de chaque grade, « le vin, les épices » augmentèrent allégrement. Les docteurs en droit en particulier développèrent le luxe des fourrures de leur costume. Chaque faculté eut une couleur distinctive. Les participations aux bals, aux réceptions princières, aux messes et processions étaient l'occasion d'éblouir les foules pour montrer que les universitaires faisaient partie d'une riche élite.

Enfin, les collèges du XIVe et du XVe siècle furent construits dans une perspective nouvelle. Ce n'étaient plus des maisons achetées de-ci de-là, puis transformées intérieurement pour un nouvel usage, mais des bâtiments importants avec de riches dotations. Là, les habitudes de luxe pouvaient se développer, même si la grandeur des salles de bibliothèque était justifiée par les nécessités de l'enseignement. Dès lors, plus de bottes de paille pour s'asseoir, mais des salles avec des bancs, une chaise élevée pour le professeur qui se fit appeler *dominus* (maître), titre autrefois réservé aux seigneurs. Lorsque le cardinal Hélie de Talleyrand-Périgord fonda à Toulouse, en 1360, le collège dit de Périgord, pour vingt étudiants en droit civil et canonique, ses exécuteurs testamentaires dépensèrent dix-neuf mille livres tournois.

L'esprit de pauvreté qui avait présidé à la fondation des premiers collèges était donc bien loin. Si cependant le nouveau docteur avait accepté de s'endetter pour obtenir ses grades, les revenus de la profession le faisaient bientôt déchanter. Lorsque les salaires existent, ils sont maigres et l'exemption fiscale ne compense pas le manque à gagner. A Louvain, la municipalité versait en moyenne, par année, à chaque professeur jusqu'en

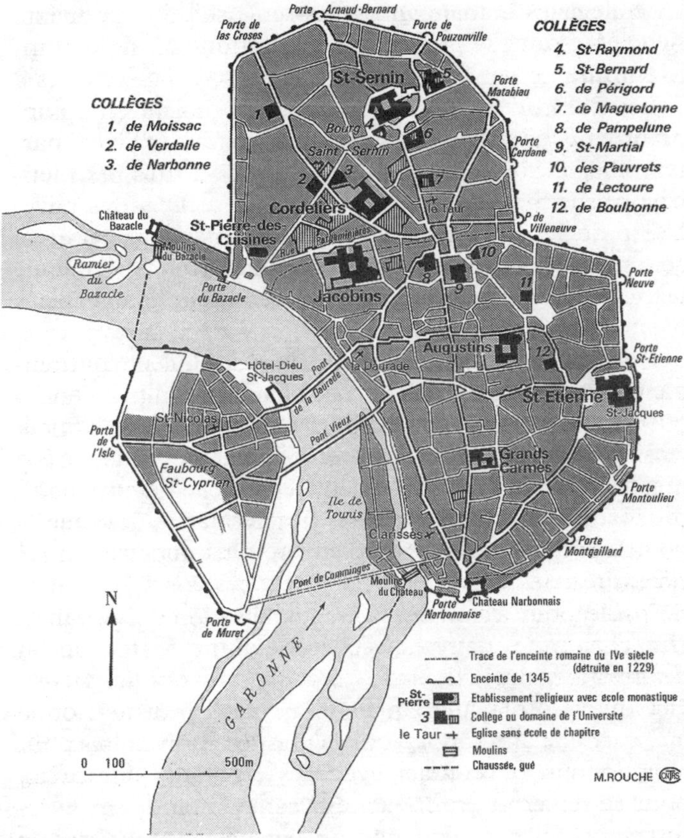

Les écoles et collèges de Toulouse au XIVe siècle

1450, de deux cents à cent cinquante florins. Puis, faute de disponibilités, elle ne leur attribua plus, après cette date, qu'entre cent et cent cinquante florins, soit le triple d'un maître maçon. Sur les protestations des maîtres, les bourgeois finirent par leur obtenir des canonicats dans les collégiales brabançonnes. La seule solution pour être riche était donc la prébende ecclésiastique et, si possible, le cumul.

Les docteurs en droit de Lyon s'en tiraient en faisant payer leurs consultations juridiques huit à dix livres tournois chacune, ce qui, à raison de deux ou trois par mois, leur permettait de doubler leurs revenus. D'autres profitaient de leurs voyages et déplacements pour faire du commerce, lequel leur était reconnu licite et franc de taxes. Juristes et médecins s'en tiraient donc toujours très bien, grâce à leur clientèle, mais les autres, surtout ceux qui vivaient de revenus ecclésiastiques, aspiraient constamment à un emploi stable et cherchaient à quitter l'enseignement pour une charge de fonctionnaire. On arrivait ainsi à un paradoxe : l'Université était devenue un tel organe de formation professionnelle qu'elle détournait les professeurs eux-mêmes de ses propres rangs, puisque la poursuite de la richesse était encore plus importante que celle du prestige.

Toutes ces tendances : régionalisation, laïcisation, élimination des pauvres, recherche d'une profession ou du prestige, du luxe et de l'argent, sans oublier le service du roi ou la sujétion à son autorité, prouvent donc la profonde mutation qui agite les universités. En abandonnant le contact avec des étudiants nombreux pour se resserrer en une élite faisant partie des groupes dirigeants, elles aspiraient à former un nouveau groupe social, les « robins », du nom de leur costume universitaire, la robe. Pour y parvenir, elles imitèrent le modèle social du temps, la noblesse. Nous avons déjà remarqué quantité de signes attestant la poursuite de l'idéal nobiliaire : goût pour les distinctions extérieures et la hiérarchie, recherche du faste et de la dépense ostentatoire. De plus en plus, l'*inceptio* du maître ressemble, par son cérémonial, à l'adoubement chevaleresque ou bien à l'hommage féodal, le chancelier jouant le rôle du seigneur qui donne le baiser de paix.

A partir du concile de Constance, chaque université adopta même des armoiries à l'exemple des insignes héraldiques des princes ou des communes. Souvent elles comportaient un livre qui symbolisait soit la Bible, soit un manuel tenu dans la main d'un maître ou dans celle de la Sagesse. Cet insigne héraldique ne désignait pas forcément le savoir. Il pouvait être aussi une allusion aux recueils de matricules ou de privilèges de l'Université sur lesquels on prêtait serment, autre similitude avec la deuxième partie de l'acte nobiliaire d'hommage. Les armes de Paris portaient un livre tenu par une main entourée de trois fleurs de lys. Parfois, ces armes étaient gravées sur les masses que les bedeaux portaient lors des processions du corps universitaire. Quant aux docteurs en droit, ils se faisaient souvent appeler chevaliers ès lois, titre révélateur de leurs aspirations. Aussi, après avoir créé une ségrégation sociale par l'argent, les maîtres eurent une double visée : accueillir favorablement les nobles sur les bancs des *studia* et finir par entrer eux-mêmes dans la noblesse.

Au XIVe siècle encore, cet état social reste encore mal défini et flou. Mais au fur et à mesure que la monarchie retira le pouvoir politique aux nobles, pour ne leur laisser que des privilèges, un certain rapprochement avec le monde universitaire allait de soi, afin d'y trouver un regain de prestige ou des situations de haute volée. L'étude de Jacques Verger sur les étudiants nobles à la fin de ce siècle dans les universités d'Avignon, Cahors, Montpellier et Toulouse montre qu'ils représentaient au minimum 5 %, parfois 10 %, du total. Ils sont présents surtout à Montpellier et en Avignon. Ils sont issus de l'est de la France actuelle, en territoire d'Empire, du Massif central ou bien de pays étrangers. Peu nombreux donc, ils sont de moyenne et de petite noblesse. En gros, ce sont des « cadets, des orphelins, des cousins pauvres » que l'on envoie préparer une carrière ecclésiastique.

Mais ce petit nombre était compensé par des privilèges importants. Ils pouvaient porter des ornements de fourrure sur leur cape. Ils étaient dispensés des limitations somptuaires imposées aux autres candidats reçus aux examens ou bien au doctorat. Ils étaient au premier rang dans les salles de cours. Ils pouvaient même profiter de dispenses d'études ou d'âge. Tous riches, cumulant déjà de nombreux bénéfices, ils font les études les plus longues et, comme par hasard, s'inscrivent presque tous dans les deux droits. Une fois sortis de l'Université, ils occupent des offices dans la suite d'un cardinal ou d'un évêque et souvent arrivent à de très hautes charges dans la hiérarchie ecclésiastique.

Ces cadets cherchent donc à monopoliser le haut clergé, grâce à leurs titres, afin de faire bonne figure devant les gradués non nobles. Mais ils n'y parviennent guère, nous l'avons vu. « Réticents devant l'instruction universitaire », ils y entrent plus nombreux au cours du XVe siècle, mais ils y restent minoritaires et continuent à négliger droit civil et théologie. En Avignon, sur les deux cent soixante et onze étudiants inscrits en théologie entre 1430 et 1478, deux cent cinquante étaient des religieux Mendiants. Ainsi s'explique que le corps épiscopal, plus féru de décrétales et de casuistique que de dogmatique, ait pu si difficilement faire face à la Réforme protestante.

Quoi qu'il en soit, cette présence des nobles n'est pas écrasante, loin de là. Elle est souhaitée pour rehausser et honorer l'idéal universitaire et faire admettre que les gradués vivent noblement et tiennent un état noble. Déjà maîtres et régents cherchent à créer de véritables dynasties de professeurs, comme pendant l'Empire tardif. Une bonne partie des étudiants sont fils d'avocats, de lieutenants de baillage, de procureurs du roi ou de membres du corps enseignant. Le fils succède au père, le neveu à l'oncle chez les clercs. Une véritable politique d'investissement familial apparaît, grâce à des legs de pensions, loyers de maisons ou de terres, ou encore dons de bibliothèques. Officiers royaux et universitaires ont une même attitude dans cette création d'un groupe social clos sur lui-même.

La transmission de l'acquis permet effectivement une hausse générale du niveau culturel et social. Les bibliothèques des juristes lyonnais du XIVe siècle ne comprennent que de stricts manuels de droit ou des ouvrages de piété. Mais grâce aux testaments léguant ces ouvrages, on s'aperçoit qu'au XVe siècle ils sont plus nombreux. Jean Le Viste lègue en particulier les « Soliloques » et les « Sentences » d'Isidore de Séville, le Roman de Lancelot et du Graal, les chroniques pontificales de Bernard Gui, sans oublier de beaux manuscrits, comme l'« Ethique » d'Aristote et les « Epîtres » de Sénèque. L'intellectuel laïc, curieux de lettres et de réflexions sur les problèmes de vie morale, vient d'apparaître. De même à Paris, au long du règne de Charles VI, les « librairies » des gens du Parlement révèlent une culture traditionnelle qui va en s'ouvrant aux nouveaux courants. Françoise Autrand a montré que ce milieu dynamique cherche essentiellement à garantir la réussite sociale des jeunes par les études. Afin qu'ils soient « tenus aux écoles », ils leur lèguent force sommes d'argent et nombre de livres ; au début du XVe siècle, ces bibliothèques atteignent la centaine. Certes, la baisse du prix des livres explique ce gonflement.

Mais il est évident aussi que tous ces officiers royaux passés par l'Université ont de plus en plus le goût des beaux livres et le désir de toujours s'instruire. Ces juristes savants et pieux préfèrent les œuvres en latin, même en dehors des manuels professionnels. Mais leur esprit critique ne leur fait pas pour autant négliger les nouveaux courants, l'humanisme et surtout l'histoire dont ils tirent des exemples pour orner leurs discours. Cette politique d'investissement intellectuel et social finit donc par faire sortir les gens de robe de la « clergie », pour les faire entrer dans la noblesse.

Le passage était insensible : mariages, vénalité des offices, exemption de tailles, constitution d'un patrimoine familial de maisons, de terres, de livres, dispenses de toutes sortes à l'Université, en particulier des droits d'examen pour les fils de professeurs, firent ainsi se rapprocher insensiblement officiers royaux, gens du Parlement et d'Université en une noblesse nouvelle, souvent accordée par le roi. Françoise Autrand a montré qu'en 1345 le parlement de Paris comportait environ 82 % d'anciens nobles contre 18 % de nobles récents. En 1454, la proportion est inversée : 36 % contre 65 %. Les ex-universitaires sont entrés dans la noblesse de robe. Ceux qui l'étaient restés finirent par y parvenir à leur tour. En 1455-1457, le parlement de Grenoble avait réputé nobles de droit les licenciés ès lois et les avocats. En 1533, François Ier accorde la chevalerie aux docteurs d'Université. En somme, la science anoblit.

L'aristocratisation des universités par afflux de nobles de vieilles familles ou anoblissement de ses membres et de ses anciens étudiants eut des conséquences funestes. Les écoliers issus d'une famille d'épée étaient plus prompts que les autres à se lancer dans les rixes et les bagarres. Souvent fauteurs de désordres, ils étaient aussi à l'origine de la corruption des jurys. Ils firent baisser le niveau des études, tandis que la conscience professionnelle des maîtres en prenait d'autant plus à son aise avec ses tâches d'enseignement que la confiance dans les vertus de la recherche et de la discussion avait disparu.

Le savoir ne doit plus être communiqué à tous. La curiosité scientifique est sans valeur. Le travail intellectuel ne se justifie plus qu'au service de la pastorale, chez les meilleurs comme Gerson, ou bien pour la gloire personnelle et celle de l'Etat, chez la majorité des maîtres qui ont perdu l'esprit de créativité et tombent dans un psittacisme stérile. Conservatisme et médiocrité ont été la contrepartie du nouveau statut social de l'universitaire. Selon la métaphore hardie mais juste de Jacques Verger, « au professeur-producteur a succédé le professeur-rentier ». Sur ce divorce entre science et enseignement va s'ouvrir une autre période de l'histoire des universités, celle de la Renaissance, qui n'est plus du ressort de ce livre.

2

Résistances et adaptations éducatives

Le monde des enseignants a donc vu, lors de la crise des XIVe et XVe siècles, triompher le conservatisme sur l'innovation humaniste parce que celle-ci était considérée comme un retour en arrière vers des méthodes périmées. Mais dans une société où l'esprit laïc l'emporte de plus en plus grâce à la mise en pièces de la pensée spéculative, les changements éducatifs sont beaucoup plus faciles. Malgré les efforts de Gerson, nous le verrons, l'Université ne s'occupe ni de pastorale ni d'éducation proprement dite. Le projet pédagogique humaniste, individualiste et aristocratique peut alors réapparaître facilement, mais il est fortement teinté, comme toujours, de moralisme stoïcien, même si le christianisme cherche à le transformer en profondeur.

Cette coupure entre l'apprentissage de la science et l'éducation morale et sentimentale des jeunes est due essentiellement à l'absence de communication entre « anciens » et « modernes ». La crise renvoie les uns à l'homme, monde en miniature, les autres à l'homme partant à la conquête du monde. La culture cléricale n'est pas celle des laïcs cultivés, et encore moins, évidemment, des analphabètes. Rares sont les personnalités originales, tels Gerson et Christine de Pisan qui, durant ces années cruciales et crucifiantes du tournant des XIVe et XVe siècles, proposent des intuitions personnelles sur l'enfant et la femme, ces délaissés de l'éducation. Aussi parlerai-je, une fois de plus, surtout des hautes couches sociales de la nation, car l'éducation des jeunes paysans, malgré toute la littérature du temps, pleine de déplorations sur leur misère, nous est très mal connue.

Le nouveau visage de l'enfant et de la femme

Quelques nouveautés significatives apparaissent d'abord dans la nomenclature des âges. Dans l'*ABC des simples gens*, ouvrage de Gerson dont nous reparlerons, nous retrouvons la traditionnelle division des sept âges de l'homme : « Les sept aagez de l'ommez dont le premier est nommé enfance qui dure depuis que la créature est crée jusques a VII ans, le second a nom puerice, qui dure jusques a XV ans, le tiers a nom adolescence qui dures jusques a XXX ans, le quart a nom jeunesse qui dure jusques a XXXV ans, le quint a nom virilité qui dures jusques à L ans, la sexte a nom senectude qui dure jusqu'à LXX ans et le VII a nom décrépitude qui dure jusques à la mort. » Comme on le voit, les anciennes distinctions, plus ou moins modifiées par Guillaume de Saint-Thierry, sont toujours les mêmes.

Le mariage aux alentours de trente-cinq ans constitue la fin de la jeunesse, sauf cependant pour la très haute noblesse et les femmes pour qui le mariage a souvent lieu à quatorze ans. Pour éviter, par exemple, que le duc de Bourgogne ne mariât leurs filles d'autorité à des nobles appauvris, certains riches bourgeois lillois s'empressaient de les caser à peine nubiles. En somme, deux faits caractérisent l'être humain éducable : l'âge et le célibat. Si ce dernier se prolonge, alors on distingue l'enfance qui s'arrête à quatorze ans, de l'adolescence. Celle-ci s'étire toujours de plus en plus, puisque apparaît et se généralise le mariage tardif. Selon l'historien Jacques Rossiaud, jeunesse et adolescence se terminent, aux yeux des hommes du XVe siècle, aux alentours de trente-six ans, même pour les personnes mariées. Au fond, tout le monde est d'accord pour considérer que la folie ou l'inconséquence durent jusqu'à la trentaine et qu'alors seulement le savoir-vivre et l'intégration sociale ont été acquis.

Immenses sont donc les tâches éducatives depuis le bébé jusqu'aux mariés. De peu de poids vont paraître au lecteur les nouvelles conceptions et pratiques éducatives face au maintien de traditions jugées intangibles : le maillot, la nourrice, l'apprentissage des vertus, etc. Cependant, le regard se tourne vers le nourrisson et l'œil le discerne mieux. Est-ce un effet de la peste qui ravage ce temps et de l'importance de la mortalité infantile ? Toujours est-il que foi inquiète, crainte de stérilité et peur d'être sans héritier se combinent pour que les parents trouvent intolérable la mort des nourrissons non baptisés. La littérature hagiographique est remplie d'histoires de miracles qui racontent la guérison temporaire de marmots. Cette rémission permet de leur donner le sacrement pendant ce court laps de temps. L'artiste, lui, peint ou dessine le tout jeune enfant tel qu'il est vraiment : potelé, joufflu et rond, éclatant de vie, que ce soit l'Enfant Jésus des Nativités ou le jeune enfant en prière peint par l'Anonyme de Moulins.

Le baptême est donc toujours l'acte fondateur d'un être nouveau, porteur de misères et d'espoir, auquel on prête désormais attention une fois cette cérémonie accomplie. Trois jours après sa naissance, le futur Charles VI fut porté dans les bras de sa mère sur les fonts baptismaux vers six heures du matin, le

6 décembre 1368. Pour les enfants royaux et princiers, il est compréhensible que la sensibilité à leur mort ait été plus vive que pour ceux du peuple. Là, l'indifférence est encore grande.

Aux XIVe et XVe siècles, les curés sont chargés de rappeler aux mères de famille qu'elles ne doivent pas mettre dans le lit commun des enfants qui n'ont pas atteint trois ans mais les coucher dans un berceau. Certains évêques vont même jusqu'à ordonner aux curés de faire fermer les puits situés près des maisons d'habitation pour éviter que les enfants n'y tombent. Les registres de baptême commencent à être tenus régulièrement, avec les noms des parrains et marraines qui souvent sont très nombreux. Quelques jours après la naissance avait alors lieu la cérémonie des relevailles, sorte de réintégration de la mère dans la communauté. Dans ce rite de purification subsiste au fond la vieille idée païenne de la pollution par le sang qu'il faut effacer, ce qui entretenait une certaine conception de l'infériorité féminine.

De même, l'enfant est un être faible, tout de misère. L'œuvre de Gerson à cet égard est très révélatrice, car, de par ses origines rurales, il n'a jamais perdu le contact avec les mentalités dures à la peine de son temps, partagées entre des sentiments excessifs. Il consacre plusieurs ouvrages à l'éducation des enfants, toujours au nom de l'amour du Christ pour eux. Mais deux motifs propres à son époque s'y ajoutent : il faut s'occuper des enfants parce que Jésus, en acceptant de s'incarner, a voulu s'humilier sous cet aspect, à leurs yeux avilissant, afin de les « élever », dans les deux sens du terme. Enfin il faut les éduquer, « car c'est par les enfants que doit se faire la réforme de l'Eglise ». Malgré ces deux raisons de poids, Gerson fut toujours considéré avec surprise et même scandale par ses contemporains pour son souci pédagogique pris pour de l'indiscrétion.

Il est difficile de mesurer l'impact des sermons et des œuvres pédagogiques de Gerson sur son temps, mais sa vision éducative ne pouvait pas être totalement rejetée par ses contemporains parce qu'il mit ses idées en pratique, à partir de 1404, auprès des enfants de chœur de Notre-Dame de Paris, et qu'il les enseigna à ses paroissiens de Saint-Jean en Grève. De plus, elles n'étaient qu'à moitié novatrices. Comme l'a bien montré Françoise Bonney, chez Gerson l'enfance est partagée entre l'innocence et la dépravation. Influencé par Augustin, il insiste sur la marque du péché originel, même chez le bébé. La naissance est un jour de tristesse, car un être vulnérable vis-à-vis de son entourage vient d'apparaître. Les adultes vont le corrompre. Son expérience de confesseur l'a convaincu de l'universalité du péché d'impureté chez les enfants. Mais dans son inspiration, à ce foyer noir et inquiétant s'oppose une source lumineuse et fraîche. A cause de la tendresse divine, les petits enfants sont des intercesseurs privilégiés. Inspiré ici par saint Bernard, il insiste sur la valeur mystique de l'enfance.

Enfin, le spectacle de sa propre famille paysanne à l'atmosphère quasi monacale, où son père lui montrait comment le Christ était mort en étendant les bras devant lui, où sa mère lui disait préférer « veoir votre mort corporelle que vous voir vivre et durer en l'ordure du péché mortel », l'a persuadé que la douceur et le langage du cœur à cœur peuvent tout obtenir de l'enfant. Aussi croit-il que la perception du péché par l'enfant a lieu à quatorze ans et que la première communion doit avoir lieu à douze. Ainsi ne tranche-t-il pas nettement entre les thèses de l'innocence et de la perversion de l'enfant. Les deux coexistent.

Que ce soit dans le *De Parvulis* ou l'*ABC des simples gens*, Gerson trace un triste tableau de l'éducation, ou plutôt de la contre-éducation, donnée par les familles et les autorités de son temps. Cela commence par la stérilité volontaire et les avortements, puis continue par les nourrices ivres, « par quoy le lait a comme nature de vin », donnant ainsi à sucer aux enfants comme le péché originel. Il dénonce l'attitude inconsciente des parents qui les encouragent et s'esclaffent à leurs moindres imitations des adultes. « On admire un œil lubrique, un maintien dissolu », parce que l'enfant est perçu comme un jouet. Il faut leur éviter les spectacles cruels, car il leur en restera des images indélébiles. Dans les étuves, on ne doit point se montrer nus, car ils s'en souviendront plus tard. Gerson perçoit ici, avec son intuition, ce que les psychologues actuels appelleraient un traumatisme. Mais cette sagacité a surtout chez lui un but moral. Les enfants ne doivent pas coucher avec les adultes dans le lit commun, car ce mélange de tendresse et de promiscuité peut mener à l'inceste. De même, les mères et les servantes ne doivent pas apprendre des chansons obscènes dans les lieux publics ni laisser vendre aux enfants, dans les églises, des images de nus. Tout cela s'imprime en eux comme dans de la cire molle.

Que doit-on faire alors ? A ses paroissiens de Saint-Jean en Grève, aux conseillers et officiers royaux, aux bourgeois, aux artisans, aux porte-faix qui l'écoutent, aux enfants de la cathédrale qu'il dirige, Gerson conseille d'abord que l'on commence par l'allaitement maternel, acte alors considéré comme une preuve de pauvreté et d'avilissement social. Il recommande un lit par enfant selon la coutume des Flandres. L'éducation morale et religieuse doit commencer très tôt. Les parents doivent corriger à bon escient, car c'est une forme d'amour. Ils « doivent avoir souffisant doulceur à leurs enfans sans les mener trop dur ou trop doulx ». Si les verges sont utilisées, que ce soit sans injures et jamais trop fort ! A l'inverse, pas de gâteries non plus. « Le cheval qu'on n'a pas dressé devient intraitable, l'enfant laissé à lui-même n'en fait qu'à sa tête. » Deux gros défauts doivent être particulièrement corrigés : les injures et les blasphèmes dont la mode est effarante à l'époque. Gerson en vient même à conseiller à des jeunes de ne point trop contempler les statues des saints afin d'éviter cette tentation de jurer par telle ou telle partie de leurs reliques ou de renier Dieu, sa Mère, etc. Enfin, il est le premier à s'attaquer à la masturbation dans un ouvrage intitulé *Tratactus de pollutione diurna* (Traité sur la pollution diurne). Ce comportement ne pouvait que poser des problèmes aux éducateurs, dans une civilisation où le célibat prolongé des adolescents ne faisait que développer cette pratique. Gerson en donne une description clinique précise et conseille d'en parler aux enfants et de l'éviter par le recours aux exercices physiques.

Jeux et sports paraissent en effet se développer à cette époque. Nous avons déjà vu ceux que pratiquaient les enfants du collège de l'Ave Maria. Froissart dans *l'Epinette amoureuse* indique les plus pratiqués par les jeunes à cette époque : « Aux barres, à l'agnelet, à l'esteuf, aux reculées, au mulet, au saillir plus haut, au chasse-lièvre. » L'esteuf, fait de bourre recouverte de peaux de mouton, se pousse à la main. Les balles sont des pelotes de ficelles recouvertes de drap blanc. Elles permettent de jouer à la paume, dont la vogue devient alors générale. Charles V dut même interdire d'y jouer parce qu'on y perdait son temps. En 1397, le prévôt de Paris constate que les artisans et les gens du petit peuple quittent même leur travail pour y jouer, et cela durant les jours ouvrables. Aussi ne les y autorise-t-il que le dimanche. On y jouait dans les fossés à sec des châteaux, dans les rues des villes, les cours d'auberges, etc., à main nue et à toute volée, sans limite de terrain.

Tout à fait à la fin du XVe siècle, le champ fut circonscrit, le filet, puis la raquette apparurent. Cette courte paume fut alors enfermée dans un édifice appelé tripot, parce que les joueurs y « tripent » (bondissent). Le nom passa ensuite aux estaminets situés aux alentours. Comme les joueurs criaient avant de lancer la balle : « tenetz » (vous tenez) ; êtes-vous prêts ? le jeu fut adopté en Angleterre sous le nom de tennis. Cette fixation des règles est révélatrice d'un nouvel état d'esprit : le sport n'est plus défoulement d'un trop-plein d'humeurs. Il devient à son tour structure éducative de la violence corporelle des jeunes.

En revanche, la soule ou pile resta un jeu populaire faiblement réglementé. On y jouait surtout dans les campagnes. Chaque troupe devait faire pénétrer un énorme ballon, en bois ou en cuir, rempli de foin et de mousse, dans le camp adverse. On le chassait à grands coups de pieds et de poings vers le but qui, selon les régions, était soit un mur ou une limite de champ, soit une porte d'église ou même une mare dans laquelle il fallait noyer la soule. En ressortir complètement trempé ou couvert de boue des pieds à la tête corsait l'attrait du jeu. On y jouait paroisse contre paroisse et célibataires contre mariés, à Carême prenant, à Pâques, à Noël et à la fête du saint patron local. Le jeu, plus proche de l'actuel football américain que du rugby, était d'une violence extrême. Le roi dut même accorder au XIVe siècle des lettres de rémission à des joueurs qui, au lieu de cogner sur le ballon, l'avaient confondu avec la tête du voisin, ce qui avait valu à ce dernier de sortir du jeu pour l'éternité. Même les ecclésiastiques jouaient à la pile. A Paris, le jeu était pratiqué devant l'actuelle église de Saint-Eustache par les chanoines. Il commençait par le chant du *Victimae Paschalis laudes* et se terminait par une ronde que dansaient les joueurs. Dans la passion d'Arnoul Gréban, diables et diablotins jouaient sur la scène avec l'âme de Juda, transformée en ballon qu'ils se renvoyaient à coups de pieds et de poings.

Quant à la crosse, elle continue, elle aussi, à passionner les joueurs qui s'en administrent souvent de rudes coups au point que crosser finit par signifier traiter brutalement. Elle est même pratiquée en hiver sur les lacs gelés, avec des patins, comme à Chauriat en Auvergne. Ainsi apparut le hockey sur glace. Un premier adoucissement de cet « ébattement » se manifesta au XVe siècle : le mail. La crosse est devenue un maillet avec lequel on pousse la boule de bois jusqu'à ce qu'elle ait touché des buts ou passé par des détroits, avec le moins de coups possible. Appelé aussi pile mail, ce jeu permettait de s'exercer sur de longues distances tout en bavardant (d'où l'Anglais Pall Mall). C'est l'ancêtre de notre croquet.

Ces jeux et sports auxquels s'adonnaient les enfants et les jeunes étaient très mal vus par les pouvoirs publics, non pas tant à cause de leur violence que pour l'immoralité ou l'inutilité de certains. Au lieu de favoriser les exercices physiques comme l'aurait voulu Gerson, les rois de France en restèrent à la vieille opposition des jeux vils et des jeux nobles. Les jeux de dés, de table, de paume, de quilles, de palet, de soule, de billes (*sic*), etc., furent interdits par Philippe V le Long en 1319, puis par Charles V en 1369, sans grand succès semble-t-il d'ailleurs. Au fond, ils n'étaient acceptés et encouragés que dans la mesure où ils constituaient un entraînement militaire, ce qui en faisait l'apanage des nobles. Sinon, ils étaient réprouvés comme vils, poussant à la fainéantise et à la débauche. Ainsi comprend-on mieux pourquoi ces jeux sans règles, ces défoulements d'une violence comprimée par une vie sociale inquiète avaient tant de succès, et comment certains se disciplinèrent à l'invite d'un pouvoir qui cherchait à mettre chacun à sa place et à lui faire tenir son rang.

Nous sommes loin de la finesse psychologique de Gerson qui cherchait à faire progresser la maîtrise du corps. Les conceptions éducatives du temps oscillent entre le relâchement des passions et leurs brutales répressions. Le lecteur se rappelle le retour en force de la misogynie et la crise du mariage chrétien à la fin du XIIIe siècle. La situation des jeunes filles ne change guère lors des deux derniers siècles du Moyen Age en crise. L'hostilité envers leur instruction est toujours aussi forte. La femme de Guillaume de Saint-Germain, procurent du roi au parlement de Paris entre 1365 et 1383, Denisette Mignon, ne sait ni lire ni écrire. L'auteur du Ménagier de Paris, un bourgeois qui écrit vers 1393, pour sa femme, ses filles à venir, nièces et autres descendantes ou lectrices, ne s'occupe guère des livres, les estimant peut-être inutiles pour son épouse. Il se contente de préciser qu'elle doit savoir lire, écrire et compter.

L'instruction féminine a cependant progressé, puisque, comme nous l'avons vu, des maîtresses d'école sont apparues. A Paris, elles prêtent serment au chantre de Notre-Dame qui leur donne permission d'exercer pour un an, jusqu'au 6 mai ou au 24 juin suivant. Il semble qu'après la peste de 1348 le manque d'hommes ait été la cause qui permit leur entrée dans l'enseignement. La mixité est sévèrement interdite à l'intérieur de leur salle de classe. Les jeunes filles nobles, elles, recevaient certainement une éducation au-delà du strict nécessaire que dispensaient ces petites écoles.

Pouvaient-elles alors entrer à l'Université ? Au moment où la crise démographique réduisait le nombre des hommes, il aurait peut-être été possible de les admettre dans le cycle supérieur des études. En 1322, la faculté de médecine de Paris poursuivit en justice Jacqueline Félicie de Almania, une noble d'origine probablement germanique. Elle avait alors trente ans et exerçait la médecine dans les villes et les faubourgs sans avoir reçu la licence de la Faculté et du chancelier. Où avait-elle acquis ses connaissances ? On ne sait. Elles étaient réelles en tous les cas, puisque des témoins, convoqués par elle, témoignaient de la valeur de ses diagnostics et de ses traitements dans certaines maladies, là où des médecins connus, dont ils donnèrent les noms, avaient échoué. Elle plaida ensuite sa propre cause contre l'ordonnance qui lui interdisait d'exercer alors qu'elle avait la qualification pour le faire. Elle montra que les doctoresses étaient indispensables pour soigner certaines maladies féminines.

Les femmes, en effet, avaient honte de montrer leurs infirmités à des médecins masculins et en mouraient prématurément. De telles raisons ne convainquirent point la Faculté qui imposa, pour la deuxième fois d'ailleurs, semble-t-il, une amende à Jacqueline Félicie de Almania. Il est fort probable qu'elle continua d'exercer, de même que, toujours à Paris, une certaine Jeanne, « religieuse civile et mariée », Béloka la Juive, qui avait dû apprendre son métier chez ses coreligionnaires, et Marguerite d'Ypres qui pratiquait la chirurgie. D'autres femmes furent inculpées pour les mêmes raisons entre 1322 et 1331. Puis toute trace sur les femmes médecins disparaît dans les documents. Peut-être se maintinrent-elles dans la pratique de l'obstétrique, soit en tant qu'autodidacte, soit par apprentissage auprès d'une sage-femme. En tout cas, officiellement, les femmes ne peuvent aller s'instruire dans les universités, même quand elles sont nobles. Elles n'ont que les monastères. Mais nous manquons de renseignements sur l'enseignement qu'elles y reçoivent, ou sur le précepteur privé qui les prépare beaucoup plus à la connaissance artistique que scientifique.

En effet, certaines savent chanter et jouer d'un instrument de musique, harpe ou épinette, telles Marie de

France ou Isabeau de Bavière. Cependant, la littérature pédagogique à l'usage des jeunes filles de leur genre est toujours à base de recueils de bonnes manières. Le livre du chevalier de la Tour-Landry, écrit vers 1371-1372, fait penser à celui de Philippe de Novare sur les quatre âges de l'homme. Il est empreint de la même méfiance envers l'espèce féminine et prône bons exemples, belle contenance et bonnes manières. Mais, pour éviter le flirt, il peint aussi les méchancetés « d'aucunes femmes de mauvaise vie qui mésusèrent et eurent blasme ». Ce qui nous vaut deux récits fort scabreux, l'un d'une dame qui met en danger la vertu d'un ermite qu'elle accueille chez elle et l'autre de trois pucelles qui jouent à la courte paille un amant volage. L'éducation des femmes est divisée par conséquent entre deux courants opposés, l'un moralisant, l'autre sensualiste. Dans la ligne du premier type, nous trouvons le bon vieux code de la femme obéissante et soumise, sans aucune innovation comme dans le Ménagier de Paris, véritable guide de la femme bourgeoise.

« Mon amie, la semaine de notre mariage (vous n'aviez que quinze ans), vous m'avez prié de vous ménager, par égard pour votre jeunesse et votre peu d'expérience, jusqu'à ce que vous soyiez un peu plus instruite. » Voici donc notre bourgeois parisien mué en professeur de son épouse novice. Très scolastique et pontifiant, il divise son ouvrage en deux parties. Dans la première, il met en neuf articles les devoirs envers Dieu et le mari. Que de choses doit-elle savoir ! Arranger convenablement sa toilette, éviter les sept péchés mortels, garder la continence et vivre chastement, être amoureuse de son mari (prudent, notre Arnolphe ajoute : « que ce soit moi ou un autre »), bien garder ses secrets et ne pas bavarder et surtout être humble et obéissante ! La leçon des « Sentences » de Pierre Lombard sur Eve sortie d'une côte d'Adam a été comprise de travers. A l'homme la supériorité et les besognes extérieures. A la femme l'infériorité et les besognes domestiques. Cette inégalité va même jusqu'à trouver normales les fredaines de monsieur et à recommander à madame de savoir l'en retirer !

Mais la deuxième partie est encore plus importante. Songez qu'il s'agit d'un véritable manuel de jardinage et de cuisine, le plus ancien que nous possédions pour le Moyen Age. Alors brusquement apparaît le véritable rôle de la femme d'un bourgeois. « Mon amie, sachez qu'après votre mari vous devez être maîtresse du logis, commandeur, visiteur, gouverneur et souverain administrateur » de la maisonnée entière, aides, valets et servantes. Ce n'est pas tout, elle apprend encore à élever et à faire voler l'épervier et règle dîners, soupers et menus. Gourmand et grand imitateur des nobles, notre bourgeois trouve normal de proposer à sa femme des menus de grand seigneur. L'un fait trente et un mets en six services ! Il est frappant d'y voir, au contraire des repas populaires, l'abondance des viandes : bœuf, veau, porc, lièvre, anguille, perdrix, chapons, gibier d'eau, alouettes, etc. La variété des sauces enfin montre que ce caractère original de la gastronomie française vient d'être mis au point. Pour les connaître toutes, il était effectivement nécessaire que chaque maîtresse de maison ait un livre de recettes. Elles étaient si compliquées, tel le civet d'huîtres au vin doux, à la chapelure, aux épices et aux oignons, qu'on ne pouvait guère les apprendre par cœur.

Ce livre eut un tel succès qu'il généralisa dans la société urbaine le portrait de ces femmes effacées qui savaient si bien retenir leurs petits maris grâce à leur cuisine aux subtils fumets. Ce curieux amalgame de morale et d'économie domestique ne rencontra point, ce qui est étonnant, de détracteurs parmi les confesseurs qui auraient pu trouver bizarre que la gourmandise soit appelée à la sauvegarde des bonnes mœurs.

Mais le deuxième courant d'idées n'en a cure. Partant, comme Jean de Meung, d'une description pessimiste du mariage, il aboutit à prôner une sensualité débridée et souvent blasphématoire. Vers 1440, dans les « Quinze joyes du mariage » (titre destiné à railler la piété mariale des quinze joies de la Vierge), l'auteur, un moine picard, se livre à toute une série de satires du mariage pour rendre tolérables les souffrances et les afflictions que l'on y subit. Dans les *Cent nouvelles nouvelles*, recueil écrit entre 1400 et 1430, une mère n'hésite pas à appeler ses enfants et ses valets pour leur montrer en riant le père qui dort dans les bras de ses servantes. D'autres font décrire à leurs enfants les femmes qu'ils ont vues aux étuves. Bref, gauloiseries, concubinage et paillardises étaient propagés par un courant littéraire qui prenait ses exemples dans la vie quotidienne et continuait à présenter la femme comme objet de plaisir.

Gerson, lorsqu'il parle du mariage, est victime certes des stéréotypes monastiques ou augustiniens quand il déclare que l'excellence de la virginité l'emporte sur le pis-aller qu'est le mariage. Il avoue que l'enfant, but du mariage, est souvent un fardeau. En cela, il est tributaire d'une époque de misère économique, mais son ton brusquement change lors d'un grand débat qui l'oppose à la Cour, vers 1401-1403, aux frères Col, qui soutiennent en humanistes l'antiféminisme du *Roman de la Rose*. Ils n'étaient pas les seuls d'ailleurs et bien d'autres n'hésitaient pas à dire que la femme ne ressusciterait pas le jour du Jugement dernier et qu'elle rendrait alors sa côte à Adam.

Ce grand tournoi oratoire et scripturaire eut d'autant plus d'importance qu'il vit apparaître, aux côtés de Gerson, une femme écrivain, Christine de Pisan, et que le chancelier en tira par la suite toute une série de sermons qui lui permirent de préciser une pensée très personnelle sur le mariage et la place qu'y doit tenir la femme. Un nouveau visage est alors esquissé. Une certaine dignité de la femme est proposée en modèle. Une recherche de l'égalité pratique apparaît, bien loin de la grande dame aux belles manières ou de la bourgeoise pot-au-feu, tout juste bonne à faire valoir son mari.

Regardons tout d'abord l'idéal que proposa Gerson, avec un de ses amis laïcs, Jean Le Meingre surnommé Boucicaut. Comment défendent-ils la femme ? A mi-chemin entre la convention idéaliste et la sensualité à fleur de peau, Gerson répond d'abord à Pierre Col qui prétendait que, seul, un fol amoureux pouvait parler avec compétence de l'amour, qu'il est qualifié, lui, célibataire consacré, pour en discuter car il en a éprouvé en sa chair les tentations. Le vrai pédagogue n'est pas de marbre. Partant de la réclamation de Jean de Meung en faveur de la communauté totale des hommes et des femmes, il montre que le sentiment de solitude de ces dernières serait tel alors que chaque abandon ne ferait que les pousser à être stériles, tandis que le manque d'aide les inciterait à tuer leurs enfants. Puis, à partir de l'exemple de la Sainte Famille, il infléchit à propos de la femme la doctrine courante, celle en particulier qu'avaient diffusée les moines. La femme doit être soumise à son mari, mais elle est cependant son égale, une compagne non inférieure. « Les maris doivent soustenir la fragilité des femmes. S'elles sont jeunes le mary les puet chastoier, premièrement de paroles doulcement puis de verges. » En revanche, si l'épouse refuse de s'unir à lui, il doit croire aux motifs de son refus et s'il la prend de force, il commet un péché.

Le devoir conjugal est une chose inconnue de Gerson, de même que le puritanisme. « Une personne mariée, qui quiert seulement son plaisir par l'œuvre charnelle, pèche-t-elle mortellement ? Je tiens que non, s'elle ne vourrait point quérir telle plaisance hors mariage et s'elle garde honnesteté de mariage. » Une vision optimiste de l'amour corrige donc chez Gerson l'héritage pessimiste d'un certain stoïcisme dit chrétien ou d'un humanisme sensualiste. D'ailleurs, pour lui, toute éducation sans amour échoue, ce qui limite singulièrement la soumission de la femme. De plus, il n'hésite pas à dire qu'en son genre elle peut être virile.

Christine de Pisan va exactement dans le même sens. Son père était un Italien, le médecin personnel de Charles V. Elle reçut une forte éducation personnelle en latin, en philosophie et en science. Elle fut mariée à quinze ans avec le secrétaire du Roi, Étienne de Castel, gentilhomme de Picardie. Son mari meurt en 1389, la laissant veuve à vingt-cinq ans avec trois enfants. Intellectuellement, politiquement et chronologiquement, elle se situe dans la ligne de Gerson. Elle mourut même quelques mois après lui en 1430. Toute son œuvre tourne autour de son désir de faire mentir Aristote qui avait écrit que la femme est un homme manqué *(mas occasionatus)*. Son livre des « Trois vertus » est un ouvrage d'éducation féminine. S'appuyant, comme le voulait Gerson, sur les Pères de l'Eglise, elle réclame même « pour les petites femmes » (entendez par là celles du peuple) une éducation à la vertu qui soit proprement féminine. Il faut préparer les filles à rencontrer les joies et les chagrins de la vie. La science morale fera de chacune l'associée de son mari. La science pratique leur sera utile pour administrer les terres, les revenus du château quand le seigneur est absent, la maison quand le marchand est loin. Pour cela, plus que le latin, les mathématiques sont recommandées. De même, il faut qu'elles sachent coudre, tricoter, broder et tisser.

Jusque-là, ce portrait de la femme forte, tiré de la Bible, n'a rien de bien neuf, et dépend entièrement de ce que la mère de Christine, très conservatrice, lui avait appris. Elle s'en sépare lorsqu'elle insiste sur l'égalité de nature entre les deux sexes. Elle s'appuie ici sur le « Pédagogue » de Clément d'Alexandrie. La femme est tout aussi capable de raison et d'amour que l'homme. Si elle ne reçoit pas la même instruction que lui, comment pourra-t-elle le comprendre ? L'homme doit étudier pour être instruit, la femme pour être avisée. A l'éducation strictement domestique de sa mère, elle préfère celle de son père, une formation de toute la personne à travers la science pratique et spéculative, par le biais de la piété.

Elle doit donc acquérir deux vertus : la sobriété pour se prémunir contre les plaisirs excessifs (et nous avons vu combien ceux de la table étaient gargantuesques) et la chasteté pour contrôler sa conduite. Reprenant le vieux symbole des bestiaires de « la Dame à la licorne », que d'ailleurs les tapisseries du temps remettent en honneur, elle montre que la chasteté féminine est une force qui permet de maîtriser la sauvagerie du désir, tel cet animal déposant sa tête dans le giron d'une pucelle. Cependant, ajoute notre fine pédagogue :

Féminin sexe par droiture
Craint et tousdis est paoureux.

Cette faiblesse ne l'empêche pas d'être forte à sa manière. Dans *la Cité des Dames*, œuvre écrite vers 1404-1405, elle proteste contre le cliché populaire selon lequel les femmes sont incapables de garder un secret. Elle argumente même en citant des femmes célèbres dans l'histoire pour leur courage (martyres) ou leur intelligence. La politique, en particulier, leur est parfaitement accessible et praticable. Etonnante prémonition de Christine, vingt-cinq ans avant Jeanne d'Arc !

Sa lutte contre l'antiféminisme va jusqu'à vouloir empêcher sa renaissance. Dans les enseignements moraux pour son fils Jean, elle lui apprend à respecter les femmes. Quel meilleur moyen en effet pour empêcher les hommes d'être misogynes que d'apprendre aux jeunes garçons, de la bouche de leur mère, que les femmes sont dignes d'être aimées.

Ne croy pas toutes les diffames
Qu'aucuns livres dient des femmes,

(allusion ici à la deuxième épître du *Roman de la Rose*)

Car il est mainte femme bonne
L'expérience le te donne.

La femme est la compagne naturelle de l'homme (même idée ici que chez Gerson). Il est construit par elle.

A son naistre, au vivre et au mourir
Lui sont femmes aidans et secourables...
Homs naturel sanz femmes ne s'esjoye
C'est sa mere, c'est sa suer, c'est s'amie.

Nul n'a souligné plus que Christine de Pisan l'importance de l'éducation maternelle qui seule peut changer préjugés et erreurs contemporaines.

Si tu veulz femme espouse prendre
Par la mere pues tu apprendre
Ses mœurs...

Pour la première fois dans l'histoire de l'éducation, le rôle des femmes est mis en valeur. Pour Christine, qui met tout sous la protection divine, la science sans vertu est dangereuse. Elle répond ainsi d'avance à Rabelais : « Science sans conscience n'est que ruine de l'âme. »

Pour elle, la perception du bien ne suffit pas. Seule la pratique des vertus donne force à la science. Sa dévotion pour la Sagesse est un amour pour l'Esprit saint. Comme Gerson, qui n'hésitait pas à faire au peuple un sermon sur la Trinité, elle sait que la morale ne vaut rien si elle n'est point ancrée dans l'amour des Trois Personnes Divines. Son intuition amoureuse en a fait une pédagogue d'un humanisme déjà personnaliste. Elle connaît et utilise le *De oratore* de Quintilien et la « Consolation de Philosophie » de Boèce, mais elle va beaucoup plus loin qu'eux en fondant l'éducation de tout le genre humain, homme et femme, sur la science, l'amour et la foi.

On rétorquera qu'il n'y a là rien de bien neuf, tout comme chez Gerson, tant pour le contenu de l'enseignement que pour la pédagogie. Ce mélange de fermeté et de douceur avait été appliqué par les moines, par saint Anselme du Bec en particulier. Mansuétude, justice, mesure avaient déjà été recommandées par Quintilien et Horace. La nouveauté vient surtout de ce que Christine dit aux mères et aux nobles de la Cour et de ce que Gerson enseigne à ses étudiants et à ses paroissiens. Ils ont un leitmotiv qui revient sans cesse : soyez des éducateurs amoureux et spirituels.

Chacun des deux a vu que certaines exigences éducatives ne pouvaient être découvertes qu'avec les yeux du cœur. Leurs intuitions leur ont permis d'apercevoir les menaces pesant sur l'enfant et la femme, sur l'aspiration de chacun à être reconnu comme un être en soi, respecté par les adultes et la gent masculine. Certes, la fortune de ces idées n'a pas été immédiate. Il fallut le choc de Luther pour que les catholiques prennent conscience de l'apport de ces deux auteurs. Mais le lecteur aura vu désormais l'importance des années qui vont du début du règne de Charles VI à la défaite d'Azincourt (1380-1415), pendant lesquelles se prépare la grande mutation du Moyen Age en une autre civilisation. La folie du roi et les incertitudes de ce temps de paix instable ont permis d'infléchir ou de casser les conservatismes.

Du chevalier au courtisan

Grâce à la crise, comme on le voit, le sens de l'homme s'approfondit. Grâce aux défaites et aux jacqueries, la noblesse fut remise en question. Nombre de vieilles familles disparurent, beaucoup de nouveaux nobles apparurent, principalement au service du roi, comme nous l'avons vu. Dans cet incessant brassage, l'éducation et la culture de ces élites de guerriers et de fonctionnaires devinrent de plus en plus importantes. Elles justifiaient les privilèges, permettaient d'obtenir des charges ou de plaire aux dames par moins de brutalité et plus de civilité. Aussi assiste-t-on dans le royaume à une entreprise d'élévation de l'instruction du noble dans tous les domaines : intellectuel, cynégétique, guerrier et politique. On a vu la couleur politique de l'humanisme, son obédience envers le roi, sa pédagogie aristocratique et princière. Mais l'amour courtois n'a pas dit encore son dernier mot et c'est pourquoi chaque jeune seigneur est tiraillé entre l'esprit médiéval et l'optique moderne, que ce soit dans ses connaissances, dans ses sentiments ou dans sa conscience.

Cette époque désordonnée connaît en effet les derniers éclats de l'individualisme nobiliaire et les premiers stades de sa domestication par le roi. Chevaliers et grands fréquentent les petites écoles et même les universités. Beaucoup ont des précepteurs privés. Guillaume, seigneur de Murol en Auvergne, a écrit lui-même, en un français mâtiné d'occitan à l'orthographe phonétique, deux registres de ses affaires pour les années 1403-1409 et 1411-1420. Il est un bon exemple de la culture moyenne des hobereaux campagnards. Il sait parfaitement tenir ses comptes et, grâce à eux, on s'aperçoit qu'il paie un clerc pour s'occuper des enfants, tout en gérant une terre du seigneur.

En 1409, celui-ci part avec Jacques et Henri pour « aleir à Clermont apenre », c'est-à-dire apprendre, probablement à l'école cathédrale, à charge d'y surveiller la progéniture du maître. Ce dernier connaît le latin, sans plus. Sa curiosité devait être faible, car son oncle, le cardinal de Murol, préféra léguer sa bibliothèque qui contenait des ouvrages religieux ou scientifiques au chapitre de Brioude. Tout au plus devait-il posséder, comme son voisin le seigneur du Broc, la « Dispute de Pauvreté et de Richesse », le « Roman de Merlin vieux », un roman de bonnes mœurs et un petit livre de sermons. Néanmoins, ce comptable, dévoré par la soif d'agrandir ses terres, écrit des vers. Il a laissé des poésies pleines d'une sensualité qui fait penser à Jean de Meung, avec une pièce unique en son genre qui relève tout à fait de l'amour courtois. Au total, comme le dit fort bien Pierre Charbonnier, Guillaume de Murol a une culture limitée et représente bien cette classe de petits seigneurs auvergnats pour qui la France était un pays lointain, quelque part dans la région parisienne.

Si nous considérons ensuite la moyenne et la grande noblesse, nous nous apercevons à certains indices que sa culture a changé. Nous l'avons vu enchantée par les épopées carolingiennes, puis par les romans de chevalerie. Mais bientôt les « matières » de France et de Bretagne furent remplacées par celles de Rome. Dès le milieu du XIIIe siècle, certains seigneurs aimaient lire personnellement et non plus entendre seulement les « Faits des Romains », une histoire de Jules César composée en prose française entre 1211 et 1214. L'étude des manuscrits de ce livre, faite par Bernard Guenée, est très révélatrice du changement de goût des milieux laïcs en général et nobles en particulier.

A partir de la bibliothèque du roi Charles V, il se répand, copie par copie, chez les grands princes. Après 1430, l'ouvrage est particulièrement répandu dans le duché de Bourgogne où Charles le Téméraire s'en fait lire souvent de longs passages. Imprimé en 1490, il apparaît alors dans les bibliothèques de fonctionnaires royaux. Il correspond certes au retour en force de l'histoire avec l'humanisme. Mais, en fait, cette œuvre d'un universitaire parisien ne faisait que continuer et perpétuer les techniques scolaires des récits exemplaires. Outre le divertissement et la joie éprouvée à suivre la vie d'un héros authentique de l'Antiquité, les lecteurs nobles y trouvaient sagesse, esprit de décision et désir d'imitation. Elle les confortait dans leur genre de vie de chefs de guerre. Distraction et éducation morale, tels sont les buts des livres utilisés par les nobles.

De plus, lorsque autrefois ils se constituaient une bibliothèque, leur but était d'abord utilitaire et rarement désintéressé. Ces livres, très chers, étaient souvent mis au même rang que les joyaux de famille. Au XIVe et au XVe siècle, la richesse artistique des ouvrages augmente. Le luxe de présentation du manuscrit s'accroît et devient même un but en soi, afin d'aboutir aux beaux livres d'images que l'on feuillette. Leurs propriétaires s'intéressent enfin au contenu qui ne doit plus seulement être didactique ou immédiatement rentable, mais aussi distrayant, poétique et beau. La bibliophilie devient un art nobiliaire. Le prince, pour obtenir un manuscrit de luxe, engage un auteur, un traducteur si besoin est, un calligraphe, un enlumineur, un relieur, un orfèvre, un brodeur et des fabricants de fermoirs, clés et boîtes en cuir ou en tapisserie. Le livre devient le rendez-vous de tous les arts. La connaissance intellectuelle gratuite ne peut plus se faire que dans un cadre beau et élégant. Nous sommes alors très loin du livre scolastique, uniquement réservé au texte écrit très vite, sans fioritures ni enluminures. Ce culte de la forme, cette aspiration et cette admiration pour le bel objet sont une des formes de l'esprit humaniste naissant se greffant sur le goût nobiliaire du luxe.

Apparurent alors des bibliothèques tenues par des gardes des livres. Charles V, surnommé, nous l'avons vu, le Sage, parvint à réunir une énorme quantité de manuscrits, qui en 1424 sont déjà au nombre de mille deux cent trente-neuf. Christine de Pisan, dans sa biographie le *Livre des fais et bonnes mœurs du sage roy Charles V*, le félicite pour l'intérêt qu'il portait à la théologie, à l'astronomie, à l'art de la politique et pour ses commandes de traduction d'œuvres latines en français. Ses livres constituèrent en effet le premier fonds de la Bibliothèque royale, devenue aujourd'hui la Bibliothèque nationale. Ses frères, Louis, duc d'Anjou (1339-1384) et Jean, duc de Berry (1340-1416), furent eux aussi de grands amateurs de livres. Parmi les œuvres commandées par le dernier, citons les « Très Riches Heures du duc de Berry ». Il conservait ses livres dans le château de Mehun-sur-Yèvre. Sa passion de bibliophile était si bien connue qu'on lui offrit en étrennes quatre-vingts manuscrits.

Son autre frère, Philippe le Hardi (1342-1404), duc de Bourgogne, et sa femme, Marguerite de Flandre, léguèrent à leur fils, Jean sans Peur, une bibliothèque qui comportait deux cent vingt manuscrits répartis en deux masses, l'une dans la résidence parisienne du prince, l'hôtel de Bourgogne, l'autre chez son épouse, au château d'Arras. Trois gardes des livres en avaient la surveillance. Soixante artistes, artisans et libraires avaient été mobilisés pour mettre sur pied cette collection. L'inventaire est particulièrement révélateur des goûts et des préoccupations d'un des plus grands aristocrates du temps et de la culture de ses successeurs, notamment Charles le Téméraire (1433-1477).

Viennent en tête les livres religieux : dix Bibles moralisées et enluminées, vingt-cinq Livres d'heures, qui servaient exclusivement aux femmes, des livres de prière, des bréviaires, des Evangiles et des missels, soit 45 % du total. Tous ne furent certainement pas lus en entier, mais beaucoup durent être utilisés pour la chapelle et les dévotions personnelles. Parmi les ouvrages de philosophie et de pastorale figurent la « Consolation de Philosophie » de Boèce et les « Dialogues » de Grégoire le Grand, la « Légende dorée » de Jacques de Voragine. Dans les manuels d'œuvres didactiques, le « Code Justinien », la « Somme » d'Azon prouvent l'importance du droit. Barthélemy l'Anglais voisine curieusement avec les œuvres très contemporaines de Christine de Pisan, ainsi qu'un livre d'éducation royale, « la Somme le Roi ». Jeux et sports ne sont pas oubliés : échecs, chasse, notamment le livre de Gaston Phébus dédié à Philippe le Hardi, qui raffolait de la chasse au renard. Viennent ensuite des épopées, des romans d'aventure, *le Roman de la Rose* de Jean de Meung, des poésies comme celles de Guillaume de Machaut (1300-1377). Le prince s'intéresse beaucoup à l'histoire et s'est procuré de nombreuses chroniques contemporaines, outre un « Arbre des Batailles », manuel de diplomatie et de droit militaire. Son goût pour les voyages lointains et l'exotisme se remarque à la présence de nombreux récits de croisades et du *Livre des merveilles du Monde* de Marco Polo. Quant aux classiques, ils font piètre figure : trois œuvres d'Aristote, un Tite-Live offert par l'Italien Dino Rapondi, un Donat, etc., et... les « Distiques » de Caton.

Cette bibliothèque, en effet, est intégralement en français. Tous ces livres sont des traductions ou bien sont écrits directement en langue vernaculaire, au contraire des bibliothèques de Charles V, de celle du duc de Berry ou du roi René de Provence, qui contiennent Ovide, Virgile, Sénèque, Pline, Quintilien et même Strabon. La « librairie » du duc de Bourgogne est beaucoup plus représentative que celle des rares princes humanistes, du goût littéraire des aristocrates du temps, de leurs occupations et de leurs divertissements. Pour ceux-ci, la « librairie » n'est pas un moyen de modeler leur esprit, mais un reflet de leurs tendances profondes et de leur appétit intellectuel. Ils y apprenaient ce qui leur plaisait. Aussi ne faut-il point s'étonner d'une certaine parenté avec les goûts bourgeois, une complaisance pour les fabliaux et *le Roman de Renart*, par exemple.

Cette culture, exclusivement laïque et française, porte cependant les traces de l'influence des précepteurs. Le rôle des éducateurs explique souvent la composition de ces bibliothèques. Le lecteur n'est pas sans se souvenir des « Miroirs des princes » carolingiens, de l'œuvre de Vincent de Beauvais, de celle de Guillaume de Tournai ou de Gilles de Rome, au XIIIe siècle. Le genre continue au XIVe siècle : vingt et un « Miroirs des princes » furent encore composés. Souvent les pères essayaient de choisir les pédagogues les plus réputés du temps. On fit ainsi appel à Gerson pour l'éducation des enfants de Charles VI, qui avaient alors treize et quatorze ans. Déjà, dans son discours « Vive le Roi », prononcé en 1403, il avait insisté sur le rôle capital de l'éducation du dauphin et l'incurie des nobles envers leurs enfants.

Dans ses deux lettres aux précepteurs des fils du roi, il trace tout un programme éducatif qui doit autant à ses prédécesseurs directs du XIIIe siècle qu'à Augustin et Quintilien. Comme toujours, il veut une éducation complète selon ce qu'il appelle les trois royaumes : personnel, spirituel et temporel. Il n'est pas normal que le fils du roi, comme les autres nobles, ne fasse pas d'exercices physiques ni ne s'entraîne à de vaillants faits d'armes. Est-il tolérable que les agriculteurs et les bergers soient plus vigoureux que les nobles ? Cette préparation militaire doit s'accompagner de la lecture d'ouvrages comme les « Chroniques de Saint-Denis », qui lui apprendront l'histoire du royaume, les traités d'art militaire de Frontin, Valère Maxime et Végèce, sans oublier les « Histoires » de Tite-Live, la *Vie des douze Césars* de Suétone, et la « Conjuration de Catilina » de Salluste.

Pour gouverner le royaume il faut force de l'âme et sens de la justice. La sagesse vient de la piété, elle-même fruit de la prière. Pour la pratiquer, l'enfant royal doit lire les Evangiles, les Epîtres, la vie du saint du jour. Gerson conseille de mettre à sa disposition des Bibles moralisées, sortes de morceaux choisis tirés de l'Histoire sainte et commentés selon la technique de Pierre le Mangeur, des traductions de la « Cité de Dieu » d'Augustin, des extraits de saint Anselme ou de saint Bernard, des Vies des Pères ou de la « Légende dorée ». Il dresse même la liste d'une véritable bibliothèque portative que doit posséder l'élève princier. A côté de manuels de morale pratique, on y retrouve « la Somme le Roi », dont le succès était tel qu'à cette époque un exemplaire était exposé en permanence, pour que le public puisse le consulter, dans l'église des Saints-Innocents à Paris. Le succès populaire de ce manuel de pédagogie royale fut tel que plus de cinquante manuscrits en furent copiés. Nombre d'ouvrages recommandés par Gerson se retrouvent dans les bibliothèques princières.

Vient enfin la partie temporelle de l'éducation princière : la chose publique. Une fois suffisamment frotté de théologie morale, de grammaire pour comprendre le latin, de rhétorique et de dialectique pour savoir parler, et même de musique, le pouvoir paternel du roi doit s'exercer sur son épouse, ses enfants et ses sujets selon les principes reçus. Ce pouvoir, qui puise sa source dans l'amour, intéresse tout particulièrement le futur prince puisque ce sera son métier de l'exercer. Comme on le voit, les conceptions de Gerson reviennent sans cesse : malléabilité et innocence de l'enfant, responsabilité des adultes, rôle néfaste de l'habitude (idée augustinienne) qui peut détruire une éducation négligée, équilibre entre connaissances pratiques et intellectuelles, entre amour et sagesse.

Cette royauté paternelle représentait un idéal bien éloigné de la réalité surtout chez Charles VII et Louis XI. A lire les compliments que Machiavel adresse à ces deux monarques en marche vers l'absolutisme, on sent bien qu'il ne s'agit plus de rois-chevaliers, mais de princes, au sens nouveau du terme. Ici l'échec d'une éducation politique médiévale, où s'équilibreraient foi, science et mœurs, est absolument patent. Seul, peut-être, l'idéal chevaleresque d'un Charles le Téméraire témoignerait encore de cette influence éducative. Encore faut-il souligner que sa mort catastrophique fut la preuve de son anachronisme. Christine de Pisan – encore elle –, dans la première partie de son « Livre de corps de policie », avait écrit un « Miroir du prince ». Elle avait bien vu que vaquer à l'oraison ne suffisait point au roi et qu'il lui fallait sagesse et science. Mais, comme Gerson, elle buta sur le problème des fins et des moyens. Elle préféra conseiller la droiture plutôt que la dissimulation et la ruse. La laïcisation du pouvoir annulait ainsi la pédagogie des clercs.

En revanche, l'éducation physique du roi et des nobles, conseillée par Gerson mais déjà ancienne, prend un développement d'autant plus net qu'à certains moments on aurait pu croire, sous Charles V en particulier, qu'elle risquait d'être négligée. On se souvient de l'interdiction de certains « esbatements ». Mais le poète

Eustache Deschamps montre qu'une recherche de l'exercice existe. « Exercitez-vous », dit-il, pour « déduire, pour desporter, et pour son corps réconforter ». Le *desport*, mot français dont les Anglais ont fait sport, désigne tout amusement, comme n'importe quel jeu sportif. Le plus ancien, le plus violent et le plus noble est évidemment la chasse. Une ordonnance de 1396 rappelle même que la chasse est interdite aux « non-nobles, laboureurs et autres », à moins qu'ils n'aient « aveu de personnes nobles ou autres ayant garennes et privilèges » ou enfin « qu'ils soient bourgeois, vivant de leurs possessions ou rentes ». En fait, cette interdiction avait surtout pour but de réserver aux seigneurs le gros gibier à plumes et à poils dont ils accaparaient seuls la venaison.

Il faut croire que grands bourgeois et nobles récents étaient avides de s'instruire dans ce domaine, car, brusquement, la deuxième moitié du XIVe siècle vit fleurir toute une série de livres de chasse. Un clerc normand, Gace de la Buigne, écrit, entre 1359 et 1370, le « Roman des Déduis de la Chasse ». Entre 1354 et 1374, Henri de Ferrières rédige le « Livre des déduis du roy Modus et de la royne Ratio ». Enfin, en 1387-1393, Gaston Phébus, comte de Foix-Béarn, publie le « Livre de la Chasse ». En général, ces écrivains connaissent la littérature cynégétique de l'Antiquité, de Xénophon et Arrien, ainsi que celle de leurs prédécesseurs médiévaux. Mais ils y ajoutent, en particulier Gaston Phébus, toute leur expérience et leur science personnelle. Le comte de Foix a lu tout ce qui existait sur le sujet et, avec un véritable esprit critique, il trie, choisit, corrige, ajoute même toute une série de conseils, en fervent adepte qu'il est de cette pratique. « Je, Gaston, par la Grâce de Dieu surnommé Phébus, comte de Foix, seigneur de Béarn, qui tout mon temps me suis delité par especial en trois choses : l'une est en armes, l'autre est en amours, et l'autre si est en chasse. » Il divise en deux espèces les animaux qu'il poursuit : bêtes douces (herbivores) telles que cerfs, rennes (qu'il a chassés en Norvège et en Suède), daims, isards et bouquetins, chevreuils, lièvres, lapins et bêtes mordantes (carnassiers) telles que loup, renard, blaireau, chat sauvage et loutre. A la jonction des deux groupes il met deux omnivores, le sanglier et l'ours, les plus dangereux d'ailleurs. Pour lui, le meilleur *desport*, le plus inaccessible au vulgaire, est la chasse à courre pour, par exemple, « prendre le goupil à force de chiens, sans fillé ». La chasse au filet ou en battue, plus facile, ne l'intéresse pas. Dans ce type de chasse, on taillait les buissons, on construisait des engins et des trappes. Lorsque les bêtes y étaient tombées, il n'y avait plus qu'à les massacrer devant les dames qui devisaient.

Le comte de Foix devient ensuite intarissable quand il parle des chiens. Il en possédait plus de six cents, qu'il soignait comme un sultan son harem. Leurs aboiements berçaient son sommeil, tandis qu'ils réveillaient toute la ville d'Orthez. Il donne de multiples recettes pour soigner leurs maladies et surveiller leur reproduction. Il connaît plusieurs remèdes contre la rage et donne leur composition. Il propose des opérations chirurgicales contre la stérilité. Ensuite il apprend au chasseur à découper la bête tuée : « Puis doist fendre le cerf depuis droit la gueule tout au long par dessus le ventre jusques au cul, et puis doit prendre le cerf par le pié destre devant et enciser tout autour la jambetau dessoubz de la jointe du pié et le doit pourfendre à la pointe du coutel par dessus la jambe tout au long, depuis son enciseure jusques à la hampe ou poytrine, et tout ainsi soit fet en la jambe devant de l'autre part. Puis doit prendre la jambe d'arrière... » Le lecteur doit pouvoir exécuter point par point la manœuvre et on comprend la minutie du détail par cette perspective didactique qui ne lâche jamais Gaston. Il consacre ensuite une partie entière de son livre à l'éducation du jeune garçon auquel, de sept à vingt ans, quelqu'un voudrait « faire aprendre a estre bon veneur ». Les principales étapes sont la construction du chenil, le découpage du cerf, puis du sanglier, la préparation de la curée et de la fouaille, l'art de huer, de corner, de conduire les chiens selon les types de végétation et de paysage, enfin l'organisation de l'assemblée des chasseurs avant la poursuite de la bête.

Il sait d'ailleurs que mettre un enfant de sept ans à l'apprentissage de la chasse est considéré comme trop précoce à cette époque. L'habitude était de commencer à douze ans. Gaston rétorque que la somme des connaissances ayant augmenté en ce domaine, il faut commencer plus tôt « quar un mestier requiert toute la vie d'un homme anzois qu'il en soit parfait. Et aussi dit-on : Ce que on aprent en denture on veut tenir en sa veilleure ». Et de tracer le portrait du maître ès vénerie qui, pour l'enfant, doit avoir « amour, cure et diligence aux chienz et qu'il l'apreigne et le bate quant il ne fera ce qu'il li commandera tant que l'enfant ait doubtance de faillir ». Comme le remarque excellemment Pierre Tucoo-Chala, l'« Art de la Chasse » contient un véritable « programme pédagogique » et ne se comprend que dans ce désir d'apprendre un art complet. Il veut convaincre tout le monde et donne un aspect universel à son manuel en l'écrivant en français au lieu de prendre sa langue maternelle, l'occitan. Sa pédagogie a un but moral : la chasse évite l'oisiveté, permet de vivre en bonne santé et d'être en communion avec la nature. Cette propédeutique de la guerre est un entraînement pour les hommes d'armes. A tous ces vieux arguments déjà connus, il ajoute que le chasseur tire de cet exercice « droite noblesse et gentillesse de cuer ». Expression de tout un corps social, l'aristocratie, la chasse forme un type d'homme supérieur.

Tel est finalement le but de cette éducation à la violence, cette fois-ci réglée et ordonnée. Il ne s'agit plus de tuer pour vivre, ou pour vaincre, mais pour être le meilleur. Le livre reçut un accueil enthousiaste et connut l'apogée de son succès au XVIIe siècle, sous Louis XIII. Au moment où la noblesse perdait le pouvoir politique, il opérait une véritable reconversion en lui donnant une raison d'être. « S'il n'est bon veneur, il n'entrera ja en Paradis. »

Raison d'être, orgueil de classe, diraient les uns, défoulement, rétorqueraient d'autres, tout cela se retrouve dans la fauconnerie, dont Gaston ne parle pas. Elle est encore plus répandue. Elle existe même chez les bourgeois et a l'avantage de pouvoir être pratiquée par les femmes. Les manuels abondent. Ils montrent comment l'éducation du faucon nécessite une constante familiarité avec l'animal. Il rend d'autant plus que son caractère quinteux et rebelle a su être apprivoisé. Pour y parvenir, un mélange bien dosé de privations, de caresses et de soins multiples est conseillé. Pour qu'il s'habitue aux hommes, chacun l'emmenait là où il y avait le plus de bruit de conversations, aux jeux, dans les maisons et jusque dans les prétoires ou les églises ! A ce moment-là, il était porté sur le poing gauche, la main enveloppée d'un fort gant de cuir pour se préserver de la forte étreinte de ses griffes, la tête couverte d'un chaperon, surmonté d'une houppe de plumes ou de rubans de multiples couleurs.

Une fois habitué, le rapace était alors dressé spécialement à la chasse. Des bracelets de cuir attachés à ses pattes portaient des grelots qui permettaient de le retrouver dans les fourrés. Un anneau, muni d'une longe, le retenait au poteau. On l'habituait à manger une proie, le pât, entre deux ailes de pigeon tenues à la main, qu'on appelait « leurre ». Ce mot d'origine franque indique l'ancienneté de la pratique. Lorsque la longe n'était plus nécessaire, l'oiseau était lâché. S'il n'avait rien attrapé, on le faisait revenir en agitant le leurre. Si les chiens avaient bien fait lever le gibier, alors il ramenait sa proie.

Les nobles pratiquaient surtout la chasse de haute volée, avec des gerfauts, des laniers ou des sacres, les plus difficiles à dresser. En revanche, étaient considérés comme ignobles (au sens primitif de non nobles) les oiseaux de bas vol, autours, éperviers et hobereaux, car justement ils volaient bas et n'attrapaient que de petites proies, cailles ou perdrix. Le bourgeois de Paris donne de nombreux conseils à sa femme pour les dresser. L'épervier, trop jeune pour être enfermé dans une cage, doit être mis au chaud en hiver, et de nuit entre deux draps ou même couché avec une personne pour garder sa chaleur naturelle ! L'épouse doit même savoir chasser ses puces, le guérir de la jaunisse ou de son rhume grâce à un petit encensoir, de sorte que la fumée lui monte au bec. Alors il toussera, hochera la tête et se débarrassera de son rhume.

Cette extraordinaire familiarité avec les animaux créait une grande habitude d'observation de la nature, une aptitude à la domestication et une connaissance précise des mœurs sauvages. La belle apprivoisait et séduisait littéralement la bête. Pour lui enlever le fruit de sa chasse, elle s'agenouillait de loin devant elle, puis avançait lentement à quatre pattes sur le sol, tendait prudemment la main, soulevait l'oiseau de terre et remplaçait la proie par le pât, puis le posait de nouveau. Ainsi s'apprenaient des réflexes conditionnés, la maîtrise de la peur, la substitution de la douceur à la contrainte. Gageons que ces qualités acquises par ces dames du temps jadis n'étaient point inutiles pour dompter d'autres buses...

D'ailleurs, pour appréhender l'influence de la fauconnerie sur les mœurs, il n'est que de mesurer l'importance de son vocabulaire dans notre langage quotidien. On aura déjà remarqué certaines expressions ou mots courants. D'autres sont devenus si habituels que leur sens primitif a disparu. Plus personne ne sait que le hobereau était un faucon de bas vol, tout juste apte à attraper des alouettes, et que son nom fut donné par dérision à ces paysans dotés d'une maison forte qui cherchaient à entrer dans la noblesse. Qui saurait aujourd'hui qu'un béjaune ou un niais est un petit faucon saisi au nid avec son bec encore jaune et son duvet ? Ignorant et peureux, il n'en était que mieux dressable. En revanche, celui qui avait été attrapé dans une haie (en langue franque *haga*) était trop désespéré ou récalcitrant pour être apprivoisé. Ainsi était-il appelé hagard. Ces mots étaient ceux de la conversation de tous les jours chez les contemporains de la fin du Moyen Age. Ils modelaient leur façon de vivre en société. D'innombrables débats avaient même lieu sur la supériorité ou non de la vénerie par rapport à la fauconnerie.

Un grand seigneur devait donc pratiquer tous ces arts. Mais ils n'étaient point les seuls. La dépense physique, la lutte et le tournoi avaient un aspect de prouesse gratuite encore plus attrayant. La lutte à mains nues était certainement très ancienne, mais elle n'est attestée par notre documentation qu'au XIVe siècle. Les plus célèbres lutteurs étaient d'origine celtique. Au pas d'armes de Nozeroy, un gentilhomme breton offrit comme enjeu un pourpoint de satin à quiconque lui mettrait la main au collet en trois reprises. « Ledit Breton abattit six lutteurs l'un après l'autre. » Après quoi, essoufflé et épuisé, il fut abattu par un Bourguignon qui gagna le pourpoint. Le petit Du Guesclin, dès huit ans, se battait avec ses camarades contre des bandes de quarante à cinquante jeunes. Il remporta sa première victoire à la lutte, un dimanche après-midi, après s'être enfui des vêpres, près de La Motte-Broons, sur la place du village. « Gros fust et ossu et formé grossement » disent de lui les chroniques. Le sculpteur de son gisant à Saint-Denis, qui lui a donné une tête de boxeur, ne les dément point.

Ce *desport*, dont raffolaient les dames, était si prisé que les rois avaient des lutteurs à gages. Le duc de Bourgogne leur accordait des salaires considérables. En 1466, un seigneur tchèque vint à la cour de Charles le Téméraire et accepta de faire lutter son champion contre ceux du duc. Le slave demanda s'il fallait être nu ou habillé. Il lui fut répondu de garder ses vêtements de dessous pour que les dames et les demoiselles vinssent en foule. On précisa qu'il était défendu de saisir l'adversaire en dessous de la ceinture. Le champion bourguignon fut battu trois fois de suite et perdit sa gratification annuelle de cinq cents pièces d'or. Comme on le voit, nous sommes en plein sport professionnel. L'invité battit ensuite ses autres émules. Le duc lui offrit le vin et les duchesses lui en firent tellement boire qu'il eut bien du mal à regagner son logis, tant il était ivre. La « troisième mi-temps » était déjà le point faible des vainqueurs.

Lutter était très apprécié des foules et n'avait rien finalement de strictement nobiliaire. Il s'agissait de développer sa force. Jean le Meingre, dit Boucicaut, qui devait devenir maréchal de France et gouverneur de Gênes (1365-1421), s'entraînait lui aussi à la guerre avec ses petits camarades, sautant tout armé sur un cheval sans mettre le pied à l'étrier. Il bondissait de l'un sur l'autre, en s'accrochant à la crinière en pleine course et pouvait monter sur une échelle à l'envers, sans les pieds. En Bretagne encore, le tir à la lie (corde) était un passe-temps des paroissiens le dimanche. Eustache Deschamps (v. 1346-1406), reflétant ici le point de vue de Charles V qui n'aimait pas la bravoure purement physique de son père Jean II le Bon (c'est-à-dire le Brave), protesta d'ailleurs contre cette recherche exclusive de la force. Les jeunes nobles mènent à ses yeux un genre de vie qui tuerait des ours. Les chevaliers ont honte d'être clercs. L'instruction pourtant permet d'être un vrai conquérant. Elle équilibre le jugement. « Que gentillesse à science étudie. » Mais c'était là le point de vue d'un intellectuel maladroit. En tant qu'ambassadeur, Eustache Deschamps avait été obligé de chasser au faucon et de participer à une joute. Il s'y prenait si mal que les fauconniers lui lançaient des injures quand il leur faisait rater un canard sauvage. Quant au tournoi, il faillit y perdre un œil. Bref, le type du chevalier cultivé n'était point encore la norme à la fin du XIVe siècle.

Le dégrossissement de la brute chevaleresque se réalisa cependant petit à petit par la régularisation et la normalisation du tournoi. On se rappelle l'absence de règles absolues, lors de ces rencontres meurtrières, et les multiples interdictions qui les frappaient. De 1304 à 1411, neuf ordonnances réitérèrent vainement leur suppression. Le bon roi René (1409-1480), comte d'Anjou, duc de Lorraine et comte de Provence et autres lieux, écrivit en 1458 le « Traité de la Forme et devis d'un tournoi ». L'ouvrage pourrait porter en sous-titre : comment cogner comme un gentil et courtois charpentier. Le cérémonial envahit de plus en plus la manifestation sportive et guerrière. Un appelant doit d'abord lancer le tournoi en faisant remettre une épée au défendant. Des juges choisissent le lieu et les lices qui sont maintenant formées par un enclos quadrangulaire plus long que large, entouré d'une double balustrade en bois à claire-voie. Des poutres mobiles permettent d'entrer par les petits côtés. Les serviteurs circulent entre les deux balustrades pour rafraîchir leurs maîtres. Les juges préparent aussi une salle en ville pour le banquet et les danses et une chambre de parement. Le tournoi est alors crié par les hérauts, et les chevaliers peuvent se rendre à l'invitation.

La préparation des armes devient alors primordiale, car tout est calculé pour éviter que l'on se tue. La lance est abandonnée, vu l'étroitesse du champ de bataille. L'épée est rebattue, sans pointe ni tranchant, épaisse de quatre doigts pour qu'elle ne puisse passer à travers la lumière du heaume et risquer de crever un œil. La masse en bois dur est attachée à la main par une dragonne. La cuirasse est désormais entièrement faite de « plates », sortes d'écailles d'acier, cousues ou rivées sur une cotte d'étoffe, la « brigandine », rembourrée de filasse principalement aux bras et aux épaules. Comme l'on risque d'étouffer sous cette chape, l'armure est percée de trous et le heaume en est quadrillé. Cela n'a aucun inconvénient puisqu'on ne reçoit plus que des coups de haut en bas, et jamais d'estoc. Le cheval est lui aussi protégé de la même manière avec un grand matelas de paille en « devanteau ». Une ample couverture le couvre, portant les armes du seigneur.

Après une inspection des lieux, les chevaliers prêtent serment d'observer les règles : ne pas frapper d'estoc, ni en dessous de la ceinture, ni celui qui est tombé. Chaque équipe se met alors en rang derrière une corde. Le juge et les dames s'installent dans les tribunes. Après un temps de silence et trois appels de trompette, au cri « Coupez les cordes et heurtez les batailles quand vous voudrez », c'est le choc, au milieu des cris de guerre poussés par les porte-bannières. Chacun cherche alors à assommer son adversaire. L'ardeur est extrême, l'ivresse des coups inextinguible. En 1468, Charles le Téméraire avait donné pour son mariage à Bruges un grand tournoi réunissant cinquante-deux chevaliers en deux troupes ! Lorsque fut donné le signal de la fin de la bataille, chacun, trop occupé à rosser son vis-à-vis, continua. Il fallut que le duc hurlât des menaces de mort à l'égard de ses invités pour qu'ils s'arrêtent.

La joute fut elle aussi moralisée et disciplinée. Désormais, chaque chevalier porte une armure très lourde, un casque complètement fermé, un crampon fixé au côté droit appelé faucre pour porter une lance de cinq mètres de long en bois léger à l'avant, mais lourd à l'arrière. Une barrière de bois sépare les deux cavaliers pour éviter qu'ils ne se heurtent. Le jeu consiste non plus à désarçonner l'adversaire mais à briser sur lui le plus grand nombre de lances. Vitesse et précision transformaient alors cheval et cavalier en un véritable projectile déboulant avec fracas sur l'adversaire, faisant frémir tous les spectateurs. En 1389, la joute de Saint-Inglevert, entre Anglais et Français, dura trente jours. Le règlement avait été mis par écrit et chacun avait le choix entre les pointes de glaive (comme à la guerre) et les pointes de rochet (émoussées). Evidemment, par bravade, tous préférèrent la lance normale et des blessures, peu sérieuses, s'ensuivirent.

Nous avons donc affaire maintenant à un jeu sportif, soigneusement préparé et encadré où l'exercice est plus important que la victoire. L'adversaire vaincu ne perd plus que son armure, mais elle vaut cher. D'autres exercices semblables furent mis au point. Le « pas d'armes » était un simulacre de prise d'assaut ou de défense en troupe d'un passage fortifié, pont ou entrée de château. Bayard s'y illustra dans un combat, non simulé cette fois, sur le pont du Garigliano. Le pas d'armes était même enrobé d'une présentation romanesque, tels celui de Roncevaux ou celui de Saladin, avec les chrétiens d'un côté et les musulmans de l'autre. On pouvait encore combattre à la barrière : deux chevaliers mettant pied à terre et de chaque côté d'une barrière venant à la hauteur de la ceinture s'assenaient des coups de hache ou d'épée jusqu'à ce que les juges les aient séparés.

Au XVe siècle fleurissent tournois, joutes, pas d'armes et autres spectacles de luttes chevaleresques. L'esprit de sauvagerie primitive qui les animait en avait bien disparu. Ils étaient devenus un moyen de régulation de la fureur guerrière, une nouvelle manière de domestiquer la noblesse. Un Jacques de Lalaing, jouteur émérite de la cour de Bourgogne, était apprécié surtout pour ses lettres de provocation, fort courtoises. Pour les vieux, ce n'était là que faiblesse, amollissement et farces risibles. Pour les jeunes, un incontestable progrès des mœurs. Mais pour le roi, c'était mettre à son service ce que les Italiens éprouvèrent à leurs dépens : la *furia francese*. La fin du XVe siècle et du Moyen Age est bien l'époque de la canalisation des énergies. On ne peut plus légalement tuer qu'en guerre étrangère.

Ces rencontres, frivoles ou émasculées aux yeux de certains, avaient cependant un autre rôle éducateur. De par la présence des femmes, naissait un rôle d'érotisation incontestable. Elles ne poussent plus à tuer comme aux temps germaniques ni à célébrer les beaux coups comme au XIIe siècle. Elles sont devenues de véritables prêtresses de l'amour courtois. La veille du tournoi, elles viennent visiter, souvent dans un cloître, les heaumes des chevaliers timbrés à leurs armes, car les blasons sont les seuls moyens de reconnaître ensuite les combattants. Il suffit que les dames touchent le timbre de celui qu'elles considèrent comme discourtois pour que celui-ci voie tous les autres s'acharner sur lui le lendemain. Chacune peut aussi conférer à un chevalier qu'elle préfère une manche ou un couvre-chef, appelé « merci des dames », que l'élu arbore au bout d'une lance. A sa demande, il peut alors l'abaisser sur le puni. A la fin du tournoi, avant le bal final, une dame et deux demoiselles remettaient le prix, un joyau ou une épée, au vainqueur.

On combattait donc très souvent pour la dame aimée, secrètement ou officiellement. Ainsi le vieux lien païen entre le sang et l'amour n'avait pas disparu malgré les interdictions de l'Eglise. Lorsque le roi René célèbre à Saumur le « pas d'armes de la Bergère », avec des dames et des chevaliers costumés en bergers jouant de la cornemuse et en bergères portant des houlettes, cette fête de quarante jours est donnée en apparence en l'honneur de son épouse et de sa fille, mais en réalité pour Jeanne de Laval, qui devint plus tard sa seconde femme. Le tournoi est donc un exutoire pour tous les phantasmes à travers une mise en scène théâtrale et artificielle. Les désirs se libèrent sous le voile de l'idéal chevaleresque : héroïsme et fidélité.

Ce retour en force de l'idéal chevaleresque et de l'amour courtois ne signifie pas néanmoins que l'éducation guerrière et amoureuse s'approfondisse. En réalité, son triomphe dans la vie de cour ne transforme pas les comportements réels. On ne voit pas s'établir un droit de la guerre. Un contraste extraordinaire éclate entre l'archaïsme de la fin d'un Lalaing, tué par un boulet, ou de Bayard, abattu par une décharge d'arquebuse dans les reins, et la sordide guérilla menée par Du Guesclin ou l'apparition du tambour dans les armées royales pour dresser les hommes à marcher au pas. Mais, tandis que l'arbalète et le canon sonnent le glas de la chevalerie, les princes utilisent cet idéal pour stimuler l'exaltation guerrière et masquer l'avènement d'une guerre « méchanique » et non noble.

En 1351, le roi Jean II le Bon crée l'ordre de l'Etoile. En 1429, Philippe III le Bon, duc de Bourgogne, fonde l'ordre de la Toison d'or. En 1469, Louis XI institue l'ordre de Saint-Michel. A chaque fois, le prince utilise l'adoubement, devenu une formalité, les vœux, la hiérarchie et autres signes d'orgueil nobiliaire pour obtenir des serviteurs fidèles et obéissants. En 1466, un peintre anonyme a représenté sur le manteau d'une cheminée de la tour sud de la cathédrale de Saint-Flour une joute royale. Le roi Louis XI y est montré renversant un chevalier dont les armes portent un dragon à queue de serpent. Cette allusion à la récente guerre civile, provoquée par les grands, montre à quel point la royauté mettait à son service ce véritable moule à fabriquer de preux chevaliers qu'étaient les tournois et les joutes. Le noble devient donc un chevalier de cour qui apprend les bonnes manières. L'étiquette lui fait perdre sa liberté, mais cette contrainte est anoblie parce qu'elle entre dans le service du roi. La Cour devient à son tour un creuset où le chevalier va être transformé en courtisan par le biais du jeu. Ainsi s'explique la distorsion entre l'idéal et la réalité, entre le paraître et l'être relégué au dernier rang. On apprend à paraître courageux, sans se rendre compte que l'exercice réel de cette vertu n'a plus rien à voir avec les conditions dans lesquelles elle fut inculquée.

De même, en élevant l'amour à la hauteur d'un rite, l'éducation littéraire et courtoise de cette époque ne modifie pas pour autant les comportements, ni n'approfondit le sentiment amoureux. Deux courants s'opposent et entretiennent la crise du mariage apparue à la fin du XIIIe siècle. L'un populaire, glorifiant la séduction et les rapports sexuels, se manifeste par des poésies comme les épithalames aux plaisanteries volontairement obscènes. Il est renforcé par les idées que les gens cultivés ont reçues d'Ovide et de Jean de Meung. L'autre, propagé par l'Eglise et de manière très ambiguë par certains poètes courtois, encourage la fidélité et toute une série de conventions amoureuses. Comme le dit fort bien Huizinga : « Ce sont deux couches de civilisation superposées coexistant tout en se contredisant. » Certains poètes en arrivent même à écrire des œuvres érotico-ecclésiastiques où le vocabulaire religieux a pour but de sacraliser l'érotisme. Le « Miroir du mariage », d'Eustache

Deschamps, a des résonances beaucoup plus misogynes que courtoises. Le « Roman du Petit Jehan de Saintré », publié en 1459, est une mise en pièces de l'hypocrisie féminine. Nous avons vu se dresser les défenseurs de la femme autour de Gerson et de Christine de Pisan. Le maréchal Boucicaut fonde maintenant un ordre de chevaliers pour la défense des femmes opprimées, « l'écud verd à la dame blanche ». Le duc de Bourgogne convainquit Charles VI de fonder le 14 février 1401, en son hôtel d'Artois à Paris, une « cour d'amour » chargée de défendre « l'onneur, loenge et recommandacion et services de toutes dames et damoiselles ». Les membres de cette cour reçurent des titres de fonctionnaires royaux accompagnés du mot amour : prince d'amour, écuyer d'amour, etc. On donnait aux nobles des refrains et des thèmes à traiter en chansons, lais, virelais, complaintes. Des débats étaient organisés en forme de procès, sur des problèmes amoureux. Il était obligatoire de défendre à chaque fois l'honneur féminin.

La prouesse était ainsi transférée dans le domaine poétique, et déjà des réponses des plus grands personnages avaient été rassemblées dans un recueil de cent ballades, après un débat du même genre en 1389. L'influence de ces grandes discussions sur la fidélité fut parfois réelle et s'incarna dans de beaux types de chevaliers, comme Lalaing. Mais la continence d'un Charles le Téméraire était considérée comme malsaine. Combien de seigneurs auraient pu terminer leur testament à la façon de ce seigneur gascon : « Je laisse cent livres de Morlaas pour marier femmes pauvres, et spécialement celles que j'ai dépucelées, si on les trouve. » Une fois de plus, le divertissement social et le jeu masquaient la réalité du mariage tel qu'il était dans les milieux nobiliaires : une foire d'empoigne, à qui s'emparera de la plus riche héritière. Incapable de choisir entre l'adoration officielle et le dénigrement ou le mépris réels, la pédagogie amoureuse cherche au fond l'évasion et le rêve au milieu d'allégories qui traduisent une aspiration dont personne n'est dupe au fond de soi-même. Le problème de l'éducation sentimentale reste donc entier et non résolu à la fin du Moyen Age, parce que toujours posé à côté du mariage en laissant intactes la misogynie et la crudité des mœurs. Réunir le cœur et le corps n'était possible qu'à condition d'abandonner le lit commun à la famille entière ou le rassemblement de plusieurs lits dans la même pièce. La timide apparition du lit clos et de la chambre de tapisserie à la fin du XVe siècle ne suffisait pas cependant pour découvrir les valeurs d'intimité.

Cette absence de progrès, cette crise ouverte du cœur humain, désuni d'avec son corps, se retrouve dans l'attitude que l'Eglise eut à l'égard des consciences. Pour ces hommes déchirés, incertains, passant rapidement d'un état d'abattement à un élan d'exaltation, la foi était un recours normal. La confession devenait alors un moyen privilégié pour diriger la conscience inquiète devant ses fautes et lui éviter de craindre la damnation. Nous avons vu que depuis qu'il était devenu obligatoire de se confesser au moins une fois par an, un effort considérable avait eu lieu pour améliorer l'examen de conscience, en particulier selon les ordres et les fonctions sociales. Aussi, désormais, les confesseurs sont-ils partout, auprès des princes comme au milieu des villages, à la Cour comme dans la paroisse urbaine. Certains même suivent des bandes de brigands ou les grandes compagnies composées de mercenaires sans contrat pillant les paysans. Le sens dévoyé de l'honneur est tel que des nobles, qui vont assassiner leur belle-sœur pour cause d'adultère, emmènent d'abord avec eux un prêtre, pour qu'il puisse ensuite les absoudre en toute connaissance de cause !

Devant les réticences et le refus de se confesser, notamment à propos des péchés de luxure, afin d'éviter que la honte de l'aveu et le rouge au front ne fassent fuir l'éventuel pénitent, le confessionnal est alors inventé. Dans les bas-côtés des églises urbaines, apparaissent, au XIVe siècle, ces édicules où l'ombre protectrice ménage les vanités personnelles et protège les confesseurs des soupirs féminins. Les manuels de confession de cette époque prescrivent un ordre désormais immuable pour les laïcs : présentation, *Confiteor*, examen de conscience, aveu des fautes, « satisfaction » (ce que nous appelons « pénitence ») et « renouvellement », c'est-à-dire promesse de ne point récidiver.

Le prêtre questionne pendant l'examen de conscience : « T'es-tu enivré ? As-tu négligé d'aider les pauvres que tu savais mourir de faim auprès de toi ? » Au passage il doit s'assurer des connaissances religieuses du pécheur, puis, au vu de la profondeur de ses sentiments de repentir et de l'intériorisation de l'effort de réparation, il doit donner une « pénitence », acte personnel correspondant à la nature de la faute commise. Si le pénitent était, après l'absolution, trop rongé par l'angoisse d'avoir à souffrir, une fois arrivé dans l'au-delà, les peines temporelles de ses fautes, le prêtre pouvait lui accorder, au nom des mérites du Christ, une indulgence plénière ou partielle d'un certain nombre de jours. Par exemple, il pouvait lui fixer quatre jours de travail sur le chantier de l'église Saint-Lambert de Liège afin d'obtenir une indulgence de même durée. Bientôt, les pénitences de ce genre furent réduites de plus en plus en aumônes. Plutôt qu'un travail de non-qualifié, mieux valait payer les quatre jours de travail d'un bon maçon !

A partir du XVe siècle, les indulgences deviennent de véritables amendes tarifées qui ne sont pas sans rappeler celles du Haut Moyen Age. Leur inflation fut telle que bientôt le but primitif – réparer une faute, apaiser l'angoisse du pécheur – finit par être oblitéré par cette espèce de marchandage sur l'au-delà. De même, la multiplication des aumônes dans les testaments et la fondation de chapellenies par les grands pour obtenir des requiems après leur mort reflètent cette conscience religieuse qui a peur de l'au-delà, et surtout de la damnation éternelle.

Aussi les manuels de confesseurs qui s'étaient raréfiés vers 1330-1340 se multiplièrent-ils avec la montée des périls et des angoisses. Ils prirent même un nouvel aspect au début du XVe siècle. Pour mieux dissoudre le sentiment de culpabilité qui taraudait les pécheurs et empêchait certains de se confesser tout d'un bloc, au point de les amener à découper leurs aveux entre plusieurs confesseurs successifs, on chercha à généraliser la direction spirituelle individuelle. Le catalogue des cas se transforme alors en une science des cas, subordonnée surtout au droit canon, mais beaucoup moins à la théologie morale. Nous retrouvons ici, une fois de plus, le primat du juridisme. Mais les fidèles étant inquiets sur la régularité de leurs rapports avec Dieu, il fallait répondre à cette obsession de la règle et démêler dans l'aveu la part réelle de responsabilité. Dans les couvents de Mendiants apparurent de véritables chaires d'enseignement de cette science, et les synodes diocésains incitèrent même les prêtres à venir y écouter des exposés sur ces sujets.

Désormais sont publiés des manuels, les uns à l'usage du confesseur, d'autres pour les laïcs et d'autres enfin pour les prêtres et les religieux. L'essentiel repose sur une liste de tous les péchés possibles et imaginables. Ils sont même alignés en versets mnémotechniques pour améliorer la qualité de la confession. Pour se rappeler les sept péchés capitaux, on apprenait les versets suivants :

Monstrat saligia quae sunt mortalia septem
Super., ava., lux., iratus., gula et invisus acedia

Ce qui signifie : les sept péchés mortels, l'orgueil (*superbia* abrégé en super), etc., avarice, luxure, colère, gueule (gourmandise), jalousie et paresse (l'*acedia*, primitivement le dégoût des choses spirituelles finit par signifier morosité, oisiveté) se résument en un seul mot SALIGIA, composé par les initiales de chacun d'entre eux. On les distingue ensuite des péchés commis par les cinq sens, la vue, l'ouïe, le toucher, le goût et l'odorat.

La distinction va encore plus loin avec les péchés de complicité. A une époque où les liens communautaires sont puissants et même renforcés par les serments et les vœux, la responsabilité individuelle dans une action de groupe est difficile à percevoir. Aussi distingue-t-on des variantes dans la collusion, active d'abord, par l'ordre, le conseil, l'accord, la flatterie et la palinodie, passive ensuite en se taisant, en participant, en ne s'opposant pas et sans manifester sa présence. Puis on ajouta aux péchés contre les Dix commandements, aux sept péchés capitaux et aux péchés des cinq sens, ceux qui crient contre le ciel, c'est-à-dire les souffrances infligées à des victimes innocentes, les meurtres, les péchés contre nature, contre le Saint-Esprit, les non-paiements de salaire, les injustices imposées par la violence. Encore plus révélatrices de l'esprit du temps furent des fautes peu répandues jusqu'alors, attaques contre la vérité, désespoir, endurcissement dans le mal, présomption d'être sauvé alors que l'on demeure dans le péché, haine de l'amour fraternel et même suicide et impénitence finale. On aboutissait ainsi à des catalogues impressionnants : cent cinquante-trois péchés par pensée, par parole, par action et par omission, avec cent dix-huit subdivisions à l'intérieur des péchés capitaux et vingt autres diverses. Une documentation pléthorique de type scolastique accompagnait ces codes extrêmement secs dont l'exhaustivité n'est pas sans poser quelques problèmes. Comment quelqu'un pouvait-il, par exemple, pécher contre les privilèges de l'état glorieux qu'il ne possédait pas encore puisqu'il était vivant, et alors que s'il les avait possédés, il aurait été impeccable au sens strict du terme ? N'y avait-il pas là un placage de connaissances intellectuelles sur la réalité vécue ?

Tout était prévu en effet. Dans les manuels pour religieux étaient précisés les douze abus contre le cloître et les péchés contre les vœux. Dans ceux destinés aux clercs se trouvaient les actes contraires à leur état : chasse, jeux, exercice d'un métier. Pour les malades et les agonisants, un interrogatoire devait porter sur les dispositions intérieures du fidèle au moment de paraître devant le Seigneur, sur son désir de réconciliation et la nécessité de restituer en conséquence les fruits de ses rapines, ou de réparer les torts causés par des aumônes inscrites dans son testament. Une tentative d'action directe sur la conscience individuelle a donc lieu pendant ces deux siècles et s'adapte à la situation nouvelle qui se crée avant la dernière phase de la guerre de Cent Ans. Fut-elle efficace ?

Parmi ces nombreux manuels, deux eurent particulièrement du succès. André d'Escobar écrivit avant sa mort, en 1427, deux opuscules, « la Lumière des Confesseurs », pour les prêtres et « le Mode de Confession », pour les fidèles. Leur brièveté leur valut un succès mérité et, contrairement aux affirmations de Pascal dans *les Provinciales*, ils n'avaient rien de laxiste et ne cherchaient pas à élargir le champ du permis. Jean Gerson, pour qui la confession était l'œuvre éducative par excellence, publia aussi plusieurs manuels en latin et en français. Un premier ouvrage, le *De modo audiendi confessiones* (Sur la manière d'écouter les confessions), est très bref. Il rappelle au prêtre vingt-cinq considérations sur l'action du sacrement de pénitence, insiste sur les qualités naturelles et surnaturelles que doit posséder le confesseur. En 1404, il réunit et publia en latin « Le miroir de l'âme », « De la confession » et « l'Art de bien mourir » dans une œuvre appelée *Opus tripartitum* (l'Œuvre tripartite). Outre un exposé de doctrine générale sur les Dix commandements, il comprend deux chapitres sur l'efficacité de la confession et un interrogatoire des malades agonisants. Cette œuvre marqua profondément son temps. Imprimée dès 1513, elle devint un manuel destiné aux curés, et François de Sales la rendit obligatoire dans son diocèse de Genève.

Contrairement à la tendance générale, Gerson insiste sur la manière dont doit s'accomplir la confession. Il sait que certaines confessions sont sacrilèges, parce que incomplètes, en raison de la peur d'avouer telle ou telle faute ou de se voir condamner par un confesseur qui se pose en juge et non en père. Aussi faut-il d'abord rendre la confession attrayante par le biais du sermon. Puis l'interrogatoire doit être abrégé s'il s'avère que le pénitent a le cœur droit, et ne pas dévier en une conversation. Comme toujours chez lui, les maîtres mots sont prudence et douceur. A plus forte raison quand il recommande particulièrement une plus grande fréquence des confessions, trois à cinq fois par an, pour aboutir à une véritable direction spirituelle. Il se rend compte que le progrès dans la vie intérieure n'est pas possible avec des contacts annuels, évidemment trop espacés.

Dans ses ouvrages sur la confession des enfants de huit à quatorze ans, il est encore plus novateur. Jusque-là, elle n'existait pas et paraissait inutile. Quand il évoque les péchés qui menacent ces jeunes : désobéissance, envie, paresse, masturbation et sodomie, il insiste surtout sur la responsabilité des parents qui les pervertissent.

Aussi, même s'il est persuadé que la notion de péché n'est pas consciente avant quatorze ans, incite-t-il à la confession précoce, car si l'on ne lave pas des cuillères sales, à force de laisser s'accumuler les traces des différents repas, leur nettoyage deviendra impossible. Il faut donc se confesser jeune.

Si l'enfant, après avoir dit tous ses péchés, n'éprouve ni contrition ni désir de réparation, le confesseur doit cependant accorder l'absolution. Ce sont là fautes vénielles qu'une plus grande maturité effacera plus tard, tandis que l'efficacité même du sacrement est là pour conforter une liberté qui se cherche. De même, il ne faut jamais pousser un enfant à dénoncer ceux avec qui il a commis une faute. L'expérience personnelle de Jean Gerson perce ici dans ce libéralisme qui surprenait les contemporains. Il faisait confiance d'abord aux qualités humaines des deux protagonistes et surtout à la grâce sacramentelle.

Il fut donc probablement plus efficace, lui et ceux qui lurent ses œuvres, que les partisans de la science des cas. Ces derniers, entraînés par leurs pénitents cherchant l'apaisement dans le sentiment d'être en règle, aboutirent en fait à la pratique d'une morale négative : ne pas transgresser, ne pas tomber dans telle ou telle faute. Une certaine polarisation sur les péchés concernant l'accomplissement d'un vœu ou d'un serment ou l'impureté sexuelle aboutit à définir un champ d'interdictions à la limite duquel il fallait s'arrêter comme au bord d'un gouffre. De plus, l'intention négative étant prise en compte, ne pas pécher devenait méritoire ! On se contentait d'un minimum, en oubliant d'accomplir la volonté de Dieu. La lutte contre le mal devenait plus importante que l'accomplissement du bien. Mais ne nous leurrons pas. Grâce à la casuistique, le chrétien de cette époque a tout de même progressé. Il a appris à s'interroger sur lui-même, à découvrir sa responsabilité propre dans les actes qu'il a posés. La conscience personnelle vient d'être éduquée et d'accéder à une certaine capacité d'analyse de soi et des autres. Si la faute est difficilement dédramatisée, elle est pourtant mieux cernée. Si la foi est encore mélangée de superstition, l'homme avance dans la découverte de ses abîmes intérieurs.

Ainsi, pendant le XIVe et le XVe siècle qui viennent de voir mis en question l'idéal nobiliaire, la foi de la chrétienté et toute une série de manières de penser, de nombreuses découvertes ont eu lieu. Les nobles ont su apercevoir la nécessité d'une éducation lettrée plus ouverte, de discipliner leur corps et maintenir leur statut privilégié par les exercices physiques, la chasse et les conventions chevaleresques et amoureuses. Les maîtres mots de discipline et de règle, les formes extérieures de la courtoisie et du respect permettent une mutation profonde qui mène du chevalier au courtisan et, au plan religieux, de l'homme des pratiques vers l'homme intérieur. Malgré les contraintes et les formalismes, ou peut-être grâce à eux, l'individu d'élite peut s'affirmer, seul et non plus en groupe. Cette éducation qui a brisé les anciennes solidarités permet aux plus religieux de découvrir leur volonté et leur liberté, aux grands de mettre à jour leur force et, comme disent les Italiens, leur « virtu », mélange de largesse et d'héroïsme.

Nouvelles formes d'éducation populaire

Approfondissement, contradictions, contraintes, tels sont les traits nouveaux de l'éducation nobiliaire. Ils se retrouvent dans toutes les autres couches sociales. Qu'elle soit orale, visuelle ou de plus en plus écrite, l'éducation cherche à toucher maintenant jusqu'au dernier des paysans. Devant le malthusianisme corporatif et la dévotion ignorante ou superstitieuse, la formation professionnelle et religieuse cherche de nouvelles voies. Face à une sensibilité déréglée, les liturgies, les fêtes, les jeux et les spectacles apportent dérivatifs et enseignements divers. Examinons d'abord comment les jeunes laïcs sont intégrés dans la vie sociale et formés à leur métier, avant de considérer le rôle du livre, du sermon, de l'image et de la liturgie dans la christianisation du peuple. Nous comprendrons mieux alors les incohérences et les buts de l'école de la rue.

On se souvient de la large extension de la « jeunesse » en ces temps où les hommes de vingt à trente ans étaient tantôt rares, après la Grande Peste, tantôt très nombreux, lorsque l'expansion démographique redémarre durant la deuxième moitié du XVe siècle. Le lecteur aura remarqué que le savoir-vivre social s'apprenait dans les collèges de jeunes gallo-romains, dans les troupes de guerriers privés à l'époque franque et dans les confréries de métiers aux XIIe et XIIIe siècles. A la fin du XIVe, apparaissent dans notre documentation des « abbayes » ou des fraternités de jeunesse qui probablement deviennent alors permanentes. Le phénomène de la bande de jeunes, qui est de tous les temps, d'éphémère et d'insaisissable qu'il était en période d'équilibre et de prospérité, commence à être accepté par les pouvoirs publics ou municipaux afin d'encadrer le désordre.

Les associations étudiantes en furent certainement les modèles, en particulier celle de la Basoche. Dénommées principautés d'amour, royaume des aulbes, de la jeunesse, de l'infanterie ou encore, dans le Midi, abbayes de jovens, elles étaient composées de jeunes célibataires et de garçons mariés âgés de dix-huit à trente-six ans. Ils élisaient un ancien, comme roi ou abbé. Il était souvent issu des meilleures familles de bourgeois ou de magistrats de la ville. Il exerçait sa juridiction après un défilé public, une « montre » de toute la bande, plus ou moins déguisée ou armée, en froc, en cotte d'armes ou en pourpoint. Ces groupes de quartiers ou de paroisses étaient des lieux d'apprentissage de la vie en commun et en société. Jacques Rossiaud a montré comment, en particulier à Lyon, l'abbaye des Enfants issue des quartiers riches avait juridiction et supériorité sur les six autres abbayes dites de Maugouvert, de recrutement beaucoup plus populaire.

Que faisaient-ils ? On connaît le proverbe : il faut que jeunesse se passe. Il date probablement de cette époque, car grande était la tolérance des gens installés à leur égard. Officiellement, les fraternités pouvaient imposer les nouveaux mariés pour boire à leurs frais et, s'ils refusaient, mener le charivari en une procession bruyante et colorée. Amendes aux nouveaux mariés, moqueries et beuveries permettaient de supporter cette attente interminable avant d'entrer dans la vie d'adulte. Mais, le soir, les bagarres entre bandes rivales permettaient aussi d'exprimer toute une violence contenue, à coups de poings, de pierres ou de poignards. Quand le bordel avec ses prostituées, les étuves avec leurs chambrières ne leur suffisaient plus, restaient alors les orphelines, les veuves, les femmes mariées accusées de mauvaise conduite que l'on violait à plusieurs, en pleine nuit, après avoir forcé l'huis. Le viol collectif est alors un véritable rite de sacralisation de la virilité des jeunes. Il constitue même un rempart inattendu de l'ordre établi lorsqu'il vise un gibier de choix : la concubine du prêtre. Comme il n'y a pas assez de filles à marier, que les mentalités populaires sont particulièrement chatouilleuses sur la moralité du prêtre et que ce dernier est un rival particulièrement dangereux auprès des femmes par son éducation et ses bonnes manières, la punition infligée à sa maîtresse est approuvée par tout le monde.

Ainsi le gars qui chasse la garce est un « homme joyeux », tandis qu'une « fille joyeuse » n'est qu'une putain. « L'abbé était un personnage influent, prestigieux, l'abbesse n'était que la tenancière du bordel. » Ces jeunes violeurs se vengeaient ainsi du pouvoir matrimonial des femmes nanties d'hommes en avilissant les filles en situation plus ou moins irrégulière. Ainsi se perpétuait dans les couches populaires, mais sans le contre-poids bourgeois ou noble de la courtoisie, un antiféminisme virulent. Cette violence sauvage était tolérée parce qu'elle permettait de ne point éclabousser l'autre groupe d'âge, celui des adultes. Jacques Rossiaud emploie un mot curieux, mais juste, pour définir l'aspect éducatif des abbayes de jeunesse. Ce sont des institutions de paix. Elles organisent les fêtes, le carnaval en particulier, régissent les mariages et, comme disent les municipalités, servent « à apaiser les scandales, pacifier les abus, gouverner honnêtement et joyeusement la jeunesse ».

Tout cela procède d'une conception populaire de la nature dont le désir est irrépressible. « Nature les meust de aller s'esbattre », disaient les magistrats qui ne sévissaient qu'en cas de meurtre. Combien de clercs facétieux, de procureurs égrillards, de greffiers curieux s'esbaudissent à la lecture des plaintes pour viols ! Par le biais des gens de loi, la misogynie du *Roman de la Rose* de Jean de Meung imprégnait les esprits populaires. Un roi d'amour, élu à Dijon en 1440, a laissé un dessin où il se représente au Carnaval sur son char, en « roi-coq au milieu de personnages masqués et d'animaux virils ». De plus, il souffle, symbole très clair, sur une rose. La même année, à Valence, un charivari particulièrement brutal envahit la maison des conjoints, avec force cris et gestes obscènes, jeta les mariés à l'eau du Rhône, puis leur fit passer la nuit au bordel.

Aussi, à partir de 1450, les municipalités s'efforcèrent-elles de réserver ces manifestations uniquement aux veufs se remariant en deuxièmes ou troisièmes noces. Mais cette tentative de mise en ordre n'intéresse pas vraiment l'époque dont nous parlons. Pour l'heure, seul compte le groupe, qui impose la loi des mâles et permet de supporter les frustrations sexuelles dues au célibat prolongé. Tout le monde est d'accord pour admettre que les poules doivent s'incliner devant le coq. Le jeune qui fornique se prépare ainsi au mariage. Curieuse éducation sexuelle que cette « folle jeunesse » avant la monotonie de l'établissement conjugal, et surtout bien faible influence de l'Eglise. Son effort n'avait porté en effet jusqu'ici que sur le mariage, mais jamais sur ce phénomène nouveau : la vie sexuelle des jeunes non mariés. Quant aux prostituées, les franciscains avaient pris l'habitude de montrer en elles d'abord les victimes de la misère, mais jamais celles du client.

Pour les autorités centrales ou locales, cette espèce d'école de la rue, doublée de ce monastère inversé qu'est le bordel, avait un but social : intégrer une population flottante, marginale et souvent errante, dans une société réglée et ordonnée. A Paris, le roi des ribauds, fonctionnaire officiel du roi de France, percevait la taxe sur les prostituées. Ce processus d'enracinement était officiellement mené par les municipalités qui recevaient les serments des filles. Les consuls, dans le Midi notamment, leur faisaient promettre de dénoncer les crimes dont elles auraient connaissance, de donner les noms des prostituées occasionnelles et surtout des épouses dépravées. Lutter contre l'adultère féminin, tel était au fond le motif à demi caché de l'institution de la « maison de la ville ». La vieille croyance païenne dans l'innocuité de l'infidélité masculine et la gravité irrémédiable de la pollution du corps de la matrone par la débauche est toujours debout. De plus, l'abbesse du bordel était considérée comme une véritable « mère des filles », et il faut ajouter : des jeunes. Elle s'occupait tout particulièrement des célibataires étrangers au pays et d'une nouvelle sorte récemment apparue : les compagnons.

Parmi tous ceux qui courent alors les routes, nombreux sont en effet les valets et les compagnons. On se souvient des statuts des corporations qui divisaient les professions en trois stades : apprenti, valet et maître. Or, au cours de la crise économique et démographique, suivie du retour à l'expansion à partir de la deuxième moitié du XVe siècle, la pénurie de main-d'œuvre qualifiée fut réelle. Les salaires augmentèrent considérablement, mais corrélativement le manque de capitaux et la crainte de l'avenir imposèrent une politique restrictive dans les corps de métiers. Ainsi l'évolution de l'apprentissage fut différente selon que l'enfant était issu d'une famille d'artisans ou d'un milieu rural. Le père avait de plus en plus intérêt à réserver la maîtrise à son fils et à soigner son apprentissage. Les statuts l'y autorisaient. Il en profita pour en faire petit à petit un véritable droit héréditaire.

Les contrats d'éducation deviennent très nombreux en période de crise et de restriction de main-d'œuvre. Cela est net par exemple en Bourgogne. Dans les métiers à faible niveau technique, changeur, par exemple, la durée est courte : un an. Mais un vigneron prend par exemple un apprenti pour dix-huit ans d'affilée ! L'enfant est souvent engagé vers douze ans, mais la majorité paraît en général osciller autour de quatorze ans. Il a droit, chaque année, à retourner dans sa famille pour les moissons ou les vendanges, en général pour trois semaines ou un mois. Il est toujours passible d'amende s'il commet une fugue. Le maître doit lui assurer la nourriture et le lit, et parfois le vêtement ou des outils à son départ. Cela constitue une espèce de dotation en capital pour démarrer dans la vie professionnelle. Un barbier reçoit des rasoirs, des paires de ciseaux, des bassines, des peignes grands et petits, un miroir, un forceps et des lancettes, car il est quelque peu médecin et pratique les saignées.

Le caractère souvent familial de cet apprentissage empêche que soient prévus les cas de mauvais traitements. L'enfant, quand il n'est pas le fils du maître, est souvent en effet un neveu ou un cousin. Aucun détail sur les méthodes d'enseignement du métier n'est connu. Le tour de main, qui ne peut être décrit, et le secret professionnel empêchent de les préciser dans les contrats. Ainsi, l'apprenti travaille au pair et si le métier est facile à apprendre, les parents doivent payer pendant les deux ou trois premières années. A l'inverse, s'il est très technique, le maître verse un salaire à partir du moment où l'aide du jeune devient réelle. Au lieu d'un contrat d'éducation à longue durée, on conclut plutôt en ce cas un accord de louage de services rétribués, pour une courte durée, avec un apprenti déjà mûr. Il semblerait qu'au cours du XVe siècle cette pratique se développât aux dépens de l'apprentissage, de plus en plus restreint au fils de famille.

Les corporations renforcèrent ce malthusianisme dans la formation professionnelle en exigeant de plus en plus le chef-d'œuvre, nouvel obstacle et examen final pour l'exercice du métier à son propre compte. Les merciers d'Abbeville précisent, en 1463, que leurs confrères, les fabricants de bourses, les vendeurs de cire, les fabricants de pains d'épice, etc., qui font partie de l'association, ne peuvent exercer que s'ils ont appris le métier « en ladite ville et banlieue ou en aultre ville de loy et y servy par l'espace de trois ans entiers ». Ils ne peuvent vendre leur marchandise avant qu'ils n'aient fabriqué « ung quief d'œuvre de bourse ou de cire par devant les maistres du mestier et avec ce paient la somme de LX sols parisis », une moitié aux membres du métier et l'autre à la confrérie.

Devant cette fermeture des métiers, le monopole de la formation professionnelle passa insensiblement aux mains des salariés. A l'exemple des équipes de maçons qui se déplaçaient d'un chantier de cathédrale à l'autre, des associations clandestines de jeunes compagnons qui voulaient apprendre à travailler de leurs mains naquirent au cours du XIVe siècle. La plus ancienne qui ait laissé des traces est le « devoir des forgerons » de la forêt d'Othe, en Champagne, née en 1276. A Paris, en 1467, chez les tourneurs sur bois, il est question de « compagnons passant leur chemin ». Le Tour de France devait probablement exister déjà et une ordonnance royale de 1420 semble y faire allusion lorsqu'elle parle des cordonniers dont « plusieurs compagnons et ouvriers de plusieurs langues et nations aloient et venoient de ville en ville pour aprendre, cognoistre, veoir et savoir les uns des autres ».

Nous avons donc affaire à de jeunes travailleurs manuels du bois, du fer, du cuir et des textiles qui cherchent à atteindre deux buts : fixer les salaires entre eux pour les imposer aux employeurs et surtout qualifier leurs membres. Guillemin le Clerc, chaussetier, a quitté Paris à l'âge de douze ans, et s'en est « alé avec autres enfans et compaignons pour veoir pays ». Et il en a vu ! Sully-sur-Loire, Orléans, Avignon, Genève, pour revenir ensuite à Paris. Comme le chevalier errant, comme l'étudiant, le mendiant ou le pèlerin, le futur charpentier ou chaudronnier parcourt les routes. Le voyage est initiatique. Certes, beaucoup de ces jeunes artisans sont isolés et leurs migrations ont souvent pour but de trouver du travail. Cependant, une partie d'entre eux s'est groupée en confréries, mal connues à cette époque, mais probablement analogues aux anciennes gildes. Leur solidarité s'exprime par l'apprentissage que les meilleurs d'entre eux donnent aux nouveaux arrivés. Peut-être même existe-t-il déjà un embryon de société d'accueil dans chaque ville, une auberge tenue par une Mère, comme celle qui est signalée pour la première fois à Dijon en 1540. Certains, après avoir passé leur « chef-d'œuvre » devant les compagnons, arrivaient à s'établir à leur compte, mais ils étaient rares. Aussi leur dernière arme restait-elle l'unité du groupe compagnonnique, et leur qualification pour obtenir un salaire convenable. Les compagnonnages naissent donc à une époque de déracinement pour apporter à ces jeunes qui hantent des villes qui leur sont inconnues une véritable patrie de remplacement et un moyen d'éviter la marginalité. En cela, ils jouent aussi un rôle de socialisation et sont proches des « Fraternités de jeunesse », aux fêtes desquelles d'ailleurs ils participent. Grâce aux compagnons, la main-d'œuvre artisanale trouve ses traditions et acquiert une éthique professionnelle.

La naissance du compagnonnage est la preuve d'une sorte de généralisation de l'apprentissage. De plus en plus, chacun est persuadé qu'il faut apprendre son métier et que les connaissances paternelles ne suffisent pas. Chez les marchands se multiplient par exemple les traductions du livre d'un employé de banque italienne, Pegolotti, écrit en 1340 : « La Pratique du Commerce. » Il donne des équivalences des poids et mesures en usage sur les différentes places de commerce, indique la manière dont s'échangent les monnaies ou se vendent les principaux produits, et surtout les taxes levées par les autorités du lieu. Ainsi les grands négociants disposaient d'une meilleure connaissance des marchés. D'autres manuels et traités de commerce apparurent, surtout en Italie, consacrés aux monnaies, au change, à la comptabilité en partie double, mais ils ne pénétrèrent guère en France avant la fin du XVe siècle. Le marchand français a beau tenir une correspondance régulière, il n'est pas encore, comme les Florentins, un homme de bureau qui dirige ses affaires de loin, grâce à la maîtrise de nouvelles techniques financières.

Ce goût pour le manuel professionnel atteint enfin les milieux ruraux. En 1373, Pierre de Crescens écrit le « Rustican du cultivement et le labeur champestre », le premier traité d'agronomie depuis l'Antiquité. Il n'apporte aucune innovation, mais les seigneurs propriétaires terriens qui le lurent en tirèrent une meilleure connaissance des travaux agricoles et leurs régisseurs purent mieux surveiller la qualité des soins donnés aux champs, aux bêtes et aux arbres même – il consacre un paragraphe à la récolte de la sève du pin –, ou encore aux ruchers indispensables pour le miel, unique sucre de l'époque.

En revanche, l'apparition des livres pour l'instruction des bergers est beaucoup plus intéressante. Cette nouveauté est due à l'extension des terres d'élevage au XVe siècle, provoquée par la pénurie de main-d'œuvre. La hausse du prix de la laine et la recherche du profit en sont d'autres causes. Aussi, bien qu'apparemment le métier de berger soit des plus faciles à apprendre, Charles V réclama-t-il à Jean de Brie un traité sur l'élevage des moutons. Ce fut « Le bon Bergier », rédigé en 1379. « Le mestier de la garde des oeilles est moult honorable et de grant autorité », nous dit-il. « Il est aussi noblement paré de sa houlette, selon son estat de bergerie, comme serait ung evesque ou ung abbé de sa croce. »

Jean de Brie lui-même, à sept ans, avait été chargé dans son village de garder les oies et les oisons. Il les protégeait des pies, des milans, des corneilles, et autres oiseaux nuisibles. Vers huit ans, des pourceaux, « rudes bestes et de mauvaise discipline », lui furent donnés à surveiller. Ils durent lui en faire voir de toutes les couleurs, profitant de son jeune âge, car il s'en plaint amèrement. Vers dix ans, il s'occupa d'une dizaine de vaches à lait, mais il fut blessé par l'une d'elles. Alors il devint « tuteur et curateur de quatre vingtz aigneaux débonnaires et innocens qui ne hurtoient ni blecoient ». Bientôt après, il reçut cent vingt moutons, puis deux cents brebis. A quatorze ans, il avait terminé son apprentissage « par expérience qui est la souveraine maistresse des choses ».

Rude travail par conséquent que connaissaient tous les enfants de la campagne. Jeanne d'Arc n'en faisait pas son métier, puisqu'elle ne gardait pas le troupeau communal, mais elle le pratiqua occasionnellement, puisqu'elle surveillait les bêtes de ses parents. Jean de Brie nous indique ensuite ce que doit apprendre le berger. Il ne trait pas les bêtes ni ne les tond, sauf les agneaux. Il a des responsabilités précises. Il porte une panetière, un couteau, une alène à coudre des souliers, des aiguilles carrées et rondes pour tricoter et une boîte à onguents pour soigner les maladies des bêtes. Il doit savoir reconnaître et guérir le pouacre, la rogne, la clavelée, la douve, etc. Le chien porte un collier à pointes de fer pour ne pas être égorgé par les loups. Enfin et surtout, le berger tient une houlette, long bâton terminé à une extrémité par une cuillère en fer permettant de couper la terre sous l'herbe pour permettre aux brebis de mieux la tondre. A l'autre bout se trouve un crochet recourbé pour séparer les bêtes et les examiner.

Ainsi le pâtre doit être en partie vétérinaire, essentiellement grand marcheur et ami des bêtes, et quelque peu musicien pour se détendre avec sa flûte ou sa cornemuse. Il se relève ainsi d'un certain mépris antérieur. Il entre dans la société nouvelle. Un prestige littéraire l'entoure alors. Les poètes le célèbrent dans leurs pastourelles et même les bourgeois l'honorent puisqu'ils lui donnent le beau rôle dans « la farce de

Maître Pathelin ». Tout le monde se rappelle comment il triomphe de l'avocat retors qui lui demande ses honoraires, en répondant « bée... », comme il lui avait recommandé de faire face à l'accusation.

Formation professionnelle, souci pédagogique et moral, intégration sociale vont donc de pair dans ce monde laïc nouveau qui se cherche. L'encadrement des jeunes se fait dans des limites très larges où la nature sauvage de l'homme peut encore s'ébrouer. Si la discipline est trop stricte, comme celle qu'imposa Jean Standonck au collège de Montaigu à partir de 1483, elle n'est point acceptée ni imitée. En revanche, elle se crée spontanément à l'intérieur des compagnonnages, tout autant que des communautés « taisibles », autre phénomène nouveau qui se répand dans la deuxième moitié du XVe siècle. Des ménages de paysans, pour éviter d'être ruinés par l'impôt royal, se regroupent « au même pot et au même feu ». Ainsi, en acceptant de vivre en commun, sous le même toit, ne forment-ils qu'une seule unité imposable, un seul feu. Ils élisent un père et une mère – lesquels ne sont pas forcément mari et femme – auxquels ils acceptent d'obéir et dont ils reçoivent toute une formation à la vie commune agraire, de type patriarcal. Partout, nous trouvons ainsi des apprentis cultivateurs, des apprentis bergers, des apprentis artisans et même des apprentis serviteurs, puisqu'un anonyme a éprouvé le besoin d'écrire un « Régime pour tous les serviteurs », sorte de traité de morale à l'usage des pages, domestiques et autres femmes de chambre. Certes la formation professionnelle sur le tas a toujours une place plus grande que l'instruction théorique, éthique et livresque. Mais cette dernière, qui ne s'adressait qu'aux nobles au XIIIe siècle, a désormais touché, sinon gagné, toutes les couches sociales en intégrant la tradition orale.

Toute crise stimule donc le besoin d'instruction. La pastorale religieuse n'échappe point à cette nécessité.

Nous avons vu comment les confesseurs avaient essayé d'enseigner l'art de l'introspection. Ils n'atteignirent probablement qu'une élite de privilégiés, même si ces fidèles appartenaient à tous les milieux sociaux. On connaît par exemple des prêtres qui vont confesser, sur les alpages et les estives montagnards, des bergers à l'article de la mort. En revanche, par le livre, la parole et l'image, prêtres et prédicateurs atteignaient un public populaire beaucoup plus vaste.

Le cadre paroissial était d'abord le premier lieu d'instruction par le biais de la vie sacramentelle. Les guerres interrompaient souvent la vie des communautés, mais cependant, comme nous l'avons vu, les écoles paroissiales, ou les petites écoles, comme on voudra, paraissent avoir été nombreuses dans la moitié septentrionale du royaume, de la Normandie, par la Franche-Comté, jusqu'en Champagne et en Flandre. L'abondance des statuts synodaux pour ces régions prouve d'ailleurs le plus grand soin des pasteurs. Là où les visites épiscopales sont rares, l'école est souvent mal tenue ou inexistante. La géographie scolaire est en réalité le reflet de l'instruction des curés et de la conscience épiscopale. Très rares sont les prêtres qui, envoyés à l'Université, reviennent dans une cure rurale une fois gradués. Dans le diocèse de Lyon, en 1378-1379, pas un seul ne dirige l'une des quatre cents paroisses. En général, il était obligatoire de vérifier les connaissances du futur desservant, sans compter son aptitude au ministère. On s'apercevait alors que le niveau n'allait pas jusqu'au *trivium*. A Tournai, en 1366, le candidat récitait par cœur la formule de la confession, le quatrième livre des « Sentences » de Pierre Lombard, le deuxième et le quatrième livre des « Décrétales » sur l'état des clercs. En général, chacun était interrogé sur les connaissances en latin et en chant, ainsi que sur l'énoncé des formules sacramentelles. Mais pratiquement la connaissance de la Bible était inexistante et souvent certains évêques, les plus réformateurs, se plaignaient de l'ignorance des curés. Cela était surtout vrai lorsque la cure était accordée à un bénéficier, car, en ce cas, il était remplacé par un vicaire encore plus mal formé.

Entre les plaintes des réformateurs zélés, comme Gerson et Nicolas de Clamanges son élève (1350-1425), et la réalité, il est difficile de trouver la note juste, car dans leur désir d'amélioration ils noircissent souvent le tableau. Néanmoins, quelques points sûrs apparaissent : beaucoup ânonnent ou épellent syllabe par syllabe le texte latin des offices. Une farce anonyme présente un jeune clerc qui se prépare à l'examen sacerdotal. Il commence par tailler sa plume avec une serpe. Puis s'apercevant qu'il ne sait plus ses déclinaisons, il demande à sa mère d'envoyer un fromage à l'évêque. Cette satire montre surtout qu'on tolère de moins en moins des prêtres non cultivés. De plus, ceux-ci lisent peu. Leur bibliothèque est toujours aussi mal pourvue : un bréviaire et un missel, c'est tout. Les textes des statuts synodaux, que chaque curé doit posséder obligatoirement, sont souvent absents.

Issus des milieux ruraux, ces prêtres restent encore très liés à la tradition orale. La vie du saint patron de leur diocèse les intéresse plus que la Bible. Quand ils tiennent leurs registres paroissiaux, faute de parchemin, ils écrivent sur les marges des livres liturgiques, arrachent des pages, les grattent pour les réemployer, etc. Malgré ces insuffisances, ils peuvent sinon scolariser, du moins alphabétiser les enfants de l'école paroissiale, progrès déjà important. Néanmoins, leur faiblesse intellectuelle est réelle par rapport au niveau des ordres Mendiants. Ils pâtissent considérablement de cette comparaison qui leur vaut d'être traités « d'ânes déferrés » par ces derniers. Les conflits, déjà nets au XIIIe siècle, entre réguliers et séculiers sont tels qu'au concile de Reims en 1408, il faut interdire aux Dominicains et aux Franciscains d'attaquer les curés.

Aussi, lorsque les évêques veulent et parviennent à visiter régulièrement leur diocèse, s'efforcent-ils d'aligner l'instruction de leurs desservants paroissiaux sur le modèle des Prêcheurs. De même que leurs couvents sont des centres d'instruction des novices, la paroisse doit être une cellule d'éducation religieuse par l'église et son école. Les statuts synodaux du XIVe siècle renforcèrent les obligations antérieures et y ajoutèrent des prescriptions exigeant une formation pastorale, morale et sacramentelle plus poussée. Souvent critiques envers l'Université, Guillaume Durant, évêque de Mende, Jean Gerson, Pierre d'Ailly cherchent à créer des prêtres plus pieux que savants. Le premier rêva d'une maison où seraient enfermés les jeunes clercs. « Là ils passeraient les années de déchaînement des passions, non dans la luxure, mais dans la discipline ecclésiastique ; ils y seraient confiés à un vieillard plein d'expérience qui serait à la fois leur maître en science sacrée et le surveillant de leur vie. » Cet internat, ébauche des futurs séminaires, avait pour but essentiel une formation morale. Plus réalistes, les deux autres réclamèrent et écrivirent de petits ouvrages, abrégés de toutes les vérités chrétiennes. On connaît déjà l'*Opusculum tripartitum* (l'Œuvre tripartite) de Gerson, dont la première partie, sur les préceptes du Décalogue, rappelle tous les fondements de la Foi. Pierre d'Ailly édita vers 1400 un *Libellus sacramentalis*, ouvrage de théologie sacramentaire à l'usage des jeunes curés. Lors de son épiscopat à Cambrai, il constitua une bibliothèque à l'usage des prêtres.

Cet effort d'instruction religieuse des prêtres par le livre eut des résultats et déboucha sur une ébauche de littérature catéchétique à l'usage des laïcs. Les œuvres antérieures continuent d'être exploitées. L'*Elucidarium*, attribué faussement à Honorius d'Autun, continue, grâce à sa simplicité, à être utilisé. Traduit en français et en provençal, il se trouve dans de nombreuses bibliothèques. De même la « Lumière ès lais » et la « Somme le Roi » connaissent une carrière brillante auprès des pauvres clercs et des simples gens. La « Légende dorée » de Jacques de Voragine est le « best-seller » de l'époque. Abrégée, découpée, remaniée, elle est littéralement monnayée en petits récits, lus et relus, qui diffusent un sentiment « naïf » de la présence du surnaturel au milieu des hommes.

Tout cela, nous l'avons déjà remarqué, est en retard sur l'enseignement universitaire. Cette littérature moralisante et édifiante n'avait rien de doctrinal ni de pastoral. L'Eglise et la personne du Christ en étaient absents. Aussi, pour combler ces lacunes, un nouvel effort eut-il lieu à partir du début du XVe siècle sous la poussée des réformateurs, partisans de la dévotion moderne ou humanistes. Gerson, qui écrivait volontiers en français pour mieux instruire le peuple, voyant le succès de *l'Imitation de Jésus-Christ*, rédigea la « Montagne de la Contemplation », sorte d'itinéraire mystique de l'âme cheminant vers un sommet inaccessible. Mais il se montra beaucoup plus conservateur lorsqu'il fut question de traduire la Bible en français. Il partageait les craintes de ses prédécesseurs sur les dangers d'une lecture naïve et fondamentaliste du texte sacré qui risquait, faute de formation théologique, de mener tout droit à l'hérésie.

Il ne fut pas suivi. Dès 1349, Vignay et Nicolas de Lyre avaient mis au point une première traduction appuyée sur des textes hébraïques. D'autres furent réalisées sous le règne de Charles V. Au total, pour le XIVe siècle, furent copiés cinquante-trois manuscrits de la Bible française, et trente au XVe siècle jusqu'à l'apparition de l'imprimerie. Chacun sait que le premier livre imprimé fut une Bible, et tout cela ne peut être que la preuve d'un incontestable renouveau de la lecture du texte sacré, même si l'exégèse en restait toujours aussi archaïque et le texte aussi peu renouvelé par la philologie. Le succès de cette dernière science, au début du XVIe siècle, montre l'attention que les gens cultivés ou alphabétisés lui portaient.

Redoutant le danger d'un individualisme scripturaire, Gerson avait préféré un endoctrinement succinct pour les milieux populaires. Son *ABC des simples gens* (1400-1401) est un véritable abrégé catéchétique, extrêmement concis, qui tiendrait en quatre pages de ce livre et dont la brièveté devait amener des questions. Il contient le *Pater*, l'*Ave Maria*, le *Credo*, les Dix commandements, les sept vertus, les sept dons du Saint-Esprit, les huit béatitudes, les sept œuvres de miséricorde, etc., jusqu'aux sept peines des damnés : « Estre en un lieu très horrible et puant et obscur ; estre en douloureux tourments de feu en tous sens ; estre battu des diables, de tres épouvantables fligarts ; estre en haine de Dieu, des Saints et des Saintes et les maudir, maugréer, despiter ; estre raillé et frondé des démons ; estre en continuelle mort sans pouvoir mourir, avec le ver ardent de conscience ; et trébuchier de mal en mal et de péché en péché, sans fin et sans espoir. » Il en fit copier plusieurs exemplaires. Il voulait que ce résumé circulât parmi les laïcs et que les curés et les parents le possédassent afin de mieux instruire les enfants des vérités chrétiennes.

S'inspirant du *De catechizandis rudibus* d'Augustin, Gerson est en quelque sorte le père lointain du catéchisme du concile de Trente. D'ailleurs le mot avait été lancé par un franciscain, Michel de Césène, au XIVe siècle, avec son *Catechismus scholarium novellum* (Catéchisme des nouveaux écoliers). Gerson n'emploie pas la forme scolaire des questions suivies de réponses, mais déjà il résume et classe par rubriques. Son influence en ce domaine fut profonde et dépassa largement son époque.

L'idée que la famille est le lieu naturel de l'instruction religieuse était partagée par tous ses contemporains. Elle se retrouve dans un autre ouvrage anonyme, le « Doctrinal aux simples gens », composé dans sa version courte avant 1370 et dans sa version longue en 1389. Gerson n'en est certainement pas l'auteur, comme le prouvent les récents travaux de Chantal Amalvi, car le « Doctrinal » reflète un moralisme encore monastique que ne partageait pas le curé expérimenté de Saint-Jean en Grève. Néanmoins, il fait partie de ces ouvrages élaborés par une élite intellectuelle soucieuse de répondre aux besoins des pauvres prêtres et des laïcs analphabètes ou juste alphabétisés. Etant donné sa grande diffusion et l'influence qu'il obtint, surtout avec ses trente-sept éditions imprimées de 1478 au milieu du XVIIe siècle, il importe de montrer quel type de manifestation populaire de la foi il engendra.

L'auteur anonyme, puisant dans tous les manuels antérieurs, en particulier « la Somme le Roi » qui cherchait surtout à atteindre les laïcs cultivés, a divisé son ouvrage en quatre parties : les articles de la foi, avec un important excursus sur la Passion, les péchés mortels, les sept sacrements et les fins dernières. Le tout est farci de cent quarante et un exemples. Nous avons déjà vu employer cette technique pédagogique de l'anecdote, issue elle-même de l'Antiquité gallo-romaine. Elle arrive maintenant à son point de perfection. Edifiant, l'*exemplum* ne présente plus seulement ce qu'il faut faire, mais aussi ce qu'est la société environnante. De « somme » théologique, il devient miroir du monde et invite, avec parfois des pointes d'humour, à la pratique des vertus. Certains de ces exemples sont très anciens, tel celui de la patience de Sénèque, supportant sans broncher les invectives de sa femme. En fait, il s'agissait de Socrate et de son acariâtre épouse, Xanthippe, anecdote transmise par saint Jérôme, à partir d'Aulu-Gelle.

D'autres viennent de Grégoire le Grand. Une religieuse trop gourmande dévore une laitue sans s'être signée au préalable. Du coup, elle avale le diable qui s'était caché en dessous. Une autre historiette enfin vient, par le biais de Jacques de Vitry, de l'épopée du Pseudo-Turpin. Un laïc simoniaque est condamné au Purgatoire. Là il doit saisir de ses mains, l'une après l'autre, toutes les pièces de monnaie qu'il a reçues d'un clerc, pièces préalablement chauffées au rouge. Ainsi frappait-on l'imagination des auditeurs, car cet ouvrage est essentiellement destiné à transformer un enseignement écrit en des leçons données soit au sermon, soit dans la confession.

Quelques traits de cette formation donnent le portrait du chrétien ordinaire du temps. Patience et passion ne font souvent qu'un. Les souffrances du Christ doivent inviter l'âme dévote à pleurer de contrition et de compassion, à vénérer la croix avec humilité. Prier en révérant le nom du Seigneur, écouter les sermons sans distraction, assister à la messe jusqu'au bout, communier tous les dimanches, telles sont les pratiques de base indispensables. L'auteur du « Doctrinal aux simples gens » précise que la contemplation du saint sacrement nous assure la vie sauve durant notre existence, et que les messes peuvent alléger les peines du Purgatoire, toutes pratiques qui plurent infiniment, car elles répondaient au désir fondamental d'union à la personne divine du Christ et de liens avec les êtres chers disparus. Par ailleurs, il condamne toute une série de coutumes populaires très en vogue : le recours aux sorciers, aux devins, aux astrologues. Un manuscrit du musulman Abulmazar (IXe siècle), récemment retrouvé par le chanoine Platelle, a en effet été recopié à l'époque où fut rédigé le « Doctrinal », preuve parmi d'autres d'une vogue de la croyance en ces prédictions. Enfin, il condamne en bloc toutes les danses.

S'il se rapproche des casuistes et de Gerson dans ses conseils sur la confession, il s'en éloigne à propos du mariage. A partir d'un texte douteux de Tobie, introduit par saint Jérôme dans la Vulgate, il conseille aux jeunes mariés, à l'exemple du jeune Tobie et de Sara, de ne point consommer leur union pendant les trois premières nuits. Cette abstinence doit s'étendre aux périodes de grossesse et de règles, sinon les enfants seront bossus, lépreux ou contrefaits. Non content de ces restrictions, le « Doctrinal » les étend même à tous les jours de fêtes, aux temps de jeûne, aux heures précédant la communion « et quand ce n'est que pour cause de plaisir ou de délit » (c'est-à-dire de délectation). Il revient ici très nettement aux prescriptions de Césaire d'Arles et de Grégoire le Grand. Les femmes enceintes, les militaires et les pèlerins doivent communier avant d'affronter la mort qui les menace, que ce soit à l'occasion de l'accouchement, de la bataille ou du voyage. Au contraire de Gerson, le « Doctrinal » considère que la masturbation masculine ou féminine est un péché qu'un simple prêtre ne peut absoudre : il est du ressort épiscopal. Quant aux autres péchés d'impureté, il refuse de les nommer, car ils méritent la mort.

Comme on le voit, le courant puritain est nettement affirmé dans cet ouvrage. Cette éducation, à l'usage des simples laïcs, n'a rien de l'esprit de réforme. Elle est beaucoup plus conservatrice que celle de Gerson et de ses amis. L'adhésion qu'elle rencontre est due aux préjugés populaires sur le rôle de la bonne action, la conception matérialiste du pur et de l'impur, et l'aspiration à la sécurité par l'observance. Le « Doctrinal aux simples gens » diffusa une religion formaliste, mais cependant personnelle. Ce catalogue d'interdictions et de vérités à croire privilégia la morale, comme à l'époque carolingienne, aux dépens du dogme. Il invita enfin l'homme à souffrir et à se détacher du monde pour mériter le Paradis. Les voies possibles n'étaient que le dépouillement, grâce à l'arrachement de ses biens, ou l'humilité par la voie de l'humiliation.

En réalité, c'est moins la pratique sacramentelle qui fut influencée par cet ouvrage que la dévotion eucharistique, le culte du Christ aux outrages, de Notre-Dame, de la Sainte Famille et des saints. Pour répondre à l'angoisse religieuse de cette époque qui cherche un équilibre, pour satisfaire « cette quête du refuge » due à la peur de l'échec, certains éducateurs, et nous retrouvons une fois de plus Gerson, voulurent préparer les chrétiens à la mort, objet de désespoir pour beaucoup, tentation ultime pour tous de refuser Dieu. Les « Arts de bien mourir » furent légion au cours du XVe siècle. A l'individu qui aime la vie et ressent désormais la mort comme une rupture, on présente le spectacle de la pourriture du cadavre. Cette vision est une invitation à considérer le corps comme une dépouille qu'il faut abandonner pour obtenir la jubilation de l'au-delà.

Le réalisme des danses macabres, peintes à fresque ou gravées sur bois, avait pour but d'enclencher une réflexion sur la brièveté de la vie. Les livres de piété et les Livres d'heures achevaient alors cette réflexion, une fois le choc créé, par une préparation à la bonne mort. Au lieu d'être une issue inéluctable subie passivement, elle devenait un passage qu'il fallait savoir franchir. Ainsi, de l'entrée à la sortie de ce monde, tout s'apprend. La vie du chrétien n'est qu'une longue lutte contre les tentations. A lui de les bien connaître pour les éviter. Le Moyen Age se clôt, fort curieusement, sur cette tentative d'apprivoisement de la mort, comme si le domaine de la faucheuse était le lieu ultime de la nature en révolte. Par là se mesure l'ambition et la confiance d'hommes persuadés des vertus d'une culture qui fait grandir l'homme et d'une foi qui le rend capable de devenir fils de Dieu.

Mais le livre, même écrit en français, encore une fois ne peut saisir la totalité de la personne humaine, puisqu'il ne s'adresse qu'à son intellect. La parole va plus loin, car elle peut toucher, par la conviction du prédicateur, les yeux et le cœur des auditeurs. Aussi tous les statuts synodaux insistent sur les premières paroles que doivent entendre les enfants, celles de leurs parents. Les décisions des synodes de Cambrai et de Reims rappellent l'obligation pour le père et la mère d'apprendre par cœur aux petits enfants : le *Credo*, l'*Ave Maria* et le *Pater*. Le curé y revenait avant chacun de ses sermons. Ainsi Jeanne d'Arc précise-t-elle, lors de son interrogatoire, elle qui ne sait « ni a ni b » que « nulle autre personne que sadite mère ne lui apprit sa croyance ». L'instruction religieuse de base est donc le fait des parents. Elle repose sur la récitation quotidienne des prières, notamment des trois *Ave Maria* lorsque l'Angélus commença à se généraliser, à partir de 1456, dans toutes les campagnes. Il est exceptionnel et même très nouveau que ce que nous appelons le catéchisme soit assuré par le desservant de la paroisse.

L'auxiliaire de la famille n'est donc pas forcément le curé, mais le prédicateur itinérant étranger à la paroisse. En effet, le prône hebdomadaire consistait, comme le nom l'indique d'ailleurs, en annonces et avis pratiques. Les intentions de prières et les oraisons pour les vivants et les morts précédaient la lecture des bans de mariage et des noms des excommuniés. Aussi, malgré les petits livres destinés à donner des modèles de sermons aux curés, l'homélie était-elle souvent escamotée ou jugée insuffisante. Dès lors, il devint obligatoire, dans certains diocèses, de faire appel aux Mendiants pour prêcher à certaines fêtes, comme pendant le Carême et l'Avent. A la fin du XIVe siècle et au début du XVe, les prédications populaires se multiplient. Les chaires apparaissent alors dans les églises, au milieu de la nef, contre un pilier ou un mur. A partir de 1450, l'abat-voix, pour renvoyer la parole vers la foule, devient même courant.

A Paris, un cordelier, Frère Richard, prêchait pour accentuer ses effets au cimetière des Innocents « encontre la charognerie et encontre la danse macabre » qui était peinte sur le cloître. Il commençait à cinq heures du matin et ne s'arrêtait que vers dix ou onze heures, tenant en haleine quatre à cinq mille personnes piétinant tombes et fosses. Saint Vincent Ferrier, né à Valence, en Espagne, en 1355 et mort à Vannes en 1419, parcourut la France dans toutes les directions. Son entrée dans les villes provoquait de gigantesques attroupements. A partir d'un texte scripturaire, il improvisait, mais parlait avec clarté, saupoudrant sa démonstration d'exemples souvent truculents et de comparaisons comiques. Ces prédicateurs populaires parlaient surtout du péché, de la confession, du mariage, de l'enfer et de la vie éternelle. Ils dénonçaient essentiellement le vol, le blasphème, l'usure et le meurtre. Ils s'attaquaient enfin aux usages dispendieux, inutiles et luxueux : jeux, cartes, parfums, bijoux, hennins et autres extravagances de la mode féminine.

A côté du sermon populaire qui prend une ampleur inégalée, l'homélie savante continue comme au XIIIe siècle. Nous avons déjà aperçu le rôle du sermon universitaire. Son développement est tel aux XIVe et XVe siècles que les recueils qui en ont survécu n'ont pas encore été étudiés. Pour mieux les préparer, de nombreux *Artes praedicandi* (Arts de prêcher) furent alors écrits. Sans compter les manuels d'auteurs anonymes, vingt-neuf ont été composés entre 1300 et 1450. Les lois du genre furent étroitement fixées : thème (texte scripturaire à commenter), prothème (prière et introduction du thème), annonce du plan en trois parties (pratique typiquement sorbonnicole qui existe encore aujourd'hui), développement avec appel aux autorités et discussion, enfin sens généraux du thème (littéral, allégorique, tropologique et anagogique). Le tout était farci d'ornements stylistiques et prononcé en latin devant des auditoires urbains ou conventuels. Eminemment scolaire, le sermon savant ne tarda pas à tomber sous le coup de vives critiques. Les thèmes en étaient souvent sans portée ni profit religieux pour les fidèles. Que pouvaient-ils tirer de sujets aussi portés sur la vaine curiosité que : « Le feu du Jugement dernier sera-t-il semblable au feu avec lequel nous nous chauffons ? » « Les anges du Jugement dernier sonneront-ils dans de véritables trompettes ? » Une coupure très nette séparait donc une élite cultivée qui dogmatisait avec délice d'une masse populaire avide de moralité pratique, mais toutes deux raffolaient de la parole.

Ainsi la génération de Gerson fit-elle les adaptations nécessaires. Assez de ces sermons intellectuels que personne ne comprend ! L'anti-intellectualisme provoque le retour à la technique de l'*exemplum* ou de l'apparition. L'orateur suppose que tel grand personnage décédé récemment lui est apparu et lui a raconté les supplices qu'il endure au Purgatoire ou en Enfer. Le plan est simplifié. Le dogme et la morale sont réconciliés. Gerson, dont les nombreux sermons prononcés dans les paroisses parisiennes ont été conservés, maîtrisa parfaitement ce double genre. Il peut aussi bien parler sur le thème « Est-ce que la gourmandise est un péché mortel ? » que, le jour des Morts, sur la phrase « Bienheureux ceux qui pleurent » (Math., V, 5).

Une miniature contemporaine, dans un manuscrit de Valenciennes, le montre vêtu d'un costume ecclésiastique ordinaire, au milieu d'un auditoire de gens divers dont les vêtements indiquent qu'il s'agit de quelques bourgeois et de nombreux artisans. Il prêche assis devant eux, sans aucune chaire ni estrade, en une espèce de conversation familière. Or, le texte qui accompagne la miniature prouve qu'il est en train de prononcer une véritable instruction sur la Passion, divisée en vingt-quatre heures, sorte d'horloge du Vendredi saint. Il parla en effet dans Notre-Dame, durant cette journée, réservant une première moitié de son sermon à la matinée et donnant l'autre après le dîner, durant la soirée. Son art oratoire était palpitant de vie, car il dialoguait lui-même les scènes. Ainsi, à propos de la Vierge qui cherche le Christ : « Où étiez-vous doulce dame et Mère, cette douloureuse matinée ? N'aviez-vous pas déjà ouy le bruit et la voix qui couraient par la ville ? Il est pris, disait l'un. Il ne nous prendra plus, disait l'autre. Qu'est-ce ? Qu'y a-t-il ? » Cette recherche de l'émotion lui permettait ensuite de faire passer un riche contenu dogmatique. Ses tentatives d'accord entre le sentiment et la raison renouvelèrent l'éloquence de la chaire et il fut souvent démarqué et plagié par la suite. L'enseignement religieux par la parole fut donc essentiel et primordial pour approfondir les connaissances de la foi et transformer les esprits et les cœurs. Si la Parole n'avait pas été annoncée aussi souvent en ces deux siècles, jamais la Réforme protestante n'aurait pu mordre sur un public ignorant.

Pour achever l'effet de la parole et empêcher qu'elle ne s'envole, l'image vient au secours de l'analphabète ; elle crée une impression et grave un souvenir dans la mémoire. Pour les plus ignorants, les statues des églises, les croix dressées dans les campagnes, devant lesquelles on prend l'habitude de se signer, les peintures, puis, à la fin de notre époque, les tapisseries deviennent un rappel constant d'épisodes bibliques ou de scènes de l'Evangile. « Les peintures sont les livres des laïcs » avait dit Albert le Grand. Guillaume Durant réclamait des fresques dans toutes les églises. La contemplation du crucifix est une invite à la prière. En Bretagne, les premiers calvaires dressent un véritable théâtre de pierres sculptées et historiées à l'adresse des fidèles. Autels, retables, tabernacles s'accumulent dans les chapelles latérales et les nefs des églises gothiques, tandis que les vitraux, qui abandonnent le rouge et le bleu pour le blanc et la grisaille, permettent de mieux distinguer les visages des saints et les courtes légendes inscrites au bas des fresques. Il suffisait que ce petit texte ait été expliqué une fois pour que le sens général en soit retenu ensuite. Les danses macabres du XVe siècle portaient des inscriptions de ce type. Enfin les images se firent toutes petites pour entrer dans des livres où leur généralisation fut systématique.

Au XIVe siècle se multiplia un type d'ouvrage appelé Bible des pauvres. Ces recueils de miniatures étaient accompagnés d'un texte très court. Au début de ce même siècle apparut le *Speculum humanae salvationis* (le miroir du salut de l'homme) dont l'auteur est inconnu. Il comporte un texte plus long pour commenter les images, mais ces dernières sont très nombreuses. Son succès est révélateur de son influence : on en connaît deux cent vingt manuscrits, sans compter une trentaine d'éditions incunables à la fin du XVe siècle. Dans chacun de ces deux ouvrages, un épisode du Nouveau Testament est rapproché de deux ou trois scènes correspondantes de l'Ancien Testament. Cette typologie patristique permettait de faire sentir pédagogiquement l'unité et la progression historique de la Révélation. Les Bibles moralisées insistaient davantage sur un enseignement pratique. Par exemple, une image représentant la création permettait de définir l'Eglise comme une société. La terre figurait l'Eglise elle-même avec tous les animaux créés. Les oiseaux représentaient diverses peuplades du monde, les poissons les états sociaux. Les gros brochets qui avalaient le menu fretin étaient les usuriers dévorant les pauvres gens. Cet enseignement n'était donc pas une somme, mais une série d'intuitions partielles mises à la portée de tous.

Ces images se multiplièrent à partir du règne de Charles V, en même temps que les cartes à jouer, les tarots, dont les plus anciens dessins conservés sont de ce temps. Cette multiplication fut due à la xylographie. Cette invention chinoise consistait à utiliser un moule en bois, taillé en creux que l'on appelait entaille. Celle-ci, une fois encrée, était recouverte d'une toile, puis, de plus en plus, d'une feuille de papier sur laquelle était passé un frotton pour que l'encre la marque uniformément. A l'aide de cette gravure sur bois, on obtenait une image. L'encre, à base de noir de fumée, donnait au dessin une couleur très brune. Les plus anciennes images de ce type qui aient été conservées remontent aux années 1360-1380. Elles sont d'origine bourguignonne, champenoise ou lorraine. L'un des thèmes les plus fréquents en est la « messe de saint Grégoire » qui décrit l'apparition de Jésus à ce pape, lorsqu'il consacrait l'hostie.

Cette diffusion de plus en plus grande des images a donc été capitale par sa valeur d'enseignement et le type de piété qu'elle répandit. A partir des thèmes iconographiques du *Speculum humanae salvationis*, des scènes religieuses sont choisies par les confréries, les miniaturistes, les peintres, etc. La Vierge de miséricorde, dont le manteau abrite toutes les catégories sociales, se trouve peinte sur une fresque de Saint-Généri-le-Geré dans l'Orne, ainsi que sur un vitrail de Mulhouse. Les épisodes des vies de saints sont légion. L'image de saint Christophe portant le Christ se répand alors de manière fulgurante, parce qu'elle était censée protéger de la « male-mort », c'est-à-dire de la mort subite.

A la même époque se développe aussi le culte de saint Antoine de Padoue par le biais de ces mêmes images. En retour des bons offices du saint et des miracles opérés par son intervention, les fidèles offraient à leur tour des ex-voto reprenant toute cette imagerie, invitant les autres hommes à recourir au même thaumaturge. Les pêcheurs marseillais offrirent ainsi à saint Louis d'Anjou une sardine d'argent pour les avoir sauvés d'un naufrage. Lorsque, enfin, le tableau peint à l'huile se répandit, il devint à son tour un moyen d'instruction par l'image. Certes, son public est moins populaire puisqu'il est souvent le résultat de la commande d'un bourgeois ou un ex-voto offert par un grand fonctionnaire, mais il est visible de tous, serviteurs et domestiques dans une maison, ou fidèles dans une église. A ce titre, il fait œuvre d'éducation populaire.

Jan Van Eyck, lorsqu'il peignit en 1434 le mariage de Giovanni Arnolfini et Giovanna Cenami, a certainement utilisé le *Speculum humanae salvationis*. En effet, tout un symbolisme théologique et moral ressort de cette œuvre admirable. Il devait être certainement dévoilé et commenté aux visiteurs de ce riche marchand italien installé à Bruges. Au lieu d'être un miroir écrit du mariage, c'est un véritable miroir peint qui interpelle le spectateur en l'introduisant dans le tableau par l'intermédiaire du petit chien, symbole de la fidélité, et du miroir circulaire qui dévoile par la présence des témoins la publicité du consentement des époux qui se donnent la main. L'unique bougie allumée sur le lustre rappelle le flambeau des noces romaines, mais signifie aussi le cierge, lumière du Christ, porté à l'église lors de la procession finale. Dans cet espace saint qu'est la chambre nuptiale, les époux se sont déchaussés, comme

Moise sur l'Horeb sacralisé par la présence de Yahvé. La pomme sur le bord de la fenêtre, près du jardin, remémore celle de l'Eden. Elle n'est plus le rappel de la tentation mais le témoin de la rupture du lien qu'Adam et Eve avaient avec Dieu. Les oranges sont symbole de richesse et de fécondité.

Le plus important n'est point là cependant. Par l'artifice du chapelet accroché au mur et du miroir concave, Jan Van Eyck introduit le spectateur-acteur dans la perspective divine du mariage. Autour du miroir sont enchâssés dix médaillons qui représentent, à partir du bas, dans le sens des aiguilles d'une montre, des scènes de la Passion. Les deux dernières sont la descente aux Enfers avec le Christ qui ramène Adam et Eve, et la Résurrection. L'œil du miroir, avec ses cils que sont les médaillons, est le regard de Dieu sur le mariage, manière de vivre la mort et la résurrection du Christ. Ainsi le mystère pascal du mariage chrétien est-il enseigné par un réalisme théologique qui retrouve la signification des icônes byzantines, mais cette fois dans une perspective divino-humaine.

Au total, une imagerie fonctionnelle a littéralement informé les esprits, dans les deux sens du terme. Elle instruit, à travers les fresques, les Livres d'heures, les miniatures, les tableaux, les feuilles gravées et les Bibles historiées ou moralisées, aussi bien les familles que les individus et les foules. Par la mémoire visuelle, elle lie la doctrine et la vie quotidienne. Elle émeut par la composition artistique et dramatique, par le trait, le modelé ou la couleur, par le sens caché du symbole revenu en faveur. Sur les fonts baptismaux, dans les chapelles, sur les rétables, dans les appartements comme dans les rues, sur les maisons et les chemins, toute une série de signes imagés crée une ambiance stimulante et pousse à l'action, par un sentiment d'imitation. Telle est la perspective religieuse et ecclésiale de l'enseignement par l'image.

Mais il restait à faire sentir, au-delà d'une relation individuelle avec la divinité, le lien communautaire par l'expression symbolique du mystère qu'est la liturgie. Derrière la carapace d'observances rituelles, on peut apercevoir une certaine ouverture des cérémonies liturgiques à l'émotion. En effet, l'Ordo de la messe ne change plus. Guillaume Durant n'a fait que rassembler et régulariser toutes les pratiques liturgiques antérieures, en particulier dans trois ouvrages : un recueil d'instructions pour la messe, une encyclopédie liturgique en huit livres qui fut imprimée dès 1459 et un manuel liturgique pour les évêques. Les fidèles n'ont toujours que peu de participation à la messe : incliner la tête, s'agenouiller ou rester debout selon les indications qu'on leur donne, et surtout garder le silence. A la rigueur, ils peuvent réciter intérieurement certaines prières. La papauté d'Avignon favorisa l'œuvre de Guillaume Durant, afin d'éliminer les rites régionaux mais sans insister sur la nécessaire explication des rites aux fidèles. Comme elle encourageait par ailleurs la piété franciscaine, cette dernière, plus portée vers les effusions sensibles et le culte du Christ incarné, provoqua des approfondissements très personnels de la liturgie.

Déjà au XIIIe siècle était apparue la Fête-Dieu et ses processions, ainsi que le culte du saint sacrement. Au XIVe et au XVe siècle se développèrent l'intérêt passionné et l'attention anxieuse pour les épisodes de la Semaine sainte. A trois reprises au moins, la liturgie offrait aux fidèles le récit de la Passion. Pour mieux sensibiliser le cœur de chacun à ces moments de douleur, notamment lors de la déploration de Marie sur le corps du Christ descendu de la Croix, des « Orologes » de la Passion, petits livres expliquant les étapes des derniers moments de Jésus, furent distribués à ceux qui savaient lire. La pratique du Chemin de croix apparut alors. Puis la croix, placée sur l'autel, représenta désormais le Crucifié avec un réalisme extrême, tel le Christ de Perpignan au visage décharné et déformé par la souffrance.

Cette piété de contemplation sensible trouva enfin dans la célébration de la messe un véritable réconfort à son incertitude sur l'au-delà. Les messes votives se multiplient, car chacun en escompte les fruits, et d'abord pour les âmes du Purgatoire, pour les morts. Certains en demandaient par nombre impair, car ces chiffres étaient censés posséder une vertu particulière. La liturgie des morts prend une ampleur inégalée. Le chant du *Dies irae* connaît alors une vogue intense, tandis que la fête des morts, le 2 novembre, s'implante définitivement dans les mentalités populaires comme un rite indispensable. Mais face à ce goût superstitieux pour la messe miracle et pour les mystères terribles de la mort, certains réformateurs firent se développer la liturgie de la Vierge, la fête de saint Joseph, la fête de la Circoncision, et tout un cycle d'espérance et de joie. Les mystères joyeux, glorieux et douloureux de la Vierge furent de plus en plus connus grâce au rôle des chartreux et des dominicains qui encouragèrent la récitation des cent cinquante *Ave*, répartis en quinze dizaines introduites par le *Pater*, dévotion plus connue sous le nom de Rosaire. Ces pratiques liturgiques nouvelles compensaient peut-être la passivité des fidèles mais n'en laissaient pas moins subsister un vieux fond de religiosité païenne qu'elles recouvraient sans le faire disparaître.

Cette éducation autoritaire et non participative, en dehors de l'émotion ressentie, fut accentuée par les nouveautés musicales du XIVe siècle. L'*ars nova* remplace alors le chant grégorien. Cet art nouveau consiste en une dislocation du rythme et une multiplication des modulations. Une double notation, en rouge et en noir, permettait de distinguer les modes et les temps. Cette musique fut jugée « affolée » et saccadée par nombre de liturgistes. La polyphonie de l'*ars nova* se caractérise en effet par des hoquets, sortes de coupures brèves de la mélodie, grâce à des notes très courtes. Elle se remarque par des ha-ha-ha-ha, haha-ha, qui déhanchent littéralement le chant. Ce déséquilibre est quasiment symbolique des incertitudes de la pensée et des sentiments du temps. Jean XXII avait mis en garde les liturgistes et les musiciens contre les excès de cette musique dans une décrétale de 1324. Mais ce rictus musical, qui nécessitait de savantes connaissances, eut autant de succès auprès des clercs que le sermon universitaire. Les progrès techniques que connut l'orgue y poussèrent grâce à l'invention des jeux dits de « mixture », puis du soufflet, qui rendirent l'instrument moins brillant et plus souple dans ses notes. La messe dite « du Sacre de Charles V », écrite par Guillaume de Machaut, révèle le triomphe de cette musique très intellectuelle. Comme le disait un dominicain du temps : « La mélodie devint inaudible et les fidèles n'entendirent plus les paroles. » Le chant liturgique est désormais l'affaire de professionnels. Il a perdu son caractère éducatif en tournant au concert musical que l'on écoute sans chanter.

En devenant spectacle, la liturgie a donc abandonné une bonne partie de sa valeur pédagogique, sauf évidemment par certaines pratiques répondant aux émotions du temps. Elle enseigne surtout, avec la Passion et le culte de la Vierge, une religion du cœur. Il en est de même pour les paraliturgies et les drames liturgiques. A partir de la fin du XIVe siècle, les Mystères présentent une véritable encyclopédie des dogmes en plusieurs cycles : Noël, Epiphanie, Pâques. Ceux de la Passion nécessitent même plusieurs jours pour être joués sur les parvis par de nombreux acteurs. Ceux-ci sont des amateurs qui se groupent en confréries et se recrutent dans toutes les couches de la population, mais les rôles féminins sont tenus par des hommes. Accompagnés d'homélies, de plus en plus truffés d'épisodes comiques ou mondains, les Mystères ont pour but d'enseigner au public à éviter les pièges du Malin.

La « Passion » d'Arnoul Gréban présentait toute l'Histoire sainte d'Adam à la Pentecôte. Véritable Bible théâtrale jouée en quatre jours, elle frappait les foules par l'aspect bouleversant de quelques scènes ou la réflexion profonde à laquelle elle incitait. Le monologue de Judas, par exemple, avant son suicide, apporte une réponse aux esprits du temps angoissés par le caractère de certains péchés qu'ils jugeaient irrémissibles. Qu'y a-t-il de plus impardonnable que d'avoir livré le Sauveur ? Rien, dit Judas, je suis le seul à avoir commis l'unique et le plus grand de tous les crimes. En succombant à cette logique trop humaine, Judas tombe dans le seul péché qui coupe du pardon, le désespoir envers l'amour du Christ, le péché contre l'Esprit. Justesse théologique et finesse psychologique ne font qu'un ici, dans cet enseignement du salut. « Miracles » et « Mystères » entretinrent pendant tout le XVe siècle une vision dramatique et humaine des mystères chrétiens et furent apparemment peut-être plus efficaces que les messes et les sermons, tant le public était pris littéralement par les jeux de scène et les dialogues.

Il accourait aussi aux pièces comiques qui rentrent en faveur à partir de 1450. Le rire s'était éclipsé pendant la guerre de Cent Ans. Il revint avec la prospérité. Il se veut toujours maître de sagesse et de morale. Les associations joyeuses des basoches parisiennes ou lyonnaises jouent des divertissements. D'autres amateurs se regroupent en compagnies, telles celles « de la Mère folle » à Dijon ou « des Cornards » à Rouen. Ils écrivent une sotie, revue satirique d'actualité, un sermon joyeux, parodie des éloquences de la chaire, une Moralité qui est la pièce principale, enfin une farce.

Ces spectacles-fêtes étaient souvent spontanés et l'occasion de défoulements ou de contestations des valeurs sociales et religieuses du temps. Œuvres de compagnies dites de « fous » ou de « sots », elles faisaient rire de l'ordre établi pour mieux le supporter. Le théâtre comique s'insérait étroitement à l'intérieur des fêtes des Fous ou des carnavals urbains. La fête des Fous, comme la fête de l'Ane, était née dans les milieux cléricaux et scolaires. Cette ancienne fête des Innocents qui se tenait, selon les villes, à des jours différents du mois de décembre, consistait à mettre en un office burlesque tout à l'envers. La hiérarchie est renversée et le prélat du lieu prête ses ornements sacerdotaux à celui qui, évêque d'un jour, se livre à toutes sortes de facéties sur son âne, tandis que ses compagnons portent leurs habits retournés ou se déguisent en hommes sauvages. A Lille, l'évêque des Fous préside ces cérémonies et anime les spectacles donnés dans les rues au moment de la grande procession des géants qui traverse la ville.

La détente festive a donc pour but de rendre supportable un ordre social qui se fait sinon oppressant, du moins pressant par sa contrainte pédagogique. Farces ou fêtes des Fous veulent montrer que les conseilleurs ne sont pas les payeurs et que les éducateurs ne font pas ce qu'ils disent. Le retour temporaire aux instincts sauvages est particulièrement net dans le Carnaval. La hiérarchie ecclésiastique parvint certes à faire déplacer cette vieille fête païenne de la navigation, en l'honneur de la déesse Isis, du 21 mars ou du 1er avril vers le Mardi gras. Elle espérait ainsi, en faisant s'arrêter le Carnaval au début du Carême, pousser les fidèles à une ascèse qui, par la privation de certaines nourritures, les aiderait à mieux maîtriser leur corps. Mais les protestations des ordonnances municipales ou épiscopales contre les licences sexuelles, les enivrements et les injures auxquelles on se livrait sous couleur de combats simulés, de processions de mannequins, à l'abri de masques grotesques, révèlent combien le renversement des valeurs était réel. Ces jeux laïcs avaient beaucoup plus de succès que les joutes des nobles et les processions religieuses. Aussi leur étaient-ils souvent associés. Les grandes familles, les confréries, les métiers et les paroisses qui les organisaient éprouvaient ainsi leur cohésion sociale par l'affirmation rituelle d'un court instant de désordre. La confrérie du Puy d'Amiens, dédiée à Notre-Dame, faisait jouer un Mystère pendant son grand banquet de la Chandeleur où le vin coulait à flots. On ne saurait décrire toutes ces innombrables fêtes au contenu ambivalent, à la fois détendant et contraignant.

Mais elles culminaient certainement dans les entrées royales, rite d'affirmation de la puissance de la monarchie, catalyseur d'admiration pour la personne royale. Après la remise des clés de la bonne ville devant ses portes, la suite princière entrait dans les rues brillamment ornées de tentures et nettoyées de frais, suivie par tous les dignitaires. Aux carrefours, les fontaines crachaient du vin blanc ou de l'hypocras. Des tableaux vivants étaient proposés au défilé qui s'arrêtait et regardait jouer une histoire puisée dans la Bible ou l'Antiquité romaine. A Clermont, lors d'une entrée de Louis XI, les bourgeoises de la ville se disputèrent pour obtenir le privilège de jouer les naïades dans le plus simple appareil, au milieu d'un grand bassin orné de jets d'eau. Mais comme on était au mois de décembre, ces fines mouches exigèrent que l'eau fût chauffée. La réjouissance mémorable, l'esbattement mignard, la parole libre et le geste osé renforçaient le rite d'acceptation du prince. Nous retrouvons ici la même conception de l'éducation au savoir-vivre social qu'avec les « Fraternités de jeunesse ». Lâcher la bride pour faire accepter le mors. Mais, de plus, le besoin d'évasion et de rêve se trouvait satisfait par ces spectacles et ces anticipations de pays de cocagne. L'imagination pouvait s'échapper grâce à cet exutoire qu'était la fête.

Si j'ai donné une telle importance aux possibilités d'éducation populaire durant les deux siècles de la fin du Moyen Age, c'est afin de montrer combien l'école a été relayée par de multiples courroies de transmission et combien surtout la tradition orale a fourni la matière de l'écrit, qu'il s'agisse de formation au travail ou d'un message religieux. Par là s'est opéré tout un renversement de mentalité. Si le sermon savant et la liturgie ne se sont guère adaptés, la généralisation de l'apprentissage et de la pastorale par le biais du livre, de la parole et de l'image, a constitué une véritable éducation populaire, un savoir-faire et un savoir-vivre au milieu d'une société en crise qui cherchait son équilibre. Tous les curés savent maintenant lire et écrire. L'idée du catéchisme est lancée. Même si les morales enseignées sont parfois contradictoires, l'une encore monastique, l'autre déjà laïque avec Gerson, la foi commence à être transmise par la famille. Mais les structures sociales, consolidées par la fête, contribuent, par les théâtres et les sculptures et autres représentations artistiques, à faire pénétrer dans les esprits et les cœurs une religion personnelle, centrée sur la Passion, malgré les fortes survivances de pratiques superstitieuses. Enfin, la discipline, qu'elle soit laïque ou religieuse, n'est point encore enseignée avec le rigorisme moral qui reviendra en force à partir de 1530. Le Moyen Age laisse l'éducation sociale aux communautés qui s'affirment et se singularisent entre elles par leurs libertés.

L'APPARITION DE L'IMPRIMERIE

Mais au cours du XVe siècle se produit une révolution technique qui va bouleverser l'enseignement et l'éducation en leur donnant une ampleur de moyens de diffusion jamais atteinte. En effet, les libraires grossistes, les *stationarii*, lorsqu'ils commandaient un livre à la faculté des arts, pouvaient en obtenir par l'intermédiaire des copistes et du système de la *pecia* deux cents, parfois quatre cents exemplaires. Cela revenait cher et ne suffisait pas aux besoins. La xylographie s'usait trop vite et ses caractères étaient trop mous. Aussi rechercha-t-on plusieurs progrès techniques différents pour résoudre cette question. Il fallut d'abord que le papier devînt quatre à cinq fois moins cher, qu'une encre nouvelle, plus noire et plus grasse, fût fabriquée, que des caractères en métal, résistants, puissent être facilement fondus et qu'enfin une presse relativement souple soit mise au point pour que, aux alentours de 1450, un orfèvre de Mayence, Jean Gutenberg, parvienne à imprimer les premières Bibles et autres ouvrages incunables. On les appelle ainsi parce qu'ils sont encore au berceau de cette nouvelle invention.

Bientôt, des équipes d'imprimeurs se répandirent dans le grand-duché de Bourgogne. En 1444, un orfèvre pragois apporta le procédé typographique inconnu en Avignon. En 1470, Jean Heglin, recteur de la Sorbonne, et l'humaniste Guillaume Fichet demandèrent à des bacheliers ès arts, Ulrich Gering, Michel Friburger et Martin Krantz, originaires de Constance, Colmar et Bâle, de monter des presses dans le collège. En 1472, Guillaume Fichet explique à Robert Gaguin que l'intérêt de cette nouveauté est de « supprimer les incorrections commises par les copistes » et d'obtenir des exemplaires de textes absolument sûrs. Parmi les premiers ouvrages qui sortirent des presses de la Sorbonne figurent l'Orthographe d'un humaniste italien, la Rhétorique de Fichet, l'Orateur de Cicéron, avec d'autres dialogues philosophiques, les Lettres de Platon, les Bucoliques et les Géorgiques de Virgile, les Comédies de Térence et le *de Officiis* de saint Ambroise, sans oublier les ouvrages de quelques humanistes contemporains. On aura remarqué l'absence d'Aristote. Quant à la Bible, elle fut enfin imprimée en 1476. L'esprit qui préside à ces choix est révélateur. Alors que Guillaume Fichet lisait quelques années auparavant les traités de saint Augustin, de saint Thomas d'Aquin, et même les « Sentences » de Pierre Lombard, il n'en est plus question lorsqu'il s'agit d'imprimer des livres jugés indispensables et utiles. Philosophie et théologie sont abandonnées au profit des « Elégances de la langue latine » de Laurent Valla. La rhétorique est de nouveau reine, mais à côté d'une science nouvelle : la philologie. Le retour aux origines grâce à l'imprimerie et à l'humanisme va ouvrir une nouvelle page de l'histoire de l'enseignement et de l'éducation.

Les livres imprimés se multiplièrent à Rouen, Caen, Rennes, Tours, Angers et surtout Lyon. Ils allaient révolutionner l'enseignement, d'abord par leur bas prix comparé à celui des manuscrits, et ensuite par la possibilité de faire apparaître un nouveau type d'élève : celui qui s'enseigne lui-même, l'autodidacte. Dévorer des livres tout seul, en silence, au fond de son cabinet, est désormais une possibilité à la portée d'une élite plus large. Mais ces lecteurs peuvent ne point avoir recours aux maîtres. L'érudit humaniste peut se passer des autorités. Il peut échafauder sa pensée loin du cadre scolaire et universitaire. L'écrivain n'est plus un professeur, comme cela avait été la règle jusqu'ici. La culture va se détacher de l'enseignement. L'un des caractères fondamentaux de l'enseignement antique et médiéval disparaît, à partir du moment où l'écrivain devient un artiste de la plume et qu'il n'éprouve plus le besoin d'avoir de contacts avec ses lecteurs en dehors de cet objet tenu en mains que l'on feuillette : le livre. La médiation par l'objet peut remplacer la parole vive ou chaleureuse de l'enseignant. L'individualisme intellectuel est favorisé par cette connaissance transmise non plus par un homme, mais par le papier. Avec le règne de l'écrit commence ce qu'un sociologue américain a dénommé l'ère de la Galaxie Gutenberg.

Conclusion

Ce livre n'a pas d'introduction. Cette infraction aux règles élémentaires de la rhétorique est volontaire, car toute introduction à une histoire générale de l'enseignement et de l'éducation n'aurait pu commencer qu'en rappelant l'héritage à transmettre. Or, il se résumait en un seul mot : survivre, et la pédagogie gauloise, nous l'avons vu, en faisait encore son but fondamental. Il n'y avait donc aucun acquis à transmettre lorsque commença cette longue histoire de vingt siècles.

Ces enfances de l'enseignement et de l'éducation que représentent l'Antiquité et le Moyen Age n'en sont pas moins exemplaires, parce qu'elles ont posé les problèmes fondamentaux. A quoi sert l'enseignement ? Quel but poursuit l'éducation ? La réponse à la première question peut être apportée par un coup d'œil rétrospectif sur son déroulement. Chaque époque a cherché à transmettre à ses héritiers la somme des connaissances acquises. Il en résulte un conservatisme étonnant dans sa fixité et sa rigidité. Pour tous, il était capital de garder l'héritage hellénistique et gréco-romain. De Pythagore à Robert Gaguin, les deux cycles des sciences, *trivium* et *quadrivium*, ne bougent pas. Les manuels connaissent des carrières d'une étonnante longévité. Les « Distiques » de Caton ont probablement nourri pendant dix-neuf siècles plus d'une soixantaine de générations d'écoliers. Donat, Priscien et Martianus Capella ont régné sans partage pendant plus de mille ans, avant de reculer lentement devant les grammaires d'Alexandre de Villedieu et d'Évrard de Béthune. Cicéron, Virgile et saint Augustin sont restés les piliers de toute recherche oratoire, poétique et religieuse. Le psautier et la Bible ont formé tous ceux qui savaient lire et écouter. A la fin du XVe siècle, la rhétorique est, comme à l'époque romaine, la discipline préférée. Rien n'a changé. A ce spectacle, la réflexion d'un La Bruyère vient à l'esprit : « Tout est dit, depuis qu'il y a des hommes et qui pensent. » Le modèle gréco-romain de l'enseignement est toujours là, de renaissance en renaissance, celle de Charlemagne comme celle du XIIe siècle, jusqu'à la grande et unique Renaissance, celle du XVIe siècle. Rome ressuscite sans cesse et les belles-lettres demeurent la pierre de touche de toute culture, y compris des lettres sacrées.

Cette première constatation irréfutable n'est que partielle. Ce succès du modèle gréco-romain est dû à la capacité d'expression orale et à l'outillage mental et verbal qu'il procure aux hommes vivant en société. Mais la fascination qu'il a exercée n'a pas stérilisé les esprits. Sous son égide, trois grandes phases de création ont eu lieu. Chaque adoption du modèle scolaire gréco-romain a correspondu à une nouvelle adaptation. Lorsque les Romains l'implantèrent en Gaule, ils y ajoutèrent une discipline nouvelle : le droit. Lorsque les chrétiens l'acceptèrent, ils y ajoutèrent la Bible. Lorsque Gerbert et Abélard le développèrent, ils enseignèrent la logique que les écoles gallo-romaines n'avaient jamais pratiquée. Le Moyen Age a donné sa pleine mesure au projet d'enseignement gréco-romain. N'oublions pas en effet que, même aux beaux jours d'Hadrien et de Marc Aurèle, seules la grammaire et la rhétorique avaient été réellement enseignées. La dialectique et le *quadrivium* ne sont vraiment entrés dans la pratique scolaire qu'à partir du Xᵉ siècle. Lorsque les humanistes reviennent à la rhétorique, croyant retourner à l'authentique Antiquité, ils oublient cette fidélité de l'Université médiévale à Rome, à cause de l'échec de la théologie. Ils n'ont pas vu que l'étroite liaison entre enseignement et recherche, entre professeur et écrivain, entre enseignant et étudiant, était une des caractéristiques fondamentales de l'idéal humaniste gréco-romain assumé par le christianisme. Certes la logique, et avec elle la théologie, ont éclipsé les belles-lettres, de Pierre Lombard à saint Thomas d'Aquin, pendant trois générations, mais c'était au nom d'une intégration de toutes les connaissances, rêve qu'avaient déjà caressé les Grecs. Cette démission des humanistes de la Renaissance devant la logique et l'esprit scientifique leur a masqué les trois phases de progrès de l'enseignement dont ils héritaient : celle de la Gaule romaine, celle des pionniers du Haut Moyen Age, de Boèce à Gerbert et celle de l'apogée du Moyen Age, d'Abélard à Thomas d'Aquin.

Non moins importantes furent les trois grandes crises de cet enseignement : crise d'adaptation au VIᵉ siècle, crise de croissance au XIᵉ siècle et crise d'identité aux XIVᵉ et XVᵉ siècles. La première est due beaucoup plus au christianisme qu'aux Barbares. Pour les évêques, leur but était de transformer un enseignement pour élites à niveau élevé en une évangélisation pour tous, à niveau adapté. La deuxième fut provoquée par l'autonomie rapide de l'élève face au maître, grâce à la découverte des ressources de la logique, par le développement des écoles dans toutes les régions et la présence de nombreux goulots d'étranglement, par l'absence d'enseignement de certaines disciplines. La troisième enfin vint de la mise en doute systématique de la valeur de l'enseignement pour atteindre la vérité, concomittante avec les malheurs du temps. La maîtrise du monde paraît alors avoir échappé aux hommes. Mais chacune de ces crises a été féconde. Mérovingiens et Carolingiens ont vu se poser des fondations inébranlables : écoles monastiques, presbytérales et cathédrales. Les réformateurs grégoriens, lotharingiens et clunisiens ont su faire revenir l'école monastique à sa vocation primitive et laisser grandir l'Université médiévale, institution inconnue jusqu'alors. Gerson, les humanistes et les nominalistes, en tournant le dos au legs de leurs prédécesseurs, ont préparé de nouvelles voies que le tome II de cette histoire révélera. Au nord d'une ligne qui est déjà celle de Saint-Malo à Genève, les écoles paroissiales sont présentes dans chaque village. On ne peut donc parler de stagnation, de déclin ou de recul. Chaque phase est un nouveau choix, un autre approfondissement. Le trésor des connaissances à léguer augmente à chaque fois, l'accent étant mis sur tel ou tel domaine. Ces variations sur un même thème ont un seul but : exploiter à fond les connaissances enseignées pour mieux découvrir la nature humaine, puis la nature humano-divine de l'homme.

Ainsi s'explique que cet enseignement, qui cherche à mieux connaître l'homme, ses origines et ses fins, n'ait guère porté d'intérêt aux techniques. L'esprit scientifique a beau se développer aux XIIe et XIIIe siècles grâce à la logique, il se tourne d'abord vers la connaissance des réalités invisibles. Le monde et le cosmos ne peuvent lui offrir que la réponse au *comment ?* mais non au *pourquoi ?* La cause finale tourmente l'homme du Moyen Age. Aussi, mathématiques et arithmologie, astronomie et astrologie ne progressent-elles nullement, non plus que la géométrie. Leur enseignement, avec celui de la musique, apporte harmonie et beauté, ordre et équilibre, mais ce que nous appelons aujourd'hui la recherche technologique progresse en dehors des structures enseignantes. La recherche fondamentale, elle, n'avance que par à-coups, lorsque le monde est perçu comme maîtrisable au XIIIe siècle, ou bien lorsque l'échec dans la connaissance de Dieu fait se tourner les nominalistes vers celle de la création. L'idée de science expérimentale, pratiquée par Pierre de Maricourt, est à peine reprise par Jean Buridan et Albert de Saxe. Ce n'est qu'après l'échec de l'humanisme du XVIe siècle que la méthode scolastique apparaîtra féconde chez Tycho-Brahé ou Descartes.

Les techniques propres à l'enseignement ne sont pas d'ailleurs sans influence sur la capacité de diffusion des connaissances. Le coût élevé des supports de l'écriture, leur rareté ou leur fragilité ont enrayé cette diffusion et réservé l'enseignement à une minorité d'enfants aisés des milieux aristocratiques. Chaque révolution dans ce domaine ouvre une époque de création. Le rouleau et le papyrus reculent devant le livre et le parchemin au début du Moyen Age. Ceux-ci doublent la capacité d'écrire et décuplent les possibilités de conservation des textes. Puis le papier, la xylographie et l'imprimerie abaissent les prix de revient des livres et permettent un considérable élargissement de l'élite cultivée. Le livre imprimé va permettre le fractionnement des connaissances aux dépens de l'encyclopédisme. A chaque fois, l'écrit progresse aux dépens de l'oral. Les nouveaux moyens techniques élargissent l'audience de l'école. L'emprise du programme antique ne pouvait donc que s'élargir aux dépens des modes d'enseignement oraux, plus archaïques. Nous avons vu progressivement disparaître ainsi les enseignements druidiques, puis les épopées, tandis que les contes se réfugiaient dans les veillées paysannes, sans que pour autant la mémorisation perde de son importance.

La parole reste toutefois un moyen privilégié d'enseignement, même lorsque la lecture mentale triomphe.

Elle devient alors la servante de l'écriture. Avec l'image, par le biais du discours ou du sermon, elle est le moyen idéal qui permet de diffuser les connaissances scolaires auprès de ceux qui n'ont pas fréquenté les écoles. Le choc créé par le succès des prédicateurs cathares a fini par engendrer, avec les franciscains et les dominicains, un véritable enseignement oral pour les foules, lesquelles finissent, aux XIVe et XVe siècles, par être gagnées à leur type de pratiques et de connaissances religieuses. Le sermon a pu, mieux que la liturgie, traduire le Livre et faire passer son contenu.

Cette montée de l'influence de l'enseignement sur les mentalités repose sur deux éléments : prestige du savoir et enrichissement par le savoir-faire. Ces deux motifs d'attirance ne sont que les deux faces d'un même besoin, la soif de connaissances, l'une désintéressée, l'autre calculatrice ou, si l'on préfère, la soif d'être ou le désir d'avoir. La première tendance n'existe guère à l'époque romaine et nous avons vu en quel mépris est tenu le maître d'école et combien il est mal payé. Le mépris du barbare à l'égard de ce qu'il ignore (le Romain envers le Grec, le Germanique envers le Gallo-Romain) explique ce comportement. La connaissance pure n'a pas de rentabilité immédiate pour l'homme fort, soucieux d'efficacité. Mais que le prestige du sacré s'attache à l'homme de science, alors, tel le druide des origines, le clerc ou le moine du Moyen Age éliminent le professeur laïc et créent autour d'eux un respect qui était jusqu'alors inconnu. Certes, les empereurs illyriens avaient éprouvé une certaine admiration pour les maîtres de l'Empire tardif, mais ils ne l'avaient accordée qu'aux professeurs prêtres de la religion de la culture, piliers de l'Empire romain. Cette sacralisation de l'enseignement aboutit, nous l'avons vu, à la naissance d'un véritable groupe social, celui des intellectuels, aux XIIe et XIIIe siècles.

Par rapport aux philosophes gallo-romains, si peu écoutés, le théologien possède un véritable pouvoir doctrinal. Les clercs médiévaux, comme les druides, justifient ainsi leurs privilèges par la sagesse et la science qu'ils dispensent gratuitement. Mais le désintéressement fait place au calcul et à l'appât du gain, lorsque la finalité professionnelle de l'enseignement est plus attirante. Elle le devient à chaque crise de civilisation. On se rappelle l'importance des avocats, des médecins et des fonctionnaires durant l'Empire tardif et la France de la guerre de Cent Ans. Le droit et la médecine deviennent alors les disciplines les plus recherchées et les plus prospères, parce que lucratives. L'intellectuel médiéval travaillant en communauté est éliminé du devant de la scène. La recherche, coupée de l'enseignement, entre en sommeil. L'érudit, isolé dans son cabinet, le remplace auprès du prince et se fait écouter dans la mesure où il lui souffle une théorie politique qui va dans le sens de l'opinion. Sinon il échoue, tels les conseillers de Louis le Pieux ou les universitaires pro-anglais.

Je viens de répondre à la première question : à quoi sert l'enseignement pendant ces deux époques, l'Antiquité et le Moyen Age ? Il sert à transmettre le modèle gréco-romain, à l'approfondir dans une perspective chrétienne et à le rendre prestigieux par la création d'un groupe social chargé de distribuer science, sagesse, ou bien même de diriger et soigner la société. Chaque crise a été l'occasion d'un renouvellement. Elles ont fait découvrir la notion du progrès comme en témoigne Thomas d'Aquin : « Que si l'acquis des siècles n'est pas entretenu par l'étude, le temps alors en ronge le capital, tant pour l'individu dans sa négligence, que pour le genre humain. Ainsi périclitèrent certaines sciences, jadis florissantes chez les anciens. » L'étude fait avancer la connaissance, tel est le premier apport à l'humanité de l'enseignement antique et médiéval.

Elle structure en même temps une société en fonction de la pédagogie qu'elle met en pratique. Pessimiste et réaliste au départ, elle ne voit dans l'enfant que l'adulte qu'il doit devenir à tout prix. L'enfance apparaît alors comme un état d'infériorité dont il faut sortir au plus vite, y compris à l'aide de la férule. Mais l'optimisme monastique amorce une lente découverte des vertus de cet âge. Bientôt il débouche, aux XIVe et XVe siècles, sur une attention tendre et exigeante envers les jeunes garçons et filles de sept à douze ans. Certes, l'éducation qui leur est adressée vise toujours l'avenir, mais il ne s'agit plus cette fois-ci de répéter les modèles du passé, mais de transformer ces jeunes êtres en adultes meilleurs et plus équilibrés que leurs ancêtres ou leurs parents ; et cela sans recourir constamment à l'usage de la force. En revanche, et corrélativement, le besoin de survivre faisait littéralement sauter, directement et le plus rapidement possible, les enfants dans la vie adulte. Nous l'avons constaté chez les Gaulois et les Germaniques. L'absence d'adolescence définit les sociétés tournées vers la guerre. Elle est caractéristique du Haut Moyen Age, pendant lequel le système scolaire est en pleine gestation. Cet âge ingrat était certes apparu à l'époque gallo-romaine chez les élites dites cultivées, mais il ne commence vraiment à se développer qu'à partir du moment où, les jeunes étant nombreux, il devient nécessaire que les meilleurs soient plus qualifiés pour justifier leur aptitude, soit au commandement, soit à l'enseignement.

On aura remarqué en particulier la longueur de la « jeunesse » des chevaliers et des étudiants. Là encore, comme pour l'enfant, deux attitudes pédagogiques furent adoptées envers l'adolescent. La première, sévère, monastique surtout, craint les débordements de cet âge des passions et propose une ascèse, visant à christianiser très tôt comportements de violence et acquisition des connaissances. Les Miroirs des princes, l'idéal chevaleresque, le transfert des études à l'intérieur des collèges en sont les principales étapes. La seconde, plus ancienne, propre au vieux fond païen gaulois, gallo-romain et germanique, cherche à maintenir dans les groupes de vassaux et les associations de jeunesse une certaine liberté de comportement, car la société a toujours intérêt, dans cette perspective, à maintenir un potentiel de violence prêt à se déverser sur l'adversaire en cas de nécessité. Elle reste persuadée que la maîtrise de l'esprit et des sens est impossible à ces âges. De là vient la faible importance de l'enseignement dans cette perspective, au contraire de l'autre.

Elle privilégie donc interdits et rites de passages, laissant ainsi subsister des valeurs sacrées d'origine païenne jusqu'à la fin du Moyen Age et au-delà. L'ambivalence des tabous portant sur le sang, le sperme, le vin ou certaines nourritures, tantôt bénéfiques, tantôt maléfiques, explique que la naissance, les relevailles, le mariage, la déposition de la robe prétexte et de la bulle, la coupe de la première barbe, l'adoubement, le bizuthage, le chef-d'œuvre, l'examen enfin, avec tous ses dérivés, sans oublier la mort, dernière entrée dans un autre état, aient été marqués profondément dans l'inconscient collectif comme des initiations successives à une autre connaissance, plus importante que celle de la science car elle était perçue comme une sagesse ancestrale.

L'action pédagogique du christianisme, religion du déracinement et de la mort à soi-même, fut donc ici beaucoup plus lente et moins perceptible sur ce fond primitif. Il lui était très difficile d'arracher l'homme à une nature totalement sacrée dans laquelle il s'enracinait pour le faire passer dans un monde profane, où la présence divine n'est pas directement perceptible, tout en demeurant exclusivement bénéfique et protectrice. Aussi dut-il s'abaisser à revêtir fêtes, cérémonies, banquets et liens familiaux d'un vêtement chrétien qui, dans certains cas, mais pas toujours, finit par étouffer les vieilles valeurs idolâtriques. L'évolution de la pratique sacramentelle de l'Eucharistie est très révélatrice de ces résistances sourdes. L'adoption du pain azyme et de l'hostie blanche, au lieu du pain normal, sous l'influence d'Alcuin et de ses amis, est un véritable retour en arrière dans cette pédagogie de l'invisible, tandis que le culte du saint sacrement, au XIVe siècle, échappe encore difficilement à la vénération portée aux reliques. Ainsi s'expliquent ces différentes couches éducatives déposées successivement dans les esprits, et leur coexistence, malgré leurs contradictions.

Toute pédagogie englobe à la fois enseignement et éducation. Nous venons ainsi d'aborder cette dernière d'une manière qui invite à considérer l'unité fondamentale de l'homme qui ne peut être soit uniquement enseigné, soit uniquement éduqué. Les éducateurs ont, à toutes les époques, pris en considération les trois tendances de base du comportement humain, la menace, l'agression et l'offrande, dans le but d'aboutir à une unification globale de l'homme vivant en société. Pour modifier ou développer ces trois attitudes, l'éducation s'en prend au lieu de leur origine, le cerveau, la main ou le cœur, en les soumettant à trois méthodes : l'enseignement par la parole, puis par l'écrit, l'apprentissage et le symbole. Nous venons de voir les résultats de la première méthode et je crois avoir montré cette lente et irrésistible ascension d'une conceptualisation, voire d'une cérébralisation, de plus en plus grande jusqu'à l'entrée dans la Galaxie Gutenberg.

L'éducation par l'apprentissage et le symbole nous ont souvent échappé, faute de documentation, mais aussi par suite du primat accordé à l'intellectualité dans le système scolaire. La capacité d'expression orale ou écrite a paru merveilleuse et largement supérieure à l'habileté manuelle ou bien à la voix du cœur. Elle avait de plus l'avantage de mieux socialiser et de convaincre, lorsque la violence échouait et que l'amour s'enfuyait. Instrument d'ordre, elle fut portée au pinacle par les Romains et les clercs médiévaux. Rhéteurs et philosophes, juristes et théologiens éduquèrent ainsi à l'acceptation de l'autre par une meilleure communication. Mais nous avons vu combien en même temps les Gaulois, les Germaniques et la chevalerie médiévale cultivèrent la violence, seule possibilité de survie dans un monde non maîtrisé. L'entraînement militaire, les tournois, la chasse sont le seul moyen de donner au corps et à la main la preuve de sa force. Ils forment le meneur qui saura obliger les autres à le suivre, grâce à sa pratique de l'agression. Privilège d'une élite, cette formation militaire et nobiliaire finit par être christianisée, mais ne disparut jamais. La canalisation de la violence, qu'elle soit entreprise sur le *limes* romain, dans les châteaux forts ou par les joutes courtoises du XVe siècle, est toujours à reprendre.

En revanche, la main pacifique de l'homme de métier voit son apprentissage prendre de plus en plus d'importance par le biais du groupe, la corporation. L'apprentissage, né de l'époque gallo-romaine, survivant durant le Haut Moyen Age, prend son essor à l'époque classique pour finir par ressembler à celui des élites chevaleresques et se réduire à un privilège familial à l'intérieur des jurandes et maîtrises. Mais il est déjà touché par l'écrit, même s'il reste hors du système scolaire. La conception romaine du travail, souffrance et peine incompatibles avec le loisir studieux et intellectuel, n'a en effet reculé que pendant les deux siècles classiques, les XIIe et XIIIe, pour revenir en force aux XIVe et XVe siècles. Là encore, l'institution scolaire n'a pas su ni voulu englober l'activité manuelle parmi les autres possibilités de formation de l'homme.

Mais le plus grave échec de l'éducation antique et médiévale réside dans l'incomplète pénétration ou les contradictions des « arts d'aimer » païens et chrétiens, qui se sont succédé ou combattus. J'appelle ici cœur non seulement l'affectivité, mais aussi toute activité sensible qui englobe ou unifie les autres pulsions décrites plus haut : désir de science, volonté de puissance et soif de jouissance. Si l'éducation du cœur est réussie, elle couronne en quelque sorte l'édifice. Elle permet alors de voir naître le chef, individu bien différent du meneur, dans la mesure où il est à une société ce qu'est la tête au corps humain, parce qu'il représente un équilibre attractif. Or que constatons-nous ? L'éducation amoureuse, au lieu d'être apprentissage de l'offrande, est tantôt un art de prendre la femme comme chez Ovide ou Jean de Meung, tantôt une technique de la distance chez les stoïciens et les poètes courtois. Un volontarisme tantôt puritain, tantôt sensualiste, imprègne même certains moines et clercs, que ce soit Abélard ou André Le Chapelain. La doctrine chrétienne du mariage a bien du mal à se faire jour, d'abord par la réapparition de la famille conjugale, puis par l'affirmation de l'indissolubilité au cours du XIIe siècle. Les crises successives qui frappent l'institution révèlent que la passion est ou bien ignorée, ou bien vécue à l'extérieur de l'institution. Il faut attendre Christine de Pisan et Gerson pour voir apparaître une certaine tendresse dans les couples sous l'influence simultanée des liturgies de la Sainte Famille et de la Passion.

Cette carence d'une véritable éducation sentimentale est due, semble-t-il, au primat de l'école sur la poésie, car « on naît poète et on devient orateur ». Aucun grand poète n'est le fruit d'un enseignement scolaire. L'école n'a jamais suscité de poètes. Cette voix du cœur qu'est le chant poétique, langage d'une communion inexprimable, s'élève toujours en dehors de l'école et parfois même contre elle. Nul n'oserait prétendre aujourd'hui que ces purs exercices professoraux que sont les œuvres d'Ausone ou d'Hildebert de Lavardin demeurent des pages immortelles. Elles sentent l'huile de la lampe à en puer, car l'esthétisme précieux y gâte irrémédiablement l'élan de la sensibilité. Mais que le barde ou le jongleur entonne son épopée, que les Goliards chantent leurs joies et leurs peines, qu'un Villon égrène ses plaintes et ses regrets loin de l'*Alma mater*, et l'émotion vraie, la compassion naissent. De même les admirables hymnes monastiques des XIe et XIIe siècles sont issues d'un art extérieur aux écoles, celui de la prière.

Nous avons constaté combien, à partir de Cassien, l'enseignement de l'oraison progresse d'autant plus qu'il se retire volontairement de l'école séculière, en particulier chez les cisterciens et les chartreux. Le courant mystique, tentative de l'éducation du cœur par l'attention et la présence à l'Autre, a donc toujours revêtu une pointe anti-scolaire, anti-intellectualiste que nous avons retrouvée avec la *Devotio Moderna*. Le conflit exemplaire d'Abélard et de saint Bernard est au fond la première grande protestation de la sensibilité contre la supériorité de la cérébralité. Il devint avec saint Thomas et saint Bonaventure une protestation de l'amour contre le primat de l'intellect. Mais au total, après le court équilibre de l'apogée du XIIIe siècle, et en dehors de l'influence de rares pédagogues comme saint Benoît ou Gerson, le Moyen Age se termine sur le divorce de l'esprit et du cœur.

Cette tentative d'unifier l'éducation de l'homme par l'homme sous l'égide du cœur aurait pu réussir si, grâce à sa conscience, l'individu avait pu être guidé vers son bien. Effectivement, l'une des plus grandes originalités et l'un des plus grands succès de l'éducation médiévale, reste, après les vaines tentatives de Sénèque, la formation de la conscience personnelle. Nous avons vu, là encore, selon quel rythme elle a progressé. D'abord extérieure à l'homme, comme un double concrétisé par les tarifs pénitentiels automatiques, elle s'intériorise avec la prise en compte de l'intention au XIIIe siècle. Petit à petit, la casuistique cherche à déculpabiliser le fidèle tout en le désolidarisant des pressions du groupe. Cette libération de la conscience individuelle a effectivement éduqué le sens de l'autonomie de chacun. Mais ce gain incontestable a eu lieu sous la direction du droit canon ; les distinctions intellectuelles permises par cette discipline délimitent le champ du licite, sans que la voix du cœur soit là pour corriger leur formalisme.

Au total, l'être humain, formé à mieux juger, reste néanmoins désaccordé, qu'il fasse partie de l'élite cultivée habituée à raisonner, ou du peuple christianisé partagé entre ses habitudes d'origine païenne et ses pratiques culturelles chrétiennes. La conscience autonome est menacée par le légalisme, tandis que le cœur, privé des symboles qui n'ont pu s'épanouir qu'avec l'art roman, est étouffé par la prolifération des allégories qui tentent vainement de donner un peu de vigueur à de pâles abstractions. Cette conscience autonome est suffisamment éduquée pour faire coexister en l'homme ses tendances contradictoires. Une nébuleuse de pratiques éducatives est donc née, sans parvenir pour autant à une complète unité pragmatique. Mais le rôle essentiel de l'éducation est perçu. Si l'enseignement transmet l'héritage, l'éducation prépare un avenir neuf par la force de la sensibilité débordant l'intellect.

Ce dépassement, nettement saisi par les humanistes de la fin du XVe siècle qui attendaient l'épanouissement d'un homme totalement civilisé, peut être perçu comme je viens de le faire (le cerveau, la main et le cœur), mais aussi à partir d'un point de vue chronologique et historique, ou diachronique comme on voudra. En effet, le principal résultat de l'enseignement et de l'éducation est l'accumulation d'une culture. Celle-ci s'est-elle ajoutée à la nature humaine sans la changer ? Nous avons vu que les Gaulois et les Germaniques cherchaient à exalter les tendances les plus sauvages de l'être humain par une culture agglutinant la violence et le sacré dans la personne du chef. Au contraire, les Romains, puis les chrétiens, cherchèrent à « dégrossir » le barbare et à faire de sa nature inculte un terrain cultivé, apte à recevoir les semences d'un nouvel art de vivre pacifique où la tête pensante l'emporte sur la main armée. La frontière entre nature et culture a donc varié selon les conceptions. La part sauvage de l'homme a augmenté ou diminué selon les époques.

Le lecteur connaît les influences gauloises ou germaniques qui ont contribué à l'ensauvagement des hommes vivant en Gaule. Il faut préciser maintenant les progrès de l'acculturation. A l'époque gallo-romaine, la ville et le camp des légionnaires offrent des éléments de vie sociale très complexes qui habituent l'homme à entrer en rapport avec les autres selon des codes appris, tels que les règles des discussions municipales ou les règlements de la discipline militaire. Ils réapparaissent ensuite dans les communes médiévales et les corps de métiers. Ils se multiplient, nous l'avons vu, lors de la crise médiévale. Ces progrès constants des règles écrites, des lois promulguées et des actes publics ou privés sont corrélatifs du déclin de l'enseignement par tradition orale. On se rappellera l'importance fondamentale de la mise par écrit des lois germaniques, première manière de domestiquer la tradition orale en la précisant. Le deuxième stade est la fixation des épopées, couchées sur le parchemin aux XIIe et XIIIe siècles, signe concret de la mort d'une culture orale. L'abstraction et en particulier la logique n'ont donc pu triompher que sur les ruines d'une pensée globalisante et la décomposition d'un enseignement oral qui accumulait des trésors d'expérience, sans les trier ni les dominer. La pensée sauvage cumulative est désormais sous la coupe d'une pensée abstraite organisatrice.

Plus tardifs, et même parfois inachevés à la fin du XVe siècle, sont les processus de domestication de la violence, de l'amour et de la mort. Ces trois épreuves qu'affronte tout homme sont encore considérées comme partie intégrante d'une nature indomptable. Néanmoins, nous avons vu les tentatives de régulation de la guerre, en particulier pour le chevalier, bien que la tactique militaire moderne remette en question son idéal. C'est peut-être aux dépens de la conception païenne du destin que les progrès les plus nets ont été obtenus. La fatalité d'un amour perturbateur de l'ordre, passion irrépressible qui provoque déchirements et destructions, reste communément admise, aussi bien chez les Celtes et les Romains que chez les premiers moines, au moins jusqu'au XIIe siècle. Le mythe de Tristan et Iseut lie à jamais l'amour et la mort. L'amour courtois est toujours adultère. Or on constate, à la fin du Moyen Age, que l'amour n'est plus considéré comme uniquement maléfique et qu'il est étranger à la mort.

L'éducation cherche alors de diverses manières à faire entrer le sentiment amoureux dans le mariage et à faire dépasser la crainte de la mort à l'aide en particulier des « arts de bien mourir ». La fatalité peut être vaincue. L'art pédagogique médiéval consiste ici à placer une certaine confiance en l'homme et à lui proposer d'accepter un cadre institutionnel. Les structures éducatives assagissent le désir. Certes, elles peuvent être ressenties comme un carcan. En ce cas, la crise éclate, comme pour le mariage, par exemple, à la fin du XIIIe siècle. Mais elles jouent aussi le rôle de béquilles lorsqu'elles sont acceptées de l'intérieur, telles celles des organisations universitaires ou compagnonniques. Le but fondamental, maîtriser les désirs, n'est atteint qu'en fonction de la libre acceptation de la structure éducative. Et cela nous ramène à la force de conviction du professeur ou du prédicateur, à leur capacité de transformer les besoins en désirs pour mieux les juguler. Aussi ai-je insisté sur ces grands maîtres, et ces grands pédagogues qui les ont inspirés, comme Platon, Isocrate, Augustin, Cassien, Boèce, Cassiodore, Grégoire le Grand, Isidore de Séville, Alcuin, Gerbert, Fulbert de Chartres, Pierre Abélard, Bernard de Clairvaux, Albert le Grand, Thomas d'Aquin, Guillaume d'Ockham et Gerson.

Dans cette mise au point des connaissances actuelles sur l'enseignement et l'éducation pendant l'Antiquité et le Moyen Age, j'ai omis certains aspects de la question, notamment ce qui concerne les sciences et la petite enfance. Les documents font actuellement défaut. Je n'ai pu donc montrer avec précision les différents degrés de pénétration dans la société d'une formation qui ne toucha véritablement qu'une minorité de privilégiés. Il se peut que des recherches ultérieures mettent légitimement en cause mes conclusions. Cependant, une certitude demeure : tout au long du transfert des connaissances, depuis la Méditerranée jusqu'au nord de la France, à travers de multiples crises, depuis l'homme des bois jusqu'au bâtisseur de cathédrales et au découvreur de nouvelles terres, le rôle transformateur de l'enseignement et de l'éducation a été capital. Cette histoire aurait pu avoir comme sous-titre : « Le désir et la structure. » Mais j'aurais ainsi négligé la liberté au profit d'une conception mécanique des rapports formateurs de l'homme. Car en définitive, ces rapports sont commandés par une avidité irrationnelle, le désir et la faim de l'homme pour l'homme. Au départ, ce désir et cette faim étaient destructeurs, mais orientés vers Dieu par le Moyen Age, ils cherchent à construire et à élever l'homme de plus en plus. Certes, l'homme reste encore un loup pour l'homme, mais désormais il veut être aussi un dieu qui le transforme et l'anoblit.

Chronologie

v. A.C. 600-500	Entrée des Gaulois en Gaule
600	Fondation de Marseille par les Grecs
v. 121	La Gaule méridionale province romaine
58-51	Conquête des Gaules par Jules César
27-14 A.D.	Auguste
28-29	Mort du Christ
27-237	Haut Empire romain
237-275	Première vague d'invasions germaniques
237-476	Empire romain tardif
391	Christianisme religion d'Etat
410	Prise de Rome par les Wisigoths
484-511	Clovis roi des Francs
655-751	Crise de la royauté mérovingienne

428-348	Platon
436-338	Isocrate
106-43	Cicéron
43-18 A.D.	Ovide
120	Institutes de Gaïus
131-201	Galien
v. 310-v. 385	Ausone, grammairien et rhéteur à Bordeaux
360	Talmud de Jérusalem
362	Edit de Julien
354-430	Saint Augustin
v. 350	Grammaire de Donat
v. 352-v. 435	Jean Cassien
v. 400	Grammaire de Priscien
410-429	Noces de Philologie et de Mercure

741-768	Pépin le Bref	529	Concile de Vaison
768-814	Charlemagne	480-529	Boèce
800	Sacre de Charlemagne	534	Code Justinien
		480-547	Saint Benoît
		480-575	Cassiodore
814-840	Louis le Pieux	502-542	Césaire, évêque d'Arles
840-877	Charles le Chauve	540-604	Grégoire le Grand
843	Partage de Verdun	v. 570-636	Isidore de Séville
987-996	Hugues Capet	789	Admonitio Generalis
996-1031	Robert II le Pieux	793-804	Alcuin en Europe
XIIe siècle	Grands défrichements	813	Sermon en langue populaire
		816-817	Conciles d'Aix
		831	Jonas, de Institutione Regia
		845-882	Hincmar archevêque de Reims
		859	Concile de Savonnières
		910	Fondation de Cluny
		v. 938-1003	Gerbert
		1006-1028	Fulbert évêque de Chartres
		1033	Réapparition du Code Justinien en Normandie
		1033-1109	Saint Anselme
		1039-1105	Rashi de Troyes
		1089-1115	Yves de Chartres
		1079-1142	Pierre Abélard
		1130	Première interdiction des tournois
		1141	Décret de Gratien
1180-1224	Philippe Auguste	1142-1158	Pierre Lombard aux écoles de Paris
1214	Victoire de Bouvines	1170-1171	Interdiction d'accorder la licence contre argent
1228-1270	Saint Louis		
1285-1314	Philippe le Bel	1191	Autorisation des écoles laïques en Flandre
1303	Attentat d'Anagni, arrestation du pape Boniface VIII		

1303-1378	Papauté d'Avignon	1200	Privilège du for pour les étudiants de Paris
		1215	Statuts de l'université de Paris
		1231	Privilège du canon
		1217-1239	Fondation de l'université de Toulouse
		1220-1256	Acceptation du nouvel Aristote
		1206-1280	Saint Albert le Grand
		1220	Statuts de l'université de Montpellier
		1224-1274	Saint Thomas d'Aquin
		1221-1274	Saint Bonaventure
		1257	Fondation du collège de Robert de Sorbon
		1256-1259	Speculum Majus de Vincent de Beauvais
		1256-1277	Querelle des Mendiants et des Réguliers
		1230-1268	Traduction d'Ovide
		1280	Jean de Meung, Le Roman de la Rose
		1290-1349	Guillaume d'Ockham
		1304	Fondation du Collège de Navarre à Paris
		1316	Grève de l'université d'Orléans
		1319	Interdiction des jeux vils
		1312-1316	Pétrarque élève à Carpentras
		1324	Défensor Pacis
		1332	Grandes bagarres à l'université de Toulouse
1348	Grande Peste	1339	Fondation du collège de l'Ave Maria
1328-1350	Philippe VI de Valois	1340	Pegolotti : la pratique du commerce
1336	Défaite de Crécy		
1350-1364	Jean II le Bon	1349	la Bible en français

1356	Défaite de Poitiers	1355-1419	Saint Vincent Ferrier prédicateur
1364-1380	Charles V le Sage		
1380	Fin de la première phase de la guerre de Cent Ans	1360	Fondation du collège de Périgord à Toulouse
1378-1419	Papauté d'Avignon durant le Grand Schisme	1360-1380	Premières images gravées sur bois
		1363-1429	Jean Gerson
1404-1419	Jean sans Peur, duc de Bourgogne	1369	Interdiction des jeux vils
1380-1422	Charles VI	1374-1384	Naissance de la Devotio Moderna
		v. 1363-v. 1430	Christine de Pisan
		1379	Jean de Brie Le bon bergier
		1387-1393	Le livre de la chasse de Gaston Phébus
		1393	Le ménagier de Paris
		1394	Consultation de l'université de Paris sur le schisme
		1398	Université d'Angers
		1400	Pierre d'Ailly. Libellus sacramentalis
		1401-1403	Grand débat à la Cour sur le Roman de la Rose
		1400-1401	Jean Gerson, ABC des simples gens
		1408	Concile de Reims. Proposition de création des séminaires
		1409	Université d'Aix-en-Provence
1405-1453	Reprise de la guerre de Cent Ans, et guerres civiles	1418-1436	L'université de Paris aux mains des Anglo-Bourguignons
1415	Défaite d'Azincourt	1425	Création de l'université de Louvain
1414-1419	Concile de Constance	1431	Création de l'université de Poitiers
1420	Traité de Troyes		
1419-1467	Philippe le Bon, duc de Bourgogne	1432-1437	Université de Caen

CHRONOLOGIE

1422-1461	Charles VII
1431	Mort de Jeanne d'Arc
1433-1477	Charles le Téméraire, duc de Bourgogne
1436	Libération de Paris
1477-1483	Louis XI
1483-1498	Charles VIII
1498-1515	Louis XII

1427	André d'Escobat, la Lumière des confesseurs et le Mode de confession
1441	Création de l'université de Bordeaux
1452-1456	François Villon à l'université
1453-1454	L'affaire du Pet-au-Diable
1458	Traité de la forme et devis d'un tournoi de René d'Anjou
1459	Guillaume Durant, Traité liturgique
1461	Université de Nantes
1466	Création d'une chaire de grec à Paris
1469	Création de l'ordre de Saint-Michel
1470	L'imprimerie à la Sorbonne
1481	Université de Besançon
1495	Histoire des Francs de Robert Gaguin
1499	Dernière grève de l'université de Paris

Bibliographie

Ce livre repose essentiellement sur les travaux des spécialistes de la question, qui ont récemment publié les ouvrages suivants :

MARROU (H.I.). – Histoire de l'Education dans l'Antiquité, Paris, 1948. – *Paris*, 1965, 6e éd.

RICHÉ (P.). – Ecoles et enseignement dans le Haut Moyen Age. – *Paris*, 1979.

VERGER (J.). – Les Universités au Moyen Age. – *Paris*, 1973.

Leurs bibliographies donneront une base pour tout élargissement des problèmes concernant l'enseignement et l'éducation. Ceux qui en désireraient plus peuvent consulter d'abord d'autres ouvrages généraux.

GÉNÉRALITÉS

BERGER (S.). – Histoire de la Vulgate pendant les premiers siècles du Moyen Age. – *Paris*, 1893.

BISCHOFF (B.). – LIEFTINCK (G.I.), BATELLI (G.). – Nomenclature des écritures livresques du IXe au XVIe siècle. – *Paris*, 1954.

BOYD (W.). – History of Western Education. – *Londres*, 1952.

COLOMBAIN (M.). – L'Aventure multiple des outils de l'écriture. – *Fontenay-le-Comte*, 1963.

CROMBIE (A.C.). – Augustine to Galileo, A.D. 400-1650, trad. franç. 1959. – *Londres*, 1952, 2 vol.

DAHL (J.). – Histoire du livre, de l'Antiquité à nos jours. – *Paris*, 1960, 2e éd.

DAIM (A.). – Les Manuscrits. – *Paris*, 1964, 2e éd.

DAUMAS (M.), GILLE (B.). – Histoire générale des techniques, t. I, partie 6. – *Paris*, 1962 (du Ve s. à 1350).

DUHEM (P.). – Le Système du monde. Histoire des doctrines cosmologiques de Platon à Copernic, t. 1 à 6. – *Paris*, 1913-1917, rééd. 1954.

Good (H.G.). – A History of Western Education. – *New York*, 1960.

GRMEK (M.D.G.), HAARD (P.). – Mille ans de chirurgie en Occident (Ve-XVe siècles). – *Paris, Dacosta*, 1966, 184 p.

HESARD (P.). – Histoire du Catéchisme depuis la naissance de l'Eglise jusqu'à nos jours. – *Paris*, 1900.

HUBERT (M. Ph.). – La Messe. Histoire du culte eucharistique en Occident. – *Paris*, 1965, 2 vol.

IRSAY (St. d'). – Histoire des Universités françaises et étrangères des origines à nos jours. – *Paris*, 1933-1935, 2 t.

JACCARD (P.). – Histoire sociale du travail de l'Antiquité à nos jours. – *Paris*, 1960.

JOURDAIN (Ch.). – Mémoire sur l'éducation des femmes au Moyen Age. Excursions historiques et philosophiques à travers le Moyen Age. – *Paris*, 1888, p. 465-509.

JUSSERAND (J.J.). – Les Sports et les Jeux d'exercice dans l'ancienne France. – *Revue de Paris*, 15 mai 1900.

JUNGMANN (J.). – Missarum sollemnia. – *Paris*, 1951, t. I.

LECLERQ (J.). – L'Amour des lettres et le désir de Dieu. 2e éd. sous le titre : Initiation aux Auteurs monastiques du Moyen Age. – *Paris*, Le Cerf, 1957.

LE GOFF (J.). – Les Intellectuels au Moyen Age. – *Paris*, Le Seuil, 1960. Les Universités et les pouvoirs publics au Moyen Age et à la Renaissance. – *Rapport du XIIe Congrès int. sc. hist., Vienne*, 1965, t. III, Commissions p. 189-206.

LUBAC (H. de). – L'Exégèse médiévale. Les quatre sens de l'écriture, 2 t en 4 vol. – *Paris*, 1959-1964.

MAUSE (Lloyd de). – The History of Childhood. – *New York, The Psychohistory-Press*, 1974.

RASHDALL (H.). – The Universities of Europe in the Middle Ages. – *Oxford*, 1936, 2 vol.

RENUCCI (P.). – L'Aventure de l'humanisme européen au Moyen Age (IVe-XIVe siècles). – *Paris, Les Belles-Lettres*, 1953.

RIGHETTI (M.). – Storia liturgica, t. I, t. II, t. III, t. IV, I Sacramenti : i sacramentali, 2e éd. – *Milan*, 1955.

SARTON (G.). – Introduction to the History of Science, t. II. From Rabbi Ezra to Roger Bacon, 2 vol. – *Baltimore*, 1931.

SINGER (C.), HOLMYARD (E.J.), HALL (A.R.), WILLIAMS (T.J.). – A History of Technology. t. II : The Mediterranean Civilizations and the Middle Ages (750 B.C. to A.D. 1500). – *Oxford*, 1956.

SMALLEY (Beryl). – The Study of the Bible in the Middle Ages. – *Oxford*, 2e éd., 1952.

SPITZMULLER (H.). – Poésie latine chrétienne du Moyen Age (IIIe-XIVe siècles). Textes recueillis, traduits et commentés. – *Paris-Bruges*, 1971.

STELLING MICHAUD (S.). – L'Histoire des universités au Moyen Age et à la Renaissance au cours des vingt-cinq dernières années. *Rapport du XIe Congrès int. sc. hist., Stockholm*, 1960, t. I, p. 97-143.

TATON (R.). – Histoire générale des Sciences, t. I. – *Paris*, 1957.

THERY (G.). – Histoire de l'Education en France, 2 vol. – *Paris*, 1858.

THOMPSON (J.W.). – The Literacy of the Laity in the Middle Ages. – *Berkeley*, 1939.

VILLIEN (A.). – Histoire des Commandements de l'Eglise. – *Paris*, 1900.

WICKERSHEIMER (E.). – Manuscrits latins de Médecine du Haut Moyen Age dans les Bibliothèques de France. – *Paris*, 1966.

WICKERSHEIMER (E.). – Dictionnaire biographique des Médecins français au Moyen Age, 2 vol. – *Paris, Droz*, 1936.

ANTIQUITE

AYMARD (J.). – Les Chasses romaines des origines à la fin du siècle des Antonins. – *Paris*, 1951.

BARDY (G.). – La Littérature patristique des Questiones et Responsiones. – *Revue biblique*, 1933, t. 42, p. 14-30.

DISTICHA CATONIS, *éd. Botschvyver H.J., Amsterdam*, 1952.

HAARHOF (T.). – Schools of Gaul, a Study of Pagan and Christian Education in the Last Century of the Western Empire. – 2e éd. *Johannesburg*, 1958.

JOHNSON (Richard). – Martianus Capella. Mariage of Philology and Mercury. – *New York, Columbia U. Press*, 1951.

KERLOUEGAN (F.). – Essai sur la mise en nourriture et l'éducation dans les pays celtiques d'après le témoignage des sources hagiographiques latines. – *Etudes celtiques*, t. XII, 1968-1969, p. 101-146.

LE ROUX (F.). – Les Druides. – *Paris*, 1961.

LE ROUX (F.). – Introduction générale à l'étude de la tradition celtique. – *Celticum XIII*, Rennes, 1967.

MARROU (H.I.). – Isidore de Séville et les origines de la Culture médiévale. – *Revue historique*, 1966, p. 39-46.

MARROU (H.I.). – La Vie intellectuelle au forum de Trajan et au forum d'Auguste. – *Mél. d'Arch. et d'hist.*, 1932, p. 53-110.

MARROU (H.I.). – L'Evangile de Vérité et la diffusion du comput digital dans l'Antiquité. – *Vigiliae christianae*, 1958, p. 98-103.

MOYCIKOS ANEP. – Etude sur les scènes de la vie intellectuelle figurant sur les monuments funéraires romains. – *Grenoble*, 1937.

PERLOW (T.). – L'Education et l'enseignement chez les Juifs. – *Paris*, 1931.

HAUT MOYEN AGE

AGUS (Irving A.). – Rabbinic scholarship in Northern Europe. The world history of the jewish people. The dark ages. – *Tel Aviv*, 1966, p. 189-209. Rashi and his school., ibid., p. 210-248. The history of European Jewry in the X and XI th centuries. – *New York*, 1969.

BORST (A.). – Knighthood in the High Middle Ages, in Lordship and Community in mediaeval Europe. – *New York*, 1968, p. 180-191.

CANTARELLA (R.). – Importanza della scuola medica salernitana nella cultura dell'Europa medievale ; una tradizione ippocratica nella scuola salernitana : il jiuramento dei medici. – *Scriti vari, Saleme*, 1969.

CLERVAL (A.). – Les écoles de Chartres au Moyen Age du Ve au XVIe siècle. – *Paris*, 1895.

GANSHOF (F.L.). – Charlemagne. – *Speculum*, 1949.

GANSHOF (F.L.). – Charlemagne et l'usage de l'écrit en matière administrative. Le Moyen Age, 1951.

GANSHOF (F.L.). – la révision de la Bible par Alcuin. – *Humanisme et Renaissance*, 1947.

JODOGNE (O.). – Recherches sur les débuts du théâtre religieux en France, Cahiers de Civilisation Médiévale, t. VIII, 1965, p. 1-24 et 179-189.

KLEINCLAUSZ (A.). – Alcuin. – *Paris*, 1948.

KLEINCLAUSZ (A.). – Eginhard. – *Paris*, 1942.

LAISTNER (M.L.). – Thought and letters in Western Europe A.D. 500-900. – *Londres*, 2e éd., 1957.

LECLERCQ (J.). – Pédagogie et forme spirituelle du VIe au IXe siècle. – *Settimane* (1971), 1972, t. XIX, p. 1, p. 255-290 et 351-355.

LESNE (E.). – Histoire de la propriété ecclésiastique en France, t. V. Les écoles de la fin du XIIe siècle à la fin du XIIe siècle. – *Lille*, 1940.

LIEBESCHNETZ (H.). – Relations between Jews and Christians in the Middle Ages. – *Journal of Jew. Stud.*, t. XVI, 1965, p. 135-146.

LIEBESCHNETZ (H.). – Western Christian thought from Boethius to Anselm. Cambridge History of Later Greek and early Mediaeval philosophy. – *Cambridge*, 1967, p. 537-639.

LIEBESCHNETZ (H.). – Johannes Eriugen and Martianus Capella. – *Dublin*, 1970.

MAC KINNEY (L.C.). – Early Mediaeval medecine. – *Baltimore*, 1937.

MAC KINNEY (L.C.). – Bishop Fulbert and Education in the school of Chartres. – *N.D. Indiana*, 1957.

RICHE (P.). – Education et culture dans l'Occident barbare. – *Paris*, 1972.

RICHE (P.). – la Renaissance intellectuelle au Xe s. en Occident. – *Cahiers d'Histoire*, 1976, t. 21, p. 27-42.

STIENNON (J.). – Les écoles liégeoises du Moyen Age. – *Bull. Assoc. Amis Univ. Liège*, n° 1, 1967, p. 11-20.

SCHMITZ (H.G.). – Die bussbücher und die Bussdisciplin der Kirche, 2 vol. – *Mayence, Dusseldorf*, 1883-98, Graz, 1959.

VOGEL (C.). – La Réforme liturgique sous Charlemagne. – *Karl der Grosse*, t. II, Dusseldorf, 1965, p. 132-137.

VOGEL (C.). – Césaire d'Arles. – *Paris*, 1965.

VOGEL (C.). – La Réforme cultuelle sous Pépin le Bref et sous Charlemagne. – *Die Karolingische Renaissance, Graz*, 1965, p. 172-189.

WILMART (A.). – Le Couvent et la Bibliothèque de Cluny vers le milieu du XIe siècle. – *Revue Mabillon*, t. XI, 1921, p. 89-124.

MOYEN AGE CLASSIQUE

BALDWIN (J.W.). – Masters, Princes and Merchants. The Social Views of Peter the Chanter and its Circle. – *Princeton*, 1970.

BAUJOUAN (G.). – L'Interdépendance entre la science scolastique et les techniques utilitaires (XIIe, XIIIe et XIVe siècles). – *Paris*, 1957.

BAUJOUAN (G.). – Motives and Opportunities for Science in the Medieval Universities. – *Scientific Change, London*, 1963, p. 210-221.

BURANA (Carmina), *éd. A. Hilka, O. Schumann, Heidelberg*, 2 t., 1930-1941.

CHARLAND (Th. M.). – Artes praedicandi. Contribution à l'histoire de la rhétorique du Moyen Age. – *Paris*, 1936.

CHENU (M.D.). – L'Eveil de la conscience de la civilisation médiévale. – *Montréal, Paris*, 1969.

CLUZEL (I.M.). – La Culture générale d'un troubadour au XIIIe s. Mel. M. delbouille, t. 2. – *Liège*, 1964, p. 91-105.

COORNAERT (E.). – Les Corporations en France avant 1700. – *Paris*, 1941.

CORBETT (J.A.). – The de Instructione puctorum of William of Tournai O.P., N.D. – *Indiana*, 1955.

DELARUELLE (F.). – La Culture des laïcs en France religieuse aux XIe et XIIe siècles. – *Atti III. Semana Intern. Studi la Mendola. – Milan*, 1968, p. 548-581.

DELHAYE (Ph.). – L'organisation scolaire au XIIe siècle. – *Traditio*, t. V, 1947, p. 211-268.

DELISLE (L.). – Recherches sur la librairie de Charles V. – *Paris*, 1907.

DOBIACHE-ROJDESTVENSKY (O.). – La Vie paroissiale en France au XIIIe siècle, d'après les actes épiscopaux. – *Paris*, 1911.

DRAGONETTI (R.). – Aux origines de l'amour courtois : la poétique amoureuse de Guillaume IX d'Aquitaine, dans Sexualité humaine. – *Paris*, 1966, p. 139-170.

DUBY (G.). – The Diffusion of Cultural Patterns in Feodal Society. – *Past and Present*, t. XXXIX, 1968, p. 3-10.

GABRIEL (A.L.). – Garlandia. Studies in the History of Mediaeval Education. – *N. Dame, Indiana*, 1969.

GAUTIER (L.). – La Chevalerie, d'après les textes poétiques du Moyen Age. – *Revue des Questions Historiques*, t. III, 1867, p. 396-463.

GAUTIER (L.). – L'enfance d'un baron, *ibid.*, t. XXXII, 1882, p. 396-463.

GHELLINCK (J. de). – L'Essor de la littérature latine au XIIe siècle. – *Bruxelles, Paris*, 1946.

GHELLINCK (J. de). – Le Mouvement théologique au XIIe siècle. *Etude, recherches et documents.* – *Paris*, 1914, 2e éd. 1918.

GLORIEUX (P.). – Aux origines de la Sorbonne, t. I Robert de Sorbon, t. II Le Cartulaire. – *Paris, Vrin*, 1965-1966.

GLORIEUX (P.). – L'enseignement au Moyen Age. Techniques et méthodes en usage à la Faculté de théologie de Paris au XIIIe siècle. – *Arch. d'hist. doc. et litt. du Moyen Age*, t. XXXV, 1968, p. 65-186.

HASKINS (Ch.H.). – The Renaissance of the XIIth century. – *Cambridge, Mass.*, 1933.

KIBRE (P.). – The Nations in Mediaeval Universities. – *Cambridge, Mass.*, 1948.

KIBRE (P.). – Scholarly Privileges in the Middle Ages. The rights privileges and immunities of scholars and universities at Bologne, Padoua, Paris. – *Londres*, 1961.

LANGLOIS (C.V.). – La Vie en France au Moyen Age de la fin du XIIe au milieu du XIVe siècle. T.I, d'après les moralistes du temps. – *Paris*, 1926. T. II, d'après les romans mondains du temps. – *Paris*, 1926. T. III, la connaissance de la nature et du monde. – *Paris*, 1927. T. IV, la vie spirituelle. – *Paris*, 1928.

LECOY DE LA MARCHE (A.). – La Chaire française au XIIIe siècle. – *2e éd., Paris*, 1886.

LEFEVRE (Y.). – L'Elucidatium et les Lucidaires. – *Paris*, 1954.

LEFF (G.). – Paris and Oxford universities in the thirtheenth and foureenth centuries. – *New York, Ed. Wiley*, 1968.

LE GOFF (J.), SCHMITT (J.C.). – L'exemplum dans la typologie des sources du Moyen Age occidental. – *Turnhout*, 1977.

MICHAUD-QUENTIN (P.). – Somme de casuistique et manuels de confession au Moyen Age (XIIe-XIIIe siècles), Louvain. – *Lille*, 1962.

NOVARRE (Ph. de). – Les Quatre Âges de l'homme. – *Ed. M. de Fréville. Paris*, 1888.

PANOFSKY (E.). – Gothic Architecture and Scholasticism. – *Latrobe*, 1951.

PARE (G.), BRUNET (A.), TREMBLAY (P.). – La Renaissance du XIIe siècle. Les écoles et l'enseignement. – *Paris-Ottawa*, 1933.

PIRENNE (H.). – L'Instruction des marchands au Moyen Age. – *Annales histor., écon. et sociales*, 1929.

RAIT (R.S.). – Life in the Mediaeval Universities. – *Cambridge*, 1912.

SMITH (C.E.). – The University of Toulouse and the Middle Ages. Its Origins and Growth to 1500 A.D. – *Milwaukee*, 1958.

VIARRE (S.). – La Survie d'Ovide dans la littérature scientifique des XIIe et XIIIe siècles. – *Poitiers*, 1966.

VICAIRE (M.H.). – L'école du chapitre de la cathédrale et le projet d'extension de la théologie parisienne à Toulouse (1072-1217). – *Cahiers de Fanjaux*, t. V, 1970, p. 5-37.

ULRICH (J.). – Traductions médiévales des Disticha Catonis, Romanische Forschungen, t. XV, 1903.

WEIJERS (Olga). – Pseudo-Boèce. De disciplina scolarium. – Leyde, *Cologne, Ed. Brill. Studien und texte zur geistesgeschichte des Mittelalters*, 1976, 187 p.

WELTER (J.T.). – L'exemplum dans la littérature religieuse et didactique du Moyen Age. – *Paris*, 1927.

WELTER (J.T.). – Le Speculum laïcorum. – *Paris*, 1914.

WELTER (J.T.). – La tabula exemplorum secundum ordinem alphabeti. Recueil d'exemples compilé à la fin du XIIIe siècle. – *Paris*, 1926.

WIERUSZOWSKI (Hélène). – The Medieval University, Masters, Students, Learning. – *Princeton*, 1966.

CRISE DU MOYEN AGE

ADAM (P.). – La Vie paroissiale en France au XIVe siècle. – *Paris*, 1964.

AUTRAND (F.). – Culture et mentalité. Les librairies des gens du Parlement au temps de Charles VI. – *Annales*, 1973, p. 1219-1224.

CAILLET (R.). – L'Université d'Avignon et sa faculté des Droits au Moyen Age (1303-1503). – *Paris*, 1907.

CARRE (G.). – L'Enseignement secondaire à Troyes du Moyen Age à la Révolution. – *Paris*, 1888.

CHOBAUT (H.). – Un document sur les écoles de grammaire de Carpentras au XIVe siècle. – *Annales d'Avignon.* 1924, p. 5-12.

CLAUDIN (A.). – Histoire de l'Imprimerie en France au XVe et au XVIe siècle. – *Paris*, 1900-1914, 4 vol.

COBBAN (A.B.). – Mediaeval Students Power. *Past and Present*, t. LIII, 1971, p. 28-66.

DESPORTES (P.). – Reims et les Rémois au XIIIe et au XIVe siècle. – *Paris*, 1976.

DIDIER (Ph.). – Le contrat d'apprentissage en Bourgogne aux XIVe et XVe siècles. – *Revue Hist. Droit*, 1976, p. 35-57.

DUPILLE (Chantal). – Les Enragés au XVe siècle. Les étudiants au Moyen Age. – *Paris, Le Cerf*, 1969.

FAGNIEZ (G.). – Etudes sur l'industrie et la classe industrielle à Paris, aux XIIIe et XIVe siècles. – *Paris*, 1877.

FAVREAU (R.). – Robert Poitevin, professeur à Paris, médecin des Princes, trésorier de Saint-Hilaire le Grand de Poitiers. – *Bull. Soc. Antiq. Ouest*, t. V, 1390-1400 à 1474, t. VI, 1961-1962, p. 141-151.

FRANKLIN (A.). – La Vie privée d'autrefois. Comment on devenait patron. – *Paris*, 1889.

FEBVRE (L.), Martin (H.J.). – L'Apparition du livre. – *Paris*, 1958.

FEDOU (R.). – Les Hommes de loi lyonnais à la fin du Moyen Age. – *Paris*, 1964.

GABRIEL (A.L.). – Student Life in Ave Maria College Mediaeval Paris. – *Public. Univ. N. Dame Indiana*, t. XIV, 1955.

GABRIEL (A.L.). – The College System in the XIVth century. – *Baltimore*, s.d.

GABRIEL (A.L.). – The Skara House at the University of Paris. History and Topography. – *N. Dame Indiana*, 1960.

GEREMEK (B.). – Le Salariat dans l'Artisanat parisien aux XIIIe et XVe siècles. Etude sur le marché de la main-d'œuvre au Moyen Age. – *Paris-la Haye*, 1968.

GEREMEK (B.). – Les Marginaux parisiens aux XIVe et XVe siècles. – *Paris*, 1976.

GLORIEUX (P.). – L'Enseignement universitaire de Gerson. Recherche de théol. anc. et méd., 1956, p. 88-113.

GOURON (A.). – Les juristes de l'Ecole de Montpellier. Jus Romanum Medii Aevi. – *Milan*, 1970, p. 1-35.

GOURON (A.). – Le rôle social des juristes dans les villes méridionales *in* Villes de l'Europe méditerr. et de l'Europe occid. du Moyen Age au XIXe siècle. Actes du *Colloque de Nice, in Annales Facult. L.S.H. de Nice*, t. 10, 1969, p. 55-67.

GUENEE (B.). – Tribunaux et gens de justice, dans le bailliage de Senlis. – *Paris*, 1963.

GUILLEMAIN (B.). – La Cour pontificale d'Avignon. – *Paris*, 1962.

HEERS (J.). – Fêtes, jeux et joutes dans les sociétés de l'Occident médiéval aux XIVe et XVe siècles. – *Paris-Montréal*, 1971.

HIRSCH (P.). – Printing, Selling and Reading, 1450-1550. – *Wiesbaden*, 1967.

KAISER-GUYOT (M. Th.). – Le Berger en France aux XIVe et XVe siècles. – *Paris*, 1974.

LAGARDE (G. de). – La Naissance de l'esprit laïc au déclin du Moyen Age. – *E. Nauwelaerts, Paris-Louvain*, 1956-1963, 3 vol.

LAGARDE (G. de). – Les Universités européennes du XIVe au XVIIIe siècle. Aspects et problèmes. *Actes du colloque international à l'occasion du VIe centenaire de l'université jagellone de Cracovie. – Genève, Droz*, 1967.

LAIGLE (M.). – Le Livre des Trois vertus de Christine de Pisan et son milieu historique et littéraire. – *Paris*. 1912.

PERDRIZET (P.). – Etudes sur le speculum humanae salvationis. – *Paris*, 1908.

ROSSIAUD (J.). – Fraternités de jeunesse et niveaux de culture dans les villes du sud-est, à la fin du Moyen Age. – *Cahiers hist.*, 1976, t. XXI, p. 67-102.

ROUX (S.). – L'habitat urbain au Moyen Age. Le quartier de l'Université de Paris. – *Annales*, 1969, p. 1176-1219.

RUDOLF (R.). – Ats moriendi. – *Cologne*, 1959.

Verger (J.). – Les universités françaises au XVe siècle : crise et tentative de réforme. – *Cahiers hist.*, 1976, t. XXI, p. 43-66.

VERGER (J.). – Noblesse et savoir : étudiants nobles aux universités d'Avignon, Cahors, Montpellier, Toulouse (fin XIVe), in *Essais mém., R. Boutruche. – Paris*, 1976, p. 289-313.

VERGER (J.). – The University of Paris at the end of the Hundred Year's War. – *Universities in politics*, 1972, p. 47-78.

VERRIEST (L.). – Les luttes sociales et le contrat d'apprentissage à Tournai jusqu'en 1424. *Académie Royale de Belgique, Lettres, Mémoires*, t. IX. – *Bruxelles*, 1913, p. 101.

Index des noms de personnes

Index des noms de lieux

Liste des cartes

La cartographie a été réalisée par le laboratoire thématique (C.E.R.C.G) du C.N.R.S sous la direction de Jacques Mallet

Table

DEUXIÈME PARTIE

Les fondations de l'enseignement et de l'éducation durant le Haut Moyen Age
Ve-XIe siècle

TROISIÈME PARTIE

L'apogée de l'enseignement médiéval
XIe-XIIIe siècle

QUATRIÈME PARTIE

La crise de l'enseignement médiéval
XIVe-XVe siècle

collection tempus
Perrin

Déjà paru

1. *Histoire des femmes en Occident* (dir. Michelle Perrot, Georges Duby), *L'Antiquité* (dir. Pauline Schmitt Pantel).
2. *Histoire des femmes en Occident* (dir. Michelle Perrot, Georges Duby), *Le Moyen Âge* (dir. Christiane Klapisch-Zuber).
3. *Histoire des femmes en Occident* (dir. Michelle Perrot, Georges Duby), *XVIe-XVIIIe siècle* (dir. Natalie Zemon Davis, Arlette Farge).
4. *Histoire des femmes en Occident* (dir. Michelle Perrot, Georges Duby), *Le XIXe siècle* (dir. Michelle Perrot, Geneviève Fraisse).
5. *Histoire des femmes en Occident* (dir. Michelle Perrot, Georges Duby), *Le XXe siècle* (dir. Françoise Thébaud).
6. *L'épopée des croisades* – René Grousset.
7. *La bataille d'Alger* – Pierre Pellissier.
8. *Louis XIV* – Jean-Christian Petitfils.
9. *Les soldats de la Grande Armée* – Jean-Claude Damamme.
10. *Histoire de la Milice* – Pierre Giolitto.
11. *La régression démocratique* – Alain-Gérard Slama.
12. *La première croisade* – Jacques Heers.
13. *Histoire de l'armée française* – Philippe Masson.
14. *Histoire de Byzance* – John Julius Norwich.
15. *Les chevaliers teutoniques* – Henry Bogdan.
16. *Mémoires, Les champs de braises* – Hélie de Saint Marc.
17. *Histoire des cathares* – Michel Roquebert.
18. *Franco* – Bartolomé Bennassar.
19. *Trois tentations dans l'Église* – Alain Besançon.
20. *Le monde d'Homère* – Pierre Vidal-Naquet.
21. *La guerre à l'Est* – August von Kageneck.
22. *Histoire du gaullisme* – Serge Berstein.
23. *Les Cent-Jours* – Dominique de Villepin.
24. *Nouvelle histoire de la France*, tome I – Jacques Marseille.
25. *Nouvelle histoire de la France*, tome II – Jacques Marseille.
26. *Histoire de la Restauration* – Emmanuel de Waresquiel et Benoît Yvert.
27. *La Grande Guerre des Français* – Jean-Baptiste Duroselle.
28. *Histoire de l'Italie* – Catherine Brice.
29. *La civilisation de l'Europe à la Renaissance* – John Hale.
30. *Histoire du Consulat et de l'Empire* – Jacques-Olivier Boudon.
31. *Les Templiers* – Laurent Daillez.
32. *Madame de Pompadour* – Évelyne Lever.

33. *La guerre en Indochine* – Georges Fleury.
34. *De Gaulle et Churchill* – François Kersaudy.
35. *Le passé d'une discorde* – Michel Abitbol.
36. *Louis XV* – François Bluche.
37. *Histoire de Vichy* – Jean-Paul Cointet.
38. *La bataille de Waterloo* – Jean-Claude Damamme.
39. *Pour comprendre la guerre d'Algérie* – Jacques Duquesne.
40. *Louis XI* – Jacques Heers.
41. *La bête du Gévaudan* – Michel Louis.
42. *Histoire de Versailles* – Jean-François Solnon.
43. *Voyager au Moyen Age* – Jean Verdon.
44. *La Belle Époque* – Michel Winock.
45. *Les manuscrits de la mer Morte* – Michael Wise, Martin Abegg Jr. & Edward Cook.
46. *Histoire de l'éducation,* tome I – Michel Rouche.

A PARAÎTRE

Histoire de l'éducation, tome II – François Lebrun.
Les derniers jours d'Hitler – Joachim Fest.

Imprimé en France sur Presse Offset par

BRODARD & TAUPIN

GROUPE CPI

La Flèche (Sarthe), le 27-08-2003

N° d'édition : 1835 – N° d'impression : 20261
Dépôt légal : août 2003